Couverture:
Chambre de Roger au Palais royal,
détail de la décoration murale, Palerme.

Les guides thématiques *Museum With No Frontiers (MWNF)*

L'ART ISLAMIQUE EN MÉDITERRANÉE | **ITALIE** *SICILE*

L'Art Arabo-Normand

La culture islamique dans la Sicile médiévale

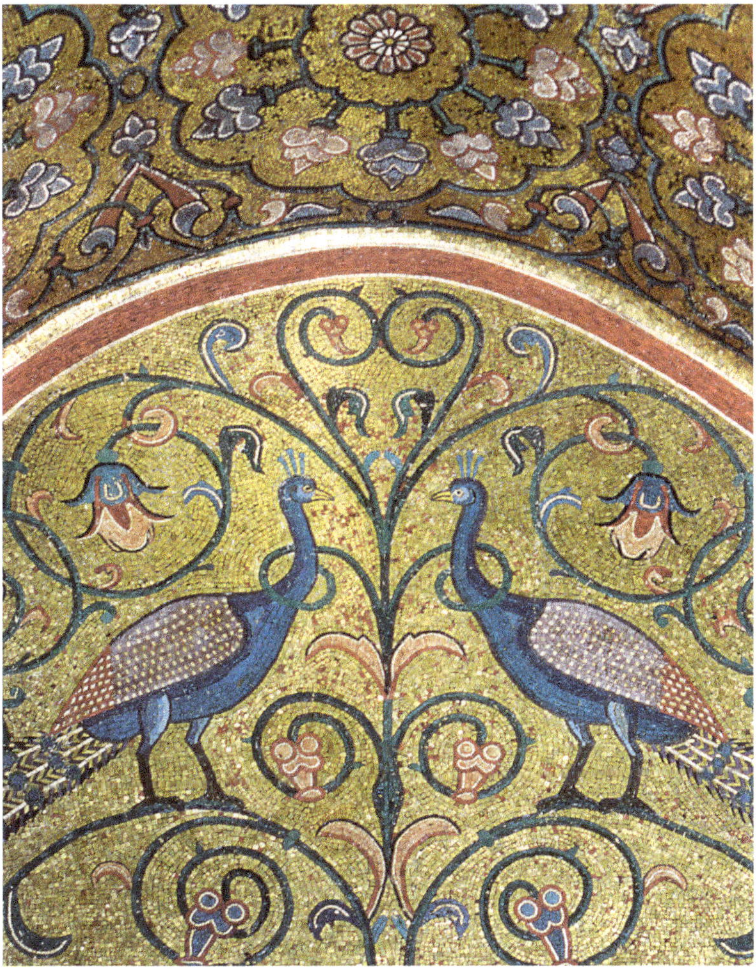

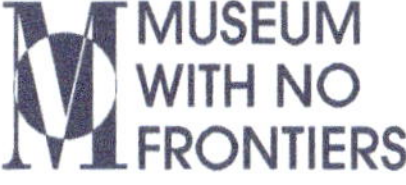

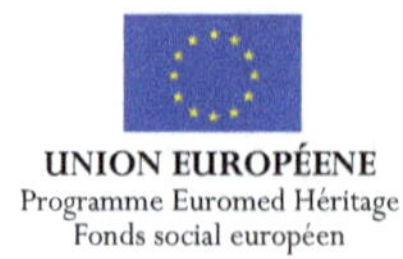

UNION EUROPÉENE
Programme Euromed Héritage
Fonds social européen

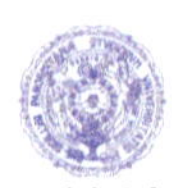

Université de Palerme

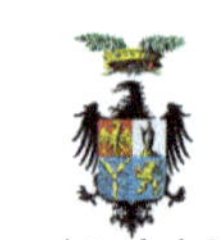

Province régionale de Palerme

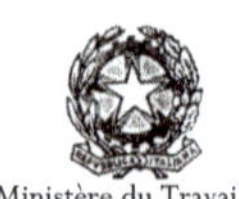

Ministère du Travail

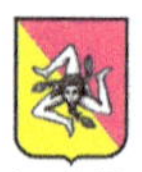

Direction du Travail
Direction des Biens Culturels

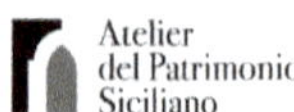

L'Itinéraire-Exposition *L'ART ARABO-NORMAND : La culture islamique dans la Sicile médiévale* fait partie du cycle international *L'Art islamique en Méditerranée*. Sa réalisation, fruit de la collaboration entre Musée Sans Frontières, l'association Innova-Centre euroméditerranéen pour le Développement durable et le Département d'Histoire et de Projet en Architecture de l'Università degli Studi de Palerme, s'est inscrite dans le cadre du projet Atelier du Patrimoine sicilien, cours de formation post-laurea, mis en place et concrétisé par

le département d'Histoire et de Projet en Architecture
de l'Università degli Studi de Palerme

avec le concours de
la Province régionale de Palerme

et co-financé par le Fonds social européen à travers
le Ministère du Travail et de la Prévoyance sociale

et
la Direction du Travail, de la Prévoyance sociale,
de la Formation professionnelle et de l'Émigration de la
Région Sicile - département Formation professionnelle

sous le patronage de
la Direction des Biens culturels et environnementaux
et de l'Instruction publique de la Région Sicile.

Le projet Atelier du Patrimoine Sicilien, cours de formation post-laurea, constitue une expérience dont l'objectif est de conjuguer la préparation professionnelle à la gestion du patrimoine culturel et des initiatives concrètes pour l'emploi et le développement sur le territoire sicilien.

ISBN
978-3-902782-27-4 (eBook)
978-3-902782-26-7 (livre de poche)

Information: **www.museumwnf.org**

Musée Sans Frontières
Idée et conception générale
Eva Schubert

Mise en place et partenariat du projet pour la Sicile
Association Innova –
Centre euroméditerranéen
pour le Développement durable

Direction du projet pour la Sicile
Salvatore Messina

Comité scientifique
Nicola Giuliano Leone
Eliana Mauro
Carla Quartarone
Ettore Sessa

Organisation et réalisation
Atelier du Patrimoine sicilien pour le Département d'Histoire et de Projet en Architecture de l'Università degli Studi de Palerme

Direction
Carla Quartarone

Coordination
Salvatore Messina

Catalogue

Introduction
Eliana Mauro
Ettore Sessa

Présentation des circuits
Comité scientifique

avec la collaboration de
Nuccia Donato
Gaetano Rubbino

Textes techniques
Maria Rita Burgio
Antonella Caronia Angitta
Valeria Raimondi
Giuseppa Sabatino

Options naturalistes et paysagères
Carla Quartarone
Elisa Martines
Raimondo Piazza
Federica Sapuppo

Index des lieux
Venera Raciti

Notices historiques sur les villes
Angelo Pettineo

Notice historique sur la ville de Palerme
Eliana Mauro

Glossaire
Nada Iannaggi
Santa Levanto
Alessandra Zirilli

Index des personnages
Maria Luisa Arì
Gaetano Pullara

Photographies
Sandro Scalia, Palerme

Carte générale
José Antonio Dávila, Madrid
Sergio Viguera, Madrid

Coordination rédactionnelle pour l'édition italienne
Pier Paolo Racioppi, Rome

Traduction
Marguerite Pozzoli, Arles

Révision
Anne-Marie Lapillonne, Marseille

Révision technique
Miguel García, Madrid

Introduction générale
L'Art islamique en Méditerranée

Textes
Jamila Binous, Tunis
Mahmoud Hawari, Jérusalem-Est
Manuela Marín, Madrid
Gönül Öney, Izmir

Plans des monuments
Şakir Çakmak
Ertan Daş
Yekta Demiralp

Maquette et design
Agustina Fernández,
Electa España, Madrid
Christian Eckart,
Musée Sans Frontières, Vienna
(2ème édition)

Coordination locale
Production
Atelier du Patrimoine sicilien
Direction
Carla Quartarone

avec la collaboration de
Paola Lantieri
Selim Benattia

Coordination internationale
Coordination générale
Eva Schubert

Coordination comités scientifiques, traductions, révision des textes et production des catalogues
Sakina Missoum, Madrid

Contributions et crédits

Ont collaboré à la bibliographie: Santa Levanto, Angelo Pettineo, Giuseppa Sabatino; à la recherche du matériel iconographique: Alessandra Agnello, Maurizio Genovese, Rosamaria Laura Samparisi; à l'élaboration graphique des illustrations: Rosamaria Laura Samparisi; à la campagne photographique: Iolanda Licata, Gaetano Mazza, Luca Raimondo, Costanza Sapuppo; aux schémas des circuits: Donatella Bertolo, Giovanna Rita Elmo.
Ont collaboré à l'élaboration des plans des monuments: Manlio Ajello, Grazia Bellardita, Adele Capitano, Giovanni Castiglia, Massimo Chiarelli, Shaker Hassan, Paola Lantieri, Stefania Mellone, Gaetano Pullara, Valeria Raimondi, Giuseppa Sabatino, Giuseppe Siragusa, Sergio Viguera.

Ont également participé au projet de l'Itinéraire-Exposition et à la réalisation du Catalogue les étudiants des cours de formation post-laurea "Atelier du Patrimoine sicilien", année 2000, spécialisés dans les secteurs suivants:
Patrimoine culturel: Fabia Adelfio, Alessandra Agnello, Chiara Bucchieri, Maria Rita Burgio, Antonina Caronia Angitta, Massimo Giuseppe Chiarelli, Barbara Giorgiani, Gabriella La Russa, Santa Levanto, Elisa Martines, Gaetano Mazza, Angelo Pettineo, Raimondo Piazza, Gaetano Pullara, Luca Raimondo, Barbara Rappa, Rosamaria Laura Samparisi, Costanza Sapuppo, Federica Sapuppo.
Information touristique: Manlio Ajello, Luigia Alcamo, Loredana Benincasa, Cinzia Caminiti, Adele Capitano, Marina Castiglione, Valentina D'Alia, Maria Ferro, Fabrizio Gangi, Shaker Hassan, Massimiliano Impeduglia, Ilaria Lodato, Stefania Mellone, Delfina Morgante, Nicoletta Oddo, Marina Ruggeri, Giuseppa Sabatino.
Marketing du Tourisme culturel: Maria Luisa Arì, Grazia Bellardita, Donatella Bertolo, Filippo Buongiorno, Sabrina Maria Caltabiano, Ida Carmina, Barbara Correnti, Eva De Luca, Giovanna Rita Elmo, Maurizio Genovese, Ignazio Graziano, Nada Maria Iannaggi, Iolanda Licata, Salvatore Morreale, Venera Raciti, Valeria Raimondi, Giuseppe Siragusa, Alessandra Zirilli.

Ont participé à l'aménagement des circuits et à la promotion de l'Itinéraire-Exposition les étudiants des cours de formation post-laurea "Atelier du Patrimoine sicilien: Itinéraires de l'Art islamique", année 2001, spécialisés dans les secteurs suivants:
Patrimoine culturel: Mohamed Aouad, Gaetano Blanco, Gabriella Bologna, Helga Bonventre, Maria Vittoria Cimino, Francesco Crupi, Maurizio De Luca, Antonio Salvatore Di Caro, Francesca Galifi, Costantino Giammò, Daniela Gueli, Valentina Longo, Nicola Mendolia, Silvana Messina, Placido Motta, Maria Giovanna Randazzo, Claudia Torcivia, Giorgia Trovato, Alessandra Vicari, Rosa Angela Ziccarelli.
Information touristique: Muhammad Aldaire, Maurizio Bertolino, Mauro Bonanno, Eliana Maria Candura, Maria Crocetta Cuffaro, Marcella Di Vittorio, Grazia Giorgianni, Alessandro Giugno, Maria Lo Monte, Alessandro Mancino, Lorena Musotto, Vincenzo Domenico Noto, Pietro Polizzi, Calogero Scaglione, Angela Scialabba, Sabrina Simonaro, Giovanni Spitali, Roberto Tedesco, Viviana Teresi, Sedighi Fatemeh Zandi.
Marketing du Tourisme culturel: Maria Luisa Alotta, Monica Consales, Mario Cusimano, Salvatore Cutrona, Vito Genna, Serena Gilé, Maria Tiziana Gulotta, Olga Lamberti, Annalisa Lorito, Antonino Paleologo, Francesca Maria Pergolizzi, Francesca Sanfratello, Maria Scalici, Laura Scialabba, Francesco Spennati, Francesco Roberto Valore.

Ont collaboré à la réalisation du projet par leurs propositions et leurs évaluations:
Marcella Aprile et Giovanna Lo Nigro, de l'Université de Palerme; Joanna Busalacchi, de la Province régionale de Palerme; Sergio Gelardi, de la Direction des Biens culturels et environnementaux de la Région Sicile; Francesco Grimaldi, de la Direction de la Programmation de la Région Sicile; Valerio Levi, de l'Université de Rome; Ignazio Marinese, Eugenio Randi et Alessandra Russo, de la Direction du Travail, de la Prévoyance sociale, de la Formation professionnelle et de l'Émigration de la Région Sicile; Adele Mormino, délégué aux Biens culturels et environnementaux de la Province de Palerme; Agostino Porretto, directeur de la Direction du Tourisme de la Région Sicile; Michele Argentino, Mariella La Guidara et Vanni Pasca, de l'Institut de Dessin industriel de l'Université de Palerme; Valeria Li Vigni et Sebastiano Tusa, de la Direction des Biens culturels et environnementaux de la Province de Trapani.

Remerciements

Musée Sans Frontières remercie pour leur collaboration et leur appui dans la réalisation de ce projet:

Le président de l'Assemblée régionale sicilienne, la Questure de l'Assemblée régionale sicilienne, les Directions régionales des Biens culturels et environnementaux des provinces d'Agrigente, Caltanissetta, Catane, Messine, Palerme, Syracuse et Trapani, la Préfecture de Palerme, les Musées de Catane, la Galerie régionale du palais Abatellis de Palerme, le Musée archéologique régional d'Adrano, le Musée régional Castello Ursino de Catane, le Musée régional de Messine, le Musée archéologique régional Antonino Salinas de Palerme, le Musée régional de la Céramique de Caltagirone, le Musée régional Agostino Pepoli de Trapani, le Musée municipal d'Acicastello, le Musée municipal Palazzo D'Aumale de Terrasini, le Musée municipal de Termini Imerese, le Musée d'Art islamique de la Zisa de Palerme, le Musée ethno-anthropologique de la Terre de Zabut de Sambuca di Sicilia, le Musée des Arts figuratifs byzantins et normands de San Marco d'Alunzio, le Musée ethno-anthropologique Palazzo Corvaja de Taormine, la Bibliothèque communale de Salemi, la Fondation Mormino de Palerme, les Curies épiscopales et archiépiscopales d'Agrigente, Catane, Cefalù, Mazara del Vallo, Monreale et Palerme, l'évêque de Catane, les chanoines de la chapelle Palatine de Palerme, de la cathédrale de Catane, de la cathédrale de Monreale, de l'église San Michele Arcangelo d'Agrigente, de l'église-mère d'Erice, le président de l'Œuvre de la cathédrale de Cefalù, les curés des églises San Michele Arcangelo d'Agrigente, Santa Maria d'Altofonte, de l'églisemère d'Erice, Santi Pietro e Paolo d'Itàla, Santa Maria dell'Alto de Mazara del Vallo, de la Magione de Palerme, San Giovanni dei Lebbrosi de Palerme, de la Badia Grande de San Marco D'Alunzio, Santa Caterina de Sciacca, Santa Maria Maddalena (basilique Maria Santissima del Soccorso) de Sciacca, le pope de l'église Santa Maria dell'Ammiraglio de Palerme, les administrations communales d'Acicastello, Adrano, Agrigente, Alcamo, Altavilla Milicia, Altofonte, Augusta, Caccamo, Calatafini-Ségeste, Campofelice di Roccella, Caronia, Casalvecchio Siculo, Castellammare del Golfo, Castevetrano, Catane, Cefalà Diana, Cefalù, Erice, Forza d'Agrò, Frazzanò, Itàla, Mazara del Vallo, Messine, Monreale, Mussomeli, Naro, Palerme, Racalmuto, Rometta, Salemi, Sambuca di Sicilia, San Marco d'Alunzio, Sciacca, Syracuse, Taormine, Trapani, Vicari, les AAPIT (Bureaux autonomes provinciaux de développement touristique) des municipalités concernées par le projet: la capitainerie du port de Trapani, le CAS (Club alpin sicilien), le consortium Uscibene, la coopérative Solidarietà de Palerme, les familles Flugy Papé, Papé lanza, Saporito, la marquise Maria Pottino, le baron Gandolfo Pucci di Benifichi.

Références photographiques

Voir page 5 et
Ann & Peter Jousiffe (Londres), page 20, Alep
Archives Oronoz Photographes (Madrid), page 23 (Alhambra, Grenade)
Publifoto (Palerme), pages 39, 54, 59, 129, 136, 144, 195, 220, 221, 308
Bibliothèque Vaticane (Cité du Vatican), page 71
Victoria and Albert Museum (Londres), page 99
Bibliothèque nationale (Madrid), page 294

Références des plans de l'introduction générale

R. Ettinghaussen, O. Grabar (Madrid, I, 1987), page 26 (Mosquée de Damas)
Z. Sönmez (Ankara, 1995), page 27 (Mosquées de Divriği et d'Istanbul) et page 28 (Mosquée de Sivas)
Sergio Viguera (Madrid), page 28 (typologie de minarets)
Blair, S. S., Bloom, J. M. (Madrid, II, 1999), page 29 (Mosquée et Madrasa du Sultan Hassan).
R. Ettinghaussen et O. Grabar (Madrid, I, 1987), page 30 (Qasr al-Khayr al-Charqi)
A. Kuran (Istanbul, 1986), page 31 (Khan Sultan Aksaray)

Le cas échéant, Musée Sans Frontières se tient à la disposition des propriétaires qui n'auraient pu être contactés.
Réalisé dans le cadre du programme de coopération euroméditerranéenne de l'Union européenne.

Avertissement

Translittération de l’arabe

Nous avons conservé l’orthographe usuelle des mots arabes passés dans l’usage et introduits dans le dictionnaire tels que fondouk, oued, souk, beylik, diwan, hammam… Les mots (arabes ou berbères) qui apparaissent en italique, comme *mihrab, qibla, timchent, sabbat, wast al-dar, balata, ahellil, taguerrabt* … sont soit accompagnés de leur traduction immédiate (entre parenthèses ou dans le corps du texte), soit repris dans le glossaire où ils sont définis. Pour tous les autres mots, nous avons utilisé un système de transcription simplifié pour lequel nous avons choisi de ne pas transcrire la *hamza* initiale et de ne pas faire de différence entre les voyelles brèves et longues qui sont transcrites en *a*, *i*, *ou/u*.
Nous avons décidé de ne pas respecter la règle pour certains noms de lieu, comme el-Ateuf, el-Biar, el-Kantara, el-Khemis … et de lui préférer la transcription en usage en Algérie.

ء	’	ح	*h*	ز	*z*	ط	*t*	ق	*q*	ه	*h*
ب	*b*	خ	*kh*	س	*s*	ظ	*z*	ك	*k*	و	*u/w*
ت	*t*	د	*d*	ش	*sh*	ع	‘	ل	*l*	ي	*y/i*
ث	*th*	ذ	*dh*	ص	*s*	غ	*gh*	م	*m*		
ج	*j*	ر	*r*	ض	*d*	ف	*f*	ن	*n*		

Les mots qui apparaissent en italique dans le texte, sauf s’ils sont accompagnés de leur traduction entre parenthèses, sont repris dans le glossaire et suivis d’une brève définition.

Ère musulmane

Les dates antérieures à l’ère musulmane (Préhistoire, Antiquité et Antiquité tardive) ne sont données que selon le calendrier chrétien, de même que celles qui sont postérieures à l’établissement du colonialisme en 1830.

Cette émigration est fixée au 1er jour du mois de *Muharram* de l’an 1 de l’Hégire qui correspond au 16 juillet 622 de l’ère chrétienne. L’année musulmane est composée de douze mois lunaires, chaque mois de 29 ou 30 jours. Trente années constituent un cycle dans lequel les 2e, 5e, 7e, 10e, 13e, 16e, 18e, 21e, 24e, 26e, et 29e années sont des années bissextiles de 355 jours; les autres sont des années communes de 354 jours. L’année lunaire musulmane est de dix ou onze jours plus courte que l’année solaire chrétienne. Chaque jour commence, non pas juste après minuit, mais immédiatement après le coucher du soleil, au crépuscule. La majorité des pays musulmans utilisent le calendrier hégirien (qui marque toutes les fêtes religieuses) en parallèle avec le calendrier chrétien.

Mention des dates

Les dates antérieures à l’ère musulmane (Préhistoire, Antiquité et Antiquité tardive) ne sont données que selon le calendrier chrétien, de même que celles qui sont postérieures à l’établissement de la colonisation en 1830.

Abréviations:
début = d.; moitié = m.; première moitié = p. m.; deuxième moitié = d. m.; fin = f.

Indications pratiques

L'exposition *L'ART ARABO-NORMAND. La culture islamique dans la Sicile médiévale* se compose de dix parcours de différentes durées. Les parcours sont indépendants et peuvent donc être visités par ordre de préférence.

Sur le territoire, un système signalétique aide à identifier les éléments exposés; il est toutefois recommandé d'utiliser une carte routière et des plans urbains.

Les descriptions de chaque monument sont précédées d'informations techniques. Dans la même rubrique, nous suggérons le trajet à parcourir (en voiture ou à pied) pour se déplacer d'un monument à l'autre. En ce qui concerne le premier monument d'une étape, le trajet est proposé à partir du dernier monument de l'étape précédente. Dans le cas particulier des circuits qui débutent dans la ville de Palerme (I, II, III, IV), le trajet à suivre pour rejoindre le premier monument a pour point de départ le Teatro Politeama, situé au centre. Nous fournissons également d'autres informations (horaires, modalités d'accès, etc.), en vigueur au moment de la rédaction du catalogue – il est donc recommandé de vérifier par soi-même avant de programmer une visite. Le trajet proposé n'est pas nécessairement le plus court. Les paragraphes sur fond gris sont des options liées à l'environnement et aux paysages, sélectionnés pour leur beauté et pour leur intérêt.

Pendant les messes, il n'est pas permis de visiter les églises; il est donc conseillé d'adopter un comportement discret et respectueux.

Musée Sans Frontières ne répond pas des incidents, de quelque nature que ce soit, pouvant survenir durant la visite de l'Exposition.

Pour toute autre information, on peut contacter l'Atelier du Patrimoine sicilien, département d'Histoire et de Projet en Architecture, Université de Palerme.

Informations
www.siciliamuseo.com

Atelier del Patrimonio Siciliano
Dipartimento di Storia e Progetto nell'Architettura
Università di Palermo
Via Maqueda, 175
90133 Palermo – Italia
Tel. +39 91 6160696
Fax. +39 91 6164300
e-mail: atelier.ps@tin.it

Sommaire

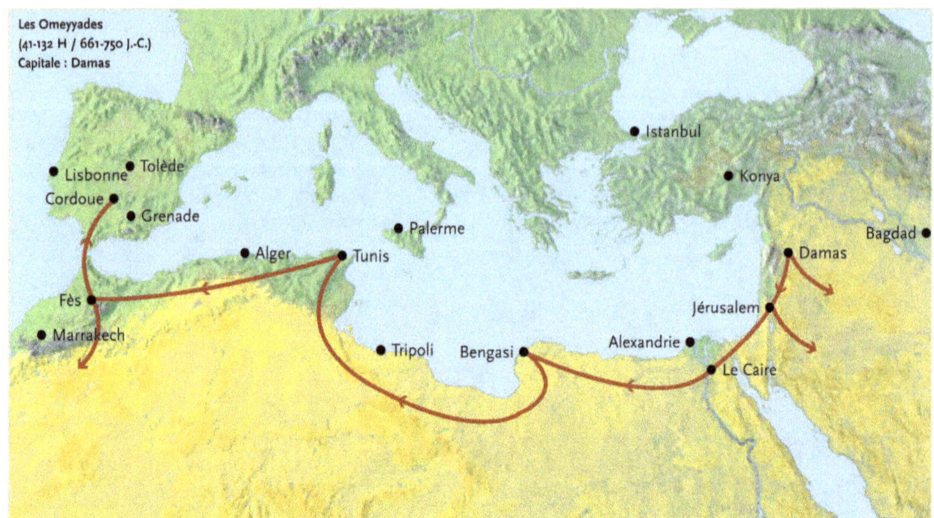
Les Omeyyades
(41-132 H / 661-750 J.-C.)
Capitale : Damas
Istanbul
Konya
Lisbonne
Tolède
Cordoue
Grenade
Palerme
Bagdad
Alger
Tunis
Damas
Fès
Jérusalem
Marrakech
Tripoli
Bengasi
Alexandrie
Le Caire

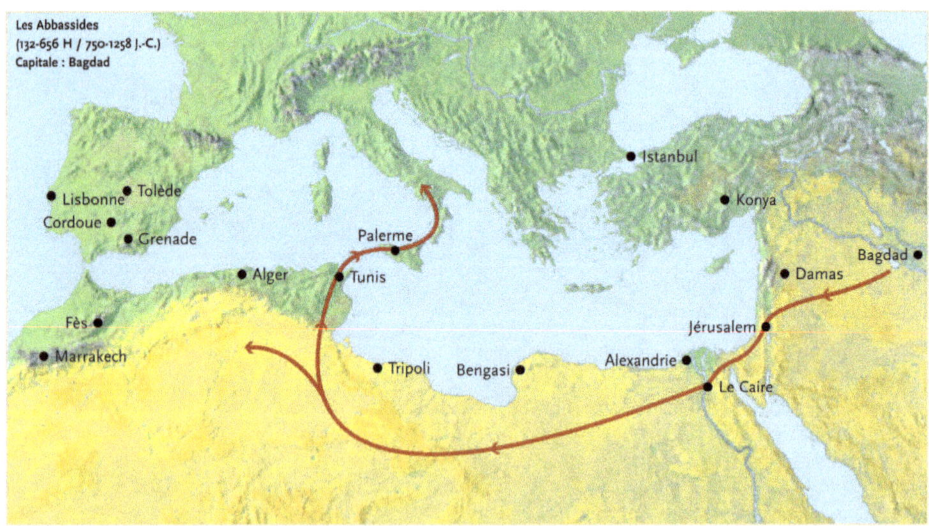
Les Abbassides
(132-656 H / 750-1258 J.-C.)
Capitale : Bagdad
Istanbul
Lisbonne
Tolède
Konya
Cordoue
Grenade
Palerme
Bagdad
Alger
Tunis
Damas
Fès
Jérusalem
Marrakech
Tripoli
Bengasi
Alexandrie
Le Caire

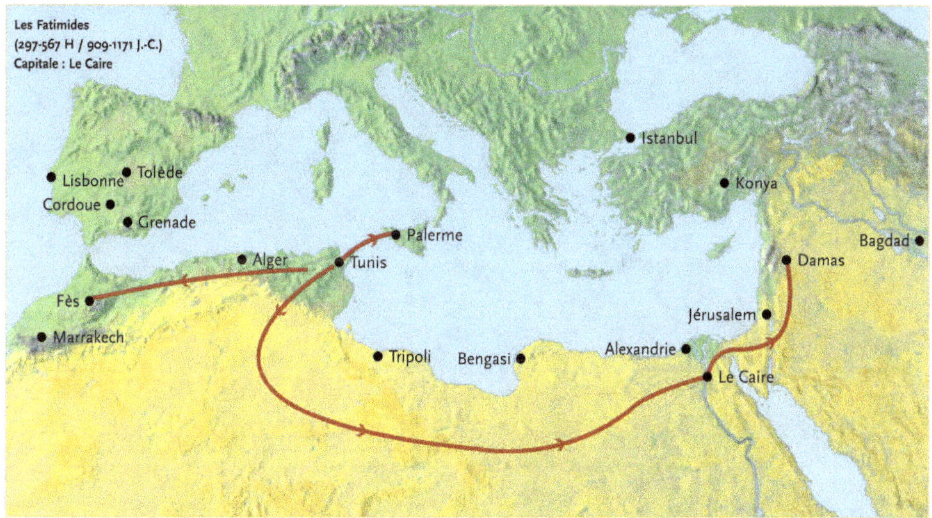
Les Fatimides
(297-567 H / 909-1171 J.-C.)
Capitale : Le Caire
Istanbul
Konya
Lisbonne
Tolède
Cordoue
Grenade
Palerme
Bagdad
Alger
Tunis
Damas
Fès
Jérusalem
Marrakech
Tripoli
Bengasi
Alexandrie
Le Caire

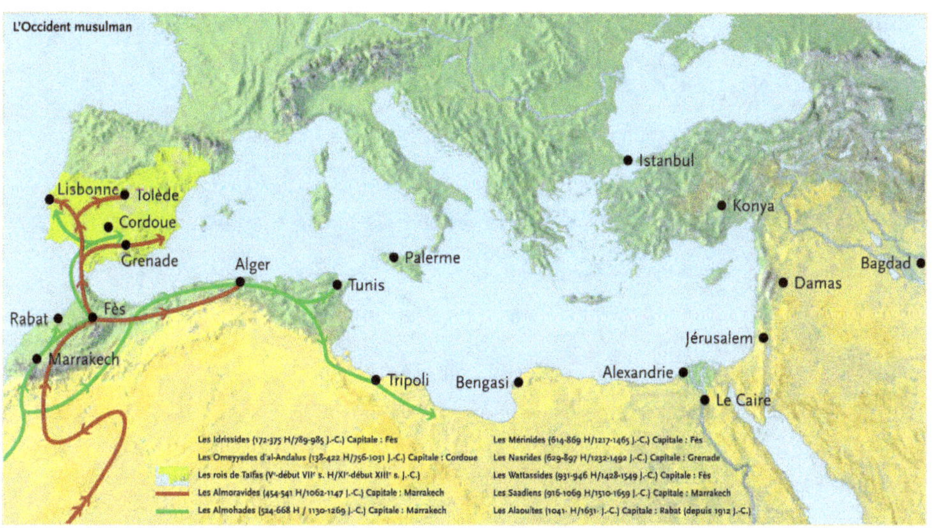
L'Occident musulman
Istanbul
Konya
Lisbonne
Tolède
Cordoue
Grenade
Palerme
Bagdad
Alger
Tunis
Damas
Rabat
Fès
Jérusalem
Marrakech
Tripoli
Bengasi
Alexandrie
Le Caire
Les Idrissides (172-375 H/789-985 J.-C.) Capitale : Fès
Les Omeyyades d'al-Andalus (138-422 H/756-1031 J.-C.) Capitale : Cordoue
Les rois de Taifas (Ve-début VIIe s. H/XIe-début XIIIe s. J.-C.)
Les Almoravides (454-541 H/1062-1147 J.-C.) Capitale : Marrakech
Les Almohades (524-668 H / 1130-1269 J.-C.) Capitale : Marrakech
Les Mérinides (614-869 H/1217-1465 J.-C.) Capitale : Fès
Les Nasrides (629-897 H/1232-1492 J.-C.) Capitale : Grenade
Les Wattassides (931-946 H/1428-1549 J.-C.) Capitale : Fès
Les Saadiens (916-1069 H/1510-1659 J.-C.) Capitale : Marrakech
Les Alaouites (1041- H/1631- J.-C.) Capitale : Rabat (depuis 1912 J.-C.)

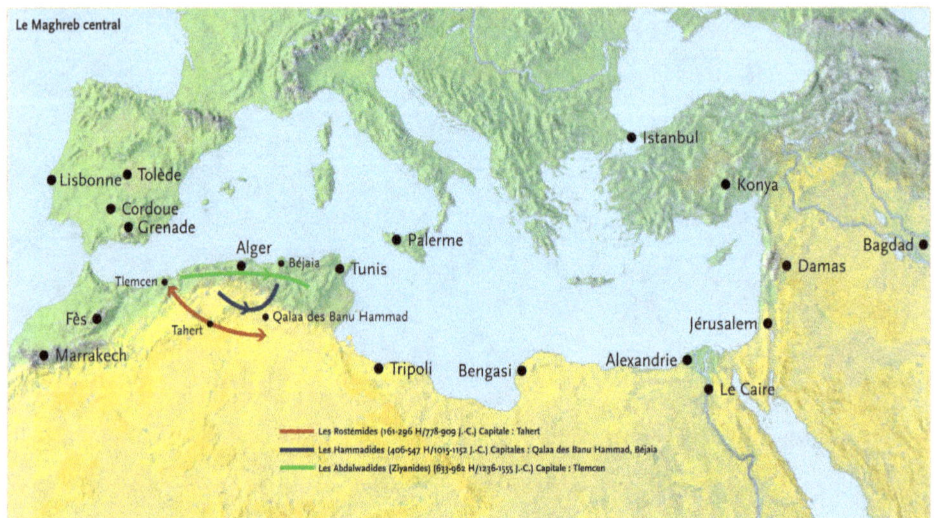
Le Maghreb central
Istanbul
Lisbonne
Tolède
Konya
Cordoue
Grenade
Palerme
Alger
Bagdad
Béjaia
Tunis
Damas
Tlemcen
Fès
Qalaa des Banu Hammad
Tahert
Jérusalem
Marrakech
Alexandrie
Tripoli
Bengasi
Le Caire
Les Rostémides (161-296 H/778-909 J.-C.) Capitale : Tahert
Les Hammadides (406-547 H/1015-1152 J.-C.) Capitales : Qalaa des Banu Hammad, Béjaia
Les Abdalwadides (Ziyanides) (633-962 H/1236-1555 J.-C.) Capitale : Tlemcen

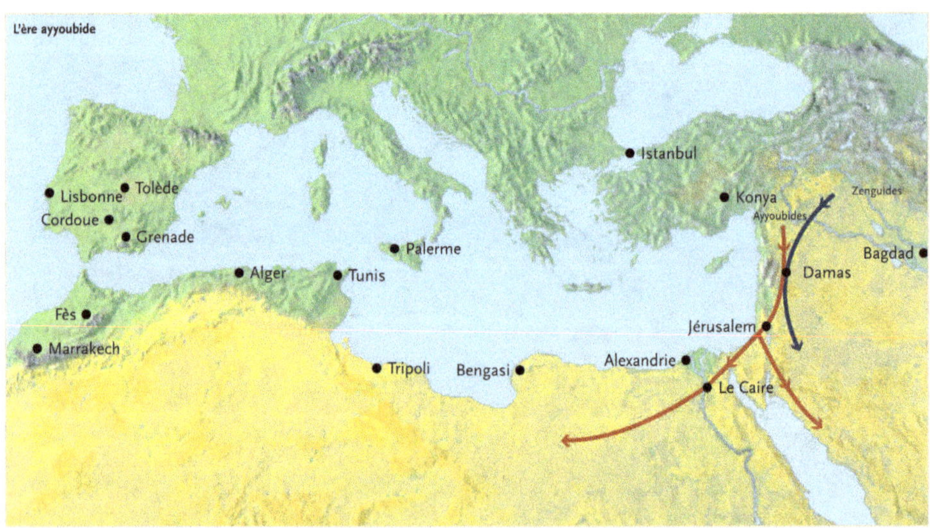
L'ère ayyoubide
Istanbul
Lisbonne
Tolède
Konya
Zenguides
Cordoue
Ayyoubides
Grenade
Palerme
Bagdad
Alger
Tunis
Damas
Fès
Jérusalem
Marrakech
Alexandrie
Tripoli
Bengasi
Le Caire

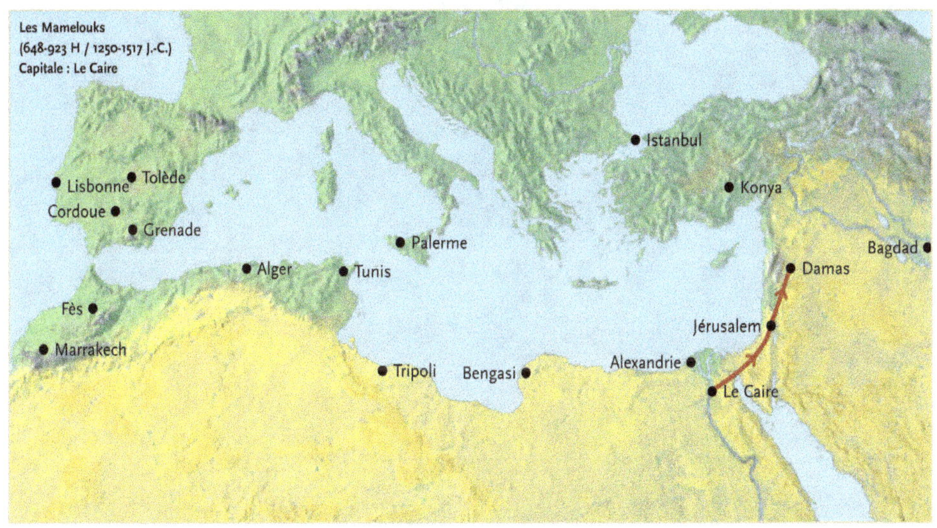
Les Mamelouks
(648-923 H / 1250-1517 J.-C.)
Capitale : Le Caire
Istanbul
Konya
Lisbonne
Tolède
Cordoue
Grenade
Palerme
Bagdad
Alger
Tunis
Damas
Fès
Marrakech
Jérusalem
Alexandrie
Tripoli
Bengasi
Le Caire

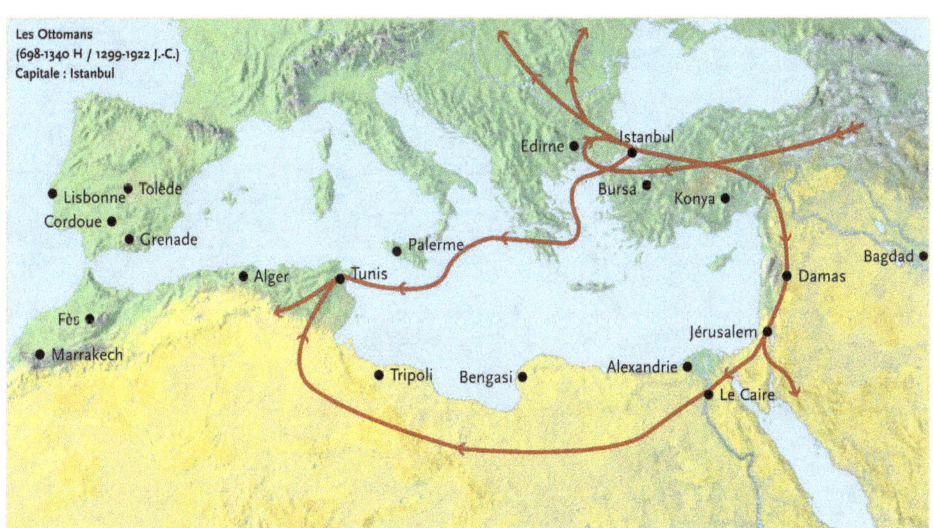
Les Ottomans
(698-1340 H / 1299-1922 J.-C.)
Capitale : Istanbul
Edirne
Istanbul
Bursa
Konya
Lisbonne
Tolède
Cordoue
Grenade
Palerme
Bagdad
Alger
Tunis
Damas
Fès
Marrakech
Jérusalem
Alexandrie
Tripoli
Bengasi
Le Caire

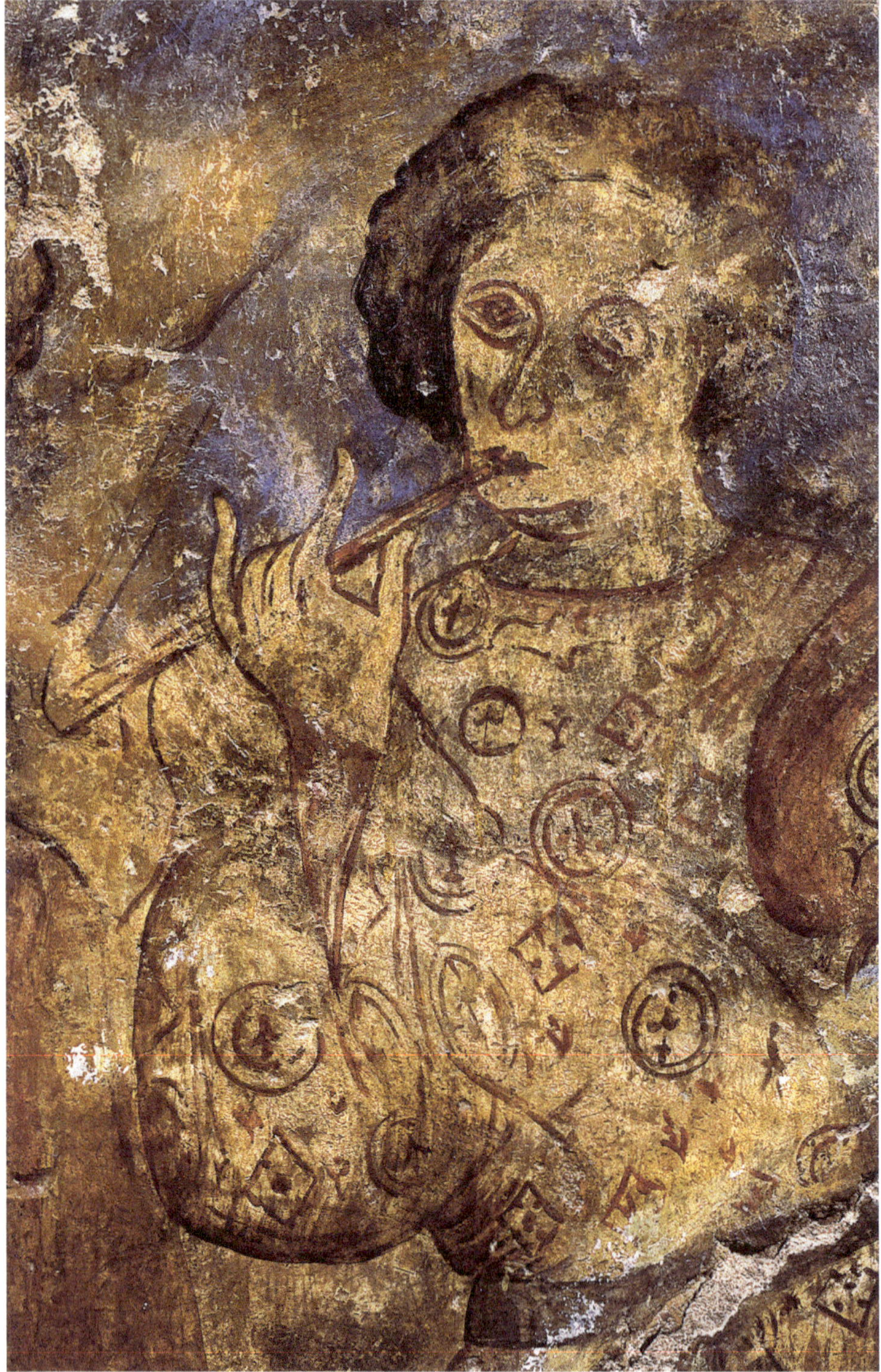

L'ART ISLAMIQUE EN MÉDITERRANÉE

Jamila Binous
Mahmoud Hawari
Manuela Marín
Gönül Öney

Le patrimoine islamique en Méditerranée

Depuis la première moitié du Ier/VIIe siècle, l'histoire du bassin méditerranéen se partage de façon étonnamment équitable entre deux cultures, la culture islamique d'une part et la culture chrétienne occidentale d'autre part. Cette très longue histoire de conflits et de contacts a contribué à créer un mythe largement répandu dans l'imaginaire collectif, fondé sur l'image de l'autre comme étant l'ennemi irréductible, étranger et inconnu et, par là-même, incompréhensible. Il est vrai que ces siècles sont ponctués de batailles, depuis les temps où les musulmans s'étendent à partir de la péninsule arabique et prennent possession du Croissant Fertile, de l'Égypte et plus tard, de l'Afrique du Nord, de la Sicile et de la péninsule ibérique et pénètrent en Europe occidentale jusqu'au sud de la France. Au début du IIe/VIIIe siècle, la Méditerranée est sous contrôle islamique.

Cette énergie à se déployer, d'une intensité rarement égalée dans l'histoire de l'humanité, s'est développée au nom d'une religion qui se considère comme l'héritière des deux religions qui la précèdent, le judaïsme et le christianisme. Mais ce serait extrêmement réducteur d'expliquer le développement de l'islam en termes de religion uniquement. L'une des images très répandues en Occident présente l'islam comme une religion de simples dogmes, adaptée aux besoins du petit peuple, disséminée par de vulgaires guerriers sortis du désert, le Coran brandi sur la lame de leurs épées. Cette image grossière est très loin de la complexité intellectuelle d'un message religieux qui transforme le monde dès son commencement. Elle identifie ce message à une menace militaire et justifie par conséquent une réaction dans les mêmes termes. En fait, elle réduit l'ensemble d'une culture à l'une de ses composantes uniquement –la religion– et la dépossède ainsi de son potentiel à évoluer et à changer.

Les pays méditerranéens qui sont progressivement intégrés dans le monde musulman commencent leur parcours à des points de départ très différents. Les formes de vie islamique qui commencent à se développer dans chacun d'eux sont par conséquent distinctes malgré l'unité qui résulte de leur adhésion commune au nouveau dogme religieux. La capacité à assimiler les éléments de cultures antérieures (hellénistique, romaine, etc.) constitue précisément l'une des caractéristiques qui définissent les sociétés islamiques. Lorsque les observations se limitent à la zone

Qusayr 'Amra, peinture murale de la salle des audiences, Badiya de Jordanie.

géographique de la Méditerranée, qui est culturellement extrêmement diversifiée à l'époque de l'émergence de l'islam, on remarque rapidement que ce moment initial ne présente aucune rupture avec le passé et on en vient à réaliser qu'il n'est pas concevable d'imaginer un monde islamique monolithique et immuable, suivant aveuglément un message religieux inaltérable.
S'il convient de choisir un *leitmotiv* définissant tout le bassin méditerranéen, c'est bien la diversité d'expression mêlée à l'harmonie de sentiment, sentiment plus culturel que religieux. Dans la péninsule ibérique –pour commencer par le périmètre occidental de la Méditerranée– la présence de l'islam, imposée initialement par les conquêtes militaires, génère une société qui se différencie clairement de la société chrétienne, tout en étant continuellement en contact avec elle. L'importance de l'expression culturelle de cette société islamique se ressent encore même après qu'elle ait cessé d'exister en tant que telle et donne naissance à ce qui constitue probablement l'un des éléments les plus originaux de la culture hispanique, l'art mudéjar. Le Portugal, tout au long de la période musulmane, a maintenu de fortes traditions mozarabes dont les empreintes sont encore visibles aujourd'hui. Au Maroc et en Tunisie, l'héritage de al-Andalus (l'Espagne musulmane) est assimilé dans les formes artistiques locales et continue d'exister de nos jours. La Méditerranée occidentale produit des formes d'expression originales qui reflètent son évolution historique conflictuelle et plurielle.
Insérée entre l'Orient et l'Occident, la mer Méditerranée est dotée d'enclaves terrestres, lieux historiques majeurs témoins des siècles passés, notamment la Sicile. Conquise par les Arabes établis en Tunisie, la Sicile continue de perpétuer la mémoire culturelle et historique de l'islam, longtemps après que la présence politique des musulmans sur l'île eut disparu. Les formes esthétiques sicilo-normandes que révèlent les monuments architecturaux démontrent clairement que l'histoire de ces régions ne peut s'expliquer sans la compréhension de la diversité des expériences sociales, économiques et culturelles qui s'épanouissent sur ces terres.
Tout à fait à l'opposé, donc, de l'image immuable et constante à laquelle il est fait allusion plus haut, l'histoire de l'islam en Méditerranée se caractérise par une surprenante diversité, née de la fusion entre peuples et ethnies, déserts et terres fertiles. S'il apparaît clairement que la religion adoptée par la majorité est l'islam depuis le Moyen Âge, il est également vrai que les minorités religieuses maintiennent historiquement leur présence. La langue du Coran, l'arabe classique, coexiste en termes d'égalité avec d'autres langues et les dialectes arabes.

Dans ce cadre d'indéniable unité (religion musulmane, langue et culture arabes), chaque société évolue et relève les défis de l'histoire à sa façon propre.

L'émergence et le développement de l'art islamique

Sur l'ensemble des territoires de civilisations aussi anciennes que diverses, un nouvel art apparaît, mêlé aux images de la foi islamique qui émerge à la fin du IIe/VIIIe siècle et qui, en moins d'un siècle, s'impose avec succès. À sa façon, cet art donne naissance à des créations et des innovations qui reposent sur des formules et des procédés architecturaux et décoratifs d'unification régionale. Il s'inspire simultanément des traditions artistiques qui le précèdent: traditions gréco-romaine et byzantine, sassanide, wisigothe, berbère ou d'Asie centrale.

L'objectif initial de l'art islamique consiste à répondre aux besoins de la religion et aux divers aspects de la vie socio-économique. De nouveaux édifices religieux voient le jour, notamment les mosquées et les sanctuaires. L'architecture joue ainsi un rôle central dans l'art islamique, puisque de nombreux arts s'y rattachent. Cependant, hormis l'architecture, un ensemble d'arts mineurs apparaît et trouve son expression artistique dans une variété de matériaux comme le bois, la céramique, les métaux, le verre, etc. En poterie, parmi la grande variété des techniques employées, les groupes les plus utilisés sont les céramiques polychromes vernissées. Du verre d'une grande beauté est produit, atteignant le sommet de l'art avec le verre orné de couleurs vives, dorées et émaillées. Le bronze incrusté d'argent ou de cuivre constitue la méthode la plus sophistiquée du travail du métal. Des textiles et des tapis d'excellente qualité, avec des figures géométriques, des représentations animales ou humaines, sont confectionnés. Des manuscrits enluminés de miniatures représentent l'aboutissement spectaculaire de l'art du livre. Ces différentes formes d'arts mineurs témoignent de l'éclat remarquable de l'art islamique.

Toutefois, l'art figuratif est exclu du domaine liturgique islamique, ce qui signifie qu'il est banni du cœur de la civilisation islamique et qu'il n'est toléré qu'à sa périphérie. Les reliefs sont rares dans la décoration des monuments et les sculptures sont pratiquement planes. Mais l'extrême richesse des ornementations des panneaux de stuc somptueusement ciselés, des panneaux de bois sculptés, des faïences murales et des mosaïques vernissées de même que des frises à stalactites, ou *mouqarnas,* compensent cette absence. Les éléments décoratifs empruntés à la nature –feuilles, fleurs, branches– sont généralement stylisés à l'extrême et sont si complexes qu'ils font rarement penser à leur source d'origine. L'entrelacement et la combinaison de motifs géomé-

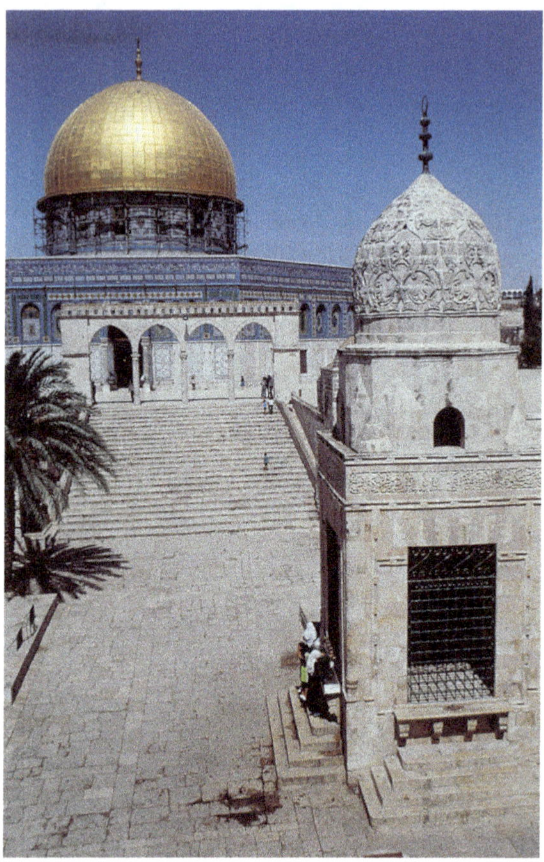

Dôme du Rocher, Jérusalem.

triques, notamment les losanges et les polygones étoilés, forment des réseaux entrelacés qui recouvrent entièrement les surfaces, créant des formes qui prennent souvent le nom d'arabesques. L'introduction d'éléments épigraphiques dans l'ornementation des monuments, des meubles et de divers objets représente une innovation du répertoire décoratif. Les artisans musulmans savent utiliser la beauté de la calligraphie arabe, la langue du Livre sacré, le Coran, non seulement pour transcrire des versets coraniques mais dans toutes ses variantes, comme simple motif de décoration de l'ornementation des panneaux de stuc et des encadrements de panneaux.

L'art se met également au service des souverains. Les architectes construisent, pour leurs mécènes, des palais, des mosquées, des écoles, des hôpitaux, des bains publics, des caravansérails et des mausolées qui portent parfois leur nom. L'art islamique est, avant tout, un art dynastique. Chaque tendance y contribue en apportant un renouvellement partiel ou complet des formes artistiques, en fonction du cadre historique, de la prospérité dont jouissent les États et des traditions de chaque peuple. L'art islamique, malgré son unité relative, permet la diversité, donnant naissance à différents styles, chacun étant assimilé à une dynastie.

La dynastie omeyyade (41/661-132/750), qui transfère la capitale du califat à Damas, représente un aboutissement singulier de l'histoire de l'Islam. Elle absorbe et intègre l'héritage hellénistique et byzantin de façon à refondre la tradition classique méditerranéenne en un nouveau moule innovateur. L'art islamique naît donc en Syrie et l'architecture, nettement islamique du fait de la personnalité de ses fondateurs, continue également à offrir cette relation à l'art hellénistique et byzantin. Le Dôme du Rocher à Jérusalem, premier sanctuaire islamique monumental, la grande mosquée de Damas, qui sert de modèle aux mosquées ultérieures et les palais du désert de Syrie, de Jordanie et de Palestine, en constituent les monuments les plus importants.

Lorsque le califat abbasside (132/750-656/1258) succède à la dynastie omeyyade, le centre politique de l'Islam se déplace de la Méditerranée vers Bagdad, en Mésopotamie. Ce facteur contribue à influencer le développement de la civilisation islamique et tous les aspects culturels et artistiques portent les stigmates de ce changement. L'art et l'architecture abbassides subissent l'influence de trois traditions majeures: sassanide, asiatique et seldjoukide. L'influence d'Asie centrale est déjà présente dans l'architecture sassanide mais à Samarra, cette influence se retrouve dans le style du stuc avec ses ornementations en arabesques qui se répandent rapidement dans le monde islamique. L'influence des monuments abbassides se ressent dans les édifices construits au cours de cette période dans les autres provinces de l'empire, tout particulièrement en Égypte et en Ifriqiya. Au Caire, la mosquée Ibn Touloun (262/876-265/879) est un véritable chef-d'œuvre, admirable pour son plan et son unité de conception. La grande mosquée abbasside de Samarra lui sert de modèle, tout particulièrement son minaret hélicoïdal. À Kairouan, capitale de l'Ifriqiya, les vassaux des califes abbassides, les Aghlabides (184/800-296/909), embellissent la grande

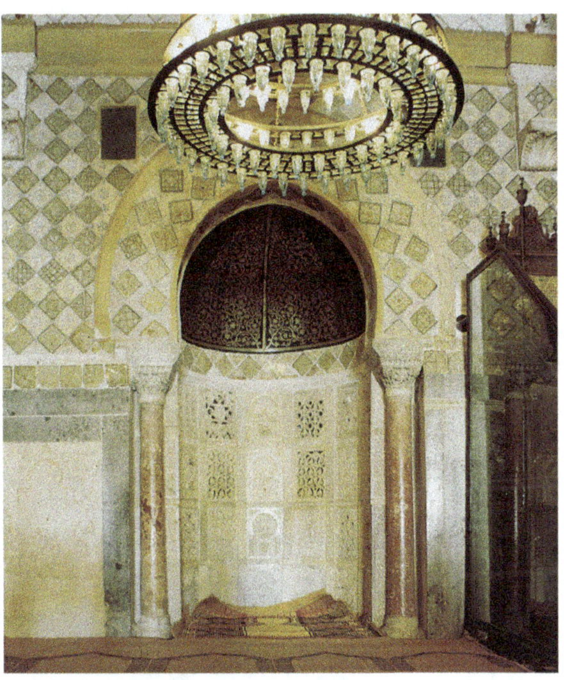

Mosquée de Kairouan, mihrab, Tunisie.

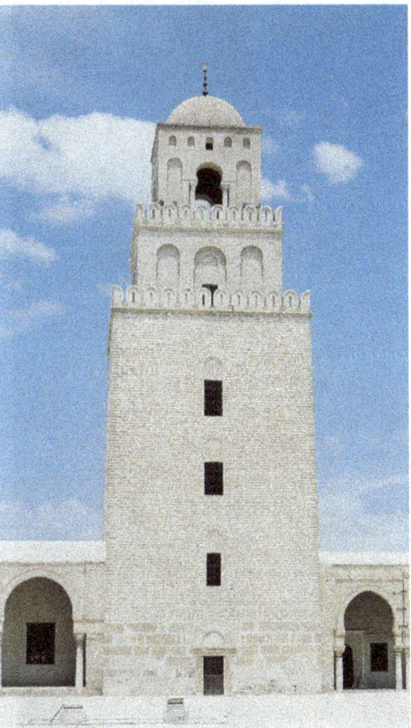

Mosquée de Kairouan, minaret, Tunisie.

Citadelle d'Alep, vue de l'entrée, Syrie.

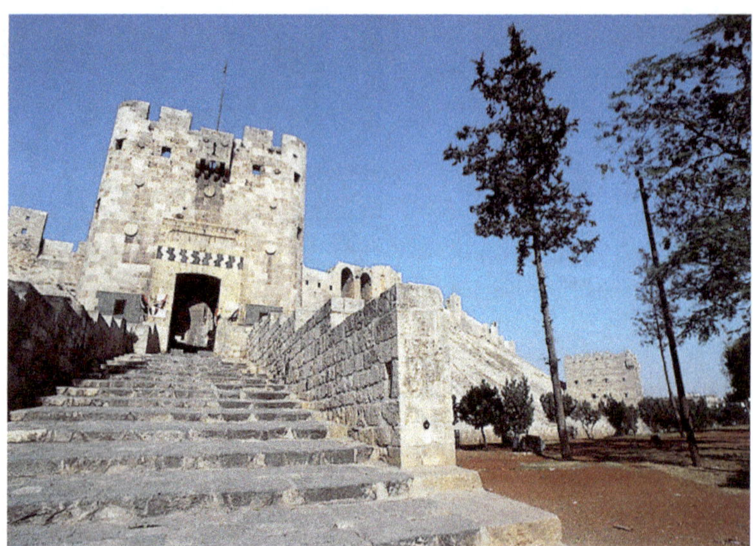

Complexe Qalawun, Le Caire, Égypte.

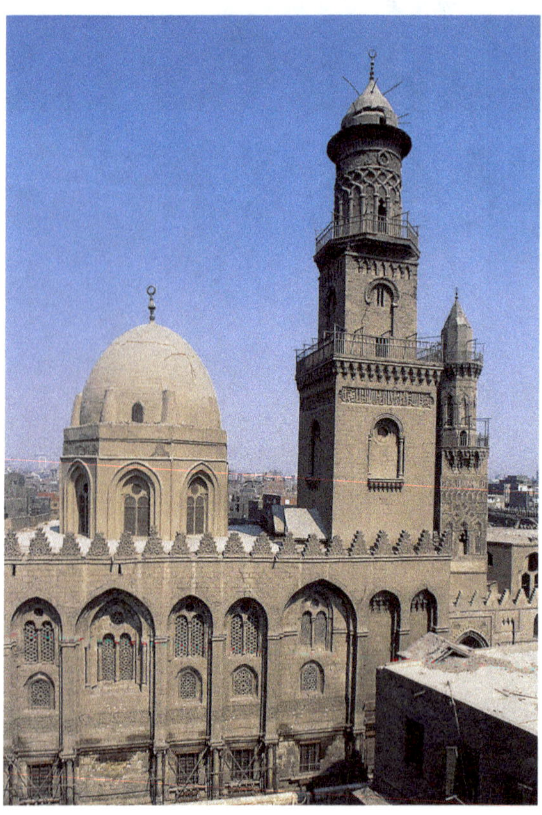

mosquée, l'une des plus exemplaires du Maghreb dont le *mihrab* est recouvert de faïences de Mésopotamie.

Les Fatimides (296/909-567/1171) règnent sur une période remarquable de l'histoire des pays méditerranéens islamiques, l'Afrique du Nord, la Sicile, l'Égypte et la Syrie. Seuls restent quelques exemples de ces constructions architecturales, témoins de leur gloire passée: dans le Maghreb central, la Qal'a des Beni Hammad et la mosquée de Mahdia; en Sicile, la Cuba *(Qoubba)* et la Zisa *(al-'Aziza)* à Palerme, construites par les artistes fatimides sous le règne du roi normand William II; au Caire, la mosquée al-Azhar constitue l'exemple le plus remarquable de l'architecture fatimide en Égypte.

Les Ayyoubides (567/1171-648/1250), qui renversent la dynastie fatimide au Caire, sont des mécènes importants dans le domaine de l'architecture. Ils fondent des institutions religieuses *(madrasas, khanqas)*, afin de propager l'islam sunnite, des mausolées et des établissements de bienfaisance sociale, de même que des fortifications imposantes en vue de faire front aux conflits militaires avec les croisés. La citadelle d'Alep en Syrie constitue un magnifique exemple de leur architecture militaire.

Les Mamelouks (648/1250-923/1517), successeurs des Ayyoubides, résistent vaillamment aux croisés et aux Mongols, parviennent à obtenir l'unité de la Syrie et de l'Égypte et fondent un puissant empire. La richesse et le luxe de la cour du sultan mamelouk au Caire poussent les artistes et les architectes à atteindre un style d'architecture extraordinairement élégant. Pour le monde islamique, la période mamelouke marque un essor et une renaissance. L'enthousiasme à créer des édifices religieux et à reconstruire les édifices existants place les Mamelouks parmi les plus grands mécènes dans les domaines de l'art et de l'architecture dans l'histoire de l'Islam. La mosquée de Hassan (757/1356), mosquée funéraire construite selon un plan cruciforme, les branches de la croix étant formées de quatre *iwans* autour d'une cour centrale, est typique de cette époque.

L'Anatolie est le berceau de deux grandes dynasties islamiques: les Seldjoukides (571/1075-718/1318), qui introduisent l'Islam dans la région et les Ottomans (699/1299-1340/1922), qui entraînent la fin de l'Empire byzantin avec la prise de Constantinople et assoient leur hégémonie dans la région.

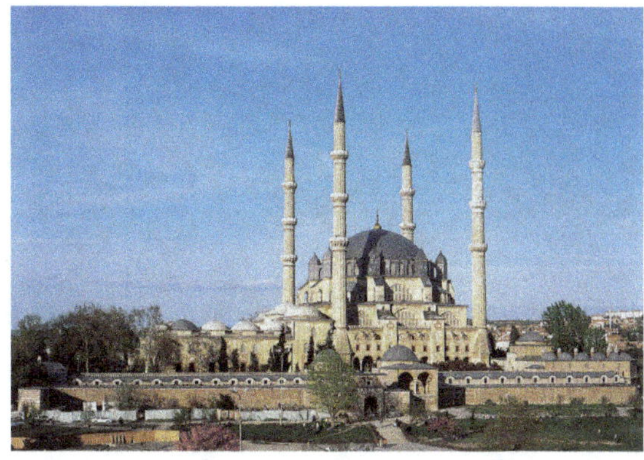

Mosquée Selimiye, vue générale, Edirne, Turquie.

Un style distinctif de l'art et de l'architecture seldjoukides s'épanouit avec des influences d'Asie centrale, d'Iran, de Mésopotamie et de Syrie qui s'entremêlent à des éléments du patrimoine de l'Anatolie chrétienne et de l'Antiquité. Konya, la nouvelle capitale de l'Anatolie centrale, ainsi que d'autres villes, s'enrichissent d'édifices dans le nouveau style seldjoukide. De nombreuses mosquées, *madrasas*,

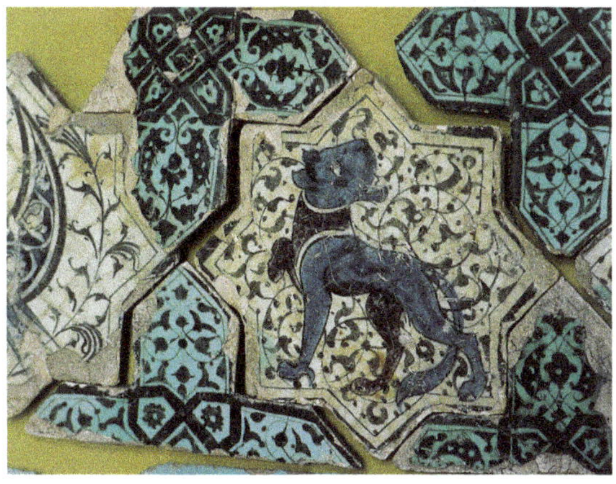

Céramique du palais Kubadabad, Musée Karatay, Konya, Turquie.

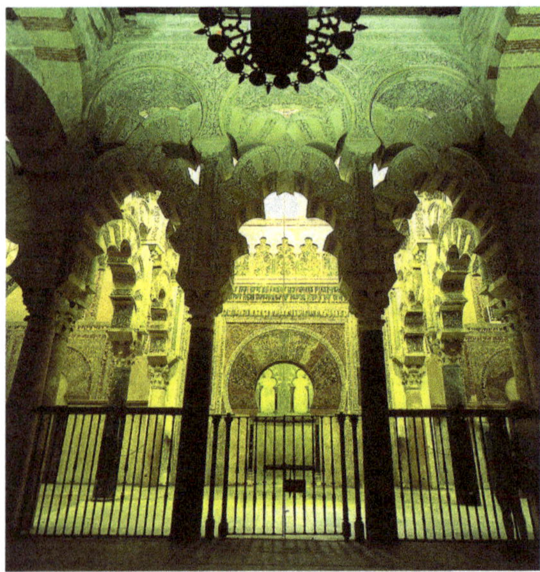

Grande Mosquée de Cordoue, mihrab, Espagne.

turbés et caravansérails, richement décorés de stuc et de faïence aux diverses représentations figuratives, survivent encore.

Avec la désintégration des émirats seldjoukides et le déclin de Byzance, les Ottomans peuvent étendre leur territoire et transfèrent rapidement leur capitale d'Iznik à Bursa puis à Edirne. La conquête de Constantinople en 858/1453 par le sultan Mehmet II donne l'élan nécessaire à la transition d'un État émergeant en un grand empire. Une superpuissance qui étend ses frontières jusqu'à Vienne, y compris les Balkans à l'ouest et l'Iran à l'est, de même qu'en Afrique du Nord, de l'Égypte à l'Algérie, transformant la Méditerranée orientale en mer ottomane. La course en vue de surpasser la grandeur des églises byzantines héritées, dont la Sainte-Sophie constitue l'exemple le plus frappant, culmine avec la construction de grandes mosquées à Istanbul. La mosquée Süleymaniye, construite au Xe/XVIe siècle par le célèbre architecte ottoman Sinan en est l'exemple le plus significatif et incarne le point culminant de l'harmonie architecturale des édifices à coupoles. La plupart des grandes mosquées ottomanes font partie d'un grand ensemble d'édifices, *külliye,* comprenant des madrasas, une école coranique, une bibliothèque, un hôpital *(darüssifa),* une auberge *(tabkhane),* une cuisine publique, un caravansérail et des mausolées *(turbés)*. À partir du début du XIIe/XVIIIe siècle, au cours de la “Période des Tulipes”, l'architecture et le style décoratif ottomans reflètent l'influence du style baroque et rococo français, annonçant la période d'occidentalisation de l'art et de l'architecture.

Dar al-Jund, Madinat al-Zahra', Espagne.

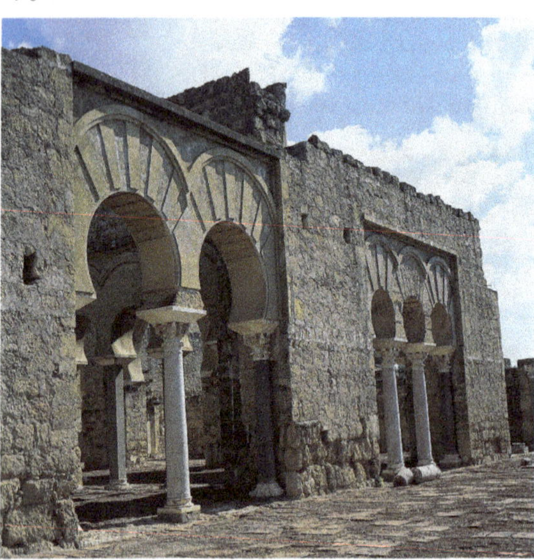

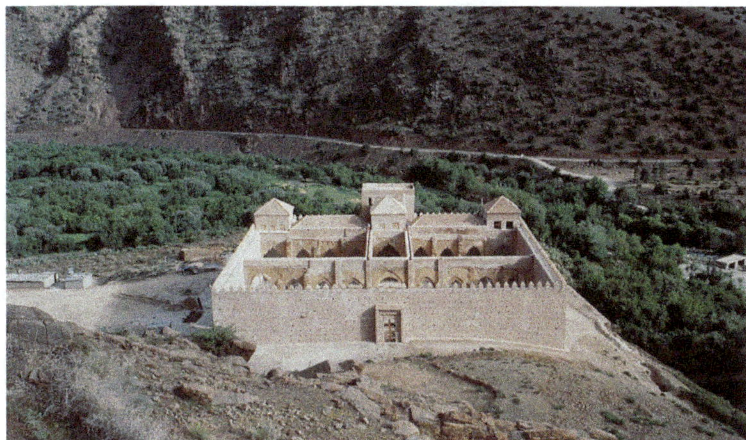
Mosquée de Tinmel, vue aérienne, Maroc.

Al-Andalus, dans la partie occidentale du monde islamique, devient le berceau d'une expression artistique et culturelle brillante. Abd al-Rahman Ier y fonde un califat omeyyade indépendant (138/750-422/1031) avec Cordoue pour capitale. La grande mosquée de cette ville ouvre la voie aux tendances artistiques innovatrices, notamment avec les doubles arcs bicolores superposés et les panneaux à ornementation végétale, qui sont passées dans le répertoire des formes artistiques andalouses.

Au cours du Ve/XIe siècle, le califat de Cordoue se divise en de multiples principautés qui ne sont pas en mesure d'éviter l'avancée progressive de la reconquête initiée par les États chrétiens au nord-ouest de la péninsule ibérique. Ces roitelets, ou rois de Taïfa, font appel aux Almoravides en 479/1086 et aux Almohades en 540/1145 en vue de repousser l'arrivée des chrétiens et de rétablir l'unité partielle de al-Andalus.

Par leur intervention dans la péninsule ibérique, les Almoravides (427/1036-541/1147) entrent en contact avec une nouvelle civilisation et tombent rapidement sous le charme du raffinement de l'art andalou, comme le reflète leur capitale, Marrakech, où ils construisent une grande mosquée et des palais. L'influence de l'architecture de Cordoue et d'autres capitales, notamment Séville, se ressent dans tous les monuments almoravides de Tlemcen, Alger ou Fès.

Tour des Dames et jardins, l'Alhambra, Grenade, Espagne.

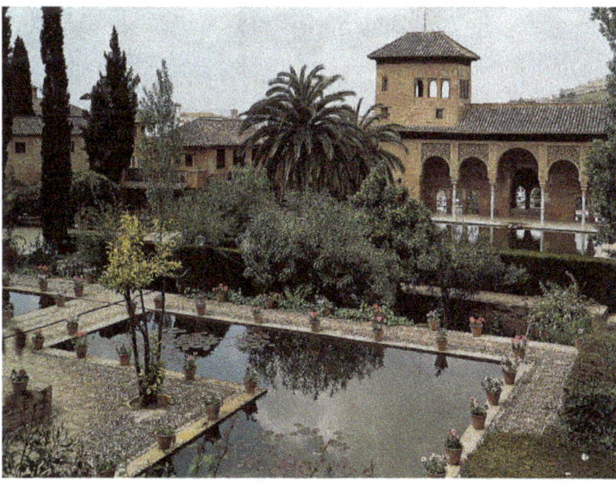

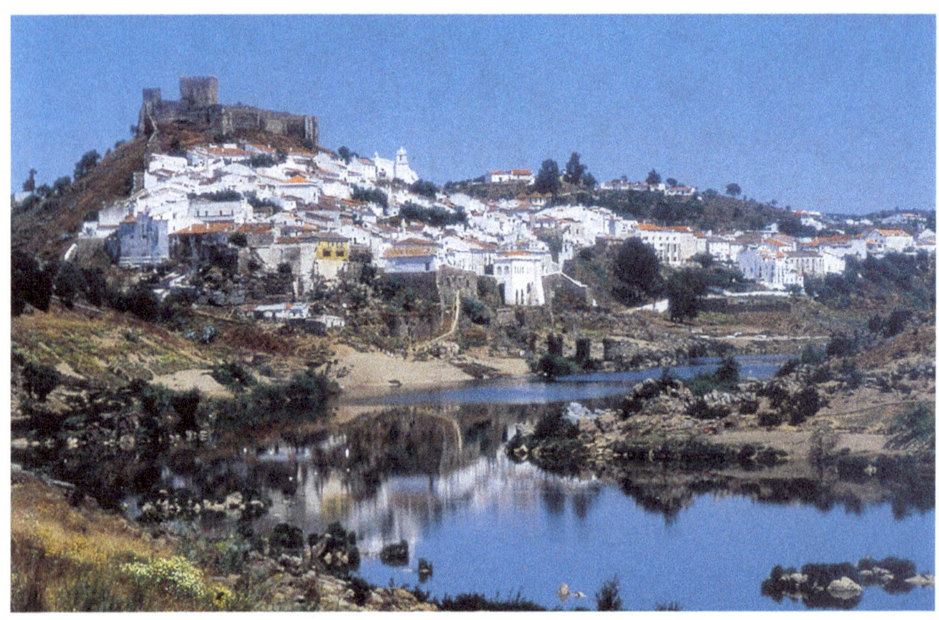

Mértola, vue générale, Portugal.

L'art islamique occidental atteint son apogée sous le règne des Almohades (515/1121-667/1269), qui étendent leur hégémonie jusqu'en Tunisie. Au cours de cette période la créativité artistique, engendrée par les souverains almoravides, se renouvelle et des chefs-d'œuvre de l'art islamique font leur apparition. La grande mosquée de Séville avec son minaret la Giralda, la Koutoubiya à Marrakech, la mosquée Hassan à Rabat et la mosquée de Tinmel érigée au sommet des montagnes de l'Atlas au Maroc en sont les exemples les plus remarquables.

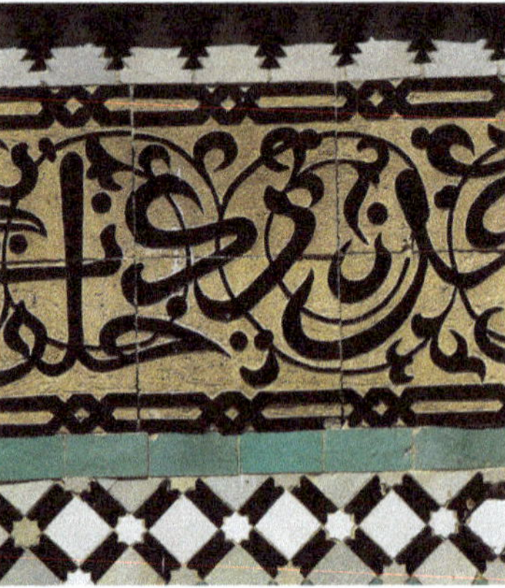

Frise épigraphique en caractère cursif sur carreaux de faïence, Madrasa Bouinaniya, Meknès, Maroc.

Avec la dissolution de l'empire almohade, la dynastie nasride (629/1232-897/1492) s'installe à Grenade et vit une période de splendeurs au cours du VIIIe/XIVe siècle. La civilisation de Grenade devient un modèle culturel pour les siècles à venir en Espagne (l'art mudéjar), et particulièrement au Maroc, où cette tradition artistique a bénéficié d'une grande popularité et est préservée jusqu'à nos jours dans les domaines de l'architecture, de la décoration, de la musique et de la gastronomie. Les

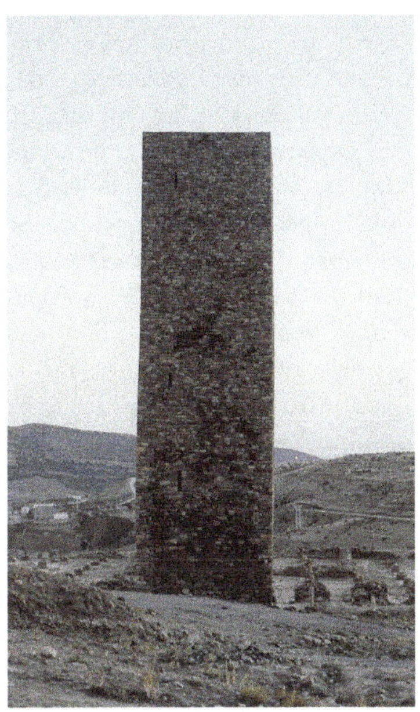

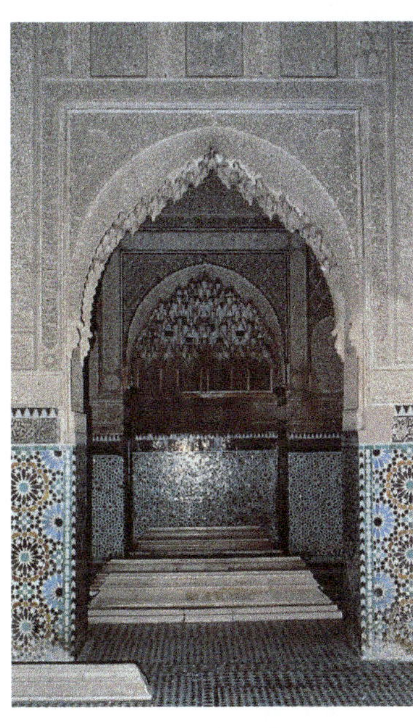

Qal'a des Beni Hammad, minaret, Algérie.

Tombeau des Saadiens, Marrakech, Maroc.

célèbres palais et forts de *al-Hamra* (l'Alhambra) à Grenade marquent l'aboutissement suprême de l'art andalou, avec toutes les caractéristiques de son répertoire artistique. Parallèlement, au Maroc, les Mérinides (641/1243-876/1471) succèdent aux Almohades, alors qu'en Algérie règnent les Abd al-Wadids (633/1235-922/1516) et en Tunisie les Hafsides (625/1228 941/1534). Les Méri nides perpétuent l'art andalou, l'enrichissant de nouveaux éléments. Ils embellissent leur capitale Fès par une abondance de mosquées, palais et *madrasas*, considérés comme étant, avec leurs mosaïques de céramique et leurs revêtements de *zellij* dans les décorations murales, les œuvres les plus parfaites de l'art islamique. Les dynasties marocaines suivantes, les Saadiens (933/1527-1070/1659) et les Alaouites (1070/1659 - à nos jours), perpétuent la tradition artistique des Andalous exilés de leur terre natale en 897/1492. Ils continuent de construire et de décorer leurs monuments en utilisant les mêmes formules et les mêmes thèmes décoratifs que les dynasties précédentes, ajoutant des touches innovatrices caractéristiques de leur génie créatif. Au début du XIe/XVIIe siècle, les immigrés andalous (les Morisques), qui s'établissent dans les villes du nord du Maroc, introduisent de nombreuses caractéristiques de l'art andalou. Aujourd'hui, le Maroc est l'un des rares pays à perpétuer les traditions andalouses dans son architecture et son ameublement, modernisées par l'introduction de techniques et de styles architecturaux du XXe siècle.

L'ARCHITECTURE ISLAMIQUE

De façon générale, l'architecture islamique peut être classée en deux catégories : religieuse, avec notamment les mosquées, les *madrasas*, les mausolées, et séculaire, tout particulièrement avec les palais, les caravansérails, les fortifications, etc.

Architecture religieuse

Mosquées

Pour des raisons évidentes, la mosquée se trouve au cœur de l'architecture islamique. Elle représente le clair symbole de la foi qu'elle sert. Très tôt, les musulmans comprennent ce rôle symbolique qui constitue un facteur important dans la création d'indices visuels appropriés dans le domaine de la construction: les minarets, coupoles, *mihrabs*, *minbars*, etc.
La cour de la maison du Prophète à Médine représente la première mosquée de l'islam, sans raffinements architecturaux. Les premières mosquées construites par les musulmans au fur et à mesure de l'expansion de leur empire sont simples. À partir de ces édifices, se développe la mosquée du prêche ou mosquée du vendredi *jama'*, dont les traits essentiels n'ont pas changé depuis 1400 ans. Son plan général consiste en une grande cour entourée d'arcades, avec un nombre de rangées plus élevé du côté orienté vers La Mecque (*qibla*) que sur les autres côtés. La grande mosquée omeyyade de Damas, dont le plan s'inspire de celui de la mosquée du Prophète, sert de modèle aux nombreuses mosquées construites dans les différentes provinces du monde islamique.
Deux autres types de mosquées se développent en Anatolie et, plus tard, sur les territoires ottomans : les mosquées basilicales et les mosquées à coupoles. Le premier type consiste en une simple salle à piliers ou basilique, style influencé par la tradition romaine tardive et la byzantine de Syrie, introduite avec quelques modifications au Ve/XIe siècle.
Le deuxième type de mosquées, qui se développe au cours de la période ottomane, organise l'espace intérieur sous un dôme unique. Les architectes ottomans créent dans les grandes mosquées impériales un nouveau style de construction à coupoles qui réunit la tradition de la mosquée islamique et la construction des édifices à coupoles en Anatolie.

Mosquée omeyyade de Damas, Syrie.

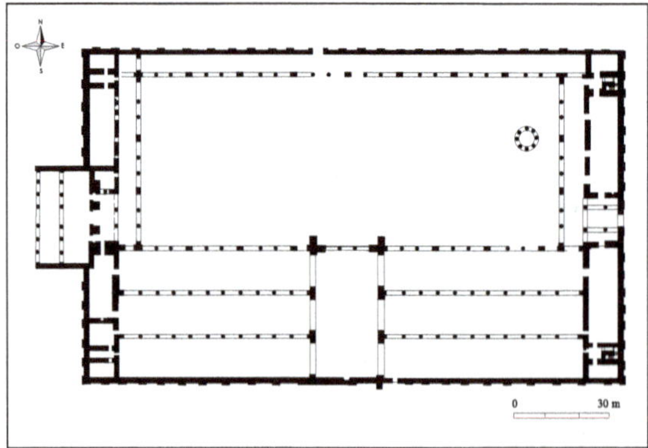

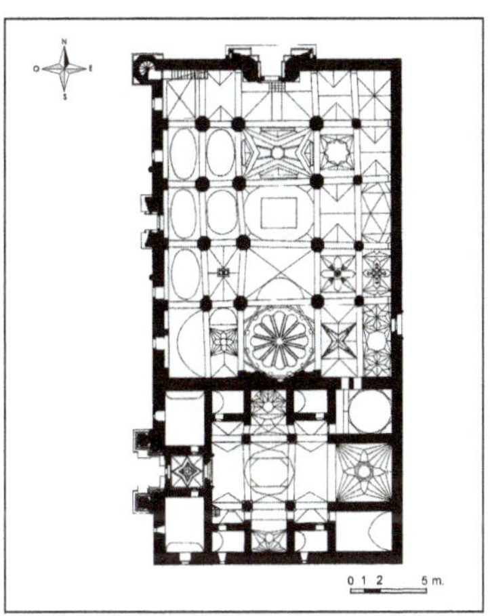

Grande Mosquée de Divriği, Turquie.

Le dôme principal repose sur une structure hexagonale et les baies latérales sont couronnées de coupoles plus petites. L'importance d'un espace intérieur dominé par un dôme unique devient le point de départ d'un style diffusé au Xe/XVIe siècle. Au cours de cette période, les mosquées deviennent des complexes multifonctionnels à caractère social, composés d'une *zaouïa,* d'une *madrasa,* d'une cuisine publique, de bains, d'un caravansérail et du mausolée du fondateur. La mosquée Süleymaniye à Istanbul, construite en 965/1557 par le grand architecte Sinan, constitue l'exemple suprême de ce style.

Le minaret à partir duquel le *muezzin* appelle les fidèles à la prière constitue l'indice le plus saillant de la mosquée. En Syrie, le minaret traditionnel consiste en une tour carrée construite en pierre. Dans l'Égypte mamelouke, les minarets sont divisés en trois zones distinctes: une section carrée à la base, une section médiane octogonale et une section cylindrique au sommet, surplombée d'une petite coupole. La tour est richement décorée et la transition entre chaque section se fait par un bandeau de *mouqarnas.* Les minarets d'Afrique du Nord et d'Espagne, qui partagent leur tour carrée avec la Syrie, sont décorés de panneaux à motifs autour de fenêtres jumelées. Pendant l'époque ottomane, les minarets octogonaux ou cylindriques remplacent la tour carrée. Il s'agit souvent de hauts minarets effilés et bien que les mosquées ne possèdent généralement qu'un seul minaret, dans les grandes villes, elles peuvent avoir deux, quatre, voire six minarets.

Les madrasas

Il est probable que les Seldjoukides aient construits leurs premières *madrasas* en Perse au début du Ve/XIe siècle. Il ne s'agit encore que

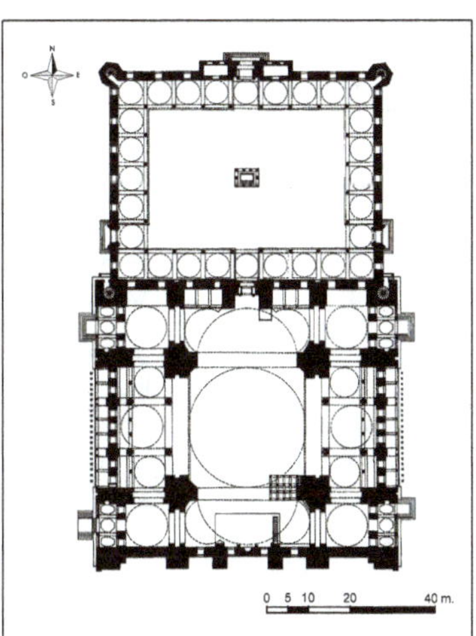

Mosquée Süleymaniye, Istanbul, Turquie.

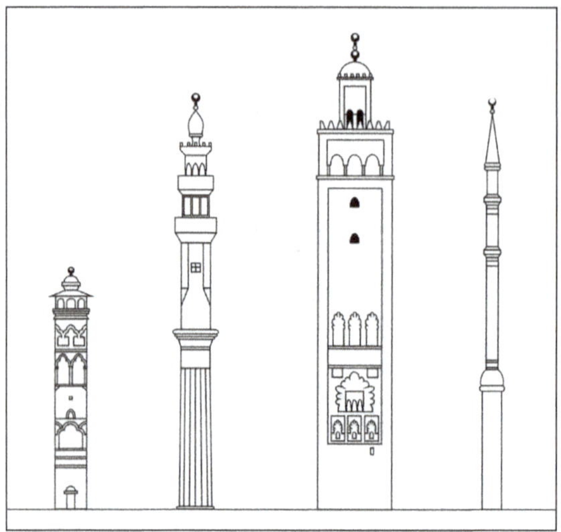

Typologie de minarets.

de petites structures dotées d'une cour surmontée d'un dôme et de deux *iwans* latéraux. Un autre type de *madrasas* se développe ultérieurement avec une cour ouverte et un *iwan* central entouré d'arcades. Au cours du VIe/XIIe siècle en Anatolie, la *madrasa* devient multifonctionnelle et sert

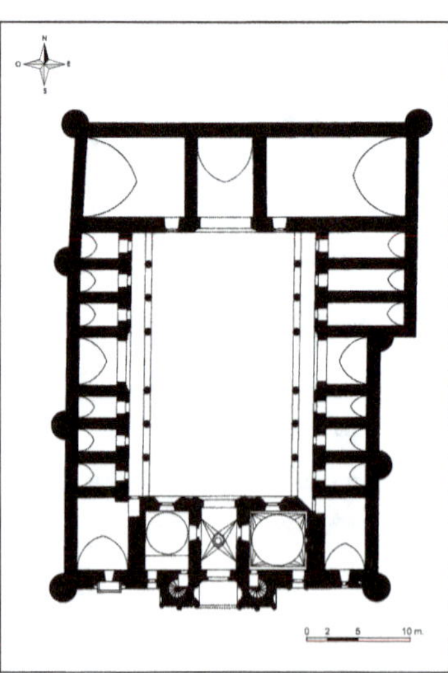

Madrasa de Sivas Gök, Turquie.

d'école de médecine, d'hôpital psychiatrique, d'hospice équipé de cuisine publique (*imaret*) et de mausolée.

Le développement de l'Islam sunnite orthodoxe atteint une nouvelle apogée en Syrie et en Égypte avec les Zengides et les Ayyoubides (VIe/XIIe - début VIIe/XIIIe siècles). Cette époque voit l'introduction de la madrasa fondée par un dirigeant civique ou politique, dans le but de développer la jurisprudence islamique. Ce type d'établissement est financé par des biens de mainmorte *(waqf)*, généralement les revenus des terres ou de propriétés, comme les vergers, les échoppes dans un marché (*souk*) ou les bains publics (*hammam*). La *madrasa* suit généralement un plan cruciforme avec une cour centrale entourée de quatre *iwans*. Très vite, la *madrasa* devient une forme architecturale dominante avec des mosquées adoptant leur plan à quatre *iwans*. La *madrasa* perd progressivement son seul rôle religieux et de fonction politique comme instrument de propagande et tend à avoir une fonction civique plus large, servant de mosquée du prêche et de mausolée pour le bienfaiteur.

La construction de *madrasas* en Égypte et tout particulièrement au Caire apporte un nouveau souffle avec l'arrivée des Mamelouks. La *madrasa* cairote typique de cette époque est une structure multifonctionnelle à quatre *iwans* avec un portail en stalactite (*mouqarnas*) et de splendides façades. Avec l'arrivée des Ottomans au début du Xe/XVIe siècle, la double fondation –généralement une mosquée-*madrasa*– devient un grand centre très répandu qui jouit de la protection impériale. L'*iwan* disparaît progressivement, remplacé par une salle à coupole dominante. Le nombre croissant des cellules pour étudiants surmontées de coupoles constitue l'un des éléments qui caractérisent les *madrasas* ottomanes.

La *khanqa* constitue l'un des types d'édifices qui, du fait de sa fonction et de sa forme, peut être associé à la *madrasa*. Ce terme indique une institution plutôt qu'un type particulier d'édifice, qui abrite les membres d'un ordre mystique musulman. Il existe de nombreux autres termes synonymes de *khanqa,* utilisés par les historiens musulmans: au Maghreb, *zaouïa;* dans les territoires ottomans, *tekke* et, le terme le plus généralement utilisé, *ribat*. Le soufisme domine constamment la *khanqa,* en provenance de Perse orientale au cours du IVe/Xe siècle. Dans sa forme la plus simple, une *khanqa* est une maison rassemblant un groupe d'étudiants autour d'un maître (*cheikh*). Celle-ci est dotée de salles de réunion, de prière et communautaires. La création de *khanqas* se développe sous les Seldjoukides au cours des Ve/XIe et Ier/XIIe siècles et bénéficie de l'étroite association entre le soufisme et le *madhhab* (doctrine) chafiite favorisée par l'élite au pouvoir.

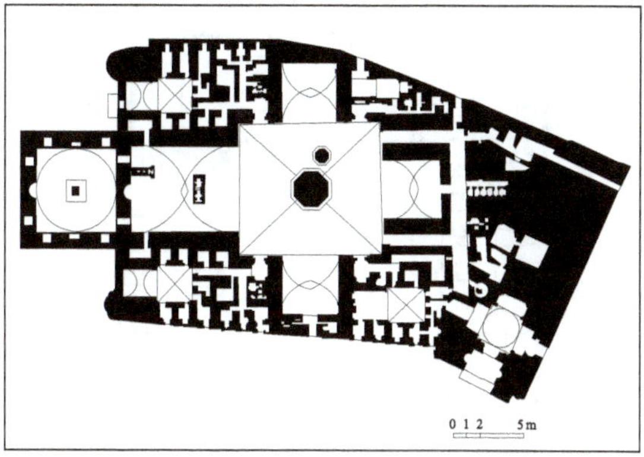

Mosquée et Madrasa Sultan Hassan, Le Caire, Égypte.

Les mausolées

Dans les sources islamiques, la terminologie servant à désigner le type de construction des mausolées est très riche. Le terme descriptif usuel *turbé* se réfère à la fonction d'inhumation de l'édifice. Un autre terme, la *koubba*, se réfère à son élément le plus identifiable, la coupole, et s'applique souvent à une construction qui commémore les prophètes bibliques, les compagnons du Prophète Muhammad et des notables religieux ou militaires. La fonction des mausolées ne se limite pas simplement à un lieu d'inhumation et de commémoration, mais joue également un rôle important dans la religion "populaire". Ils sont vénérés comme des tombeaux de saints locaux et sont devenus des lieux de pèlerinage. Très souvent, la structure du mausolée est embellie par des citations du Coran et est dotée d'un mihrab, afin d'en faire un lieu propice à la prière. Dans certains cas,

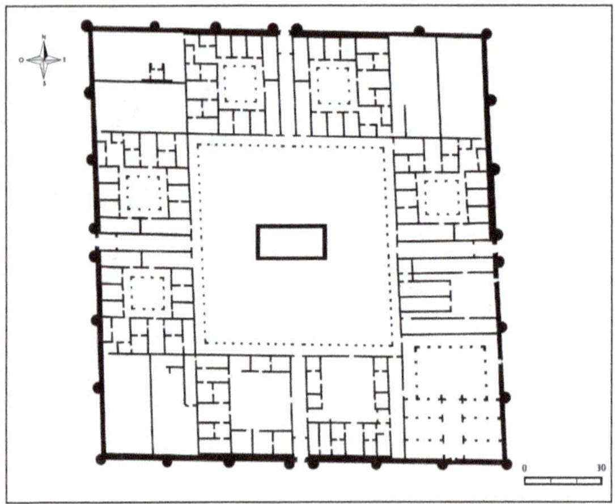

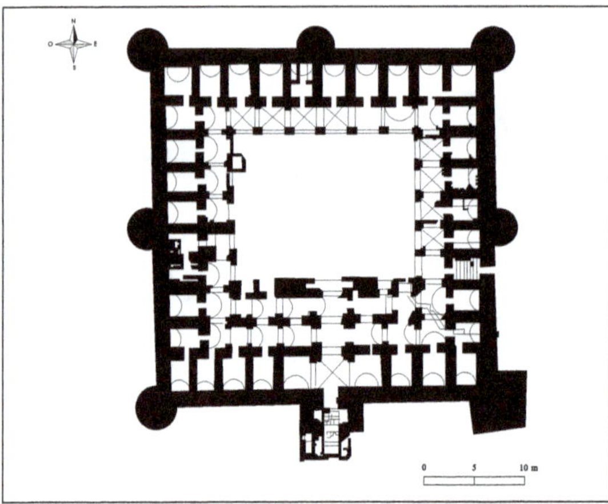

Qasr al-Khayr oriental, Syrie.

Ribat de Sousse, Tunisie.

le mausolée fait partie d'une institution commune. Les formes des mausolées islamiques de l'époque médiévale sont variées mais la forme traditionnelle consiste en un quadrilatère recouvert d'une coupole.

Architecture séculaire

Les palais

La période omeyyade se caractérise par des palais et des bains publics somptueux dans les lointaines régions désertiques. Leur plan de base découle des modèles de campements militaires romains. Malgré leur décoration éclectique, ils constituent les meilleurs exemples du style décoratif islamique naissant. Les mosaïques, les peintures murales, les sculptures en stuc ou en pierre, sont les moyens utilisés pour cette remarquable variété de décorations et de thèmes. Les palais abbassides en Irak, notamment ceux de Samarra et d'Ukhaidir, suivent le même plan que leurs prédécesseurs omeyyades mais se caractérisent par des dimensions plus imposantes, l'utilisation de grands *iwans*, de coupoles et de cours et l'utilisation intensive de décorations en stuc. Les palais de la fin de la période islamique élaborent un nouveau style distinctif, plus décoratif et moins monumental. L'Alhambra constitue probablement l'exemple le plus remarquable de palais royaux ou princiers. La grande superficie du palais est fragmentée en une série d'unités indépendantes : jardins, pavillons et cours. Cependant, l'élément le plus singulier de l'Alhambra est la décoration qui produit un effet extraordinaire à l'intérieur de l'édifice.

Les caravansérails

Un caravansérail se réfère généralement à une grande structure qui offre le gîte aux voyageurs et aux commerçants. Il s'agit normalement d'un espace carré ou rectangulaire, avec une entrée monumentale en saillie et des tours qui flanquent l'enceinte extérieure. Une cour centrale est entourée de portiques et de pièces réservées à l'hébergement des voyageurs, au stockage des marchandises et servent également d'écuries pour les animaux.
Cette typologie d'édifice répond à une grande variété de fonctions comme le démontrent ses différentes dénominations: *khan, han, funduq, ribat.* Ces termes ne sont que le reflet de différences linguistiques régionales et ne désignent pas véritablement des fonctions ou des types distinctifs. Les sources architecturales des différents types de caravansérails ne sont pas aisément identifiables. Certaines découlent probablement du castrum ou campement militaire romain dont les palais omeyyades du désert se rapprochent. D'autres types d'édifices qui existent en Mésopotamie et en Perse sont associés à l'architecture domestique.

Organisation urbaine

Depuis environ le IIIe/Xe siècle, chaque ville, quelle que soit son importance, se dote d'enceintes

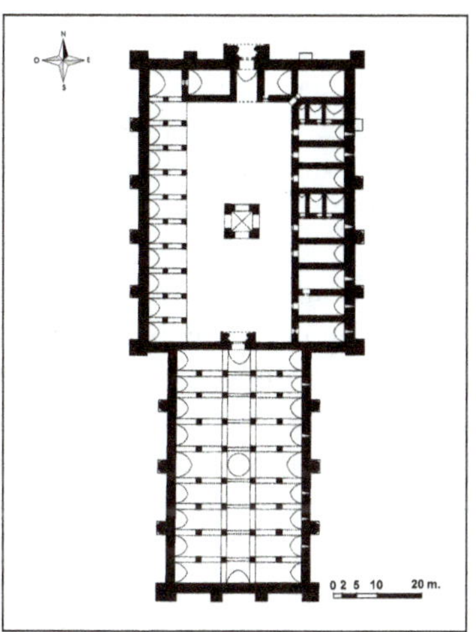

Han Sultan Aksaray, Turquie.

fortifiées et de tours, de grandes portes élaborées et d'une puissante citadelle (*qal'a* ou *casbah*) comme établissement du pouvoir. Celles-ci sont des constructions massives réalisées avec des matériaux typiques de la région où elles sont édifiées: pierre de taille en Syrie, Palestine et Egypte ou brique, pierre de taille et terre battue dans la péninsule ibérique et en Afrique du Nord. Le *ribat* constitue un exemple unique d'architecture militaire. Techniquement, il s'agit d'un palais fortifié conçu pour les guerriers de l'Islam engagés, temporairement ou de façon permanente, à défendre les frontières. Le *ribat* de Sousse en Tunisie comporte des similitudes avec les premiers palais islamiques, mais présente des différences dans l'organisation intérieure pour ce qui est de la grande salle, de la mosquée et du minaret.
La division de la majorité des villes islamiques en quartiers est basée

sur l'affinité ethnique et religieuse et constitue, d'autre part, un système d'organisation urbaine qui facilite l'administration de la population. La mosquée est toujours présente dans le quartier. Un bain public, une fontaine, un four et un ensemble de magasins se trouvent soit à l'intérieur de ses limites soit à proximité. Sa structure se compose d'un réseau de rues, d'impasses et d'un ensemble de maisons. En fonction de la région et de l'époque, les maisons présentent différentes caractéristiques régies par les traditions historiques et culturelles, le climat et les matériaux de construction disponibles.

Le marché (*souk*), qui fonctionne comme le centre névralgique du commerce local, constitue l'élément le plus caractéristique des villes islamiques. Sa distance de la mosquée détermine l'organisation spatiale par corps de métiers. Par exemple, les professions considérées comme propres et honorables (libraires, parfumeurs, tailleurs) se trouvent dans les environs immédiats de la mosquée tandis que les métiers bruyants et nauséabonds (forgerons, tanneurs, teinturiers) s'en éloignent progressivement. Cette distribution géographique répond à des impératifs qui s'appuient sur des critères purement techniques.

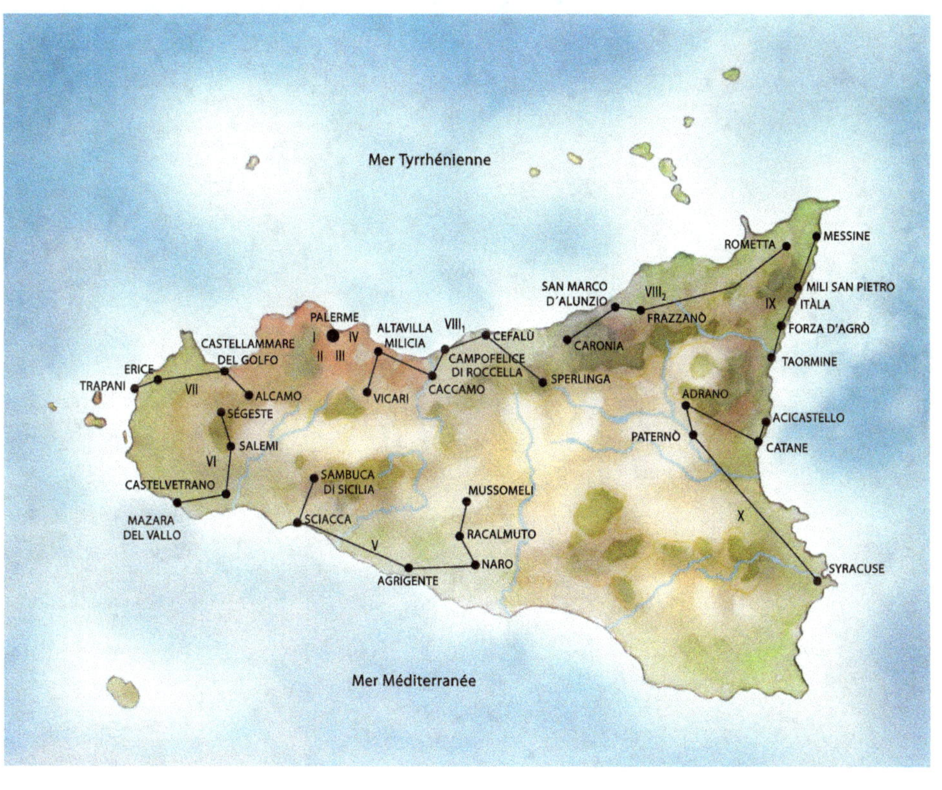
Mer Tyrrhénienne
MESSINE
ROMETTA
SAN MARCO
D'ALUNZIO
VIII_2
MILI SAN PIETRO
IX
ITÀLA
FRAZZANÒ
PALERME
ALTAVILLA
MILICIA
VIII_1
FORZA D'AGRÒ
CASTELLAMMARE
DEL GOLFO
I
IV
II
III
CEFALÙ
CARONIA
CAMPOFELICE
DI ROCCELLA
TAORMINE
ERICE
TRAPANI
VII
SPERLINGA
CACCAMO
ALCAMO
VICARI
ADRANO
SÉGESTE
ACICASTELLO
PATERNÒ
SALEMI
CATANE
VI
SAMBUCA
DI SICILIA
CASTELVETRANO
MUSSOMELI
X
MAZARA
DEL VALLO
SCIACCA
RACALMUTO
V
NARO
SYRACUSE
AGRIGENTE
Mer Méditerranée

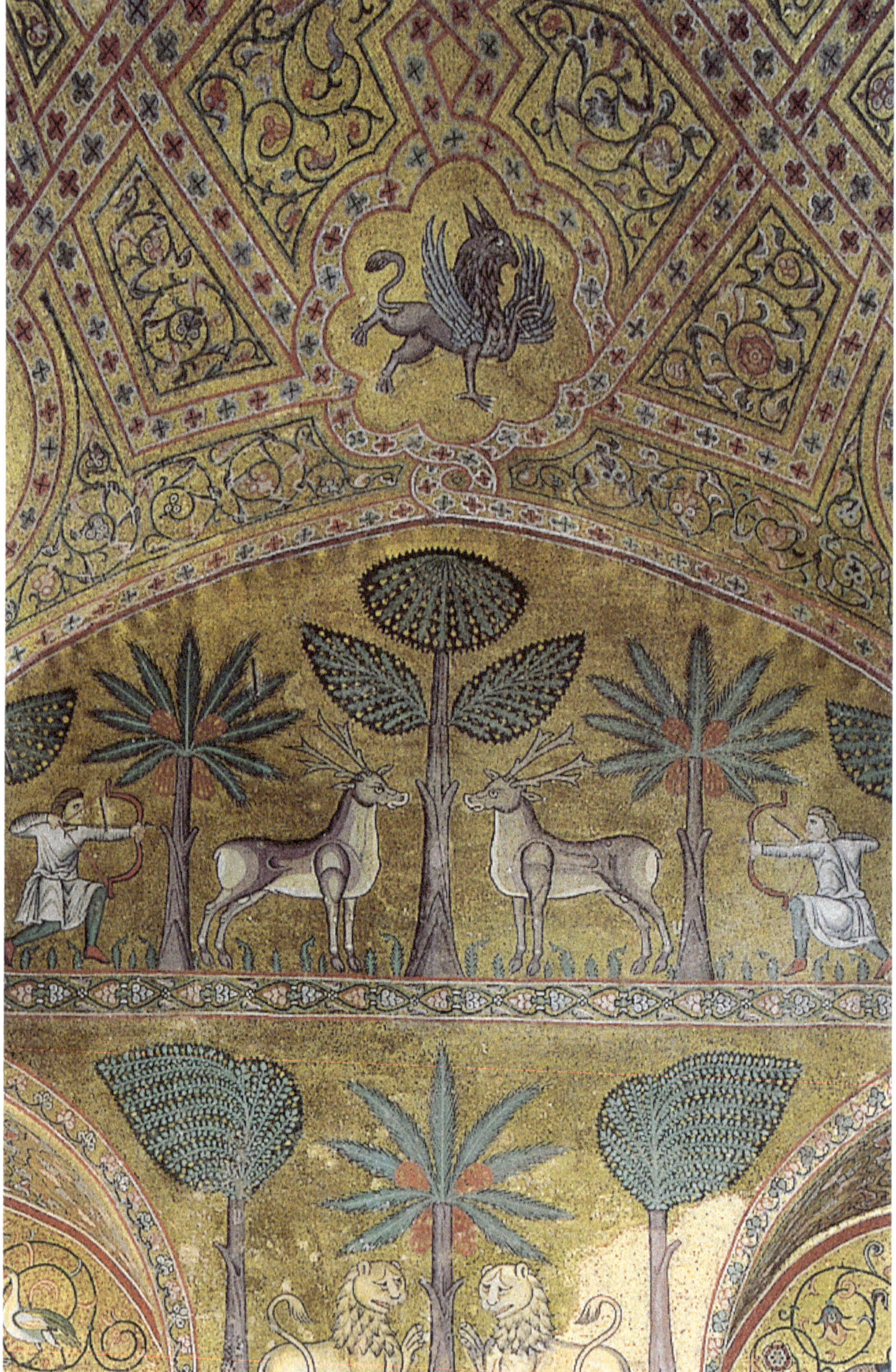

INTRODUCTION HISTORICO-ARTISTIQUE

Eliana Mauro
Ettore Sessa

La production architecturale et artistique de la Sicile médiévale se caractérise par la fusion de trois cultures – byzantine, arabe et normande – qui, jointes à une grande habileté sur le plan technique, ont produit des résultats originaux. Mais les témoignages directs ont été presque tous détruits pendant la guerre contre les Normands, ou à cause d'événements postérieurs; par ailleurs, les Normands ont fortement transformé les édifices et les réalisations hydrauliques de la période précédente. C'est donc essentiellement dans les œuvres réalisées à l'époque normande que se repère la présence de la culture arabe en Sicile, et c'est cette réinterprétation des codes islamiques par les souverains normands qui signe ce que l'on appelle aujourd'hui la culture *arabo-normande* ou *siculo-normande*.

L'influence de la culture arabe est toutefois un phénomène complexe et singulier (semblable, par certains côtés, aux avatars de l'art médiéval dans la péninsule Ibérique); celui-ci concerne un large éventail de manifestations artistiques, qui dépasse les simples limites chronologiques de la période durant laquelle l'île a appartenu au *Dar al-Islam*, et de celles de la société siculo-normande qui lui succéda. Les édifices les plus représentatifs de cette période témoignent du caractère de syncrétisme inventif de la "politique de l'image" suivie par les rois normands Roger II, Guillaume Ier et Guillaume II (qui occupèrent respectivement le trône de 1130 à 1154, de 1154 à 1166 et de 1171 à 1189), et par les hautes personnalités du royaume telles que Georges d'Antioche, Maione da Bari et l'archevêque Gautier Offamilio.

En 670 débute l'occupation musulmane de l'actuelle Tunisie, avec pour conséquence la création de la nouvelle capitale, Kairouan. Cet événement, traumatisant pour l'Empire byzantin qui perd définitivement la capitale de l'exarchat nord-africain, fait accéder la Sicile au rôle, dramatique, de terre frontalière pour le monde chrétien, un monde bouleversé qui assiste à l'irrésistible propagation du *Dar al-Islam*.

À partir de la période fatimide (mais seulement à compter du milieu du Xe siècle), la Sicile ne connaîtra plus la condition de province déclassée, rôle auquel elle avait été réduite par sa soumission définitive à Rome avec l'occupation de Syracuse en 212 av. J.-C.

Annexée à l'Empire byzantin et, à partir de 476, ramification territoriale du royaume ostrogoth, la Sicile, en 535, est reconquise par Bélisaire, venu y étendre le royaume de Byzance qui, dans le cadre du programme justinien, grandiose, d'expansionnisme légitimiste, projetait de rattacher la Sicile au monde grec, avec pour principal objectif de reconstituer l'unité de l'Empire romain. On crée ainsi

Chambre de Roger au Palais royal, détail, Palerme.

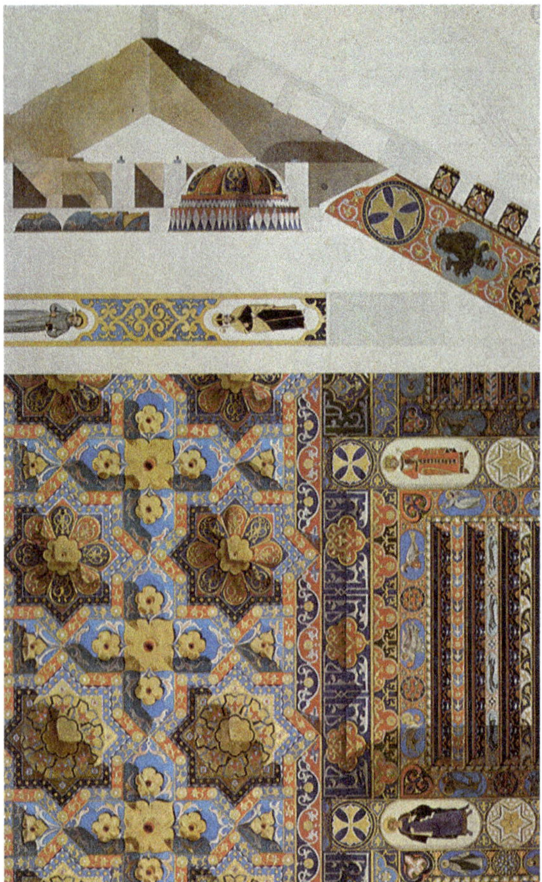

Cathédrale, plafond à chevrons, coupe de détail, Messine (Viollet-le-Duc, 1980).

l'occasion d'attirer plus tard dans l'île (au VIIe siècle), venus des sites urbains d'Afrique du Nord, de hauts représentants, des ecclésiastiques, des fonctionnaires, des miliciens, des membres des communautés marchandes, mais également d'entières populations de religion chrétienne (sans oublier les derniers membres de tribus berbères, désormais converties et en garnison); tous fuient précipitamment l'aggravation des actes d'intolérance liés à la première phase, très violente, du *jihad* dans les territoires les plus occidentaux de l'Empire byzantin. L'île retrouve un rôle relativement important, essentiellement lié à la stabilisation de l'autorité de l'Église dans les délicats équilibres européens du haut Moyen Âge.

Entre-temps, l'avancée islamique, de 635 à 642, avait provoqué la chute de Damas, la reddition de Jérusalem, la prise de Césarée, l'occupation d'Alexandrie d'Égypte et la défaite perse à Nihavand. En 652, après la bataille navale victorieuse contre la flotte byzantine, qui conduit à l'occupation de Chypre, une troupe musulmane qui faisait voile vers la Syrie attaque les côtes méridionales de la Sicile.

Il s'agit là de la première incursion islamique, alors que le pouvoir musulman sur les côtes d'Afrique du Nord, au sud du *thema* byzantin, n'est pas encore consolidé. Pour mieux défendre les territoires byzantins d'Italie, sur lesquels pesait toujours le cauchemar de l'expansionnisme lombard, et pour conjurer la débâcle totale de la présence impériale en Afrique du Nord – débâcle annoncée par les tentatives islamiques répétées de mainmise sur ce qui restait des possessions de Byzance dans le *Dar al-Islam* –, l'empereur Constant II décide, en 663, de transférer sa résidence à Syracuse.

La mort de Constant II, à la suite d'une conjuration de palais survenue à Syracuse en 668, conduit les musulmans à une première expédition militaire en Sicile; l'issue n'en sera pas totalement favorable, mais il en résulte une razzia sans occupation territoriale stable. La conséquence directe en est la création, sur l'île, d'un contingent sicilien chargé d'assurer la défense territoriale; il est constitué de paysans regroupés en petites unités opérationnelles de miliciens. Le système défensif ainsi réformé, au sommet duquel se trouvaient les "cadres" traditionnels des hiérarchies militaires byzantines, était devenu indispensable à cause du scénario guerrier, désormais considéré comme permanent et prévu pour durer. Sous le commandement d'un stratège, qui assume également les pouvoirs civils, œuvrent des tourmarques, des ducs et des drungaires; en même temps, dans l'organisation administrative du *thema*, afin de garantir l'efficacité du nouveau potentiel de guerre, on applique le principe de la distribution de terres cultivables aux soldats.

Les incursions musulmanes s'intensifient entre la fin du VIIe siècle et le début du VIIIe siècle; durant cette première phase, Pantelleria (Cossyra) est la première des îles siciliennes à tomber. Après une tentative de mise à sac de Syracuse en 705 – qui se solde par un échec –, la pression sur l'île se relâche, car à partir de 711 tous les efforts des musulmans en garnison en Ifriqiya se concentrent sur la conquête de la péninsule Ibérique. En 720, la trêve, toute relative, est interrompue par l'incursion du condottiere Muhammad Ibn 'Aws, qui provoque des ravages; elle est suivie, en 727, d'une razzia dirigée par Bisr Ibn Safwan auquel tiendront tête, avec ténacité, les miliciens siciliens désorganisés et le modeste contingent de mercenaires à la solde de Byzance. Mais en 733, la défaite de l'expédition navale organisée par le gouverneur des Arabes maghrébins contre les troupes de la flotte impériale, et l'intensification de la guérilla berbère anti-musulmane au Maghreb, empêchent des campagnes plus engagées en Sicile. Toutefois, en 740, 'Abd al-Rahman, avec un important détachement de cavalerie légère, engage les troupes byzantines dans un combat décisif, dans le cadre de la grande expédition dirigée par son père

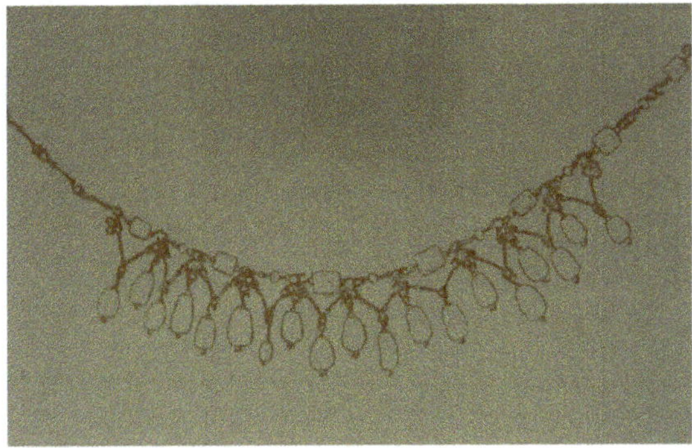

Collier byzantin en fil d'or, pierre polie et perles, Musée archéologique régional A. Salinas, Palerme (Salinas, 1886).

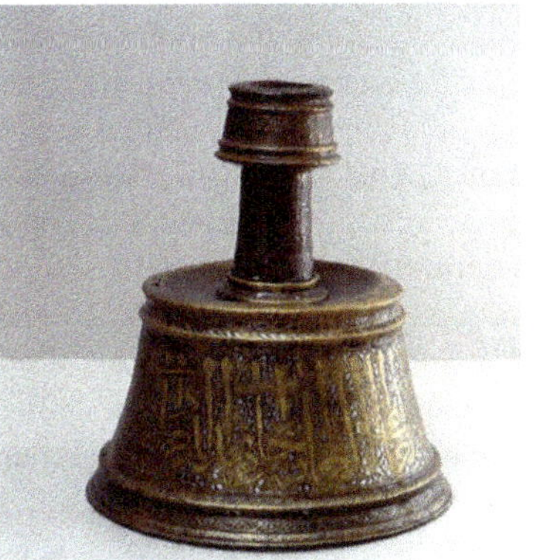

Chandelier en laiton, XIVe siècle (Égypte), Musée d'Art islamique, Zisa, Palerme.

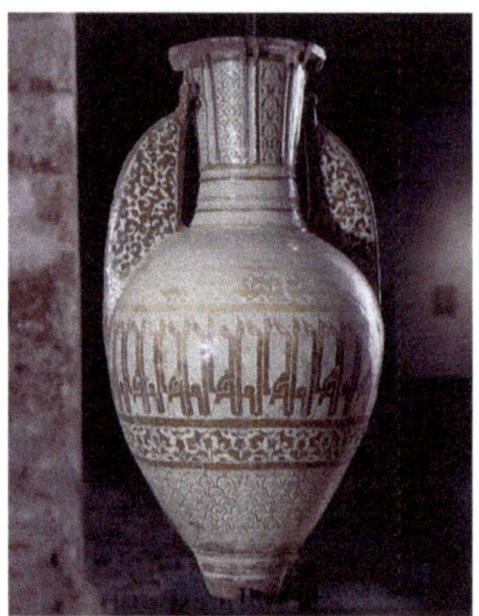

Amphore du type "Alhambra" avec inscriptions en caractères coufiques, XIVe siècle (Malaga), Galerie régionale du palais Abatellis, Palerme.

Habib Ibn Abi 'Oubayda. Le siège de Syracuse, consécutif à cette expédition, oblige le stratège byzantin à une trêve sur rançon. L'événement se répète en 753, lorsque le même 'Abd al-Rahman, désormais entré dans la mythologie des grands chefs de guerre islamiques, entame une nouvelle campagne sicilienne; il s'ensuivra une cinquantaine d'années de répit, si l'on excepte les nombreuses razzias des pirates. Les Byzantins peuvent ainsi, les années suivantes, construire sur l'île des ouvrages de fortification, et en 805, parvenir à une première trêve avec les émirs aghlabides, trêve interrompue par de sanglantes escarmouches navales au large de Lampedusa, et à une autre trêve rompue à la fin du IXe siècle par l'incursion navale conduite par l'émir Ziyadat Allah Ier. Le prétexte à une nouvelle et définitive agression contre l'île sera fourni par la rébellion d'un tourmarque de l'empire. En 827, Euphémios, tourmarque vétéran de grande valeur, se réfugie à la cour de l'émir de Kairouan; son exil avait été provoqué par son implication dans une sombre affaire de rancœurs personnelles à l'égard du stratège Constantin. Cet épisode culmine avec l'occupation de Syracuse par le contingent fidèle à Euphémios (qui le proclame empereur) et avec l'assassinat du stratège, qui avait entraîné une guerre intestine dans les milices siculo-byzantines, avec une issue négative pour les rebelles. Euphémios tentera de convaincre les musulmans que le moment était propice pour trancher définitivement le lien entre la Sicile et l'Empire byzantin. L'exaltation du caractère indépendantiste de la révolte d'Euphémios qui, en Sicile, pouvait encore compter sur des éléments partisans, ou tout au moins hostiles au pouvoir central, est vraisemblablement une conséquence de ces événements. Il est un fait que les modalités de l'accord entre le tourmarque réfugié politique et les musulmans prévoyaient un engagement militaire uniquement destiné à mettre fin au contrôle byzantin sur la Sicile; elle entrerait ainsi, en tant que tributaire et alliée, dans la sphère d'influence musulmane, sans toutefois faire partie du *Dar al-Islam*, et donc avec sa propre souveraineté, sa propre administration, et une autonomie militaire et religieuse.

Les préparatifs de cette grande entreprise seront achevés au printemps 827, après une résistance non négligeable des milieux de la cour de Kairouan et de Ziyadat Allah

Ier lui-même. À la fin, c'est la ligne agressive du docteur de la loi Assad Ibn al-Furat, à qui est confiée l'entreprise, qui prévaudra. Le 14 juin 827, l'armée d'Assad Ibn al-Furat, composée de dix mille combattants islamiques (provenant essentiellement d'Ifriqiya et constituée d'Arabes et de Berbères convertis, mais aussi de la péninsule Ibérique et de Perse) et d'un pourcentage considérable du contingent sicilien resté fidèle à Euphémios, embarque à Sousse. La bonne centaine d'embarcations qui constituent la flotte d'invasion abordera le 17 juin les côtes occidentales de Sicile, au cap Granitola. L'armée défensive, hâtivement regroupée par Balata (survivant ennemi d'Euphémios) est immédiatement mise en déroute; Assad Ibn al-Furat, sûr de pouvoir reproduire l'irrésistible élan de l'âge d'or du *jihad*, et sous-estimant le poids des troupes régulières de mercenaires byzantins, tente une résolution radicale du conflit en visant Syracuse. Ayant définitivement supprimé les freins juridiques liés à l'état de trêve avec Byzance, Assad Ibn al-Furat transforme l'entreprise en expédition de conquête, trahissant ainsi les accords avec Euphémios qui, par la suite, tentera, sans succès, de diriger une révolte anti-musulmane. Mais l'assaut d'Assad Ibn al-Furat contre Syracuse échoue, y compris à cause de la supériorité navale byzantine (forte de l'apport vénitien); contraints de se replier vers Mazara, désormais point d'appui du territoire de la conquête, les musulmans, qui prennent pourtant des villes fortifiées comme Castrogiovanni (Enna) et Agrigente (punie de sa hardiesse pendant l'action défensive), se heurtent à l'irréductibilité des combattants irréguliers, due à plus de cent ans de guerre larvée qui avait provoqué, chez une grande partie des habitants de l'île, un sentiment d'identité collective. Les musulmans avaient déjà rencontré des manifestations analogues d'hostilité unanime de la part des populations agressées; il en avait été ainsi lors de l'interminable et épuisant conflit avec les tribus berbères et, surtout, dans la péninsule Ibérique où la révolte du petit peuple asturien, après la vaine résistance wisigothique et

Tour de Frédéric, vue générale, Enna (Publifoto, Palerme).

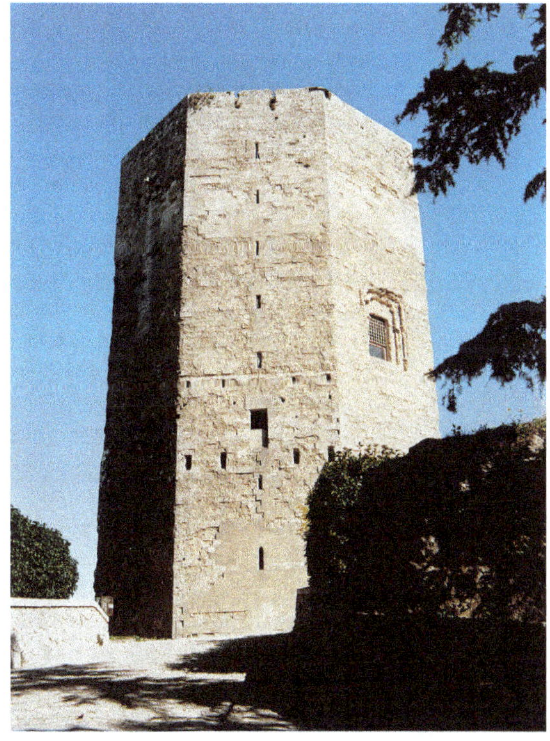

précisément pendant les années du *jihad* en Sicile, sonnait comme un signal définitif concernant la capacité, pour la guerre sainte, de se propager en Occident.
Au cours des trois années suivantes, contraint par la guérilla des soldats-paysans et par les difficultés d'approvisionnement de se replier à Mazara, le gros de l'armée musulmane, qui avait également abandonné Agrigente (après l'avoir saccagée et mise à feu et à sang), perd le contact avec un contingent laissé à Mineo. Dans cette citadelle, les "Sarrasins", assiégés par les bandes irrégulières siciliennes et par les mercenaires byzantins, seront secourus par une troupe navale corsaire provenant de la péninsule Ibérique. Son condottiere Fargalus (qui mourra pendant le siège d'Enna) prendra le commandement général, ainsi que celui de l'armée régulière aghlabide; ainsi, revigorés par une série de succès inespérés remportés sur les maigres troupes byzantines, les musulmans assiègent Palerme, qui résistera une année entière. Affamée, la ville se rendra en septembre 831, après avoir perdu des dizaines de milliers d'habitants.
C'est ainsi qu'est nommé *wali* de Sicile Muhammad Ibn 'Abd Allah, cousin de l'émir Ziyadat Allah Ier; le premier acte officiel du nouveau gouvernement sera de battre monnaie en 835.
Les Byzantins tentent alors une guerre de position sur l'axe médian fortifié de l'île, de Cefalù à la côte sud, avec Butera comme place forte du système. De cette manière, les garnisons survivantes du Val di Mazara restent isolées et sont anéanties avant 841. Un sort semblable échoit à Messine, Modica, Lentini et Raguse, forteresses vaincues, après une résistance désespérée, grâce à l'apport de chrétiens latins, provenant en partie de l'Italie du Sud. En 848, six ans après la montée de Michel III l'Ivrogne sur le trône impérial de Byzance, seuls restaient sous le contrôle des troupes byzantines les territoires autour de Syracuse et le formidable système de l'axe médian qui garantissait approvisionnements et renforts à Enna, pivot central des vestiges défensifs de ce qui avait été le *thema* byzantin.
Les musulmans prirent une à une toutes les citadelles du système, en avançant en tenaille à partir du Nord et du Sud. Après la reddition de Calatavuturo, la perte de Butera (assiégée en 853) et de Cefalù (prise en 858, vingt ans après le premier siège de la puissante citadelle) balaya les espérances de renforts venus de la mer. Cependant, pendant que s'annonçait le siège d'Enna, le spectre des révoltes des populations urbaines et, surtout, celui de l'implacable guérilla des soldats-paysans venaient de nouveau hanter les troupes de 'Abbas Ibn Fadl. Profitant de cette diversion, les Byzantins envoyèrent deux expéditions, rapidement décimées par le mythique 'Abbas Ibn Fadl dont la stratégie, cependant, ne parviendra pas à vaincre la résistance héroïque de la garnison byzantine et des habitants d'Enna.

Rebaptisée par les musulmans Qasr Iyani (à partir de la dénomination médiévale Castrum Hennae), avant de retrouver le nom de "Castrogiovanni", la ville, considérée par Callimaque comme le nombril de la Sicile, ne sera vaincue et saccagée que grâce à un traître, en 859. La chute de l'antique Enna, considérée comme une place forte imprenable, et les nouvelles des massacres qui s'ensuivront sèmeront l'effroi parmi les chrétiens siciliens de rite grec et les forces byzantines. Les lambeaux de l'armée impériale et les miliciens irréguliers en déroute se replieront en catastrophe sur Syracuse, où ils se retrancheront pour une ultime défense.

En 886, la mort de 'Abbas Ibn Fadl avait privé les musulmans d'un guide capable de faire rapidement fructifier les résultats obtenus. Par ailleurs, l'absence de pouvoir de décision de Byzance et le caractère localiste du système de défense confié aux contingents siciliens ne permirent pas une coordination efficace des forces chrétiennes en présence, en vue d'une contre-attaque décisive; celle-ci aurait permis de tirer profit de l'état de crise des dirigeants musulmans en Sicile. En effet, bien que la désignation tardive de Khafajiya Ibn Sufyan comme digne interprète de l'action stratégique de 'Abbas Ibn Fadl ait conduit à des résultats inespérés (capitulation de Scicli et de Troina, reconquête de Noto et de Raguse), les musulmans eurent à subir des revers cuisants, tantôt dus aux troupes régulières, tantôt du fait des populations en révolte. Précédée par des pillages et des massacres dans presque toute la Sicile orientale, la bataille de Syracuse tournera à la tragédie. L'armée musulmane n'était plus celle de l'époque de Ziyadat Allah: elle disposait de redoutables machines de guerre pour la destruction des remparts; elle s'appuyait sur de puissantes troupes navales qui, équipées comme les unités de la flotte byzantine (et connaissant le système incendiaire, tristement célèbre, dit du "feu grec"), coupèrent les voies d'approvisionnement maritime; elle était commandée par de valeureux condottieres aux subalternes disciplinés, et pas seulement par des aventuriers courageux ou des commandants improvisés et exaltés. Affamée, à demi détruite, isolée de l'enclave montagnarde byzantine du nord-est de la Sicile, qui

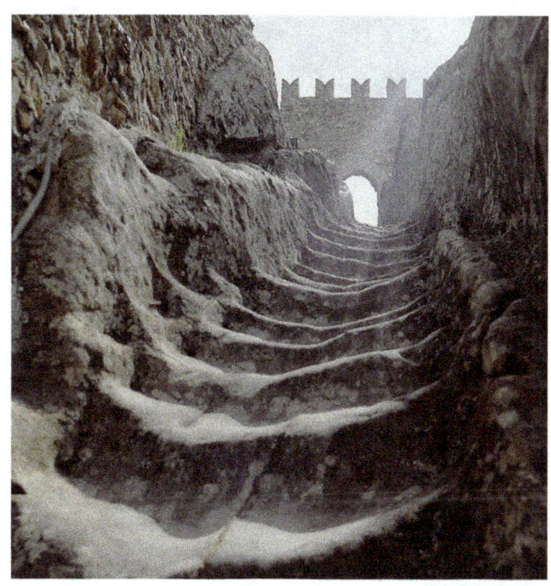

Château, escalier d'accès, Sperlinga.

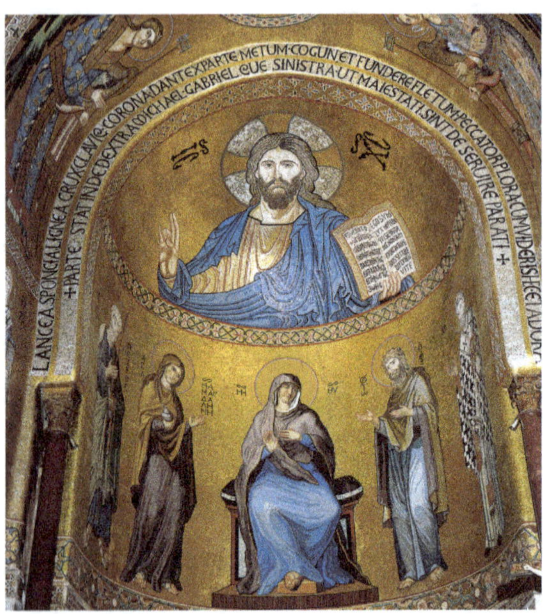

Chapelle Palatine, Christ Pantocrator, Palais royal, Palerme.

allait user les forces musulmanes jusqu'aux cinquante premières années de la période fatimide, Syracuse est abandonnée à son destin. Le 28 mai 878, après dix mois de siège, les musulmans prennent par surprise la citadelle de la ville, épuisée; la garnison était constituée de mercenaires et de tous ceux qui, dans la population décimée, étaient encore aptes au maniement des armes. Les massacres qui suivirent – déportation des habitants survivants et destruction quasi complète d'Ortygie (les faubourgs de Syracuse avaient été dévastés au début du siège) – interrompirent de manière irréparable l'histoire d'une civilisation urbaine qui avait bien duré quatorze siècles, malgré une certaine discontinuité.

À la grande émotion causée dans le monde chrétien par cette catastrophe suivra, après un immobilisme coupable, une nouvelle vigueur militaire des Byzantins qui, en 880, tenteront de renverser le cours d'une guerre dramatiquement destructrice en débarquant un important contingent sur la côte septentrionale. Les stratèges de l'empereur Basile le Macédonien ne se contentent pas de menacer Palerme, la nouvelle capitale de la Sicile musulmane; ils organisent un système fortifié dans la région montagneuse des Madonie. Leur but était de construire une première ligne de protection sur la bande nord-est du territoire conquis, le secteur jusque-là le moins vulnérable. Au début, ce plan réussit à relâcher la pression sur l'enclave byzantine; on enregistre toutefois une augmentation de l'activité militaire musulmane (avec des pillages) dans les territoires orientaux, et avec une première attaque contre Taormine en 881.

Repoussés par le stratège Barsaikios, les musulmans subissent aussi une cuisante défaite dans les Madonie. Mais le succès du stratège Mousilikes sera suivi, en 882, de l'anéantissement du corps expéditionnaire byzantin, retranché dans la "ville du roi" (dont on suppose qu'elle se trouvait dans un territoire montagneux près de Castelbuono). Les trois gouverneurs arabes, Muhammad Ibn al-Fadl, Husayn Ibn Ahmad et Sawada Ibn Muhammad Ibn Khafajiya, qui s'étaient succédé en Sicile entre la désastreuse défaite musulmane de Qal'at Abou al-Thawr (Caltavuturo), en 881, et la

trêve avec Byzance en 895, furent particulièrement actifs pour relancer le *jihad* contre les Byzantins. En 882 a lieu une expédition punitive contre Taormine, sans issue véritable; en 884 est lancée une attaque de grande envergure dans le territoire de Rometta, mais la citadelle résiste. Après une longue période de revers militaires des troupes berbères en Calabre, repoussées en Sicile par les troupes régulières byzantines (de 881 à 886), la flotte de l'empereur Nicéphore Foca est détruite dans les eaux de Milazzo.
Une fois surmontée la crise interne, qui avait abouti, entre 886 et 887, au début d'une guerre civile, les musulmans de Sicile concentrent leurs forces sur l'élimination des foyers de révolte et sur les places fortes qui résistent. Leurs troupes navales portent la "guerre sainte", toujours sous forme de razzia, dans les possessions continentales de Byzance et particulièrement à Reggio. En 889, Taormine subissait un énième siège, réitéré dix ans plus tard, lorsque apparaît, sur la scène sicilienne, le condottiere 'Abd Allah qui envahit le sud de la Calabre, mettant en déroute les troupes impériales à Reggio. En 902, l'île est majoritairement sous contrôle musulman, comme pointe avancée du *Dar al-Islam*, qui s'étend des monts Cantabriques de la péninsule Ibérique à l'Inde septentrionale.
En 948 est enfin créé l'émirat sicilien, et, à l'initiative du calife al-Mansour, est nommé émir de Sicile Hassan Ibn 'Ali Ibn Abi al-Husayn al-Kalbi; la transformation de cette charge en titre héréditaire donne naissance à la dynastie kalbide. Étroitement liée aux Fatimides, cette dynastie gouverne initialement avec sagesse, pacifiant les différentes ethnies de musulmans présents sur l'île, accélérant le processus de réglementation juridique des relations entre chrétiens et islamistes, encourageant la construction de bâtiments et la production artistique, même si elles sont "provinciales" par rapport à l'Ifriqiya, et poursuivant une sorte d'émancipation de la Sicile du califat maghrébin avec une politique autonome, qui vise au rapprochement avec l'Égypte. Dans un tel climat, l'organisation territoriale administrative se stabilise; elle est liée à une redistribution des terres et élimine le *latifundium* jusqu'à la restauration féodale de l'époque

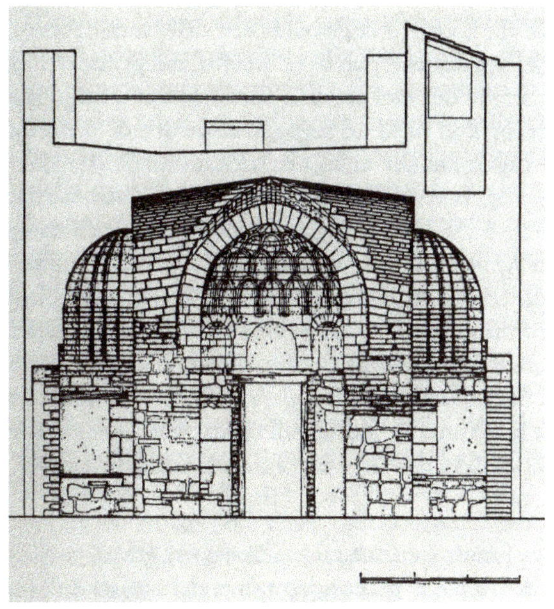

Château, coupe transversale de la salle septentrionale, Caronia (Krönig, 1977).

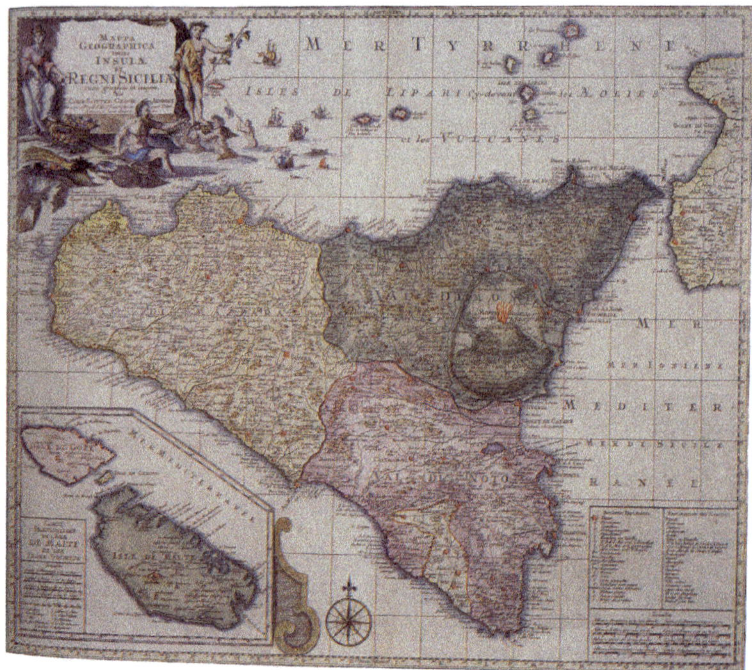

Conradus Lotter, Carte géographique de la Sicile avec l'indication des trois vallées, milieu du XVIIIe siècle, Fondation Mormino, Palerme.

normande. Jusqu'à la première décennie de la seconde moitié du XIXe siècle, la division administrative en trois "vallées" équivalait à la répartition territoriale de la Sicile islamique (Siqillya), puis de la période du royaume normand et souabe; le Val di Mazara coïncidait avec la partie occidentale de l'île; le Val Demone comprenait les territoires essentiellement montagneux du nord-est de la Sicile; le Val di Noto s'étendait à toute la partie orientale de l'île.

Toutefois, le tournant que constitue l'époque kalbide n'exclut pas de violents actes de guerre civile, essentiellement à l'encontre des enclaves pro-byzantines et des irréductibles communautés chrétiennes montagnardes situées au nord-est de la Sicile. En 962, Ahmad Abi al-Husayn, après un massacre de chrétiens, doit reconquérir Taormine et en déporte les habitants, qui s'étaient insurgés contre le contingent musulman local.

En 965, après une résistance acharnée et des décennies de guérilla dans les montagnes, la ville de Rometta, dernière place forte, est prise par les musulmans au terme d'un siège épuisant.

Parmi les nombreux témoignages de l'appartenance de la Sicile au *Dar al-Islam*, pas seulement en terme de domination, un des épisodes les plus marquants concerne le condottiere sicilien connu sous le nom de Jawhar (969). D'abord mercenaire à la solde de Byzance, puis tombé en disgrâce, passé au service d'al-

Mu'izz et converti à l'islam, Jawhar participe activement au renforcement de l'empire fatimide et devient célèbre pour avoir été l'un des principaux artisans de la fondation urbaine d'al-Qahira (Le Caire). Mais à cinquante ans du débarquement d'Assad Ibn al-Furat, les musulmans pouvaient compter sur une stabilité effective, et pas seulement dans la partie occidentale de l'île; principalement à Palerme (rebaptisée Balarmu), où toutefois, vers la fin de la quatrième décennie du xe siècle, ils avaient été poussés à construire leur propre citadelle fortifiée, à proximité du port, et l'avaient appelée al-Khalisa, mais aussi à Agrigente (appelée Girgent, avec une importante garnison de Berbères) et surtout dans le Val di Mazara, traditionnellement étranger à la culture grecque, et donc peu concerné par le revanchisme pro-byzantin.

Les multiples tentatives de reconquête des Byzantins seront directement conduites par l'armée impériale qui, forte de sa supériorité navale, partira du sud de l'Italie méridionale avec des contingents très efficaces, commandés par des condottieres mythiques comme Niceta et Nicéphore qui, respectivement en 963 et en 989, réitéreront les éphémères victoires militaires de la célèbre campagne de 880, conduite par Nasar et par Eupraxios et Musulice.

Enfin, entre 1038 et 1042, Giorgio Maniace soustrait presque toute la Sicile au contrôle des musulmans et ramène une fois de plus l'île dans l'orbite de l'Empire byzantin, y compris grâce à l'apport des premiers chevaliers normands (à la solde de Constantinople) et des rebelles siciliens.

De 902 à 1061, la domination musulmane, qui s'étendait initialement sur une partie de la Sicile, gagne presque toute l'île et ses archipels (à l'exception des centres de montagne et d'autres enclaves irréductibles). Mais elle sera de courte

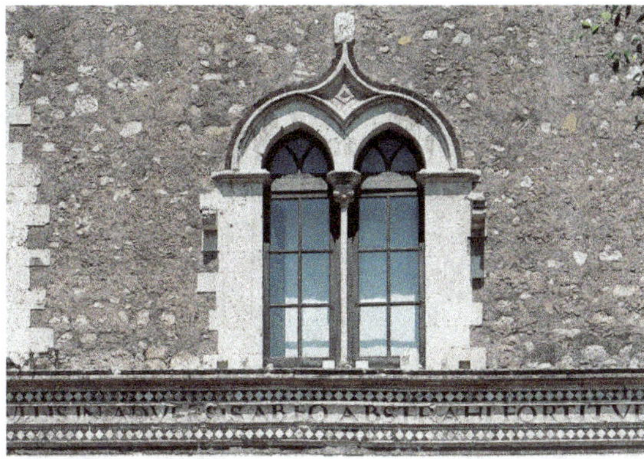

Palais Corvaja, façade principale, détail, Taormine.

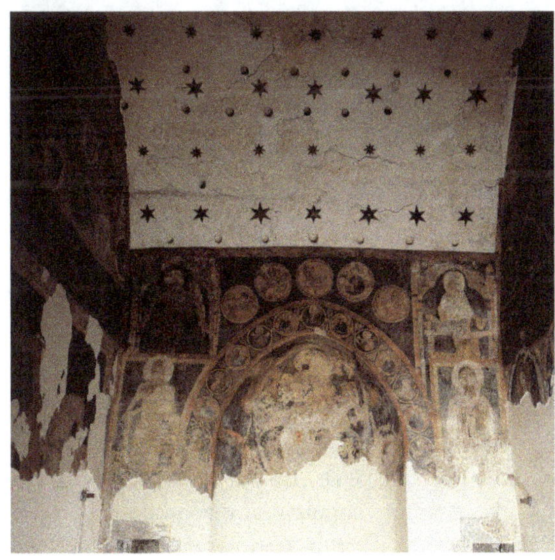

Château, peintures de la chapelle, Paternò.

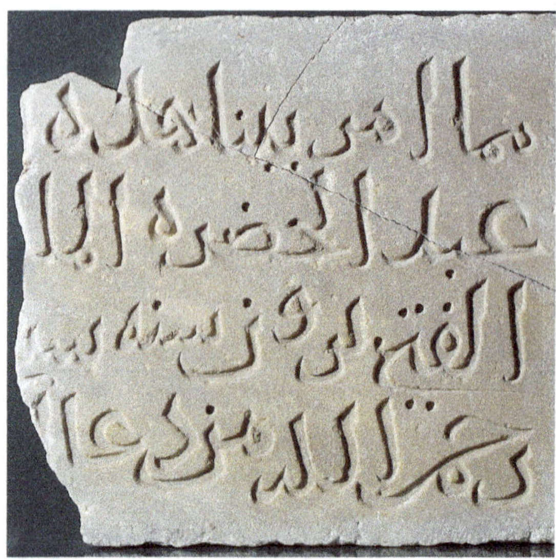

Fragment d'inscription arabe en caractères naskhis, XIIe siècle, Musée communal, Termini Imerese.

durée, car en 1061 commencera le déclin avec l'arrivée des Normands, qui trouveront par ailleurs une situation favorable, grâce au mécontentement et aux formes latentes de rébellion, parmi la population chrétienne de l'île.

Définis comme *ahl al-dhimma*, ces chrétiens, que l'on assure être des "gens du pacte" par rapport aux populations inconditionnellement assujetties, jouissaient de certains privilèges, comme celui de la pratique du culte – avec interdiction, toutefois, de se livrer à des processions ou à d'autres manifestations publiques. Ils n'étaient pas obligés de suivre les normes de comportement rigides des communautés musulmanes, mais devaient les respecter, en tant que représentants de la classe dominante: ils devaient leur céder le pas et se lever en leur présence; ils pouvaient conserver la plupart de leurs biens ou de leurs propriétés, mais étaient soumis au *kharaj*, une taxe patrimoniale particulière; ils pouvaient conserver leurs coutumes, mais devaient s'abstenir, en public, de tout ce qui était interdit aux musulmans (comme la consommation de vin); on leur garantissait la liberté de circulation et la sécurité, mais au prix d'un tribut individuel (*jizya*), et en aucun cas il ne leur était permis de porter des armes; les prêtres étaient officiellement protégés et on leur reconnaissait le rôle d'officiants, mais il était interdit de sonner les cloches, d'exposer la croix et de lire la Bible en plein air ou en public; on leur interdisait également la construction de nouvelles églises.

Face à cela, les voyageurs musulmans raffinés qui visitaient la Sicile manifestaient leur étonnement devant un si faible respect des règles coraniques de la part de leurs coreligionnaires (parmi lesquels se trouvaient des convertis par convenance) et signalaient leur tendance à déserter la prière du vendredi, le comportement des maîtres coraniques (*mu'allims*) trop intéressés par l'argent gagné dans les ateliers des scribes et dans les services notariaux; en outre, les Siciliens buvaient du vin sans la moindre gêne, même en public. Au Xe siècle, on pouvait parler de plusieurs générations de musulmans nés en Sicile, même s'il n'y eut jamais d'intégration réelle. Nous en avons pour preuve les mésaventures arrivées à la communauté des musulmans en Sicile à l'époque normande (ghettoïsés ou enfermés dans de véritables réserves); pour ne rien dire du résultat final, dramatique, de la politique de Frédéric II à l'égard des groupes survivants, dont la concentration à l'intérieur des terres, à l'époque normande, est déjà symptomatique de leur faible représentation numérique.

En 1015, l'émir Ja'far II, successeur de Youssouf, étouffe la sédition menée par son frère 'Ali; mais sa mauvaise gouvernance suscite, quatre ans plus tard, la révolte de la population palermitaine. Avec la déposition de Ja'far II, Ahmad al-Akhal est nommé émir, et reprend le conflit contre les Byzantins en Italie du Sud. Grâce à cette campagne, il parvient à instaurer une certaine stabilité: en 1031, il pousse sa contre-attaque jusqu'à la mer Égée, avec d'importantes incursions de ses troupes siculo-musulmanes dans la partie méridionale et adriatique des Balkans. L'extension des engagements militaires de l'émir provoque une réaction plus radicale de la part de la cour de Byzance, qui nourrit le projet d'une grande et décisive campagne de Sicile, menée par le stratège Giorgio Maniace, dont les milices sont épaulées par un contingent de chevaliers normands mercenaires. Leur efficacité avait été prouvée, aux dépens des Byzantins, durant la période d'affirmation féodale au détriment des possessions impériales dans les Pouilles et en Calabre. Bien sûr, cette vigueur guerrière retrouvée – cette fois avec un caractère de reconquête chrétienne affirmé – était encouragée par le dégoût général suscité, chez les classes supérieures de musulmans nés en Sicile, par la politique de l'émir, politique qui privilégiait le patriciat nord-africain, récemment installé.

En 1061, quand les deux condottieres normands Roger et Robert Guiscard de Hauteville, depuis les garnisons conquises dans le sud de l'Italie, sont engagés dans la lutte intestine entre Ibn al-Hawwas (Belcamet) et Ibn al-Thumna (Betumen), respectivement *qa'id* d'Agrigente et de Catane, la Sicile vit une difficile cohabitation politico-multiconfessionnelle (plus que pluriethnique) de l'importante minorité de musulmans; celle-ci est désormais déchirée par des conflits des potentats locaux et de type schismatique avec les inconciliables majorités chrétiennes de rite occidental et de rite oriental et avec les communautés urbaines hébraïques, petites, mais économiquement puissantes. De 1061 à 1091, les Hauteville seront engagés dans la reconquête de la Sicile au sein de la chrétienté.

Arcs de la fontaine de San Ciro à Maredolce (Goldsmith, 1898).

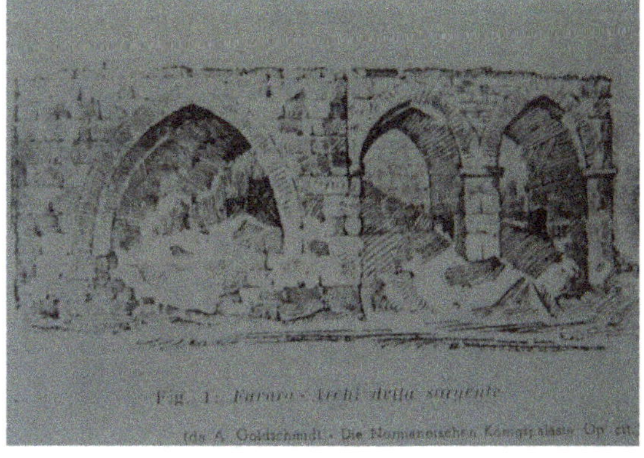

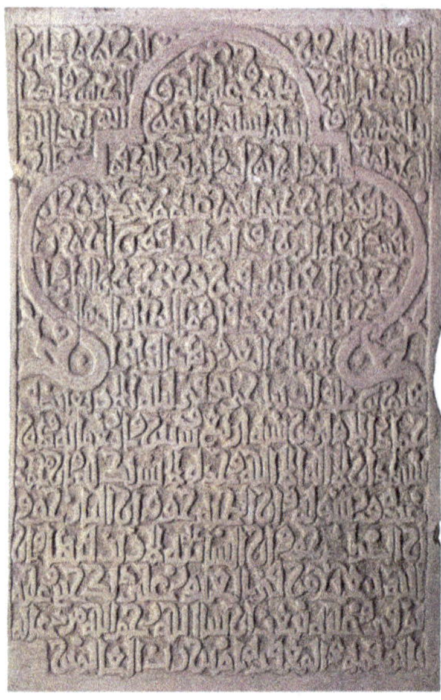

Pierre tombale d'Ibrahim, fils de Khalaf al-Dibaji, 1072, Musée d'Art islamique, Zisa, Palerme.

Pour démontrer la persistance d'une société chrétienne sicilienne bien enracinée – et, par certains aspects, doctrinaire, même durant la fluctuante occupation musulmane –, il y a également la tolérance religieuse manifeste de celle-ci, et la prolifération rapide d'importants monastères basiliens, surtout dans le Val Demone, durant la reconquête chrétienne dirigée par les Normands. D'autre part, la papauté entendait se réaffirmer dans l'île en tant que référence unique, profitant des expansions territoriales des Hauteville. L'année 1098 voit le comte Roger obtenir du pape Urbain II la délégation, très convoitée, de la légation apostolique. En vertu de ce privilège, les successeurs de Roger Ier (puis tous les héritiers légitimes de la couronne de Sicile) s'assurent le rang de légat apostolique pour leurs propres territoires avec pleins pouvoirs sur les questions juridiques, administratives et surtout ecclésiastiques, en remplacement des pouvoirs pontificaux. Le monarque nommait les évêques et les archevêques et avait droit d'*exequatur* sur les dispositions provenant de Rome: le Tribunal de la Monarchie, émanation du roi considéré comme "légat né", était enfin compétent sur les affaires juridico-ecclésiastiques (le titre et les attributions de légat apostolique étaient héréditaires, par volonté expresse du pape, et ne seront supprimés qu'en 1871, après la création du royaume d'Italie).

À la suite de la prise de Palerme en 1072, Robert Guiscard garde initialement pour lui l'ancienne capitale émirale et le Val Demone, pendant qu'il assure à son frère Roger le droit de propriété sur tous les autres territoires libérés et sur les régions de l'île encore sous contrôle musulman. À ce moment-là, les Normands étaient loin de se douter qu'ils avaient mis en marche le processus de formation d'un nouvel ensemble national. Plus tard, Robert renoncera à toute prétention sur l'île, gardant pour lui les propriétés de Calabre.

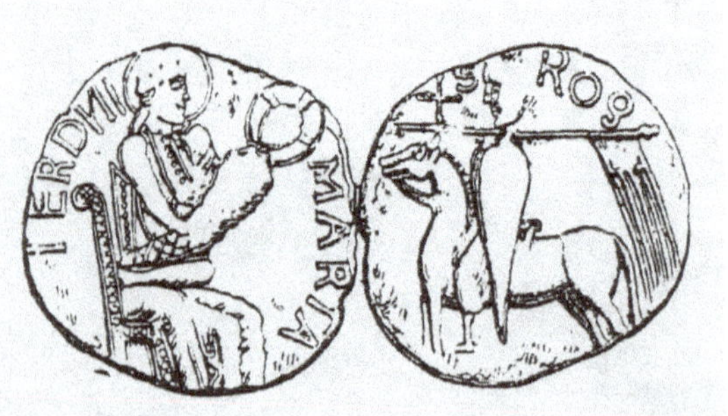

Monnaie en cuivre du grand comte Roger, dessin (Di Stefano, 1955).

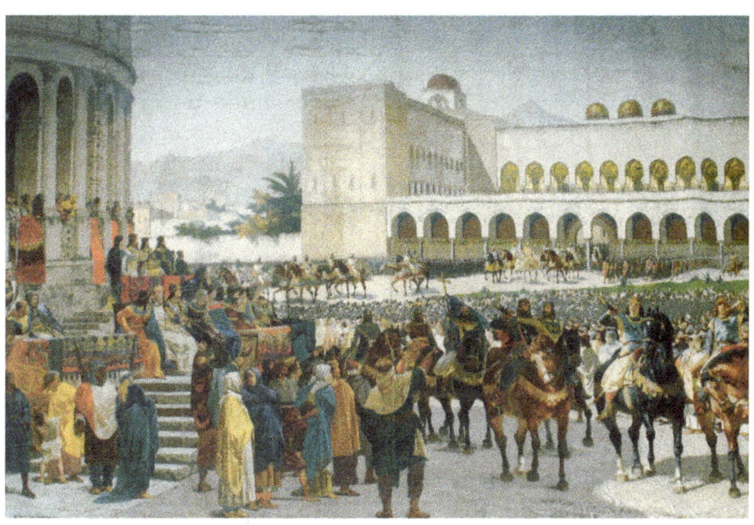

G. Sciuti, "Le couronnement de Roger II à Palerme", v. 1895, rideau du théâtre Massimo, Palerme.

Roger Ier meurt en 1101; sa femme, la comtesse Adélasie (de la maison des margraves Aleramidici), gouvernera au nom de son fils Roger II, né le 22 décembre 1095, jusqu'en 1112, lorsqu'il pourra enfin assumer la régence du comté de Sicile. En 1124, il héritait également du duché des Pouilles, par suite de la mort des descendants directs de son oncle Robert Guiscard. Quatre ans plus tard, le pape Honorius II (1124-1130) sera contraint de lui reconnaître cette nouvelle domination. Ce sera le début de l'époque impérialiste, longue mais discontinue, qui marque la fin du Moyen Âge dans l'île, élevée au rang de royaume indépendant en 1130, année au cours de laquelle Roger II prend le titre de roi dans la cathédrale de Palerme (le 25 décembre). Le 27 juillet 1139, Innocent II donne l'investiture au roi normand, qui est non seulement définitivement reconnu roi de Sicile, mais qui s'assure aussi les titres de duc des Pouilles et prince de Capoue.

Pour dissiper les soupçons de syncrétisme artistique artificiel, et d'importation éclectique de modèles attribués à la nouvelle dynastie royale et à sa cour, il suffit de voir les vestiges architecturaux précédant l'époque normande; ils attestent la continuité d'une activité perceptible en matière de construction, certes provinciale mais non dépourvue de qualités et présentant des particularités insulaires, dès l'époque paléochrétienne et byzantine: des ruines présentes à Tindari aux restes des fondations de Messine, des monuments cruciformes à coupole centrale dans la province de Syracuse à ceux de la province de Catane, des basiliques paléochrétiennes de San Miceli de Salemi et de San Focà de Priolo aux églises paléochrétiennes et byzantines d'Agrigente et à San Salvatore à Rometta.

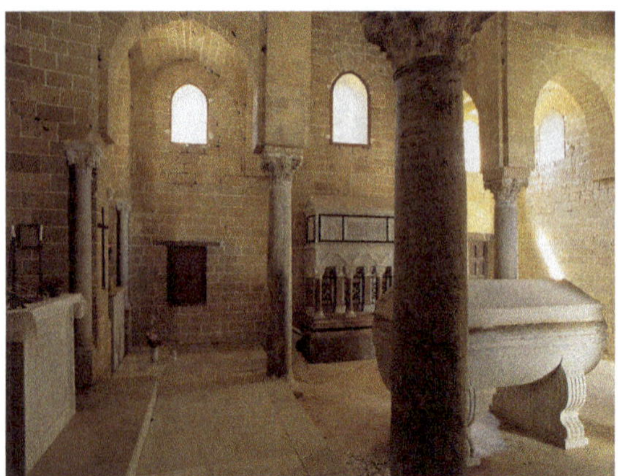

Santissima Trinità di Delia, vue intérieure, Castelvetrano.

À cette résistance présumée d'un *more romano*, qui aurait survécu à la décadence de l'époque barbare, s'ajoutent, dès la fin du VIe siècle, d'indéniables signes de pénétration des techniques de construction nord-africaines, syriennes et proprement byzantines (comme dans les églises qui existaient autrefois sur le territoire de Buonfornello, avec des structures voûtées en tubes de terre cuite); on les perçoit également à travers la configuration, sur le territoire de Syracuse, de tout un ensemble d'églises d'inspiration orientale mêlée de tradition locale (outre les églises San Pietro et San Martino, il faut citer la crypte de San Marziano). Ces caractères persistent jusqu'à l'apparition d'un embryon de culture figurative musulmane en Sicile, vers la fin de la domination islamique.

C'est à la période du comté, ou comtale (1061-1130), que remonte la première phase d'incubation de l'architecture et de l'art encouragés en Sicile par la dynastie normande. Il s'agit d'une phase encore hésitante, qui voit la domination discontinue, et en partie paralysante, d'une des composantes sur les autres, avec un certain déséquilibre en faveur du roman, nettement retardataire par rapport aux développements artistiques de la terre d'origine à la même époque; les Hauteville l'avaient d'ailleurs abandonné quand l'école "romane" de Normandie était encore en cours de définition, et dans sa période primitive.

En revanche, toute une synthèse d'influences orientales et septentrionales caractérisent les églises de cette époque, construites par des basiliens, des bénédictins et d'autres ordres, aussi bien dans le Val Demone (entre autres San Filippo di Fragalà à Frazzano, San Michele Arcangelo à Troina, Santa Maria à Mili San Pietro, San Pietro à Italà, Sant'Alfio à San Fratello, San Salvatore à San Marco d'Alunzio, Santi Pietro e Paolo dans la vallée d'Agrò) que dans les régions plus intérieures (comme Santo Spirito près de Caltanissetta ou Sant'Andrea à Piazza Armerina) ou dans le Val di Mazara (San Nicolò la Latina à Sciacca, San Michele à Altavilla, Santa Maria dell'Alto à Mazara).

Il s'agit de constructions dont les murs sont en maçonnerie, avec des alignements de briques et des insertions polychromes (grès, pierre ponce, lave) ou avec des mortiers d'épaisseur prononcée et des alignements de briques cuites, mais aussi à disposition isodome de pierres parfaitement taillées. Les façades présentent des compositions d'arcs aveugles à ressauts (parfois avec des ouvertures) en parements uniformes ou avec des articulations comportant des séries d'arcatures aveugles, résultant parfois de l'entrelacement de membrures en forme d'arc; dans certains cas, ils sont en ogive (Santa Maria à Mili San Pietro), à arc trilobé, avec un arc central surbaissé polycentrique (San Pietro à Itàla). Ces variantes en matière de technique et de composition sont combinées syncrétiquement, selon les cas, avec des schémas planimétriques, eux aussi de dérivation, et ne peuvent pas nécessairement être référés aux modèles canoniques des projections.

Les éléments islamisants étaient déjà présents dans les architectures de la période comtale; il en est de même des arcs à ressaut pariétaux, des successions d'arcs entrecroisés, des arcs en ogive à piédroits surélevés, des incrustations en dents de peigne sur les bandeaux du soubassement intérieur, des inscriptions coufiques, des coupoles à calotte surhaussée. La même constatation vaut pour les systèmes de raccord des impostes des coupoles et des cuvettes avec un vide de forme quadrangulaire, ou avec une niche: solution obtenue en disposant, au lieu des habituels pendentifs et trompes, quatre éléments d'angle et des arcs à ressauts concentriques, reliés par quatre autres arcs, de manière à former un octogone. Dans les architectures civiles, comme les *sollazzi* et les demeures royales, il faut souvent adopter pour ces raccords des structures froncées à alvéoles et à stalactites, comme les *mouqarnas*,

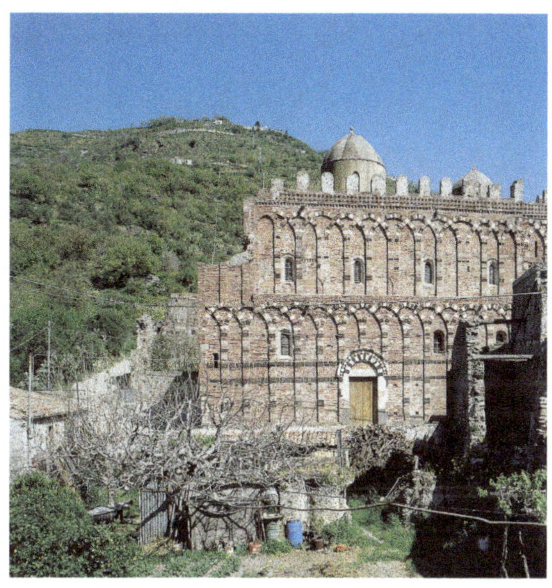

Santi Pietro e Paolo, vue générale, Forza d'Agrò.

Abbaye San Filippo di Demenna, fenêtre, Frazzanò.

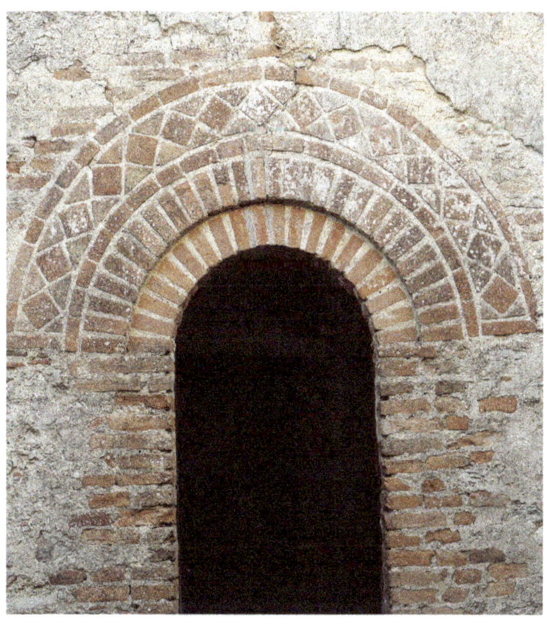

dont l'origine est nettement islamique.
Dans le premier grand cycle d'édifices religieux siculo-normands du règne de Roger II (1130-1154), les types dominants sont le plan en "T" (plus rarement en croix latine) ou le plan basilical à grand vaisseau ou à trois nefs mais avec une composition centralisante, ou avec un *presbyterium* à trois absides, bien distinct du corps longitudinal. On rencontre exceptionnellement des plans centrés, comme dans le cas de San Nicolò lo Regale à Mazara del Vallo; ici, la configuration (un plan à trois absides et en croix grecque inscrite dans un carré) peut être assimilée à des procédés médio-byzantins, mais aussi à des formes apparues en Sicile avant le IXe siècle, avec des tendances islamisantes comme les modèles de plan centré palermitains édifiés sous le règne de Roger II et sous celui de Guillaume Ier (1154-1166) par des commanditaires de culture grecque.

La réussite de la pacification intérieure assure une stabilité politique et une réorganisation administrative qui permettent à Roger II d'entreprendre une politique expansionniste dont l'objectif est de conjurer l'état de guerre latente perpétré par les musulmans d'Ifriqiya d'une part, et par l'empire de Byzance d'autre part. La suprématie maritime sera rapidement assurée en ce qui concerne les routes méridionales et occidentales, aussi bien grâce à la création d'une habile et redoutable force navale (avec un apport précieux, sur le plan de l'organisation, d'éléments gréco-latins) qu'avec l'occupation d'une grande partie de la bande côtière de l'actuelle Tunisie et de quelques places fortes plus à l'intérieur (comme tous les territoires d'Afrique du Nord, elles seront abandonnées par les milices siculo-normandes pendant le règne de Guillaume Ier).
Parmi les villes les plus importantes conquises par le nouveau royaume de Sicile figurent Jerba, Mahdia, Sfax et Sousse, la ville d'où était parti, en 827, le *jihad* qui, durant presque deux siècles et demi, avait maintenu la foi islamique dans l'île. Dans le nouveau plan guerrier envisagé par Roger II entre aussi l'expédition contre Tripoli, attaquée en 1146 et annexée aux possessions d'outre-mer. C'est le premier épisode, et le plus éclatant, de cette inversion de tendance dans les rapports de force entre la Sicile et l'Afrique du Nord; désormais, elle caractérisera toute la politique étrangère du royaume de Sicile pendant l'époque médiévale, jusqu'à l'avènement de la redoutable puissance ottomane. Par conséquent, dès la première moitié du XIIe siècle, les nouveaux équilibres de cette partie de la Méditerranée poussaient les Almohades, depuis Marrakech, à élire Tunis comme capitale (dirigée par un gouverneur) et à déclarer, pour la deuxième fois, le *jihad* contre la Sicile.
Roger II devra affronter un mouvement de conquête analogue du côté est, avec la flotte imposante commandée par l'amiral Georges d'Antioche (originaire de la ville

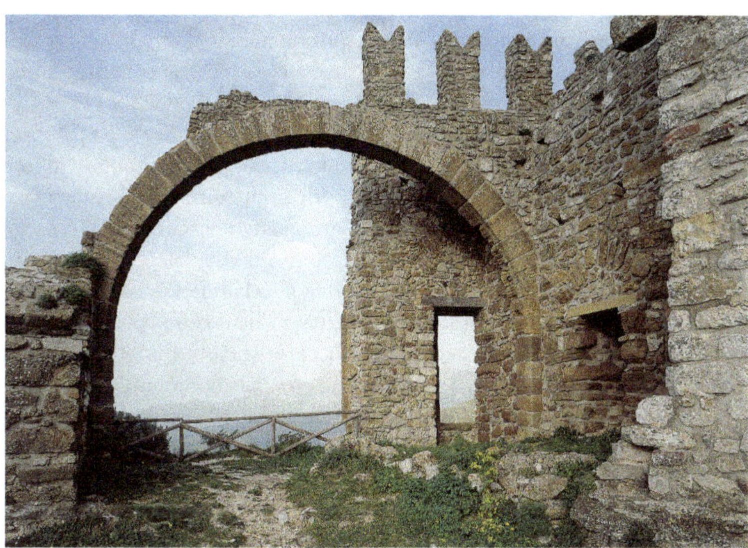

Château, vue partielle, Cefalà Diana.

du même nom, où s'était installée une branche des Hauteville); celui-ci avait porté les enseignes du royaume de Sicile sur les côtes adriatiques des Balkans, obligeant Byzance à des tractations de paix pénalisantes. À la suite de ces expéditions, qui rapportent aux forces siculo-normandes des butins exceptionnels et des possessions côtières, l'Empire byzantin renoncera définitivement à une politique de restauration de son autorité en Occident. La politique d'agression de Roger II aux dépens de l'empereur byzantin provoque une scission dans l'armée de la deuxième croisade et, indirectement, l'échec de toute la campagne militaire. Durant ces années-là, Roger entretient, sur ce sujet, des relations épistolaires avec l'abbé Suger de Saint-Denis et avec Pierre le Vénérable, abbé de Cluny. La dynastie du Comnène (désormais en décadence) connaîtra la débâcle finale provoquée par les Hauteville; en 1185, les Normands de Sicile occupaient Thessalonique, et le dernier des Comnènes, Andronicus Ier, était tué à Byzance. C'était la conclusion de presque un siècle et demi d'hostilités entre les Normands et Byzance. En un quart de siècle de règne, Roger II pose les bases de la création d'une identité nationale, en suivant un processus qui, précisément dans les arts, et surtout dans l'architecture, présente une de ses manifestations les plus organiques. Les intentions programmatiques de Roger II, qui poursuit une "politique de l'image" calculée, rappellent celles des précédents souverains européens, comme les Carolingiens ou les Ottons, à l'origine de floraisons artistiques caractérisées par le principe de la *renovatio imperii*.

La magnanimité traditionnelle de Roger II et de ses descendants permet, dans de nombreuses sciences

et disciplines, une continuité culturelle qui se manifeste à travers l'avancée, et dans ce que nous pourrions appeler l'actualisation, des notions et des connaissances.
La carte géographique de la Sicile du XIIe siècle, gravée sur un planisphère d'argent avec des inscriptions en arabe, et dans une large mesure, de conception arabe, en position inversée sur l'axe nord-sud, accompagnait la description du géographe musulman al-Idrisi, appelée *Livre de Roger* (*Livre du divertissement de celui qui désire parcourir le monde*). Écrite sur commande du même roi et dédiée à celui-ci, elle constitue l'une des premières productions cartographiques de l'histoire européenne. On sait, par ailleurs, que le même al-Idrisi en composa plus tard une édition augmentée, intitulée *Jardin de la civilité et divertissement de l'âme*, pour Guillaume Ier, car auprès de celui-ci, "dans cette cour singulière, où cette société bizarre se mirait dans son harmonie multiforme, on recherchait et rétribuait avec largesse des traités et des études nouvelles à des savants arabes, grecs et latins" (Siragusa, 1929).

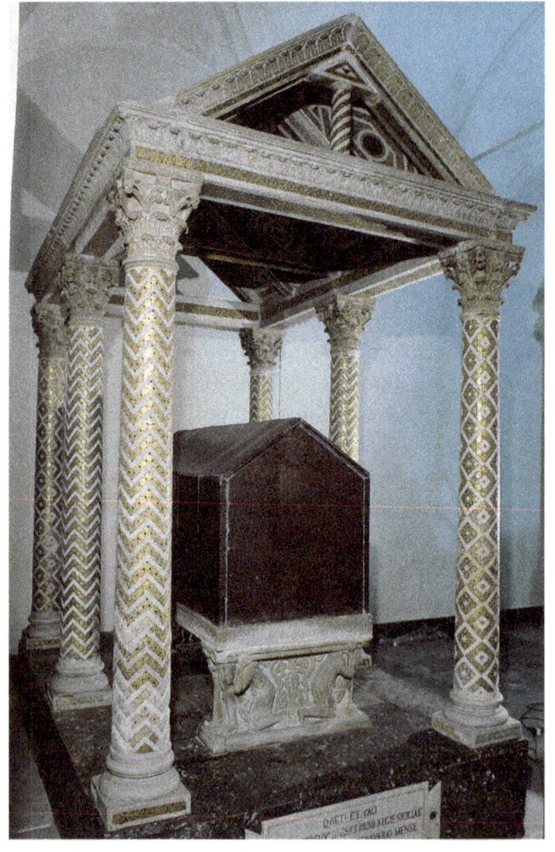

Cathédrale, tombe de Roger II, Palerme (Publifoto, Palerme).

Guillaume Ier, dit le Mauvais, troisième fils de Roger II (le seul qui ait survécu à son père), règne à partir de 1154. À sa mort, survenue le 7 mai 1166, succède en 1171, après la régence de sa mère Marguerite de Navarre, son fils Guillaume II, dit le Bon, qui régnera jusqu'en 1189.
Avec lui, la culture siculo-normande connaît un saut de qualité qui culminera durant la dernière décennie de la dynastie et qui, dans la continuelle mise au point d'un code architectural servant d'*instrumentum regni*, mêlera les matrices grecque, latine et musulmane; il en résulte un art qui n'apparaît plus comme la synthèse des trois cultures, mais comme une manifestation originale, dans laquelle chaque composante ne se distingue plus, même si elle a nourri les racines du nouvel ordre architectural.
Parmi les réalisations civiles de l'époque normande, le Parc royal qui s'étend dans la plaine de Palerme, et les édifices qui y sont construits, ceux que l'on appelle

les *sollazzi*, font partie des ouvrages d'art et d'architecture civile les plus complexes et originaux; leur beauté inspirera plus tard les poètes siciliens musulmans exilés de leur patrie.

On écrit de nombreux récits de voyages durant toute la période de la régence normande; ils sont souvent l'œuvre de musulmans arabes, comme celui dédié à Guillaume II par le célèbre Ibn Jubayr. Il s'agit parfois d'exilés siciliens nostalgiques qui avaient coutume d'intercaler, dans la description des beautés et de la douceur du climat et des fruits de l'île, les imprécations et les malédictions adressées aux nouvelles classes hégémoniques de la Sicile, et voulaient s'assurer la bienveillance d'Allah après avoir chanté les splendeurs des infidèles. À cela s'ajoutait toujours le regret de voir les populations de l'île transformées en disciples de l'église chrétienne.

À l'indéniable caractère roman de l'architecture religieuse palermitaine de la période du comté, illustrée par l'église San Giovanni dei Lebbrosi, succède le cycle majestueux d'une architecture ecclésiastique plus adaptée au nouveau rang de la ville, devenue siège de la couronne et du trône royal, et qui n'est plus liée à une affirmation exclusive de la culture originelle de la dynastie au pouvoir.

La querelle entre chrétiens d'Orient et chrétiens d'Occident, ravivée par les successions au trône pontifical de papes liés au rite gréco-byzantin et au rite latin (parmi lesquels Honorius II et Innocent II), peut expliquer l'affirmation de l'art figuratif arabe de la période normande. Face à la nécessité d'un art religieux d'État, l'antagonisme créé par l'introduction du clergé latin, auquel Roger confia les lieux de culte les plus importants, suscita un certain malaise à l'égard du clergé grec, déjà présent dans l'île avant les musulmans. L'un et l'autre clergés autorisèrent les arts figuratifs des nouvelles cathédrales et des églises à se rattacher aux répertoires induits par la présence des artistes et des maîtres d'œuvre locaux, musulmans et chrétiens orthodoxes; ils introduisirent de

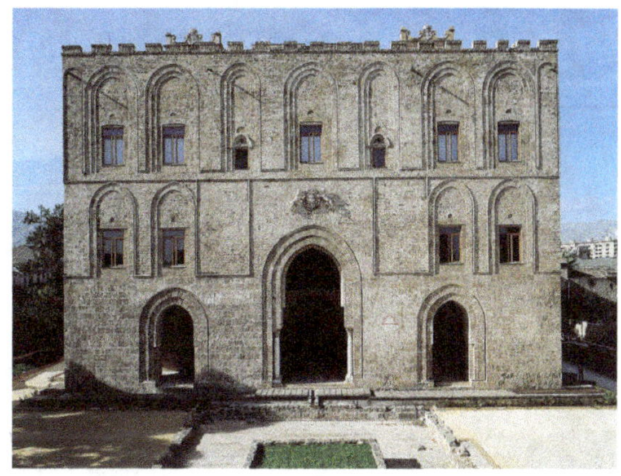

Zisa, façade principale et vivier, Palerme.

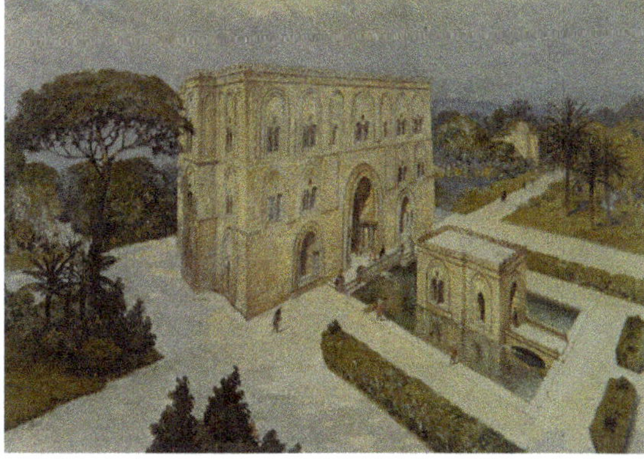

Zisa, vue imaginaire de R. Lentini, 1935 (Direction régionale des biens culturels et environnementaux), Palerme.

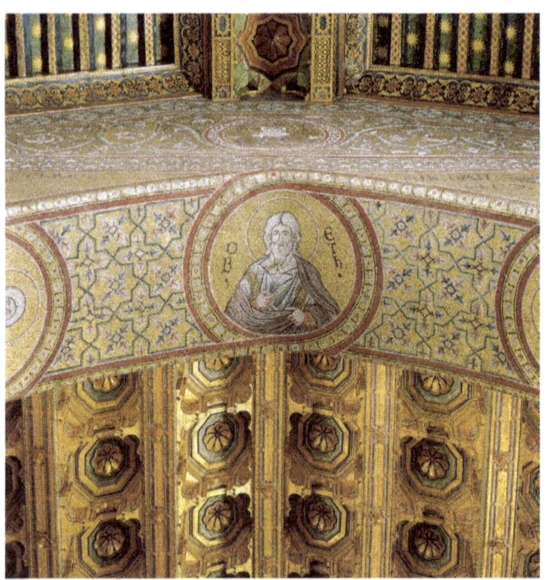

Cathédrale, grand arch, Monreale.

nouvelles significations et des répertoires anthropomorphes dans la représentation du Christ et des épisodes de l'Ancien Testament et des Évangiles. Ce fait est démontré aussi bien par l'emploi d'appareils décoratifs tridimensionnels de provenance islamique pour les plafonds, les niches et les coupoles, que dans l'utilisation de revêtements de mosaïques de tradition byzantine, et dans le choix de l'écriture comme élément décoratif commun à l'art arabe et à l'art byzantin.

Cette plus grande perméabilité aux influences orientales et musulmanes, vers lesquelles sont orientés les maîtres d'œuvre de la cour normande (parmi lesquels se détache le personnage de Girard le Franc), inéluctablement renouvelées par l'apport d'artistes locaux ou étrangers formés dans ces cultures, ne dérive pas seulement de la confrontation avec les œuvres, petites mais raffinées, commanditées par des dignitaires grecs de plus en plus puissants; elle résulte aussi d'une stabilité politique intérieure enfin atteinte, en ce qui concerne les différentes ethnies et confessions, et de la recherche d'une identité nationale.

La magnificence de la cour normande reproduit elle aussi des modèles orientaux (comme, plus tard, celle de Frédéric II de Souabe), de même que les ensembles de mosaïques des églises et des résidences commanditées par Roger II, Guillaume II et leurs grands amiraux, essentiellement construites après les brillantes expéditions militaires contre Byzance, qui apportèrent au royaume non seulement d'énormes richesses, mais aussi des maîtres d'œuvre grecs qualifiés.

À la mort de Roger II, la réputation du royaume en tant que lieu paradisiaque est déjà faite. Dans le *Liber ad honorem Augusti*, qui date de 1195, Pietro d'Eboli chante en distiques élégiaques la perte du roi normand Guillaume II; les miniatures qui ornent l'ouvrage, également connu sous le nom de *De Rebus Siculis Carmen* et conservé à la bibliothèque de Berne, présentent des images éloquentes de la politique normande sur la cohabitation des peuples. La miniature montrant la ville en pleurs à cause de la mort de Guillaume II permet de voir, bien subdivisées en quartiers, les délégations latine, arabe, grecque et normande. On sait par ailleurs, grâce à des documents et des actes de l'époque, que les rois normands ont rassemblé les productions scientifiques et culturelles des disciplines les plus variées. Ils poussèrent les savants arabes à écrire et à étudier malgré eux, à cause de l'avancée des connaissances des infidèles, certes aidés dans leurs productions écrites par l'utilisation du papier qui avait supplanté le parchemin, dont les Arabes avaient appris la fabrication en Égypte.

Les rescapés de ces populations musulmanes immigrées dans le sillage des émirs, et qui avaient échappé aux persécutions chrétiennes, étaient tolérés pourvu qu'ils soient rassemblés en petites communautés sur le territoire; Ibn Jubayr rapporte que ces groupes avaient leurs propres marchés et leurs mosquées, se pliaient aux sentences de leurs cadis, à la prière des *muezzins* et écoutaient dans leurs écoles les maîtres coraniques.

La mise au point d'un régime de tolérance, qui n'excluait pas cependant une certaine diversité, remonte aux premières années du royaume: "L'administration judiciaire conservait les formes établies sous Roger II, en vertu desquelles musulmans et chrétiens étaient également admis à déposer en justice, mais pour les uns, c'étaient les prescriptions du Coran qui étaient en vigueur, pour les autres le droit des Lombards, et celui des Francs pour les aristocrates féodaux d'origine latine ou normande; alors que pour les indigènes d'origine grecque ou latine, pour la bourgeoisie, et en général pour toutes les classes qui ne possédaient pas de fief, on appliquait le droit romain" (Siragusa, 1929).

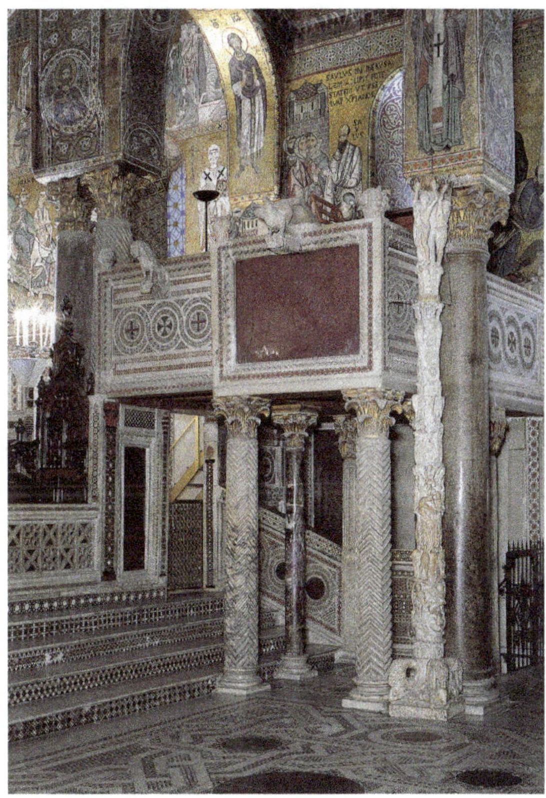

Chapelle Palatine, chaire et chandelier pour le cierge pascal, Palais royal, Palerme.

À l'époque de Guillaume II, époque que l'on peut prolonger, pour une continuité idéale, jusqu'à la fin du bref règne suivant – celui de Tancrède –, d'importantes réformes apparaissent dans l'organisation de l'administration et du protocole institutionnel (pour Frédéric II de Souabe, cette organisation devait être déterminante quant à son programme de gouvernement et de politique de l'image). On remarque la même volonté dans le domaine architectural et artistique; parmi les édifices les plus importants du

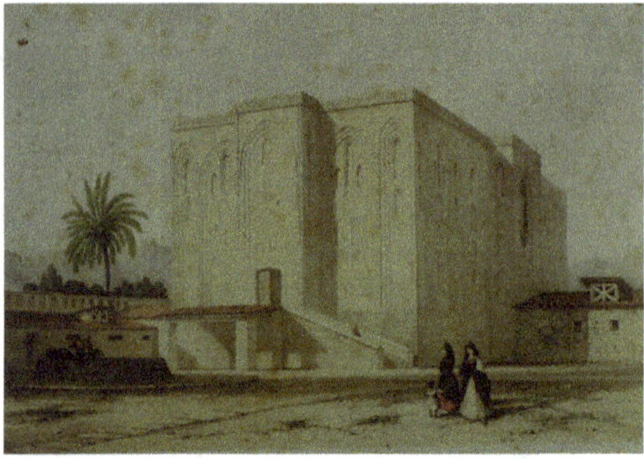

Cuba, vue générale, Palerme (Gally Knight, 1838).

Moyen Âge sicilien, certains sont construits ou achevés durant la période comprise entre 1166 et les dix dernières années du XIIe siècle. Un tel fait a pu se produire grâce à l'intérêt direct du roi, ou dans le cadre du climat culturel favorisé par la cour des derniers Hauteville. À Palerme, outre l'achèvement des travaux de décoration à l'intérieur du Palais royal et dans les *sollazzi*, on entame l'immense chantier pour la restructuration définitive de la cathédrale. Certaines de ces œuvres, les plus grandioses, témoignent d'une fusion définitive entre la *koinè* islamique de l'époque

Cuba, détail de la façade latérale, Palerme.

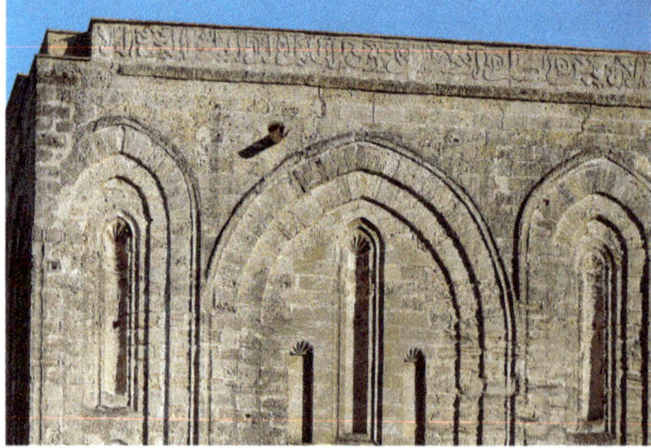

et les éléments des codes figuratifs byzantins, sur la base d'une culture architecturale sicilienne désormais consolidée. Celle-ci exerce également son influence en Italie du Sud, où, par ailleurs, étaient déjà diffusés les répertoires de la culture artistique islamique, véhiculés par les Normands ou dérivés d'une autre provenance (entre autres, l'éphémère émirat des Pouilles). Amalfi et Ravello en Campanie furent particulièrement concernées par la diffusion tardive de certains stylèmes des cultures artistiques et architecturales islamique et siculo-normande. On y voit se profiler une expérience architecturale particulière, dont la base éclectique est la synthèse d'une *koinè* méditerranéenne médiévale.

De 1189 à 1194, une fois éteinte avec Guillaume II la lignée masculine héréditaire du roi Roger, Tancrède de Lecce accède au trône; il est le fils naturel de Roger, duc des Pouilles et cousin de Guillaume II, qui durant les deux dernières années régnera avec son fils Roger. De février à novembre 1194, Guillaume III lui succédera enfin, sous la régence de sa mère Sibylle; avec lui s'achève tragiquement la dynastie des Hauteville, renversée par l'occupation du sud de l'Italie et de la Sicile par Henri VI de Hohenstaufen, empereur et roi d'Allemagne, fils de Frédéric Barberousse.

Avec Henri VI triomphait le vieux rêve impérial, d'origine ottonienne, de conquête des territoires italiens en vue de la restauration d'une domination unique sur l'espace méditerranéen. Avant la campagne contre les feudataires siciliens fidèles aux Hauteville, il avait capturé Richard Cœur de Lion, qui avait avancé des prétentions dynastiques sur le royaume de Sicile, obtenant à la suite de cela, non seulement une rançon importante, mais la soumission formelle du royaume d'Angleterre (fondé en 1066 par Guillaume, duc de Normandie). Marié dès 1186 avec Constance de Hauteville, fille de Roger II, Henri VI revendique lui-même la succession à la couronne de Sicile; il la détiendra avec sa femme de 1195 à 1197, année où il meurt à Messine lors d'une partie de chasse, laissant la couronne à son fils Frédéric.

Après la régence de sa mère Constance (1197-1198), le jeune Frédéric II de Souabe est confié, jusqu'à sa majorité, à la tutelle du pape Innocent III. Le projet normand de suprématie centro-méditerranéenne sera réaffirmé par Frédéric II, pour être ensuite poursuivi, de manière moins incisive, par les premiers souverains de la dynastie aragonaise, qui avait succédé dans le royaume de Sicile à la maison d'Anjou, après la révolte de 1282.

Frédéric II établit au sein de sa cour un centre de production littéraire en langue vulgaire sicilienne, et une véritable école poétique, dont il sera question dans les *canzonieri* toscans; ainsi naîtra la première expérience poétique originale et institutionnelle italienne, et la première élaboration littéraire de la future langue vulgaire italienne.

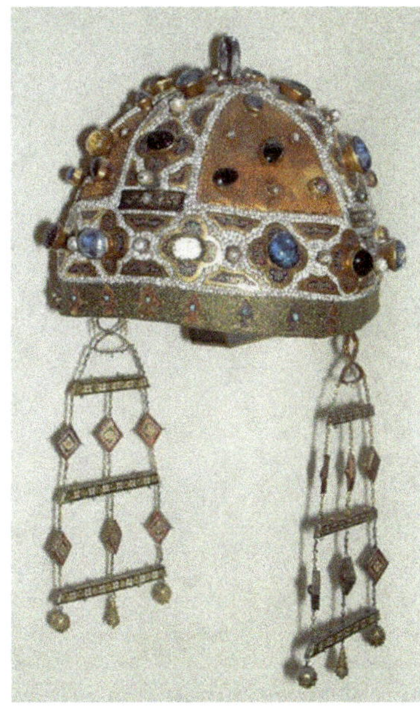

Couronne de la tombe de Costanza, trésor de la cathédrale, Palerme (Publifoto, Palerme).

Après la mort de Frédéric II (1250), ce n'est qu'en 1270 que les Angevins parviendront à réprimer la résistance des barons et du peuple, unis dans leur refus de la nou-

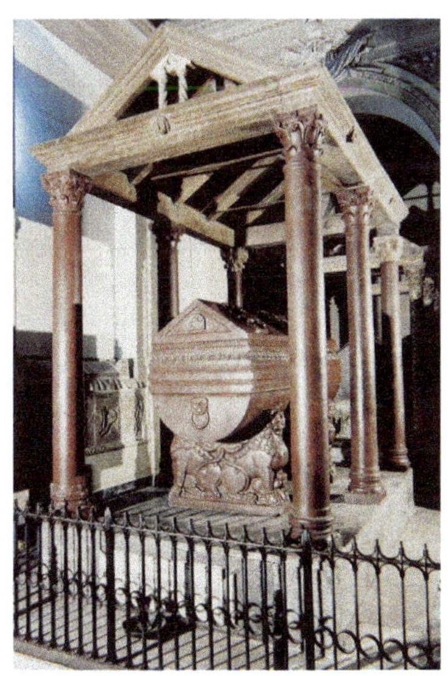

Cathédrale, tombe de Frédéric II, Palerme (Publifoto, Palerme).

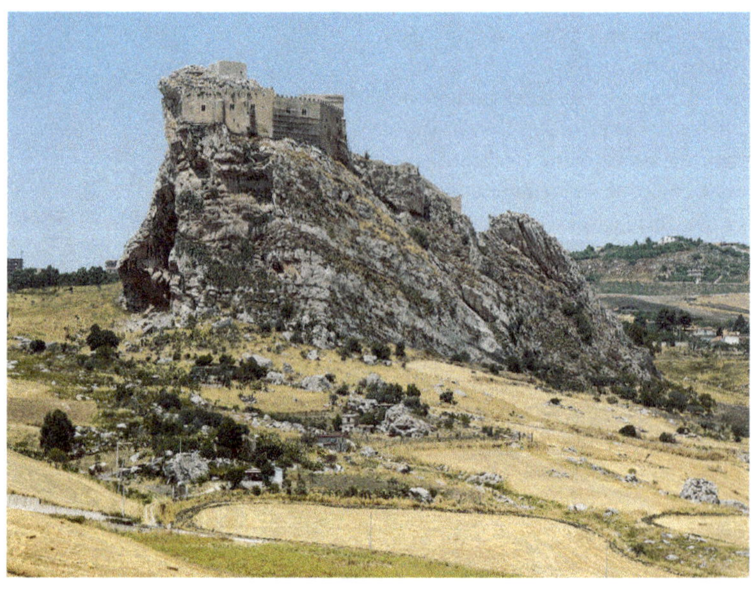

Château, vue panoramique, Mussomeli.

velle dynastie guelfe imposée à la papauté. La fidélité à la maison des Souabes et l'horreur provoquée par l'exécution de l'adolescent Corradino, dernier descendant mâle de Frédéric II, décapité sur ordre de Charles d'Anjou le 29 octobre 1268 à Naples sur la place du marché, ne pourront être étouffées par le régime de terreur et de tyrannie instauré par le lieutenant Guillaume de l'Étendard: le 30 mars 1282, le lundi de Pâques, à l'heure des vêpres (d'où le nom de l'insurrection) débute à Palerme le soulèvement populaire appuyé par la faction féodale légitimiste, qui conduira à la séparation du royaume italien des Anjou d'avec les territoires continentaux.

Avec la guerre des Vêpres, l'aristocratie insulaire redécouvre sa vocation féodale: elle répare, transforme ou construit des châteaux, des bourgs fortifiés et des tours. La redécouverte aristocratique des hauteurs, avec les installations rupestres fortifiées, introduit un aspect qui caractérisera le paysage sicilien de l'époque féodale.

Ces châteaux, situés à l'embouchure des vallées ou en amont des fleuves, ou encore montant la garde des passages et des cols, récupèrent de vieux donjons normands, des villas fortifiées de la période du *jihad*, des vestiges de caravansérails, et tout ce que la décadence de la seconde moitié du XIIIe siècle avait épargné de ce qui avait été la campagne florissante de l'époque arabe, et de la période normande et souabe. Parmi les constructions préexistantes qui offrirent les meilleures conditions d'installation pour le processus d'édification militaire lié à la relance du féodalisme (phénomène que les Normands avaient

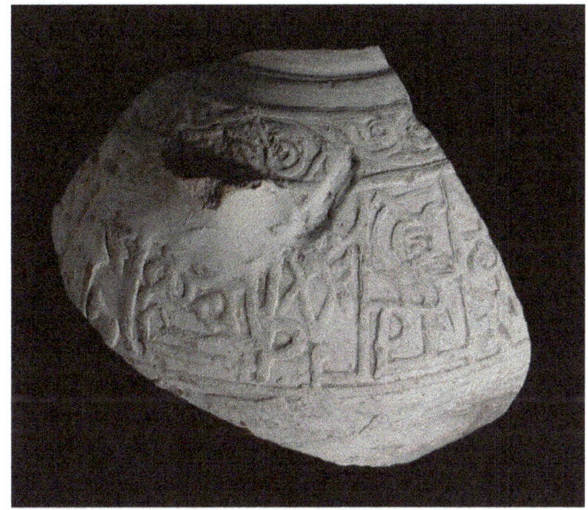

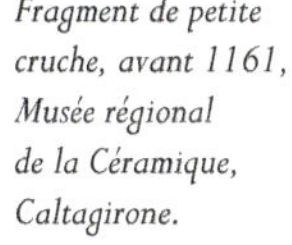

Fragment de petite cruche, avant 1161, Musée régional de la Céramique, Caltagirone.

entamé, tout en le subordonnant à un centralisme efficace, et que l'autocratie de Frédéric avait tenu en bride), il y eut certainement les restes des citadelles, des hameaux et des villages perchés dans lesquels s'étaient retirés les musulmans qui ne s'étaient pas intégrés au nouvel ordre chrétien du royaume normand de Sicile.

Les musulmans de classe sociale élevée, comme ceux réintégrés dans les rangs militaires (les "Arabes" nés en Sicile et qui constituaient des troupes d'élite, en particulier les archers et la cavalerie légère, en plus des marins), ou comme ceux qui se consacraient aux sciences, aux arts, au commerce et à l'administration, avaient été réinsérés dans la vie des plus grandes villes, pour être ensuite totalement intégrés dans la nouvelle réalité du processus de latinisation de la Sicile. En revanche, les communautés islamiques du territoire constituèrent, pendant longtemps, d'authentiques réserves juridiquement soumises, mais en fait fidèles à leurs propres traditions: l'une des plus importantes était leur mode d'organisation sociale et le rôle institutionnel de la loi coranique.

En accord avec les barons latins, les immigrés lombards (arrivés en Sicile dès 1087) avaient engagé des persécutions systématiques à l'égard des musulmans: une guerre civile larvée, avec une phase aiguë en 1161, qui devait décimer les communautés musulmanes agricoles à cause des persécutions, par ailleurs combattues par les Hauteville et par la cour. Il en était résulté un massacre de musulmans dans la capitale, et l'autorité de Guillaume Ier avait été menacée: ses sympathies pour le monde islamique, surtout dans le domaine artistique et scientifique, n'avaient guère été appréciées par les *bifolchi* (paysans) et par les propriétaires terriens chrétiens. Dans l'élite du

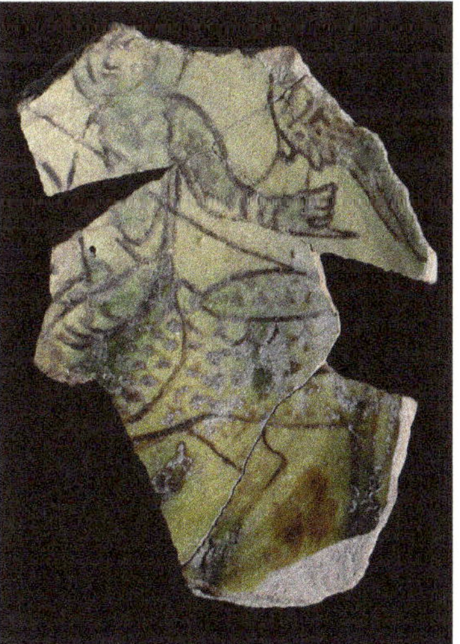

Fragment de coupe peinte et vitrifiée, première moitié du XIIe siècle, Musée régional de la Céramique, Caltagirone.

royaume, on avait constaté une intégration ethnique, religieuse et culturelle entre musulmans, Grecs et Latins de naissance sicilienne, avec l'introduction pacifique d'éléments étrangers (Grecs des Balkans ou de l'Italie du Sud, Normands et musulmans d'Afrique du Nord): un modèle de vie cosmopolite qui reflétait, dans une version aristocratique, le climat de cohabitation instauré à Palerme entre les classes populaires, et que l'on constate jusqu'à la fin de l'époque des deux Guillaume.

Avec la mort de Guillaume II, on assiste à la rupture du fragile équilibre que la couronne normande avait su fermement maintenir en exaltant, entre autres, le rôle des artistes et des érudits musulmans, qui avaient contribué à donner un caractère original à la culture sicilienne médiévale: de l'extraordinaire ensemble d'architectures royales dans la capitale jusqu'aux nombreuses commandes aristocratiques urbaines et à la promotion d'une activité productive florissante (chantiers, industries de la soie dans la région de Messine et production de papier).

La fascination pour la culture islamique sera déterminante dans la formation de Frédéric II, surtout durant la phase initiale, toute sicilienne, de son règne: celui-ci se caractérise par une rénovation de

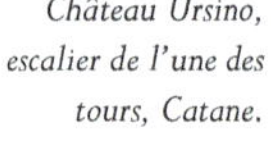

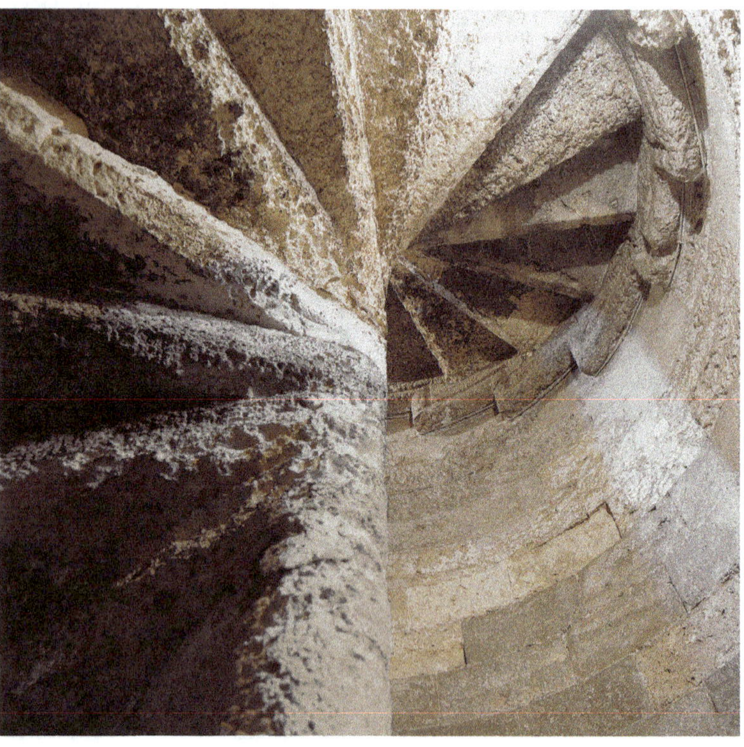

Château Ursino, escalier de l'une des tours, Catane.

la culture siculo-normande, qui précède le tournant germanisant des années vingt du XIIe siècle, lorsque, à la suite de l'échec des tentatives d'intimidation, il commence à établir un plan militaire systématique destiné à réduire les enclaves des musulmans à leur précédente condition de sujétion juridique. Poussé par des motifs politiques, avant de lancer sa campagne militaire en Allemagne, il décide de résoudre une fois pour toutes la question de l'insurrection des musulmans en Sicile. Avec une armée considérable, il assiège Calatrasi, Jato et Entella et parvient à éliminer Muhammad Ibn 'Abbad, créateur d'un émirat indépendant. Après une énième révolte en 1243, une contre-mesure ultérieure de Frédéric II se traduit par la prise définitive, jusqu'en 1246, de toutes les installations musulmanes subsistantes, avec la déportation à Lucera des derniers dissidents islamistes.

Peut-être contraint par les événements à ces mesures draconiennes, Frédéric avait, au contraire, caressé le projet d'un grand empire méditerranéen; même après cette guerre civile en Sicile, il n'avait cessé d'être influencé par le monde islamique. Ses châteaux, sur la côte ionienne de l'île, celui d'Augusta, de Syracuse (château Maniace) et de Catane, comme presque toutes les architectures encouragées par Frédéric, mêlent des procédés de construction et des codes figuratifs nettement marqués par le gothique à des formes architecturales de provenance clairement musulmane (les références au *ribat* de Sousse et à d'autres édifices fortifiés d'Ifriqiya sont particulièrement évidentes).

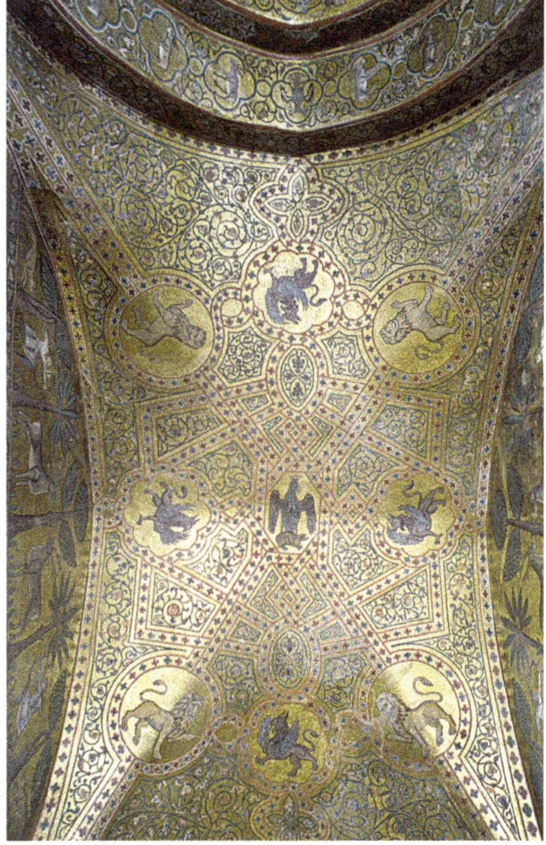

Palais royal, chambre de Roger, voûte, Palerme.

Par ailleurs, des traces siculo-normandes sont perceptibles sous la marque gothique des éléments architecturaux, indubitablement sur instigation royale ou sur inspiration de l'architecte du roi, Riccardo da Lentini, comme si l'on voulait reconstituer les principales composantes de l'hypothèse supranationale de Frédéric. Et si l'on est sûr de l'apport d'artisans musulmans pour certains de ces édifices (à Syracuse, la communauté islamique est encore présente après la diaspora de Lucera), on ne possède pas d'informations fiables en ce sens pour les époques médiévales suivantes concernant l'art et l'architecture de Sicile.

Et pourtant, même durant l'époque aragonaise, il reste une aura islamisante dans l'art décoratif sicilien, parfois à peine visible (dans les décorations des portes et des fenêtres, ou dans certaines manifestations d'*horror vacui* communes à l'aire sicilienne et à l'aire ibérique), parfois évidente: il en est ainsi de la tradition, durable, des plafonds en bois peint, même si l'apport gothique ne cesse de s'accroître dans les répertoires en question.

D'ailleurs, à partir des premières années du XIVe siècle, l'introduction de caractères architecturaux et figuratifs ibériques (aragonais et catalans) dans un gothique sicilien de dérivation (avec des bases siculo-normandes) finit par créer une sorte de *koinè* culturelle de deux aires méditerranéennes qui, seules en Europe, avaient en commun le fait d'avoir toutes deux appartenu, pendant longtemps, au *Dar al-Islam*, et la persistance, en pleine réaffirmation du christianisme, de la culture islamique sous forme de redécouverte.

Des influences islamiques, célébrées par la tradition aristocratique siculo-normande et par celle de l'époque de Frédéric, sont visibles aussi bien dans les palais citadins de la grande aristocratie d'époque aragonaise (les Chiaramonti, les Sclafani) que dans les caractères figuratifs, et parfois distributifs, des résidences urbaines et des architectures fortifiées appartenant aux familles qui dominaient de vastes zones de la Sicile, formant souvent un État dans l'État (entre autres les Alagona, les Moncada, les Peralta, les Ventimiglia et, là encore, les Chiaramonte et les Sclafani).

Souabes et Aragonais accueillent, sans en atteindre ni l'équilibre, ni la grandeur dans la politique de l'image, la leçon de la dynastie normande; ils affichent la volonté d'en perpétuer la vocation impérialiste et les velléités de rénovation qui lui sont liées, avec une identification dynastique et une grande fidélité aux lois de la nouvelle patrie. En cela, ils se distinguent de l'absence

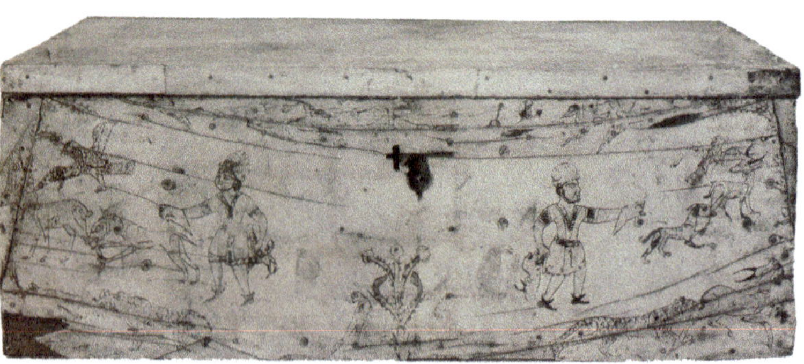

Coffret lamé d'ivoire décoré, premier tiers du XIIIe siècle, trésor de la chapelle Palatine, Palais royal, Palerme.

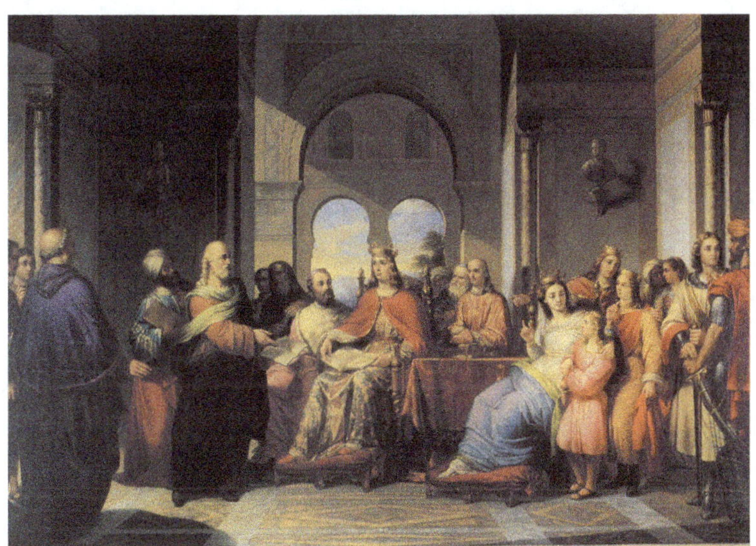

G. Conti, "Frédéric II reçoit du philosophe Michel Scot la traduction des ouvrages d'Aristote", 1860, Palais royal, Palerme.

de promotion artistique des Angevins, les seuls, même par rapport à Henri VI, à exercer sur l'île une véritable domination, et dont l'arrogance et la rapacité avaient réveillé un mouvement de libération nationale avec la participation, à la guerre des Vêpres, de presque toutes les factions aristocratiques, des paysans, des artisans et de la plèbe des villes.

Ce n'est pas un hasard si, chronologiquement, l'*Historia Sicula* de Nicolò Speciale coïncide avec une relance de l'impérialisme de la couronne de Sicile, selon la tradition normano-souabe établie par Frédéric III d'Aragon (qui régna de 1296 à 1337); il projetait de ramener le royaume de Sicile à la centralité métaphorique, par rapport aux faits européens et méditerranéens, de la période durant laquelle il étendait sa souveraineté sur toutes les provinces du sud de l'Italie et sur les côtes de la Tunisie et de la péninsule balkanique, entre Durrës et le Péloponnèse.

L'événement qui met fin à cette soif de centralité sera le litige, pour la suprématie en Italie, entre Louis III d'Anjou et Alphonse V d'Aragon, qui avait succédé, dans la couronne du royaume de Sicile, à Ferdinand Ier, après la régence de sa mère Blanche, déjà régente avec Martin II.

L'action politico-culturelle inaugurée par Alphonse et poursuivie par ses successeurs éloignera définitivement la Sicile (et le sud de l'Italie) des échanges avec l'Afrique du Nord et avec l'Orient: processus déjà engagé au lendemain de la guerre des Vêpres, mais qui, à la fin du XVe siècle, voit se superposer une tendance cultivée liée à la Renaissance, à la déclinaison humaniste du gothique tardif sicilien, encore marqué par des influences islamiques.

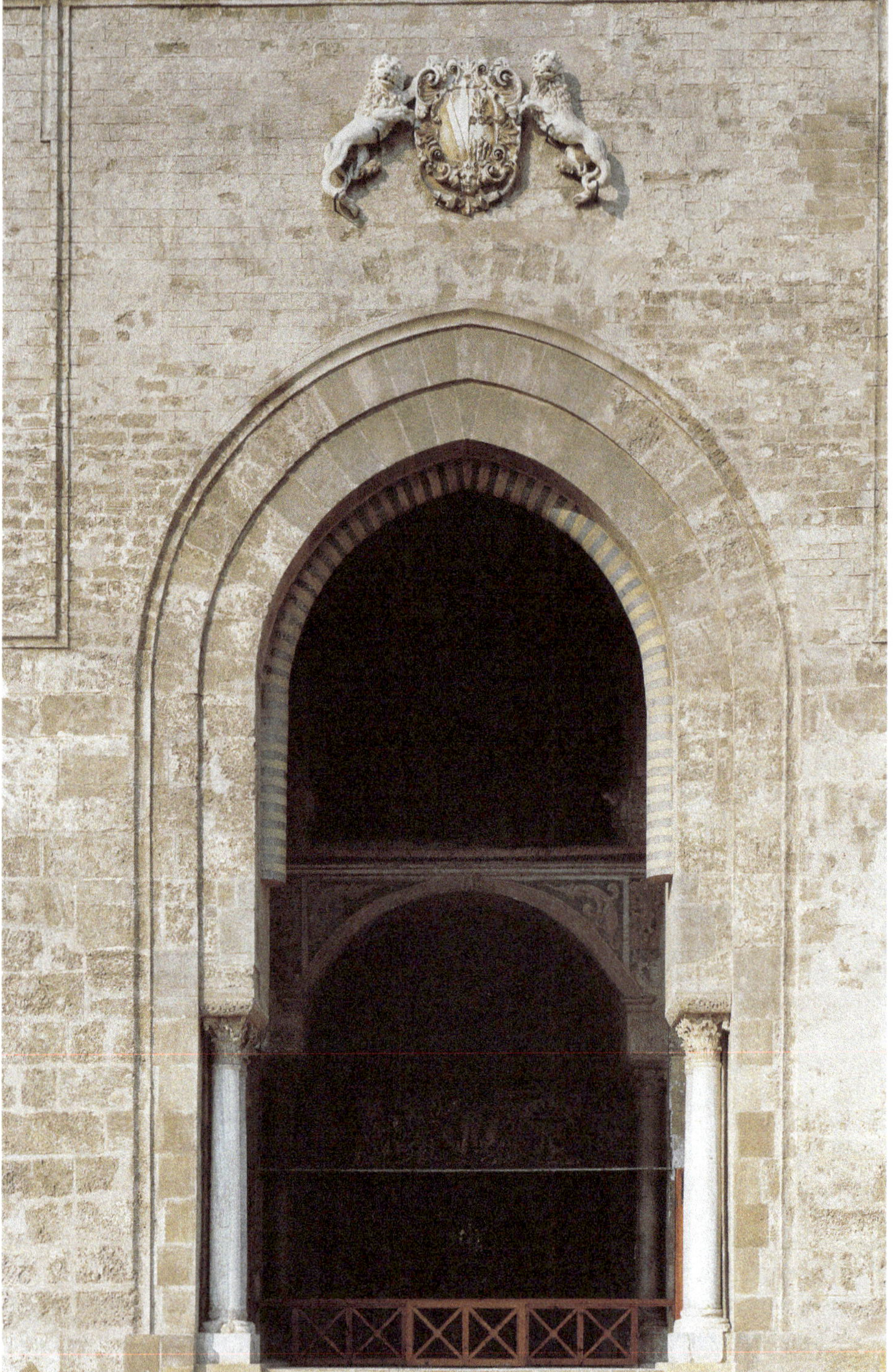

Art de cour à l'époque normande: les *sollazi* et le Parc royal

Comité scientifique

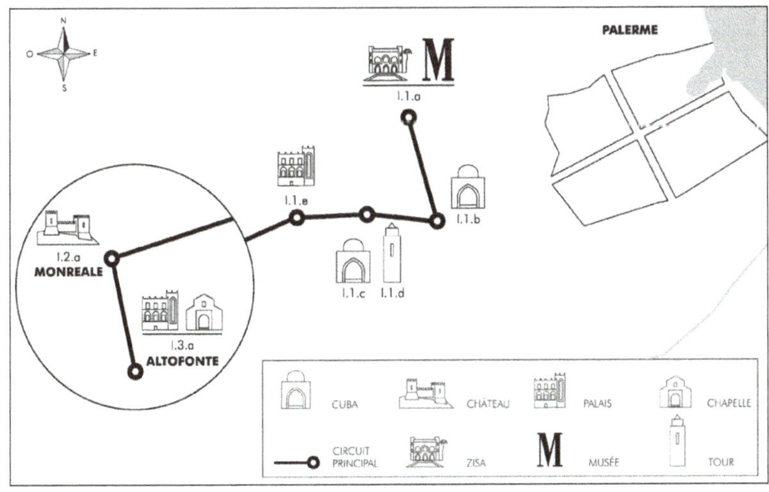

Zisa, arc de l'entrée, Palerme.

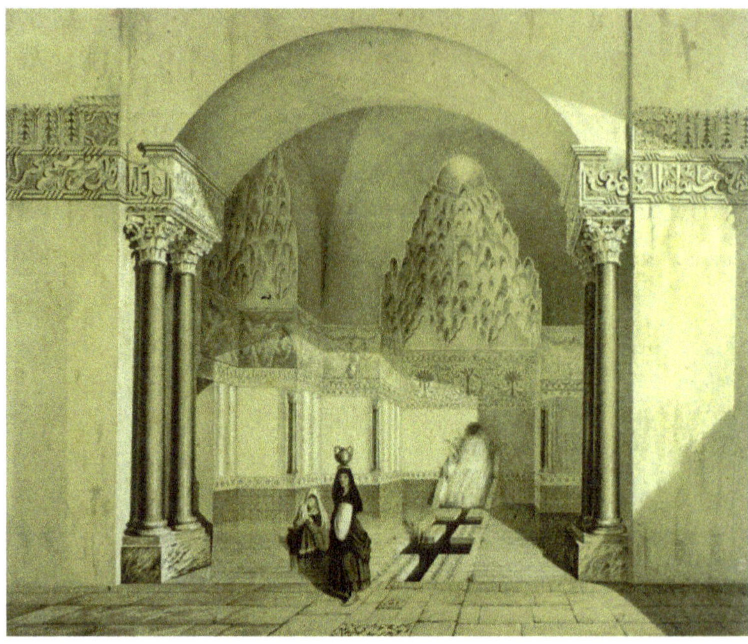

Zisa, iwan, Palerme (Gally Knight, 1838).

Le 25 décembre 1071 (en janvier 1072 selon d'autres datations), Palerme, assiégée depuis cinq mois par les troupes du duc Robert Guiscard et par le comte Roger, fils du Normand Tancrède de Hauteville, capitule: "Le duc, ayant préparé les engins et les échelles pour escalader les remparts, pénétra en cachette, avec trois cents soldats, dans les jardins qui s'étendaient à l'opposé du lieu où se trouvait la flotte, pendant que, de son côté, son frère faisait de même. Au signal convenu, ils firent irruption à grand fracas et sans hésiter. Toute la ville, effrayée par les clameurs, courut aux armes et entreprit de se défendre [...] Le lendemain, les notables, ayant établi une trêve, se présentèrent devant les deux frères, assurant qu'ils ne voulaient ni violer, ni ne pas appliquer les conditions de la paix, pourvu qu'on leur garantît que de nouvelles vexations ou des tributs injustes leur seraient épargnés" (Malaterra, 2000).

L'époque normande en Sicile est passée à l'histoire comme un règne d'une grande tolérance, et les rois de cette dynastie comme des monarques éclairés et cultivés. Outre leur traditionnelle réputation de guerriers, les Hauteville jouissent aussi de celle de commanditaires des édifices civils et religieux les plus prestigieux du Moyen Âge sicilien, des réalisations les plus raffinées et perfectionnées, des aménagements les plus agréables en ce qui concerne l'art des jardins. L'exigence de visibilité de l'image du nouveau règne, aussi bien du point de vue politique que géographique, la nécessité d'afficher une supériorité culturelle patrimoniale, l'exclusion de l'autorité papale, poussent les Hauteville à réaliser une véritable politique de l'image, à travers le maintien avisé de l'organisation et des structures administratives, la cohabitation avec toutes les formes culturelles et religieuses présentes à Palerme et sur l'île en général. Reconnus comme les héros d'une des cours les plus admirées, le comte Roger et ses descendants tireront bénéfice, peut-être malgré eux, du processus de peuplement du territoire réalisé par la politique musulmane avec l'installation de colons et l'introduction de cultures (comme celles des agrumes, de la canne à sucre, du palmier-dattier) et de nouvelles techniques d'implantation et d'irrigation; fascinés par les demeures à l'extérieur de la ville (les *qasr*s des émirs, hors des remparts, avec leurs jardins luxuriants), ils les réutiliseront et se les approprieront, les enrichissant de nouveaux décors et de jardins.

À l'intention consistant à créer un "paysage idéal", un paradis, correspond la réalisation du parc abritant les demeures d'agrément – les *sollazzi* – et les bois de la maison royale normande. Territoire où l'eau abonde, lieu de "grande fertilité", la plaine de Palerme (plus connue sous le nom de Conca d'Oro à partir du XVIe siècle) correspond non seulement aux exigences du paysage cultivé, mais aussi à celles d'un lieu de délices avec des jardins agréables. Par ailleurs, on assiste en Sicile à une continuité qui, à partir d'une tradition codifiée dès l'époque romaine, avait également concerné les réalisations musulmanes en matière d'agrément et d'économie, compte tenu de l'intensification des cultures et du perfectionnement du système d'irrigation favorisés par les réductions d'impôts sur les investissements agricoles. La réalisation d'édifices et de pavillons isolés, de jardins, de bassins, de ruisseaux artificiels sur un territoire unique remonte à une tradition qui trouve son origine dans l'implantation "pavillonnaire" des palais urbains de Rome au IIIe siècle ap. J.-C.; cette tradition est reprise au XIIe siècle, avec des formules originales, par la cour normande de Sicile. Certains spécialistes (Krautheimer, 1986) décèlent cette continuité typologique dans trois éléments fondamentaux: la villa romaine d'époque impériale (comme celle de Piazza Armerina), le palais byzantin de la Constantinople des IXe et Xe siècles, et les édifices de jardin de l'époque normande en Sicile. L'orientation culturelle de la cour normande prouvait, d'après ce que nous ont transmis les chroniqueurs latins de l'époque, sa grande tolérance, continuant à utiliser pour ses propres plaisirs ou à titre de villégiature: "les

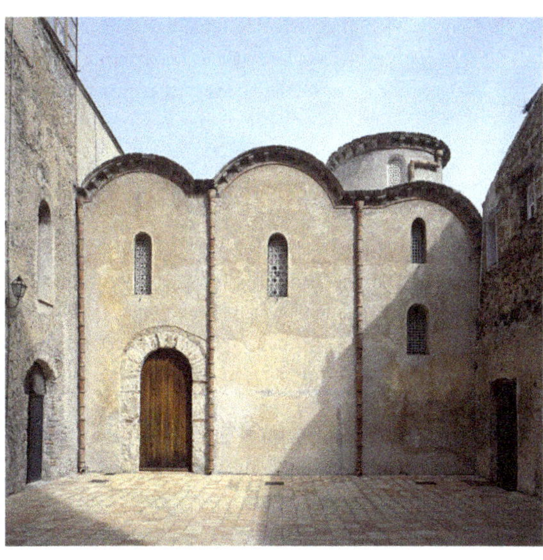

Chapelle San Michele Arcangelo, façade latérale, Altofonte.

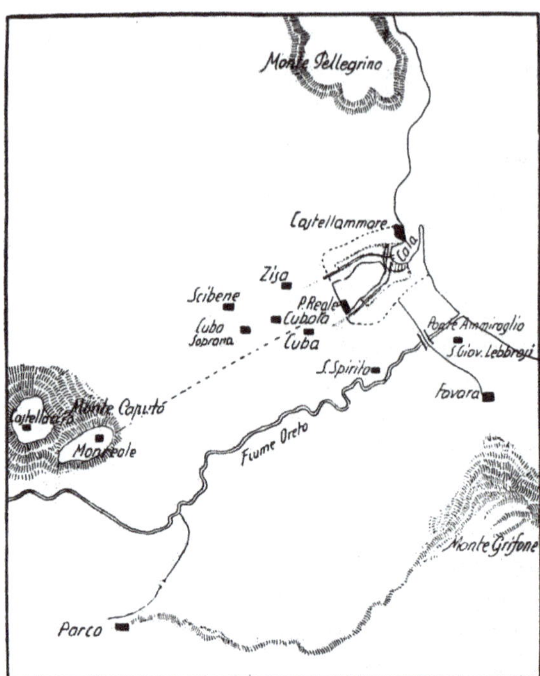

Parc royal de chasse avec l'emplacement des sites royaux (Di Stefano, 1955).

demeures qui avaient accueilli les loisirs des émirs kalbides", s'appropriant, avec des résistances minimes (et peut-être aussi dans le but d'en exorciser la présence) des constructions et des espaces déjà utilisés à l'époque arabe et conservant, après les avoir restaurés et agrandis, les villas suburbaines et les édifices profanes.

La présence des jardins et des maisons arabes extérieurs à l'enceinte de la ville était un phénomène très étendu, comme en témoigne l'émerveillement des voyageurs musulmans: les *mu'askars* dénotaient, en effet, l'appropriation de la campagne suburbaine, et résultaient d'une politique avisée d'exploitation des sources et des cours d'eau existants.

L'aménagement du territoire extra-urbain subit des transformations radicales à l'époque normande, y compris parce que la couronne entre en possession d'une vaste zone autour de la ville, entourée de reliefs montagneux. La préexistence de terrains cultivés constitua, selon toute vraisemblance, un tissu cohérent qui permit la transformation de la plaine de Palerme en parc, le grand Parc royal normand qui s'étend autour de la ville, plusieurs fois transformé, agrandi et enrichi de pavillons de l'époque de Roger II (1112-1150) à celle de Guillaume II (1171-1189).

Dans l'organisation générale du parc, même l'eau des sources, des puits et des torrents est domestiquée à travers une forme architecturale et trouve son expression dans les fontaines, les plans d'eau, les structures qui régulent l'arrivée des sources dans les bassins et les viviers. Transformée en œuvre d'art, elle devient l'élément naturel qui a inspiré des poèmes et des descriptions nostalgiques; parmi les plus belles fontaines de l'époque figurent celle de la salle centrale de la Zisa et celle du cloître de Monreale. Même les différents types de canalisations artistiques réalisées par les souverains normands dans leurs demeures temporaires trouvent des références d'époque romaine, sans doute transmises par une connaissance indirecte de modèles et de prototype empruntés à la mémoire collective (comme le nymphée d'Ulysse et Polyphème de la *Domus* de Néron, ou les jeux d'eau dans les jardins des villas pompéiennes); on peut rapprocher de ces mêmes modèles les réalisations musulmanes en Sicile.

À l'intérieur du vaste Parc royal normand, qui s'étendait autour de la ville et comprenait le territoire de Monreale et de Parco (Altofonte), s'élèvent donc, durant le règne des Hauteville, des pavillons agrémentés de viviers et de bassins (les *sollazi*) dont la particularité réside dans la présence de l'*iwan*. Trois périodes caractérisent le développement du Parc royal, comme le montrent aussi les différentes typologies et la configuration architecturale des *sollazi*, construits comme des lieux de repos et de halte sur le terrain de chasse. D'où une dénomination distincte, connue grâce à des actes et des documents: Parco Vecchio, Parco Nuovo, Genoardo (de l'arabe *jannat al-'ard*, "paradis terrestre").

Le Parco Vecchio existait avant l'arrivée des Normands; il s'agissait d'un parc très étendu qui, depuis les pentes du mont Grifone, s'étendait, au nord, jusqu'aux murs de la ville, englobant le fleuve Oreto.

Entre 1130 et 1150, Roger II restaure et agrandit, pour son usage personnel, le palais de l'émir kalbide Ja'far, palais de Maredolce ou de la Favara, qui se trouvait à l'intérieur du parc; il l'agrémente de nombreux jardins et étend le grand lac (aujourd'hui largement mis au jour). "Mare dolce" était le nom du lac, qu'alimentaient deux sources (*fawwaras*), avec un îlot central planté d'orangers et de citronniers, et de deux palmiers jumeaux; le palais était construit sur un promontoire qui se reflétait dans le lac. En revanche, il ne reste plus aucune trace de la palmeraie qui s'étendait du palais de l'émir Ja'far jusqu'aux rives de l'Oreto, et qui avait été vu par Ibn Hawqal au milieu du Xe siècle (mais vraisemblablement dévasté par les Pisans en 1063).

Plus tard, Roger II créera un véritable parc destiné à la chasse, qu'il appellera

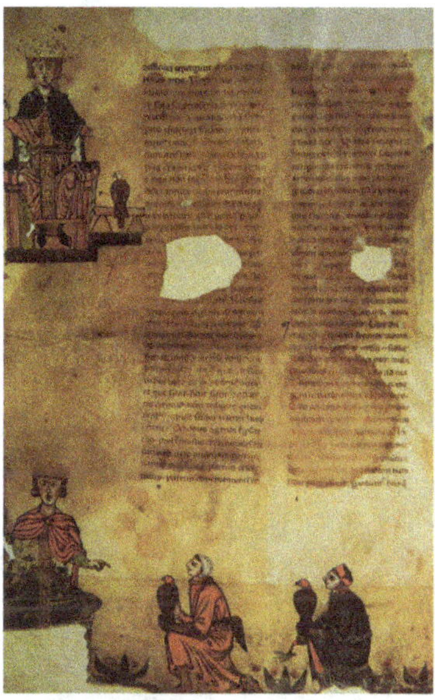

Frédéric II avec ses fauconniers, "De Arte Venandi cum avibus", codex XIIIe siècle, bibliothèque Vaticane, Rome.

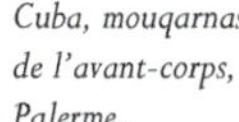

Cuba, mouqarnas de l'avant-corps, Palerme.

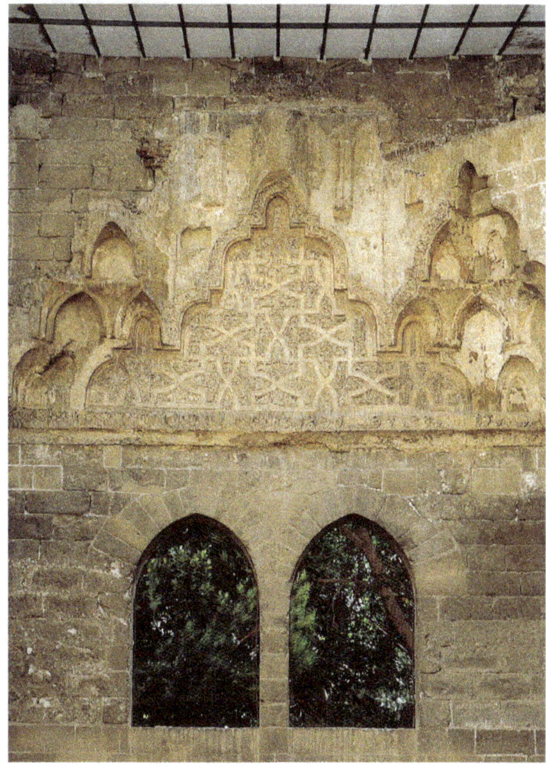

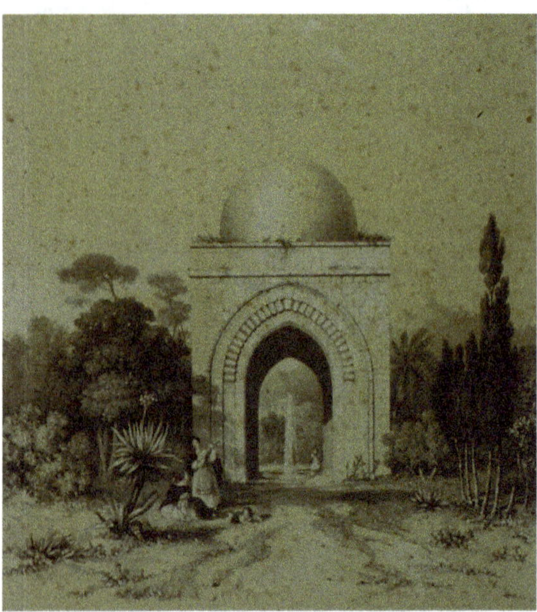

Petite Cuba, vue générale, Palerme (Gally Knight, 1838).

Parco Nuovo, en entourant une vaste zone d'une muraille continue; à l'intérieur de ce périmètre, il fait bâtir de nouveaux palais. On suppose qu'il reste, sur place, des bains et plusieurs hypogées plus anciens. À l'intérieur du Parco Nuovo s'élèvent ainsi le Palazzo del Parco (l'actuelle Altofonte), célèbre pour une "fontaine très agréable", et le Palazzo dell'Uscibene, à Altarello di Baida, au sud-est du centre habité, et dont le jardin était sillonné par quatre grands canaux qui se déversaient dans un vivier. Délimité par un mur d'enceinte, le Parco Nuovo pouvait être accessible, pour ceux qui sortaient des remparts de Palerme à proximité du Palazzo Reale, grâce à une route franchissant l'Oreto avant de se diriger vers l'actuelle Villagrazia, et qui rejoignait la Porta Giglio, l'entrée du parc.

Entre 1165 et 1180 est construit l'un des édifices les plus complexes et les plus achevés sur le plan artistique, le palais de la Zisa, sur une zone que l'on appellera plus tard Genoardo, dernière création paysagère dans l'ordre chronologique, qui se concrétise lors de la phase finale de stabilité de la maison des Hauteville, dans la lignée masculine. Comme le dit son nom, il fut sans doute considéré comme le parc le plus luxuriant, caractérisé par ses demeures d'agrément et les pavillons qui y avaient été englobés et réalisés; ceux-ci représentaient l'expression la plus raffinée de toutes les créations se rattachant à cette typologie.

En 1194, quand Henri VI de Hohenstaufen arrive en Sicile pour obtenir la couronne royale (1195), le Parco Vecchio était peuplé de différentes espèces d'animaux, et était encore utilisé pour les parties de chasse qui jouissaient en Sicile d'une longue tradition, comme en témoigne Pline le Jeune; on lui doit le récit d'une ancienne chasse aux oiseaux avec des branchettes de gui fixées sur des roseaux. En 1149, Romualdo, archevêque de Palerme, rapporte que Roger II avait introduit dans le parc des daims, des chevreuils, des sangliers, et qu'il l'avait entouré d'un mur; il y avait fait planter des arbres et diverses essences. Lors de la dernière extension du parc, Guillaume II à son tour introduit des animaux sauvages et de nouvelles espèces d'arbres. Enfin, les relations complexes entre terrains cultivés et bois, et la présence d'édifices dépourvus de tout lien matériel entre eux, ont poussé des chercheurs comme Krautheimer à assimiler, par analogie, le vaste parc normand aux grands systèmes d'exploitation économique et de loisirs créés par les dynasties musulmanes des Almoravides et des Almohades en Espagne.

Jusqu'au règne de Frédéric II, héritier du royaume normand en ligne féminine, la chasse royale était également pratiquée dans les forêts entourant la ville. Passionné de fauconnerie, Frédéric prendra soin du parc de ses ancêtres normands, et aura à cœur d'étendre la palmeraie de Mare-dolce, de réimporter le henné et l'indigo, d'encourager la culture de la canne à sucre. L'intérêt de Frédéric II pour les créations et pour le monde de la nature est le fruit des enseignements reçus à la cour et de ses éducateurs de Sicile, guidés par sa mère Constance. Cultivé et raffiné, lui-même importe des faucons et des oiseaux de toutes les parties du monde connu, d'Angleterre et de Bulgarie, de la péninsule Ibérique et d'Égypte, d'Irlande et d'Inde; dans sa pratique de la chasse, il se passionne pour la mise au point d'un système scientifique, comme on peut le déduire à partir de son court traité sur la fauconnerie, *De Arte venandi cum avibus* (connu grâce à la transcription de son fils Manfred).

Il reste encore, dans un état de conservation inégal, les édifices et les pavillons construits par la maison royale dans le grand parc extra-urbain. À en juger par leurs dimensions, par leur distribution et par l'absence de logements pour la domesticité, les pavillons à l'intérieur des parcs royaux n'étaient pas utilisés comme résidences. Les palais normands *extra moenia* semblent plutôt avoir été utilisés temporairement, en tant que lieux de halte plus ou moins brève liée aux promenades et aux chasses. La puissance du parc normand, dans l'image du paysage extra-urbain, est si tenace que même en 1526 Leandro Alberti, dans son journal de voyage en Italie, décrit la ville comme “un pays fertile et des plus agréables [...] abondant en beaux et charmants jardins, rempli de cultures bien ordonnées de cédratiers, de citronniers, d'orangers et autres arbres fruitiers raffinés”; il fait aussi allusion aux jardins cultivés à proximité des édifices royaux de l'époque normande. L'art des jardins sera une constante dans la tradition culturelle sicilienne, jusqu'à la fin du XIXe siècle.

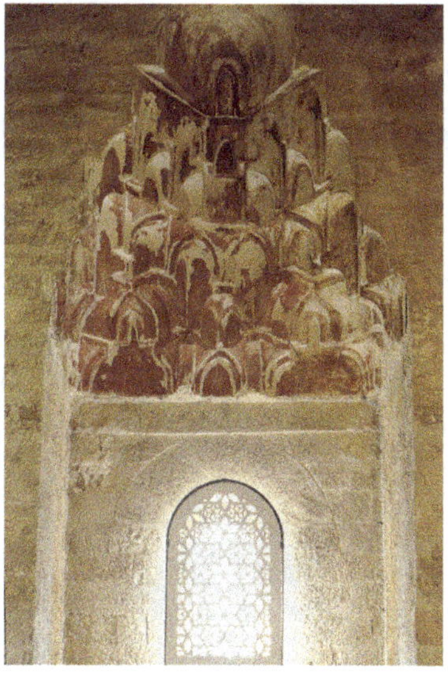
Zisa, détail avec mouqarnas, Palerme.

I.1 PALERME

I.1.a Zisa

En partant de la Piazza Ruggero Settimo (Piazza Politeamo), prendre la Via Dante; tourner à gauche dans Via Serradifalco

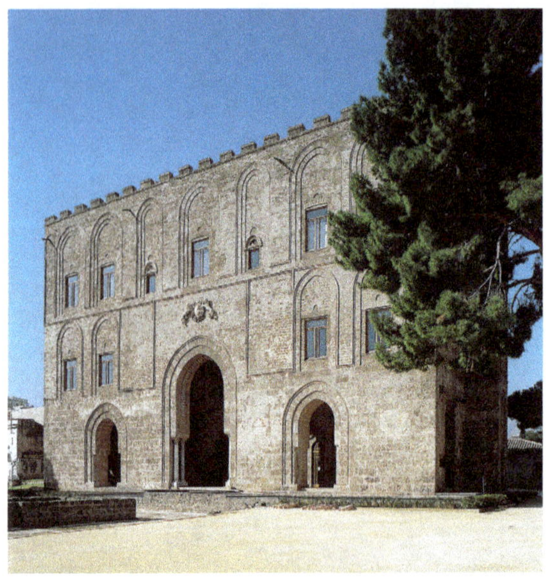

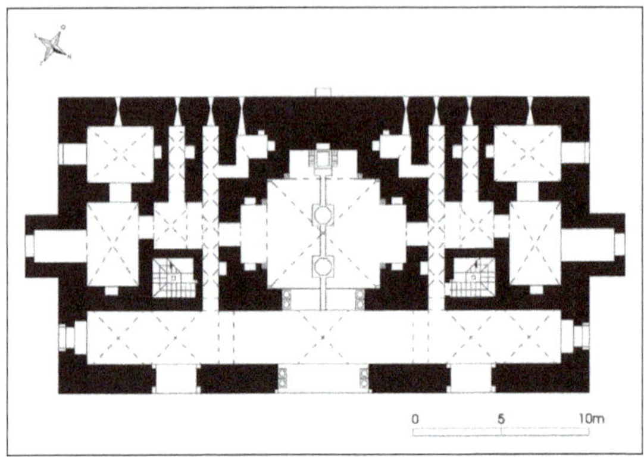

Zisa, vue de la façade principale, Palerme.

Zisa, plan, Palerme.

et laisser la voiture Piazza del Principe di Camporeale; continuer Via Whitaker jusqu'à la Piazza Zisa, où est situé le monument.
Entrée payante (gratuite pour les moins de 18 ans et les plus de 65 ans). L'achat d'un billet global (valable deux jours) permet l'accès à la Cuba, à S. Giovanni degli Eremiti et au cloître de Monreale. Horaires: jours ouvrables 9:00-19:00 (18:30 en hiver); jours fériés 9:00-13:00.

Le nom de ce château pourrait dériver, selon certains érudits, de l'arabe *al-'aziz* ("le fort"). La construction (1165-1180) débuta durant le règne de Guillaume Ier et fut achevée sous Guillaume II, comme en témoigne l'inscription dans la salle de la Fontaine, où figure l'appellation *Musta'izz*, "en quête de gloire", la devise de ce dernier roi. Le palais, tourné au levant, du côté de la ville et de la mer, se dressait à l'intérieur du Genoardo à proximité d'un aqueduc et d'une construction thermale, peut-être d'époque romaine; des vestiges ont été mis au jour en 1972, dans la zone jouxtant le palais du côté nord. Devant la façade principale se trouvait le bassin du vivier, dont on voit encore des traces, ainsi que celles d'un petit pavillon au centre du plan d'eau, autrefois accessible grâce à un pont. Le complexe du *solazzo* comporte une chapelle dédiée à la Sainte Trinité, avec nef à abside et voûte d'arêtes, et un sanctuaire coiffé d'une coupole hémisphérique s'appuyant sur des trompes à nombreux ressauts, et le plan d'imposte sur de petites voûtes alvéolées. En 1803, on adjoignit à la chapelle primitive l'église Gesù, Maria e Santo Stefano.
Le palais se présente comme un volume compact se développant sur trois niveaux, pour une hauteur de 25,70 m; le plan est rectangulaire, au centre des deux petits côtés se trouvent des avant-corps dotés de tourelles. Le rez-de-chaussée est occupé en son centre par une grande salle et, latéralement, par des pièces plus petites; deux d'entre elles abritent les deux escaliers donnant accès aux étages supérieurs. On parvient dans cette salle, ainsi qu'aux couloirs de dégagement

des pièces périphériques, par un vestibule voûté, disposé parallèlement à la façade principale (est) du palais et se déployant sur toute la longueur de celle-ci. La salle de la Fontaine est un espace carré, dont un côté s'ouvre sur le vestibule grâce à un grand arc ogival soutenu par de petites colonnes géminées; sur les trois autres côtés, elle est dotée de niches à colonnettes et à terminaison droite, surmontées de voûtes en forme de *mouqarnas*. La niche occidentale, dans l'axe du portail, est la plus complexe et la plus articulée; de sa paroi jaillit, à travers un nymphée, l'eau qui s'écoule sur un plan incliné en formant des vagues, avant d'être canalisée dans une suite de bassins et de rigoles en marbre et de se déverser souterrainement dans le vivier. Les parois de la salle conservent encore une partie de leur revêtement de mosaïques, ainsi qu'un fragment de l'inscription en mosaïques en caractères *naskhis* qui, autour de l'arc de l'entrée, célèbre le palais et le souverain qui l'a achevé. Étant donné la hauteur importante de la salle de la Fontaine et du vestibule d'entrée, le deuxième niveau du palais se limite aux deux ailes latérales, communiquant, sur la façade occidentale, par un long corridor. Le troisième niveau s'étend sur toute la superficie et reprend la distribution du rez-de-chaussée; il est constitué d'un grand salon central avec salle-belvédère attenante donnant sur la façade principale, et de deux unités résidentielles, dans les ailes nord et sud. Le salon, qui offre le même schéma planimétrique que la salle du rez-de-chaussée, devait être à l'origine une cour à ciel ouvert, hypothèse corroborée

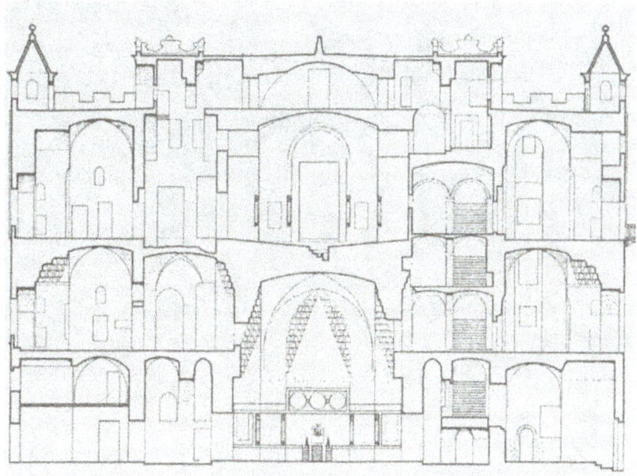

Zisa, coupe, Palerme (Gabrieli, Scerrato, 1979).

Zisa, niche de l'iwan latéral, Palerme.

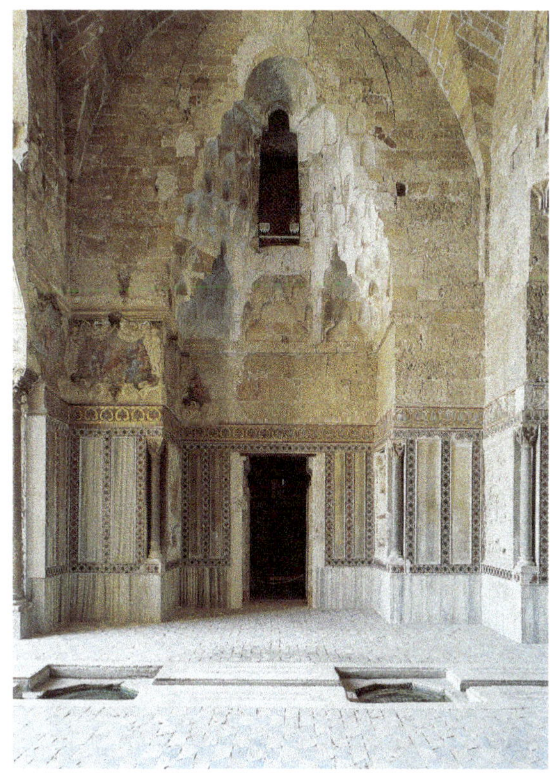

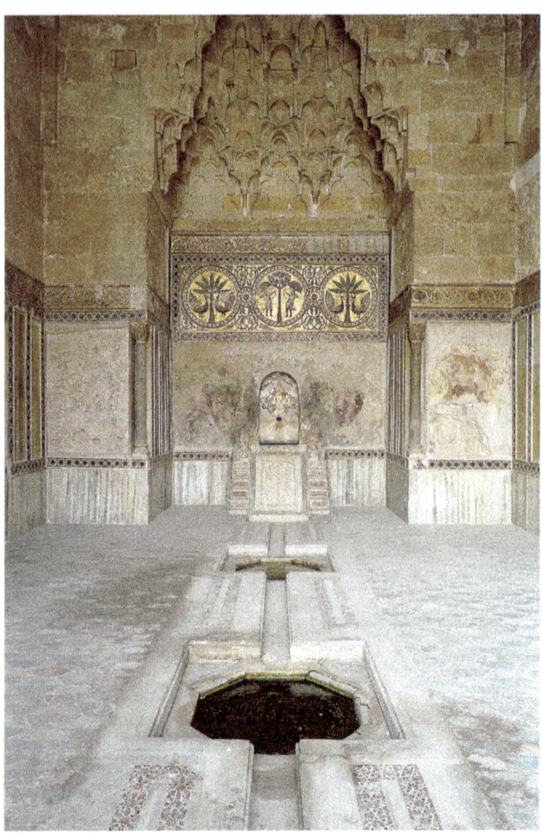

Zisa, nymphée de l'iwan, Palerme.

Zisa, mouqarnas du nymphée de l'iwan, Palerme.

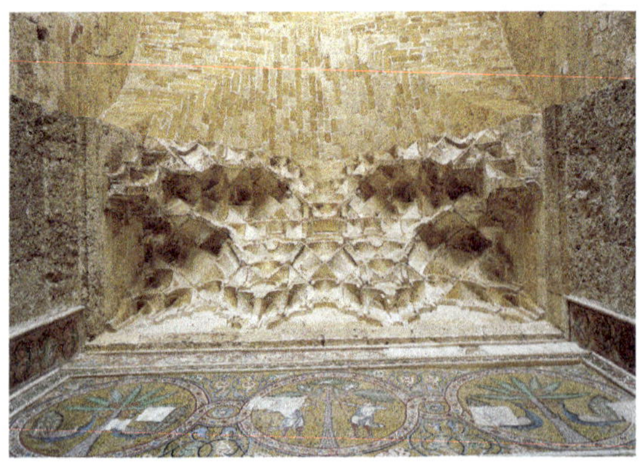

par l'inclinaison du sol en direction d'un *impluvium* central, et par la présence de quatre colonnes isolées, dont l'emplacement coïncide avec les quatre angles. Cette cour fut sans doute couverte pendant les travaux de 1635, commandités par la famille Sandoval.

Le parement mural extérieur de la Zisa est rythmé par des arcs aveugles ogivaux, à nombreux ressauts. Celles des deux ordres supérieurs, qui concernent la façade principale et les deux fronts latéraux, sont dotées de fenêtres géminées avec colonnette centrale et oculus (niche dans les tourelles) dans le pendentif des arcs. Dans la façade orientale s'ouvrent les trois portails en ogive donnant accès au palais; le portail central, le plus ample, est souligné par un double ressaut et s'élève au-dessus de la limite du rez-de-chaussée. Un attique avec épigraphe arabe, à l'intérieur d'une riche bordure ornée d'une frise, achève l'édifice par une ligne nettement définie, aujourd'hui fragmentée par suite de sa transformation en couronnement crénelé.

L'édifice resta propriété de la monarchie de Sicile, puis appartint à divers particuliers qui l'utilisèrent comme habitation de domaine agricole; en 1624, il fut transformé en lieu de quarantaine, à l'occasion d'une épidémie de peste. Enfin, en 1635, il fut vendu aux enchères et acheté par Giovanni de Sandoval qui obtint ainsi le titre de prince du château royal. Par la suite, plusieurs interventions eurent lieu, comme celle, déjà évoquée, concernant la couverture de la cour centrale à hauteur du troisième niveau, et la réalisation d'un escalier d'honneur dans l'aile nord. En 1951, la Zisa est expropriée et remise au Domaine régional; au cours des années cinquante se déroulent les premiers travaux de dégagement, qui éliminent les adjonctions baroques. L'aile nord est toutefois reconstruite durant les dernières décennies, après l'effondrement des structures et des parements muraux survenu le 12 octobre 1971. Le déroulement de fouilles a en outre permis de retrouver une partie de la galerie souterraine qui, longeant parallèlement la façade occidentale de la Zisa, jouait le rôle de conduit pour l'écoulement des eaux.

Après restauration et reconstruction, le palais a été ouvert au public et abrite le Musée d'art arabe. Au premier niveau sont exposés des amphores avec des décors en vernis rouge et brun, des bassins, de petites amphores dotées d'un filtre, des lampes à huile et des bassins vernissés remontant aux XIe et XIIIe siècles. La plupart des poteries qui font partie de cette collection ont été découvertes au cours des fouilles archéologiques effectuées à Palerme dans la zone fortifiée de Castel San Pietro, dans le quartier de l'église de Sant'Alessandro et dans celui de Serralcadio. Au même niveau se trouve une série d'amphores découvertes dans la Zisa pendant les travaux de restauration de 1972. Il s'agit d'amphores à cannelures, c'est-à-dire dont le corps est parcouru de nervures réalisées au tour et utilisées pour remplir les côtés des voûtes, selon une technique maîtrisée depuis l'époque romaine. Naturellement, les typologies de production varient en fonction des différents usages: on distingue des amphores à col étroit et long, dont les dimensions vont de 45 à 50 cm de hauteur, utilisées pour le transport des liquides; des am-

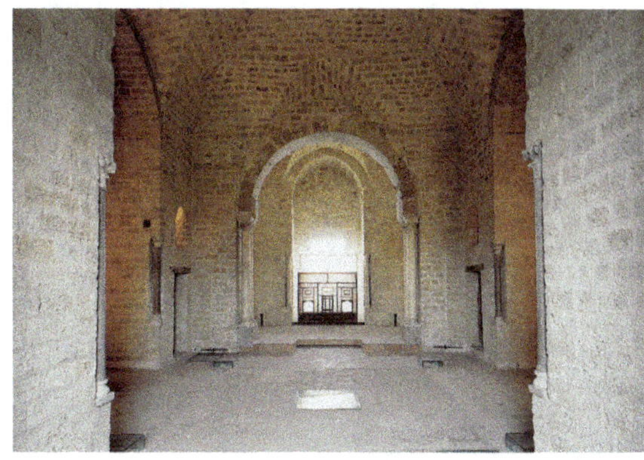

Zisa, salle supérieure, Palerme.

Zisa, salle supérieure, détail avec colonnes, Palerme.

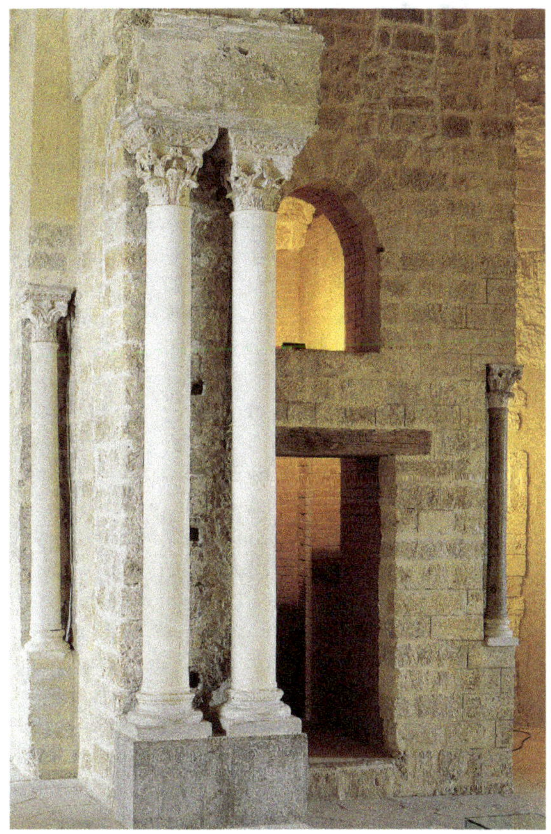

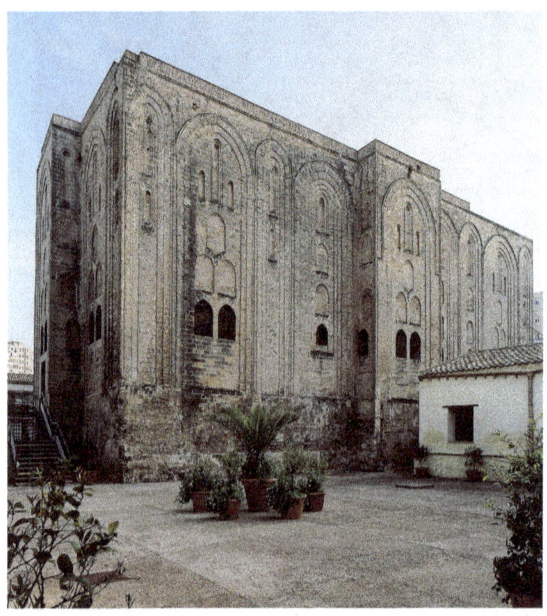

Un autre objet d'un intérêt exceptionnel est exposé dans la salle sud-ouest du premier étage; il s'agit d'une pierre tombale de forme hexagonale avec une croix centrale présentant des incrustations de mosaïques polychromes, autour de laquelle est répétée une inscription en trois langues différentes (latin, grec, arabe) utilisant quatre caractères différents (l'inscription arabe est également rédigée en caractères hébreux), exécutée pour le sépulcre de la mère de Grisanto, prélat du roi Guillaume Ier, au moment du transfert des dépouilles dans l'église San Michele Arcangelo (1149), témoignage significatif du syncrétisme culturel qui a caractérisé la civilisation de la Sicile normande.

Cuba, vue générale, Palerme.

phores à col très étroit et à large ouverture, de plus de 60 cm de hauteur, pour la conservation des aliments.
Dans les salles des premier et second niveaux se trouvent quelques objets provenant des pays du bassin méditerranéen: bassins, aiguières, mortiers, écuelles et chandeliers en cuivre battu; certains comportent des décorations exécutées au nielle et incrustées d'argent, d'autres des gravures représentant des scènes de la vie de la cour. Toutes ces typologies ont un dénominateur commun: les inscriptions en caractères coufiques, précieux témoignages de l'art syro-mésopotamien des XIIIe et XIVe siècles. Un objet offre un grand intérêt: le bassin lave-mains en cuivre battu avec des décors gravés et incrustés d'argent, des motifs représentant des scènes de la vie de la cour et des signes du Zodiaque, qui remonte au XIIIe siècle.

I.1.b **Cuba**

De la Piazza Principe di Camporeale, poursuivre en longeant le Corso Finocchiaro Aprile, prendre à droite le Corso Alberto Amedeo et, au bout, tourner de nouveau à droite Piazza Indipendenza et suivre Corso Calatafimi; au n° 100 se trouve le monument.
Entrée payante (gratuite pour les moins de 18 ans et les plus de 65 ans). Horaires: jours ouvrables 9:00-19:00; jours fériés 9:00-13:00.

Le palais de la Cuba (de l'arabe *qubba*), dans l'actuel Corso Calatafimi, était autrefois entouré de vignobles et de vergers, et d'un grand vivier. Construit à l'initiative de Guillaume II, il fut achevé en 1180, comme en témoigne l'inscription en caractères coufiques ornant la corniche de l'attique, sur le côté nord-est. Elle fut déchiffrée par Michele Amari en 1849: "Au nom de Dieu, clément et miséricordieux, regarde, fixe ici ton attention, arrête-toi et regarde ! Tu verras l'Excellente habitation de l'Excellent parmi les rois de la terre, Guillaume Deux, il n'est château qui soit digne de lui, et ses salles ne suffisent pas [...] et on ne connaît pas de moments plus aventureux ni d'époques plus prospères. Et de notre Seigneur le Messie mille et cent et quatre-vingts qui se sont écoulés dans le bonheur."

Comme à la Zisa, il s'agit d'un volume en forme de parallélépipède, mais rythmé par quatre avant-corps de toute hauteur, un au milieu de chaque côté, et par le parement du mur extérieur divisé par les arcades ogivales aveugles. Le profil du mur est encore allégé par l'introduction, dans les murs dessinés par les arcs, de séquences pyramidales de fenêtres aveugles. Le palais est contemporain de la Zisa; il fut achevé en 1180 et dut l'égaler en magnificence, mais il ne reste rien des étages intérieurs ni des revêtements du rez-de-chaussée. La construction se présente aujourd'hui comme une grande boîte vide avec quelques vestiges, des stalactites et des reliefs en stuc avec des motifs géométriques et une corniche, là où se trouvaient autrefois des pièces décorées. L'entrée se faisait par un des petits côtés du palais (front sud); à ce niveau, on a retrouvé des restes du petit pont qui le reliait à la terre ferme, car l'édifice était entouré d'un grand vivier; ce pont conduisait de l'avant-corps à un vestibule constitué de trois pièces rectangulaires voûtées communiquant entre elles. De là, on accédait à un vaste espace central carré, une sorte d'atrium à ciel ouvert avec déambulatoire et quatre colonnes d'angle (comme dans l'atrium du premier étage de la Zisa, et dans la salle des Vents du palais des Normands) avec deux fontaines dans des niches sur les côtés nord et sud, aveugles, et un *impluvium* central pavé de mosaïques (dont on voit encore les restes du mortier qui les fixait). Sur le côté ouest s'ouvrait la grande arcade du *diwan*.

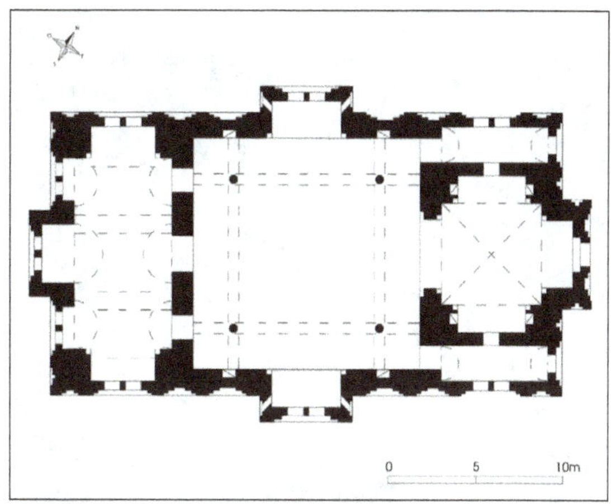

Cuba, plan, Palerme.

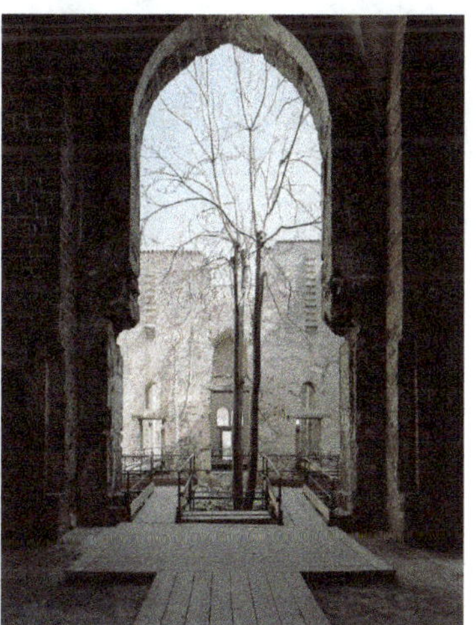

Cuba, vue intérieure, Palerme.

La Cuba, qui appartint au Domaine royal jusqu'au XIVe siècle, devint en 1320 propriété privée. Au cours du même siècle, Boccace y situa la sixième nouvelle de

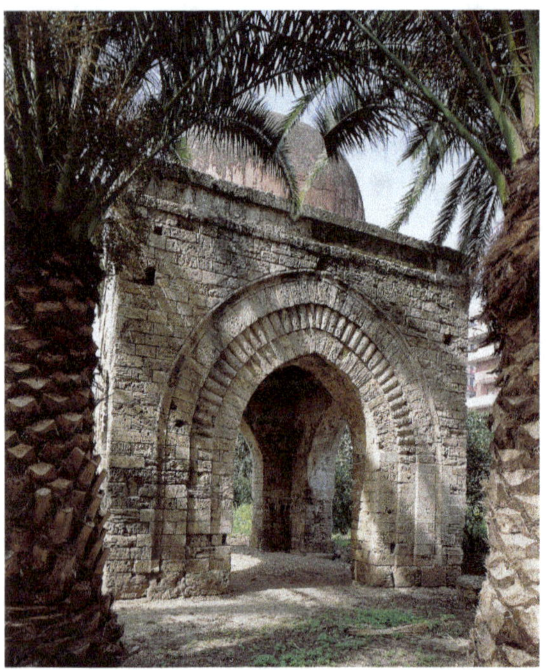

Petite Cuba, vue générale, Palerme.

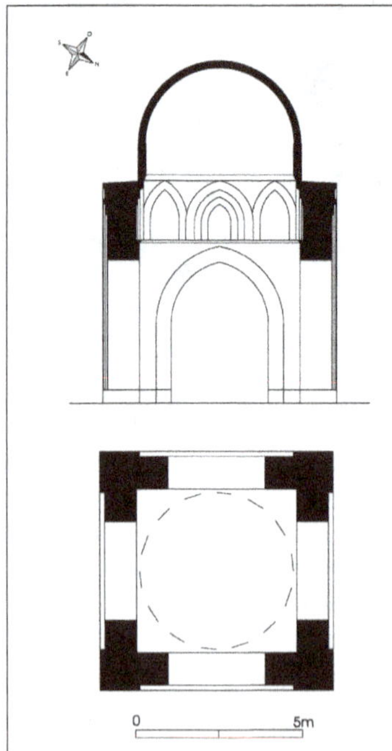

Petite Cuba, coupe et plan, Palerme.

la cinquième journée du *Décaméron*, racontant l'amour du jeune Giovanni Da Procida pour une jeune fille destinée à Frédéric II et enfermée dans le Palais royal. Revenue au patrimoine de la couronne, elle fut concédée par Alphonse V d'Aragon le Magnanime en 1436 à Guillaume Raymond Moncada (l'un de ses vice-rois de Sicile); durant la peste de 1575, l'édifice fut aménagé en lazaret puis, au XVIIIe siècle, agrégé à la caserne de cavalerie des Bourguignons, subissant ainsi des transformations pesantes et des agrandissements, avec l'adjonction de bâtiments. En 1921, la gestion de la Cuba fut confiée au ministère de l'Instruction publique.

Le plan de restauration de tout le complexe architectural est lentement réalisé à partir des années 1920 (sous la direction de Francesco Valenti) et comporte la démolition de toutes les cloisons intérieures et des toitures, la reconstitution des grands arcs de décharge, l'aménagement des petites voûtes qui couvraient les pièces latérales, situées sur les côtés des trois salles principales, la restauration et la valorisation de l'inscription coufique, etc. Au cours de ces dix dernières années, une autre campagne de restauration a eu lieu.

I.1.c **Petite Cuba**

Continuer en voiture, le long du Corso Calatafimi, tourner à droite Via G. Arcoleo et traverser Piazza Coppola, Via Villa di Napoli; prendre à droite Via F. Speciale; au n° 10 se trouve l'entrée du monument.

Visite sur autorisation de la Direction des Biens culturels et environnementaux. En cours de restauration au moment de la rédaction de ce catalogue (fin des travaux prévue pour 2004).

La Petite Cuba, construite durant la seconde moitié du XIIe siècle, pendant le règne de Guillaume II, se trouve aujourd'hui dans ce qui reste de la plantation d'agrumes de la Villa Napoli, dans laquelle est englobée la construction normande dite Torre Alfaina.

Le pavillon, de forme cubique, est ouvert sur ses quatre côtés par des arcades ogivales à triple ressaut; celui du milieu est constitué d'une suite de petits bossages à boudins, élément décoratif également utilisé, à Palerme, sur le campanile de l'église Santa Maria dell'Ammiraglio, dans l'église du Santo Spirito et dans la Magione (Di Stefano, 1955). Il est coiffé d'une coupole hémisphérique à cintre surhaussé, qui s'appuie sur des niches angulaires à arcs engagés. Le bâtiment, dont on a supposé qu'il appartenait au plan d'eau de la Cuba (Valenti, 1936), donne sur le mur est de la tour Alfaina (également appelée Cuba Soprana); il est presque situé dans le même axe que celle-ci et se trouve à 200 m de distance. En 1556, l'historien Tommaso Fazello émit l'hypothèse selon laquelle il s'agirait d'un lieu de halte pour se reposer des fatigues de la chasse, ce que semble prouver une série discontinue de pavillons, qui reliaient peut-être la Cuba Soprana et la grande Cuba.

I.1.d **Tour Alfaina**

Elle se trouve dans la même zone que le monument précédent.
En cours de restauration au moment de la rédaction de ce catalogue (fin des travaux prévue pour 2004).

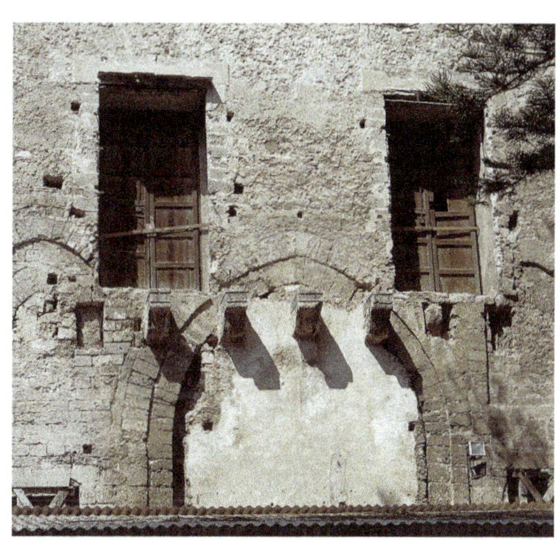

Tour Alfaina, façade, détail, Palerme.

La construction normande était constituée d'une tour de plan rectangulaire, sans doute à deux niveaux. Les fondations cachent un système complexe d'adduction et de distribution des eaux qui provenaient de la source du Gabriele en empruntant un canal; ce dernier, à travers l'actuelle cour extérieure sur laquelle donnent la façade et le grand escalier du XVIIIe siècle, pénètre à l'intérieur de l'édifice et dans le sous-sol du dernier bâtiment à l'est, se ramifie – comme on le voit à plusieurs reprises dans les descriptions littéraires et poétiques du XIIe siècle – en cinq canaux rayonnants, qui débouchent à l'extérieur. Du côté de la façade, la présence de l'eau est actuellement signalée par un bassin, mais les caractéristiques du système de canalisation des eaux laissent supposer, à l'origine, l'existence d'une source jaillissant à travers l'ample arc ogival, sur l'axe central du soubassement, en façade. Toutefois, ce même arc semble avoir été réalisé ultérieurement. Sur

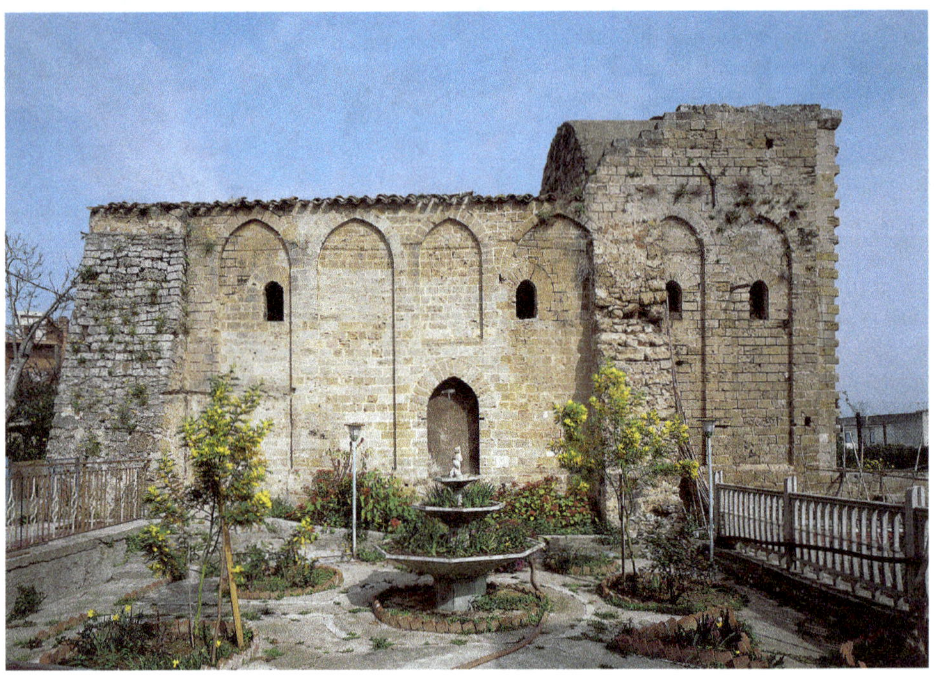

Uscibene, façade latérale de la chapelle, Palerme.

le soubassement de la façade, on peut voir le sommet de trois arcs ogivaux plus petits qui étaient, semble-t-il, des points de traversée pour les canalisations servant à irriguer une partie du parc environnant; il se peut également, d'après des hypothèses jamais établies (Valenti, 1932), qu'elles aient servi à conduire l'eau dans un vaste lac artificiel contigu (si l'on se réfère à l'aménagement du complexe de la Favara).

La construction de l'édifice originel commença durant le règne de Guillaume II; il fut appelé Cuba Soprana, peut-être pour le distinguer de celui qui se trouve plus en aval, postérieur et de plus grandes dimensions. Transformé, au XVe siècle, en tour agricole fortifiée, il prit le nom de Torre Alfaina: aujourd'hui encore, il est connu sous cette appellation. Le nom de Cuba Soprana fut abandonné quand le juriste don Carlo Napoli acheta le complexe en 1758, afin de construire sa villa hors de la ville.

En 1995 commencèrent des travaux de restauration systématiques de la villa baroque, ainsi que des vestiges des remparts médiévaux, sous la direction de la Direction régionale des biens culturels et environnementaux de Palerme; ces travaux mirent au jour les remparts normands, déjà redécouverts en 1920, ce qui rendit possible, encore une fois, la lecture des agrandissements suivants, aux XVIe, XVIIe et XVIIIe siècles. Les transformations du milieu du XIXe siècle ont concerné la modification, volontairement informelle, du jardin d'agrément.

I.1.e **Uscibene**

Retourner Via G. Arcoleo, tourner à gauche Via La Loggia, puis à droite dans l'avenue Regione Siciliana; parcourir celle-ci en direction de Trapani sur 1 km, tourner à gauche Via G. Pitrè; prendre ensuite à gauche Via A. Barbera puis, toujours à gauche, Via Altarello et enfin, à droite, Via Tasca Lanza jusqu'à Via Nave; de là on accède au Fondo De Caro, où est situé le monument.
Visite sur rendez-vous; contacter sur place l'un des propriétaires du Fondo.

Là où se dressait le palais de l'Uscibene, une des demeures d'agrément destinées à la résidence temporaire des souverains à l'intérieur du grand parc, également appelé, selon d'anciens documents, Xibene, Sirbene ou Scibene et réalisé au milieu du XIIe siècle, s'élève aujourd'hui la modeste agglomération appelée Fondo De Caro, près de l'avenue de la Regione Siciliana. Prenant appui sur un front rocheux, ses vestiges, aujourd'hui accessibles par une dépression, sont situés en contrebas par rapport au niveau de comblement suivant, et totalement cachés par les édifices environnants qui le surplombent. Seule la chapelle s'élève au-dessus du sol, constituant une partie du front du bourg plus moderne.
Un relevé détaillé, réalisé en 1898 par Adolf Goldschmidt, reproduit fidèlement ce qui subsiste aujourd'hui, bien que rempli de détritus et totalement recouvert. Le palais était sans doute constitué de plusieurs étages; ce qu'il en reste devait appartenir aux salles du rez-de-chaussée du bâtiment principal. Le palais comporte une salle d'environ 6 m de hauteur, constituée d'un *iwan* relié, d'un côté, à deux vastes salles latérales contiguës (dont il ne reste que les murs extérieurs), de l'autre, à une salle rectangulaire voûtée (peut-être une "chambre du sirocco") communiquant avec une grotte naturelle attenante. L'*iwan*, encore lisible, est constitué d'une salle rectangulaire couverte d'une voûte d'arêtes, avec trois niches rectangulaires. La voûte de la niche frontale, à l'entrée, était décorée de *mouqarnas* de pierre et de stuc; il n'en demeure que quelques traces, sur la partie inférieure; les voûtes des deux niches latérales étaient des cuvettes en éventail revêtues de stuc, encore reconnaissables. Goldschmidt reproduit aussi une partie de la paroi du fond, sous la niche à *mouqarnas*, d'où provenait un filet d'eau traversant la

Uscibene, iwan*, Palerme.*

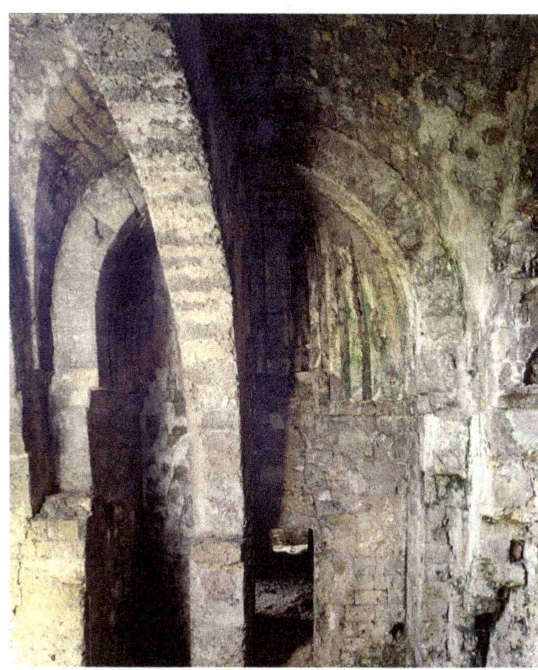

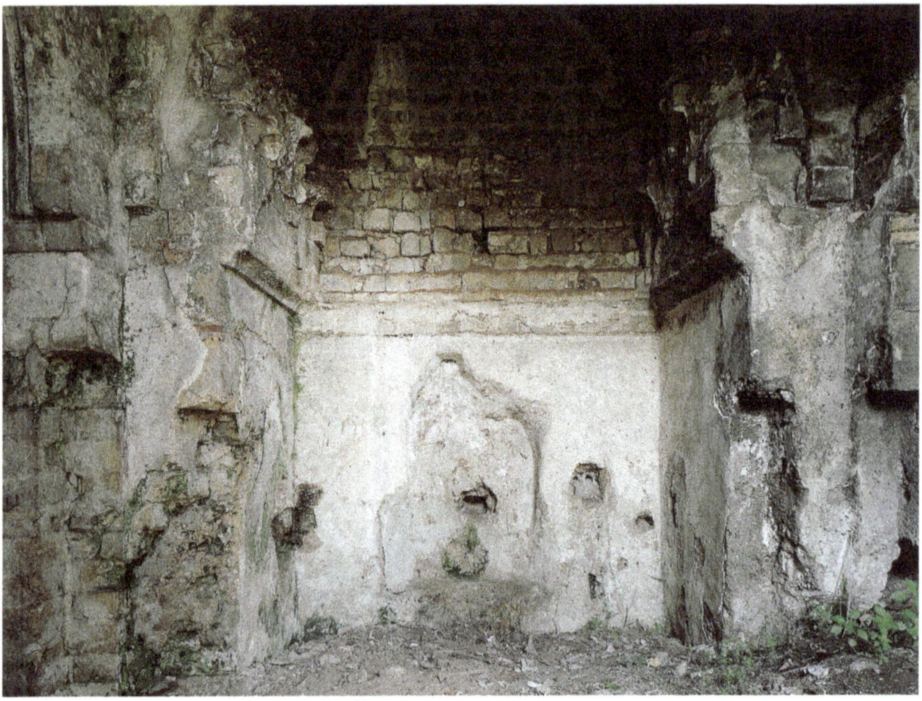

Uscibene, nymphée de l'iwan, Palerme.

salle; il suppose que, derrière la paroi, une source jaillissait des rochers. Elle passait à travers une fontaine et coulait au milieu de la salle en empruntant un petit canal, puis une fois passé le portail d'entrée, allait alimenter un vivier (en référence à l'unique modèle de vivier existant, celui de la Zisa).

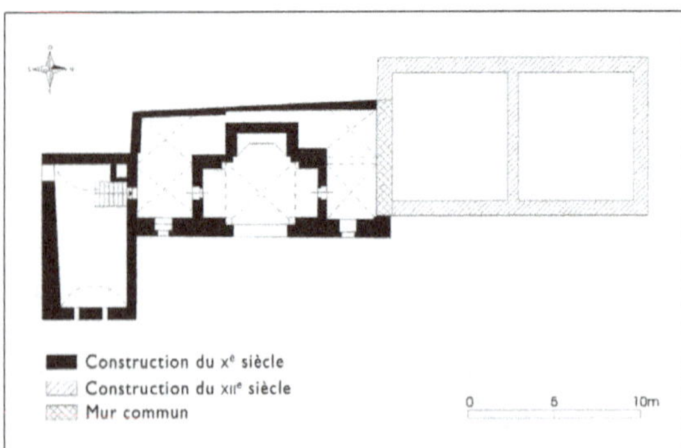

Uscibene, plan, Palerme.

Des deux côtés de l'*iwan* s'ouvrent deux portes conduisant à deux salles de plan carré, couvertes de voûtes d'arêtes. La chapelle, de plan rectangulaire simple, conserve encore une partie de sa couverture en bois, en forme de carène renversée; mais elle a été, de toute évidence, transformée par des restaurations exécutées par Francesco Valenti en 1928. On voit encore, bien que très abîmés, la façade principale et un côté, rythmé par les arcs à ressaut simple, en ogive. Les habitants du domaine, propriétaires des vestiges monumentaux, se sont regroupés en consortium afin d'en assurer la restauration.

LES ÉTUDES SUR L'ARCHITECTURE ARABO-NORMANDE AU XIXᵉ SIÈCLE

Gianluigi Ciotta

Durant la première moitié du XIXᵉ siècle, l'attention accordée aux édifices siculo-normands par quelques spécialistes français et anglais eut pour effet d'insérer l'architecture médiévale sicilienne dans les recherches des théoriciens et des architectes européens qui, voulant réhabiliter l'architecture gothique, tentèrent de souligner, dans l'île, l'importance de certains partis pris architecturaux (par exemple l'arc en ogive) qui auraient caractérisé l'architecture gothique transalpine.

Jean Baptiste Louis Georges Seroux d'Agincourt (1826) releva l'utilisation de l'arc en ogive dans la chapelle Palatine de Palerme et dans le Duomo de Monreale, incluant ces deux édifices parmi les exemples qui constitueraient un point de référence pour l'architecture gothique transalpine. Dix ans après leur voyage en Sicile (1823-1824), les deux architectes français Jacques Ignace Hittorff et Louis Zanth tracèrent un tableau de la formation et du développement de l'architecture "moderne" sicilienne (Xᵉ-XIVᵉ siècles); ils désignèrent l'arc en ogive, apporté par les Arabes en Sicile, comme le principal élément figuratif local, et soutinrent que ceux-ci, en utilisant l'arc ogival et la voûte d'arêtes, aussi bien dans les édifices religieux que dans les édifices civils les plus importants (Zisa, Cuba) construits à Palerme entre le milieu du Xᵉ siècle et le milieu du XIᵉ siècle, avaient élaboré tous les éléments propres à l'architecture gothique.

L'archéologue anglais Henry Gally Knight, arrivé en Sicile (1836) après avoir étudié les monuments médiévaux de Normandie, souligna l'éclectisme des édifices normands siciliens, qui se caractérise par la combinaison d'éléments essentiellement tirés des cultures dominantes sur l'île (islamique, byzantine, nordique). Il dégagea, dans l'évolution de l'architecture nor-mande, une première phase durant laquelle la population indigène avait remis en vigueur, pour la construction de nouveaux édifices religieux, des formes planimétriques d'inspiration byzantine, et une seconde phase durant laquelle les Normands manifestèrent une préférence marquée pour les plans en croix latine. En outre, tout en reconnaissant aux Arabes le mérite d'avoir introduit en Sicile l'utilisation de l'arc ogival, il ne partagea pas la théorie de Hittorff et de Zanth selon laquelle les Normands auraient tiré ce type d'arc des architectures islamiques siciliennes, les utilisant eux aussi dans leur pays d'origine.

Domenico Lo Faso Pietrasanta (1838), duc de Serradifalco, s'intéressa à l'étude des schémas iconographiques des constructions du haut Moyen Âge et du Moyen Âge en Sicile. Il démontra que les formes planimétriques des "églises siculo-normandes les plus importantes ou les mieux conservées" dérivaient de l'union du corps des églises paléochrétiennes et du sanctuaire de type byzantin, et attribua la paternité de la construction des églises siculo-normandes à des artisans indigènes qui auraient continué à appliquer des techniques de construction utilisées dans l'île dès la période de la domination byzantine – techniques qui s'étaient perpétuées durant la période islamique.

Giraut de Prangey, qui séjourna en Sicile en 1834, considéra que les palais de la

Zisa, de la Cuba et de Maredolce étaient probablement des fondations islamiques, et tenta de les intégrer dans le cadre de la culture architecturale islamique cairote et andalousienne. Plus tard, Gioacchino Di Marzo (1887) bouleversa les théories concernant l'arc ogival: il soutint que les Normands, avant même de conquérir la Sicile, le connaissaient depuis longtemps, l'ayant emprunté à l'architecture wisigothique, et qu'ils l'avaient introduit dans l'île, où l'on ne connaissait que l'arc outrepassé importé par les Arabes au IXe siècle.

Domenico Benedetto Gravina (1859) avait bouleversé les datations de plusieurs édifices médiévaux siciliens. En analysant, entre autres, les structures de la cathédrale de Monreale et du cloître attenant, il prétendit faire remonter la fondation de l'édifice et la partie supérieure du cloître à l'époque de Grégoire le Grand (VIe siècle); il limita l'intervention de Guillaume II à une pure et simple restauration. Il attribua à la cathédrale de Monreale une place de premier plan dans la production architecturale de l'époque, soutenant que les programmes de construction de la cathédrale de Palerme et d'autres églises palermitaines s'étaient alignés sur celle-ci. Cette thèse fut vigoureusement contestée par Camillo Boito, qui démontra la faiblesse de l'argumentation de D. B. Gravina et révisa la chronologie des monuments normands siciliens, déjà établie par les spécialistes précédents.

Michele Amari ramena toutes les manifestations artistiques siciliennes à une matrice culturelle commune, caractérisée par le rôle unificateur du langage musulman: il allait ainsi à l'encontre de l'opinion des autres spécialistes, qui voyaient dans l'art sicilien les signes d'un mélange de styles et d'influences disparates. Il assigna à la culture islamique un rôle suffisamment important pour juger appropriée la dénomination "architectures arabiques" désignant les constructions réalisées dans l'île au XIIe siècle. Faute d'exemples islamiques en Sicile, il reconnut dans les architectures toulounides, fatimides et cairotes les modèles de référence des édifices normands en Sicile. Oskar Mothes (1884), en revanche, nia les apports anglais dans l'architecture sicilienne, ouvrant ainsi une polémique avec Anton Sprinter.

Durant la période comprise entre la fin du XIXe siècle et les vingt-cinq premières années du XXe siècle, de nombreuses études réalisées par des théoriciens de l'art, des archéologues et des techniciens de l'Inspection générale des Beaux-Arts (Isidoro Carini, Andrea Terzi, Giuseppe Patricolo, Antonio Salinas, Vincenzo Di Giovanni, Arne Dehli, G. H. Chamberlain, Lothar Heinemann, Adolph Goldschmidt, Giulio Ulisse Arata, Edwin Hansdon Freshfield, Walther Leopold, Willy Cohn, Ettore Gabrici, Gustavo Giovannoni, Enrico Mauceri) n'apportèrent sans doute pas d'interprétations originales, mais ils élargirent indéniablement la connaissance d'édifices déjà notoires, ou inexplorés jusque-là. L'étude directe des monuments fut également favorisée par les premières campagnes de restauration, qui conduisirent à la redécouverte de nombreuses constructions libérées des adjonctions baroques.

I.2 MONREALE

I.2.a Castellaccio

Retourner en voiture Via della Regione Siciliana et prendre la direction de Catane. À l'embranchement pour Calatafimi, tourner à droite et continuer sur la SS 186 pour Monreale; une fois dépassée la zone habitée, suivre les indications pour S. Martino delle Scale; après 3 km, arrivé sur l'esplanade, garer la voiture et prendre le sentier de terre battue qui conduit au monument.
Visite sur rendez-vous; contacter le Club alpin sicilien, tél.: 091 581323.

Le château appelé "Castellaccio", qui se trouve au sommet du mont Caputo, fut construit entre 1174 et 1200. Pour les moines bénédictins de la petite ville de Monreale, il constituait un poste fortifié permettant de prévenir les attaques venues des bourgs musulmans de l'arrière-pays. Durant cette période, en effet, le district musulman établi sur les reliefs montagneux du Val di Mazara était devenu indépendant, si bien que Monreale, jusqu'en 1246, se transforma en localité de frontière, exposée aux agressions des Sarrasins.
La forteresse s'élève sur un plan en forme de parallélogramme irrégulier. Sur le front occidental se greffent quatre tours de plan rectangulaire, deux tours angulaires et deux médianes; sur le front opposé se dressent une grosse tour d'angle et, au nord-ouest, une petite tour médiane ainsi que la zone absidale de la chapelle.
À l'intérieur des remparts, l'espace est divisé en deux zones: une zone occidentale, dans laquelle une série de pièces flanque les remparts, formant une cour intérieure, et une zone orientale, à caractère plus nettement monastique; elle donne accès à une cour quadrangulaire qui constituait certainement le cloître. Les deux zones communiquent par un étroit couloir. Au fond du cloître, sur presque tout le côté sud s'élève l'église, partiellement construite au-dessus d'une citerne.

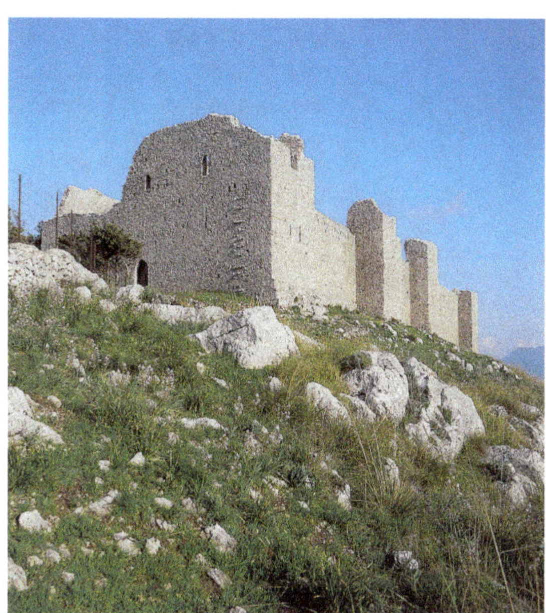

Castellaccio, vue générale, Monreale.

La Conca d'Oro
Depuis les remparts du Castellaccio, on jouit du paysage de la Conca d'Oro, délimitée par les monts de Palerme. Il s'agit de reliefs calcaires et dolomitiques caractérisés par des cimes isolées et des versants abrupts, qui émergent au-dessus de plateaux argileux, et s'étendent de Termini Imerese aux îles Egades et, au sud, jusqu'aux monts Sicani. Grifone, Caputo et Cuccio sont les sommets de ces montagnes, qui décrivent un demi-cercle en s'éloignant de la mer,

constituant la baie profonde du golfe de Palerme. D'autres lieux panoramiques comme le jardin public de Monreale, le mont Pellegrino, l'église Santa Maria delle Grazie, le sommet du mont Cuccio sont autant de belvédères d'où il est possible de reconstituer la vision grandiose qui avait fasciné J. F. Schinkel, au point de lui inspirer le dessin du panorama circulaire de la Conca. Du Castellaccio, on jouit d'une vue complète, car elle est barycentrique et axiale par rapport à ce que devait être le développement des grands jardins du parc normand. Aujourd'hui encore, il subsiste quelque chose de cette merveille d'équilibre entre nature et installations humaines. Les montagnes, la végétation, les eaux ont laissé des traces encore visibles, ne serait-ce que l'immense paysage, où les montagnes qui couronnent la Conca tendent à se refermer sur le mont Pellegrino, et forment deux grandes portes ouvertes sur la mer: la plus vaste accueille la Palerme historique; l'autre, plus petite, délimite le centre balnéaire de Mondello, construit au XXe siècle. À l'intérieur de cette couronne s'étend, sur une pente très douce, le paysage géométrique des champs et des maisons qui forment aujourd'hui la Conca, autrefois sillonnée de ruisseaux et rythmée de collines et de dépressions, parcourue sur toute sa longueur par la vallée de l'Oreto, qui dessine le seul passage à l'intérieur, vers les monts de Palerme. Sur ce passage se font face les territoires d'Altofonte et de Monreale. Le fleuve est aujourd'hui un cours d'eau à caractère torrentiel, dont les rives, autrefois cultivées de potagers et de vergers d'agrumes, sont couvertes d'une épaisse végétation spontanée. Il a échappé aux projets de comblement élaborés à la suite de la croissance récente de Palerme, y compris du côté sud, où s'étendra bientôt un parc urbain.

I.3 ALTOFONTE

I.3.a Palais royal et chapelle San Michele Arcangelo

Retourner en voiture sur la SS 186 et suivre les indications pour Altofonte. Une fois arrivé dans le centre urbain, prendre la Via Vittorio Emanuele II, puis tourner à droite dans Via Belvedere, où est situé le monument.
Visite sur rendez-vous; contacter le prêtre de S. Giuseppe, M. Quaglino, tél.: 091 437204.

La fondation est attribuée à Roger II et attestée par le médecin Romualdo Guarna, qui vécut longtemps à la cour de Palerme comme conseiller politique de Guillaume Ier et de Guillaume II. De la construction primitive ne restent que quelques salles voûtées d'arêtes au rez-de-chaussée, la chapelle dédiée à saint Michel Archange, dont l'entrée s'ouvre sur l'actuelle Via Belvedere, et trois arcs ornés de disques avec incrustations en pierre de lave, dans le portique sud-ouest de la plus petite cour. La construction normande du XIVe siècle a fait l'objet de transformations radicales, quand Frédéric II d'Aragon fonda, sur les structures de l'ancien palais normand, un monastère cistercien, avec l'église Santa Maria d'Altofonte.

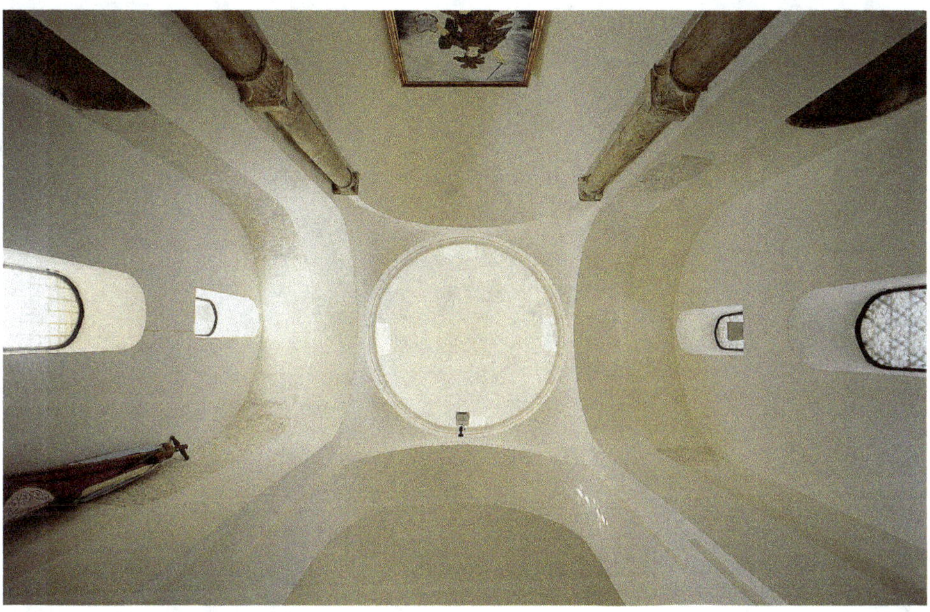

La réserve naturelle du mont Pellegrino

Le mont Pellegrino est l'une des réserves naturelles que l'on peut visiter dans le territoire de Palerme. L'autre est celle du mont Gallo, et ferme le golfe au nord. Une route carrossable, offrant de nombreux points panoramiques, le parcourt presque jusqu'au sommet, où, dans un sanctuaire construit autour d'une grotte, on vénère la sainte patronne de Palerme, qui vécut à l'époque des Normands. Sur les versants abrupts de la montagne s'ouvrent de nombreuses grottes, dont quelques-unes sont aussi des lieux de découvertes préhistoriques. Sur les plateaux s'élèvent des forêts plantées dès la fin du XVIIIe siècle, mais les versants escarpés, les sommets et surtout le front de faille donnant sur la mer sont des milieux naturels de végétation rupicole et de maquis à euphorbe arborée. De nombreuses espèces d'oiseaux viennent y nicher, entre autres, le faucon pèlerin.

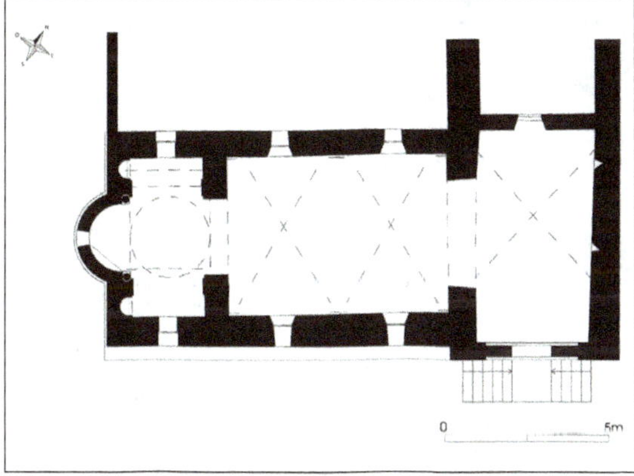

Le Castello Utveggio, sur le Primo Pizzo, a été construit en 1936 pour devenir un hôtel climatique; aujourd'hui, il accueille un centre de formation. La réserve est gérée par l'Ente Rangers d'Italia, à laquelle on peut s'adresser pour une visite guidée; son siège se trouve viale Diana alla Favorita, 90100 Palerme. Tél.: 09 16716066.

Chapelle San Michele Arcangelo, coupole et zone presbytérale, Altofonte.

Chapelle San Michele Arcangelo, plan, Altofonte.

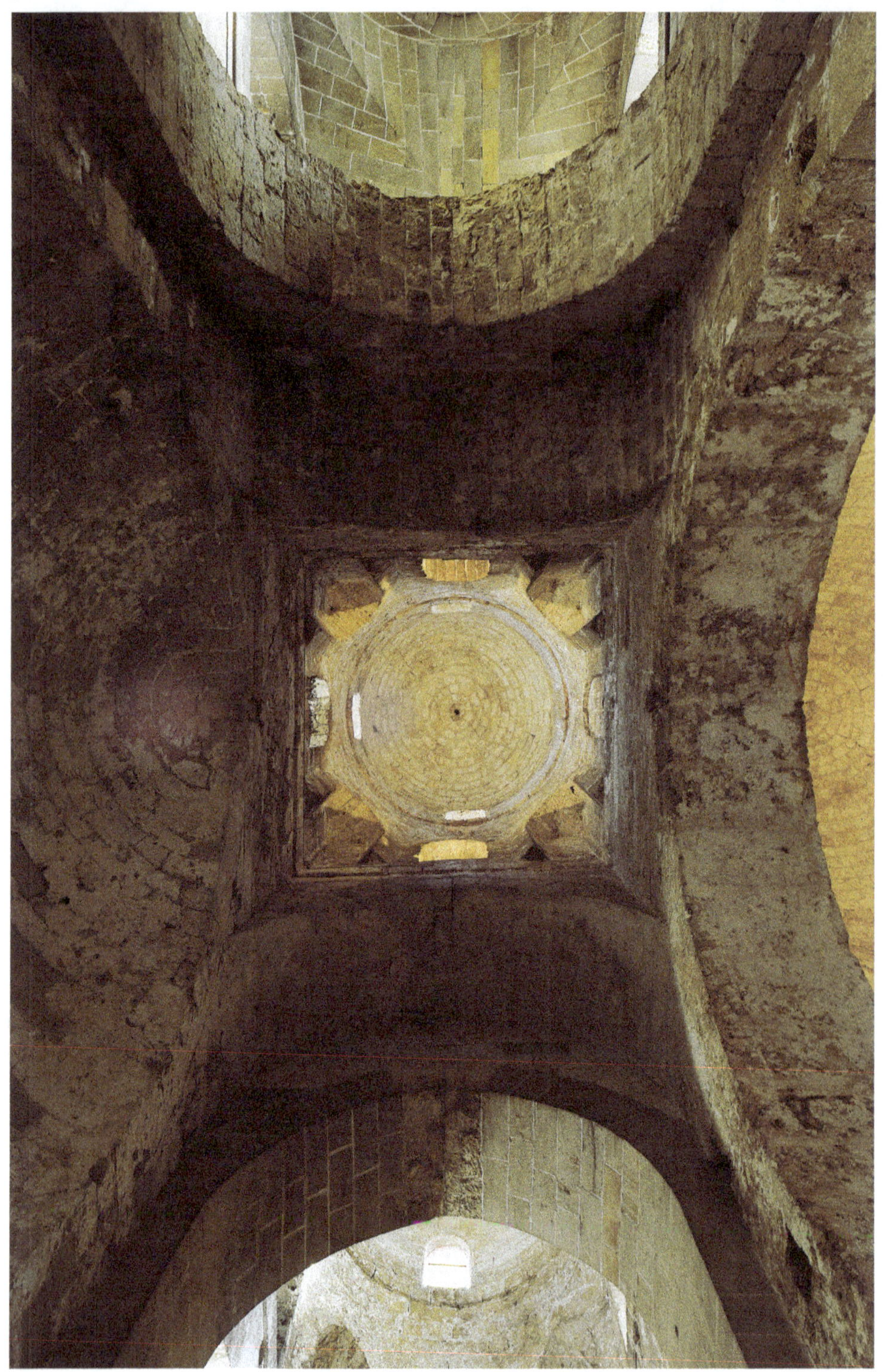

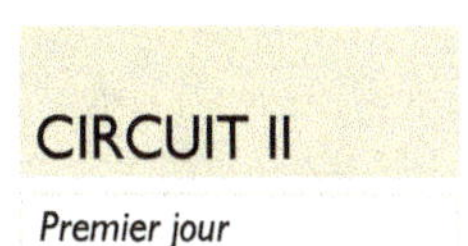

Témoignages d'époque arabe

Comité scientifique

II.1 PALERME

II.1.a Chapelle de l'Incoronata – Salle hypostyle

II.1.b San Giovanni degli Eremiti – Vestiges de mosquée, église, cimetière et cloître

II.1.c Qanat (à l'intérieur de l'hôpital psychiatrique)

Les qanats *de la Conca d'Oro*

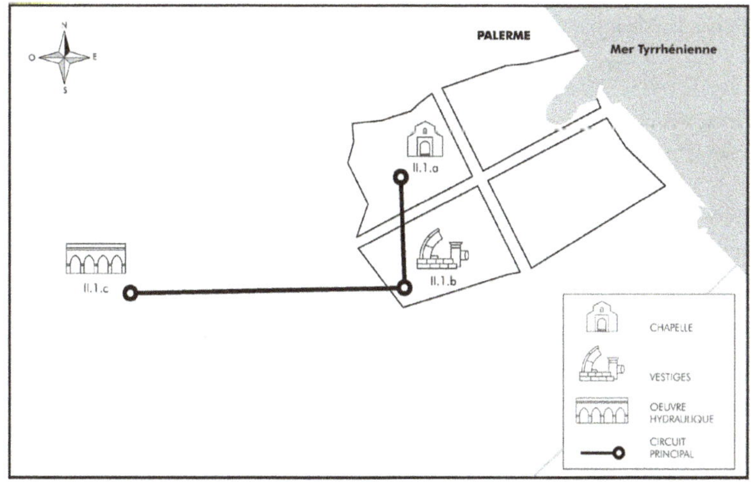

San Giovanni degli Eremiti, coupole et zone presbytérale, Palerme.

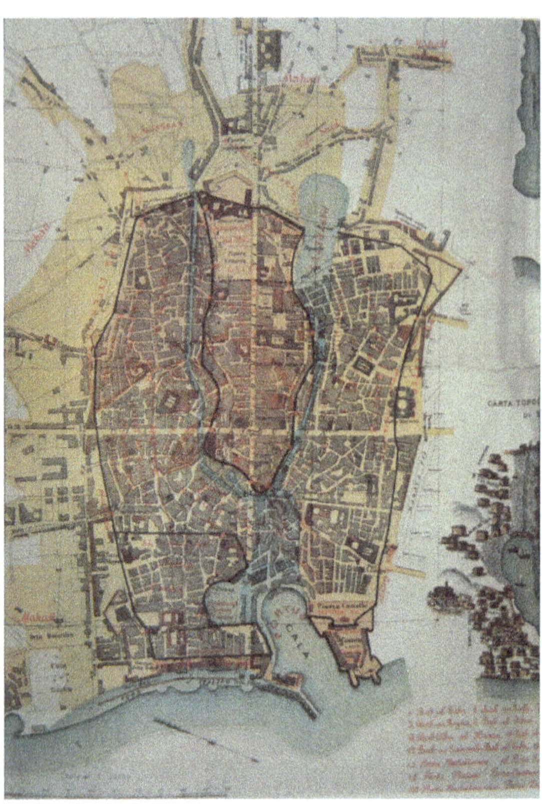

Reconstruction du plan de Palerme à l'époque arabe (Di Giovanni, 1889-1890).

L'arc temporel dans lequel s'insère Palerme, en ce qui concerne la diffusion de l'islam en Méditerranée, s'étend de 831 à 1072. Ces deux dates extrêmes, sur le plan de la chronologie, correspondent à deux événements décisifs: la première a marqué, après l'occupation musulmane, le début du lent processus au cours duquel la ville dépasse sa condition de cité commerciale périphérique de l'Empire byzantin, avant de devenir la principale ville de la Siqilliya; la seconde indique le passage du statut de métropole émirale (parmi les plus considérables du *Dar al-Islam*) à celui de capitale du comté normand de Trinacria (1072-1130). Enfin, elle deviendra le siège prestigieux de la couronne du royaume de Sicile (1130-1412). L'occupation de 831, par les troupes musulmanes envoyées en Sicile par Ziyadat Allah, succède à un long siège (qui dura presque un an) et décima la population. Cet événement doit être inséré dans la première phase du *jihad* conduite en Sicile par Assad Ibn al-Furat, après quatre années d'une campagne militaire incertaine qui avait conduit l'armée musulmane (à la suite de la volte-face aux dépens d'Euphémios et de sa faction indépendantiste) jusqu'aux portes de Syracuse. Mais ensuite, les forces de l'envahisseur avaient été contraintes de se replier en catastrophe sur Mazara (la première ville sicilienne importante qui devint musulmane), laissant la forteresse isolée de Mineo aux prises avec un siège sanglant. L'occupation de Palerme est le premier signe de la reprise qui conduira les enseignes musulmanes à une irrésistible avancée vers les provinces orientales de l'île, pour s'achever victorieusement en 965 avec la chute de Rometta, après la résistance épique du dernier foyer de bandes chrétiennes de montagnards du Val Demone. C'est justement de ces territoires situés au nord-est, après un peu moins d'un siècle, que partira la reconquête chrétienne dirigée par des chevaliers normands. À onze ans de la prise de Messine, en 1072, la prise de Palerme par les Normands est vécue comme une reconquête chrétienne par la majeure partie de la population qui, en fait, participe à la "libération" de la ville, malgré les deux cent quarante années de domination musulmane. La chrétienté survit, en dépit de l'importance qu'avait prise à l'époque musulmane Palerme, préférée aux villes de la Sicile orientale pour des raisons stratégiques et logistiques (elle était moins exposée aux tentatives de reconquête conduites par les flottes byzantines) mais aussi parce que ses habitants (les quelques natifs qui avaient survécu et les nombreux autres, peut-être venus des villages du Val di Mazara), qui n'étaient pas de tradition et de langue helléniques, étaient totalement dépourvus de tout sentiment d'identité avec le monde byzantin.

Contrairement à d'autres réalités urbaines de la Sicile, qui pendant la reconquête musulmane avaient subi des destructions irréparables, des anéantissements ou des déportations radicales de populations (ce fut le cas pour Syracuse, Taormine, Enna et Agrigente), Palerme avait bénéficié de la condition privilégiée réservée par les musulmans à ceux qui, après des actes de résistance héroïque, avaient capitulé sous condition. Toutefois, à Palerme aussi, comme dans le territoire environnant (la Conca d'Oro), la situation juridique des chrétiens sous la domination musulmane, contrairement à la douceur proverbiale, à la générosité et à la tolérance attestées (par des chroniqueurs et par des voyageurs de l'époque, par plusieurs érudits de l'époque moderne et par l'historiographie du XIXe siècle), était celle réservée à des populations soumises à des limitations, même purement formelles, surtout au cours du dernier siècle de ce que l'on appelle l'époque arabe en Sicile. Il n'est donc pas étonnant qu'en 1072, Robert Guiscard et son frère Roger parviennent à prendre la "citadelle arabe" de Palerme, au bout de cinq mois de siège qui avaient vu le contingent musulman de la capitale émirale soumis à une pression sur un double front: un front extérieur, celui de l'armée normande, et un front intérieur, constitué d'habitants chrétiens pour lesquels le régime de tolérance sélective avait désormais fait son temps. L'issue finale du siège sera assurée grâce à une action parfaitement coordonnée: pendant que Roger

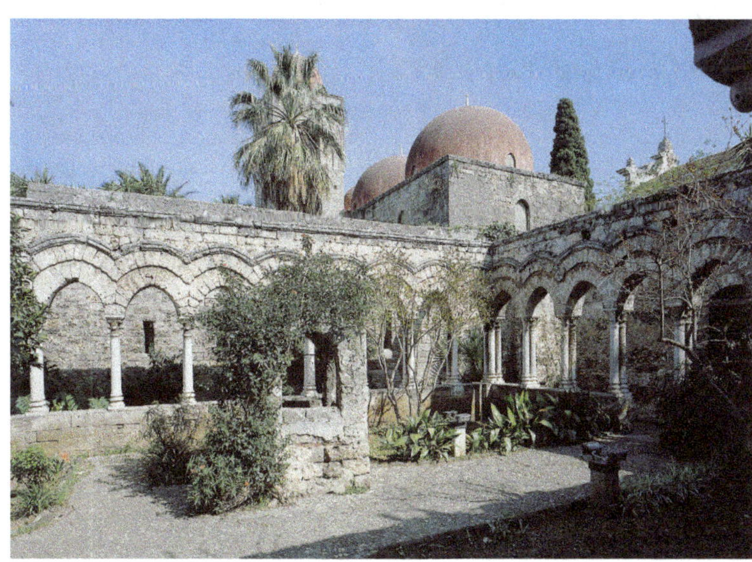

San Giovanni degli Eremiti, cloître et coupoles de l'église, Palerme.

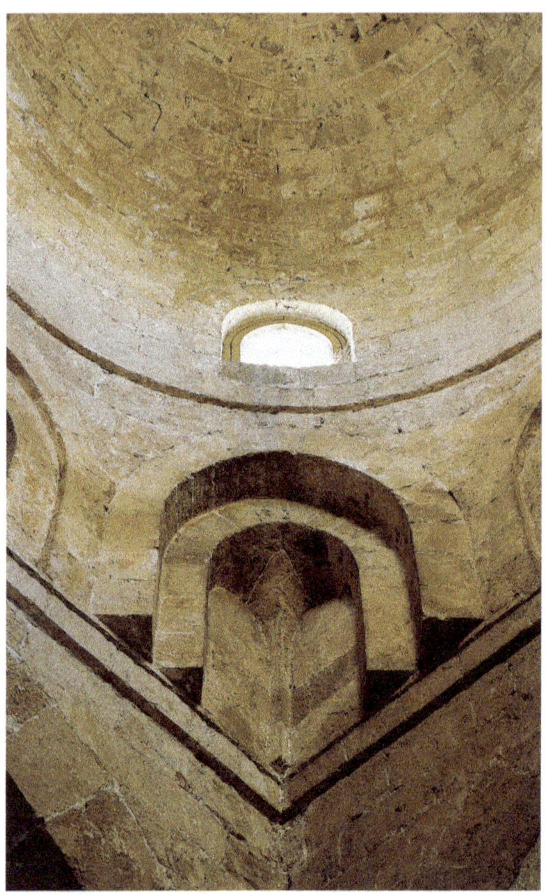

San Giovanni degli Eremiti, détail du dispositif de transition avec une coupole, Palerme.

accomplit une manœuvre de diversion, lançant une attaque contre le gros de l'armée sous les remparts de la Galca (dans la "vieille ville", c'est-à-dire dans le promontoire fortifié sur lequel serait édifié le palais des Normands), contraignant les musulmans à y concentrer la plupart de leurs meilleurs combattants, Robert, avec un détachement de troupes d'élite, exploite l'effet de surprise en pénétrant dans la Khalisa depuis l'accès fortifié méridional, qui devait être rebaptisé "porte de la Victoire" (ses vestiges sont aujourd'hui englobés dans les murs de l'église Santa Maria della Vittoria, Piazza dello Spasimo).

L'existence même de la Khalisa, c'est-à-dire de la citadelle arabe, au périmètre de forme quadrangulaire, est sûrement révélatrice d'un climat, dans la ville, qui était loin d'être pacifique. La Khalisa, qui devait donner son nom au quartier de la Kalsa, qui s'étendait autrefois entre l'actuelle Piazza Marina et le Bastione dello Spasimo, avait été édifiée en très peu de temps, à partir de 937, dans le cadre des actions répressives menées à l'encontre des habitants de foi chrétienne, mais aussi des factions musulmanes dissidentes, durant le gouvernement de l'émir Khalil Ibn Ishaq. Une fois abandonnée la ville antique (qui correspondait à l'espace de Piazza Vittoria et de tout le secteur urbain formé par les complexes du Palais archiépiscopal et du quartier militaire de San Giacomo), les musulmans y conservaient le contrôle du *castrum*, sur les ruines duquel les Normands construiront leur palais royal.

À plus d'un siècle de la conquête de Palerme, les musulmans étaient obligés de se retrancher dans une citadelle fortifiée, stratégiquement proche de la voie de fuite par la mer; ils ne devaient pas constituer plus d'une minorité, certes considérable, à laquelle il faut ajouter les communautés installées dans les centres de production, eux aussi fortifiés (les *mahals*), dans la campagne entourant la ville. Les habitants de Balarmu, dans la dernière phase de la domination islamique, vivaient essentiellement dans trois secteurs urbains installés dans les lits des deux cours d'eau, le Kemonia (al-Wadi al-Satawi) et le Papireto (Pepyritus). Entre les deux se trouvait le promontoire, ou Piede Fenicio (Pied phénicien), qui s'étendait du palais des Normands jusqu'à l'actuel carrefour, entre Via Roma et Corso Vittorio Emanuele. C'est là qu'avait grandi l'antique Panormus qui, à l'époque arabe, comprend deux quartiers, al-Khalqa ou Galca (l'ancienne Paleopolis) et al-Qasr al-Qadim (l'ancienne Neapolis). Au sud du Kemonia (ou de l'actuelle Via Castro) se trouvait le bourg al-Hara al-Jadida, séparé de la mer par al-Khalisa. Au nord de l'émissaire du marais du Papireto, qui léchait les remparts de Paleopolis (dont la limite septentrionale correspond au parcours de Via Celso), s'étendait le quartier Harat al-Saqaliba (jusqu'aux actuelles Via Mura di S. Vito, Piazza G. Verdi et Via Spinuzza).

Les sources historiques attestent une population d'environ trois cent mille habitants (peut-être par excès); en tout cas, il devait s'agir d'un chiffre considérable pour l'époque, et qui assurait à Palerme une place parmi les villes les plus importantes du monde méditerranéen; on la comparait souvent, avec une admiration généreuse, à Cordoue, pour sa splendeur et ses dimensions. La population, même si elle s'était adaptée de manière très légère aux règles coraniques, adopta sans doute plusieurs des caractères distinctifs du monde islamique, dont elle faisait désormais partie intégrante: depuis les mœurs en matière de comportement et d'habitation jusqu'à la culture figurative et littéraire, de la tenue vestimentaire aux techniques de culture, de l'organisation administrative à la toponymie, de l'industrie artistique à l'art culinaire. Ce dernier constituait un secteur dans lequel les bases de la culture islamique devaient s'avérer particulièrement durables, au point d'être rangées, durant la période positiviste, parmi les aspects les plus intéressants des traditions populaires locales. La pâtisserie occupe une place d'honneur. Parmi les nombreuses spécialités qui ont subsisté, l'une des plus typiques de la culture musulmane est l'utilisation du sucre pour adoucir la *ricotta*. Il en résulte une crème qui, nature ou garnie, sert de base à quelques-uns des gâteaux siciliens les plus typiques, originaires surtout de Palerme. C'est le cas de la *cassata*, véritable "architecture" éphémère que la tradition fait remonter à 998 et dont le nom lui-même est d'origine arabe; quant au *cannolo*, il serait originaire de Calatanissetta et constitue lui aussi l'une des pâtisseries siciliennes mythiques, qui utilise de la *ricotta* fouettée.

L'expansionnisme religieux islamique ne joua pas un rôle important dans l'implication religieuse des Siciliens. Beaucoup étaient convertis; mais il devait s'agir essentiellement d'actes formels, destinés à éviter les limitations et les tributs imposés aux chrétiens. Seules les filles nées de mariages mixtes pouvaient être élevées dans la foi chrétienne; mais il semble qu'il ne soit jamais parti de Palerme – comme de tout le reste de la Sicile – un

Chapelle de l'Incoronata, plan, Palerme.

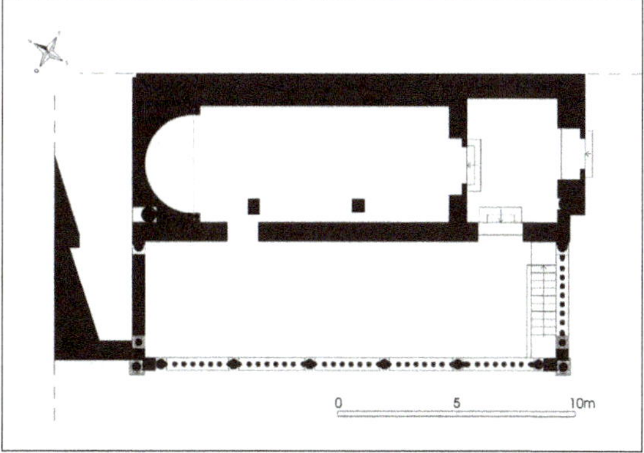

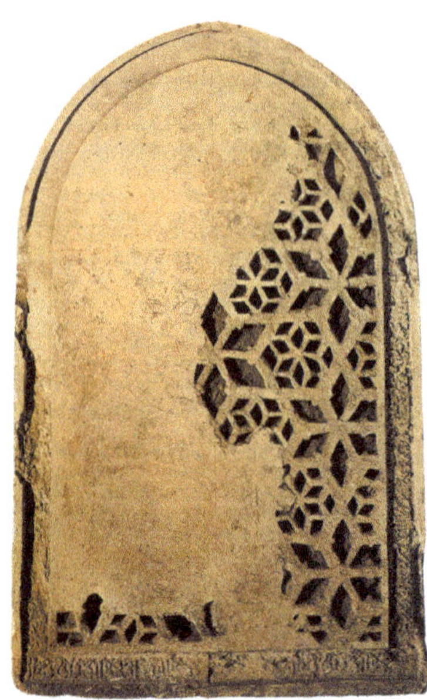

San Giovanni degli Eremiti, transenne en stuc de la fenêtre, première moitié du XIIe siècle (Gabrieli, Scerrato, 1979).

seul grand pèlerinage pour La Mecque. Ibn Hawqal, originaire de Bagdad, ville raffinée mais trop "pratiquante", ne favorisait pas un climat de relâchement religieux dans la capitale émirale de l'île; entre 972 et 973, il enregistrait, non sans perplexité, de substantielles dérogations aux préceptes de l'islam; de plus, les Siciliens non musulmans ne se contentaient pas de déserter la prière solennelle du vendredi: ils buvaient du vin "de manière impudique", pendant que les *mu'allims* tendaient à éluder l'aspect théologique de leur mission éducative et, selon toute vraisemblance, à viser les aspects les plus lucratifs de leur profession. Les israélites et les chrétiens (même si les seconds étaient nettement majoritaires) bénéficiaient d'un régime de tolérance, sans plus. On pourrait donc juger excessif le chiffre de trois cents mosquées cité par Ibn Hawqal, comme pour attester une domination islamique. Ce chiffre devait probablement comporter les mosquées privées (habituellement de dimensions modestes, mais ouvertes au public des fidèles) appartenant à des notables ou à de riches marchands de la ville, ainsi qu'aux deux cents familles aisées qui habitaient les villas fortifiées entourant le centre urbain.

Dans celui-ci, la hauteur réduite des constructions était sans doute adaptée à l'orographie du site, laissant en évidence le promontoire de l'antique Panormus en position centrale et dominante par rapport aux quartiers extérieurs, dont elle était nettement séparée par la présence des deux lits fluviaux du Kemonia, à régime torrentiel, et du Papireto, marécageux. Jusqu'à la fin de l'époque arabe, ces deux cours d'eau interdirent toute possibilité de construire une importante portion de territoire "intérieur" à l'agglomération urbaine.

En 977, Ibn Hawqal décrit Palerme comme une ville constituée de cinq quartiers bien définis. En haut se trouve la ville à proprement parler, avec ses fortifications, habitée par des marchands et appelée al-Qasr ("le château", *cassaro*, comme on l'appelle encore aujourd'hui). Plus près de la mer, la Khalisa ("Élue", construite en 937 sur le territoire au-delà du fleuve du Maltempo, Kemonia), elle aussi fortifiée, siège de l'émir et de sa cour, avec deux bains publics, une mosquée, la prison, l'arsenal, le *diwan*; dans la zone du port, Harat al-Saqaliba (le "quartier des Schiavoni", au nord), le plus populeux et riche en eaux; Harat al-Masjid (le "quartier de la Mosquée"), vaste, et possédant une mosquée encore plus grande, qui pouvait contenir sept mille fidèles, mais dépourvu d'eaux torrentielles et uniquement doté de quelques puits; al-Hara al-Jadida (le "quartier Neuf", au sud), séparé de celui de la mosquée par des marchés que fréquentaient les marchands d'huile ambulants.

À l'extérieur de l'enceinte fortifiée, on exerçait divers métiers et les résidents étaient des tailleurs, des armuriers, des chaudronniers; les bouchers, en grand nombre, sont à l'intérieur des remparts. Sur la plage, de nombreux aventuriers sont installés dans les *ribats*.

Le quartier juif (Harat al-Yahud qui, en 1172, compterait une population de 1 500 habitants, d'après le témoignage du juif espagnol Benjamin de Tudèle) se trouvait, quant à lui, sur la zone dépressionnaire dessinée par la boucle du Kemonia, dès que l'on franchissait les remparts du *qasr* par la porte du Fer (dans une zone aujourd'hui coupée par la Via Maqueda, comprenant les actuelles Via Ponticello et Via Calderai). Les extensions au-delà de deux lits fluviaux du Kemonia et du Papireto, à l'exception de al-Khalisa, se présentaient donc comme un *rabad* bien délimité, mais pas nécessairement fortifié. En revanche, la Panormus antique était bien défendue. Pendant l'époque arabe, l'ensemble des remparts est fortifié et doté de neuf portes. Du bord ouest du rempart nord de la Galca (non loin de l'actuel Corso Alberto Amedeo), en continuant vers l'est jusqu'à Bab al-Bahr (la porte de la Mer) qui reliait le *qasr* et le port (la Cala) se trouvaient, dans l'ordre: Bab al-Ruta (dite porte de Rota, ou Roda, qui tirait son nom d'une grosse source souterraine actionnant un système de moulins et qui affleurait tout près de la porte située dans la portion de remparts de la Galca, autrefois près de l'actuelle Piazza Domenico Peranni); la porte de Abou al-Hassan; Bab al-Chifa' (du nom de la fontaine 'Ayn al- Chifa' qui jaillissait à proximité). Bab al-Bahr (la porte de la Mer) était près du croisement des actuelles Via Roma et Via Vittorio Emanuele, autrefois point de convergence du Kemonia et du Papireto dans la Cala, alors bien plus en retrait par rapport à l'actuelle ligne côtière. En avançant de celle-ci vers l'ouest, jusqu'à Bab al-Abna' (dite porte des Jeunes Hommes, et reliée au château de la Galca) s'ouvraient, dans les murs du périmètre sud: la porte reliant le *qasr* et le quartier de Abou Himaz (devenu par la suite la Fieravecchia), elle aussi construite sur ordre de Abou al-Hassan et sans doute située près de l'actuelle Via Discesa dei Giudici, à la hauteur de Via degli Schioppettieri; Bab al-Hadid (la porte du Fer) à l'extérieur de laquelle s'était développé Harat al-Yahud; Bab al-Sudan, qui devait correspondre au quartier des forgerons.

Englobée dans le nouveau tracé urbain, la vieille Panormus renfermait un riche marché, qui la traversait d'ouest en est, appelé *al-samt* ("la file"), entièrement

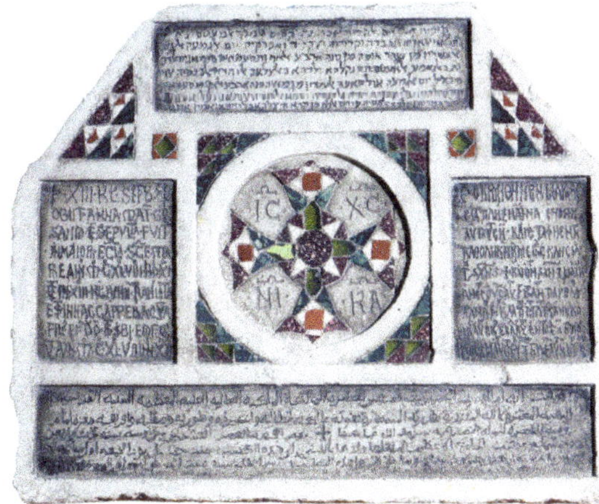

Pierre de marbre à inscription trilingue, 1049, Musée d'Art islamique, Zisa, Palerme.

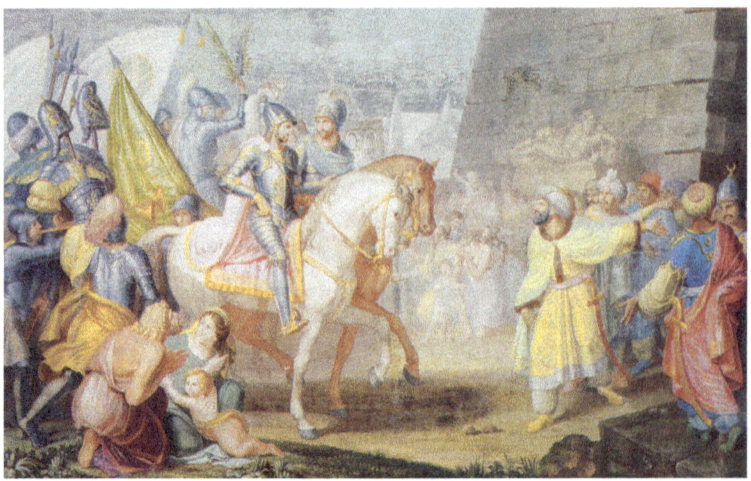

G. Patricolo, "L'entrée du comte Roger à Palerme", première moitié du XIXe siècle, Palais royal, Palerme (Calandra et alii, 1991).

dallé de pierre: une rue commerçante où l'on vendait des marchandises variées, et qui correspondait à l'ancien tracé viaire longitudinal de la Neapolis, devenue rectiligne en 1575 et baptisée Via Toledo (ou plus généralement appelée Cassaro, aujourd'hui Via Vittorio Emanuele).

Au milieu du XIIe, al-Idrisi écrira que Palerme "possède des édifices d'une telle beauté que les voyageurs se mettent en route [attirés par] la réputation des [merveilles qu'offre ici] l'architecture" (Amari, 1854-1868). Mais il faisait référence à la ville en grande partie reconstruite par Roger II; il est difficile de savoir avec certitude ce qui était resté de l'époque arabe, ou plus exactement ce qui avait été vraiment réalisé *ex novo* durant la période des Kalbides. Il est tout aussi difficile d'émettre des hypothèses concernant l'héritage que les Byzantins ont laissé aux musulmans, les nouveaux maîtres, en ce qui concerne leur culture urbaine et l'influence romaine.

Ce qui est certain, durant l'époque arabe, c'est l'engagement de travaux hydrauliques considérables, qui traversaient le territoire et amenaient les eaux en ville. La réalisation de travaux portuaires et de fortifications dut être tout aussi considérable. De toutes les grandes villes siciliennes, Palerme est sans doute la seule qui ait connu une forte renaissance à l'époque arabe; la floraison d'une industrie artistique de qualité, liée à la naissance d'une classe d'artisans, dut être une prérogative d'une telle importance qu'elle poussa les Hauteville à instituer une Manufacture royale (le Tiraz) pour laquelle on utilisa aussi des maîtres d'œuvre réquisitionnés ou recrutés en Ifriqiya. D'intéressantes collections de documents, de fragments et d'objets courants de fabrication islamique, siciliens ou pas (datant de la période de l'occupation arabe ou des périodes suivantes), sont conservées au Musée archéologique, dans le trésor de la cathédrale et dans la chapelle Palatine.

Toutefois, la maturation, durant cette phase historique, d'une culture originale islamique, dans le domaine architectural et artistique, n'est pas prévisible.

À Palerme, dans une agglomération urbaine de nature hétérogène, vivaient, dans des conditions de discrimination, plusieurs ethnies: des minorités descendant des Perses et des Grecs de l'époque byzantine, mais aussi des Berbères, des Andalousiens et des Maghrébins présents depuis la période de la conquête et venus d'Ifriqiya à la suite d'émigrations successives, parfois en désaccord avec la classe dirigeante. Celle-ci avait un pouvoir décisionnel, mais était soumise à l'autorité du *wali*, avec une assemblée (*jama'a*) d'élus qui se réunissaient essentiellement à Palerme, plus rarement à Agrigente. Il n'était pas rare que la *jama'a* et le *wali* soient en désaccord: condition certes révélatrice d'un appréciable exercice du gouvernement qui, toutefois, n'empêchait pas les dérives institutionnelles, comme le démontrent les troubles intervenus au crépuscule de l'époque arabe en Sicile.

Contrairement à la connaissance de l'organisation administrative et des coutumes, les traces architecturales et artistiques de cette période sont très fragmentaires, parce que les témoignages ont été très souvent détruits (pendant la guerre contre les Normands ou lors des événements suivants), ou emportés dans le cas d'œuvres d'art ou d'objets usuels précieux, ou parce que les Hauteville et leurs dignitaires apportèrent d'importantes transformations aux édifices et aux ouvrages hydrauliques qui existaient déjà, au moment de leur arrivée.

Outre les remparts et une bonne partie des corps de bâtiment du palais de Maredolce et de S. Giovanni dei Lebbrosi, d'importantes traces de la période islamique se trouvent dans le centre historique de Palerme. Des vestiges et des témoignages issus des fouilles sont conservés au Palais royal et dans le complexe de S. Giovanni degli Eremiti, où s'élevait une mosquée. Tout aussi intéressants sont les restes d'un escalier hypostyle près de la Loggia dell'Incoronazione, ainsi que la Porta della Vittoria, englobée dans l'édifice de l'Oratorio dei Bianchi.

Les rues et les marchés des anciens quartiers arabes de Palerme constituent un circuit particulier; complètement transformés dès le bas Moyen Âge, ils conservent encore le tracé viaire d'origine.

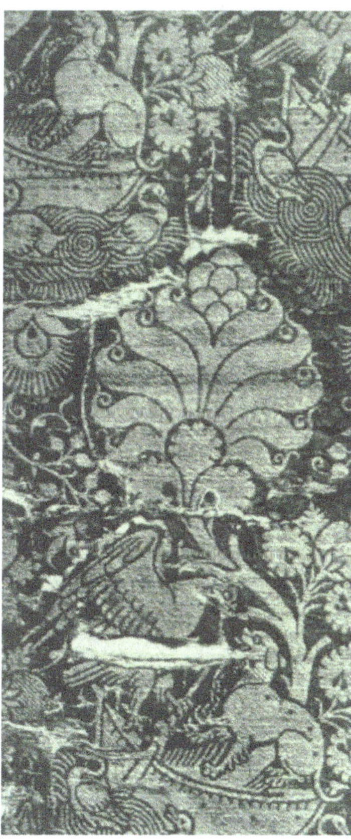

Tissu de soie, Manufacture royale, XIIe siècle (Sicile), Victoria and Albert Museum, Londres.

II.1 PALERME

II.1.a Chapelle de l'Incoronata – Salle hypostyle

Garer la voiture Piazza della Vittoria. Continuer le long du Corso Vittorio Emanuele, tourner à gauche Via M. Bonello et rejoindre le croisement avec Via dell'Incoronazione, où est situé le monument.
En cours de restauration au moment de la rédaction de ce catalogue.

La chapelle de l'Incoronata s'élève derrière la cathédrale et s'aligne presque sur la façade du narthex. La configuration actuelle remonte à l'agrégation de la chapelle de Santa Maria l'Incoronata et d'un portique appuyé à son flanc ouest, connu sous le nom de Loggia dell'Incoronazione. La chapelle (postérieure à 1130) est précédée d'un *pronaos* qui donne accès à une *aula* à abside unique. Les vestiges relatifs à des bases de colonnes et de piliers englobés dans les murs de la chapelle de Santa Maria l'Incoronata, en particulier dans la zone du *pronaos* et dans celle de l'abside, ont fait supposer des structures d'époque aghlabide (IXe siècle), appartenant probablement à la Grande Mosquée construite lors des travaux de modification de l'ancienne église byzantine, en particulier à une salle hypostyle de 18 m de longueur et de 3,80 m de largeur (Bellafiore, 1990).
Le portique, déjà complété par une balustrade, fut obturé en 1591 pour permettre la création d'un oratoire, en démolissant les arcs de couverture et en construisant un niveau supérieur. Le 27 mai 1860, les bombes de l'artillerie bourbonienne endommagèrent gravement l'édifice, qui fut soumis, depuis cette date, à des travaux de restauration et de restitution des structures précédentes.

Chapelle de l'Incoronata, coupes longitudinale et transversale, Palerme (Di Stefano, 1955).

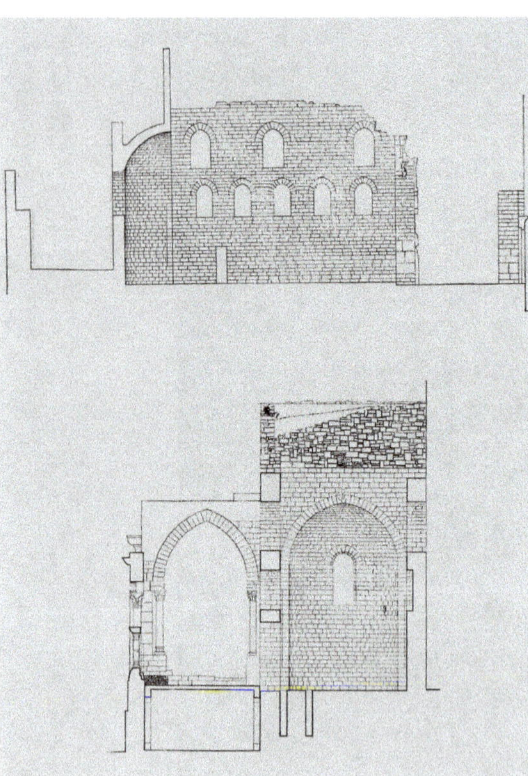

II.1.b San Giovanni degli Eremiti – Vestiges de mosquée, église, cimetière et cloître

Retourner Piazza della Vittoria et parcourir Via del Bastione à pied jusqu'au croisement avec Via dei Benedittini. Le monument est au n° 16/1 de cette rue.
Entrée payante (gratuite pour les moins de 18 ans et pour les plus de 65 ans). L'achat d'un billet global (valable deux jours) per-

met l'accès à la Zisa, à la Cuba et au cloître de Monreale. Horaires: jours ouvrables 9:00-19:00 (18:30 en hiver); jours fériés 9:00-13:00.

Situé dans les environs immédiats du Palais royal, l'ensemble tel qu'il se présente après les travaux de dégagement et de restauration dirigés par Giuseppe Patricolo en 1877 offre l'image de plusieurs architectures différentes, dont la plus significative est constituée par l'édifice destiné au culte chrétien. Les constructions normandes (église et monastère) sont bâties en prenant appui sur les remparts – sous Roger II, entre 1132 et 1148 –, sur des vestiges d'époques différentes, non attestées, que l'on fait remonter au VIe siècle et au pape Grégoire le Grand. Le fait que le monastère se trouve à proximité de la résidence royale en fit tout de suite un lieu privilégié, également destiné à la sépulture des hauts dignitaires de la cour.

Après une période d'abandon, qui coïncida avec la fin de la dynastie des Hauteville et avec le transfert du Palais royal, il fut remis, en 1464, aux moines bénédictins de San Martino delle Scale, puis, en 1524, par la volonté de l'empereur Charles Quint, concédé en tant que "hospice ou grange" aux moines bénédictins de Monreale et à l'archevêque du même diocèse, pour sa résidence personnelle. Au fil des siècles, les modifications et les transformations se succédèrent; on adossa à l'église les structures du monastère, puis des habitations modestes, démolies à l'occasion des travaux de restauration; au cours de ceux-ci, on dégagea la zone de l'abside et la façade nord de l'église, on décroûta les peintures et les stucs intérieurs et on rendit aux fenêtres, devenues rectangulaires, leur arc ogival. Enfin, on remit au jour les vestiges des structures d'époque musulmane.

Aujourd'hui, il est avéré que le lieu a été utilisé à l'époque islamique, puisque la paroi sud de la nef est constituée du mur nord de l'enceinte d'un édifice préexistant, appelé "salle arabe"; il s'agit d'une *aula* rectangulaire, elle aussi concernée par la construction d'époque normande, et interrompue sur le petit côté par l'extension du *diaconicon* de l'église chrétienne.

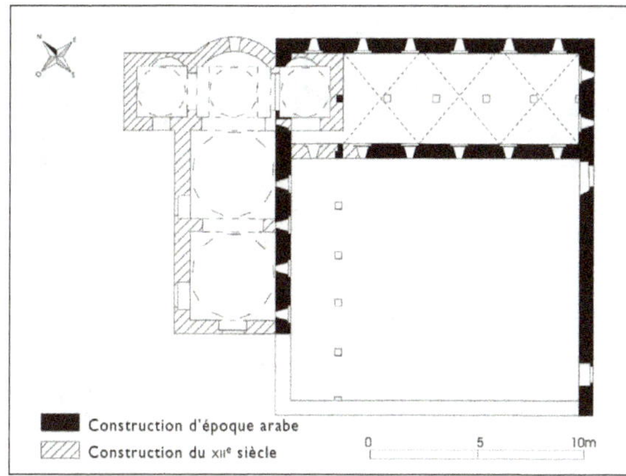

San Giovanni degli Eremiti, plan du complexe architectural, Palerme.

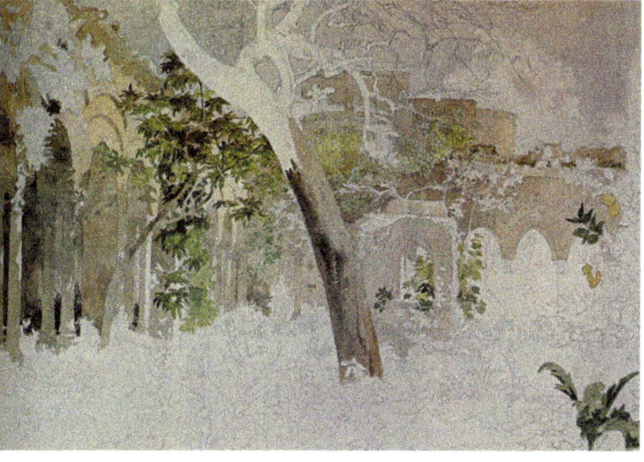

San Giovanni degli Eremiti, vue du cloître, 1836-37 (Viollet-le-Duc, 1980).

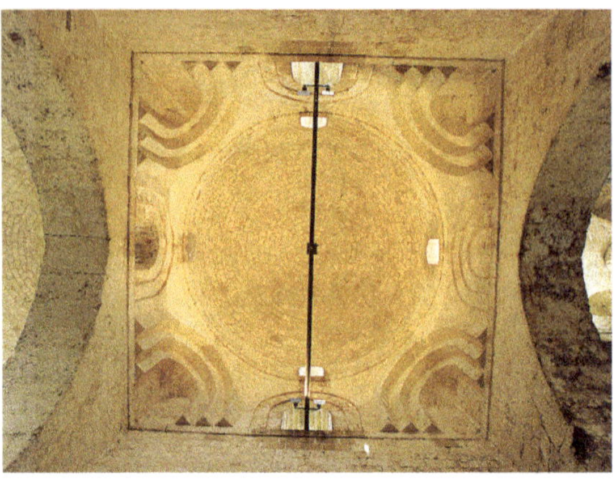

San Giovanni degli Eremiti, coupole, Palerme.

L'édifice islamique devait comporter trois unités architecturales – l'*aula* rectangulaire, le portique et une enceinte. La "salle arabe" (17,76 m x 5,62 m), avec un axe majeur orienté nord-sud en direction de La Mecque, était divisée longitudinalement en deux nefs, par cinq piliers à section carrée. Sur ces piliers s'appuyaient les arcs de décharge des voûtes des douze travées carrées (six par côté); il en reste une partie dans la structure du mur sud du *diaconicon*. Chaque travée est éclairée grâce à une petite fenêtre ogivale ébrasée. La salle est aujourd'hui couverte de trois grandes voûtes d'arêtes, du XVIe siècle. Quant au portique, seul subsiste le mur nord, dépourvu de loggia. La partie conservée présente cinq petites fenêtres ogivales ébrasées, et les restes des travées voûtées d'origine, dont subsistent les fondations de deux piédroits et un demi-pilastre adossé au mur ouest de la salle. L'enceinte, à ciel ouvert, était délimitée par le portique, au nord, par la salle, à l'est, et par un mur, conservé sur toute sa longueur, au sud. Il ne reste aucune trace de la limite ouest.

Enfin, on a retrouvé des témoignages de l'époque suivante dans le parement intérieur du mur est de la salle: une fresque représentant trois silhouettes avec des monogrammes, quelques inscriptions funéraires peintes en rouge, et des *loculi*. L'église San Giovanni, débarrassée des ajouts successifs, apparaît aujourd'hui dans sa volumétrie régulière et compacte; les coupoles extradossées, à des hauteurs différentes et peintes en

San. Giovanni degli Eremiti, vue générale, Palerme.

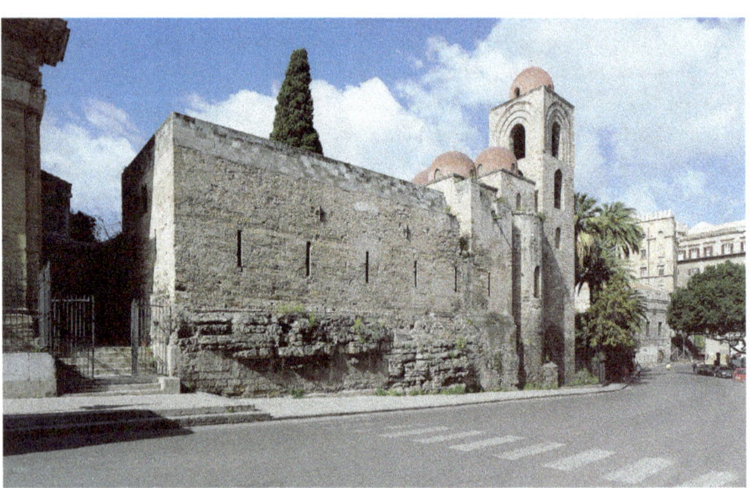

rouge, jouent le rôle de contrepoint. Le plan de l'église est en forme de "T", avec une nef constituée de deux vastes travées carrées séparées par un puissant arc ogival et par un transept à trois absides; l'abside centrale, à peu près semi-circulaire, est lisible de l'extérieur. Le sanctuaire est flanqué au sud par le *diaconicon* et au nord par la *prothesis*, tous deux pourvus d'absidioles inscrites dans l'épaisseur du mur. Au-dessus du volume de la *prothesis* s'élève la tour quadrangulaire. Seuls deux arcs ogivaux transversaux interrompent l'espace longitudinal de la nef. À l'extérieur, l'*aula* se distingue par deux coupoles hémisphériques surhaussées sur tambour cylindrique avec des trompes d'angle dotées d'un arc ogival à triple ressaut. La juxtaposition progressive de volumes cubiques, qui caractérise l'édifice, culmine avec la tour du clocher.

Ce qui reste du cloître résulte d'une construction réalisée en deux phases successives, et de nombreuses transformations. Les ruines de la colonnade s'élèvent dans l'angle nord-ouest du jardin, qui constitue l'un des éléments caractéristiques du complexe. D'après ses caractéristiques architecturales et stylistiques, le cloître, qui à l'origine était relié aux bâtiments monastiques, semble avoir été construit, ou tout au moins remanié, vers le XIIIe siècle. Le portique est constitué d'une suite continue de petits arcs ogivaux à double ressaut et s'appuyant sur des colonnettes géminées. On a également découvert dans le jardin, adjacent au côté nord du cloître, un autre corps de bâtiment dans lequel on a identifié la maison de l'archevêque de Monreale.

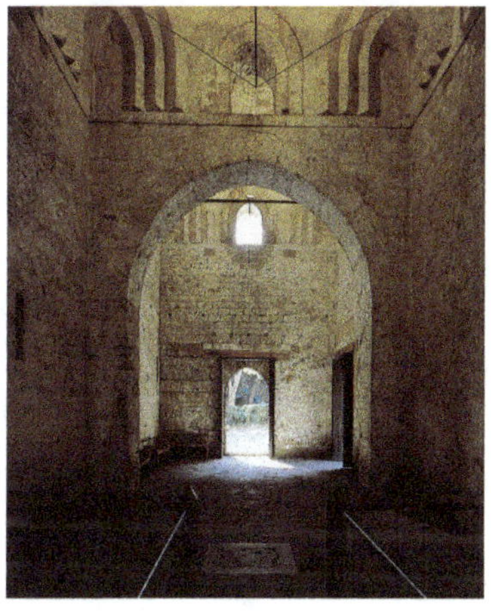

San Giovanni degli Eremiti, nef, Palerme.

II.1.c Qanat (à l'intérieur de l'hôpital psychiatrique)

Retourner Piazza della Vittoria et, en voiture, prendre Corso Calatafimi; tourner à droite Via Pindemonte, puis à gauche Via G. La Loggia: au n° 5 se trouve l'entrée de l'hôpital psychiatrique. Parking à l'intérieur de l'hôpital. Entrée payante. Visite sur rendez-vous; contacter la coopérative La Solidarietà qui gère les visites, Via G. La Loggia, tél.: 091 580433.

L'entrée donnant accès au *qanat* Gesuitico Basso se trouve à l'intérieur de la

Qanat Gesuitico Basso, galerie drainante, Palerme.

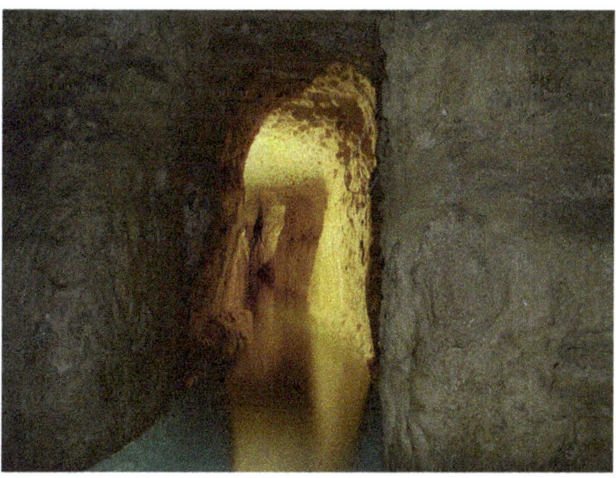

vaste zone de l'hôpital psychiatrique, à gauche de la façade principale de l'ancien monastère des Jésuites, dit "della Vignicella". Le *qanat*, réseau hydrique souterrain dont les origines remontent à la période comprise entre 3000 et 2500 av. J.-C, est un conduit de drainage qui intercepte les eaux de la nappe phréatique et les amène, parfois malgré leur profondeur, à quelques mètres du niveau de la campagne. Ceux qui ont été découverts à Palerme s'insèrent dans le cadre typologique des *qanat*s arabo-persans; ils présentent presque les mêmes éléments architecturaux et fonctionnels, tout en s'adaptant à la géologie locale. Une caractéristique typologique qui les distingue des *qanat*s orientaux est l'absence d'un véritable puits d'alimentation; il est remplacé par une galerie transversale de drainage, appelée *muchatta*, située en amont. Grâce à ces conduits, on assurait un flux d'eau continu et autonome, depuis les profondes nappes souterraines jusqu'à la surface, permettant ainsi cette profusion de fontaines, de viviers, de bains publics, de canaux et de jardins luxuriants qui caractérise la ville.

Le *qanat* Gesuitico Basso est constitué d'un puits-série de 14 m de profondeur, qui intercepte un conduit d'une largeur de 60 cm et d'une hauteur de 4 m, avec 1 m d'eau. L'eau circule en deux sens: un vers l'aval, orienté à l'est, et l'autre vers l'amont, orienté à l'ouest. Du côté occidental, le conduit, au bout de 6 m, se termine par un siphon, qui conduit au *qanat* de départ, dont la voûte couverte de concrétions, au bout de 5 m, s'abaisse jusqu'à toucher l'eau, rendant le conduit impraticable. Dans la section en amont, au-dessus du siphon, court un conduit inactif, sans doute destiné au drainage, situé au-dessous du couvent. En aval, le conduit se prolonge sur 40 m, avec un tracé sinueux, et débouche dans une pièce à peu près triangulaire, dans la voûte de laquelle s'ouvre un autre puits-série, fermé de l'extérieur. Deux conduits partent de cette salle: un vers le nord, de 120 m de longueur, où le niveau de l'eau descend, et un vers le sud, qui présente une hauteur de voûte supérieure à celle des galeries précédemment décrites. Ce dernier conduit, qui se prolonge vers la Via G. La Loggia, est sûrement le plus évocateur, à cause de la présence de nombreuses racines qui pendent de la voûte. Mais son parcours est interrompu par une quantité importante de matériaux déchargés par un puits-série situé au-dessus. Les eaux devaient être amenées jusqu'à la hauteur de Via G. La Loggia (S. Tusa) où elles étaient probablement canalisées dans l'une des ramifications du cours, désigné sous le nom de *qanat* Scozzari (P. Todaro). Il s'est avéré impossible de vérifier la liaison réelle entre les deux *qanats*, car, à proximité de Via G. La Loggia, le Corso Gesuitico Basso a été intercepté par une canalisation d'égout qui en empêche le cheminement naturel. Le système mérite une attention particulière, à cause des solutions technologiques utilisées afin de remédier à des conditions hydro-géologiques défavorables.

L'intérêt et le caractère unique du *qanat* résident dans la conservation parfaite du système, et dans sa sauvegarde quasi totale, surtout dans la zone de captage.

LES *QANATS* DE LA CONCA D'ORO

Vincenzo Biancone, Sebastiano Tusa

C'est dans l'un des empires d'Orient les plus légendaires, l'empire achéménide de Cyrus et de Xerxès, qu'est apparue l'une des typologies d'aqueduc les plus étonnantes et les plus ingénieuses que l'humanité ait imaginées: le système fondé sur le *qanat*, c'est-à-dire le canal souterrain couvert.

Le *qanat* a vu le jour là où, quelques millénaires plus tôt, dans les premières sociétés néolithiques, est né le canal à ciel ouvert. Ce fut probablement la longue expérience en matière de canalisations en climat aride ou semi-aride qui poussa les ingénieurs achéménides experts en hydraulique à imaginer un système d'adduction de l'eau permettant de remédier à deux inconvénients dangereux: la perte hydrique due à l'évaporation causée par le climat, et la fragilité des canaux, due à la facilité avec laquelle les ennemis pouvaient les bloquer, provoquant de véritables catastrophes économiques.

Le *qanat*, dont le nom dérive de l'accadien *qanu*, est un canal souterrain, parfois creusé sur des kilomètres sous terre: il remédie à ces inconvénients en renouvelant totalement le concept de transport hydrique en surface. L'eau était captée à la source et introduite, plus ou moins directement, dans des conduits creusés dans le sol, avec une pente constante (d'environ 0,5%); grâce à un savant dosage du gradient, ces conduits permettaient un écoulement facile de l'eau, tout en évitant les risques d'érosion ou de comblement, ainsi que de pollution et de contrôle de la part de l'ennemi.

Le caractère génial de cette invention provoqua sa diffusion rapide vers l'Orient et vers l'Occident; le *qanat* prend racine en Europe et dans la Méditerranée après la chute de l'Empire romain, et seulement dans des zones limitées et en plaine, où le creusement pouvait être facile, sans que l'on ait à atteindre des profondeurs prohibitives.

En Sicile, ce système arrive probablement avec les Arabes, mais plus vraisemblablement à l'époque suivante, celle des Normands, par l'intermédiaire de al-Idrisi qui en avait appris la construction en Afrique du Nord.

Les recherches effectuées par la section de Palerme du Club alpin italien, coordonnées par Vincenzo Biancone, ont enrichi le cadre élaboré de manière très méritoire par Pietro Todaro et ont brossé une tableau exhaustif de la manière dont Palerme était, il y a encore peu de temps, approvisionnée par un réseau capillaire de *qanats*; depuis les nappes au pied des montagnes de la Conca d'Oro, ceux-ci amenaient l'eau aussi bien dans le centre urbain que dans les fertiles campagnes adjacentes. Les *qanats* localisés concernent une grande partie de la campagne palermitaine.

La découverte de deux d'entre eux dans la zone centrale de la Piana dei Colli (Castelforte et Scalea I) et la mise au jour de fragments de poterie datables du XIIe-XIIIe siècle font de cette date un excellent indice, qui permet de confirmer leur existence en Sicile, tout au moins à partir de cette époque.

On ne peut toutefois exclure que des recherches futures puissent mettre en

Qanat Gesuitico Basso, canal d'acheminement, Palerme.

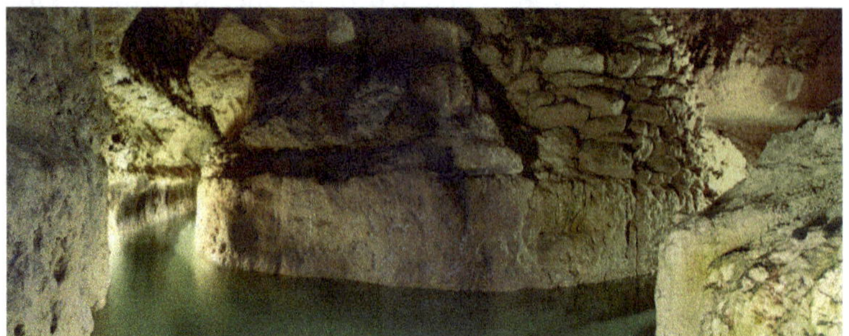

évidence la présence de conduits hydriques souterrains, en activité durant des périodes antérieures.

Dans la région de Palerme, le *qanat* fit sans doute, durant plusieurs siècles (au moins sept), partie intégrante d'un système d'adduction hydrique lié aussi bien aux activités agricoles de la Conca d'Oro qu'à l'approvisionnement en eau de parties importantes de la ville. Au plan typologique, les *qanat*s palermitains présentent des analogies avec les caractéristiques métrologiques et technologiques ibéro-majorquines.

Les analogies évidentes avec d'autres régions du bassin méditerranéen, ou même extérieures, dérivent aussi de la convergence de connaissances technologiques probablement transmises pendant des générations dans les familles ou les corporations des *muqanni*s (l'équivalent de nos puisatiers); celles-ci, de leur côté, les avaient reçues en héritage des premiers artisans, qui les avaient eux-mêmes importées des régions limitrophes. Les convergences entre Afrique du Nord, Sicile et péninsule Ibérique s'expliquent par l'hypothèse d'une diffusion commune, autour des Xe-XIIe siècles, des mêmes connaissances et techniques de construction et de gestion des *qanat*s, par des maîtres d'œuvre qui les avaient apprises des Arabes.

Cependant, les connaissances générales s'adaptèrent aux différentes zones d'enracinement du *qanat*. La Sicile n'échappe pas à cette logique d'adaptation des influences extérieures, sur la base de ses propres exigences. Ainsi, la fonction originelle des *qanat*s, telle qu'elle était apparue en Orient – et qui consistait à transporter l'eau sur de longs trajets souterrains –, s'enrichit, dans la région de Palerme, de la fonction de conduit de drainage. En effet, si l'on analyse en détail les différents *qanat*s de la campagne palermitaine, on s'aperçoit souvent qu'ils ne sont pas parallèles aux lignes d'écoulement hydrique de la nappe, mais transversaux par rapport à celles-ci sur tout leur trajet, ou présentent des ramifications plus ou moins développées, orthogonales par rapport aux lignes d'écoulement hydrique. Ce qui est ainsi créé, c'est un *qanat* doté de fonctions mixtes, de drainage hydrique et de collecteur. Les *qanat*s de la plaine de Palerme deviennent donc drainants sur tout leur parcours, fonction qui, dans les *qanat*s orientaux, était uniquement dévolue au puits d'alimentation.

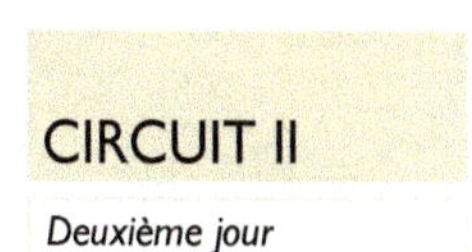

Témoignages d'époque arabe

Comité scientifique

II.1 PALERME

II.1.d Ponte dell'Ammiraglio

II.1.e Église San Giovanni dei Lebbrosi

II.1.f Château de la Favara à Maredolce (préexistence arabe)

II.2 CEFALÀ DIANA

II.2.a Hammam

II.2.b Château

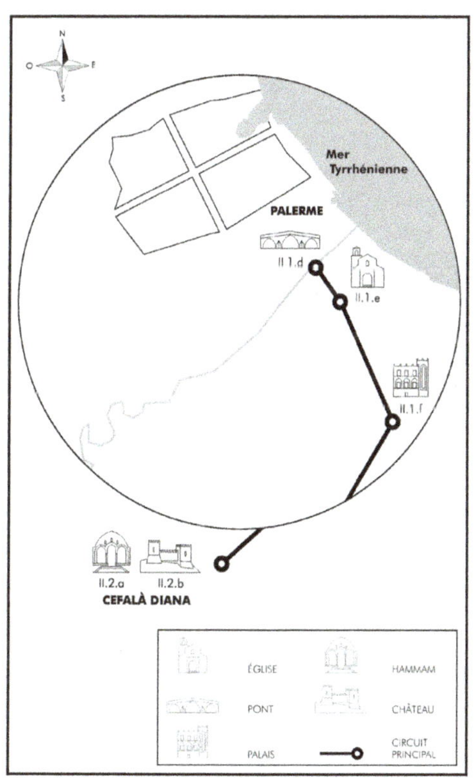

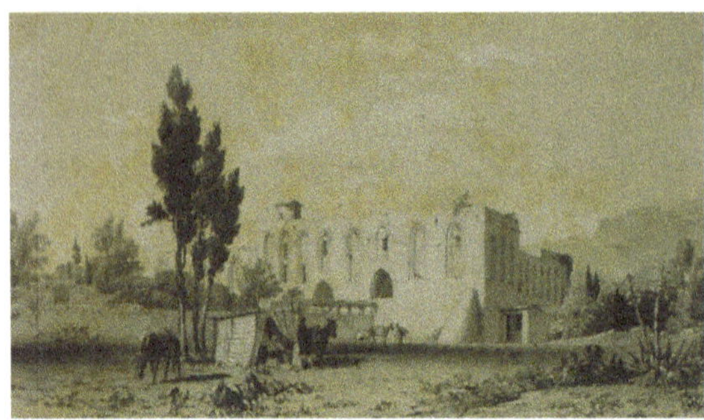

Église de la Favara à Maredolce, vue générale, Palerme (Gally Knight, 1838).

La principale source d'informations concernant la réalité sicilienne à l'époque arabe est constituée par les récits de voyageurs qui se déplaçaient, des côtes d'Afrique et de la péninsule Ibérique, vers le centre de la Méditerranée. La faible importance des vestiges architecturaux présents sur l'île ne permet pas d'évaluer avec certitude les témoignages artistiques d'une présence qui aura duré plus de deux cents ans. Les mosquées collectives, créées à partir d'églises chrétiennes préexistantes, redeviennent des centres de chrétienté avec l'arrivée des Normands; on voit ainsi disparaître officiellement tous les vestiges et toutes les transformations stylistiques et architecturales liées à la pratique religieuse musulmane. Voyageant en 977 (selon d'autres, en 973), Ibn Hawqal, dans son œuvre intitulée *Livre des routes et des royaumes*, décrit la ville et son territoire. À l'extérieur de la zone habitée, entourée de hauts murs défensifs et de ses différents quartiers, s'étendait la campagne interrompue au sud par l'Oreto, aux eaux abondantes ("un grand et puissant fleuve"), appelé en arabe *wadi* 'Abbas, grossi par les affluents qui coulaient dans l'arrière-pays, comme ceux provenant du village de Balhara (Monreale), lui aussi riche en jardins et en vignobles. Sur les bords du fleuve s'élevaient de nombreux moulins, dont Ibn Hawqal n'est pas certain qu'ils servaient à irriguer les terres, ni les potagers et les jardins, car on canalisait pour cela d'autres sources ("comme en Syrie et dans d'autres pays").

En effet, l'approvisionnement en eaux à des fins d'irrigation était assuré par les sources, qui jaillissaient en abondance des reliefs montagneux entourant la ville. Sur tout le territoire, d'est en ouest, les eaux s'écoulaient abondamment et vigoureusement, et allaient alimenter, y compris autour des quartiers de la ville, d'autres moulins construits à proximité des lits des torrents. Aujourd'hui encore, les eaux de deux torrents – le Kemonia et le Papireto – coulent sous les rues de la ville, canalisés sous terre vraisemblablement à proximité de l'ancien périmètre des murs fortifiés d'époque phénicienne. Sur les bords, là où les terrains étaient marécageux à cause de la présence de l'eau, et où les étangs abondaient, poussait le "roseau persan", et l'on cultivait la courge. Sur les bords du fleuve poussait aussi le papyrus, utilisé pour la fabrication des cordages destinés aux navires, et pour la production du papier sur lequel étaient rédigés les actes administratifs officiels. Les rois normands, mettant à profit la tradition des papeteries existant sur le territoire, feront partie des quelques rois médiévaux qui utiliseront pour les actes officiels, non seulement le parchemin habituel, mais aussi le papier. Une des roselières exploitées dans ce but, y compris à l'époque normande (comme le démontre un document en langue arabe rédigé en 1115), poussait à proximité du palais de la Favara (de l'arabe *fawwara*), une source abondante en eaux qui, jaillissant du mont Grifone, alimentait les jardins de la campagne méridionale; parmi ceux-ci, Ibn Hawqal omet de citer les jardins, magnifiques, de Maredolce. En réalité, l'émir kalbide Ja'far, auquel est attribué le complexe (également appelé "della Favara"), gouverne à Palerme quelques décennies plus tard, de 998 à 1019. À l'est du palais, de nombreux historiens citent aussi la présence d'un édifice thermal (Vincenzo Auria le dessine dans une vue du XVIIe siècle, et Gaspare Palermo le voit encore en 1816), également appelé "laconico" (Palermo, 1816), mais en 1880, son élévation a disparu. L'édifice, divisé en trois pièces et doté d'une petite coupole (comme on le voit sur le dessin d'Auria), respecte les principales caractéristiques des bains privés; c'était une sorte de poêle pourvu d'une canalisation souterraine pour le passage de l'air chaud, selon des typologies d'époque romaine. À la faveur de certaines découvertes, des chercheurs ont également repéré des témoignages d'époque romaine concernant des structures extra-urbaines, comme les "villae" et les entreprises agricoles (recouvertes par la suite) mises au jour lors de fouilles effectuées aux XVIIe et XVIIIe siècles, sur la plaine de Sant'Erasmo et à proximité du fleuve Oreto.

De toute façon, l'instauration de la petite propriété terrienne comme pratique d'appropriation du fermage, codifiée par les lois d'occupation militaire, est un phénomène typiquement musulman. Les territoires entourant la ville étaient divisés en petits domaines agricoles par des occupants individuels libres, qui se succédaient à la suite de controverses entre les occupants. Les obligations auxquelles ils étaient soumis consistaient essentiellement à fournir du bois pour la fabrication des navires, et des hommes pour les troupes de combattants de la guerre sainte. L'activité agricole, facilitée par des conditions fiscales favorables, donna lieu à l'exportation de produits vers l'Afrique du Nord et les pays côtiers de la Méditerranée. Cependant, le bien-être foncier avait déjà décliné quand Ibn Hawqal visita le pays. Taxé de mensonge par ses traducteurs pour s'être violemment élevé contre ses coreligionnaires, parce que ces derniers vivaient en promiscuité avec les chrétiens, il brosse toutefois un tableau social dénonçant le déclin de la société musulmane transplantée en Sicile. Ce que décrit le voyageur, ce n'est plus l'épanouissement d'une civilisation, mais un état d'abandon social, urbain, économique et surtout religieux; cependant, il n'oublie pas de décrire les caractéristiques qu'avait prises le paysage autour de Palerme, avec la créa-

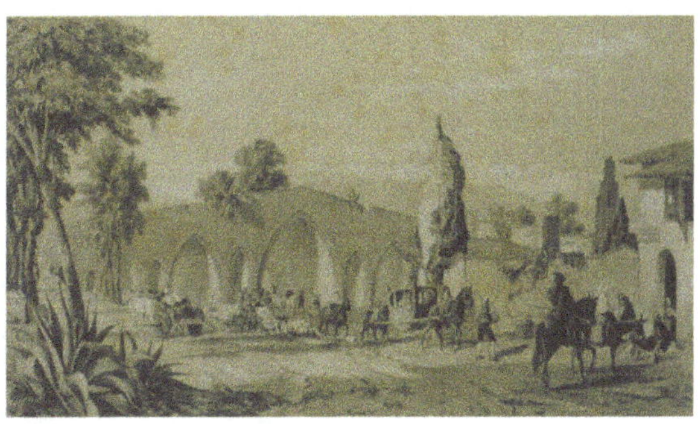

Ponte dell'Ammiraglio, vue générale, Palerme (Gally Knight, 1838).

tion de fermes, chacune dotée d'une petite mosquée privée, d'une clôture délimitant la propriété, de jardins et de champs cultivés.
Les "nombreux groupes de maisons" appelées *mahals* dont parle Ibn Hawqal étaient donc éparpillés sur un territoire entrecoupé de cultures et de jardins qui prenaient le nom de *mu'askar*. À la suite de la conquête normande, les *mahals* musulmans du Xe siècle furent habités par une population latine, et constituèrent le tissu reliant entre eux les parcs de chasse royaux.
Pendant le règne normand de Roger II, al-Idrisi rapporte que le territoire de l'île, "plein d'innombrables beautés et de qualités singulières", abonde en fermes, villas et habitations rurales.

Hammam, vue de l'intérieur, Cefalà Diana (Gally Knight, 1838).

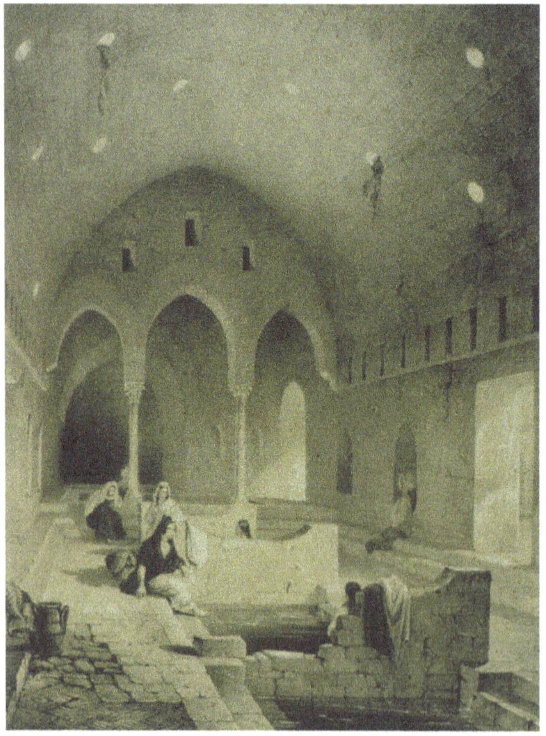

Avec l'arrivée des Normands, le périmètre de l'enceinte fortifiée avait été étendu, englobant les quartiers extérieurs. Parmi les portes reliant la ville au territoire environnant, trois donnaient accès au nord du fleuve: la Porta Termini (correspondant à l'actuelle Via Garibaldi et démolie en 1852); elle permettait d'atteindre la campagne au sud-est et de franchir l'Oreto en rejoignant le pont construit par l'amiral Georges d'Antioche en 1125 (pont appelé, pour cette raison, Ponte dell'Ammiraglio); la Porta Sant'Agata (qui existe toujours, dans le Corso Tukory, correspondant à la rue du même nom), à partir de laquelle, dès 1170, on pouvait atteindre le monastère du Santo Spirito, fondé ces années-là par l'archevêque Gautier; la Porta Mazara (qui existe encore Corso Tukory, dans sa configuration du XIVe siècle); elle conduisait aux installations situées au sud-est, à proximité du fleuve. De ce côté du territoire, les Normands construisirent, à différentes époques, plusieurs édifices religieux: l'église San Michele de Indulciis (disparue au XVIIIe siècle), proche du Ponte dell'Ammiraglio et attribuée à Georges d'Antioche; l'église San Giovanni Battista, devenue par la suite San Giovanni dei Lebbrosi; l'église de la Madonna dell'Oreto construite sur un bourrelet alluvial du fleuve en 1088 (il en reste quelques traces près du pont de l'avenue de la Région sicilienne), avec son couvent; le monastère San Nicolò lo Gurgo édifié vers 1145 (en ruine au début du XXe siècle). Une fois détruite la fortification de la Kalsa, créées de nouvelles églises et introduites de nouvelles cultures, le

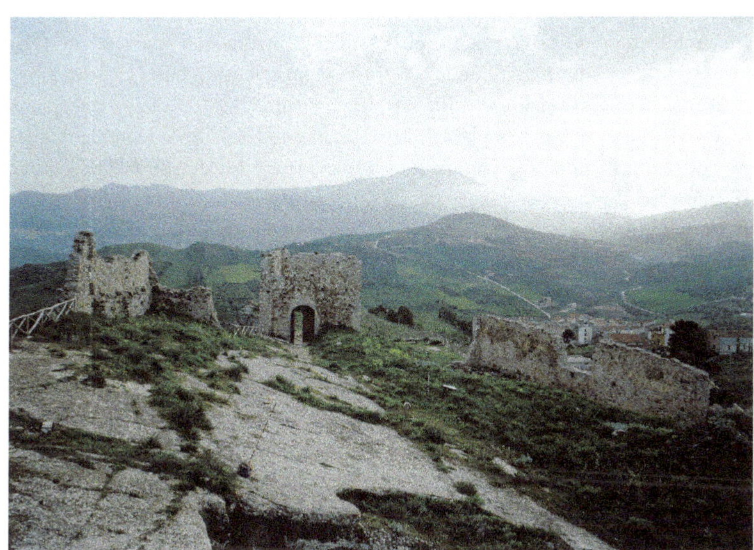

Château, vue panoramique, Cefalà Diana.

territoire compris entre les murs sud et l'Oreto, à l'extinction de la dynastie de Roger II, devint en grande partie propriété des Chiaramonte au début du XIVe siècle, et leur fut confisqué à la fin du même siècle.

Le pèlerin de Valence Ibn Jubayr décrit dans son journal de voyage, entre 1183 et 1185, la situation des musulmans dans l'île désormais reconquise à la chrétienté. Il décrit l'état de servitude des musulmans restés à Messine et de ceux qui vivent isolés dans des fermes, dans le reste de l'île; c'est seulement dans la capitale du royaume, Palerme (appelée al-Madina par les musulmans, Balarmu par les chrétiens) que les musulmans vivent à l'intérieur des faubourgs et ont leurs propres mosquées et marchés; ils sont également admis à la cour du roi Guillaume II, qui s'en sert comme esclaves et eunuques, mais aussi comme cuisiniers, vizirs et chambellans. Il raconte avec complaisance que le souverain "ressemble aux rois musulmans par l'habitude qu'il a de rester plongé dans les délices de la principauté, et il leur ressemble aussi pour ses ordres législatifs, ses coutumes, la gradation de ses *optimates*, la magnificence de la cour et le luxe des ornements" (Amari, 1977). Mais il recueille aussi, dans la même ville de Messine, la confession amère d'un des pages de la cour royale, obligé de cacher qu'il était de religion musulmane, car il craignait de perdre la vie. Arrivé à Palerme, à laquelle il n'épargne pas le refrain exorcisant ("Que Dieu la rende aux musulmans"), il exprime son émerveillement et son plaisir: "Antique et élégante, splendide et gracieuse... elle exhibe fièrement ses places et ses plaines, qui ne sont qu'un jardin. Spacieuse dans ses ruelles et dans ses rues principales, elle éblouit la vue par la rare beauté de son aspect. Ville magnifique, semblable à Cordoue pour son architecture: ses édifices sont tous en pierre taillée; un fleuve limpide la divise; quatre sources jaillissent sur ses côtés. Le roi y vit tous les plaisirs du monde, et la fit donc capitale de son royaume franc, que Dieu l'extermine !" (Amari, 1854-1868).

Dans la ville, on a l'impression de voir de ses propres yeux la succession des stratifications, la réalité romaine, byzantine, arabe et normande, et l'on est surpris de découvrir, au lieu de la pierre revêtue d'un enduit, les pierres taillées et superposées avec une splendide maîtrise, comme dans la ville de Cordoue; au lieu des ruelles praticables mais tortueuses, un tracé urbain naturellement géométrique et régulier, où la ville ancienne, enfermée et entourée par la nouvelle (et en cela aussi, elle ressemble à Cordoue), possède des palais "qui ressemblent à des châteaux bien fortifiés, d'où s'élèvent de petites loggias, et dont la beauté éblouit le regard" (Amari, 1854-1868).

Sur la route côtière qui rejoint la ville de Palerme, à six kilomètres des premières maisons, il s'arrête au Qasr Sa'd (une localité que Michele Amari reconnaît en 1880 comme étant Cannita, et que Nino Basile identifie comme étant la Favara di San Filippo) habité par une colonie de musulmans et doté d'une mosquée qu'il considère comme une des plus belles du monde, de plan rectangulaire allongé, avec des arcs en ogive, éclairée par quarante lampes en cuivre et en verre, et dotée d'un pavement richement décoré. Le *qasr*, qu'il qualifie de grandiose et qu'il fait remonter à la période musulmane de l'île, est entouré de remparts, fermé par une porte de fer, constitué d'habitations, de maisons et de constructions bien alignées; la mosquée se trouve dans la partie la plus haute, elle est entourée d'une large rue et se trouve près d'un puits d'eau douce; à l'extérieur des remparts s'étend un cimetière musulman. Ibn Jubayr raconte qu'il a également vu en chemin le *qasr* Ja'far (Maredolce), avec sa serre et sa source d'eau douce, et plus près de la mer, la léproserie à côté de l'église San Giovanni.

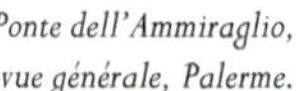

Ponte dell'Ammiraglio, vue générale, Palerme.

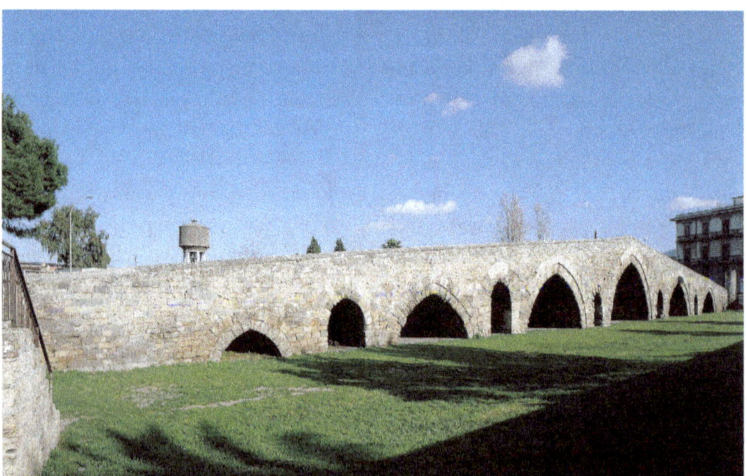

II.1 PALERME

II.1.d Ponte dell'Ammiraglio

Se rendre Piazza G. Cesare, suivre le sens giratoire et prendre la Via P. Balsamo; tourner à droite dans le Corso dei Mille et, une fois traversé le fleuve Oreto, continuer jusqu'à la Piazza Ponte Ammiraglio.

Le pont de l'Amiral, ainsi appelé car il fut construit, durant le deuxième quart du XIIe siècle (selon certains, en 1132), sur ordre de l'amiral Georges d'Antioche au service du roi Roger II, également fondateur de l'église Santa Maria dell'Ammiraglio, est actuellement enterré et enfermé dans un espace clôturé, trois mètres plus bas par rapport au niveau du Corso dei Mille auquel il se rattache. Le pont, qui permettait de franchir l'Oreto, fut construit à proximité de la Porta di Termini. Il présente une configuration "en dos d'âne", avec ses rampes caractéristiques qui se font face, et est constitué de sept arches ogivales à sommier enchâssé; sa hauteur décroît du centre aux deux extrémités. Les six piles massives sont dotées d'ouvertures arquées au-dessus du niveau de l'eau, afin de démultiplier la poussée du fleuve au moment des crues. L'ensemble de la structure est réalisé avec des blocs de calcarénite taillés de manière régulière et présente, par sa technologie et sa morphologie, une typologie répandue au Maghreb. Au fil du temps, le cours du fleuve a subi sur ce tronçon, près de l'embouchure, un déplacement notable, et la modification de son lit, si bien qu'en 1838, il fallut construire un nouveau pont, appelé Ponte delle Teste.

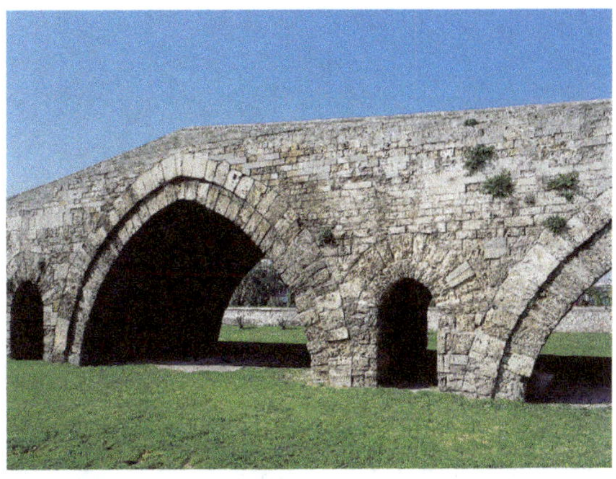

Ponte dell'Ammiraglio, arche centrale, Palerme.

Église San Giovanni dei Lebbrosi, vue de la tour, Palerme.

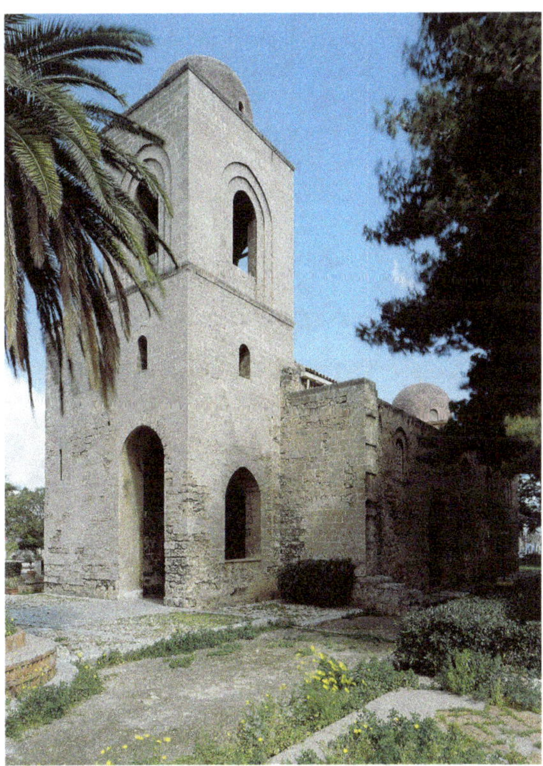

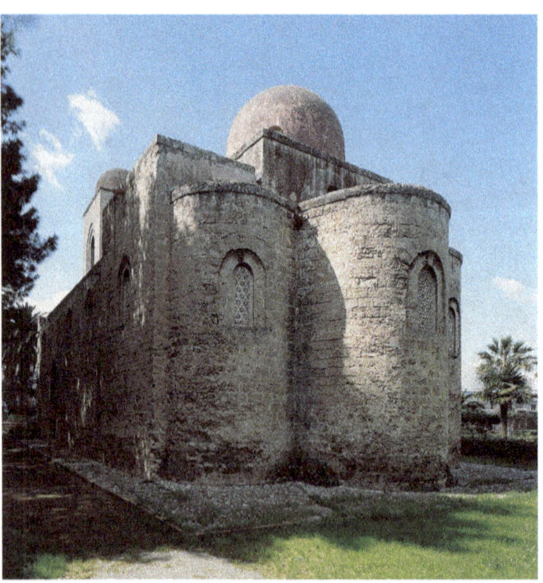

Église San Giovanni dei Lebbrosi, absides, Palerme.

II.1.e Église San Giovanni dei Lebbrosi

Continuer sur le Corso dei Mille jusqu'au croisement avec Via S. Cappello; le monument se trouve au n° 38. Parking devant l'église.
Horaires: jours ouvrables 9:00-11:00/ 16:00-18:30. Visite sur rendez-vous; tél.: 091 475024.

Église San Giovanni dei Lebbrosi, nef centrale, Palerme.

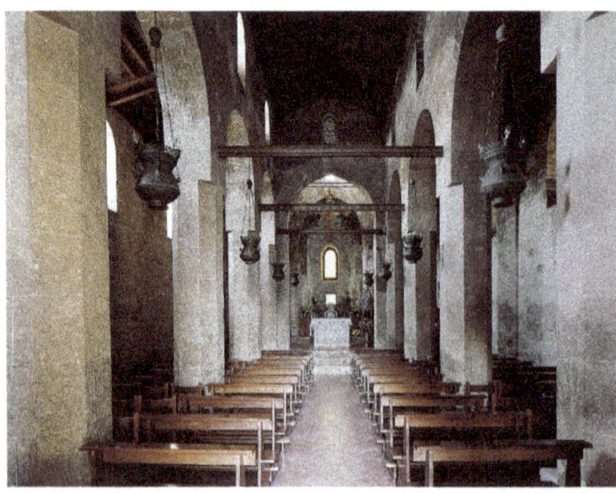

L'église, dédiée à saint Jean-Baptiste, doit son nom à l'hôpital des lépreux qui lui fut annexé beaucoup plus tard. La façade est décalée vers la gauche, à cause de la présence de l'escalier permettant d'accéder au porche-campanile qui marque l'entrée de l'église. Il fut construit en remplacement du porche préexistant, pendant les restaurations dirigées par Francesco Valenti de 1925 à 1930. Les volumes nets de l'église, réalisés avec de petits blocs de tuf montés en rangées régulières, sont à peine articulés par les fenêtres en ogive (à double ressaut) ouvertes sur les côtés et au centre des absides. L'intérieur présente un plan basilical à trois nefs, divisées par trois couples de robustes piliers à section polygonale, sur lesquels s'appuient quatre arcades légèrement en ogive. À l'est, les nefs conduisent vers l'espace tripartite du *presbyterium*, surélevé de trois gradins par rapport au niveau de la basilique, et précédé, du côté de l'*aula*, par une paire de piliers à section cruciforme. Les trois travées du *presbyterium* se terminent par trois absides avec des colonnettes angulaires. Sur la droite, on peut voir le chapiteau d'une colonne d'angle, avec une inscription arabe en caractères coufiques malheureusement indéchiffrables à cause de l'usure. La travée centrale du *presbyterium* est surmontée d'une coupole, raccordée au carré d'imposte grâce à des pendentifs à niches rentrantes. Les absides sont visibles à l'extérieur.

Faute de documents, la datation du premier bâtiment est incertaine. D'après Tommaso Fazello, au XVIe siècle (des historiens d'époques plus récentes sont du même avis que lui) l'église aurait été fondée par Robert

Guiscard et par son frère Roger de Hauteville pendant le siège de Palerme, en 1071, sur le site où se trouvait également un château sarrasin. D'ailleurs, on peut en voir quelques vestiges, essentiellement des pans de murs et les fragments d'un pavement, près de l'église; il était entouré d'une palmeraie, où les Normands installèrent un campement, d'où ils lancèrent l'attaque décisive pour prendre la ville. Il semble toutefois probable que durant l'assaut, les Normands n'aient fait que commencer la construction, achevée une fois la conquête terminée. On en a déduit que pendant l'assaut, Robert Guiscard a commencé la construction de l'église dans une aile du *qasr* préexistant, et l'a fait achever après la conquête (1071), sans doute pour accomplir un vœu, et probablement l'année précédant celle de sa mort, survenue en 1085. L'église offre quelques particularités par rapport aux autres réalisations palermitaines: elle manifeste des affinités avec les premières églises construites par les Normands sur le territoire de Messine, et présente des caractères originaux, comme l'utilisation des piliers dans les nefs. La léproserie aurait été ajoutée entre 1140 et 1150, et Guillaume II en aurait fait rédiger plus tard les statuts.

À l'époque souabe, Frédéric II donna l'église et l'hôpital à l'ordre des chevaliers Teutoniques de la Magione, qui en fut propriétaire jusqu'à la fin du XIVe siècle. Par la suite, l'hôpital fut administré par le Sénat de la ville, alors que l'église était confiée aux soins de l'abbé de la Magione jusqu'au XVIIIe siècle. Aujourd'hui, elle fait partie du Domaine régional.

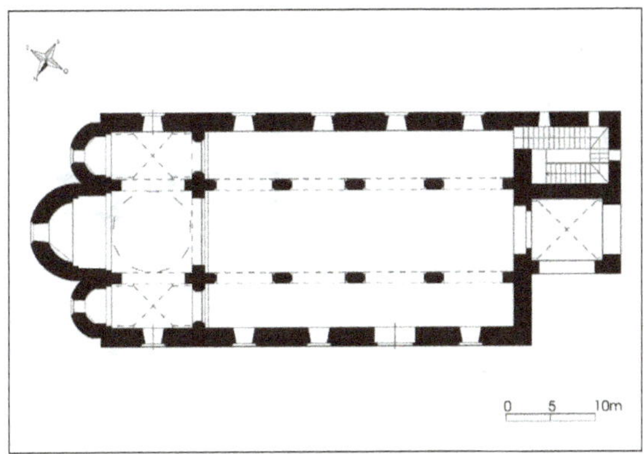

Église San Giovanni dei Lebbrosi, plan, Palerme.

II.1.f Château de la Favara à Maredolce (préexistence arabe)

Reprendre le Corso dei Mille, le suivre sur 2 km, tourner à droite Via Emiro Giafar et, après le n° 62, tourner à gauche Vicolo Castellaccio où est situé le monument. L'entrée est située vicolo Castellaccio, 19 (Brancaccio).
Horaires: du lundi au vendredi, le matin; ainsi que l'après-midi du mercredi.

La demeure de l'émir, devenue *sollazzo* sous les Normands, plus connue sous

Château de la Favara, vue de la façade ouest, Palerme.

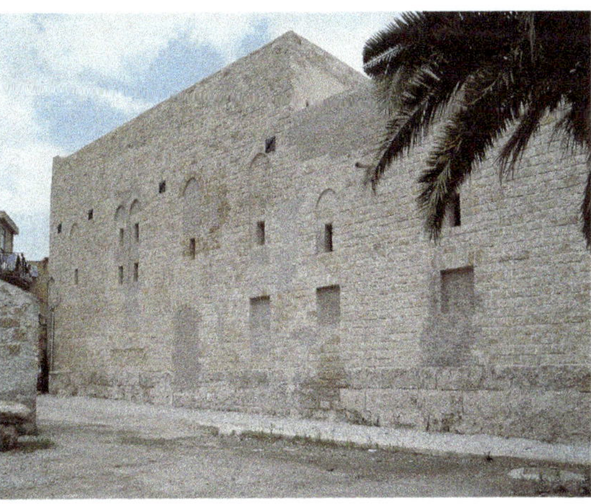

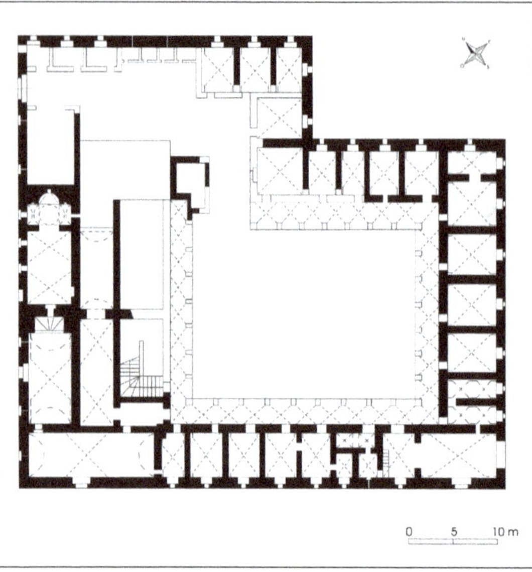

Château de la Favara, plan, Palerme.

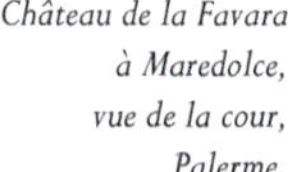

Château de la Favara à Maredolce, vue de la cour, Palerme.

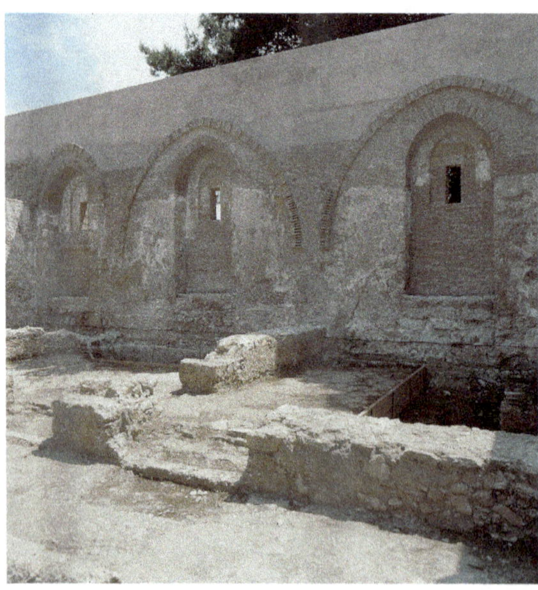

le nom de Castello della Favara, ou de Maredolce, fut construite de 998 à 1019 par l'émir kalbide Ja'far, pendant son gouvernement, en guise de palais suburbain. Située entre les pentes du mont Grifone et le lit de l'Oreto, elle serait tombée en ruine, d'après M. Amari, à la suite de l'attaque subie en 1019 pendant les soulèvements populaires. C'est sous les rois normands, en particulier sous Roger II, promoteur d'une grande campagne de restauration et d'agran-dissement, que l'édifice connut sa plus grande splendeur. L'emplacement et l'organisation du complexe plurent aux nouveaux souverains, qui en conservèrent les caractéristiques les plus significatives. L'édifice primitif, comme celui qui est encore visible aujourd'hui, était entouré sur trois côtés par les eaux d'un lac artificiel, alimenté par la source existant au pied de la montagne, qui jaillissait à travers deux grandes arches ogivales avant d'être canalisée. La façade principale du complexe est la façade nord-ouest, la seule à ne pas être léchée par les eaux et à présenter actuellement le meilleur état de conservation. Dans le complexe, déjà transformé sous Roger II vers 1150, les pièces privées étaient réparties le long des côtés sud, est et ouest. En revanche, les salles d'apparat et les salles destinées à une utilisation commune sont disposées sur le côté nord-ouest. On retrouve une distribution similaire, autour des cours, dans le palais de Roger II à Altofonte, selon l'hypothèse de reconstruction. Le principe de distribution qui régit le *sollazzo* de la Favara a été comparé à celui des *ribats* de l'architecture arabe, véritables monastères fortifiés qui hébergeaient les combattants de la foi musulmane. Ils avaient l'aspect de fortins carrés à tours rondes, angulaires et médianes; une tour plus haute était destinée au guet et à la prière; ils ne possédaient qu'une seule entrée; les logements étaient constitués de petites cellules disposées le long des côtés de l'édifice, sur deux niveaux; la salle de prière se trouvait au niveau supérieur.

Le mot *fawwara* désignait la source d'eau douce qui, par un conduit d'adduction, alimentait le lac; au cours des récents travaux de dégagement du fond du lac, au pied de la digue, on a découvert des canaux d'évacuation de l'eau; l'un d'entre eux présente des caractéristiques de construction attribuables à l'époque musulmane. Le fond du plan d'eau était revêtu d'un enduit hydraulique obtenu en mélangeant de la chaux, du sable du fleuve et des débris de brique – d'où cette couleur rouge si caractéristique –; il n'en reste que quelques traces sur les parois du fond, libéré de la plantation d'agrumes. On a également retrouvé un hypocauste (espace situé sous le pavement, avec des canalisations pour la circulation de l'air chaud) au pied du mont Grifone, ce qui a fait supposer l'existence d'un ancien édifice thermal lié au complexe.

Roger II intervint sur l'édifice en l'agrandissant et en le dotant d'une chapelle chrétienne, peut-être sur l'emplacement même de la mosquée originelle, destinée à l'usage privé de l'émir, et de la dernière demeure des *muezzins* et des précepteurs. Le lac, lui aussi agrandi, comme nous l'apprennent les chroniques de l'époque, fut peuplé de poissons provenant de différentes régions. Le palais devait se développer sur deux niveaux, autour d'une vaste cour en "L", avec des portiques couverts de voûtes d'arêtes. On ne dispose pas encore d'informations concernant d'éventuels vestiges de murs ou d'éléments isolés d'époque musulmane; mais ce qui est certain, c'est que le lac est l'œuvre de l'émir, et que c'est Roger II qui le fit l'agrandir en faisant construire une digue afin de retenir les eaux.

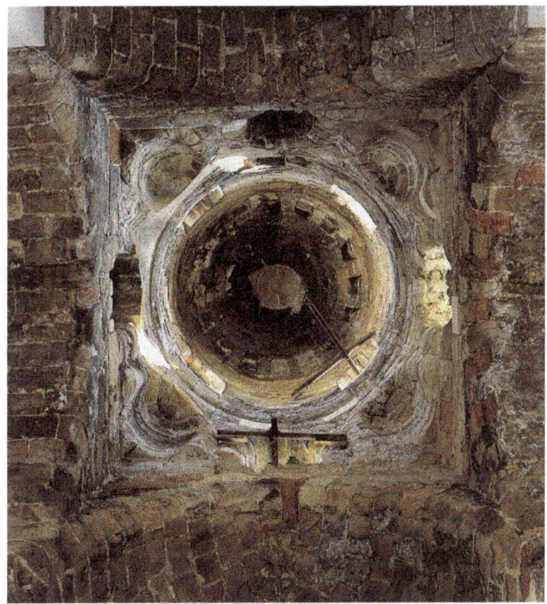

Château de la Favara à Maredolce, coupole de la chapelle, Palerme.

La façade principale, qui correspond aux salles d'apparat et aux pièces communes, est celle du nord-ouest. Elle comporte plusieurs passages, qui permettaient l'accès au vestibule de la chapelle, lisible sur la façade grâce à l'accentuation du rythme des arcades aveugles. L'angle sud-ouest laisse supposer la présence d'une grande arche donnant sur le lac artificiel, utilisée pour l'abordage des embarcations légères qui traversaient le lac. Les façades sont rythmées par une série d'arcs à ressauts, avec des fenêtres disposées li-

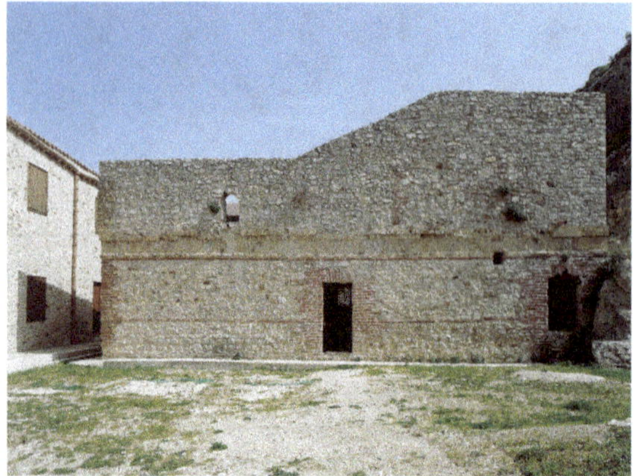

Hammam, façade ouest, Cefalà Diana.

Hammam, salle aux vasques, Cefalà Diana.

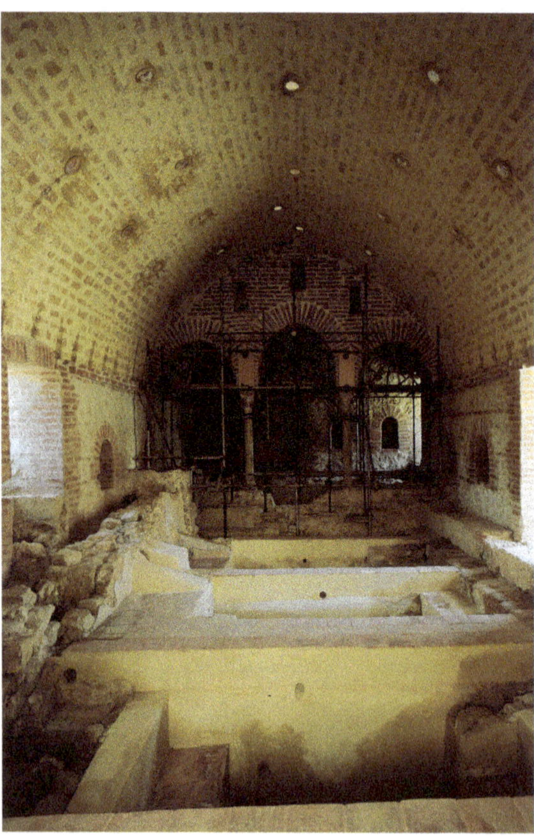

brement; certains ont été retrouvés au cours des travaux de restauration. Les pièces privées sont disposées le long des autres côtés.

La chapelle, dédiée à saint Philippe et à saint Jacques, est à *aula*, avec deux travées surmontées d'une voûte sur croisée d'ogives; le petit transept se termine par trois absides. La travée centrale est surmontée d'une petite coupole, placée sur un haut tambour raccordé à la nef par des niches angulaires. L'Aula Regia est de plan rectangulaire, divisée en trois travées; sur le petit côté reste encore une niche, couverte d'une voûte à cordons de stuc. Au centre du lac s'élevait un îlot artificiel de forme irrégulière, planté d'agrumes. Le lac fut doté par Roger II d'une digue de rétention des eaux construite en aval, en utilisant la terre enlevée lors du creusement, et retenue par un mur fait de gros blocs bien taillés sur lesquels on a retrouvé des signes gravés par des maîtres tailleurs de pierre. Des cloisons murales, d'une hauteur décroissante, subdivisaient le fond du lac en un système de vasques qui permettaient l'écoulement de l'eau à travers une arche, dans la paroi située au nord.

Après l'extinction de la dynastie normande, le château appartint au domaine des vice-rois, jusqu'en 1328, date à laquelle Frédéric II d'Aragon le céda à l'ordre des chevaliers Teutoniques de la Magione, qui en firent une forteresse. Vers la fin du XVe siècle, le *sollazzo* fut donné à des propriétaires privés, qui en exploitèrent longtemps la plantation d'agrumes aménagée dans le fond du lac. Acheté par le Domaine régional, il est aujourd'hui en cours de restauration.

II.2 CEFALÀ DIANA

II.2.a Hammam

Suivre les indications pour rejoindre l'autoroute Palerme-Catane; à la sortie Villabate, emprunter la SS 121, en direction d'Agrigente, jusqu'à la sortie Baucina-Cefalà Diana; continuer jusqu'à la bifurcation, suivre les indications pour Villafrati et, à l'embranchement suivant, prendre la direction de Palerme; au bout d'1 km, tourner à droite pour arriver au monument. Horaires: 9:00-13:00 tous les jours (sauf le lundi).

Sans doute issu du réaménagement d'une construction romaine analogue, le *hammam* est construit sur une petite colline qui descend en pente douce vers la vallée du fleuve Cefalà, mais se trouve presque caché à la vue par les modestes bâtiments qui l'entourent sur trois côtés; G. Lo Jacono a supposé qu'il aurait pu servir d'auberge-hôpital. Dans son ensemble, la disposition des édifices de ce complexe rappelle la typologie des fermes présentes dans la campagne sicilienne, mais elle renvoie aussi au thème de l'enclos, noyau générateur de nombreuses architectures islamiques.

Le bain à proprement parler est constitué d'une salle unique, de forme rectangulaire, qui s'articule en deux espaces distincts; l'un, plus étendu en longueur, est divisé transversalement en trois vasques de taille décroissante par quatre cloisons en forme de siège; l'autre, contigu, est situé près de la source, et ne comporte qu'une seule vasque. Les deux espaces sont divisés par une vaste transenne à trois arcs ogivaux reposant sur des colonnes, une sorte de *tribelon* laïque. Les colonnes, une variante de l'ordre corinthien, présentent une base attique et des chapiteaux de terre cuite en forme de calice avec deux ordres de feuilles enveloppant une décoration d'oves et de gousses. La forme élancée des arcades est accentuée par l'insertion d'un coussinet de briques. Les arcs aussi sont en briques et soutiennent un ouvrage en maçonnerie du même type, dont le rôle est de contenir la voûte, effondrée et restaurée au XVe siècle en

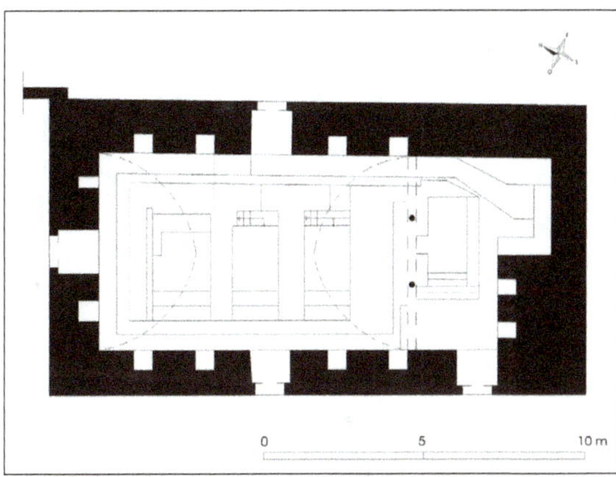

Hammam, plan, Cefalà Diana.

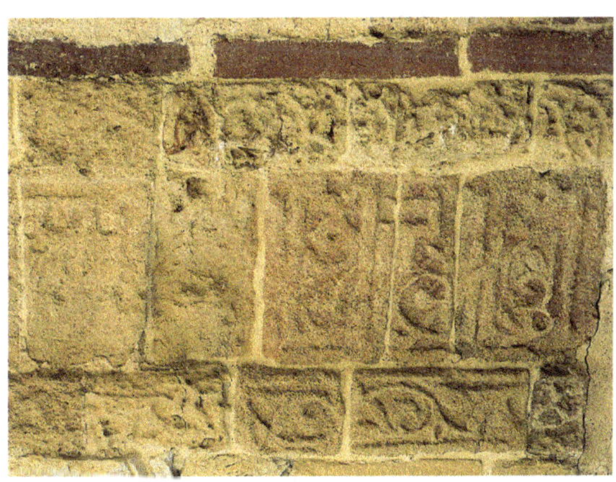

Hammam, façade ouest, frise à inscription coufique, Cefalà Diana.

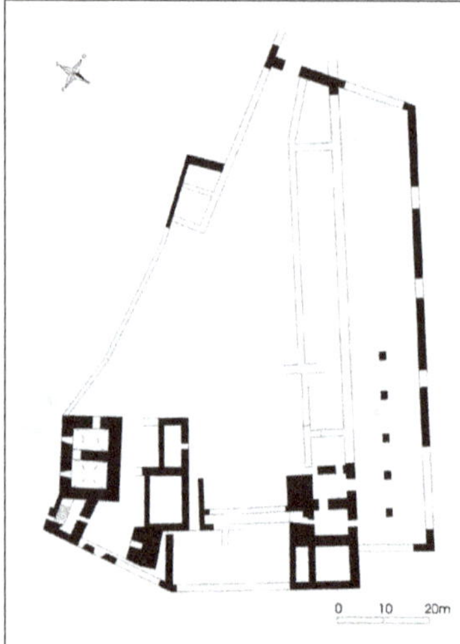

Château, plan, Cefalà Diana.

même temps que les arcades. Trois petites fenêtres rectangulaires, très allongées, s'ouvrent dans le mur, au-dessus des arcs; une voûte en berceau brisé, de grandes dimensions et dotée de conduits de ventilation, couvre l'ensemble. L'édifice se présente comme un volume clos et bloqué; les parois extérieures comportent un seul élément décoratif: un bandeau constitué d'une bande centrale en pierres calcaires, portant une inscription en caractères coufiques, très abîmée, encadrée par deux bandes plus étroites. Celles-ci sont réalisées en briques de grand format, également visibles à d'autres endroits de la construction (il s'agit peut-être de briques d'époque romaine, réemployées dans la construction pré-normande). Le réseau de canalisations souterraines, qui assurait le remplissage et le vidage des vasques, est encore partiellement lisible dans les zones avoisinantes.

En ce qui concerne la date de construction, les avis sont encore partagés, d'autant que dans le *Livre de Roger*, le géographe al-Idrisi, qui acheva son ouvrage peu de temps avant la mort du souverain normand (1154), signale la présence de onze bains thermaux dans de grandes et petites agglomérations siciliennes, mais ne mentionne jamais Cefalà Diana. Un chercheur a récemment proposé d'établir une distinction chronologique entre les différentes parties de la construction; il attribue les murs d'enceinte nord, ouest et est à l'époque hellénistico-romaine (entre 50 av. J.-C. et 50 ap. J.-C.), les deux colonnes soutenant le *tribelon* à l'époque arabe, le bandeau épigraphique à la période normande, après la mort de Guillaume Ier, en 1166 (Ryolo, 1971). Une dernière datation l'attribue entièrement à la période la plus tardive du royaume normand (Di Stefano, 1955), revendiquant de nombreuses analogies avec le langage propre aux architectures du règne de Guillaume II.

La réserve de Pizzo Chiarastella
Dans les environs des bains se trouve la réserve naturelle de Pizzo Chiarastella. La végétation présente, limitée aux pentes est de la montagne, est constituée d'espèces caractéristiques du maquis méditerranéen. Le relief de Pizzo est particulièrement important, y compris parce qu'il constitue l'une des zones d'alimentation du circuit hydrogéologique qui conflue aux bains. C'est à la sauvegarde des nombreuses sources d'eau chaude, qui jaillissent à différentes températures dans les roches carbonatées, qu'est destinée la réserve, qui tire également son nom de l'édifice thermal. La réserve est gérée par la Provincia Regionale de Palerme.

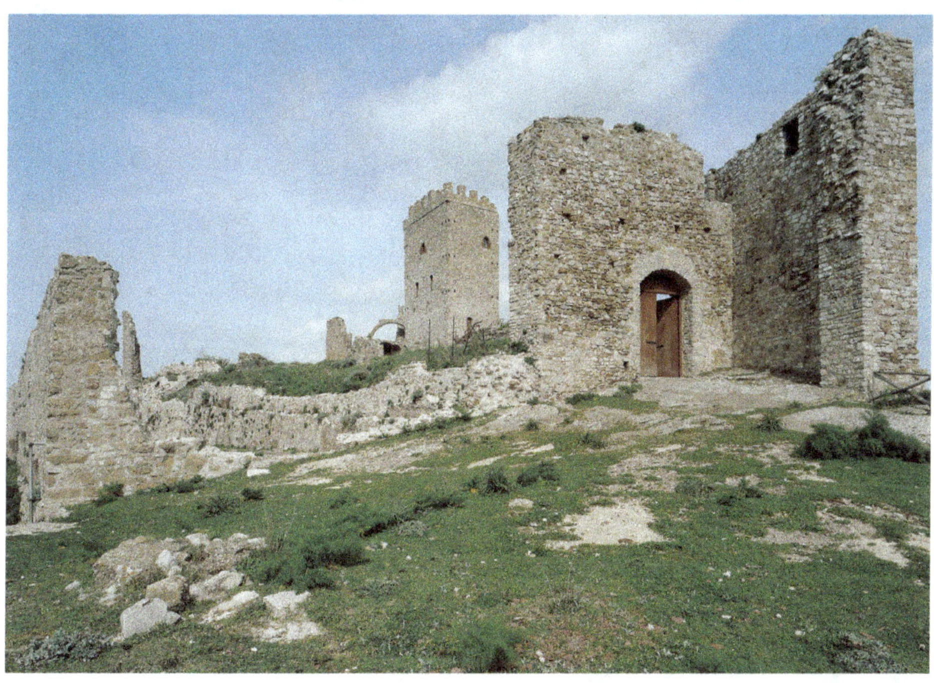

Château, vue de l'entrée ouest, Cefalà Diana.

II.2.b **Château**

À l'embranchement, prendre la SS 77 en direction de Cefalà Diana; après 1 km, suivre les indications pour le château.
Horaires: jours ouvrables 9:00-13:00; jours fériés 16:00-19:00. Visite sur rendez-vous pour les groupes; tél.: 091 8201184/8291546.

On n'a pas de certitudes en ce qui concerne la date de construction, mais certains chercheurs supposent que le château remonte à 1121. Le pavement de la cour principale, comprise entre l'enceinte extérieure et le mur surplombant la paroi, est constitué par la pierre nue du relief rocheux, un dallage naturel en forte pente, de forme trapézoïdale et irrégulière. Dans la partie la plus saillante du rocher se dresse le *mastio*, une grosse tour de plan rectangulaire. Une série de petites pièces, couvertes de voûtes en berceau, dominent la seconde enceinte; leurs ouvertures donnent sur la cour, entre les deux murailles.

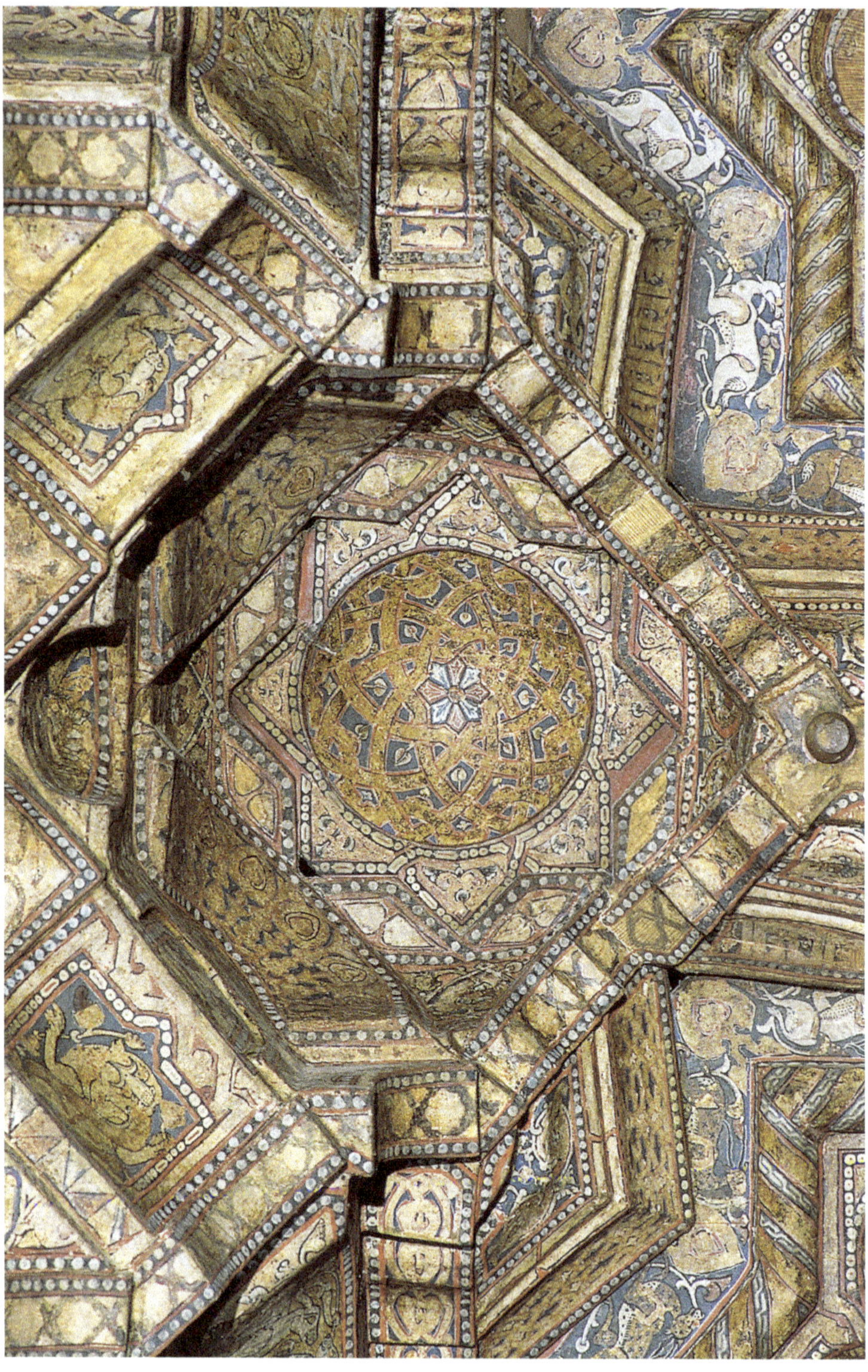

Art de cour à l'époque normande: l'architecture institutionnelle

Comité scientifique

III.1 PALERME

- III.1.a Palais royal (palais des Normands)
- III.1.b Chapelle Palatine

Arabes, Grecs et Latins de Sicile. Sources documentaires d'époque normande et souabe

- III.1.c Porta Mazara
- III.1.d Cathédrale
- III.1 e Porta della Vittoria (option)

III.2 MONREALE

- III.2.a Cathédrale (Santa Maria la Nuova)
- III.2.b Cloître
- III.2.c Couvent du complexe épiscopal

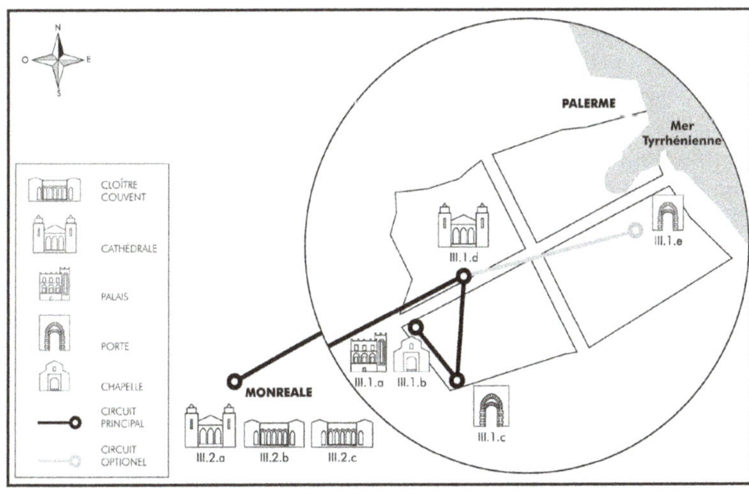

Chapelle Palatine, détail du plafond de bois peint de la nef centrale, Palais royal, Palerme.

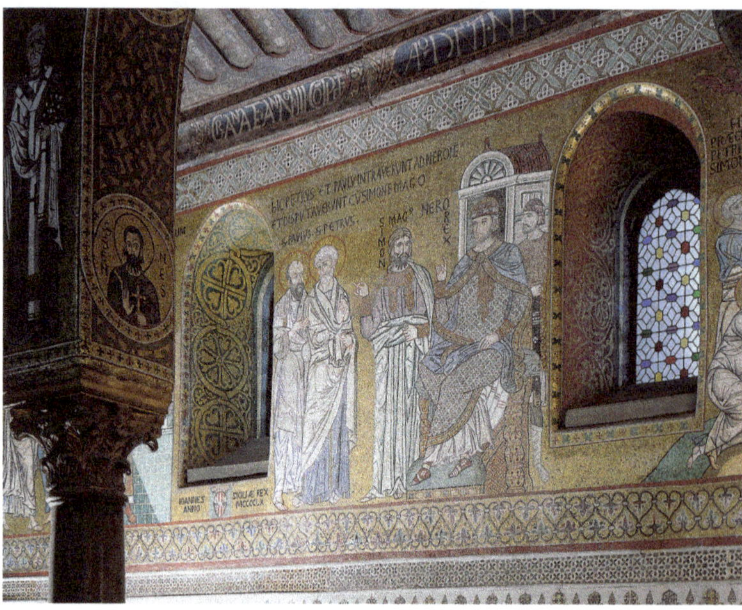

Chapelle Palatine, détail du revêtement mural en mosaïque, Palais royal, Palerme.

La lecture des grandes œuvres d'époque normande réalisées en Sicile entre le XIe et le XIIe siècle est extrêmement complexe. L'introduction de composantes de l'art arabe, à l'époque de l'islamisation forcée de la Sicile (comprise entre l'occupation systématique de l'île, à partir de 827, et son abandon progressif à partir de 1061 à cause des guerres contre les Chrétiens), a été précédée d'une longue période d'échanges – et de heurts – avec les cultures des populations autochtones; d'autre part, dans le domaine de l'architecture, l'art islamique, qui se prévalait à ce moment-là d'influences gréco-romaines et perses, avait trouvé une forte présence byzantine, avec des traces significatives de l'Antiquité tardive.

Toutefois, il est impossible de formuler un jugement global sur les caractères particuliers de l'architecture et des arts citadins, entre le VIe et le XIe siècle, à cause des destructions ou des transformations massives subies dès le Moyen Âge par les monuments d'époque byzantine. Quoi qu'il en soit, les connaissances actuelles incitent à une évaluation plus prudente, dans l'architecture palermitaine de la fin du Moyen Âge, en ce qui concerne l'apport des émirats islamiques; en revanche, l'apport artistique du monde arabe sera encouragé par les Normands, tout comme la composante byzantine, après la période du comté et dans le cadre, plus spécifique, des arts décoratifs et de l'industrie artistique.

Après une persistance initiale de l'agencement et des techniques artistiques dans les aires culturelles d'origine, la dynastie normande, ainsi que les hauts dignitaires siculo-grecs du nouveau royaume de Sicile, encouragent le développement artistique, scientifique et culturel amorcé dans l'île (à partir de 969) par les Fatimides, permettant ainsi le grand développement artistique de cette période, caractérisé par la déclinaison siculo-normande autonome d'une *koinè* islamique désormais parvenue à maturité.

Les œuvres les plus importantes et les plus achevées sur le plan architectural sont celles qui témoignent de la "politique de l'image" poursuivie par les rois normands, surtout par Roger II, Guillaume Ier et Guillaume II et par des personnalités importantes du royaume, comme l'archevêque Gautier Offamilio. Les édifices, dont le caractère monumental tient à la perfection de la construction et à la richesse décorative, sont localisés à Palerme, siège de la couronne royale, autour de l'ancienne Galca et dans le territoire qui s'étendait autour de celle-ci; à côté des œuvres les plus représentatives, comme la chapelle Palatine, la chambre du roi Roger, les salles autrefois décorées de la tour pisane et la cathédrale, s'élèvent, dans les alentours, des églises moins majestueuses, mais liées à l'univers de la cour, comme San Giovanni degli Eremiti et, sans doute, Santa Maria Maddalena. Avec la cathédrale de Monreale et celle de Cefalù, ces édifices constituent un ensemble achevé et représentatif de l'art institutionnel pendant la période normande: ils témoignent, sur une durée de soixante ans, de la formation et de l'épanouissement d'un véritable "art royal", où s'affirment une originalité déclarée et une grande qualité artistique.

Dans l'architecture religieuse, après les premiers mariages entre composantes romanes, byzantines et islamiques, le cycle des œuvres de la couronne royale aboutit à des formes novatrices et originales, où les différentes composantes se rencontrent harmonieusement dans une architecture animée par le principe d'une *renovatio imperii*. Avec Roger II, en l'espace de quelques années, on passe de l'austérité romane de la chapelle de l'Incoronata (1129) au majestueux art combinatoire issu de la synthèse entre les schémas basilicaux paléochrétiens occidentaux et les modèles orientaux, à plan centré, dans la chapelle Palatine, ou à l'agrégation évidente de modules architecturaux accomplis, comme à San Giovanni degli Eremiti.

En 1148, l'arrivée en Sicile d'artisans grecs venus de Thèbes, d'Athènes et de Corinthe dans le sillage des armées de Roger II, après la conquête des côtes balkaniques, modifie la réalisation iconographique des mosaïques exécutées ultérieurement: au monde grec et latin des mosaïques figuratives (sacrées) se mêle l'art musulman dans l'appareil décoratif, constitué de pavements somptueux et de parois entièrement dotées de revêtements. Aux côtés des artisans grecs travaillent des musulmans, sous une surveillance royale attentive. Au milieu de l'appareil décoratif accompagnant la figure humaine s'introduisent

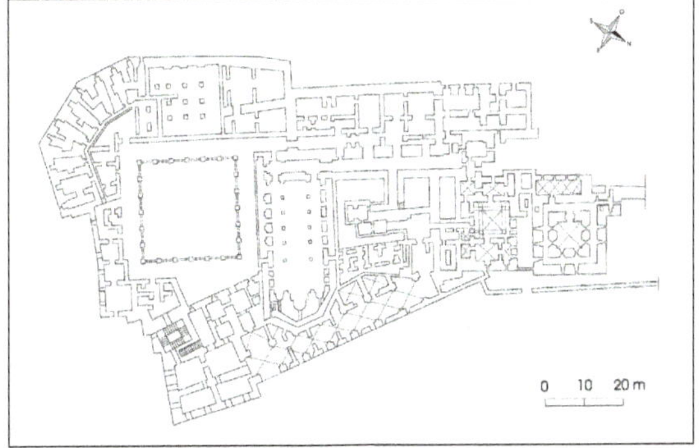

Palais royal, planimétrie générale du complexe, Palerme.

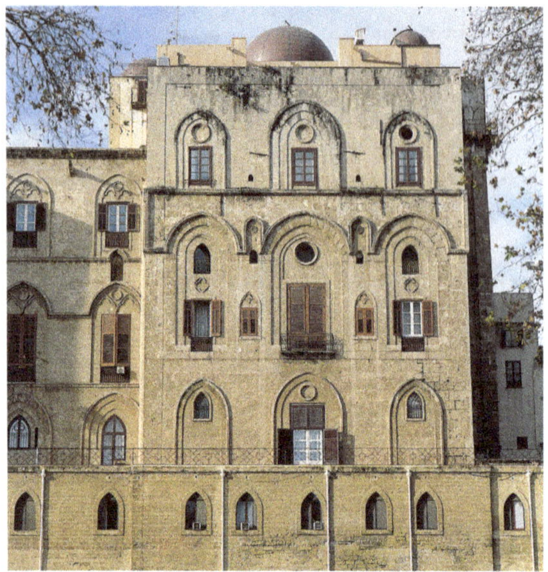

Palais royal, façade orientale de la tour pisane, Palerme.

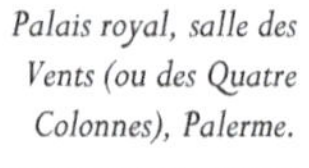

Palais royal, salle des Vents (ou des Quatre Colonnes), Palerme.

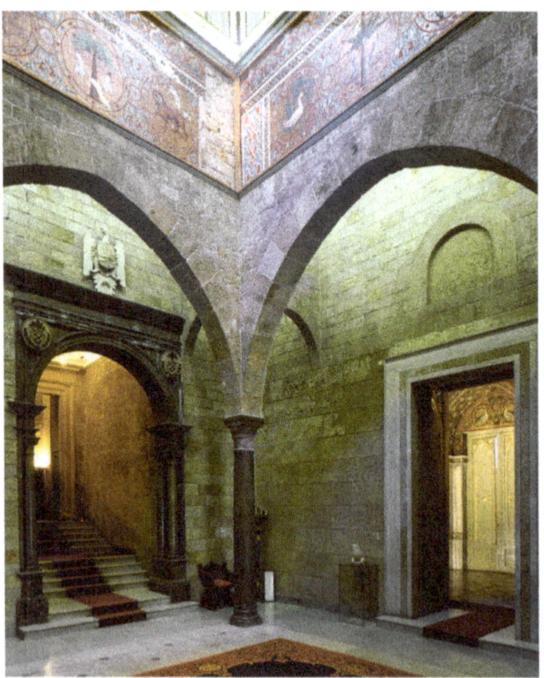

des images symboliques de la faune et de la flore, provenant des traditions orientales et apprises par les musulmans lors de la conquête de la Perse (le combat entre deux animaux, l'arbre de vie, etc.), ainsi que des festons et des ornements à motifs végétaux.

La rencontre de civilisations différentes – fatimide dans l'architecture, byzantine dans la décoration de mosaïques –, la fusion du plan longitudinal latin et du plan centré byzantin font de la chapelle Palatine l'exemple le plus complet de l'éclectisme stylistique sicilien du XIIe siècle (Di Stefano, 1955).

III.1 PALERME

III.1.a Palais royal (palais des Normands)

L'entrée se trouve Piazza Indipendenza. Horaires: lundi, vendredi et samedi 9:00-12:00; mardi, jeudi et dimanche: entrée réservée aux groupes (minimum dix personnes). Pour visiter la salle d'Ercole, il faut demander une autorisation au préalable.

L'origine la plus ancienne de l'installation est attestée par les vestiges d'une structure fortifiée avec une porte d'entrée donnant accès à la ville, que l'on peut dater entre le VIe et le Ve siècle av. J.-C. Entre la période romaine et la période arabe, la forteresse est agrandie et rendue plus apte à résister aux assauts. Durant la seconde moitié du XIe siècle, Robert Guiscard et le comte Roger modifient la vieille forteresse arabe, la rendant plus solide et plus sûre, et y installent leur résidence. Les Arabes l'avaient déjà fortifiée et utilisée comme siège administratif (831-1072), intervenant sur les préexistences byzantines et punico-romaines. Robert Guiscard, d'après les affirmations de certains textes d'époque, entre autres le *Livre de Roger* d'al-Idrisi (1154) et les écrits de Romualdo Salernitano, fit ériger la Torre Rossa, tournée vers la ville. Roger II ordonna les travaux d'embellissement et d'extension afin d'utiliser le palais comme demeure royale; il fit construire la chapelle Palatine, plusieurs salles et trois tours: la tour grecque au sud, la tour pisane au nord (avec la salle fortifiée du trésor) et la tour Gioaria, contiguë à la tour pisane. Guillaume II poursuit l'œuvre de son père Roger en faisant ériger une autre tour, la tour Chirimbi, peut-être achevée par son fils Guillaume II. En revanche, c'est aux années écoulées entre le règne de Guillaume Ier et celui de Guillaume II que remontent les mosaïques de la "chambre de Roger". Après 1250 (avec la mort de Frédéric II de Souabe), l'ensemble devient exclusivement siège du commandement militaire, alors que pendant le règne du vice-roi, la cour est transférée dans le palais de la famille Chiaramonte, Piazza Marina. À partir de la seconde moitié du XVIe siècle, le palais subit des transformations importantes et des ajouts.

Les parties de l'ensemble qui appartiennent sûrement à la période normande sont aujourd'hui identifiées dans les éléments suivants: la chapelle Palatine et sa crypte; le corps des prisons politiques (réalisées à l'intérieur de la fortification méridionale du palais); les tours Gioaria et pisane, contiguës et situées à l'extrémité nord de l'ensemble. Ont disparu: la tour rouge, la tour grecque (dont on voit aujourd'hui une reconstruction datant de la Renaissance), la tour Chirimbi (démolie en 1571). À l'intérieur du palais se trouvait aussi le Tiraz, l'atelier où l'on travaillait la soie, implanté par les Arabes et dans lequel fut magistralement réalisé le manteau de couronnement du roi Roger (daté 1133-1134).

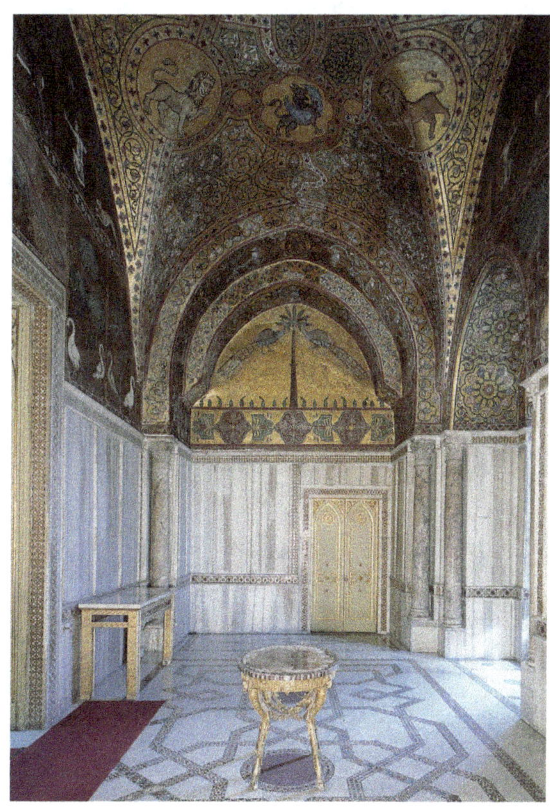

Palais royal, chambre de Roger, Palerme.

La façade principale du palais présente au sud le développement, long et régulier, du corps de bâtiment élevé en 1616 par le vice-roi Juan Fernandez Paceco, marquis de Vigliena, avec ses deux portails d'entrée. En 1791, au sommet de la tour, fut installé l'ob-

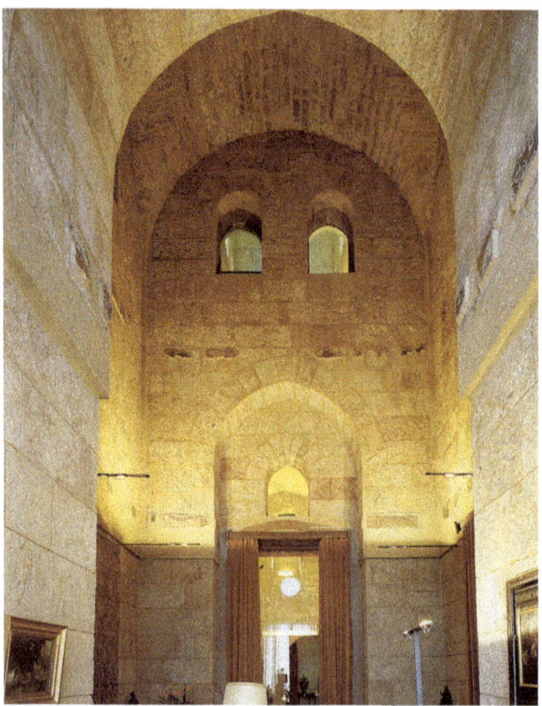

Palais royal, annexes de la salle principale de la tour pisane, Palerme.

servatoire astronomique universitaire fondé par Giuseppe Piazzi.
En traversant les salles des Vice-Rois et de la Prière, on arrive à la salle des Vents et à la "chambre de Roger", toutes deux à l'intérieur de la tour Gioaria. La salle des Vents ou des Quatre Colonnes a subi une profonde transformation dans son système de couverture, aujourd'hui constituée d'une pyramide en bois peinte dans l'intrados de 1713. Attenante à la salle des Vents, sur le côté est, se trouve la salle appelée "chambre du roi Roger", une salle de plan rectangulaire avec des niches sur les petits côtés, couverte d'une voûte d'arêtes, qui offre une décoration murale caractéristique de l'architecture civile normande. Au-dessus d'une plinthe en marbre se déploie une riche décoration de mosaïques, datée de la régence de Guillaume Ier (vers 1170), qui recouvre les parois, les lunettes, les intrados, la voûte d'arêtes. Des léopards, des lions, des cerfs, des paons, des centaures, des archers se font face symétriquement, au milieu d'arbres fruitiers et de palmiers dans les grandes lunettes; des branches, des feuilles et des fleurs constituent la décoration de la voûte, uniquement interrompue par des bandes géométriques aux croisements, et par des médaillons ornés de lions et de griffons. Au centre de la composition domine l'aigle souabe, inscrit à l'intérieur d'un octogone; dans la clef des arcs mineurs apparaît l'aigle à deux têtes. L'ensemble de l'appareil décoratif se déploie sur un fond unique de tesselles à feuille d'or. Toujours dans la tour Gioaria, sous la salle des Vents se trouve la salle des Hommes d'armes. La salle principale (au premier étage) de la tour pisane (qui ne se visite pas) est aujourd'hui destinée aux audiences du président de l'Assemblée régionale de Sicile. Elle se compose d'une salle de plan carré surmontée d'une voûte d'arêtes, au centre de la tour et dotée d'un passage couvert avec des portions de voûte en berceau brisé, qui la relie au mur extérieur grâce à une fenêtre percée dans la façade. Quelques fragments de la décoration originelle de mosaïques (d'après certains, des scènes de chasse) confirment le caractère prestigieux de cet espace. À l'étage inférieur se trouve la Sala del Conio ou du Trésor (interdite à la visite) où l'on peut toujours voir quatre grandes jarres, une dans chaque coin, prises dans le pavement. Les travaux de restauration réalisés à partir de

1921-22, quand l'édifice est passé du patrimoine royal au domaine de l'État, et plus tard, au domaine de la Région Sicile, se poursuivent encore actuellement.

III.1.b **Chapelle Palatine**

À l'intérieur du Palais royal.
Horaires: jours ouvrables 9:00-11:45 / 15:00-16:45; jours fériés 9:00-10:00 / 12:00-13:00; fermée le samedi, ainsi que le lundi de Pâques, le 25 avril, le 1er mai et le 25 décembre.

La chapelle Palatine s'élève en position barycentrique, et correspond au deuxième niveau de la cour Maqueda. La volumétrie de l'église, bien identifiable à l'origine, est aujourd'hui difficilement lisible à cause des travaux d'agrandissement du Palais royal, réalisés jusqu'à la fin du XVIIIe siècle.
L'utilisation des oratoires palatins était répandue dès l'époque de Constantin le Grand, et le duc Robert Guiscard lui-même érigea dans le palais la chapelle Sainte-Marie de Jérusalem, la décorant de mosaïques. L'église actuelle, dédiée à saint Pierre martyr, fut commanditée par Roger II tout de suite après son couronnement, donc vers 1131, pour remplacer celle de Guiscard. Dans la coupole, une inscription en mosaïques est datée de 1143, année où la nouvelle chapelle palatine fut consacrée. L'église est flanquée, le long du mur sud, par un portique à arcs brisés sur piédroits, décoré de mosaïques du XIXe siècle, qui ont remplacé celles du XVIe siècle. L'accès à l'*aula* se fait par un *pronaos* rectangulaire et voûté, restauré entre 1930 et 1935. Cette salle permet aussi d'accéder à la sacristie dans laquelle est conservé le trésor, consistant en témoignages précieux (*tabularia*) et en objets liturgiques; il comporte, entre autres, les deux exemples les plus précieux de coffrets d'ivoire médiévaux conservés en Sicile.
L'ensemble du programme d'agrandissement du Palais royal, voulu par Roger, et qui comportait la création de la chapelle Palatine, se caractérise par une volonté manifeste de renforcement du pouvoir et de propagande en faveur de celui-ci; cette volonté se concré-

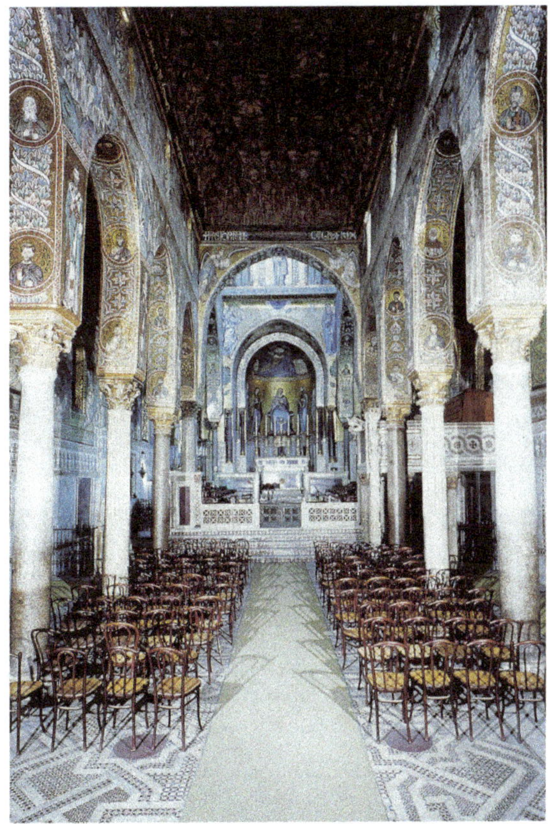

Chapelle Palatine, vue de l'intérieur, Palais royal, Palerme (Publifoto Palerme).

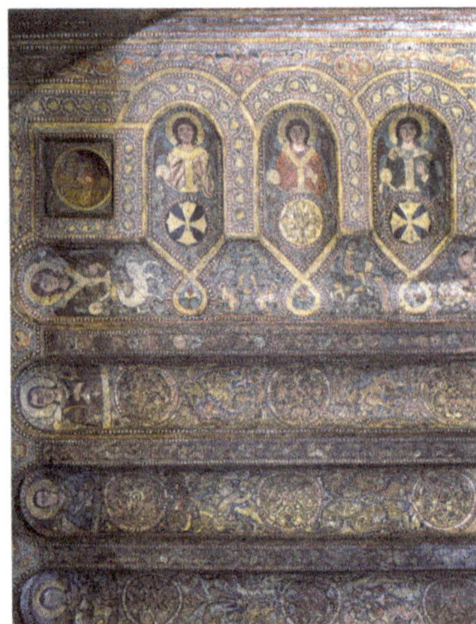

Chapelle Palatine, détail du plafond de bois de la nef latérale, Palais royal, Palerme.

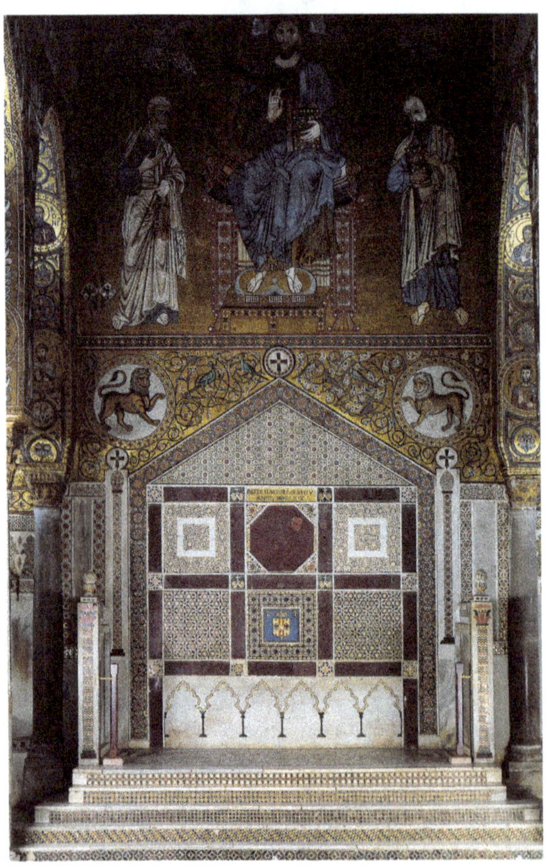

Chapelle Palatine, trône royal, Palais royal, Palerme.

tise par l'utilisation et la valorisation des cultures latine, gréco-byzantine et arabe, déjà présentes. Les souverains normands, en particulier Roger II et Guillaume Ier, firent confluer, dans leurs réalisations architecturales, plusieurs éléments des cultures présentes sur l'île, témoignant ainsi, dans les appareils figuratifs, "d'une orientation précise visant à mettre l'iconographie islamique au service de l'idéologie du pouvoir des Normands" (Ciotta, 1993).

L'architecture de l'église résulte de "la fusion du système basilical et du système à plan centré dans le sanctuaire byzantin" (Lo Faso Pietrasanta, 1838). Du *pronaos*, on accède à l'espace basilical, subdivisé en trois nefs par deux rangées de colonnes de granit égyptien et de cipolin, avec des chapiteaux composites qui soutiennent les arcs brisés. Le corps du *presbyterium* à trois absides est surélevé de cinq marches par rapport au sol des nefs.

Le sanctuaire de la chapelle Palatine laisse apparaître l'espace cubique obtenu par la structure soutenant la coupole hémisphérique, qui repose sur des pendentifs; il est fermé latéralement par des plaques de marbre qui servent de dossier aux stalles du chœur, séparé de la nef centrale par une balustrade.

À l'opposé du sanctuaire, contre la paroi ouest de la nef centrale, se trouve le trône royal, adossé au mur du fond et surélevé de quelques degrés, tout comme le *presbyterium*. Sa position, éloignée du sanctuaire, est insolite car durant les messes, même à l'époque des Normands, le monarque prenait place aux côtés des officiants, entre le *presbyterium* et l'autel. Dans la der-

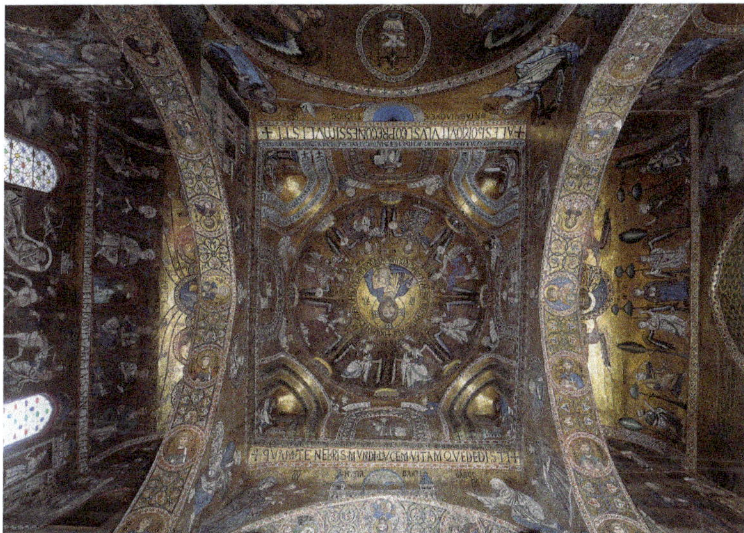

Chapelle Palatine, coupole, Palais royal, Palerme.

nière travée de la nef droite, on trouve un ambon quadrangulaire remontant au XIIe siècle, réalisé en marbre et en porphyre (avec une touche géométrique d'origine byzantine) soutenu par des colonnes (deux d'entre elles comportent, le long des fûts, des ornements en zigzag) à chapiteaux de style classique, ainsi que le candélabre pascal entièrement historié: la base représente quatre lions en train de mordre des hommes et des animaux. Le candélabre se déploie élégamment en hauteur avec des registres superposés, desquels se détache le Christ bénissant, sur fond de motifs végétaux et animaux (à ses pieds est vraisemblablement représenté Roger II, dans une tenue évoquant sa charge de légat apostolique). Les répertoires et les personnages présents sur cette œuvre précieuse portent la marque de l'iconographie imaginaire de l'art roman, même si l'on perçoit les traces d'une nouvelle sensibilité, déjà empreinte de l'esthétique scolastique.

Près de l'ambon s'ouvre l'accès à la "crypte", composée d'une salle carrée à abside, reliée à une autre pièce souterraine par une série de promenoirs; ici fut conservée la dépouille de Guillaume Ier jusqu'à son transfert dans la cathédrale de Monreale.

Dans la chapelle, les nefs latérales sont surmontées de plafonds en bois, sculptés de caissons à *mouqarnas* peints dans lesquels se déploient des scènes figuratives. Cette œuvre constitue le plus vaste répertoire de sujets picturaux que l'art siculo-normand, avec le concours d'artistes musulmans, ait jamais produit en Sicile. Le pavement de l'église, datable entre 1143 et 1149, est réalisé avec des ornements géométriques en mosaïques de pierres dures telles que le porphyre, le serpentin et le granit. Des motifs ornementaux analogues se retrouvent sur la haute plinthe de marbre qui revêt les murs de la chapelle. Sur toute la superficie de la paroi, au-dessus de la plinthe, se déploie le revêtement de mosaïque réalisé en deux phases successives: de 1140 à 1143, sous le règne de Roger II, on exécuta les mosaïques du sanctuaire, comme le rappelle l'inscription qui figure sur le tambour de la coupole; les mosaïques qui revêtent les parois de la nef remontent au règne de Guillaume Ier et peuvent être datées vers 1163.

Les personnages sont disposés hiérarchiquement, du ciel à la terre: dans la coupole, le *Christ Pantocrator*, représenté selon la typologie fixée dès l'époque byzantine, s'élève au-dessus des quatre archanges; dans le tambour octogonal, entre les trompes, à l'intérieur desquelles figurent les quatre Évangélistes, nous trouvons les prophètes et les rois de l'Ancien Testament; dans la cuvette de l'abside principale se trouve un autre *Christ Pantocrator*, tenant un livre ouvert. L'histoire terrestre est racontée à travers le cycle qui débute dans l'arc triomphal, avec l'*Annonciation* et la *Présentation au Temple*, pour se poursuivre dans l'abside droite du transept avec la *Nativité*, le *Voyage et l'Adoration des Mages*; elle se raccorde, enfin, aux trois bandes superposées qui se déploient le long des murs du transept. Le registre supérieur comporte le *Songe de Joseph* et la *Fuite en Égypte*; le registre médian le *Baptême du Christ*, la *Transfiguration* et la *Résurrection de Lazare*; le registre inférieur, entre saint Paul et saint André, représente l'*Entrée du Christ à Jérusalem*, qui fait sans doute référence à l'entrée des Normands en Sicile. Sur la paroi nord du sanctuaire (dont la loggia, aujourd'hui remplacée par une fenêtre, permettait à la famille royale d'assister aux cérémonies religieuses) est représentée l'image de la *Madone Hodigitria*; la paroi opposée montre les quatre saints guerriers tournés vers la loggia et accompagnés de saint Nicolas, patron du royaume normand. Dans la nef centrale sont racontés, sur deux registres superposés, la *Genèse* et l'*Ancien Testament*, qui commence sur le côté gauche de l'arc triomphal, se déploie le long du *clerestoire* avec le cycle de la *Création* et se poursuit avec d'autres récits ornant les pendentifs des arcs. Au-dessus de chaque chapiteau figurent des évêques et des saints. Dans les nefs latérales, une séquence unique décrit les *Histoires des saints Pierre et Paul*, et des épisodes tirés des *Actes des Apôtres*.

Le récit de l'investiture du pouvoir terrestre et apostolique des rois normands est évoqué sur la paroi ouest de l'église; il est illustré de manière significative, au-dessus du trône royal, par la mosaïque de la *Remise des Tables de la Loi*. Le mur est divisé, sur toute sa longueur, en deux espaces superposés: la partie supérieure comporte un *Christ en majesté*, avec les apôtres Pierre et Paul, la partie inférieure représente la façade d'une église, avec des paons et des lions.

ARABES, GRECS ET LATINS DE SICILE. SOURCES DOCUMENTAIRES D'ÉPOQUE NORMANDE ET SOUABE

Eliana Calandra

Urbs felix populo dotata trilingui: *c'est ainsi qu'est définie Palerme dans la Lamentatio* pour la mort de Guillaume Ier rapportée dans un manuscrit du XIIe siècle, le *Liber ad honorem Augusti* de Pietro da Eboli.

Ville pluriethnique, dans laquelle se rencontrent et s'harmonisent des langues, des coutumes, des religions et des cultures différentes, produit de l'alternance des dynasties régnantes et du rôle complexe joué par l'île dans le cadre européen et méditerranéen, la Palerme du XIIe siècle se reflète dans la documentation de la chancellerie, qui est parvenue jusqu'à nous.

Née de la période comtale, la chancellerie est le bureau dans lequel sont rédigés, authentifiés et promulgués les actes produits par le souverain dans l'exercice de sa fonction gouvernementale.

À la tête de celle-ci, on trouve le grand chancelier, auquel est confiée la garde du sceau royal; il est aidé du vice-chancelier, du *protonotaro* (chef des notaires grecs), du *scriniario* ou archiviste, du *logoteta* (chef du protocole et secrétaire du roi), du maître notaire et de plusieurs notaires, en nombre variable.

Comme on le sait, la chancellerie normande, instrument d'un État centralisé et bureaucratique, exprime, dans ses trois sections distinctes, les trois "âmes" de la culture sicilienne: arabe, grecque et latine.

À l'intérieur de celle-ci, notaires et juges, qui ont reçu une formation culturelle grecque, travaillent avec les "Latins" et avec des scribes et des techniciens musulmans qui, forts de l'expérience acquise sous l'administration précédente, continuent à œuvrer pour les rois normands.

Parfois, des cultures différentes cohabitent harmonieusement chez la même personne. C'est le cas, par exemple, du célèbre amiral ou archonte (c'est-à-dire le chef d'un grand ministère administratif et financier appelé *dohana*) Georges d'Antioche: il avait reçu une formation culturelle latino-byzantine, mais était arabe par la langue et grec par la religion.

Les *tabularia* de l'époque – les collections de parchemins – sont nombreux. Ils constituent une documentation précieuse, le plus souvent éditée sous forme de transcriptions intégrales ou de regestes. À Palerme, plus de six mille parchemins constituent le Fonds diplomatique des archives d'État. Il s'agit de documents royaux ou pontificaux émanant de la chancellerie et provenant en grande partie des archives des corporations religieuses supprimées, en particulier dans le diocèse de Messine, mais aussi des communes ou des archives aristocratiques.

Citons le parchemin de l'année 565 de l'Hégire (1187-88), provenant du *tabularium* de Cefalù, qui présente la particularité d'être rédigé en hébreu-arabe (un arabe dialectal maghrébin enrichi de termes hébreux, langue utilisée par les juifs siciliens jusqu'au XVe siècle) dans lequel l'université des juifs de Syracuse obtient de l'évêque de Cefalù un terrain de quatre cannes d'étendue, qui servira à agrandir le cimetière juif de Syracuse, contre paiement, à l'église Santa Lucia de Cefalù, d'un *cafiso* d'huile.

Une autre source documentaire importante, d'époque normande et souabe, est conservée dans le *tabularium* de la chapelle Palatine.

De Roger Ier (1072-1101) à Frédéric II (1198-1250) se succèdent chapitres de confréries, concessions, privilèges ou confirmations de privilèges, mais aussi des contrats privés: plusieurs d'entre eux, rédigés à Palerme, sont en langue arabe: c'est le cas, par exemple, pour l'acte d'acquisition et de vente d'une maison, que le chrétien Gartel (Gautier) achète, pour le compte de l'archevêque de Messine, à 'Ali, fils du fils de 'Abd Allah, épicier, pour 412 ducats. Ce document est également remarquable en raison de son intérêt toponymique, car il cite – pour définir les limites de la propriété – les noms des ruelles et des rues de l'époque.

Dans ces documents, suivant les cas, l'année est calculée à la manière byzantine "à partir de la création du monde", ou selon l'Hégire, ou selon la coutume occidentale, à partir de l'Incarnation. Dans les parchemins bilingues ou trilingues, il arrive que le texte grec comporte des annotations en arabe et en latin, et vice-versa. Et ainsi de suite, en un syncrétisme culturel favorisé par une cour cosmopolite et tolérante.

L'amiral Georges d'Antioche, déjà cité plus haut comme exemple de haut bureaucrate à la culture composite, signe (en grec, se qualifiant "archonte des archontes") l'un des parchemins de la chapelle Palatine; avec l'accord du roi, il attribue l'église Santa Maria in Palermo – la future Martorana –, qu'il avait lui-même fondée, au clergé grec, établissant ainsi sa donation (une terre à Misilmeri avec 10 paysans) et quantifie la "donation" destinée à l'abbesse et aux religieuses.

Le texte s'ouvre sur un éloge d'Allah, puis se poursuit en grec. La liste des paysans est rédigée en grec et en arabe, avec une traduction entre les lignes, puis il utilise de nouveau le grec et enfin l'arabe pour la note d'apposition du sceau et, en guise de clôture, la *hasbala* à Allah ("Allah nous suffit, doux est notre défenseur").

On retrouve d'autres parchemins de la même époque dans le *tabularium* de la cathédrale de Palerme.

Parmi ces derniers, rappelons le parchemin en latin, dans lequel Guillaume II concède à l'archevêque de Palerme, Gautier, et à ses successeurs droit de juridiction sur les adultères, et confère au tribunal ecclésiastique tous les droits à l'égard des clercs, à condition qu'ils ne soient pas en opposition avec la juridiction civile.

Dans le sceau pendant de cire rouge, en forme de mandorle, enfermé dans une châsse en buis, on peut voir Guillaume assis sur un trône, couronné, les pieds reposant sur un tabouret; dans sa main droite, il tient la bannière, dans la gauche le globe surmonté de la croix. La légende dit: "*Willelmus Dei gratia Rex Sicilie Ducatus Apulie et Principatus Capue*."

Pour finir, toujours tiré du *tabularium* de la cathédrale de Palerme, citons le parchemin, lui aussi muni du sceau pendant en cire rouge, daté de janvier 1210, par lequel Frédéric II concède à Parisius, archevêque de Palerme, et à ses successeurs droit de juridiction à perpétuité sur tous les juifs de Palerme, et le privilège de percevoir les droits que les teinturiers avaient payés jusque-là à la douane royale. L'église de Palerme est déclarée "*Caput et Sedes Regni nostri*" (capitale et siège de notre royaume).

III.1.c Porta Mazara

En continuant à pied dans la Via dei Benedittini, rejoindre Piazza Porta Montalto, où est situé le monument. On accède à la façade extérieure de la porte par l'Institut de pathologie générale; 211, Corso Tukory.
Horaires: lundi, mardi et jeudi 8:00-13:00/15:00-17:00; mercredi et vendredi 8:00-13:30.

Cette porte faisait partie des remparts médiévaux de la ville et fut construite durant le règne des Normands en remplacement d'une porte arabe préexistante, Bab Ibn Qurhub. En 1325, elle fut restaurée par la famille des Incisa, mais sa fonction de porte de la ville était tombée en désuétude dès le XVIe siècle, car elle avait été englobée dans le bastion de Montalto, qui faisait partie des nouvelles fortifications urbaines, bien plus puissantes. À la place de l'ancienne porte, on construisit la porte Montalto, démolie par la suite en même temps que le bastion (1885), ce qui permit de retrouver l'ancienne porte Mazara.
La porte est constituée de trois arcades ogivales réalisées en pierres de taille; les deux portes latérales, plus petites, sont actuellement murées. Au-dessus de la porte, on voit encore les restes des chemins de ronde et de l'escalier de service. Des traces de fresques à sujet religieux (au moins deux couches peintes à des époques différentes) ont été retrouvées dans la lunette de l'arcade centrale.

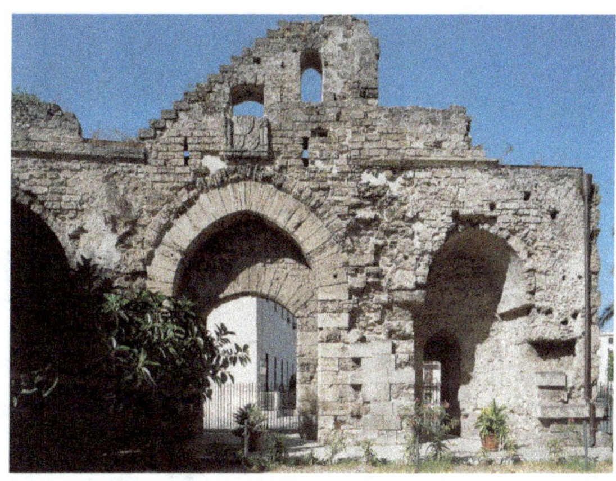

Porta Mazara, façade sud-ouest, Palerme.

III.1.d Cathédrale

Retourner Piazza dell'Indipendenza et continuer à pied en tournant à droite; une fois franchie Porta Nuova, parcourir le premier tronçon de Corso Vittorio Emanuele en longeant le Palais archiépiscopal; tourner à gauche Via M. Bonello ou continuer en longeant le parvis.
Horaires: jours ouvrables 7:00-19:00; jours fériés 8:00-13:30/16:00-19:00. Les groupes sont admis à partir de 9:30.

La façade sud de l'église donne sur le vaste parvis qui fut délimité, en 1761, par des balustrades en marbre. À l'époque paléochrétienne (IVe siècle), un cimetière consacré occupait cet espace; c'est sur les ruines de celui-ci que fut construite, par l'archevêque Victor et par la volonté de saint Grégoire le Grand, en 592, la *Sanctae Mariae Basilica* consacrée en 604. À la suite de l'oc-

Cathédrale, plan, Palerme.

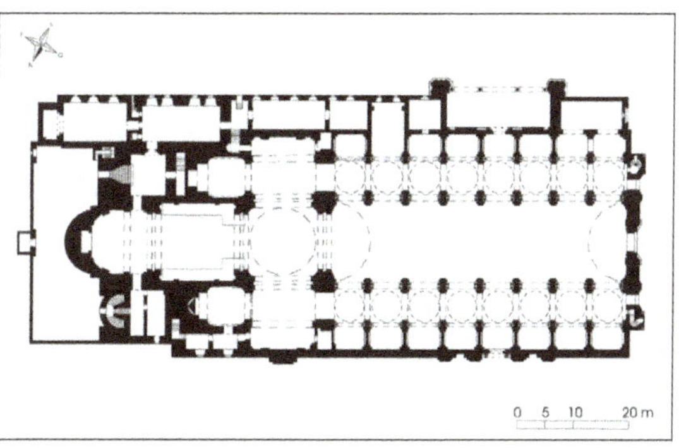

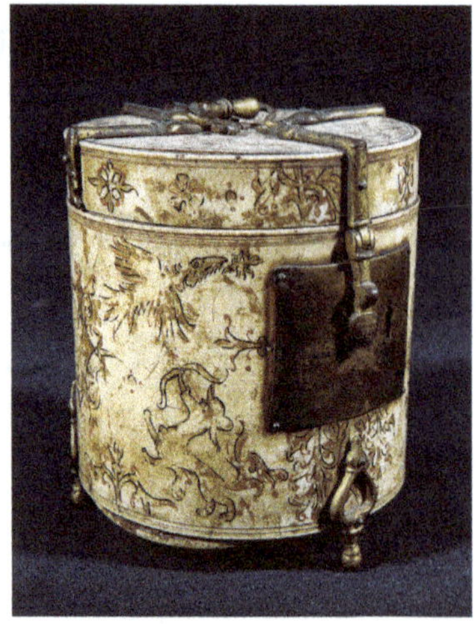

Boîte cylindrique en ivoire peint, attribuée au XIIIe siècle, Musée de la Cathédrale, Palerme (Publifoto, Palerme).

cupation arabe, au IXe siècle, l'église fut transformée en Grande Mosquée au service de la citadelle fortifiée du haut Cassaro, siège des émirs jusqu'en 938. Après la prise de la ville par les Normands, l'église fut rendue au culte chrétien (1072) et l'évêque Nicodème réintégré. Après le tremblement de terre de 1169, durant le règne de Guillaume II, elle fut totalement reconstruite par la volonté de l'archevêque Gautier Offamilio (en charge de 1169 à 1190), et la nouvelle église fut consacrée en 1185.

Dès son origine, la cathédrale fut à la fois un lieu de culte et une forteresse; elle joua aussi le rôle de temple funéraire réservé aux rois, à leur famille et aux archevêques. On réserva en effet à cet usage deux espaces symétriques dans le sanctuaire sur les côtés du chœur, en relation étroite avec les deux trônes – le trône royal et le trône archiépiscopal. La construction de l'évêque Gautier se développe sur un plan basilical à trois nefs, greffé sur un sanctuaire constitué par l'assemblage du transept, et d'un corps à trois absides, dont la centrale est de plus grandes dimensions, et avec un profond *bema*. Le long corps de bâtiment de plan basilical présentait une séquence de dix arcs brisés au-dessus de neuf groupes tétrastyles corinthiens

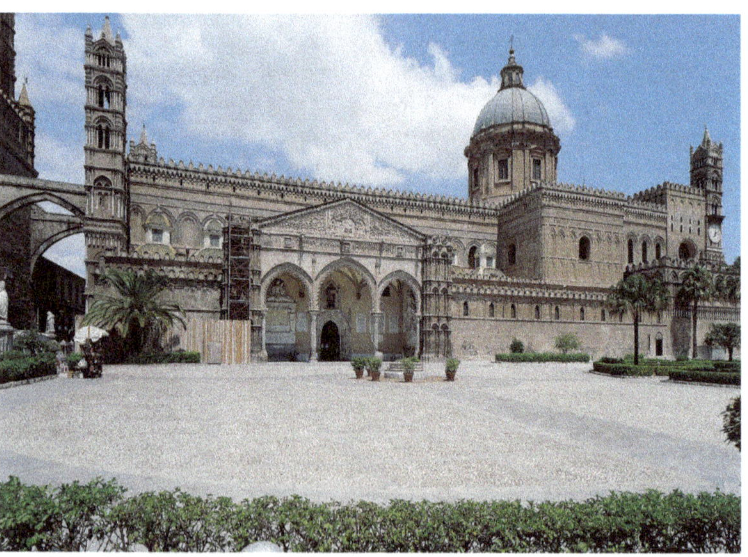

Cathédrale, vue de la façade sud, Palerme.

pour chacun des côtés de la nef principale, plus un groupe de colonnes géminées, du même ordre, aux deux extrémités.

Le grand campanile se dresse devant la façade principale, à laquelle il est relié par deux arches suspendues, qui franchissent la Via Bonello. En ce qui concerne les deux tours encadrant la façade, seuls les deux premiers niveaux appartiendraient à l'époque de Gautier Offamilio. Les portes en bois, plus petites, datent du milieu du XIIIe siècle, tandis que la plus grande, dont l'origine remonte à 1353, a été remplacée en 1961 par une porte en bronze de Filippo Sgarlata.

À l'est, après le volume des absides s'étend une crypte à laquelle on accède par une porte située à gauche du *presbyterium*; on peut y voir les sarcophages des archevêques palermitains de diverses époques. La date de sa fondation est incertaine: certains historiens pensent qu'elle est contemporaine de la construction de Gautier, d'autres qu'elle lui est antérieure.

En ce qui concerne la basilique d'époque normande, on peut reconnaître une salle quadrangulaire à abside, correspondant à l'ancien *untititulo*, dans laquelle sont conservés des fragments du pavement d'origine, et une autre salle symétrique du côté opposé, ainsi que les vestiges d'une loggia qui la couronnait, à deux fenêtres à baie unique sous un grand oculus et un petit décor de *mouqarnas*; les colonnes adossées aux pilastres de la nef centrale sont celles des groupes tétrastyles originels. À gauche de l'entrée du portique sud se trouvent les tombeaux royaux, situés dans le chœur, à l'origine: celui de Roger III, en porphyre avec un baldaquin orné de mosaïques, celui d'Henri VI, lui aussi en porphyre avec un baldaquin en forme de petit temple; celui de Constance de Hauteville, semblable au précédent, celui de Frédéric II, avec un sarcophage en porphyre soutenu par un couple de lions adossés (pris dans la cathédrale de Cefalù) et un baldaquin en forme de petit temple; celui de Constance II d'Aragon, avec seulement un sarcophage, et de Guillaume, duc d'Athènes, fils de

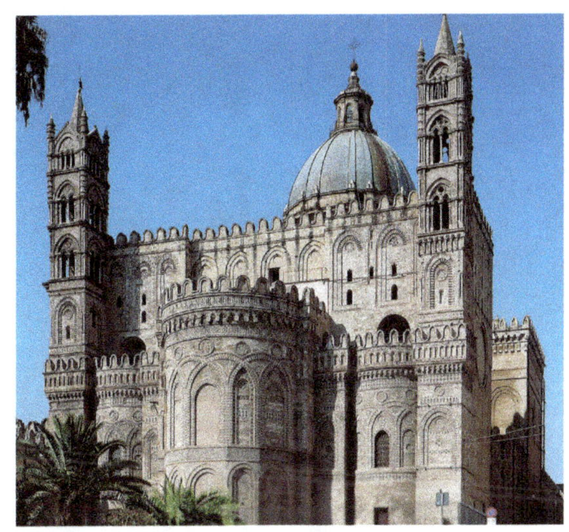

Cathédrale, absides, Palerme.

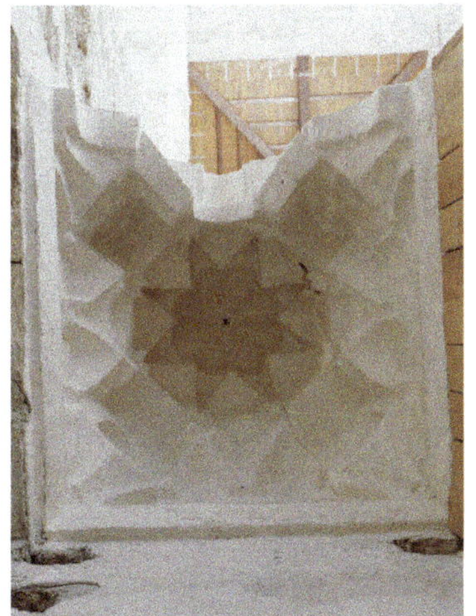

Cathédrale, mouqarnas de la tour absidiale sud, Palerme.

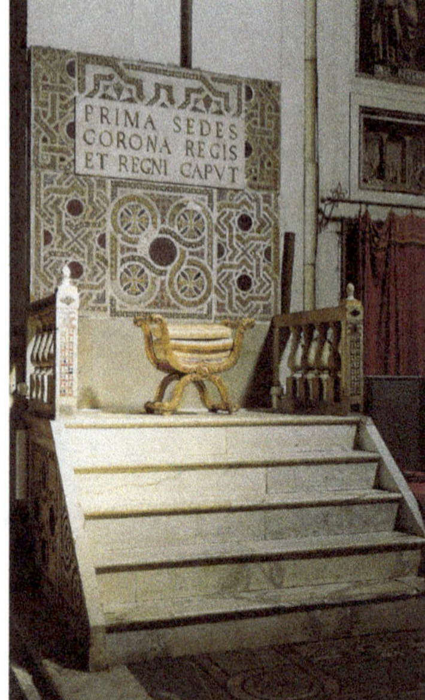

Cathédrale, trône royal, Palerme.

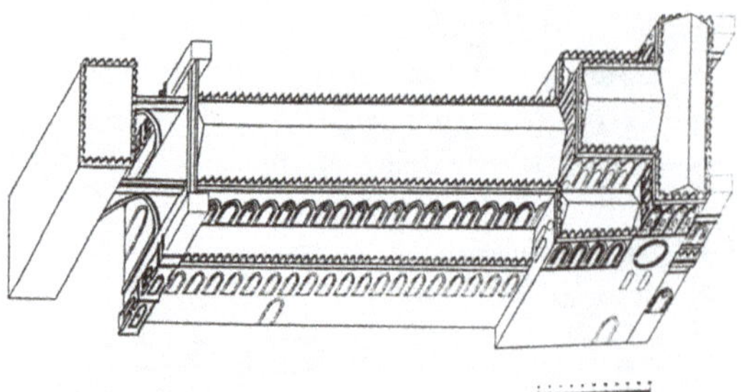

Cathédrale, axonométrie, Palerme (Ciotta, 1993).

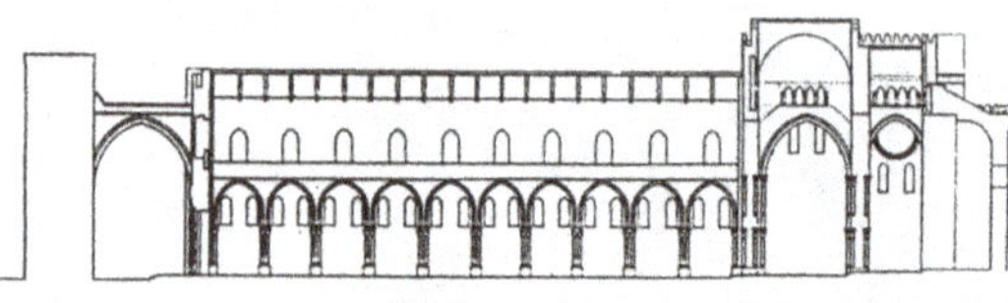

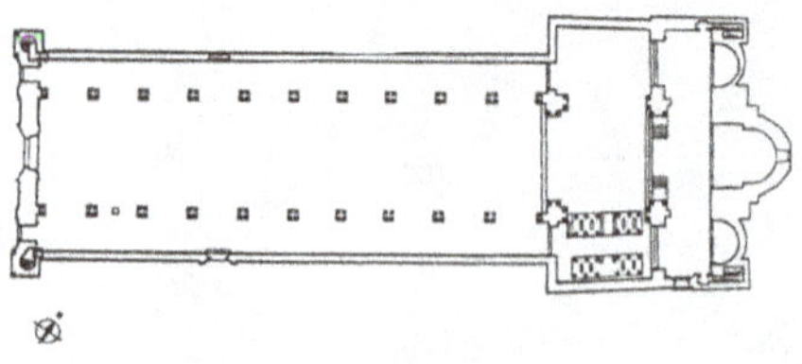

Cathédrale, reconstruction du plan de l'époque de Gualtieri, Palerme (Bellafiore, 1976).

Frédéric II d'Aragon. On a également conservé un candélabre pascal de 2,60 m de hauteur, avec un fût de marbre blanc décoré de bandes de mosaïques.

Vers 1429, on ajouta à la façade sud un portique, œuvre d'Antonio Gambara.

Sur le mur de l'abside, la décoration extérieure se caractérise par des incrustations polychromes, qui s'articulent avec des arcs entrecroisés, motif que l'on retrouve sur le Duomo de Monreale.

Dans le cadre des nombreuses tentatives faites pour adapter l'église au style des différentes époques, l'architecte du roi, Ferdinando Fuga, fut chargé en 1767 de rédiger un projet de modernisation complète de l'église; celui-ci fut réalisé par Giuseppe Venanzio Marvuglia et Salvatore Attinelli de 1781 à 1801. Ces travaux comportèrent le remaniement total de l'intérieur de l'église, lui conférant un aspect néoclassique. Les nefs latérales furent élargies en sacrifiant la profondeur des chapelles, les groupes tétrastyles démembrés et les fûts des colonnes originelles, remodelés, furent adossés à de nouveaux piliers; de nouveaux chapiteaux remplacèrent les anciens; on plaça, au-dessus des travées des nefs latérales, de petites coupoles avec un revêtement extérieur de majoliques polychromes; la nef centrale fut recouverte d'une voûte en berceau dotée d'une lunette et fut réduite, passant de dix arcs primitifs à huit; enfin, on modifia le chœur et on construisit la coupole néoclassique. De 1840 à 1844, on érigea les campaniles ouest, de style néogothique, sur projet d'Emanuele Palazzotto. Plusieurs travaux de restauration et d'entretien se sont succédé jusqu'à nos jours.

III.1.e **Porta della Vittoria** (option)

De la Piazza Indipendenza, le circuit se poursuit en voiture en longeant le Corso Vittorio Emanuele, avant de tourner à droite Piazza Marina, où l'on peut garer la voiture. Prendre Via IV Aprile et continuer jusqu'à Via Alloro; au bout de quelques mètres, tourner à droite dans le Vicolo della Salvezza et continuer jusqu'à la Piazzetta dei Bianchi; c'est là, à l'intérieur de l'Oratorio dei Bianchi, qu'est situé le monument.
En cours de restauration au moment de la rédaction de ce catalogue.

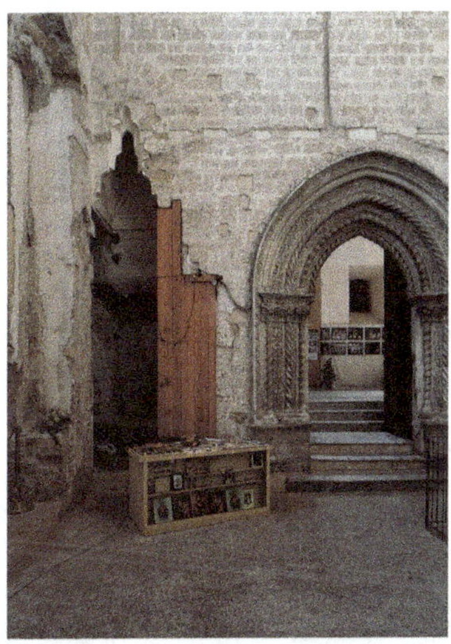

Cathédrale, portail du mur sud de l'antititulo, Palerme.

Cathédrale, tour absidiale sud de l'antititulo, Palerme.

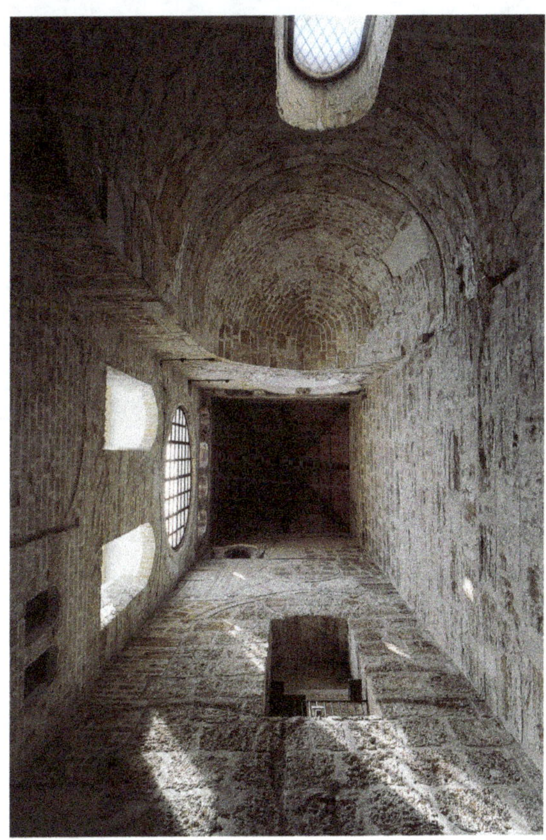

Située près du Bastione dello Spasimo alla Kalsa, elle est actuellement englobée dans les murs de l'église Santa Maria della Vittoria, cachée dans le mur du fond de la première chapelle, à droite de l'entrée.
La porte, l'ancienne Bab al-Futuh (porte de la Victoire), appartenait au système défensif de la citadelle fortifiée musulmane al-Khalisa (938-941), ainsi que trois autres portes: Bab Kutama (porte [de la tribu berbère] des Kutama), Bab al-Bunud (porte des Drapeaux) et Bab al-San'a (porte de l'Arsenal).
Elle consistait en une simple arcade ogivale découpée dans la forte épaisseur des murs en pierraille, et était fermée par un robuste portail de bois.
Les historiographes rapportent qu'en 1072, le comte Roger, afin de célébrer son entrée victorieuse par cette porte, voulut qu'elle soit préservée et englobée dans une chapelle dédiée à la Madone de la Victoire. Sur la face intérieure de l'arcade, on réalisa une fresque représentant la Madone qui avait guidé les troupes vers la victoire. En 1542, la Compagnia dei Bianchi

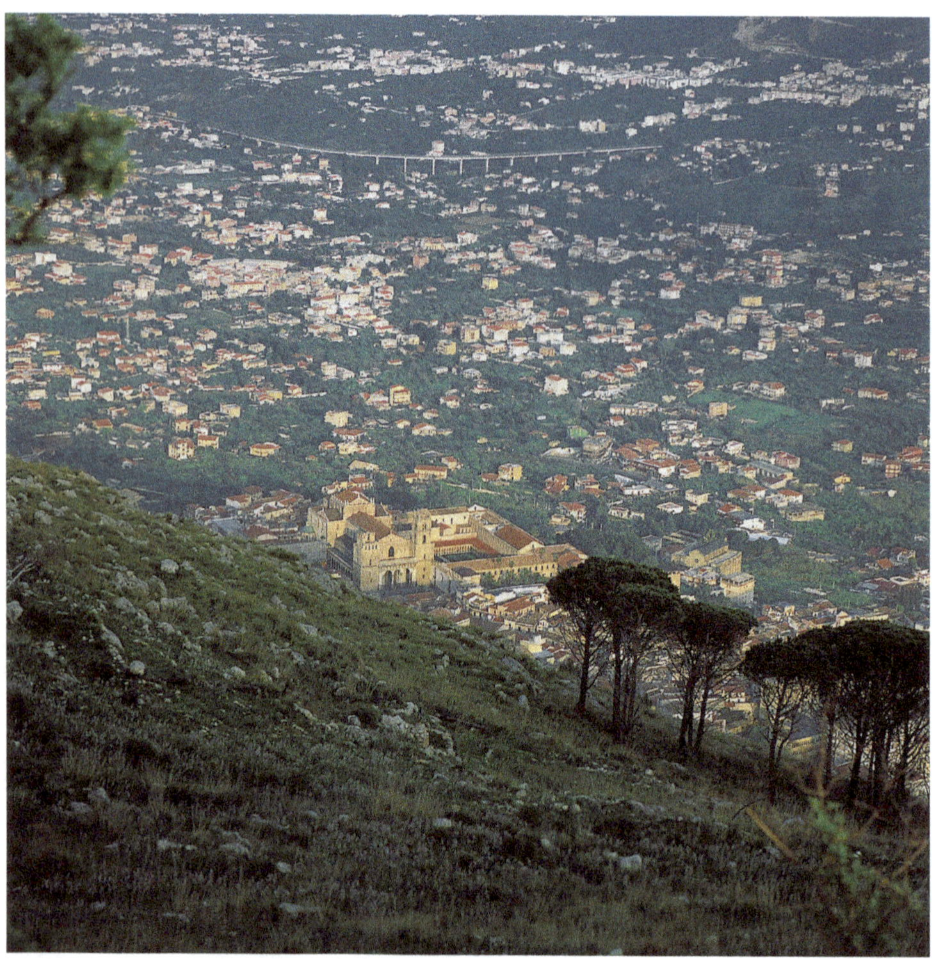

*Monreale,
vue d'en haut.*

obtint du vice-roi Ferrante Gonzague l'autorisation d'édifier son propre oratoire sur l'église Santa Maria della Vittoria.

Elle fut cachée durant plusieurs siècles par un autel de pierre; ce n'est qu'en 1866 que Michele Amari retrouva l'image de la Madone; en 1868, l'autel de pierre fut remplacé par un autel en bois à trois volets, pour que l'on puisse voir les restes de la porte.

III.2 MONREALE

III.2.a Cathédrale (Santa Maria la Nuova)

Retourner en voiture Piazza Indipendenza, prendre Corso Calatafimi et le suivre jusqu'au bout. Continuer sur la SS 186 en direction de Monreale; après 2,6 km, tourner à droite pour rejoindre la parking municipal payant

(horaires: 8:00-20:00). Monter à pied le long de Via Torres jusqu'à Piazza Guglielmo II, où se trouve la cathédrale.
Entrée libre pour la cathédrale, payante pour les terrasses. Horaires: 8:00-18:30 pour la cathédrale; 8:00-18:00 pour les terrasses (9:30-17:45 en hiver).

La fondation de la cathédrale remonte aux années comprises entre 1172 et 1189, durant le règne de Guillaume II, période qui vit la construction de tout l'ensemble; en 1176, les bénédictins de Cava dei Tirreni s'installent à Monreale, et le 15 août de la même année, le roi assiste à la cérémonie dédicatoire à la Madonna Assunta; en 1183, le pape Lucius III confère au siège religieux la dignité d'archevêché. Plus tard, l'église sera de nouveau consacrée à la Nativité de la Vierge, par la volonté du pape Clément IV en 1267, avec l'extinction du patrimoine du légat apostolique du royaume de Sicile et l'arrivée des vice-rois angevins.
Le plan de la cathédrale dérive de la fusion entre la typologie basilicale en croix latine, avec un transept à peine saillant, et celui de l'église centrée byzantine, avec chœur à trois absides. Le long de l'axe longitudinal de la construction se succèdent: la façade entre deux tours massives, l'ample volume du corps basilical avec ses trois nefs; la nef centrale est trois fois plus large que les collatéraux, tandis que le corps situé à l'est, de forme quadrangulaire, est surélevé et constitué du transept, du chœur avec *antititulo* et des trois absides. À l'extérieur, parallèlement à la direction des nefs, s'étend le portique longitudinal du XVIe siècle adossé à la façade latérale, avec des pierres tombales et des sépultures.

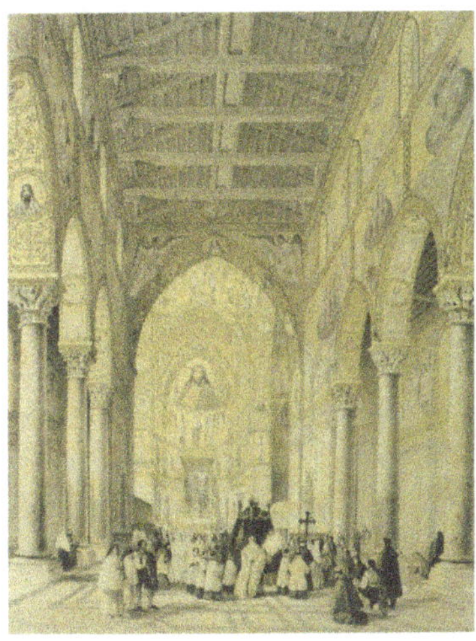

Cathédrale, vue de la nef centrale, Monreale (Gally Knight, 1838).

L'extérieur présente des caractéristiques architecturales et décoratives particulières sur chacun de ses côtés. La façade principale, à l'ouest, est dotée d'un portique central, construit pour remplacer le précédent, qui s'était écroulé en 1770 après de nombreuses restaurations, effondrements et reconstructions. L'ancien portique, de même époque que l'édifice, était constitué de trois arcs en ogive avec des colonnes corinthiennes en cipolin. Au-dessus de l'arcade centrale étaient re-

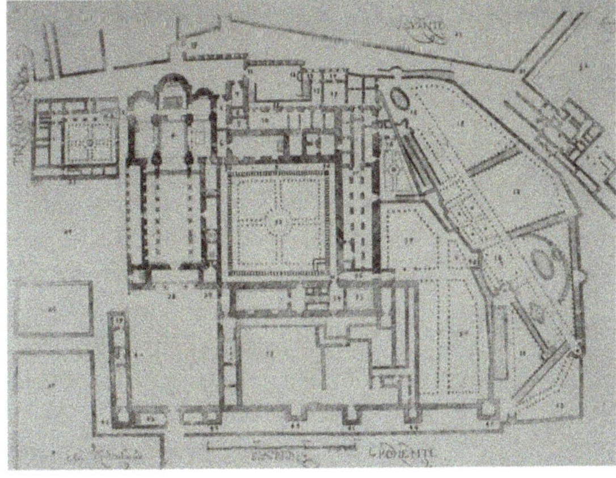

Cathédrale, planimétrie générale du complexe, Monreale (Del Giudice, 1702).

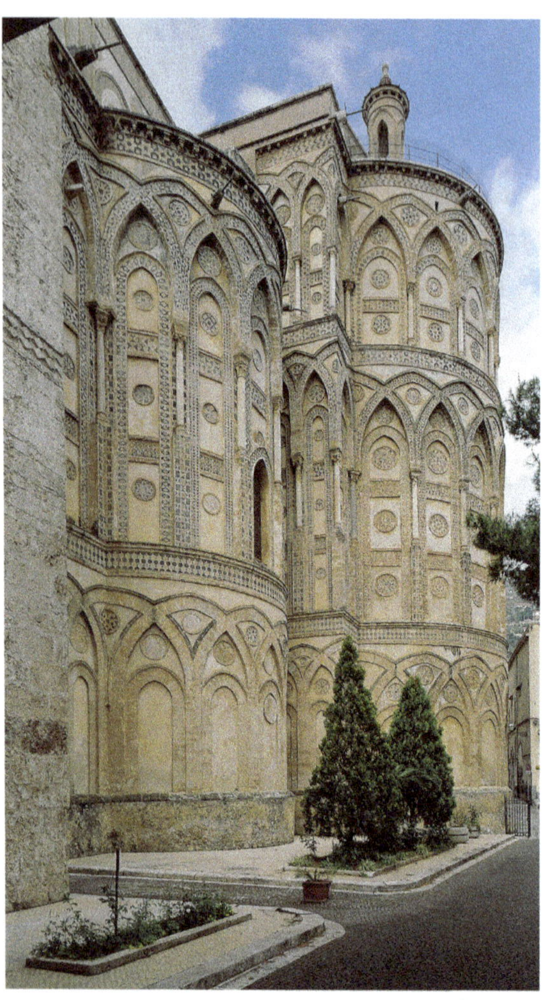

Cathédrale, absides, Monreale.

présentés, à l'aide de mosaïques, les archanges Isaïe et Balaam, accompagnés de deux inscriptions. Le nouveau portique (avec les parties sculptées par Ignazio Marabitti) à trois arcades s'impose par la couleur des marbres, qui contraste avec la pierre des tours. Le portail comporte quatre voussures en ogive, décorées de motifs géométriques en étoiles, en mosaïque à fond d'or, avec des motifs de feuillages entre lesquels apparaissent des figures humaines et des animaux. Une rangée de feuilles d'acanthe délimite extérieurement les sculptures des montants et flanque le portail, pour se fermer au-dessus par un tympan triangulaire. La porte de bronze date de 1186 et a été réalisée par Bonanno Pisano, comme le dit l'inscription gravée en bas à droite: "*Anno Domini MCLXXXVI III ind. Bonannus civis pisanus me fecit*". Les deux vantaux sont constitués de quarante panneaux, sur lesquels sont représentées des scènes tirées de l'Ancien et du Nouveau Testament. La tour ouest, inachevée, est couronnée d'un mur crénelé (XVIe siècle) et par les cloches; elle est dotée d'une horloge installée en 1664. La tour sud, en revanche, se développe sur deux autres niveaux. Un couronnement, abattu par la foudre en 1807, fermait le volume supérieur de la tour. La façade, dans sa partie saillante par rapport au portique, présente une riche décoration d'arcs aveugles entrelacés, à incrustations polychromes formant des motifs géométriques qui s'entrecroisent, produisant le dessin typique à double arcature, avec un registre supérieur et un registre inférieur.

Le portique nord, constitué de onze arcades en plein cintre sur colonnes, fut ajouté à la cathédrale à partir de 1546. Au-dessus du portail, que souligne une bande continue de mosaïques à motifs géométriques, se trouvent les armoiries de Guillaume II surmontées d'une croix en porphyre inscrite dans un losange de mosaïques. La porte de bronze, réalisée en 1179, est l'œuvre de Barisano da Trani; elle est constituée de 28 panneaux carrés entourés de rinceaux ornés de feuilles et de fleurs, avec des figures de saints et d'évangélistes. Au-dessus du portique, le mur de la nef latérale est rythmé par l'alternance d'étroites fenêtres à arcatures aveugles. Les absides constituent l'appareil décoratif extérieur le plus emblématique: les deux premiers registres décoratifs entourent tout le périmètre de l'abside, tandis que le volume de l'abside centrale s'élève au-dessus des deux absides latérales, avec un troisième ordre décoratif. Le premier registre se distingue par son aspect massif, à peine allégé par l'appareil décoratif, constitué d'arcs entrecroisés en relief à incrustations polychromes, qui animent le double motif superposé de fenêtres géminées et d'arcades en ogive, avec des oculi décoratifs eux aussi ornés de marqueteries polychromes, dans les surfaces découpées par l'entrecroisement des arcs. Le deuxième registre utilise la trame de l'appareil décoratif, organisant son périmètre mural en un système d'arcatures tridimensionnel, avec trois ordres distincts, qui se différencient également dans les arcades par des bandes horizontales et des oculi décoratifs; ils sont constitués de piédroits, de colonnes et d'arcs. La dernière élévation de l'abside centrale présente, elle aussi, le même système d'arcatures (au relief toutefois moins prononcé), mais caractérisé par deux ordres seulement, celui des colonnes et celui des arcs.

À l'intérieur, les colonnes qui divisent les nefs sont des remplois; leurs fûts sont en granit (sauf la première, à droite de l'entrée, en cipolin), avec des diamètres différents et des hauteurs variables, rattrapées par l'insertion de coussinets sous le chapiteau. Les chapi-

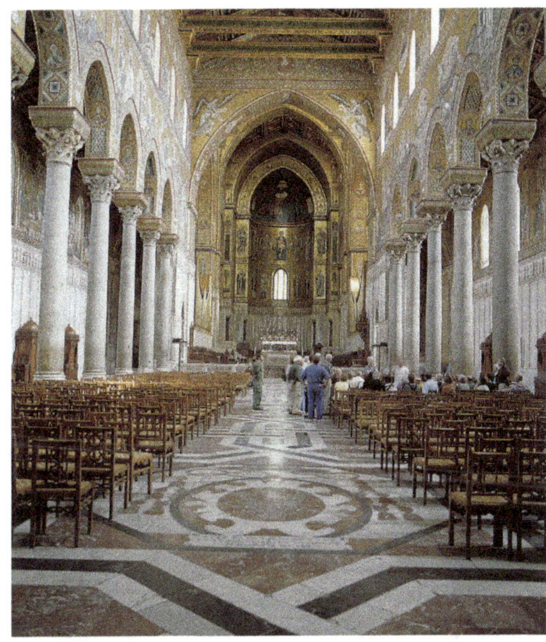

Cathédrale, nef centrale, Monreale.

Cathédrale, arcs de la nef centrale, Monreale.

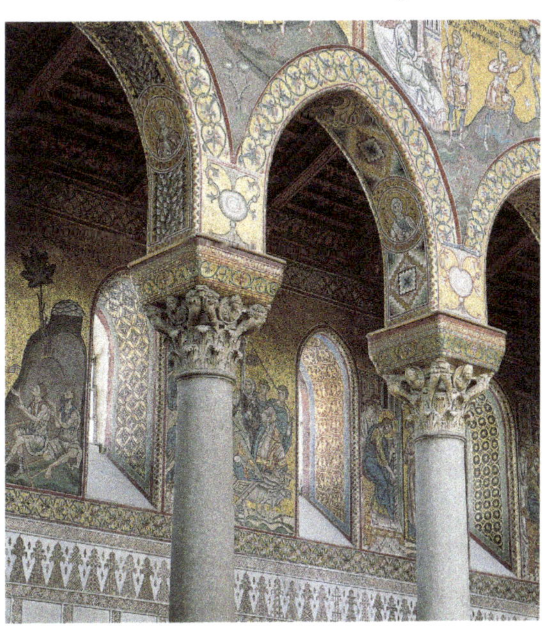

Monreale

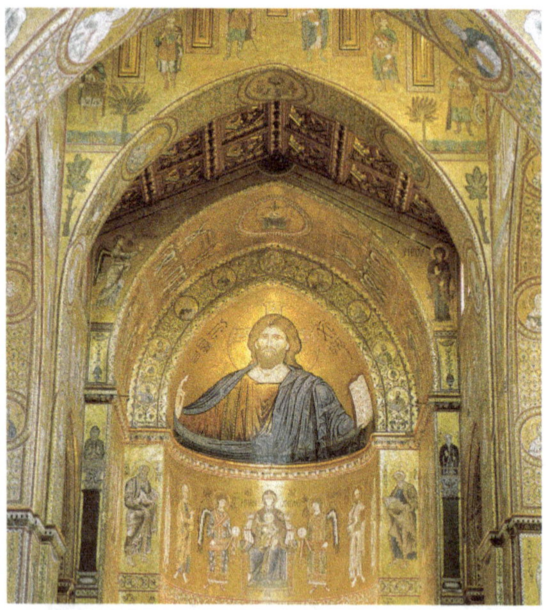

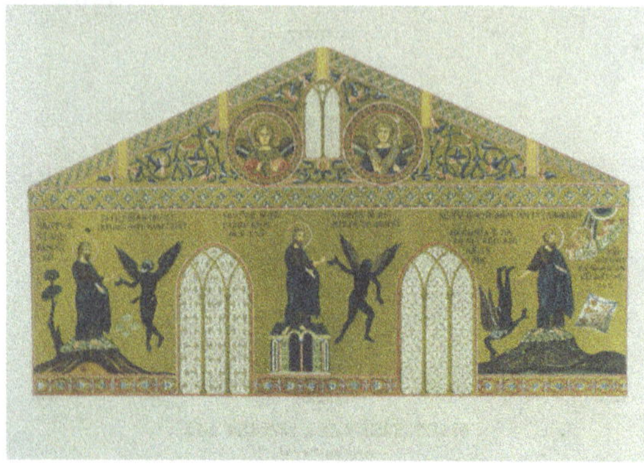

Cathédrale, Christ Pantocrator, Monreale (Publifoto, Palerme).

Cathédrale, transept, "Les trois tentations" du cycle de la Vie de Jésus, Monreale (Gravina, 1859-1870).

teaux sont de provenance variée, mais, de toute évidence, d'origine romaine. Les huit arcs ogivaux, pour chacune des nefs, présentent des voussures légèrement rentrées, décorées de mosaïques avec de riches motifs végétaux sur fond d'or. Ici aussi, les intrados des arcs sont revêtus de mosaïques décoratives, avec des bandes et des motifs géométriques et végétaux (très souvent attribués à des artistes arabes), et portent la représentation du visage de trois martyrs. L'arc triomphal donne accès au vaste transept, dominé par les hautes parois du chevet, avec ses grands arcs brisés. Adossés aux pilastres est se trouvent le trône archiépiscopal, au sud, et le trône royal, au nord, au niveau du site du Palais royal et de la communication directe entre les deux édifices constituée d'une porte dans l'aile gauche du sanctuaire, murée en 1492 (mais dont l'architrave, en porphyre rouge, est encore visible). Le sanctuaire est séparé de la *prothesis* et du *diaconicon* par des arcs avec des paires de colonnes géminées en granit; l'abside principale est encadrée et rendue plus profonde par le déploiement d'arcs dans toute leur hauteur, et est entièrement occupée par la représentation de scènes sacrées. L'église est éclairée par deux ordres de fenêtres en ogive, qui s'ouvrent dans les murs des nefs latérales et de la nef centrale. Cette dernière, tout comme les espaces du *presbyterium*, est couverte d'un plafond en bois à double pente, avec une charpente décorée et des consoles sculptées, des stalactites en bois dans le chevet, tandis que les nefs latérales présentent une couverture à une seule pente: mais toutes les couvertures résultent d'une reconstruction du XIXe siècle, après l'incendie qui les détruisit en 1811.

La décoration de mosaïques fut réalisée *in situ*, en étendant une première couche de mortier, sur laquelle était tracé le dessin; sur la couche suivante, passée sur des zones limitées, on esquissait ensuite, en les peignant, les images, ainsi que les couleurs et les surfaces correspondantes, qui servaient de guide au mosaïste. Les murs périmétraux de l'église se caractérisent par une base horizontale continue en marbre blanc, interrompue, à intervalles réguliers, par des incrustations décorées de motifs géométriques en mosaïques; toutes les autres superficies de l'église sont entièrement revêtues de mosaïques avec des scènes et des personnages sur fond d'or. Plusieurs équipes de mosaïstes y travaillèrent, sous la direction d'un seul "cerveau" coordinateur; même si elles appartenaient à des "ateliers" différents, elles avaient en commun une même tradition stylistique et technique. Parmi les différentes scènes représentées par ces mosaïques, on ne rencontre donc pas de différences de style importantes, mais plutôt des variations qualitatives, rendues visibles par un moindre soin apporté dans l'exécution des parties moins exposées.

En ce qui concerne l'aspect narratif, on peut distinguer trois cycles principaux, constitués par les sujets représentés dans la nef centrale, dans le *presbyterium* et dans la grande abside, et deux cycles secondaires, dans les nefs latérales et dans les petites absides. Dans la nef centrale, les mosaïques sont disposées sur trois registres: dans le registre supérieur, au-dessus des fenêtres, une longue frise est décorée d'anneaux enchaînés, entre lesquels sont représentés des anges; dans les deux ordres inférieurs, entre les fenêtres et au-dessus des arcs, se déroulent des scènes de l'Ancien Testament. Sur les parois intérieures du *presbyterium* est racontée la vie du Rédempteur, alors que dans la plus grande abside, nous trouvons le centre de toute la décoration, le *Christ Pantocrator* et la *Cour céleste*. Les cycles mineurs illustrent des épisodes de la vie de Jésus et de ses miracles; sur les parois des nefs latérales sont évoquées la vie de saint Pierre dans l'abside droite, et celle de saint Paul dans l'abside gauche. Les autres sujets, qui concourent à la représentation générale, sont des bustes et des personnages de saints, d'archanges, de chérubins et de prophètes.

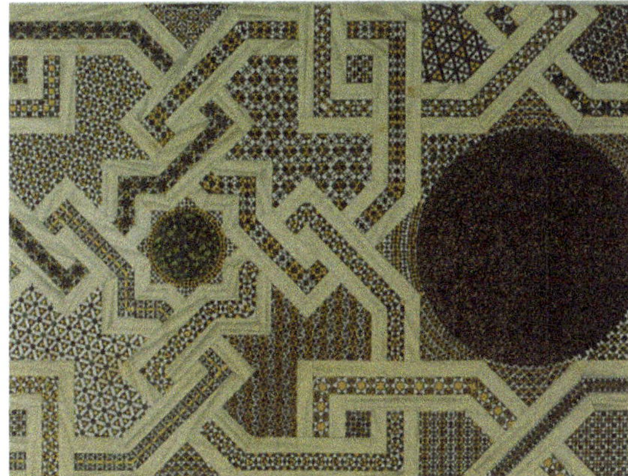

Cathédrale, détail du dallage de marbre, Monreale (Gravina, 1859-1870).

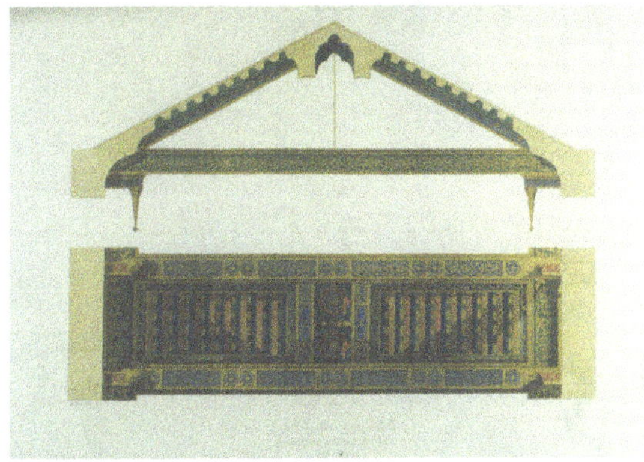

Cathédrale, coupe des chevrons de la couverture et détail du plafond de bois, Monreale (Gravina, 1859-1870).

Particulièrement intéressantes, les mosaïques qui montrent le *Couronnement de Guillaume II* et la *Consécration de la cathédrale à la Madone*, respectivement situées au-dessus du trône royal et au-dessus du trône archiépiscopal.

Étrangères à la construction, le long de la nef sud de l'église s'ouvrent les deux

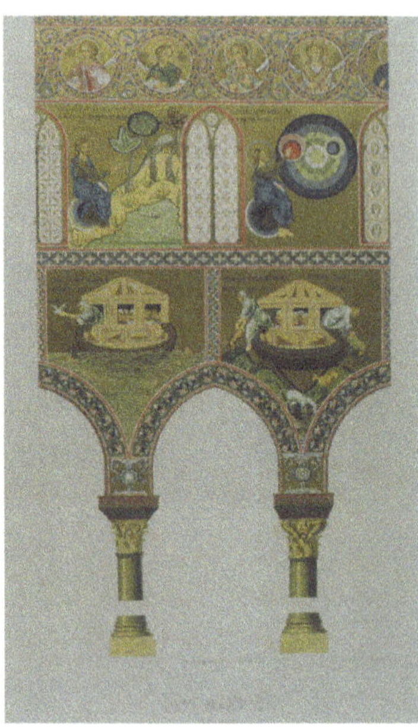

Cathédrale, nef centrale, troisième arcade du mur sud, "La Création et le Déluge universel" du cycle de l'Ancien Testament, Monreale (Gravina, 1859-1870).

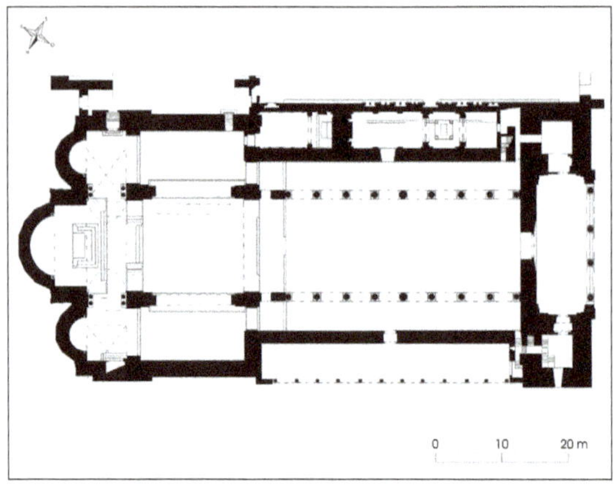

Cathédrale, plan, Monreale.

chapelles dédiées à saint Castrense (fin du XVIe siècle) et à saint Benoît (XVIe siècle).

Du bras gauche du transept, on accède à la chapelle du Saint Crucifix, dédiée au crucifix du XVe siècle qui y est conservé. Dans le bras droit du transept se trouvent, près du monument commémorant saint Louis avec ses reliques, les tombeaux à cloisons (reconstruits en 1846) de Marguerite de Navarre et de Roger et Henri de Hauteville, l'épouse et les fils de Guillaume II.

Au XIXe siècle, l'église fut gravement endommagée à cause des dévastations subies par le transept à la suite d'un incendie. Les travaux de reconstruction se déroulèrent de 1817 à 1859, et de nouveaux travaux de restauration furent réalisés par Giuseppe Patricolo, en 1881. Enfin, la restauration des absides, conduite par la Soprintendenza ai Monumenti di Palermo, remonte aux années 1955-1957; elle a également porté sur les parements muraux extérieurs et sur le pavement de toute l'église; quant aux travaux de consolidation des plafonds en bois, ils datent de 1979.

III.2.b **Cloître**

L'entrée se trouve Piazza Guglielmo II.
Entrée payante (gratuite pour les moins de 18 ans et les plus de 65 ans). L'achat d'un billet global (valable deux jours) permet l'accès à la Zisa, à la Cuba et à S. Giovanni degli Eremiti.
Horaires: jours ouvrables 9:00-19:00 (18:30 en hiver); jours fériés 9:00-13:00.

Le cloître de l'abbaye bénédictine, construit entre 1175 et 1182 sur la volonté de Guillaume II, est flanqué de la cathédrale, à l'ouest. À la fin du Moyen Âge, on remplaça les toitures d'origine, en bois, par un système de voûtes en berceau dont on peut encore voir, dans les ailes est et ouest, les traces des im-

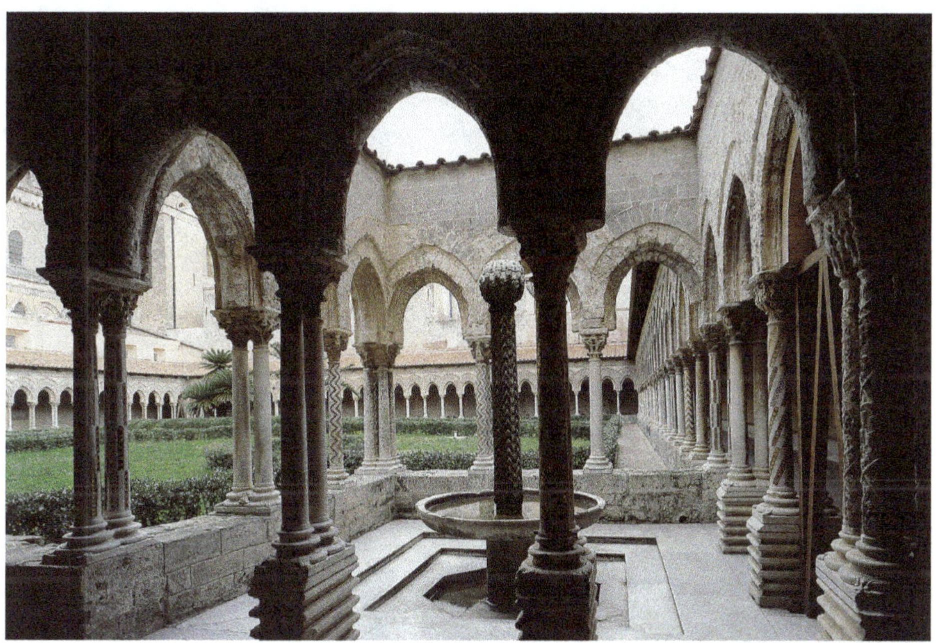

Cloître, fontaine, Monreale.

postes (en 1596, en effet, les voûtes, partiellement effondrées, cédèrent la place à de nouveaux plafonds en bois). À la fin du XVIe siècle, le cloître fit l'objet d'importants remaniements avec l'introduction d'éléments de style Renaissance le long des murs des galeries. En 1881, les restaurations réalisées par Giuseppe Patricolo amenèrent à la redécouverte et au dégagement de plusieurs éléments de l'œuvre originelle.

Parfaitement carré, d'une longueur de 47 m par côté, le cloître se caractérise par une séquence de 26 arcades ogivales pour chaque galerie, avec des colonnettes géminées en marbre blanc. Dans l'angle sud-est du cloître se trouve la loggia avec la fontaine, constituée d'une vasque circulaire à débordement; de son centre se dresse une colonne sculptée terminée par une sphère, que l'on a assimilée à un palmier.

Les bases des colonnettes présentent des éléments décoratifs remarquables, surtout en ce qui concerne les raccords ornementaux des bases d'angles; on peut y voir des feuilles, des têtes d'animaux et des êtres fantastiques, des rosettes, des pattes de lion, des figures humaines et des animaux. La richesse décorative augmente sur les fûts: les colonnettes géminées se disposent en effet, dans les quatre ailes, en une alternance rythmique de fûts lisses ou diversement décorés avec des incrustations (dessinant des losanges, répétés le long de l'axe vertical), des spirales régulières et décalées (où les incrustations alternent avec des reliefs de marbre blanc), des baguettes en zigzag horizontales et verticales. À l'origine, la disposition des motifs décoratifs des quatre galeries était régie par un principe de spécularité par rapport au couple central, encore visible dans l'aile sud. Quelques restaurations anciennes, en changeant l'emplacement des colonnes, ont altéré la composition rigoureuse du cloître, apportant des modifications et des variations importantes, surtout le long de la galerie est. On peut voir des compositions historiées, plus nettement occidentales, dans l'iconographie sacrée des chapiteaux. En étudiant leur facture, on a reconnu la main de cinq maîtres: le maître de la *Mission des Apôtres* (34 chapiteaux), le maître de la *Consécration* (30 chapiteaux), le maître des *putti* (70 chapiteaux), le maître des *Aigles* (40 chapiteaux), le marbrier (42 chapiteaux), le seul dont il nous reste la signature, placée sur la 19e arcade du côté nord. En partant du portique nord, les chapiteaux représentent, dans l'ordre: la *Parabole du Riche Épulon* (8e arcade), les *Histoires de Samson* (14e arcade), le *Massacre des Innocents* (24e arcade), du maître de la *Consécration*; *les Symboles des Quatre Évangélistes et des Moines*, du maître des *putti* (26e arcade); l'*Annonciation* et la *Nativité* (angle nord-est), les *Histoires de Joseph* (8e arcade de l'aile est), des scènes du *Péché originel* (20e arcade), des scènes *Après la Résurrection du Christ* (24e arcade), toutes œuvres du maître de la Consécration; la *Légende de la Vraie Croix* (angle sud-est), du maître de la *Mission des Apôtres*. Dans l'aile sud, sur la 22e arcade, le maître de la *Mission des Apôtres* a représenté le *Sacrifice du dieu Mithra* ainsi que, dans l'angle sud-ouest aussi bien du cloître que de la fontaine, les *Apôtres* et les *Scènes de la Vie de Jésus*; la fontaine comporte, en outre, des œuvres du maître de la *Consécration*: *les chapiteaux des Allégories des Mois*; sur les chapiteaux de la 6e arcade de l'aile ouest, enfin, le maître des *putti* a représenté les *Prophètes* (Isaïe, Jérémie, Daniel et David), l'*Annonciation* et un *Centaure*, tandis que le maître de la *Consécration* a sculpté, sur les chapiteaux de la 8e arcade, la *Consécration de la cathédrale de Monreale* et les figures allégoriques des vertus, sur la 20e arcade les *Histoires de Noé*, et sur la 26e arcade les *Histoires de Jacob*.

Au-dessus des tailloirs, unifiés afin de clore le système des colonnes géminées, est placée la séquence des arcs

Cloître, colonnes angulaires de la fontaine et portique nord-ouest, Monreale.

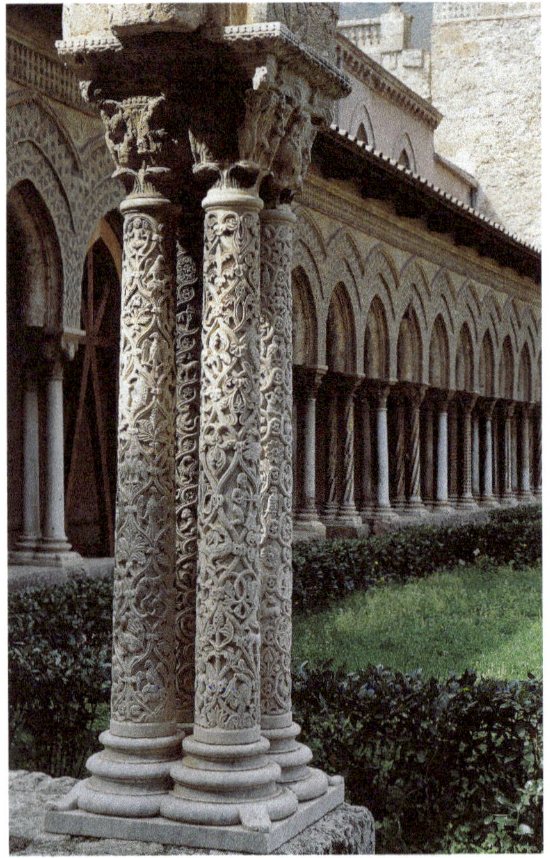

brisés surhaussés à voussure double, décorée d'incrustations géométriques bicolores, de pierre calcaire et de pierre de lave. On retrouve le même motif sur le bandeau horizontal qui couronne les galeries. Dans l'intrados des arcs, on peut voir un bâton de pierre, ajouté ultérieurement, appuyé au tailloir des chapiteaux.

III.2.c Couvent du complexe épiscopal

On y accède par le cloître.
Visite de l'ancienne salle capitulaire (aujourd'hui chapelle S. Placido) sur rendez-vous; contacter le prêtre de la cathédrale, tél.: 091 6404413.
Le dortoir et le réfectoire (aujourd'hui salle du conseil de la mairie) étaient en cours de restauration au moment de la rédaction de ce catalogue.

Le complexe monumental de Monreale était, à l'origine, fortifié du côté de la vallée et doté de remparts et de tours en amont, comme il convenait à une institution créée pour satisfaire des exigences à la fois religieuses, politiques et militaires. La fondation du complexe architectural est due à Guillaume II et débuta en 1174. L'ancienne abbaye comprenait, outre la cathédrale, le dortoir des moines, le réfectoire, l'hôtellerie et tout ce qui est nécessaire à la vie communautaire, réparti dans les quatre bâtiments entourant le cloître, élément central et unificateur du complexe abbatial. Dans la partie nord de l'aile orientale du couvent se trouve la salle capitulaire, transformée en 1599 sur la volonté de l'évêque Ludovic II de Torres en chapelle Saint-Placide, puis en musée diocésain. L'aile sud du couvent accueillait le dortoir au rez-de-chaussée. L'aile ouest est la seule à avoir conservé, pour l'essentiel, la disposition primitive du XIIe siècle. La Torre dell'Abate (tour de l'Abbé) fait partie, elle aussi, des anciens bâtiments conventuels: il s'agit d'un volume haut et étroit, qui se dresse à proximité des absides de l'église. Les vestiges du Palais royal normand furent partiellement utilisés comme palais communal dès le milieu du XVIe siècle, utilisation aujourd'hui dévolue aux locaux situés au bout du corps de bâtiment ouest, dont la façade, donnant sur la place, remonte aux XVIIIe et XIXe siècles, tandis que ceux appartenant à l'aile orientale et septentrionale furent agrandis afin d'héberger le Séminaire des clercs, fondé en 1589 par l'archevêque Ludovic II de Torres. Une campagne de restauration, en 1997, a permis de récupérer trois tours du monastère: la Torre della Fornace, celle du Belvédère et celle des Carceri.

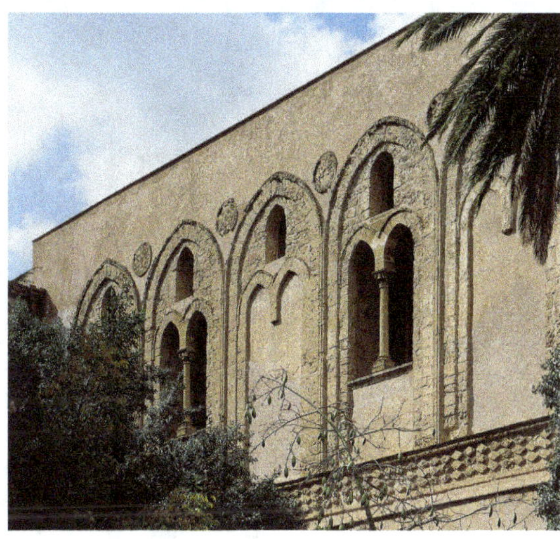

Couvent du complexe épiscopal, façade sud-est de l'aile méridionale, Monreale.

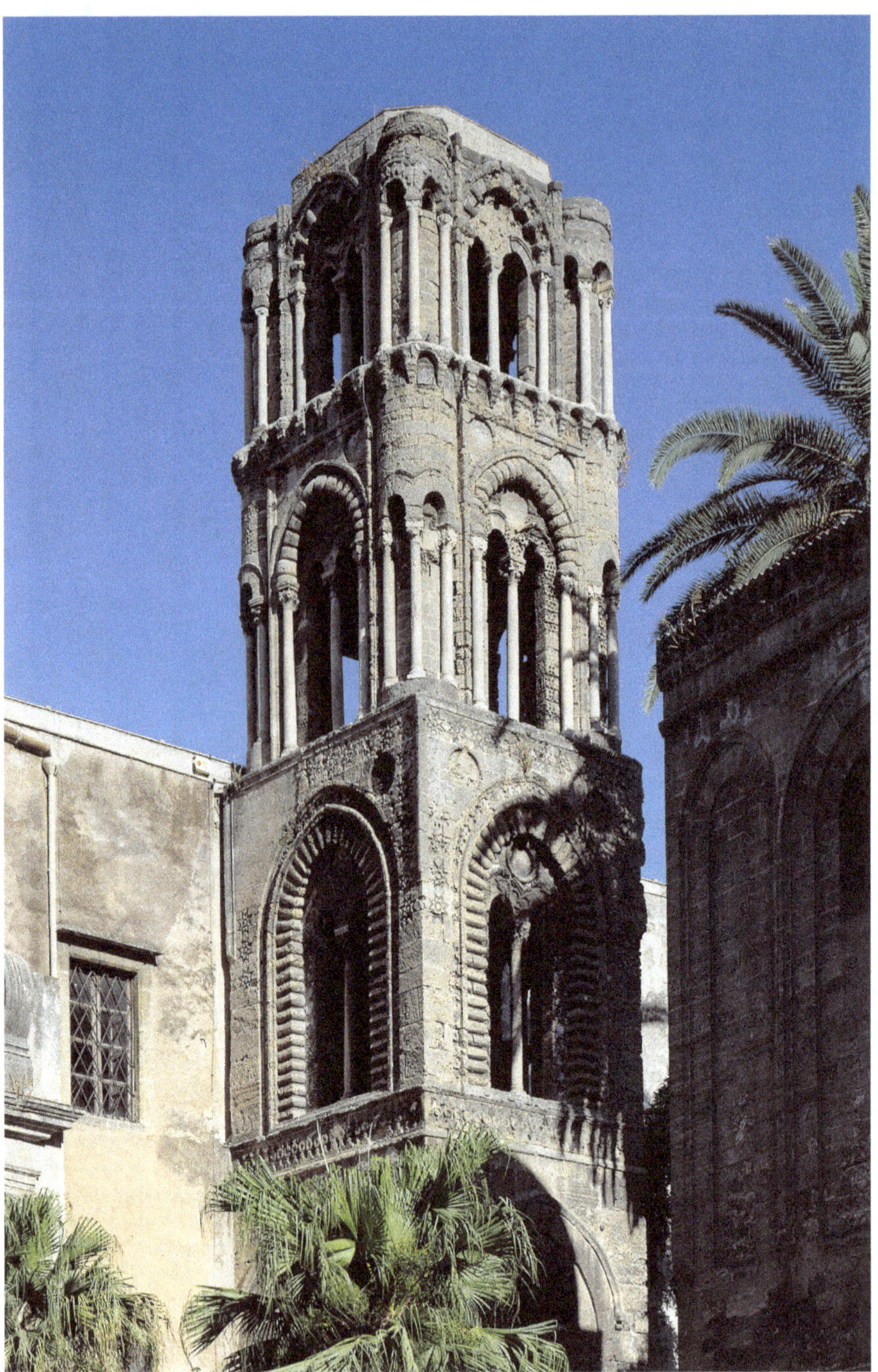

CIRCUIT IV

Rencontres de cultures dans l'art normand

Comité scientifique

IV.1 PALERME

IV.1.a Maison Via del Protonotaro (maison des Artale)
IV.1.b Église Santa Maria dell'Ammiraglio (dite la Martorana)
IV.1.c Église San Cataldo
IV.1.d Église Santo Spirito
IV.1.e Église Santa Maria della Speranza (option)
IV.1.f Église Santissima Trinità (dite la Magione)
IV.1.g Tour maîtresse du Castello a Mare

L'art de la mosaïque

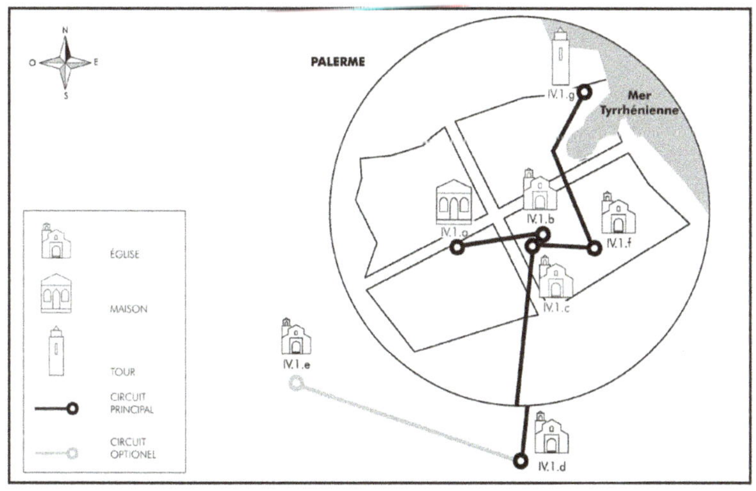

Église Santa Maria dell'Ammiraglio, campanile, Palerme.

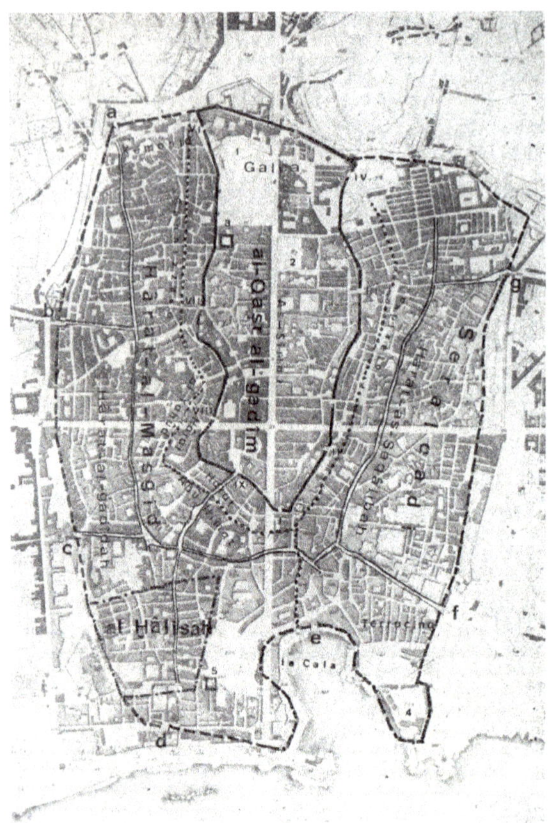

Quartiers d'époques arabe et normande indiqués sur le plan de Palerme de 1818 (Spatrisano, 1972).

L'histoire urbaine de Palerme connaît un tournant décisif à partir de son accession, par la volonté des Hauteville, au rôle de capitale de l'État normand en Italie. D'après les déductions de Michele Amari, sur la base des éléments fournis par Ibn Hawqal, à la fin de l'époque arabe en Sicile, les habitants du territoire de la Conca d'Oro étaient plus de trois cent mille; une minorité d'entre eux se trouvaient dans les nombreux faubourgs et hameaux, où s'élevaient, selon certaines suppositions, plus de deux cents mosquées. La plupart des habitants occupaient le nouveau système urbain formé par l'implantation de la ville romano-byzantine et des quartiers qui s'étaient développés entre la fin du IXe et la première moitié du XIe siècle, des deux côtés des fleuves – le Kemonia et le Papireto –. Un complexe urbain dont l'amalgame n'était pas encore parfait, mais qui pouvait s'enorgueillir de dimensions exceptionnelles, dans une Europe médiévale dépeuplée, et qui s'avérait également considérable par rapport aux grandes villes de *Dar al-Islam.*

Première ville du comté de Sicile à partir de 1072 (année de la reddition du dernier émir à Robert Guiscard et à son frère Roger), Palerme devient capitale royale, siège de la cour et des rassemblements des barons de Sicile, de Calabre, des Pouilles, de Lucanie et d'une grande partie de la Campanie, le jour de Noël 1130, lorsque Roger II est couronné une première fois dans l'ancienne cathédrale (pas encore remaniée) par le cardinal Conti, envoyé de l'antipape Anaclète.

Les fortifications sont étendues afin d'englober également les bourgs extérieurs; on crée d'autres portes sur le nouveau périmètre des remparts de la ville: la Porta dei Greci (probablement sur un site différent du site actuel) afin de permettre l'accès à la plage et à la côte; la Porta di Termini, pour l'accès à partir de la route consulaire en provenance de la côte méridionale, et en particulier de Messine; la Porta di Sant'Agata, la Porta di Mazara.

L'extension de la ville était légèrement inférieure aux dimensions du centre historique actuel.

À l'époque arabe, l'arsenal avait fourni les troupes des émirs qui avaient semé la terreur dans les possessions byzantines d'Italie; il fut déplacé de son ancien siège (sur la zone de l'actuelle Piazza Marina), près de la citadelle de la classe dominante musulmane (*al-Khalisa*) sur un site plus stratégique: l'ancienne confluence du Kemonia et du Papireto, déjà partiellement comblée à l'époque. Bien plus imposant que le précédent, ce nouvel arsenal était construit entre l'anse de la Cala et le quartier des marchands, appelé l'Amalfitana (il faut rappeler que les Normands exercèrent une forme de protectorat sur la république maritime d'Amalfi), qui s'était développé à l'extérieur de Bab al-Bahr (porte de la Mer), la plus orientale des portes du vieux *qasr*.

Avec les autres arsenaux construits en Sicile (entre autres, le formidable arsenal de Messine), le grand chantier naval de Palerme contribuera à la création de la puissante flotte royale, principal instrument de pression de la dynastie normande, aussi bien vis-à-vis de la papauté que du Saint Empire romain; cette même flotte sera l'irremplaçable machine de guerre d'une politique extérieure belliqueuse, opposée à la suprématie du royaume de Sicile sur les émirats d'Afrique du Nord et sur l'Empire byzantin des Balkans. Frédéric II devait en perpétuer la gloire en reprenant, de manière substantielle, les ambitieux programmes de la couronne normande de Sicile, aux dépens de ses ennemis, les Hauteville.

Dans la principale tripartition des territoires de l'île, divisée en propriétés directes de la couronne (devenues par la suite territoires de l'État, propriétés de l'église et domaines des barons et des chevaliers), les Normands furent assez avisés pour se réserver une priorité considérable. Mesure qui, en Sicile, à la différence des possessions continentales, permit de déjouer – exception faite des événements de Palerme en 1161 – des pressions ou des séditions, de la part de l'aristocratie terrienne. Cette dernière, qui ne participait pas aux splendeurs palermitaines de l'étiquette royale, continua, en fait, à se sentir insuffisamment protégée dans ses intérêts. Ce fut le cas des groupes de colons lombards immigrés à l'époque de la comtesse Adélasie, en quête de meilleures conditions de vie, et qui

Église San Cataldo, dispositif de transition avec la coupole, Palerme.

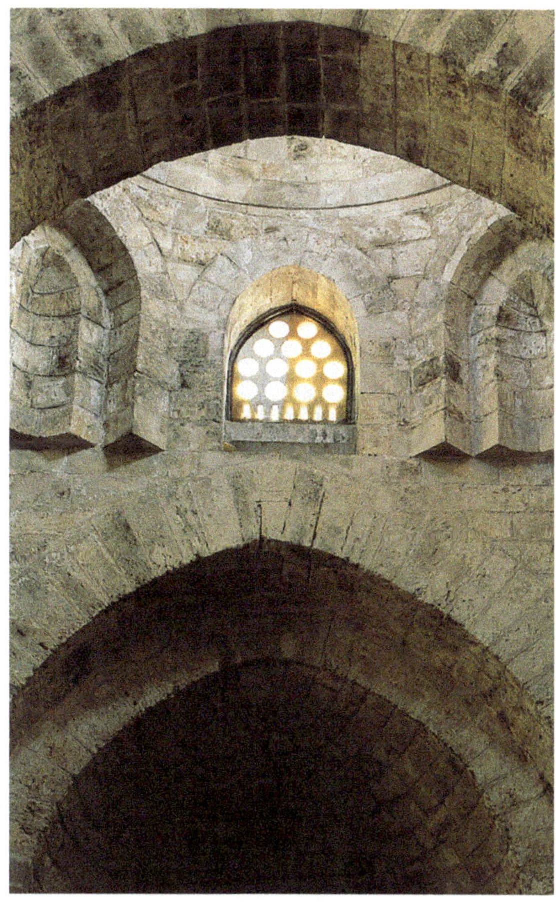

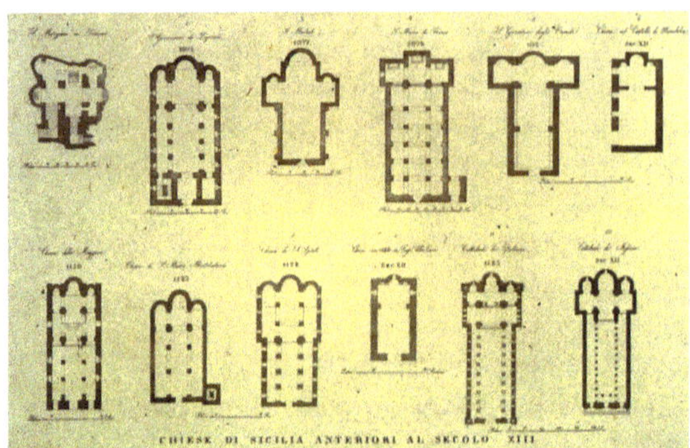

Tableau comparatif des plans des églises siculo-normandes (Lo Faso Pietrasanta, 1838).

avaient vu, dans les communautés agricoles arabes préexistantes, le véritable obstacle à leur affirmation, avec les persécutions qui en découlèrent et qui provoqueront la disparition des musulmans habitant la campagne.

À la cour du palais des Normands, outre les musulmans et à la suite des Normands, les dignitaires et les hauts gradés des hiérarchies militaires de culture grecque (il suffit de penser à Georges d'Antioche et à Maione di Bari), ainsi

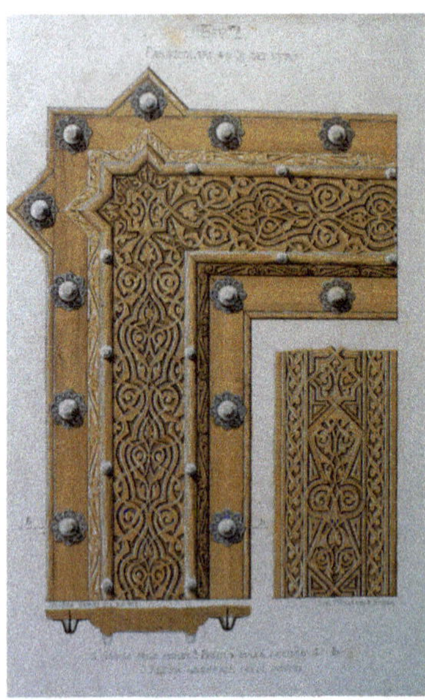

Église Santa Maria dell'Ammiraglio, détail de la porte en bois, Palerme (Di Marzo, 1858).

que les prélats de haut rang provenant de France et d'Angleterre, authentiques véhicules de la mondanité intellectuelle et des développements artistiques au Moyen Âge, contribuaient, par leur présence, au caractère cosmopolite de la capitale et au train de vie luxueux des classes possédantes. La ville suscite l'émerveillement, même chez les voyageurs musulmans les plus cultivés et raffinés, venus de régions du *Dar al-Islam* particulièrement riches et abondantes en modèles culturels. L'Ibère Ibn Jubayr nous en donne un échantillon: durant la Noël 1184, il remarque, non sans étonnement, le climat mondain des festivités, notant avec plaisir (un plaisir aussitôt réprimé, au nom de sa religion) la manière dont les dames chrétiennes se présentaient en public: "Parlant bien, couvertes de manteaux et voilées, elles s'étaient montrées à la fête susmentionnée dans des vêtements de soie mêlée d'or, d'élégants manteaux et des voiles de diverses couleurs; elles portaient de petites bottines dorées et s'avançaient vers leurs églises [...] chargées de tous les ornements en usage auprès des femmes musulmanes: bijoux, teintures, parfums [...]".

À Palerme, donc, la société aisée s'était approprié les comportements, ainsi que les vêtements somptueux des musulmans, tendance qui se manifestait également dans la manière de porter des tissus précieux, peut-être dans certaines coupes de vêtements, et sûrement dans l'orfèvrerie. Cependant, les techniques de fabrication et les répertoires figuratifs des étoffes précieuses tissées à Palerme étaient essentiellement une transposition directe de systèmes et de formulaires byzantins, soigneusement ramenés

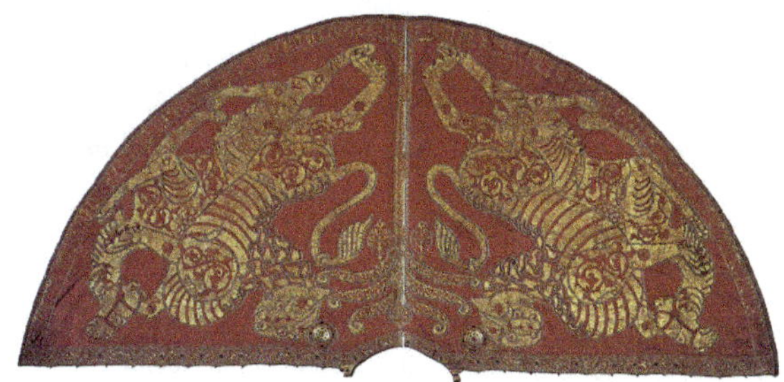

Manteau de Roger II brodé d'or et de pierres précieuses, Kunst-historisches Museum, Vienne (Publifoto, Milan).

à un processus de stylisation des formes naturelles, selon un langage désormais autochtone, qui avait fait sien le souvenir des techniques décoratives celtes (l'un des rares héritages artistiques de la culture apportée par les Normands). Le Tiraz, institué par le roi Roger II au Palais royal, rénovait les traditions artisanales musulmanes; mais, même si les artisans étaient pour la plupart islamiques, l'impulsion donnée à cette manufacture royale avait dérivé du transfert forcé, dans la ville, d'artisans spécialisés grecs, capturés durant la campagne militaire dans les possessions balkaniques de Byzance. L'importance accordée par Roger II à ces tisserands (aussi habiles dans la fabrication des soies simples que dans la fabrication des soies entrelacées de fils d'or et d'argent) était telle qu'il ne voulait pas envisager leur restitution, dans le traité de paix conclu avec l'empereur d'Orient. Parmi les pièces les plus précieuses de cette école de la soie palatine, on conserve à Vienne, au Kunsthistorisches Museum, le grand manteau de couronnement de Roger II (samit rouge orné de broderies d'or et de soie, et d'applications de divers matériaux et de pierres précieuses, avec une inscription coufique sur toute la bordure, exécuté par l'Atelier royal de Palerme entre 1133 et 1134). Ce manteau, soustrait par Henri VI Hohenstaufen en même temps que presque tout le trésor des rois normands (entre autres la célèbre garde-robe de Guillaume II) après le couronnement, à Rome en 1220, de son fils Frédéric II, nommé empereur du Saint Empire romain, devint partie intégrante du trésor impérial, en tant que plus grand attribut de la dignité royale.

L'architecture et les arts figuratifs encouragés par la classe dominante de la cour des Hauteville attestaient une adhésion originale au programme royal d'homogénéisation des diverses composantes culturelles, dans le nouvel État siculo-normand.

Ce n'était donc pas le résultat, passif, de plusieurs influences, mais d'un processus actif de métabolisation syncrétique d'éléments byzantins, normands, islamiques et autochtones: ces derniers, durant le haut Moyen Âge, étaient ressurgis des cendres de la culture siciliote et de la culture romaine locale, sous la forme d'un art provincial archaïsant, mais doté d'une grande force expressive. Les souverains normands et les dignitaires, tout comme les pré-

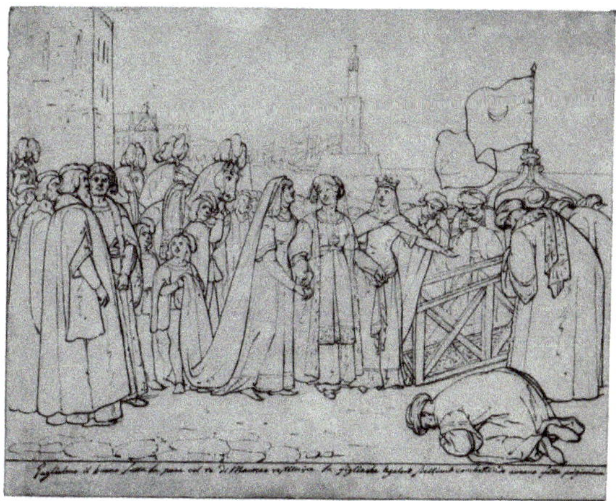

G. Patania, "Guillaume le Bon restitue la fille au roi du Maroc en signe de paix", Galerie régionale du palais Abatellis, Palerme.

lats ecclésiastiques, sûrs d'avoir établi leur suprématie, s'emparent des signes artistiques islamiques et byzantins; ils en transforment les répertoires, les adaptant à un fonds commun, en faisant prévaloir tantôt une composante, tantôt une autre (avec une certaine persistance des motifs nordiques, uniquement dans le décor sculpté), puis déclinent le tout selon des formes autonomes.

Il en dériverait une nouvelle culture sicilienne habile à conditionner ou à adapter les périodes médiévales qui suivirent l'époque normande – souabe, aragonaise et celle liée aux Chiaramonte.

Parmi les édifices palermitains privés, la maison-tour du comte Frédéric, tout comme les œuvres réalisées à l'instigation des familles Chiaramonte et Sclafani, témoignent d'une volonté de fidélité à des modèles culturels locaux majestueux. Les deux églises Santa Maria dell'Ammiraglio et San Cataldo, respectivement financées par les grands amiraux Georges d'Antioche et Maione da Bari, attestent, mieux que toutes les autres œuvres de cette période, la souplesse de ce processus, désormais bien établi, de rencontre et d'amalgame des cultures.

À l'instar des constructions de l'art royal, ces architectures, certes plus limitées dans leurs volumes, attiraient l'attention des voyageurs cultivés au Moyen Âge: ils étaient stupéfaits par cette magnificence due à des commanditaires qui, bien qu'étant de haut rang, n'appartenaient pas à la dynastie régnante.

Ibn Jubayr, en particulier, fut impressionné par la splendeur de l'église voulue par Georges d'Antioche (Santa Maria dell'Ammiraglio) et affirma: "Cet édifice nous offrit une vision telle que les mots pour la décrire font défaut, et que l'on est contraint de se taire, car c'est le plus beau monument du monde [...]. Cette église a un campanile soutenu par des colonnes de marbre... et surmonté d'une coupole, au-dessus de hautes colonnes: on l'appelle 'campanile des colonnes' (*samawa al-sawari*)."

Cependant, c'était l'innovation constituée par la construction de la chapelle Palatine qui avait annoncé une véritable originalité typologique; celle-ci, combinée avec le retour de certaines influences nordiques (déjà perceptibles dans les cathédrales de Cefalù et de Messine), produira le dernier grand cycle de constructions monumentales ecclésiastiques siculo-normandes, érigées durant les règnes de Guillaume II et de Tancrède, à l'intérieur des murs de Palerme et sur le territoire de la Conca d'Oro.

Ce dernier cycle d'édifices révèle la maîtrise d'une plus grande originalité, au point qu'elle constitue une authentique veine "nationale" sicilienne, désormais parvenue à sa maturité expressive. C'est la nouvelle manifestation d'une vieille orientation qui pousse désormais à emprunter, à une sorte de *koïné* normande, des éléments décoratifs et architecturaux, tout en les subordonnant aux techniques et aux systèmes siculo-normands. Nous en avons pour preuve l'abandon des structures à coupole en faveur des toitures et, en particulier, l'utilisation de piliers à section carrée dans le sanctuaire et de formes circulaires dans les nefs, au lieu des inévitables colonnades palermitaines. Le retour aux formes épanouies de l'art de Guillaume II deviendra une véritable politique de l'image dynastique pour Frédéric II (de descendance normande par la lignée maternelle); au XIVe siècle,

ce programme vise à asseoir la légitimité des premiers souverains aragonais, portés à se présenter comme les véritables continuateurs de la lignée monarchique normande et souabe.
La même volonté d'imposer le modèle palermitain dans le territoire sicilien caractérisera les éléments siculo-normands présents dans les constructions édifiées ou remaniées dans les possessions de la puissante famille des Chiaramonte. Celle-ci, au cours du XIVe siècle, créa une sorte d'État dans l'État, avec des ambitions prévisibles de domination, inspirées des modèles normands. Des éléments siculo-normands, qui exaltent parfois des matrices islamiques (mais nous ignorons jusqu'à quel point cela était vraiment conscient), peuvent être relevés dans le palais urbain érigé à partir du XIVe siècle par Manfred Ier Chiaramonte: l'*hosterium* (d'où la dénomination *steri*) dominant la plaine de la Marina (aujourd'hui Piazza Marina), qui offre l'aspect d'un palais royal à caractère militaire, souvenir des *ribats*.
De même, les Sclafani, apparentés aux Chiaramonte, affichaient, en 1330, une détermination similaire en matière de politique de l'image en édifiant, du côté opposé de la ville (sur l'actuelle Piazza S. Giovanni Decollato), une résidence colossale. À la différence de la précédente, celle-ci affichait aussi sur la façade, avec sa trame d'arcs entrecroisés typique du règne de Guillaume II, un désir de continuité idéale par rapport à la culture siculo-normande, que la faction latine de l'aristocratie sicilienne avait élevée au rang de blason culturel afin de l'opposer à la diffusion des modèles apportés par la faction des barons catalans, qui s'était affirmée depuis peu.

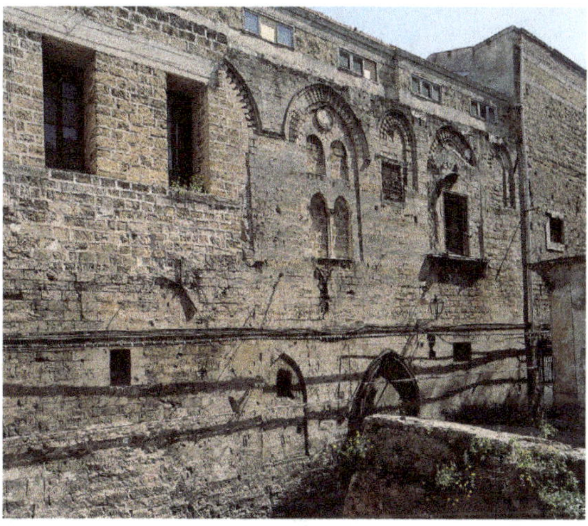

Maison Via del Protonotaro, façade principale, Palerme.

IV.1 PALERME

IV.1.a Maison Via del Protonotaro (maison des Artale)

Piazza Bologni, garer la voiture et continuer le long du Corso Vittorio Emanuele en direction de la cathédrale; tourner à gauche Via del Protonotaro; le monument est situé au n° 2. Visible seulement de l'extérieur.

L'absence d'éléments antérieurs au XVe siècle rend malaisée la datation de cet édifice, souvent identifié, sur la foi de la tradition érudite locale, avec le monastère basilien annexé à l'église primitive de Ss. Salvatore, fondée par Robert Guiscard vers 1073, puis agrandie en 1148 par Roger II. La même tradition voit dans ce monastère le lieu qui aurait accueilli en tant que religieuse Constance de Hauteville; celle-ci en sortit par la suite pour épouser Henri VI Hohenstaufen. On sait qu'en 1440 il appartenait à la famille Artale et qu'il allait devenir le Grand Hospice.

Il semble que les volumes d'origine n'aient pas été modifiés au cours des années, malgré les nombreuses transformations qui en ont altéré l'aspect.
L'édifice le plus ancien se compose d'un corps de plan rectangulaire dont la façade principale donne sur la Via del Protonotaro, une rue très importante pour l'ancien quartier du Cassaro. Cette façade, essentiellement réalisée avec des briques de grès bien taillées, conserve encore les traces des importants dégâts causés par les bombardements de juin 1943, quand l'édifice fut frappé par les décombres du palais Papè-Valdina, situé en face. On peut encore voir l'une des quatre baies, constituée de deux ordres superposés de fenêtres géminées et surmontée d'un arc ogival décoré de motifs géométriques sculptés, avec un oculus dans le pendentif de l'arc. On peut également voir trois fenêtres en ogive, aujourd'hui murées, et les traces d'une fenêtre à plusieurs ouvertures, dont le dessin est semblable à celui de la précédente, murée elle aussi. On remarque une structure plus élevée sur le côté droit, lorsqu'on regarde la façade du corps central; au XVe siècle, une structure semblable devait lui correspondre, sur le côté gauche. Il s'agirait, à l'origine, de tours défensives, comparables à celles construites durant la dernière période du règne de Guillaume II. Les éléments décoratifs, toujours lisibles sur la façade, témoignent de l'adhésion du commanditaire et des artisans à la typologie dominante, en matière d'habitations, pour les familles aristocratiques résidant à Palerme aux XIVe et XVe siècles: celle-ci se caractérisait par la poursuite de la tradition architecturale et décorative de l'époque normande, avec une tendance évidente à l'adoption d'éléments gothiques.

IV.1.b Église Santa Maria dell'Ammiraglio (dite la Martorana)

De la Via del Protonotaro, continuer à pied en prenant, à droite, le Corso Vittorio Emanuele; au niveau de Piazza Villena, tourner de nouveau à droite Via Maqueda, puis à gauche jusqu'à Piazza Bellini où se trouve le monument, situé au n° 3.
Horaires: jours ouvrables 8:00-13:00 / 15:30-19:00; jours fériés 8:30-13:00.

L'église Santa Maria dell'Ammiraglio, plus connue sous le nom de la Martorana, affiche clairement le contraste entre sa façade baroque et la superficie des murs de la première construction normande, aisément reconnaissable grâce aux caractères propres à la culture médiévale sicilienne: le dessin des arcades concentriques à larges ressauts, à l'intérieur desquels sont insérées de petites fenêtres en ogive; la ligne simple et bien dessinée des volumes, les murs appareillés en assises de petits moellons bien taillés, la présence de la coupole, surhaussée par un tambour octogonal prononcé.
L'église doit son appellation la plus courante à la présence d'un monastère bénédictin de femmes, fondé en 1194 par une certaine Héloïse Martorana, à qui le roi Alphonse V d'Aragon attribua l'église. Celle-ci fut érigée à partir de 1143 (jusqu'en juin 1185) sur la volonté de Georges d'Antioche, grand amiral du royaume de Sicile durant le règne de Roger II, en guise d'ex-voto afin de remercier la Vierge de la protection accordée.
Son aspect actuel est dû aux ajouts d'époque baroque, en partie éliminés

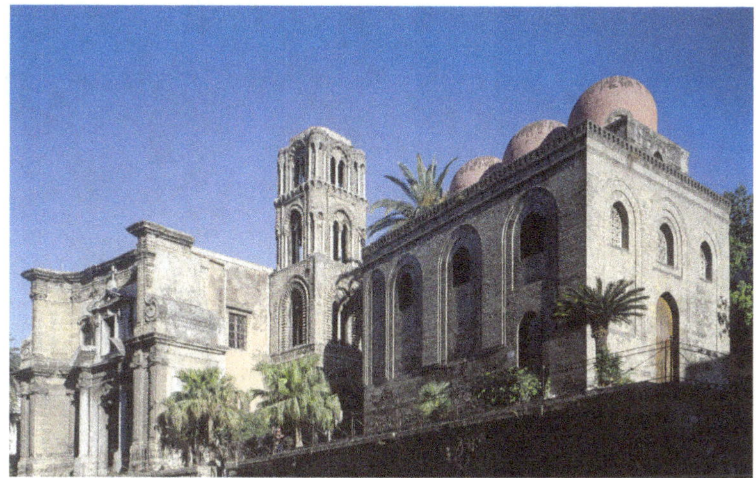

Églises Santa Maria dell'Ammiraglio et San Cataldo, vue générale, Palerme.

par les restaurations du XIXe siècle dirigées par Giuseppe Patricolo (1870-1873). En supprimant quelques notables modifications ultérieures, il est possible, encore aujourd'hui, de restituer son image originelle, celle d'une église en croix grecque inscrite dans un carré, dont les bras de la croix sont voûtés en berceau et les espaces situés dans les diagonales couverts d'une voûte d'arêtes. Au centre, quatre colonnes reliées par des arcs légèrement ogivaux soutiennent un tambour octogonal avec des pendentifs à niches rentrantes, sur lesquels s'appuie la calotte hémisphérique de la coupole. L'abside principale a disparu; il reste les deux absides latérales, signalées à l'extérieur par des volumes semi-cylindriques.

La décoration de mosaïques, à l'intérieur, est extrêmement riche; on peut la dater du milieu du XIIe siècle, et elle a en grande partie survécu aux remaniements successifs. Les panneaux qui la constituent suivent une disposition rigoureuse, correspondant au programme liturgique qui les régit.

Le point central de la composition est le *Christ assis bénissant*, au sommet de la coupole, avec la terre à ses pieds et, répartis sur la voûte de la calotte, quatre anges prosternés, en adoration; à la base de la coupole, une frise en bois de sapin, découverte en 1871, porte une inscription peinte en blanc sur fond turquoise, et dont le texte, admirable exemple de cohabitation entre des cultures différentes, com-

Église Santa Maria dell'Ammiraglio, vue de l'intérieur, Palerme.

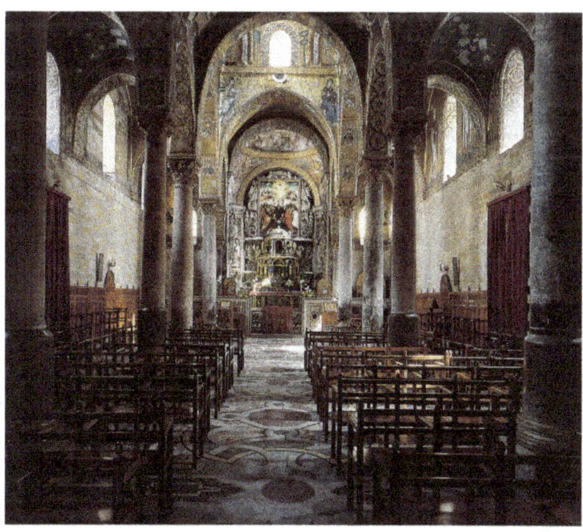

Palerme

Église Santa Maria dell'Ammiraglio, coupole, Palerme.

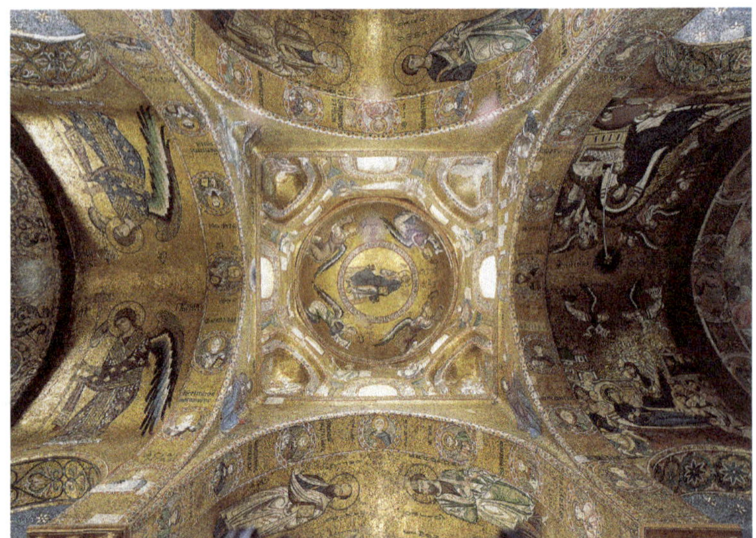

Église Santa Maria dell'Ammiraglio, façade méridionale, Palerme (Di Stefano, 1955).

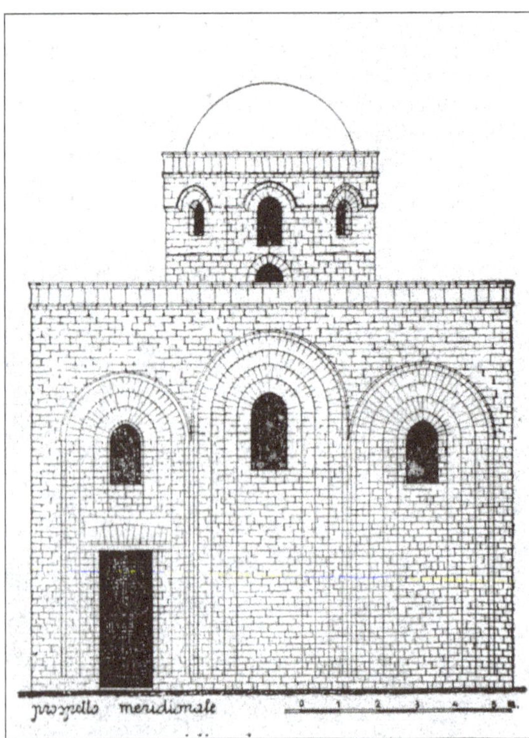

porte un hymne de la liturgie byzantine (le *Sanctus* avec *Hosannah* et *Gloria*) traduit en arabe, la langue maternelle du commanditaire de l'œuvre. Dans le tambour de la coupole figurent huit prophètes, et, dans les niches des pendentifs angulaires, les quatre évangélistes. Sur l'arc triomphal est représentée l'*Annonciation*, à la voûte de la clef la *Nativité*, la *Dormition de la Vierge* et la *Présentation au Temple*. Sur les voûtes en berceau, on peut voir des figures de saints; de la décoration de mosaïque qui ornait probablement l'atrium et le narthex ne restent que deux panneaux intéressants, actuellement placés dans les recoins latéraux de l'extension de la fin du XVIe siècle (à l'entrée): sur celui de droite est représenté *Georges d'Antioche aux pieds de la Vierge*, sur celui de gauche la légitimation de la *renovatio* réalisée par les Hauteville, avec le *Roi Roger couronné par Jésus*.

À l'extérieur, l'église est agrémentée par un élégant campanile de plan carré, érigé durant la seconde moitié du XIIe siècle d'après un dessin à quatre ordres; les deux premiers sont très découpés, les deux autres percés de nombreuses ouvertures. À chaque niveau s'ouvrent de larges fenêtres ogivales articulées par des fenêtres géminées à fines colonnettes. Dans les deux ordres supérieurs, le carré de base est resserré aux angles par quatre tourelles cylindriques, dont la surface reçoit des effets soigneusement étudiés de clair-obscur, grâce à la décoration constituée de petits arcs aveugles reposant sur des colonnettes.

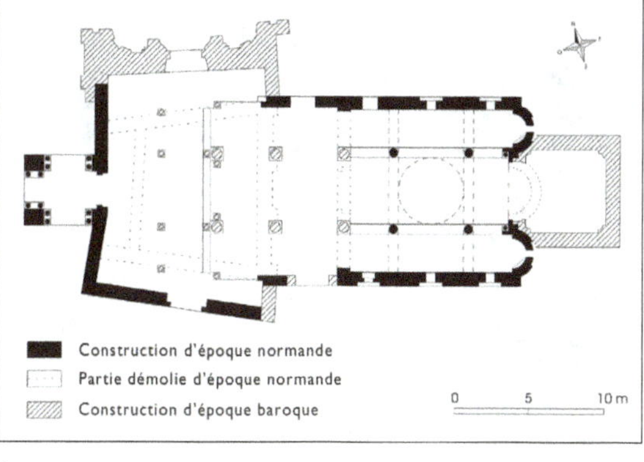

Église Santa Maria dell'Ammiraglio, plan, Palerme (Di Stefano, 1955).

IV.1.c **Église San Cataldo**

Elle est située à côté de l'église précédente. Pour les visites, s'adresser au curé (dans les locaux attenants).
Horaires: du lundi au vendredi 9:00-15:30; samedi 9:00-12:30; jours fériés 9:00-13:00.

Parmi les exemples d'architectures réalisées durant la période normande, cette petite église représente un chef-d'œuvre accompli et mérite un intérêt particulier, en tant que produit typique des maîtres d'œuvre de culture fatimide au service de commanditaires chrétiens. Sa position actuelle, dominant comme d'une acropole la place Bellini, est due à l'abaissement, à la fin du XIXe siècle, de l'ancien niveau de San Cataldo, réalisé afin d'harmoniser la hauteur de la zone urbaine environnante. Habituellement attribuée au règne de Guillaume Ier (1154-1166), l'église devait faire partie d'un complexe d'édifices aujourd'hui disparu,

Église San Cataldo, coupoles, Palerme.

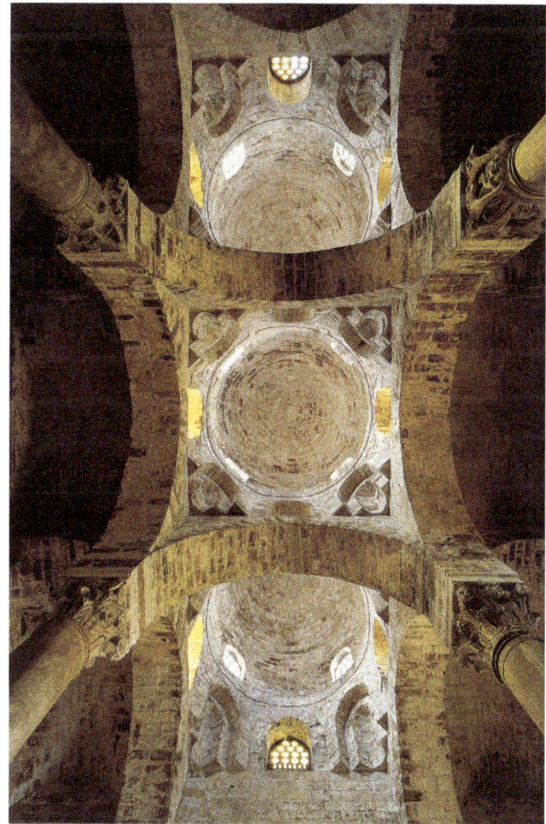

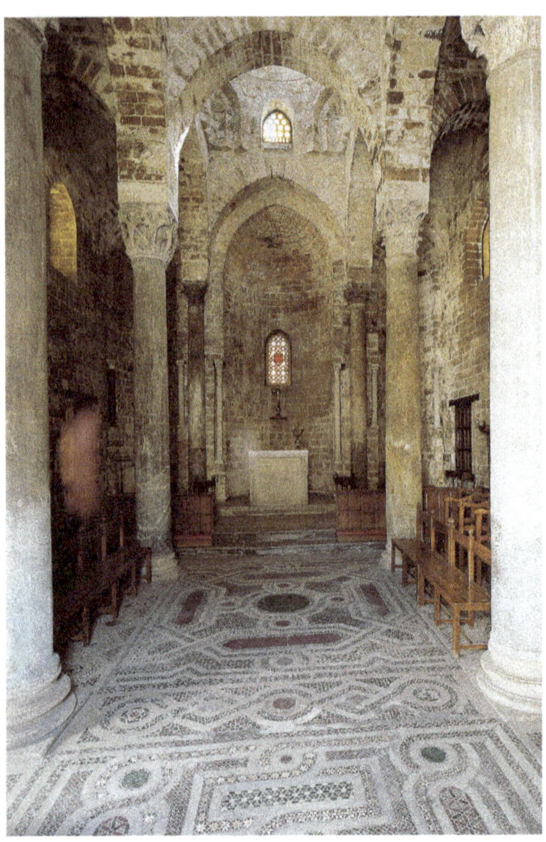

Église San Cataldo, vue de l'intérieur, Palerme.

Église San Cataldo, plan, Palerme.

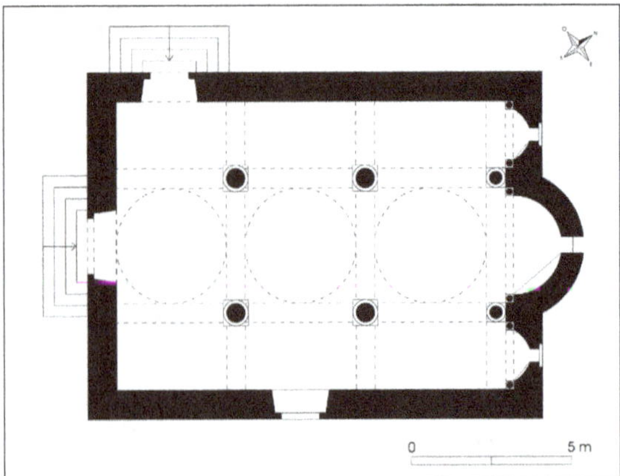

somptueuse propriété de Maione da Bari, amiral puis grand chancelier du roi. Des analogies formelles avec des exemples de l'art roman des Pouilles, surtout avec le Duomo de Molfetta, ont conduit certains chercheurs à reconnaître en Maione le même commanditaire que celui de l'église, durant la période au cours de laquelle il occupa la charge de grand amiral (1154-60), peut-être poussé par un esprit d'émulation par rapport à son prédécesseur Georges d'Antioche, qui avait fait construire l'église voisine de Santa Maria dell'Ammiraglio.

À l'extérieur, l'édifice se présente comme un volume pur et bien découpé, dont les parois sont animées par les reliefs des arcades aveugles encadrant les trois fenêtres ouvertes sur chaque front. Une arcade aveugle de dimensions plus réduites souligne, sur les deux flancs latéraux, la zone de passage entre les nefs et le sanctuaire. Le couronnement de l'église, construite en petits blocs de pierre soigneusement taillée, est constitué d'un crénelage restauré en plusieurs endroits, au-dessus duquel se détachent les volumes rouges hémisphériques des trois petites coupoles couvrant la nef centrale, posées sur un tambour bas et continu dans lequel s'ouvrent de petites fenêtres. À l'intérieur, les trois coupoles correspondent aux trois travées carrées de la nef centrale, resserrée entre deux courtes nefs latérales aux travées voûtées d'arêtes. Les arcs sur colonnes qui, dans le sens longitudinal, délimitent les nefs sont en ogive; quelques chapiteaux sont des remplois provenant d'édifices plus anciens. Le passage du carré du dessin de base à la circonférence d'imposte des coupoles se fait au moyen de raccords angulaires à niches rentrantes. L'ensemble s'achève sur trois absides; les deux plus petites sont tirées de l'épaisseur du mur; l'abside centrale, la plus grande, laisse apparaître à l'extérieur sa paroi semi-cylindrique, unique entorse à la pureté du volume parallélépipédique.

À la richesse du pavement originel, à incrustations de marbre et de porphyre, orné d'une mosaïque dont le dessin souligne les principales lignes composant la structure de l'édifice, s'oppose la simplicité des murs nus, articulés par un système de fenêtres ogivales sur tout le périmètre au niveau des nefs, des trois absides et du portail d'entrée. Il ne reste, des ornements intérieurs, que l'autel et une dalle de marbre blanc ornée d'une croix grecque avec les symboles des quatre évangélistes.

En 1877 commencèrent les travaux de restauration, dirigés au cours des années 1882-85 par Giuseppe Patricolo; l'édifice fut libéré des volumes ajoutés, ce qui permit de redessiner l'extérieur selon les critères de la restauration stylistique. Aujourd'hui, l'église appartient à l'ordre équestre du Saint Sépulcre de Jérusalem.

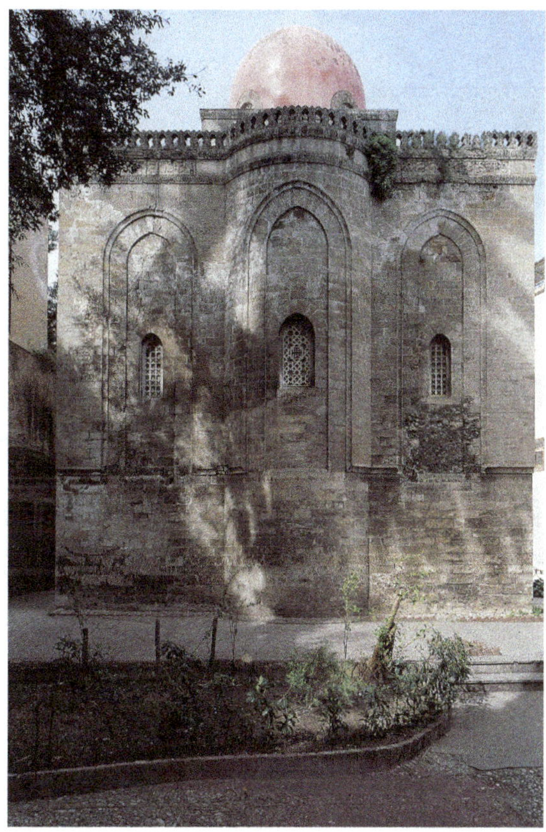

Église San Cataldo, façade absidiale, Palerme.

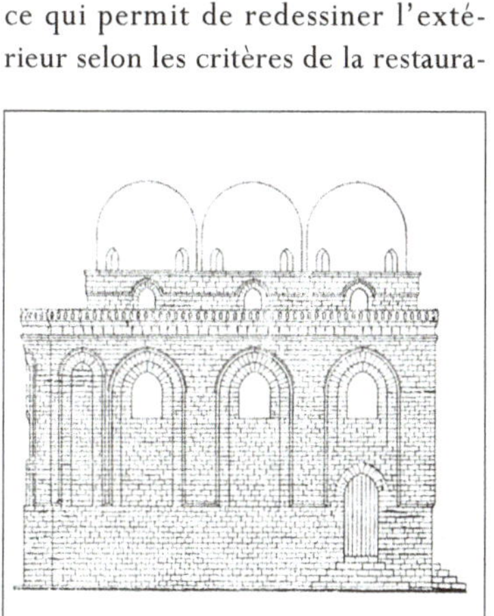

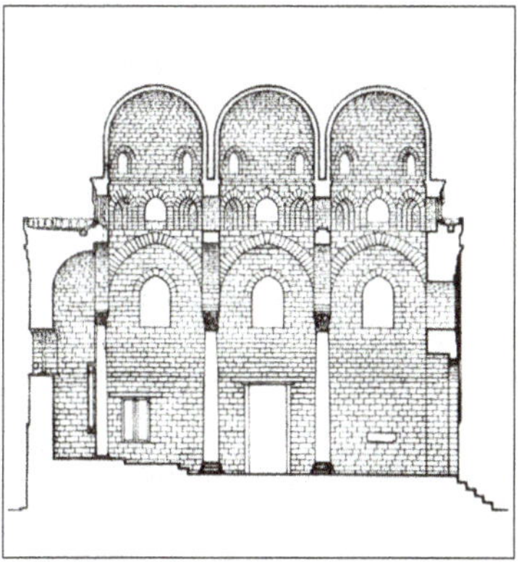

Église San Cataldo, coupe, Palerme (Di Stefano, 1955).

Église San Cataldo, façade nord, Palerme (Di Stefano, 1955).

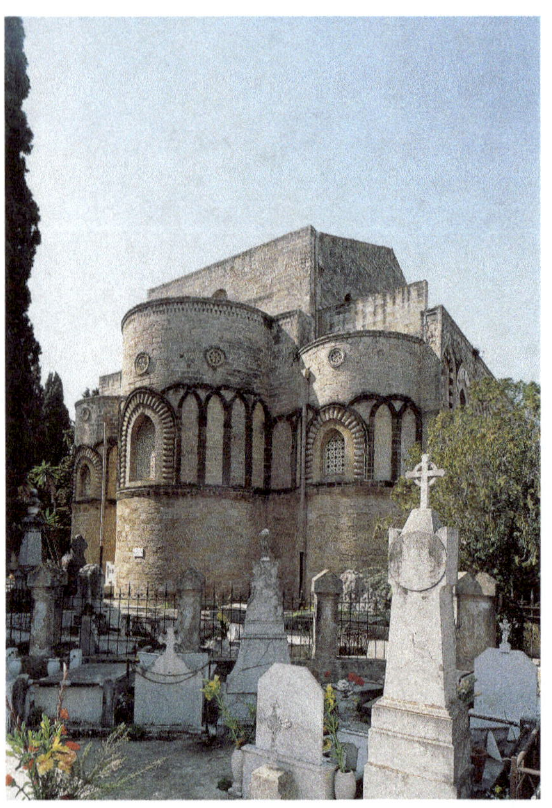

Église Santo Spirito, absides, Palerme.

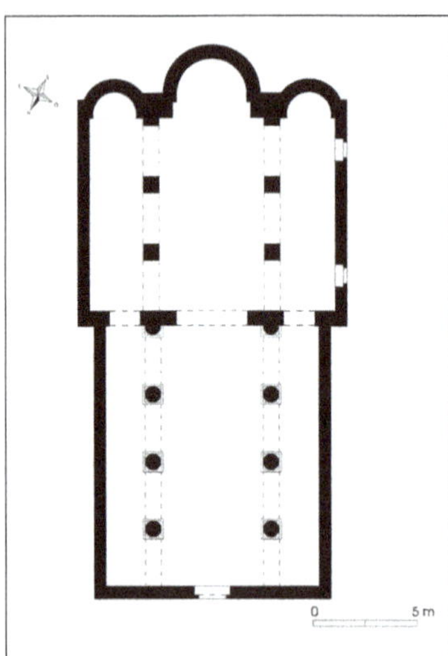

Église Santo Spirito, plan, Palerme.

IV.1.d **Église Santo Spirito**

De Piazza Bologni, en voiture, rejoindre Piazza G. Cesare, continuer en direction de Piazza S. Antonino, Corso Tukory, et tourner à gauche Via del Vespro; franchir le passage à niveau et, une fois dans la Via Paralvecchio, entrer, à droite, à l'intérieur du parking de l'hôpital M. Ascoli. Garer la voiture, se rendre à droite Piazza S. Orsola où se trouve l'accès au cimetière, à l'intérieur duquel est situé le monument.
Horaires: 9:00-12:00.

L'église cistercienne du Santo Spirito, fondée peu après 1170 par l'archevêque de Palerme Gautier Offamilio (1169-1190), doit son appellation plus fameuse d'"église des Vêpres" à l'épisode sanglant qui se déroula sur le parvis, provoquant la révolte populaire contre le règne de Charles d'Anjou. Selon la tradition, l'étincelle qui provoqua la révolte tragique, au cours de laquelle les soldats français trouvèrent la mort, fut les avances d'un de ces soldats à une femme sicilienne qui s'était rendue à l'église pour assister à la messe du Lundi de l'Ange.
La simplification du langage architectural qui la caractérise prend une valeur précise et programmatique dans les constructions de l'ordre des cisterciens à laquelle, à l'origine, avait appartenu le complexe monastique du Santo Spirito. Habitée par les moines provenant de l'abbaye de Sambucina en Calabre, liée à la maison-mère de Clairvaux, l'église fut consacrée en 1179, et passa en 1232 sous la dépendance de l'abbé de Casamari. En 1573, les biens de l'abbaye furent cédés aux moines olivetains, qui en conservèrent

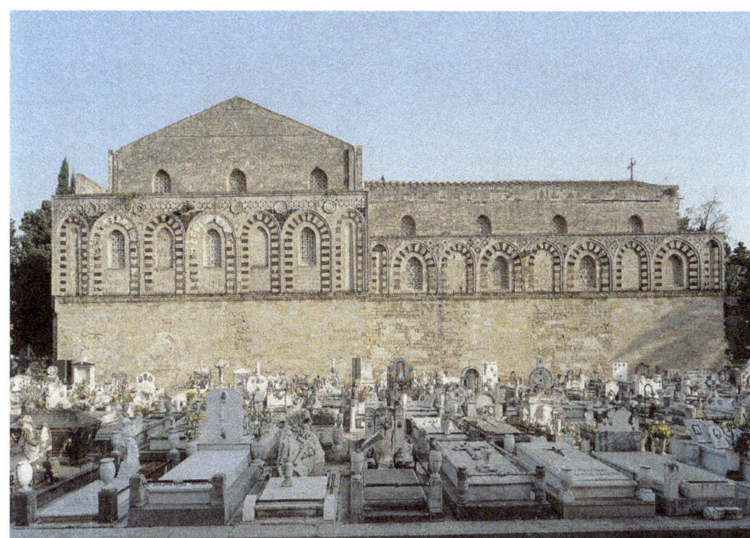

Église Santo Spirito, façade nord, Palerme.

Église Santo Spirito, nef centrale, Palerme.

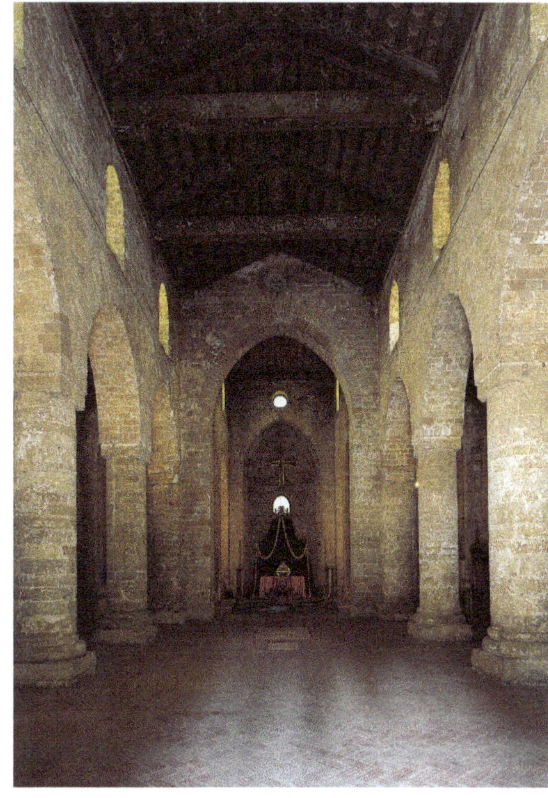

la propriété jusqu'en 1748. En 1783, par la volonté de Domenico Caracciolo, l'église subissait la plus radicale des transformations endurées jusque-là, avant d'être englobée dans le cimetière de Sainte-Ursule, le premier cimetière public *extra muros* réalisé en Sicile. En 1882, dans le climat de festivités pour la célébration du VIe centenaire des Vêpres siciliennes, l'église fut restaurée par Giuseppe Patricolo, qui tenta de rétablir l'aspect primitif de la construction normande en la libérant des ajouts d'époque baroque et des constructions funéraires adossées au périmètre extérieur. Avant la fin du XIXe siècle, on démolit également les vestiges du monastère et ceux du cloître, mais il ne fut pas possible de restituer l'ancienne façade, désormais trop compromise par les transformations précédentes.

Le plan global, assez habituel dans les architectures normandes plus tardives, présente la juxtaposition du corps basilical à trois nefs rythmées par quatre travées, et du plan centré du sanctuaire. La zone du *presbyterium*, qui fait saillie sur les côtés comme s'il s'agissait d'un transept, est divisée en trois par des arcades s'appuyant sur des piliers à section carrée et se termine par trois absides semi-circulaires, lisibles à l'extérieur. Les arcades des nefs, en ogive, sont soutenues par de gros piédroits cylindriques. Entre le corps des nefs et celui du sanctuaire se trouve une nette séparation, soulignée par des pilastres massifs et carrés, sur lesquels s'appuie l'arc triomphal. La couverture consiste en un toit à charpente de bois (résultat de la restauration qui a libéré l'édifice normand des structures ajoutées) aussi bien dans l'*aula* que dans le *presbyterium*, où la ligne de faîte est tournée de 90° par rapport à celle du toit du corps basilical, selon une configuration déjà présente dans les grandes basiliques paléochrétiennes érigées à Rome au IVe siècle. Sur toute sa longueur, la façade nord est parcourue d'une suite d'arcades bichromes entrecroisées (sur lesquelles la pierre claire alterne avec la pierre de lave), aveugles une fois sur deux et avec des fenêtres en ogive. Le front de l'abside est lui aussi rythmé par une série d'arcades entrecroisées, qui entourent les fenêtres, elles-mêmes soulignées par un arc à bossages à boudins saillants. Si les motifs décoratifs reprennent des expériences dans le goût des artisans siciliens, leur interprétation marque une nouvelle orientation et, selon certains chercheurs (Basile, 1975), la configuration du *presbyterium*, ses proportions et son caractère confirmeraient l'hypothèse selon laquelle l'œuvre ne fut pas confiée à des artisans siciliens islamisés. Une considération analogue a été faite en ce qui concerne le corps des nefs, où l'on enregistre un renoncement ascétique à la colonne, forme traditionnelle de soutien, en faveur de piliers cylindriques en maçonnerie, surmontés d'un simple tailloir carré.

IV.1.e **Église Santa Maria della Speranza** (option)

De la Via Parlavecchio, retourner en voiture Via del Vespro, tourner à gauche Corso Tukory, suivre celui-ci et prendre à droite Via Cadorna, puis, à gauche, Via del Bastione; tourner à droite en longeant le palais des Normands, suivre le sens giratoire de Piazza Indipendenza, puis tourner à gauche Corso Pisani et continuer jusqu'à Via Catalano; au n° 122 se trouve l'entrée du monument. Visible seulement de l'extérieur.

La date de fondation est incertaine. Les structures normandes sont au rez-de-chaussée de l'édifice qui les englobe. S'y lisent clairement le portail d'entrée à double ressaut, les deux fenêtres latérales qui le flanquent, et une qui le surmonte, avec divers motifs ornementaux, mais toutes sont ogivales. Le ressaut intérieur du portail présente un motif de baguettes en zigzag, l'extérieur des bossages à boudins saillants. Les fenêtres disposées sur les côtés du portail sont soulignées elles aussi par un double ressaut, avec un plissage denticulé. La fenêtre qui surmonte le portail est soulignée par un encadrement qui enferme une double archivolte avec des baguettes en zigzag. L'analyse de ces motifs a suffi pour que l'on attribue la fondation de l'église au règne de Guillaume II (1166-1189).

IV.1.f Église Santissima Trinità (dite la Magione)

Retourner Piazza G. Cesare en voiture. De là, longer la gare et tourner à gauche, Via Balsamo, puis encore à gauche, Corso dei Mille; tourner à droite dans la Via Lincoln, puis à gauche Via Rao et continuer jusqu'à Piazza Magione où est situé le monument. Entrée libre. Horaires: 9:00-19:00 (en hiver: jours ouvrables 9:00-19:00; jours fériés 9:00-13:00).

À l'intérieur d'une vaste zone urbaine défigurée par les bombardements du dernier conflit mondial s'élèvent le complexe abbatial et l'église de la SS. Trinità dite "la Magione", fondés vers la fin du XIIe siècle (probablement entre 1191, date à laquelle remonte le premier document, et 1193), sur la volonté de Matteo D'Ajello, vice-chancelier de Guillaume II (1166-89) et chancelier sous le dernier roi normand Tancrède (1189-94). Elle fut confiée après sa fondation aux moines cisterciens, qui en conservèrent la propriété pendant quelques années. En 1197, en effet, Henri VI, qui avait fait une entrée triomphale à Palerme trois ans plus tôt, entamant un processus d'épuration féroce à l'égard des représentants de la cour normande, cédait les bâtiments à l'ordre séculier des chevaliers Teutoniques, qui comptaient l'empereur parmi leurs membres. À partir de ce moment, l'église prit le titre de Santa Maria, devenant Mansio (Magione) des Teutoniques; quant aux constructions annexes, elles furent transformées afin de recevoir les habitations des moines réguliers de l'ordre; on y installa aussi un hôpital destiné aux pèlerins partant

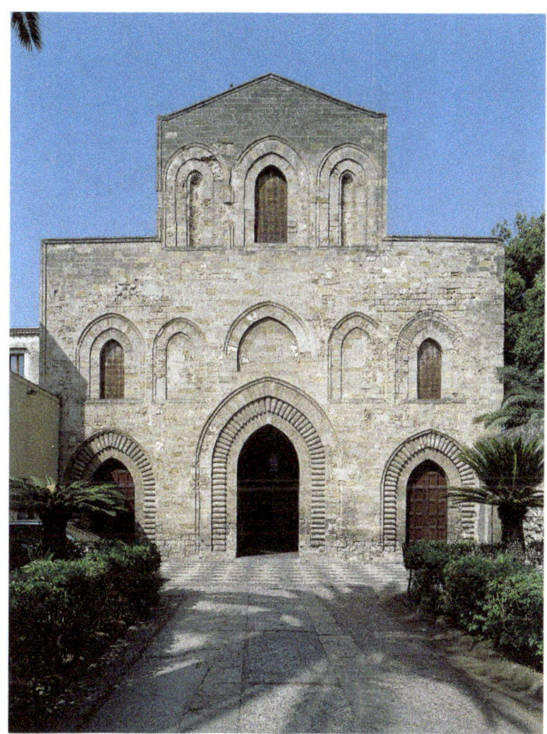

Église Santissima Trinità, façade principale, Palerme.

Église Santissima Trinità, plan de l'église et du cloître, Palerme.

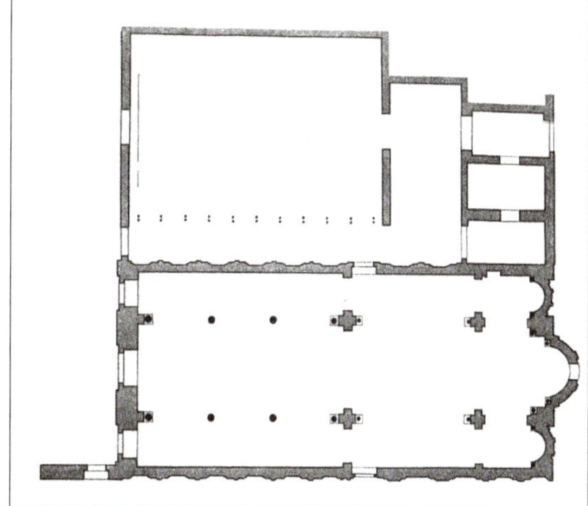

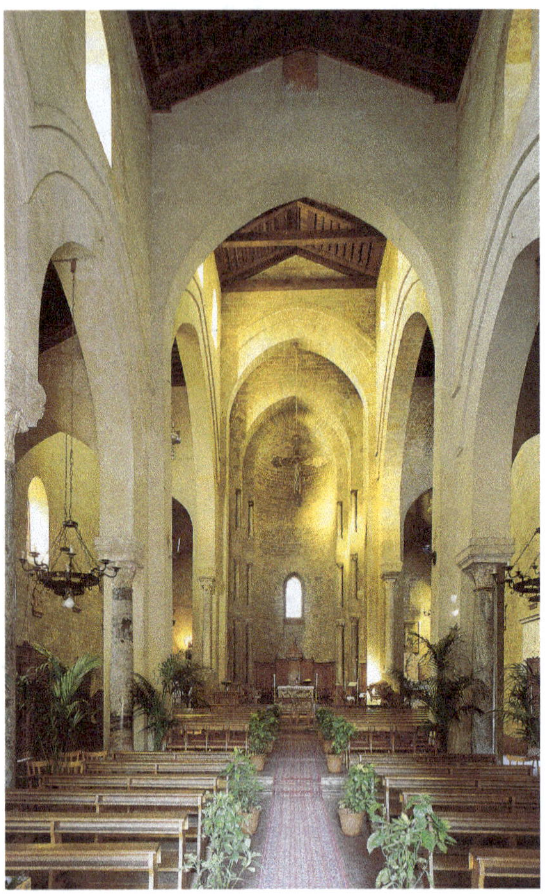

Église Santissima Trinità, vue de l'intérieur, Palerme.

pour la Terre Sainte, ou qui en revenaient. Les chevaliers conservèrent la possession de la Magione jusqu'en 1492, pratiquant, durant presque trois siècles d'occupation, d'importantes transformations, entre autres l'occlusion des galeries est et ouest du cloître, autour duquel se développait l'abbaye cistercienne, quelques surélévations, la construction de nouveaux corps de bâtiment, et la création de nouveaux autels et de chapelles à l'intérieur de l'église. En raison du transfert des chevaliers Teutoniques, la Magione fut élevée au rang de commanderie et gouvernée, durant presque deux siècles, par des abbés commanditaires. Jusqu'à la fin du XVIe siècle, le complexe fit l'objet de travaux d'entretien isolés et de petites transformations, mais à partir de 1601, et durant tout le XVIIe siècle, une intervention de modernisation générale conduisit à la création de nouvelles chapelles et à la restauration de celles qui existaient déjà, ainsi qu'à la réalisation d'un portique.

En 1875 débutèrent les travaux de restauration, qui se prolongèrent jusqu'au début du XXe siècle, dirigés par Giuseppe Patricolo, puis par Francesco Valenti. L'objectif des deux hommes était de retrouver l'image d'origine de la construction d'époque normande. Les restaurations se prolongèrent jusqu'en 1941, mais deux ans plus tard, un bombardement aérien frappa durement l'église de la Magione. La restauration qui suivit, entreprise durant l'immédiat après-guerre, se proposait, une fois de plus, de récupérer une hypothétique image originelle.

L'église présente une stéréométrie rigoureuse en ce qui concerne ses volumes, avec des surfaces encadrées par des corniches rectilignes. La partie centrale de la façade est à double pente; sa partie inférieure comporte trois portails d'accès: un plus grand, au milieu, caractérisé par trois ressauts, dont celui du centre comporte des bossages à boudins saillants; deux portails plus petits sur les côtés, à double ressaut. Au-dessus des portails sont alignées cinq fenêtres, trois fenêtres aveugles au centre et deux ouvertes, sur les côtés, en ogive. Plus haut, une fenêtre est située dans l'axe du portail principal.

La partie postérieure de l'église se termine par trois absides; l'abside centrale est ornée d'arcades entrecroisées bien saillantes, tandis que les deux autres sont à peine esquissées. Sur les côtés de l'église aussi apparaît le motif des fenêtres aveugles avec des arcs à ressauts, avec une définition plus nette des encadrements horizontaux.

Dans son organisation spatiale, l'église unit le plan longitudinal cruciforme et un corps centré à trois absides. Le plan qui en résulte est de type basilical à trois nefs, divisées par de grands arcs ogivaux reposant sur des colonnes à chapiteau à coussinet; l'espace du sanctuaire, constitué d'un transept non saillant, est surélevé, et les colonnes sur lesquelles reposent les arcs doubleaux sont adossées à des pilastres. Des trois absides, la plus grande est encadrée par trois ordres de colonnettes dans des niches. Les couvertures de bois actuelles, en grande partie reconstruites, reproduisent les couvertures d'origine, qui ont subsisté en quelques points de la nef centrale. Sur le sol apparaissent des pierres tombales des chevaliers Teutoniques. Dans une pièce adjacente à l'entrée de l'église, qui servait autrefois de baptistère, on peut voir une belle fenêtre géminée du XIIe siècle, pour laquelle on a réutilisé un fût de colonne avec des inscriptions arabes.

Dans le parement extérieur, réalisé en petits blocs de tuf bien taillés, on peut mieux lire l'important travail de reconstruction que les restaurations du XIXe siècle d'abord, puis celles du XXe siècle, ont réalisé. La façade, en grande partie reconstruite par Francesco Valenti durant la deuxième décennie du XXe siècle, révèle quelques choix arbitraires dus à l'impossibilité de retrouver avec certitude l'aspect d'origine. L'ancien complexe monastique se développe autour d'un cloître (datable de la fin du XIIe siècle) dont il ne subsiste que les galeries nord et sud. Cette dernière, adjacente au flanc nord de l'église, a été presque entièrement reconstruite dans les années cinquante du XXe siècle. Comme à Monreale, on retrouve ici l'ordre des arcades ogivales, avec archivolte à double ressaut et nervure à l'intrados, sur des colonnettes géminées surmontées de chapiteaux de bonne facture, mais les dimensions

Église Santissima Trinità, cloître, portique sud, Palerme.

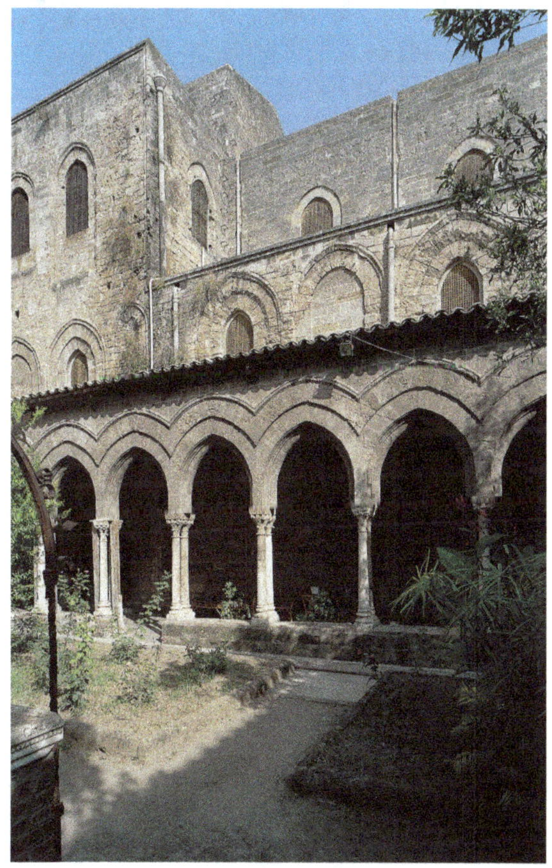

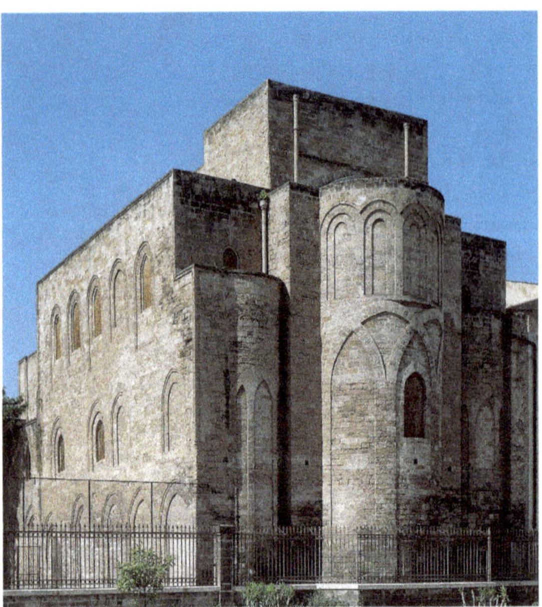

Église Santissima Trinità, vue des absides, Palerme.

et la richesse décorative ne sont pas les mêmes. Entre 1987 et 1990, l'aile nord du cloître et le corps de bâtiment qui la surmonte ont fait l'objet d'une autre campagne de restauration.

IV.1.g Tour maîtresse du Castello a Mare

De la Piazza Magione, retourner en voiture Via Rao; là, tourner à gauche Via Lincoln, prendre ensuite à droite Foro Italico Umberto I; puis, vers le nord, Via della Cala, Piazza Castello et Via dei Barillai jusqu'à Piazza XIII Vittime. Garer la voiture, traverser Via Francesco Crispi et déboucher dans Fondo Patti, où est situé le monument. Visible seulement de l'extérieur.

La tour se dresse à proximité de l'actuel môle trapézoïdal, au nord-est de l'ancien port de la Cala, et présente un plan carré, avec une salle centrale et des niches semi-cylindriques sur trois côtés, entourée d'un mur qui, autrefois, l'enveloppait totalement. Bien que la tour soit incomplète, privée qu'elle est de sa partie supérieure, la typologie défensive est cependant lisible. La partie inférieure est constituée d'un mur à empattement, d'exécution est plus tardive. Elle est surplombée de deux portions de parois verticales, plus homogènes sur les fronts nord et ouest sur lesquels se greffent, de part et d'autre et en position centrale, deux guérites semi-cylindriques, selon une disposition inusitée. Les versants ouest et nord du mur à empattement présentent de larges zones effondrées, bouchées avec de petits moellons; le versant sud, en revanche, se caractérise par de gros éléments de maçonnerie greffés sur la construction médiévale. Sur le front oriental, en haut, on remarque les traces d'un gros arc obturé, tandis qu'en bas s'ouvre l'embrasure d'une porte.

La maçonnerie de l'édifice médiéval est constituée de petits blocs de pierre disposés avec beaucoup de soin, conférant ainsi, aux zones bien conservées, un caractère de finition raffinée. Les maçonneries des interventions successives sont aisément repérables, car elles sont constituées de gros blocs.

La tour se trouve sur une zone encore occupée par des bâtiments commerciaux et des dépôts, qui gâchent un peu la vue du monument et la réduisent. Celui-ci représente pourtant l'un des rares témoignages qui subsistent de l'ancienne forteresse du Castello a Mare, dernier bastion du système défensif de la ville fortifiée. Il s'agissait, très probablement, de l'angle nord-ouest du vieux *castrum-palatium* médiéval, un fort plus petit et plus ancien, situé à l'intérieur d'une forteresse plus grande et plus récente. Selon certains chercheurs, l'installation d'origine, à laquelle se rattachait la tour Mastra, pourrait remonter à la fin du XIIe siècle, mais le premier noyau pourrait dater de l'époque arabe, s'il est vrai que jusqu'au règne de Guillaume Ier (1154-1166), l'édifice incluait aussi une mosquée. Les vestiges retrouvés à l'intérieur de la tour ont également laissé supposer une utilisation primitive de type résidentiel.

Durant la première moitié du XIIIe siècle, peut-être endommagé par des phénomènes naturels, l'édifice fut partiellement démoli et remanié, subissant l'adjonction de nouveaux éléments architecturaux destinés à en améliorer les possibilités défensives, comme les guérites et le mur à empattement.

La configuration défensive s'est vraisemblablement développée à deux moments différents dont le dernier, avec la construction du mur à empattement, pourrait dater de la première moitié du XIIIe siècle, durant le règne de Frédéric II de Souabe. Au cours du XVIe siècle, la partie supérieure de la tour fut démolie, et son périmètre extérieur chemisé par une muraille défensive et relié aux corps adjacents, devenant ainsi une partie d'un complexe architectural enfermé par une nouvelle enceinte, plus étendue que l'enceinte médiévale.

Les démolitions de 1923-1924, réalisées afin d'aménager les nouvelles installations portuaires, réduisirent l'installation à son noyau central et provoquèrent la disparition de toutes les structures élevées. À la suite des bombardements de la dernière guerre, en 1943, une partie des structures supérieures de la tour s'est effondrée. Durant l'après-guerre, à la suite de plusieurs effondrements et dégradations, la partie haute du front oriental a cédé elle aussi: il s'agissait d'un gros arc en ogive, dessiné par un ressaut et souligné d'une voussure en claveaux rayonnants enfermant, en haut, une petite fenêtre, elle aussi ogivale, et en bas, une porte

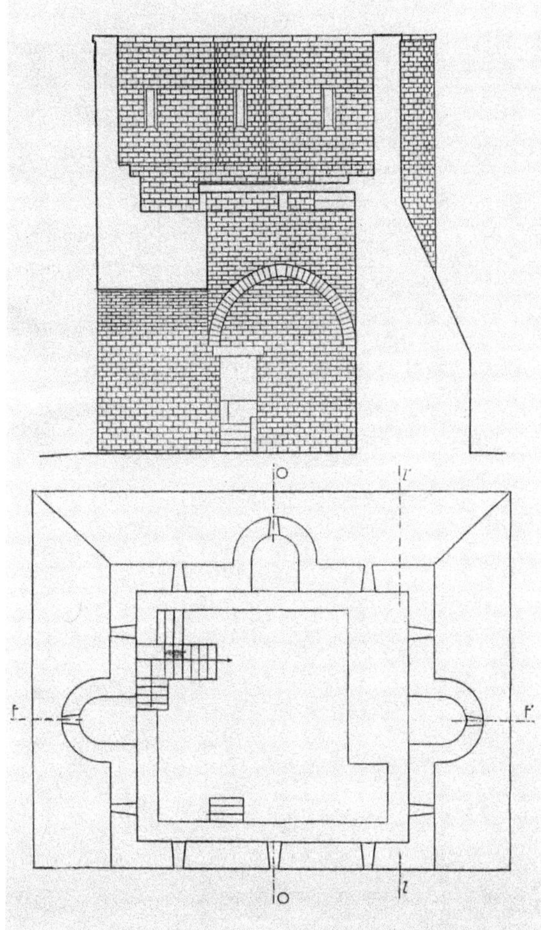

Tour maîtresse du Castello a Mare, coupe et plan, Palerme (Di Stefano, 1955).

surmontée d'une architrave. D'après certains chercheurs, ce type d'appareil architectural et décoratif rappelle l'influence que l'architecture égyptienne fatimide, à travers le Maghreb, aurait exercée sur l'architecture des palais siciliens, aux XIe et XIIe siècles. L'embrasure de l'arc est actuellement murée; en revanche, la porte a été dégagée lors des derniers travaux de fouille et de restauration destinés à mettre au jour les éléments subsistants.

Le Jardin botanique de Palerme
De la Via Lincoln, non loin du carrefour avec le Foro Italico, on accède au Jardin botanique.
Réalisé entre 1789 et 1795, sous les auspices du roi Ferdinand IV de Bourbon et sous la direction scientifique de Giuseppe Tineo, il n'exprime pas seulement la tendance rationnelle adoptée par la science à l'égard des plantes au XVIIIe siècle; il est aussi le résultat d'un projet attentif, dont furent chargés de célèbres architectes de l'époque: Léon Dufourny, puis Giuseppe Venanzio Marvuglia, qui dirigea les travaux de construction des édifices. Le gymnasium, Schola Regia Botanices, avec un herbarium, une bibliothèque et la demeure du directeur, est décoré de peintures de Giuseppe Velasco et de statues de Gaspare Ferriolo.
Les plantes, essentiellement des espèces tropicales et subtropicales, sont environ trois mille et réunies en secteurs divisés par des sentiers, ou dans des serres, des vasques et des installations aquatiques, reflétant les systèmes classificatoires de Linné (dans la partie la plus ancienne, adjacente aux édifices) et les exigences du jardin expérimental.

Giulia Davì

Selon des témoignages désormais abondants, la relation, en Sicile, entre la période normande et les mosaïques n'a jamais été simple et résulte presque toujours d'un compromis. Au sein des différentes situations sur lesquelles peut déboucher la relation entre architecture de type occidental et décoration de type oriental, on peut observer, dans la cathédrale de Cefalù, l'indépendance totale de la structure en maçonnerie par rapport à la décoration de mosaïque, sûrement non prévue durant la phase de conception de l'ouvrage à l'époque du roi Roger, et achevée alors que la construction était déjà avancée. Il semble toutefois que ces mosaïques remontent à 1145, lorsque Roger décida de transformer la cathédrale en mausolée personnel, appelant des maîtres byzantins de formation cosmopolite qui durent travailler, comme nous l'avons déjà dit, sur un espace d'inspiration nordique, mettant ainsi en évidence le syncrétisme culturel et idéologique de Roger au cours des années 1145-1148, tourné d'un côté vers Saint-Denis, de l'autre vers Constantinople.

En ce qui concerne la datation, les figures du quatrième registre offrent une ressemblance avec les saints sur les piédroits des arcs de la nef centrale de la chapelle Palatine, que l'on peut faire remonter au règne de Guillaume Ier (1154-1166), alors que celles des registres supérieurs, sûrement antérieures, utilisent des schémas correspondant à l'évolution de la peinture comnène durant les années 1150-1170.

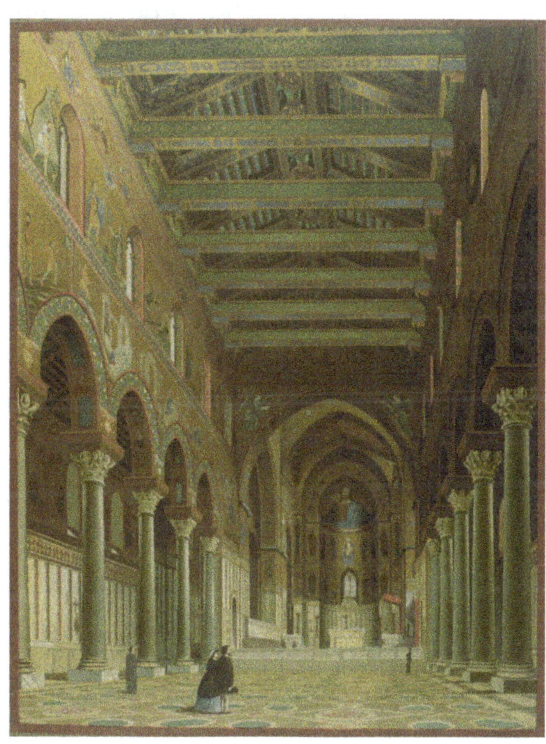

Cathédrale, rue de la nef centrale, Monreale (Gravina, 1859-1870).

C'est à cette phase, un peu plus tardive, que se rattachent les mosaïques de Monreale, lesquelles ignorent le style qui s'était développé durant le règne de Guillaume Ier, et s'inspirent des décorations réalisées à l'époque de Roger. C'est seulement à Monreale que le rapport mosaïque-architecture semble se dérouler à travers une réelle prise de conscience du problème. La décoration de mosaïque de Monreale, désormais ancrée avant la mort de Guillaume II (1189), apparaît comme étant de caractère essentiellement byzantin: les responsables de cette œuvre grandiose ne furent donc pas des mosaïstes siciliens, instruits par des maîtres byzantins, mais des artistes byzantins, imprégnés de culture figurative comnène tardive, voulus par Guillaume II lui-même, dans une vague postérieure à celle de Roger. Dans la cathédrale de Monreale, toute la décoration se développe de manière précise, tant du point de vue stylistique que didactique, et représente le programme iconographique de conception occidentale le plus vaste et le plus organisé, réalisé dans un but de divulgation de la foi.

Cathédrale, nef centrale, première arcade du mur nord, "La Création et le Déluge universel", Monreale (Gravina, 1859-1870).

Le caractère essentiellement syncrétique de la décoration de mosaïques, pendant l'époque normande en Sicile, provient de la confluence de motifs iconographiques occidentaux et byzantins; il s'affirme tout particulièrement dans la décoration de la chapelle Palatine de Palerme où subsiste, par ailleurs, une différence chronologique et, par conséquent, une différence de facture entre les mosaïques de la coupole et du transept, et celles des nefs. Les premières, antérieures à 1143, sont attribuables à des ateliers de l'époque de Roger, alors que les autres sont datables entre 1154 et 1166, et donc, de l'époque de Guillaume Ier, alors qu'aucune des particularités stylistiques de Monreale n'était encore annoncée. Les représentations que nous offrent ces dernières apparaissent donc plus rigides et d'une angulosité plus marquée, par rapport à la plus grande fluidité et richesse de celles réalisées sous le règne de Roger. Du point de vue iconographique, la décoration dispense un discours moral précis, et un appel à l'orthodoxie.

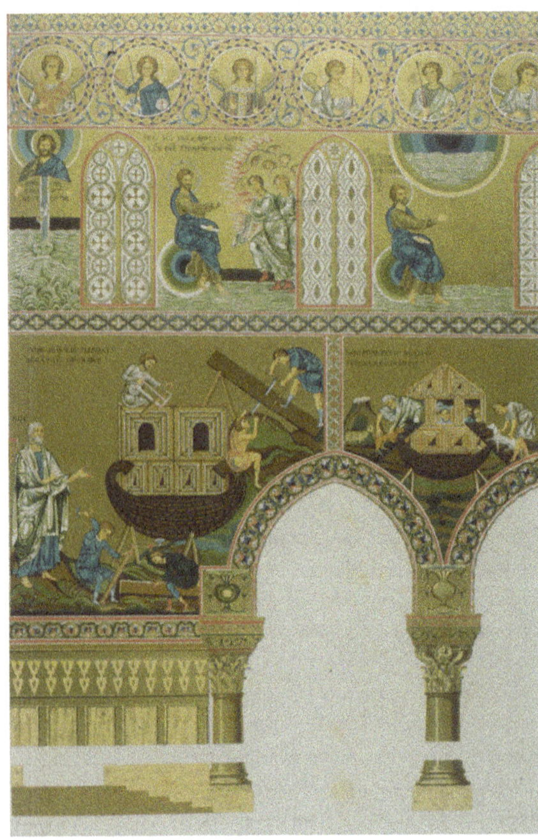

Plus qu'avec celles de l'époque de Guillaume Ier, les éblouissantes mosaïques de Monreale rappellent, de manière plus précise, les mosaïques de l'église Santa Maria dell'Ammiraglio. La décoration de mosaïque, de la même époque que celle, plus ancienne, de la chapelle Palatine, et donc expression des entreprises picturales sous le règne de Roger, peut être datée entre 1143 et 1151.

Le panneau de mosaïque avec des scènes de chasse et des paons face à un palmier, dans la salle de la Fontaine de la Zisa, présente un caractère profane, lié à la représentation métaphorique du "jardin" islamique, comme dans la tradition de l'ancien Orient; il ressemble aux mosaïques de la "chambre de Roger" au Palais royal, surtout à cause de l'encadrement, dans des espaces circulaires, d'images d'animaux qui, par ailleurs, renvoient aux motifs de certains tissus orientaux, comme, par exemple, un fragment persan du IXe siècle (Musée lorrain, Nancy) ou aux incrustations des petits coffrets d'ivoire, de style islamique.

En ce qui concerne le support des mosaïques d'époque normande, il est constitué d'une structure en maçonnerie composée de pierres soigneusement taillées, liées par de fines couches de mortier qui donnent une surface homogène, régulière et polie. Par-dessus ce support étaient posées des couches préparatoires de mortier, généralement au nombre de deux, mais parfois trois ou une seule. L'épaisseur totale des couches, liée à celle du revêtement de mosaïque, ne dépassait jamais 7 cm. La couleur du mortier, comme celle du lit de pose, était claire, parfois blanche, comme dans les mosaïques de Cefalù. La première couche présentait une superficie assez rugueuse, obtenue par les coups de truelle, au moment où elle était passée. La deuxième, le lit de pose, se caractérisait par l'utilisation abondante de paille et de clous. La paille servait à donner de la résistance au mortier, alors que les clous, lorsqu'ils n'étaient pas dus à des interventions de restauration, servaient peut-être à assurer l'adhérence du support de mosaïques sur le mur, même s'ils s'avéraient souvent néfastes à la conservation du support. À Monreale, tout comme dans la chapelle Palatine et dans la cathédrale de Cefalù, le dessin préparatoire est présent partout, et adhérait au verso des morceaux détachés, nettement délimité par les couleurs rouge, rouge foncé, ocre jaune, jaune clair, gris et noir. Selon une méthode bien établie, aux fonds d'or correspondent, sur le dessin préparatoire, des surfaces rouges, couleur qui confère une plus grande vibration aux émaux à la feuille d'or. Les empreintes des tesselles mesurent 1,2 x 1,2 cm, et sont disposées régulièrement, en rangées horizontales. Le noir sous-tendait le noir des inscriptions, le gris présente des empreintes qui renvoient à un tissu de tesselles plus petites, bigarrées et à la trame plus ou moins serrée; le jaune clair servait de guide pour les parties nues des figures, l'ocre correspond parfois à l'étalement de fonds dorés. Lorsque l'on détacha des mosaïques à Monreale, on découvrit une sinopie représentant un livre et une grande aile, dessinée à même le parement mural; cet élément a permis d'approfondir la connaissance des techniques d'exécution dans les chantiers byzantino-normands.

Les panneaux de mosaïques étaient constitués de tesselles en pâte de verre dorées et de tesselles en pierre, pour lesquelles on utilisait des calcaires locaux. En l'état actuel, on ne connaît pas le lieu de production des tesselles en pâte de verre, même si un indice, en faveur d'une certaine continuité dans la tradition, nous est fourni par Masi Oddo, le premier restaurateur des mosaïques de Monreale, "qui cuisait le verre à Monreale". La découverte, par la suite, de plaques de verre inutilisées, dans les cavités des murs et dans des embrasures de fenêtres, ensuite murées, semblerait plaider pour une taille des plaques *in situ*, peut-être même sur les échafaudages.

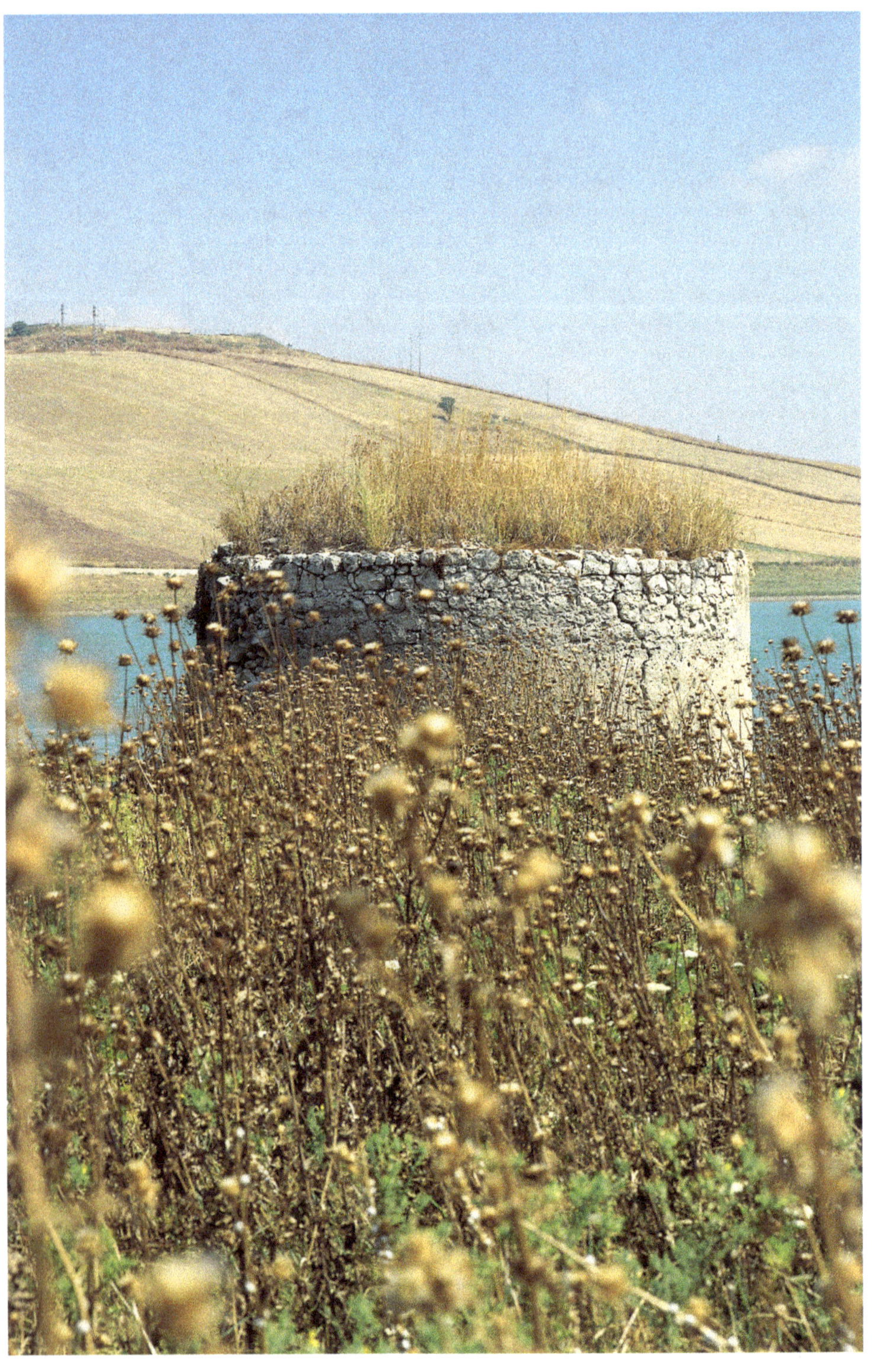

Tissus urbains et fortifications dans le territoire d'Agrigente

Comité scientifique

V.1 MUSSOMELI
V.1.a Château

V.2 RACALMUTO (option)
V.2.a Château
V.2.b Castelluccio

V.3 NARO
V.3.a Duomo Vecchio
V.3.b Château

V.4 AGRIGENTE
V.4.a Quartier Terra Vecchia
V.4.b Cathédrale – Parties normandes (option)

V.5 SCIACCA
V.5.a Absides de la Chiesa Madre (église-mère)
V.5.b Église San Nicolò la Latina
V.5.c Forteresse de Mazzallaccar

V.6 SAMBUCA DI SICILIA
V.6.a Quartier arabe

La fête du Tataratà

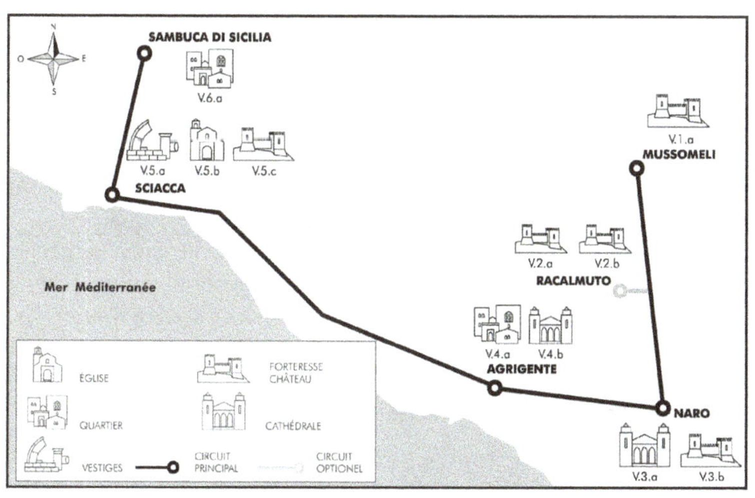

Forteresse de Mazzallaccar, tour d'angle, Sciacca.

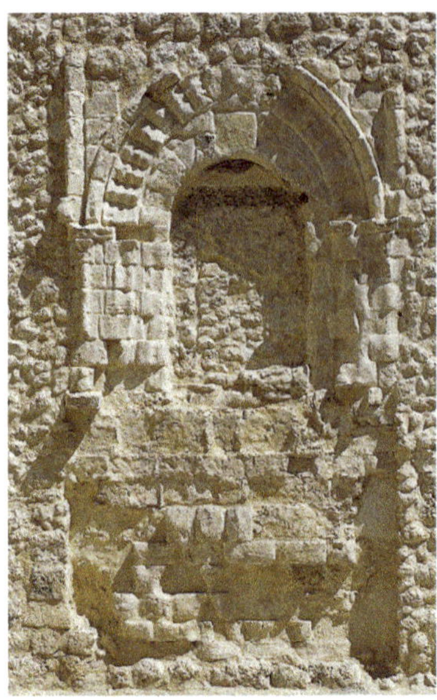

Château, fenêtre, Racalmuto.

Certains des vestiges les plus significatifs de l'époque arabe, en Sicile, se trouvent essentiellement dans les territoires des provinces actuelles d'Agrigente et de Trapani.

C'est une trame constituée de plusieurs éléments: fragments de l'industrie artistique, cycles de constructions présentant des affinités figuratives et typologiques, places fortes, installations urbaines, lieux de mémoire et d'importance historique. Mais cette trame comporte aussi des aspects culturels plus vastes: empreintes linguistiques et toponymiques, persistance de certains mythes à l'intérieur des traditions populaires, traces significatives de la grande réorganisation agraire mûrie à l'époque fatimide, aussi bien sur le plan des techniques que des cultures, et dont l'action de transformation du paysage est encore visible dans certaines zones du territoire insulaire.

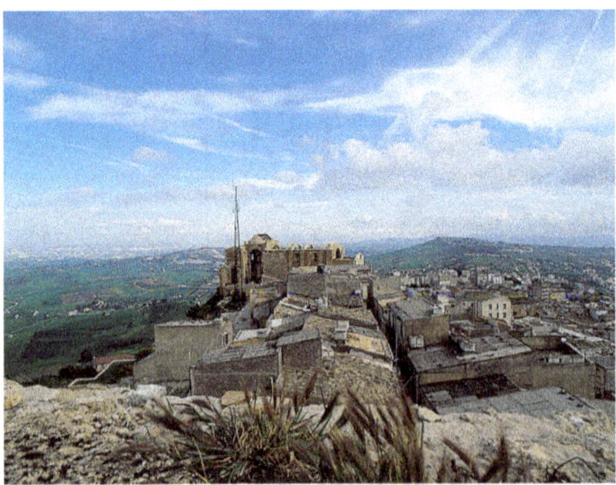

Duomo Vecchio, vue générale, Naro.

Il s'agit de lieux et d'architectures qui témoignent de la stratification de différentes cultures: byzantine, arabe et normande, à travers la domination d'expressions propres à la culture islamique. On découvre ainsi, dans l'art sicilien de cette époque, un système fait de continuité et de discontinuité historique, qui laisse envisager un monde de différences cohabitant à l'intérieur d'un pluralisme composite: celui-ci trouve de nouvelles harmonies dans le syncrétisme d'une composition consciente de ses contrastes.

On peut y reconnaître plusieurs éléments, comme la redécouverte de techniques que les siècles troublés, après la chute de l'Empire romain, avaient fait disparaître; ou la maîtrise des techniques de constructions en maçonnerie dont l'islam est encore l'héritier, malgré d'importantes transformations.

Perdre le souvenir d'une technique, comme celle de la construction des voûtes ou des coupoles, n'est pas aisément réparable. C'est ainsi que la Sicile normande servira de base aux évolutions de l'époque de Frédéric; celles-ci, à leur tour, constitueront l'une des prémisses de la Renaissance italienne.

L'islam joua un rôle de renouvellement et d'élément dynamique dans la transformation de l'aménagement économique des territoires insulaires. L'influence de la culture urbanistique islamique et la formation des installations sont surtout visibles dans les tissus urbains. Leur organisation présente des caractères généraux et se fonde sur quelques éléments essentiels: hiérarchie des routes, des plus larges aux ruelles; distinction entre zone fortifiée et zone résidentielle; articulation de l'habitat entre une zone urbaine à proprement parler (médina) et des bourgs différenciés et distincts (les *rabati* de la toponymie sicilienne).

Le circuit concernant la province d'Agrigente privilégie les sites historiques liés à des événements significatifs de l'époque arabe; il comporte des restes de forteresses et de châteaux, des traces du tissu urbain, des bourgs et des *ribats*, ainsi que les éléments et les syncrétismes repérables dans des édifices postérieurs à la domination arabe.

La création des nouvelles villes islamiques, qui se caractérisent par des fortifications défensives, suit les réformes territoriales, économiques et patrimoniales destinées à garantir de meilleures conditions de vie aux colons maghrébins et aux troupes d'occupation islamiques. Les nouvelles implantations concernent de petites villes dont le nom et les origines sont parfois antérieurs à l'époque musulmane; elles incluent des centres habités, des villes et des lieux où l'islamisation fut plus importante, mais toutes sont rebaptisées par les nouveaux colons arabes, et leur ancien nom réapparaît parfois encore, dans les nouvelles dénominations: Casteltermini, d'origine islamique (littéralement "hameau de Chiudia"); Sant'Angelo Muxaro (avec son *qasr*, Moscaria, conquis en 1087 par les Normands), Raffadali (Rahl-Faddal, "halte de 'Ali"), petite ville où l'on trouve des traces du tissu urbain et des villas arabes; Favara, ville dont le souvenir historique est important, et dont le nom dérive de l'arabe *fawwara*, "source"; Menfi, dont le centre, d'origine arabe, remonte au bourg de Burgimilluso et à une ancienne

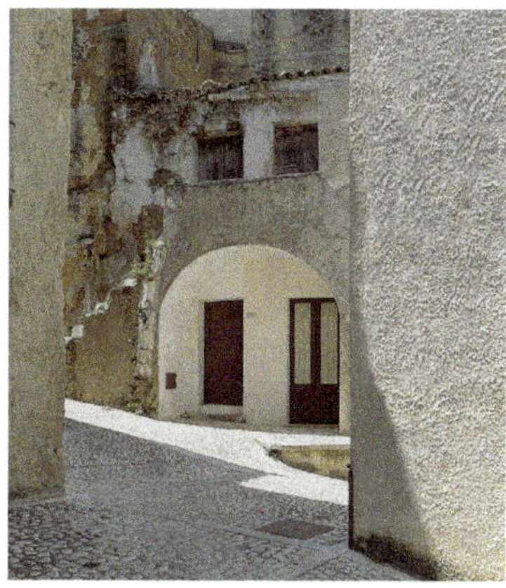

Quartier arabe, vue de l'une des ruelles, Sambuca.

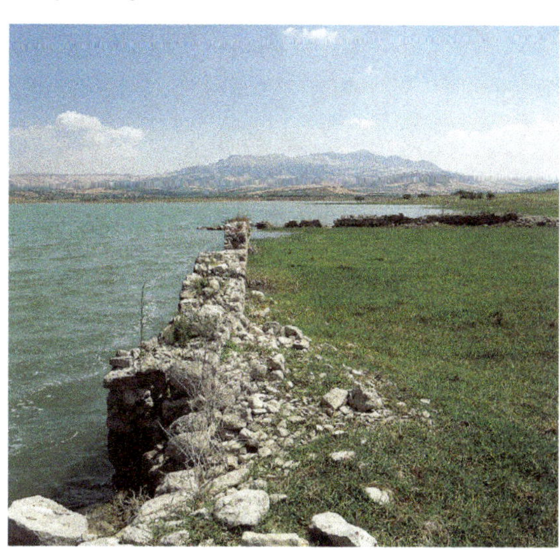

Forteresse de Mazzallaccar, vue partielle, Sciacca.

fortification, reconstruite sous Frédéric; Castabellotta (Qal'at al-Ballut, "Citadelle des Chênes"), ancien bourg d'origine arabe, avec d'importantes traces normandes, Burgio, qui conserve sur son territoire, à huit kilomètres du centre urbain, un témoignage intéressant de l'époque normande: l'église Santa Maria di Rifesi et le couvent bénédictin; Santo Stefano Quisquina, dont l'origine remonte à la fondation d'une villa arabe; Cammarata – elle aussi de fondation arabe – qui conserve les vestiges de l'ancien château et l'église-mère du XIIe siècle, remaniée au cours des siècles suivants.

Mais, afin de garantir les conditions de survie dans les longs trajets de l'île, où les denrées et les marchandises destinées au troc transitaient par caravanes, des auberges (caravansérails, et fondouks dans l'Occident islamique) avaient vu le jour en Sicile. En position isolée, afin d'interrompre un long parcours, ou dans des lieux peu sûrs, elles couvraient généralement une superficie très vaste et offraient souvent un périmètre fortifié, afin de résister aux agressions extérieures.

Château, plan, Mussomeli (Spatrisano, 1972).

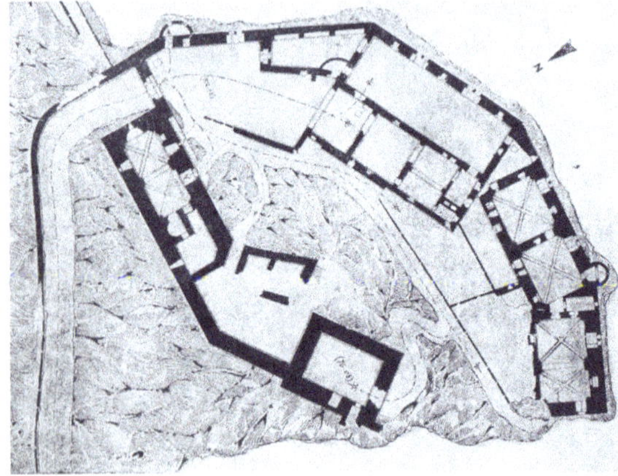

V.1 MUSSOMELI

V.1.a Château

À partir de la rotonde de Via Oreto, prendre l'A 19 en direction de Catane; suivre ensuite la SS 121 en direction d'Agrigente; après 100 km, arrivé à l'embranchement, suivre la direction de Mussomeli. Une fois dans le centre, parcourir Via Città di Siracusa et Via Madonna di Fatima, puis prendre à droite Via della Regione où l'on trouvera les indications pour le château. Informations: Association touristique Pro Loco Mussomeli, tél.: 0934 993373.

Durant la domination arabe, il est probable que l'éperon rocheux sur lequel s'élève aujourd'hui le château ait été utilisé comme poste défensif. Certains historiens ont supposé que le château appelé Qal'at 'Abd al-Mou'min, situé sur un éperon entre Caltavuturo et Platani, assiégé en 866 par l'émir 'Abbas Ibn Fadl, était justement celui de Mussomeli. Les constructions les plus anciennes encore visibles remontent au XIVe siècle, sous la domination (1375-1391) de Manfred III Chiaramonte (d'où l'origine du nom de la ville, Manfreda); mais aucun témoignage architectural direct ne corrobore l'hypothèse selon laquelle elles auraient été érigées de manière à englober et remplacer des constructions préexistantes. Après les persécutions contre la famille Chiaramonte, le château fut acheté en 1392 par le Domaine royal, puis attribué à Raimondo Moncada, comte d'Augusta, représentant de l'aristocratie féodale fidèle à la couronne. La forteresse appartiendra à la famille Lanza jusqu'à la fin du XXe siècle; après les années 90, elle sera ensuite donnée à la commune de Mussomeli.

Le château se développe sur un éperon rocheux aux parois abruptes, exception faite du versant nord, où se trouve l'unique accès extérieur. Les corps de bâtiment, réalisés en pierraille informe, s'adaptent à l'orographie très découpée du rocher; ils se répartissent sur deux niveaux et donnent sur deux cours, l'une inférieure, servant aux écuries, l'autre supérieure, autour de laquelle sont distribués les appartements aristocratiques et différents services. On entre par la première cour rectangulaire à plan trapézoïdal, sur laquelle donnent les écuries pouvant héberger une cinquantaine de chevaux. À la cour est relié un passage coudé conduisant à la seconde cour, fermée au nord par les appartements aristocratiques, et à l'est par un haut mur doté de meurtrières. Sur ce mur se greffe une tourelle circulaire avec un escalier hélicoïdal en pierre qui la relie aux souterrains, sans doute utilisés comme prison. Adjacent à la porte ogivale de la tour, un deuxième arc en ogive encadre une guérite pourvue d'un siège et d'une meurtrière. Sur la façade nord de la cour, un grand arc en ogive donne accès à un vestibule, qui conduit à plusieurs petites pièces de service et à la grande salle des Barons; on passe sous un portail très élaboré, dont les moulures rappellent celles des fenêtres du Palazzo Chiaramonte de Palerme. La salle, de plan rectangulaire et à la couverture plate lignée, est éclairée par deux fenêtres géminées, percées dans le mur sud; elle est reliée à une pièce de plan triangulaire, qui, au moyen d'un petit escalier raide, communique avec une autre pièce analogue, à l'étage supérieur, dite "chambre des Trois Femmes". Au rez-de-chaussée, on accède à la salle de la Cheminée; on passe ensuite dans une deuxième salle surmontée d'une voûte d'arêtes, semblable à la précédente, elle aussi éclairée par une fenêtre géminée. Une petite porte donne enfin accès à une pièce de plan circulaire, qui tenait peut-être lieu de cuisine. Dans l'espace reliant cette pièce et la suivante, une petite salle conduit à un souterrain et à des latrines, dont la porte constitue le seul exemple d'ouverture ogivale trilobée. De la cour, il est possible de descendre dans les locaux souterrains qui s'étendent sous les appartements aristocratiques; certains, éclairés par quelques meurtrières et par des lucarnes, étaient probablement destinés aux logements des domestiques et des hommes d'armes;

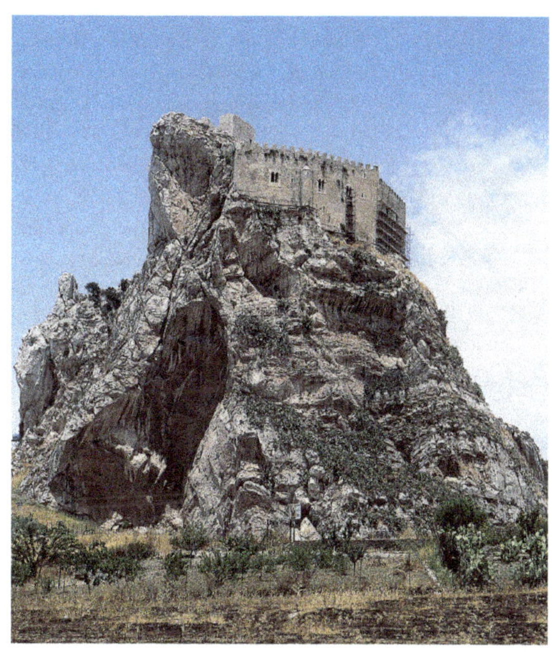

Château, vue générale, Mussomeli.

d'autres, totalement sombres, devaient servir de réserves, de caves et de pièces de service supplémentaires. Toujours dans la cour se dresse la chapelle, dont le portail est orné de nombreuses moulures. Une fois dépassée l'église, on arrive au sommet de la citadelle où s'élève une construction sur plan rectangulaire, avec des parois très épaisses couronnées de créneaux. La restauration la plus intéressante est celle qui fut confiée par la famille Lanza en 1908 à Ernesto Armò; réalisée entre 1909 et 1910, elle concerne essentiellement les constructions entourant la cour supérieure.

V.2 RACALMUTO (option)

V.2.a Château

Retourner à Mussomeli: prendre la SS 121-189 et continuer en direction d'Agrigente. Sortir à Grotte et se diriger vers Racalmuto. Une fois arrivé, prendre à gauche Via F. Villa, puis à droite Via Generale E. Macaluso. Continuer en suivant Via F. Martino et, arrivé au rond-point, prendre Via Roma puis Via Garibaldi afin de rejoindre Piazza Umberto I, où est situé le monument. Parking Piazza Umberto I. Horaires: 9:00-13:00/16:00-20:00.

La fondation du château remonte à la période de la seigneurie des Malcovenant, des Français qui faisaient partie de la suite du comte Roger. Le château fut construit par Robert, premier baron de Racalmuto, en 1087, pour lui servir de demeure. L'édifice fut ultérieurement agrandi en 1181 par la famille Barresi, qui gouvernait Racalmuto depuis 1134 et qui la détint pendant toute la durée de la dynastie normande des Hauteville. En 1296, Frédéric II Chiaramonte restaura le château, endommagé par les soulèvements de 1282, et l'agrandit encore. Enfin, en 1929, le château subit d'importantes transformations, afin d'accueillir le couvent des dominicaines. L'organisation du plan est de forme pentagonale irrégulière. À partir du front principal, à travers un chemin de ronde couvert, on accède à la cour intérieure, autour de laquelle s'articule le vaste complexe de bâtiments dans lequel on peut encore retrouver des vestiges des structures primitives, comme le portail, aujourd'hui englobé dans le parement mural de la cour.

V.2.b Castelluccio

Poursuivre en voiture en empruntant Via Garibaldi, puis Via F. Villa, Via Generale Macaluso, Via F. Martino et Via Roma. Tourner alors à droite et suivre les indications pour Monte Castelluccio. Après 2 km, un panneau signale la route non goudronnée conduisant au monument.
Ce dernier est propriété privée et n'est visible que de l'extérieur.

Aujourd'hui encore, on peut reconnaître dans ces ruines ce qui fut une forteresse, petite mais robuste, solidement établie sur l'éperon rocheux. Entre 850 et 870, les musulmans, parvenus sur le territoire d'Agrigente, s'installèrent dans les environs de l'ancien Casalvecchio, l'englobant partiellement dans leur propre village qu'ils appelèrent Rahl al-Mawt (Racalmuto). L'installation, compte tenu de son emplacement stratégique, dut être dotée d'un château pour pouvoir surveiller les voies de communication avec le bassin des Platani et les zones de l'intérieur. Ainsi, dès le XIe siècle, sur le lieu où se dresse aujourd'hui le Castelluccio, avait été érigée une forteresse appelée al-Minsar, utilisée plus tard par les Normands, remaniée et progressivement agrandie au fil du temps, jusqu'a atteindre la configuration actuelle. La forteresse fut restaurée en 1134 par Abbo Barresi, seigneur de Racalmuto, ainsi qu'en 1229 durant le règne de Frédéric II, comme en témoigne la date gravée sur une pierre du mur sud-ouest. Son plan triangulaire présente des remaniements évidents, qui ont privé la composition de son unité originelle. La partie centrale du complexe est occupée par les vestiges des murs qui délimitaient les vastes salles de forme irrégulière; dans la partie occidentale a été conservée une grande salle trapézoïdale, divisée longitudinalement en trois parties par une série d'arcs en plein cintre. À droite, près d'un puits, un escalier à double rampe permet d'accéder aux salles supérieures et relie aussi à la tour de guet et au chemin de ronde. Sur le côté nord-est, le complexe était entouré de deux rangées de remparts dotés de meurtrières.

V.3 NARO

On a récemment contesté l'étymologie arabe de son nom qui, jusqu'à la fin du siècle dernier, était généralement rapprochée du terme *nar* (feu); par conséquent, le toponyme était traduit par "village du feu". Le nom de Naro dériverait du grec *naron* qui, signifiant "fleuve", expliquerait l'emplacement de l'habitat, près du cours d'eau du même nom.

Le noyau antique de la ville remonte au XIIe siècle, et fut construit sur les vestiges d'un hameau arabe préexistant. Al-Idrisi témoigne de la prospérité de l'établissement à l'époque normande: au milieu du XIIe siècle, utilisant des mots qui expriment une admiration peu commune, il la décrit comme "un bourg important et un centre remarquable, avec des marchés très fréquentés, des industries en pleine activité et une riche foire périodique".

En 1233, Frédéric II l'élevait au rang de ville royale, la qualifiant d'"éclatante" pour son heureuse position stratégique qui lui permettait de dominer un vaste territoire. Ce n'est qu'à partir du XIIIe siècle que fut érigé un rempart à l'intérieur duquel se développa le centre urbain, toujours visible de nos jours.

Durant le Moyen Âge, le bourg appartint à la famille des Chiaramonte qui firent élever quelques-uns des plus beaux édifices de la petite ville. En 1398, Naro fut restituée, par le roi Martin d'Aragon, à sa condition originelle de cité domaniale.

V.3.a **Duomo Vecchio**

Reprendre, en voiture, la direction de Racalmuto. Au premier carrefour, prendre la direction d'Agrigente et au second, prendre la SS 640 Caltanissetta-Agrigente. Sortir à Naro, tourner à gauche et emprunter la SS 122 en direction de Castrofilippo. Une fois traversé le village, suivre les indications pour Naro en prenant la SS 410 et, arrivé dans l'agglomération, continuer en direction du centre. Laisser la voiture Via Cavour et suivre Via Dante; prendre sur la droite le grand escalier pour accéder au Duomo Vecchio.

Visite sur rendez-vous; contacter les services culturels de la mairie, tél.: 0922 953013/956368.

Naro

Duomo Vecchio, portail, Naro.

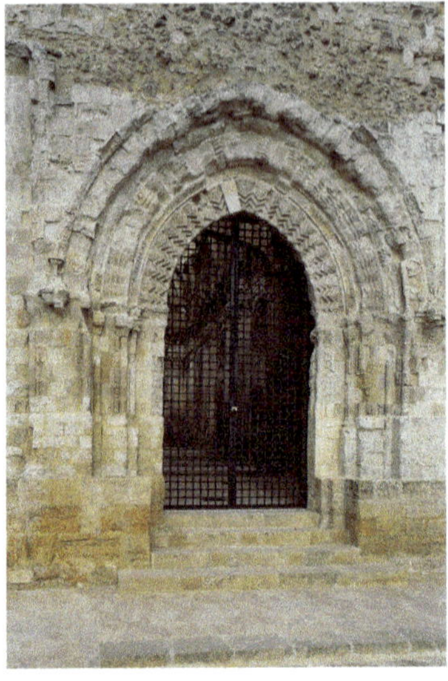

La date de fondation de la cathédrale est incertaine. Rocco Pirri (1735) en attribue la construction à Matteo Chiaramonte, mais certains documents en attestent l'existence dès l'époque normande, là où s'élevait, suppose-t-on, une mosquée. On sait, en effet, qu'en 1174, une fois abandonnée l'église grecque de San Nicolò, on construisit la première église chrétienne. Plus tard, à l'époque angevine, elle fut enrichie et agrandie, et consacrée le deuxième dimanche de mai, en 1266.

Duomo Vecchio, plan, Naro.

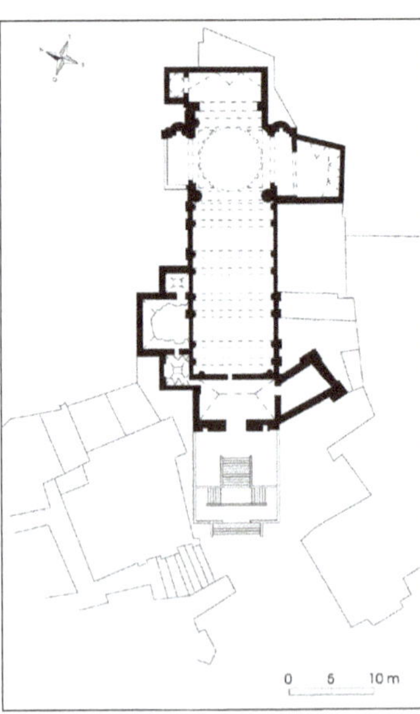

Ayant perdu son rôle de matrice pour la fondation de la nouvelle église de l'Annunziata (1619), le Duomo Vecchio connut des travaux de transformation (1771-1788) qui en modifièrent l'aspect en fonction du goût baroque.
Il conserve l'implantation générale de la période normande, en croix latine à nef unique, précédée d'un vestibule moins haut; dans le mur, à droite de l'entrée, se trouve une niche du XIVe siècle. Le volume du sanctuaire est flanqué de la *prothesis* et du *diaconicon* qui, en saillie par rapport aux murs de la nef, constituent le bras transversal de la croix. Situé de manière spectaculaire au sommet d'un grand escalier, l'édifice offre une façade principale tournée vers l'actuelle Piazza Duomo; cette façade se caractérise par un portail fastueux, restauré dès 1818 et surmonté d'une rosace, actuellement murée. L'entrée, dotée d'un arc ogival de l'époque des Chiaramonte, est soulignée par plusieurs arcs à ressaut décorés de lignes brisées, de bandes plissées et de rinceaux, reliés par des corniches sculptées de casets, de filets et de bâtons; les piédroits sont rythmés par des colonnettes. À l'origine, la nef était couverte d'une voûte en berceau qui n'existe plus aujourd'hui; la coupole hémisphérique, à la croisée du transept, est elle aussi en mauvais état. L'absence de parement mural, correspondant à l'emplacement du *presbyterium*, caractérise aujourd'hui le flanc nord de l'église.

V.3.b **Château**

Continuer à pied en allant de l'escalier à Via S. Antonio, afin de rejoindre le château, ou reprendre la voiture et continuer le long de Via Archeologica, où est situé le château.
Visite sur rendez-vous; contacter les services culturels de la mairie, tél.: 0922 953013/956368.

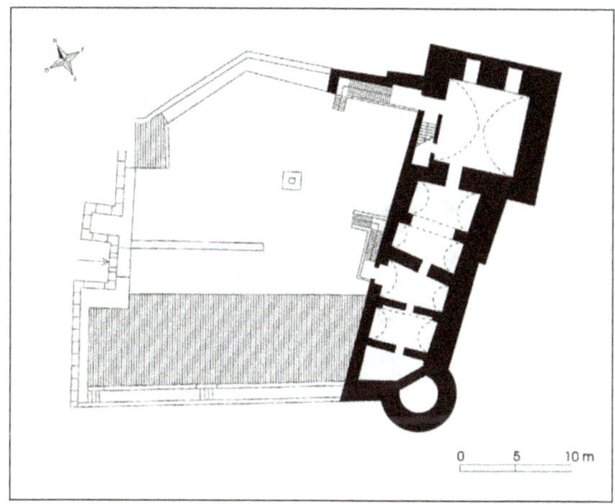

Château, plan, Naro.

Le château de Naro, de plan quadrangulaire, est situé à l'intérieur du quartier médiéval. L'état actuel des structures en maçonnerie ne permet pas de reconnaître les modifications subies par l'édifice à différentes époques, et les hypothèses concernant son origine sont multiples, même si les chercheurs sont d'accord pour faire remonter le premier noyau au IXe siècle.
Demeure émirale, la forteresse musulmane fut radicalement transformée vers 1233, sous Frédéric II, et modifiée ultérieurement par Matteo Chiaramonte vers 1366, année où il obtint la seigneurie de Naro. L'entrée de l'édifice, située sur le côté ouest du périmètre fortifié, est flanquée de deux bastions, qui en constituent les postes de défense, avec le chemin de ronde qui les relie. À gauche de l'entrée se dresse une tour circulaire; en

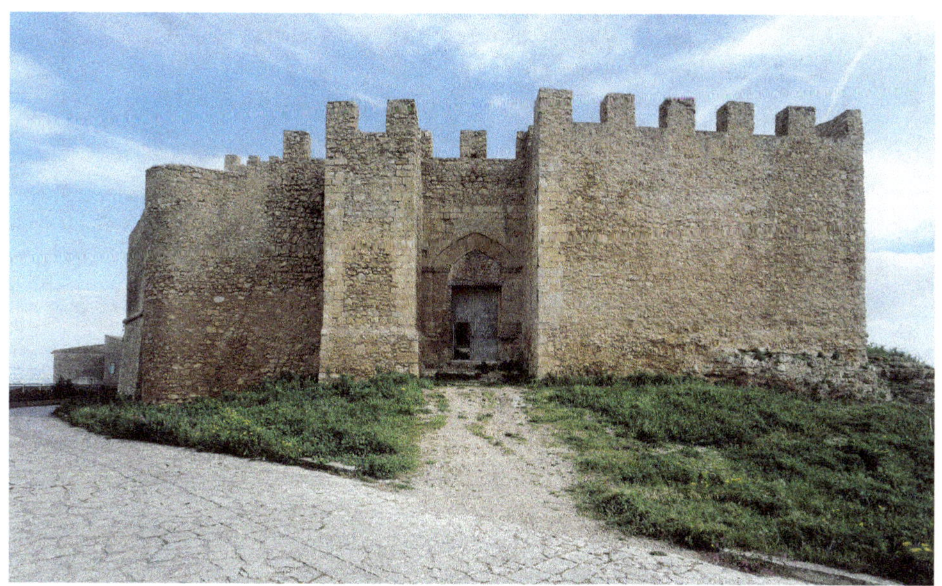
Château, vue générale, Naro.

Naro

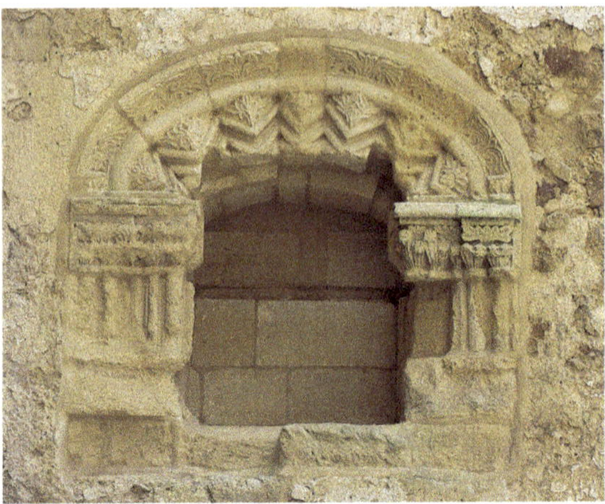

Château, fenêtre, Naro.

position diagonalement opposée se trouve la tour de l'Horloge qui, au vu de sa structure en maçonnerie différente, semble antérieure au reste de la construction. Le portail, surmonté d'un arc en ogive construit entre 1400 et 1500, donne accès à la cour, au centre de laquelle se trouve une citerne. Deux côtés de la cour sont occupés par des écuries, des salles d'armes et les habitations des soldats. Au sud-est s'impose la tour carrée, massive, dont la construction – vers 1330 – est attribuée à Frédéric III d'Aragon. À l'intérieur de la tour, une seule salle conserve encore sa structure d'origine; elle est appelée "salle du Prince" et est accessible par la cour au moyen d'un escalier de pierre extérieur à deux rampes. Cette pièce est couverte d'une voûte en berceau légèrement brisé, renforcée par un arc doubleau reposant sur des pilastres semi-cylindriques avec une base semi-octogonale; elle possède aussi un portail dont l'arc présente, sur les piédroits, quatre colonnettes de marbre et une voussure ornée du traditionnel motif de baguettes en zigzag.

La Scala dei Turchi (l'escalier des Turcs)
En se dirigeant vers Agrigente, on traverse une vallée caractérisée par la présence de nombreux champs d'oliviers sarrasins, de "... cet olivier [comme l'écrit Leonardo Sciascia], au tronc noueux, tordu, plein d'obscures crevasses; il semble torturé, et on croirait presque entendre ses gémissements".
Une fois quittée la nationale pour la route de Porto Empedocle, à l'est vers la mer, entre la départementale et la plage, on trouve une paroi continue de collines de craie qui, par suite de leur configuration singulière, est appelée "Scala dei Turchi" (escalier des Turcs). Ces collines offrent un spectacle grandiose, dû à un phénomène d'érosion provoqué par les eaux et par les agents atmosphériques qui ont creusé de profonds sillons dans la paroi marneuse, blanche et abrupte. L'imagination populaire a relié ce lieu aux incursions des pirates, aux XVe et XVIe siècles. Par ailleurs, la falaise est entourée de petites baies pleines de charme.

V.4 AGRIGENTE

L'agglomération fut fondée vers 580 av. J.-C. par un groupe de colons de Rhodes venus de Gela, sur un territoire habité dès la préhistoire. La petite ville connut une première période de splendeur sous le gouvernement du tyran Théron, vers 490 av. J.-C., et Timoléon ne la refonda que 70 ans après sa destruction tragique. À partir de 210 av. J.-C., elle passa sous la domination de Rome.
La décadence de l'Empire romain provoqua une réduction démographique

importante uniquement freinée par l'établissement, à l'époque byzantine, de l'un des treize évêchés suffragants de Syracuse, qui poussa les habitants à se retrancher sur la colline de Girgenti.
En 828, elle fut conquise par les Arabes qui, selon certains chroniqueurs de l'époque, y commencèrent la construction de nombreuses mosquées. À Kerkent s'installèrent plusieurs tribus berbères, au point qu'elles la reconnurent pour capitale, et, en 937, ces mêmes tribus, alliées avec les Byzantins, se révoltèrent contres les Fatimides et leur régime fiscal, subissant une répression sanglante. Le géographe Yaqut, à la fin du Xe siècle, la mentionne en tant que simple *balad* (village).
En 1087, elle fut prise par les Normands qui y installèrent de nouveau leur évêché, la dotant de vastes propriétés. Al-Idrisi en exalte le rôle de port commercial, et affirme que "ses palais dépassent en hauteur ceux d'autres villes, et constituent une véritable séduction pour ceux qui les admirent". L'importance économique de la petite ville se confirma ainsi, à cause de ses liens naturels avec l'Afrique du Nord, et, pour la même raison, elle fut choisie comme centre de rassemblement des derniers Siciliens fidèles à l'islam et rebelles à Frédéric II de Souabe qui, en 1254, décidait leur expulsion définitive de l'île.

V.4.a Quartier Terra Vecchia

Reprendre la voiture et continuer vers la SS 576 pour rejoindre la SS 115, direction Agrigente. À l'entrée de la ville, suivre d'abord les indications pour la vallée des Temples, puis celles pour le centre. Depuis Piazza Stazione, suivre les indications pour Via Duomo; au bout de celle-ci, garer la voiture Piazza Don Minzoni. On empruntera ensuite une des ruelles qui, de Via Duomo, pénètrent à l'intérieur du quartier Terra Vecchia.

L'organisation du quartier le plus ancien, appelé "terra vecchia", sur le site où s'élevait la médina, présente un grand nombre de stratifications, dont la plus ancienne que l'on puisse identifier remonte à l'époque normande; toutefois, elle permet de distinguer en plusieurs endroits, sinon les traits berbères originaux, tout au moins un tissu urbain fortement marqué par les influences culturelles et sociales de la civilisation maghrébine. Les unités de construction se regroupent essentiellement autour

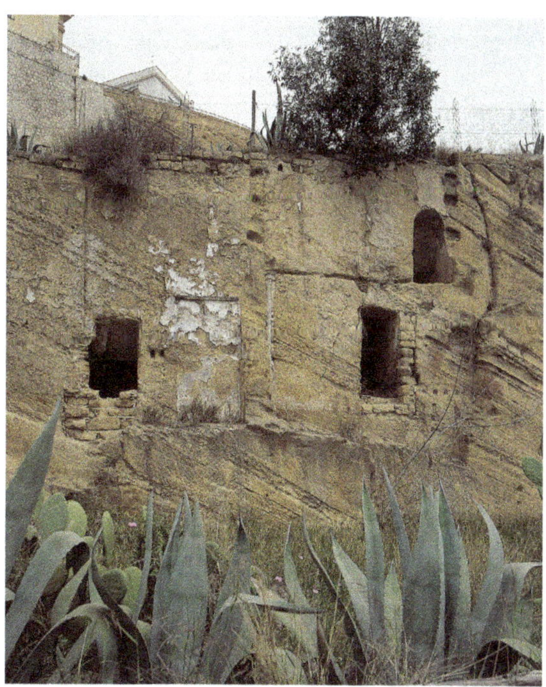

Quartier Terra Vecchia, paroi rocheuse, Agrigente.

des cours, auxquelles on accède par de petits passages voûtés, qui protègent la vie de la cour elle-même, rendant l'espace plus privé que public. Dans les villes berbères, ce type d'installation correspondait à diverses exigences, comme la nécessité de se protéger du sirocco, atténué par la forme labyrinthique des passages, voûtés ou découverts, qui forment le tracé des ruelles.

V.4.b **Cathédrale – Parties normandes** (option)

Retourner à pied Via Duomo, où est situé le monument.
Horaires: 9:30-12:30/16:00-18:00.
Fermé le dimanche.

La construction de la cathédrale d'Agrigente fut commanditée vers 1093 par Gerland de Besançon, nommé par le comte Roger évêque du diocèse d'Agrigente nouvellement fondé (puis canonisé et devenu patron de la ville). L'église, élevée à proximité du château par crainte des Sarrasins qui habitaient encore la ville, consacrée en 1099 à Marie et à l'apôtre Jacques, était constituée d'une *aula* et de la tour du Levant, réalisée au-dessus de la chapelle de saint Barthélémy. Elle entrait dans la typologie de l'*ecclesia munita*, avec un caractère à la fois cultuel et défensif; à Agrigente, elle dominait et parachevait le complexe fortifié. La cathédrale est un précieux témoignage d'expressions artistiques différentes, mais les caractères originaux d'époque normande ne sont plus lisibles aujourd'hui; il ne subsiste des traces de l'architecture de cette période que dans l'organisation générale et, vraisemblablement, dans la partie constituant la base de la tour contiguë au transept, dite "de l'Horloge". Cette dernière, encore bien conservée aujourd'hui, est réalisée avec des blocs de tuf bien taillés, mais en ce qui concerne son origine, certains chercheurs (Di Stefano, 1955) avancent l'hypothèse selon laquelle elle aurait été construite en l'espace de trois ans par l'évêque Gautier (1127-1141). À l'intérieur, il est possible de reconnaître, dans les colonnes à base octogonale, le style "gothique-chiaramontain". La riche décoration picturale, sur le plafond de bois de l'église, a été exécutée vers 1518.

Les Macalube d'Aragona
Non loin d'Aragona (en direction d'Agrigente, on tourne à gauche après 1 km, sur une route carrossable jusqu'à la Casa Salomone, d'où l'on continue en prenant un sentier jusqu'au hameau de Macalube) se trouve un terrain plat où de petits volcans de boue, appelés par le toponyme arabe "Macalubbe", de moins de un mètre de hauteur, laissent échapper une vase blanche et saumâtre, avec des bulles de gaz méthane. Ils confèrent au paysage un aspect lunaire. Il s'agit de phénomènes pseudo-volcaniques, des phénomènes géologiques extrêmement rares, intéressants en raison de leur singularité et pas seulement du point de vue scientifique. Autrefois à l'origine de nombreuses légendes qui assimilaient cette zone à un lieu infernal et maudit, les Macalube d'Aragona sont une réserve naturelle de 256,45 hectares, gérée par la Legambiente; celle-ci possède un siège à Aragona, ouvert en permanence pour fournir des informations et organiser des visites guidées (Via S. La Rosa, 53, tél.: 09 226992 10).

V.5 SCIACCA

V.5.a Absides de la Chiesa Madre (église-mère)

Retourner en voiture sur la SS 115 jusqu'à la sortie pour Sciacca. Prendre ensuite Via Figuli, traverser Piazza S. Friscia et continuer sur Corso Vittorio Emanuele, jusqu'à Piazza Don Minzoni. Laisser la voiture et retourner Corso Vittorio Emanuele pour observer les absides.

La Chiesa Madre est située dans le quartier appelé "Ruccera"; celui-ci, avec le quartier Rabato, constitua le noyau essentiel de la ville fortifiée arabo-normande, plus tard appelée "Terra Vecchia". Il ne reste, de l'église normande primitive, que les trois absides au volume semi-cylindrique, dans lesquelles, à des époques ultérieures, des fenêtres ont été ouvertes, en plus de celle de l'abside centrale, qui remonte à la période normande. D'après une reconstitution de 1900, la Chiesa Madre, dédiée à sainte Marie Madeleine, était subdivisée en trois nefs par une succession de travées soutenues par des arcs reposant sur des piliers, plutôt que sur des colonnes, caractéristique qui semblerait témoigner de l'appartenance de la construction au XIIe siècle, période du comté; on peut en attribuer la fondation à la comtesse Judith, fille du grand comte Roger. En 1656, comme elle menaçait de s'effondrer, l'église fut totalement reconstruite par l'architecte Michele Blasco, à l'exception des absides qui, à l'intérieur, ont été remodelées par des appareils décoratifs d'âge baroque.

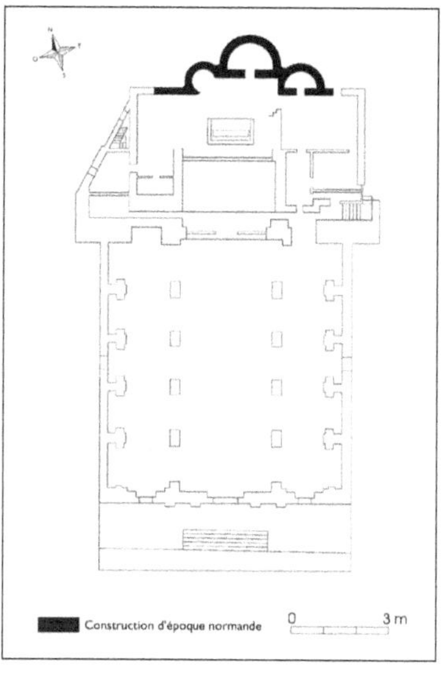

Chiesa Madre (église-mère), plan, Sciacca.

V.5.b Église San Nicolò la Latina

Continuer à pied le long de Corso Vittorio Emanuele et atteindre Piazza Scandaliato; de là, monter sur la droite vers Via Roma et, une fois parvenu Via Licata, tourner de nouveau à droite, Via C. Molinari; au bout de quelques mètres, tourner à gauche Via S. Cataldo et la parcourir jusqu'au bout, puis prendre à droite Via S. Nicolò, où est situé le monument.
Horaires: le samedi à 18:00.

L'église San Nicolò la Latina était située dans le quartier arabe du Rabato. La date de sa fondation est comprise entre 1100 et 1136, les années du pouvoir féodal, sur le territoire de Sciacca, de la comtesse Judith, fille du grand comte Roger, à laquelle il l'avait lui-même attribuée. L'église, épargnée par les transformations successives qui ont concerné les autres constructions urbaines de l'époque normande, présente

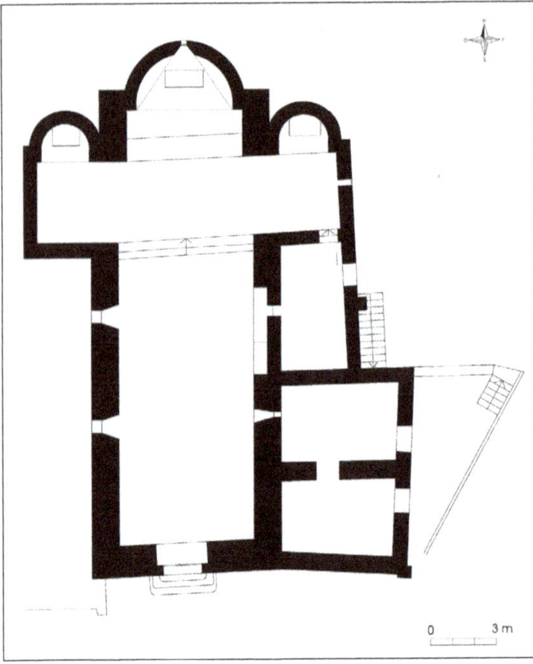

Église San Nicolò la Latina, plan, Sciacca.

encore son aspect d'origine. Le plan est en croix latine à *aula* unique, avec un transept saillant à trois absides. La nef est couverte d'un plafond ligné; elle est raccordée au transept par des arcs ogivaux sur des piédroits. La façade principale est entièrement construite en blocs réguliers, à vue. Sur cette façade, le parement mural subit une variation d'épaisseur correspondant à l'imposte de l'arc ogival du portail, déterminant ainsi une saillie du niveau supérieur de la façade par rapport au niveau inférieur. Au-dessus du portail central, surmonté d'un arc à double ressaut, la façade présente, dans sa zone supérieure, trois fenêtres aveugles découpées dans l'épaisseur du mur et surmontées d'un arc à voussure double; des trois, seule la fenêtre centrale est dotée d'une ouverture. Confiée aux bénédictins de Cassino, en 1172, élevée au rang de prieuré de nomination royale et annexée à l'abbaye de San Filippo d'Argirò, qui dépendait du célèbre monastère bénédictin de Sainte-Marie la Latine de Jérusalem, on ajouta au titre de San Nicolò le qualificatif de "latine". En ce qui concerne le monastère plus ancien, démoli vers la fin du XVIe sicle, il n'en reste que quelques vestiges, à l'entrée de l'actuelle cour San Nicolò. En 1929, Francesco Valenti dirigea des travaux de restauration, afin de retrouver la conformation actuelle de l'église. On restaura en effet l'ogive de la fenêtre centrale de la façade, on dégagea les fenêtres des parois latérales ainsi que les arcs de la croisée. La restauration remit également au jour des traces de peintures byzantines avec des figures de saints, aujourd'hui visibles le long du mur qui flanque le portail.

V.5.c **Forteresse de Mazzallaccar**

Retourner en voiture sur la SS 115 et continuer en direction de la SS 624 Sciacca-Palerme. Sortir à Sambuca en prenant la SS 188 le long de laquelle on trouve, sur la droite, l'indication pour le lac Arancio; en suivant celle-ci, on arrive près de la digue du barrage, où on laisse la voiture. Une fois franchie la digue, on parcourt un terrain accidenté en suivant le bord du lac jusqu'à la forteresse.
En général, le monument est recouvert par l'eau du lac Arancio. Visible seulement de l'extérieur lorsque le niveau du lac le permet.
Informations: Office de la promotion du tourisme, tél.: 0925 940239.

Les informations dont on dispose sur cet édifice sont incertaines; il a été identifié comme étant la forteresse située dans les environs de Sambuca, dont parle al-Idrisi. Les avis concernant la date de fondation divergent toutefois: on a parlé du IXe siècle, tout de suite après la conquête arabe de l'île, afin de protéger les voies de communication du territoire conquis (Giuffrè, 1980); il s'agirait donc de la période entre les IXe et XIe siècles (Schmidt, 1972), compte tenu des analogies étroites entre les caractéristiques architecturales de la forteresse de Sambuca et les *ribats* des côtes méditerranéennes d'Afrique. L'exiguïté des locaux habitables à l'intérieur de l'enceinte laisserait supposer, par ailleurs, que la forteresse tenait lieu de simple avant-poste, tandis que la défense du territoire, en cas d'attaque, incombait au château situé au sommet de la colline, à l'intérieur de la zone habitée de Sambuca. D'autres chercheurs (Santoro, 1985) avancent une date de fondation coïncidant avec l'époque byzantine, voire avec le bas Moyen Âge (XIIe-XIVe siècles); ils doutent que la construction puisse être considérée comme une forteresse à proprement parler, compte tenu de son faible rôle défensif, et penchent pour la fonction de caravansérail, attesté le long d'une voie commerciale particulièrement importante, comme l'était celle reliant Palerme à Sciacca, et passant à proximité de Sambuca di Sicilia.

La forteresse présente un plan presque carré. Les tours angulaires cylindriques sont coiffées de coupoles hémisphériques, non visibles de l'extérieur, obtenues par la disposition en spirale de claveaux montés sur des couches de mortier, tandis que l'appareil du mur périmétral, qui conserve des traces

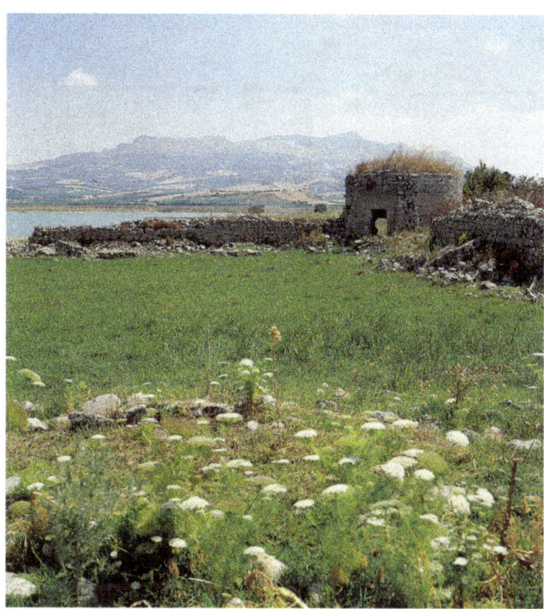

Forteresse de Mazzallaccar, vue partielle, Sciacca.

Forteresse de Mazzallaccar, intérieur de l'une des tours cylindriques, Sciacca.

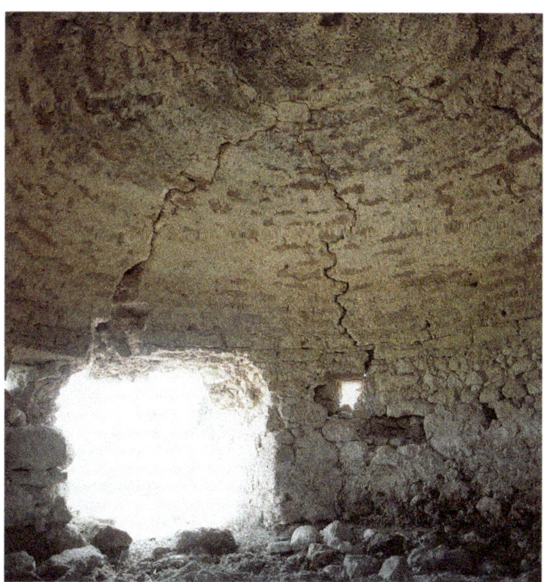

Forteresse de Mazzallaccar, plan, Sciacca.

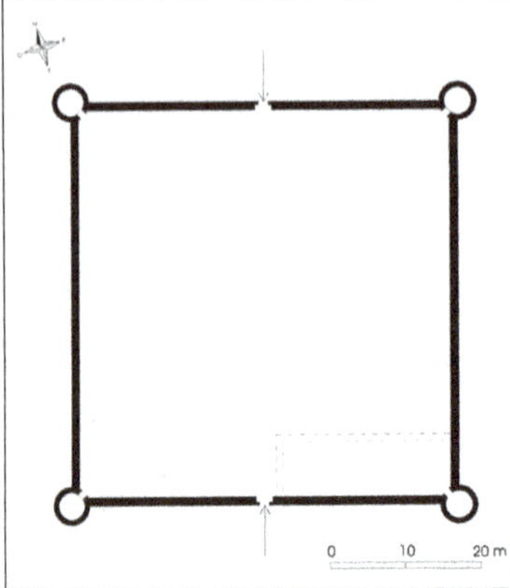

d'enduit, est construit avec des moellons en pierraille de différents formats, dégrossis de manière irrégulière. On peut accéder à la cour par deux portes, situées au centre des façades sud et nord. La porte sud, la seule qui soit encore en bon état, est surmontée d'un arc fortement surbaissé. On ne peut accéder aux tours que de l'intérieur de l'enceinte; il ne subsiste que la tour nord-est et la tour sud-est. Leurs portails diffèrent par leur profil et par leur technique de construction: celui de la première présente en effet des montants constitués de trois gros blocs superposés et surmontés d'une architrave monolithique; celui de la seconde reproduit, quant à lui, le modèle de la porte sud extérieure. Sur les murs de chaque tour s'ouvrent deux meurtrières ébrasées vers l'intérieur, réalisées dans un seul bloc calcaire; elles permettaient le tir croisé sur l'extérieur des murs adjacents. Seul volume de construction, partiellement conservé à l'intérieur de la forteresse: un corps de bâtiment rectangulaire, adossé au mur d'enceinte méridional et à la tour sud-est.

La construction était entièrement visible et apparaissait en position plus élevée, avant que la vallée ne soit artificiellement inondée.

Le lac Arancio

La forteresse de Mazzallaccar est tournée vers le bassin artificiel du lac Arancio, entouré de vignobles et de bois. Sur le lac, on peut observer plusieurs espèces d'oiseaux aquatiques et une faune variée. En outre, on y dispute des championnats de ski nautique de niveau mondial, de canoë et de windsurf.

Sambuca, ruelles sarrasines dans le centre médiéval (Gabrieli, Scerrato, 1979).

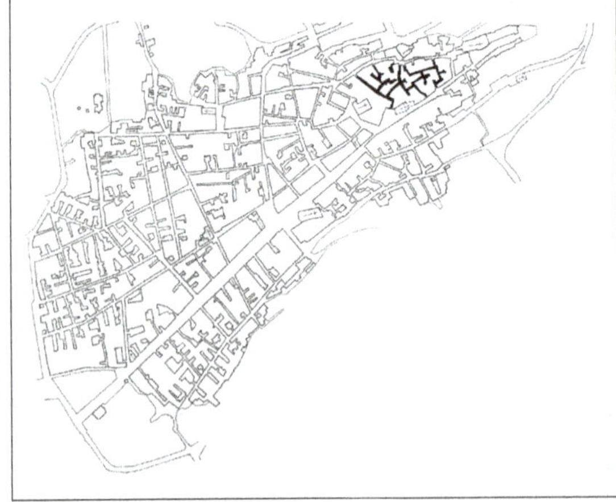

V.6 SAMBUCA DI SICILIA

Le village tire son origine du hameau arabe de Rahl Zabuth ("village de Zabuth"), ainsi appelé en souvenir de l'émir arabe qui, selon la tradition, fit construire le château.

En 1185, Guillaume II faisait donation du hameau au couvent bénédictin de Monreale et, à cette occasion, on cita pour la première fois, dans l'acte de concession, Rahl Zabuth.

V.6.a Quartier arabe

Reprendre la voiture et retourner sur la SS 188; une fois arrivé dans le centre habité, prendre Via Berlinguer, monter à gauche en empruntant Corso Umberto et aller jusqu'à Piazza Navarra, où l'on peut garer la voiture; passé une arche, on accède au quartier arabe, délimité sur un côté par Vicolo degli Emiri et de l'autre par Via Fantasma.
Informations: Mairie de Sambuca di Sicilia, tél.: 0925 940111.

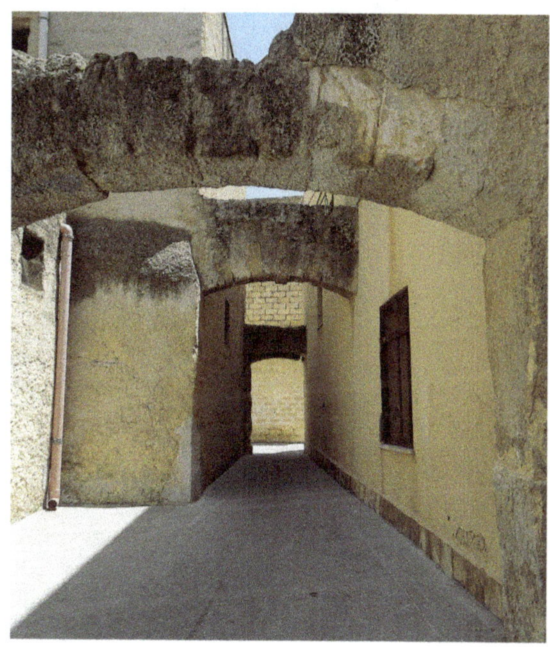

Quartier arabe, vue de l'une des ruelles, Sambuca.

Le quartier arabe de Sambuca, qui s'est développé autour du château, sur la partie haute de la colline, n'est aujourd'hui que partiellement habité mais conserve les caractères de son organisation d'origine: il maintient intacts son tissu viaire et le système d'agrégation des différentes unités d'habitation, malgré les modifications et les transformations subies. Il est délimité par la Via Fantasma au nord et par la Via Belvedere au sud, par le Vicolo degli Emiri à l'est et par le Vicolo Graffeo à l'ouest. On y accède en passant sous l'arche de Piazza Navarro. Le quartier s'inscrit à l'intérieur d'un périmètre triangulaire dont les sommets correspondent à la Chiesa Madre, à l'église du Rosario et à l'ancienne église San Giorgio; il se présente comme une agglomération extrêmement compacte et bien distincte du reste du centre urbain; il se caractérise par des cours de typologies différentes (en forme de coude, de fourche, de baïonnette, de crochet, etc.) et par un tissu viaire irrégulier, constitué de ruelles souvent couvertes ou simplement encadrées par des arches d'accès. L'habitat de Sambuca doit son origine à l'émir Ibn Mankud, selon une tradition confirmée par al-Idrisi et par des historiens siciliens postérieurs à celui-ci: Tommaso Fazzello, Rocco Pirri, Gioacchino Di Marzo. Afin de protéger le centre, on érigea au sommet de la colline un château (démoli en 1854); les structures primitives de celui-ci remonteraient aux environs de 1050. Le quartier était entouré de remparts munis de trois tours; l'une d'elles a été englobée, par la suite, dans le campanile de la Chiesa Madre; en ce qui concerne la tour de plan circulaire, il ne subsiste que les vestiges de ses fondations, à la base du petit temple du belvédère. L'installation est restée intacte jusqu'au XVe siècle; avec l'accroissement de la population, il fut ensuite nécessaire d'étendre les constructions à l'extérieur des murs de la ville, en direction du nord-ouest.

LA FÊTE DU TATARATÀ

Nada Iannaggi

Le paysage folklorique sicilien abonde en évocations épico-chevaleresques qui rappellent, en le maintenant vivant, le souvenir de certaines pages d'histoire, désormais éloignées dans le temps.

Autrefois, c'était les chanteurs ambulants qui, reprenant la tradition de l'épopée carolingienne arrivée en Sicile avec les Normands, au XIIe siècle, racontaient au coin des rues les épisodes de longs cycles de récits. Vers le milieu du XIXe siècle, le récit populaire de l'épopée chevaleresque fut confié aux *pupi* (marionnettes). Les héros paladins symbolisent l'exaltation des valeurs morales et exaltent la rencontre, parfois violente, entre la civilisation européenne et la civilisation islamique.

Ce que nous montre le *Teatro dei Pupi* trouve un écho dans les représentations historiques qui, régulièrement, animent les rues et les places de nombreux centres de l'île.

L'une des évocations les plus caractéristiques et singulières est la *Sagra del Tataratà*, dans la commune de Casteltermini (province d'Agrigente), qui se déroule tous les ans, le quatrième dimanche de mai.

Cette fête a été magistralement transposée dans la fête religieuse de Santa Croce. Pour lui donner plus de solennité, les habitants des hameaux arabes disparus, dans le territoire d'Agrigente, reprirent les anciennes traditions et coutumes transmises par leurs ancêtres, entre autres la danse animée du Tataratà; celle-ci tire son nom de l'onomatopée évoquant le roulement d'un gros tambour qui règle le rythme de la danse, exécutée par des danseurs armés.

La représentation, qui a pour thème le combat, offre des analogies avec la "mauresque", une danse exécutée avec de petits sauts. Des turbans noirs, une courte tunique blanche serrée sur les hanches par un petit cordon de couleurs vives, deux épées pour chaque personnage constituent la tenue, singulière, du groupe du Tataratà. Il est suivi par une cour composée du roi, de deux ministres de la maison royale, du médecin de cour et du notaire, vêtus de tuniques et de manteaux bariolés et portant des couronnes de fleurs sur la tête. Le groupe des corporations ferme le cortège, auquel participent les représentants des quatre anciennes corporations – les plus importantes – correspondant aux corps des Ouvriers, des Bergers, des Bourgeois et des Célibataires, qui défilent sur des chevaux richement harnachés, précédés de leurs fanions et étendards respectifs. La représentation à proprement parler se déroule sur la Piazza Duomo, le samedi soir et le dimanche soir.

Au début, les danseurs se disposent sur deux rangées opposées, empoignent deux épées de fer et, au son des roulements de tambour, échangent des coups, de manière rythmique. Ils forment d'abord plusieurs cercles concentriques, puis un seul. À ce moment-là, des groupes plus petits se constituent: ils comportent deux ou quatre éléments qui poursuivent la "lutte" en exécutant de véritables mouvements acrobatiques, pendant que, assis en tailleur, les danseurs restants font cercle autour d'eux. À la fin, le cercle se recompose, avec tous les danseurs agenouillés qui s'éloignent du centre, faisant traîner sur le sol la pointe de leurs épées.

Il existe plusieurs hypothèses en ce qui concerne la danse du Tataratà. On pense que cette représentation rappelle des aspects et des personnages des fêtes de printemps, et des formes caractéristiques, dans lesquelles on peut reconnaître des traces de rites agrestes; ou peut-être dérive-t-elle de la transfiguration que l'imagination populaire a fait subir aux héros normands du comte Roger, qui délivrèrent les chrétiens de Sicile de la domination musulmane de l'émir Belcamet (Ibn al-Hawwas); il se peut aussi que le Tataratà incarne une lutte païenne, antérieure au christianisme, dont le but est de favoriser la fertilité de la terre, et qui a subi deux transformations au cours du temps: la première au moment de l'arrivée du christianisme, en accueillant le symbole de la nouvelle religion (la croix); la seconde après les péripéties arabo-normandes, en prenant l'aspect d'une légende et en adoptant la forme d'une danse mauresque – forme sous laquelle elle est parvenue jusqu'à nous.

Toujours liée aux exploits de Roger, La *Bataille des milices* ou de la *Madone à cheval* a lieu le 24 mai à Scicli, dans la province de Raguse. Elle commémore la fin de la domination arabe sur la ville, en 1091. Au cours de la représentation, qui se déroule Piazza Italia, deux groupes antagonistes s'affrontent. On assiste d'abord au débarquement des Sarrasins, arrivés à bord de leur navire, le *Stambul*. Après une querelle animée entre le comte Roger et le condottiere Bel-Kan, le combat commence. Les chrétiens sont sur le point de céder lorsqu'arrive la Vierge Marie, représentée sous les traits d'un guerrier monté sur un cheval blanc, l'épée à la main. Les Sarrasins sont déconfits, le peuple exulte. Les festivités durent une semaine entière.

Il peut sembler exagéré de ramener toutes ces fêtes au *Teatro dei Pupi*. Certes, le rapport est plus immédiat quand on parle d'évocations qui confrontent directement les Sarrasins et les Normands, mais même lorsque ce lien n'est pas aussi direct, on peut le retrouver, comme dans le *Tataratà* et les *Batailles des milices*.

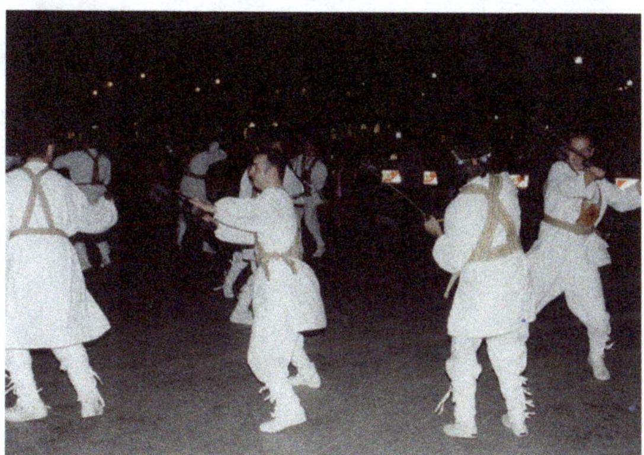

Fête du Tataratà (Publifoto, Palerme).

Dans le premier cas, le rythme imprimé par le tambour et par les épées qui se croisent peut être assimilé au battement du pied du marionnettiste sur la scène, lors de la représentation. Dans le second cas, le héros de la bataille est un simulacre, dont le sujet iconographique est certes insolite, plus proche de la figure de Bradamante que d'un personnage religieux.

Ce chapitre de l'histoire de la Sicile apparaît également sous d'autres formes.

À Troina, dans la province d'Enna, la défaite des Arabes est évoquée le premier dimanche de juin, avec la *Chevauchée de la Kubbaita*. Le cortège, en costumes d'époque, parcourt les rues à cheval, se regroupe sur la place du comte Roger, franchit les murs du château en passant sous une arche surmontée d'un aigle doré, avant d'être reçu par les autorités du village.

Une autre chevauchée caractéristique se déroule le 10 mai dans la commune de San Fratello, dans la province de Messine. On commémore ainsi l'entreprise de l'évêque Constantin qui porta dans ce lieu les reliques de trois saints (Alfio, Filadelfio et Cirino), pour éviter que les Sarrasins ne les dérobent.

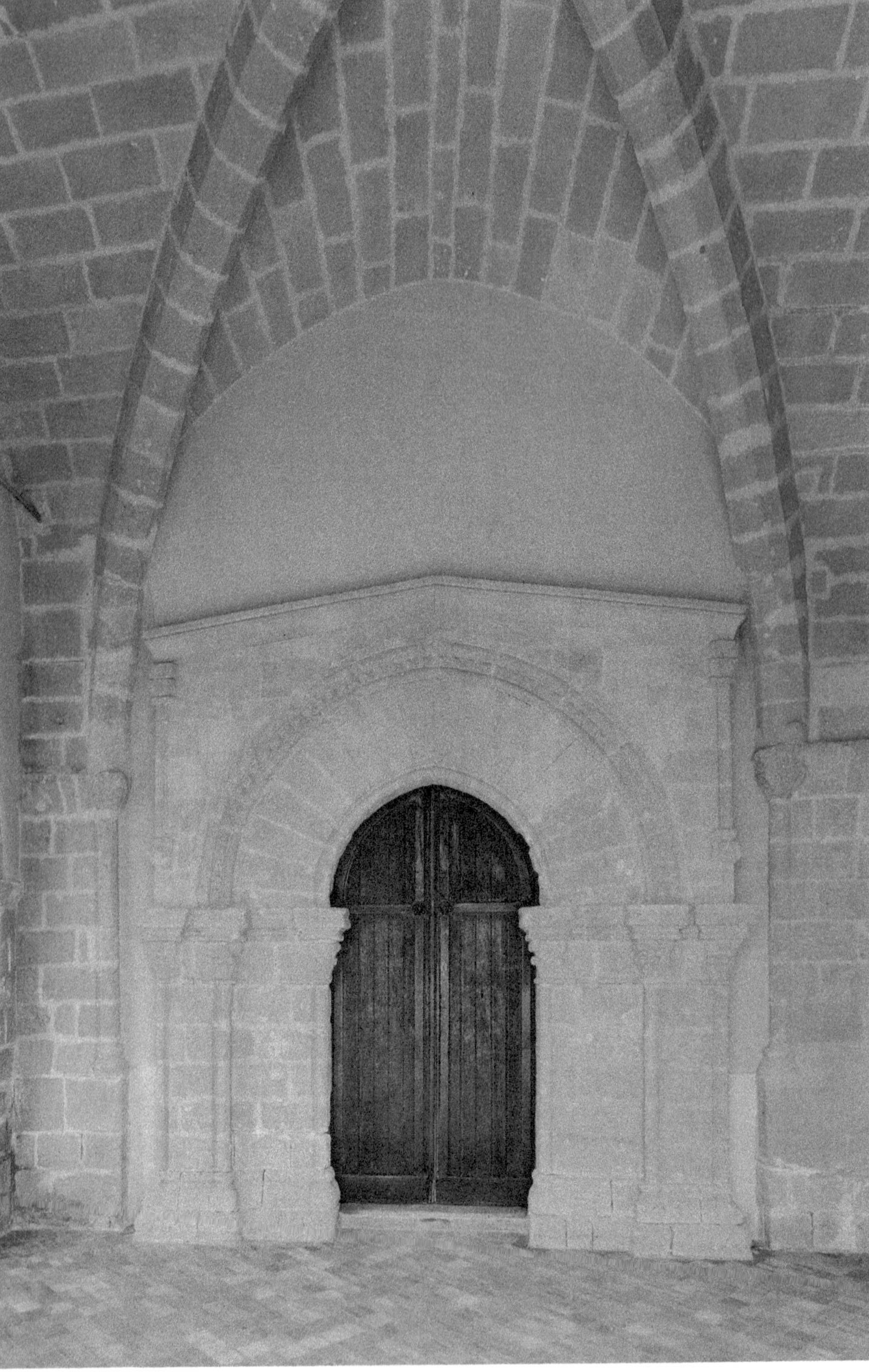

CIRCUIT VI

Val di Mazara: le territoire de la conquête

Comité scientifique

VI.1 MAZARA DEL VALLO

- VI.1.a Château
- VI.1.b Église Santissimo Salvatore (cathédrale)
- VI.1.c Église San Nicolò lo Regale
- VI.1.d Centre urbain
- VI.1.e Église Santa Maria dell'Alto

VI.2 CASTELVETRANO

- VI.2.a Église Santissima Trinità di Delia

VI.3 SALEMI

- VI.3.a Château
- VI.3.b Quartier arabe

VI.4 SÉGESTE

- VI.4.a Mosquée

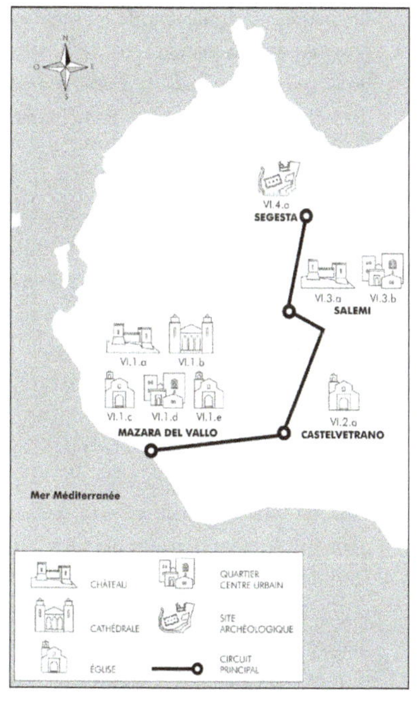

Église Santa Maria dell'Alto, portail, Mazara del Vallo.

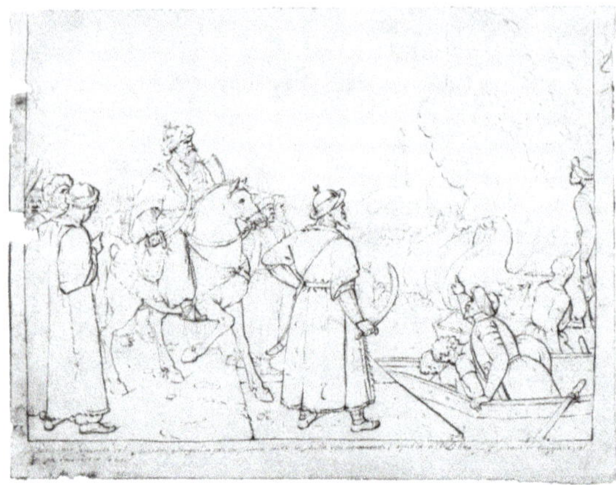

G. Patania, "Débarquement des Sarrasins à Lilibeo", première moitié du XIXe siècle, Galerie régionale du palais Abatellis, Palerme.

Par sa proximité avec l'Ifriqiya, et pour avoir été un territoire où se sont répandues pacifiquement, même avant l'invasion islamique, des communautés et des cultures du Maghreb, le Val di Mazara constitue, comme nous l'avons déjà vu, le secteur géographique sicilien (et donc italien) le plus riche en témoignages artistiques et architecturaux directement ou indirectement influencés par la culture artistique islamique. Ces témoignages unissent des schémas typologiques byzantins à des codes figuratifs et à des éléments architecturaux islamiques, dans des ensembles restreints, mais monumentaux.

Port-canal, Mazara del Vallo.

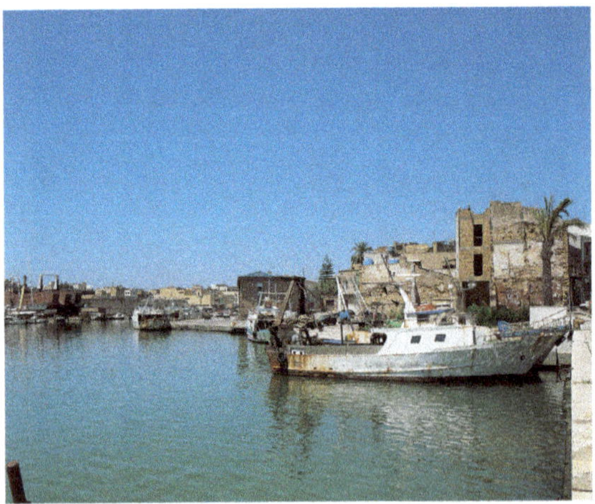

Les raisons historiques et architecturales qui lient entre elles des villes comme Marsala, Mazara del Vallo, Castelvetrano, Salemi et Ségeste reposent sur une trame de sites historiques particulièrement significatifs, parce qu'ils sont liés non seulement à la première occupation territoriale durable, mais à l'inclusion de la Sicile dans le *Dar al-Islam*, qui en a été la conséquence. On rencontre ainsi, dans le tissu urbain de ces villes et dans leurs constructions, des vestiges et des traces de l'époque arabe, ainsi que des témoignages architecturaux et documentaires, emblématiques de l'appartenance persistante de cette zone géographique à une *koiné* culturelle islamique, même en pleine époque normande.

À travers la chronique de Geoffroi Malaterra sur les péripéties de la conquête normande, il apparaît que lorsque les Normands s'approchèrent de la ville de Mazara, la Sicile était pratiquement divisée en trois domaines principaux: le premier au nord, avec Palerme, appartenant au duc Robert, le deuxième au sud, compris entre Mazara et Catane, le troisième allant jusqu'à la mer d'Afrique encore sous la domination des musulmans, tout comme le territoire qui s'étendait à l'est et à l'ouest de Mazara. La résistance contre les Normands était concentrée dans la ville de Trapani, aidée en cela par son caractère défensif.

En 1073, lorsque le comte Roger construit les fortifications qui lui serviront de poste de guet et de point stratégique pour empêcher un éventuel débarquement d'Afrique, le centre habité de Mazara commençait sur la rive gauche du Mazaro, là où les fonds permettaient le débarquement des navires. En 1075, la place devant le château fut le théâtre de la bataille entre les forces de Temin, roi de Tunis, qui avaient repris la ville, et celles de Roger, qui avaient conservé la possession du château. En 1093, Urbain II approuve la circonscription territoriale du nouveau diocèse de Mazara, dessiné, avec son évêque Étienne de Rouen, par le comte Roger entre 1087 et 1088. Il existe de très nombreux lieux, y compris sur le territoire entourant la ville de Mazara, riches en évocations guerrières; plusieurs localités et témoignages indirects sont concernés par ce qui fut le théâtre de la première conquête de l'armée musulmane et qui, après plus de deux siècles, verra les Normands engagés dans de rudes batailles (celle de Roger Ier contre Mokarta, à Mazara del Vallo, restera légendaire).

La reconquête au sein de la chrétienté officielle s'affirme dans ces lieux, à travers les témoignages d'un processus capillaire de réaffirmation culturelle, souvent mené avec l'intervention de hauts dignitaires d'origine grecque, sicilienne et du sud de l'Italie (Pouilles et Calabre).

Dans la ville de Marsala (Marsa 'Ali, littéralement "port de 'Ali"), "ville ancienne, et [même] l'une des premières, et région parmi les plus nobles de la Sicile", selon al-Idrisi, se dressent les églises San Nicolò Reale et Santa Maria dell'Alto (toutes deux construites sur des vestiges normands du XIIe siècle).

Le château, édifié par les Normands au XIIe siècle sur une forteresse préexistante créée par les musulmans en même temps que l'ensemble des

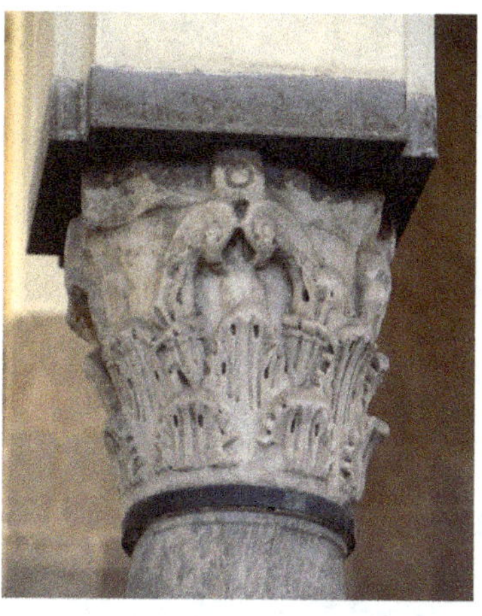

Église San Nicolò lo Regale, chapiteau, Mazara del Vallo.

murs défensifs, se dresse dans l'angle extrême, à l'est du périmètre des remparts de la ville, en position élevée par rapport à la pente sur laquelle s'est développé le tissu urbain. L'église Santa Maria della Grotta et la tour de l'abbaye basilienne, situées *extra muros*, à l'est de l'ancien noyau urbain, s'élevait sur un espace riche en cavernes. L'église normande hypogée, à *aula* unique, était entièrement creusée dans la cavité rocheuse, et reliée à deux hypogées différents. Le territoire autour des plus grandes villes comprend, aujourd'hui encore, des petites villes et des lieux dont les liens avec l'occupation islamique sont attestés par la toponymie et par des paysages particuliers. Ce territoire s'avère emblématique, à travers la présence de la Cala della Quarara et de Capo Granitola, lieu du premier débarquement colonisateur musulman sur l'île, le 16 juin 827; de même que le singulier paysage des Gorghi Tondi (les "tourbillons ronds") et du lac Prèola, où commença la première marche de la conquête arabe. On pourrait aussi évoquer la diffusion,

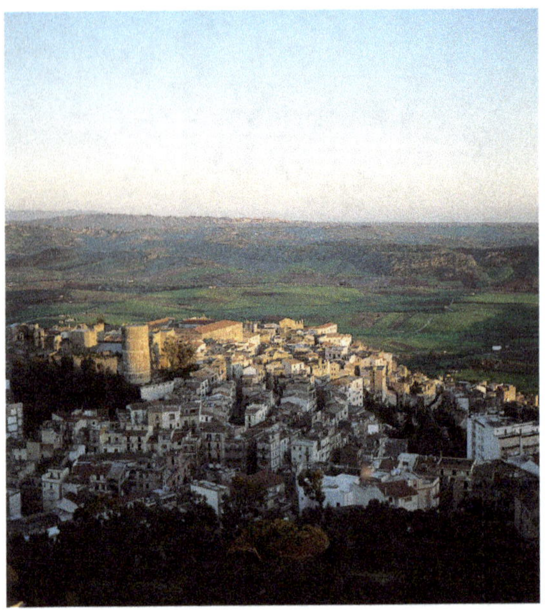

Salemi, vue générale avec le château.

à l'abri de l'histoire, d'habitants musulmans dans des îles comme Pantelleria, dont le nom dérive de Bent al-Riyah (fille des vents).

Parmi ces présences territoriales, il reste: Castelvetrano, né à partir d'un hameau d'époque arabe; Partanna, centre d'habitat musulman avec un château d'origine normande (entièrement reconstruit aux XIVe et XVIIe siècles); Calatafimi, souvenir d'une citadelle byzantine, Castrum Phines, puis arabe, Qal'at al-Fimi, avec un château du XIIIe siècle, d'origine plus ancienne; Salemi (à l'origine Salam), dont le tissu urbain, les remparts et le château sont de fondation arabe. Enfin, Salaparuta, fondée par une des familles de la cour normande, les Paruta (dont l'origine du nom rappelle l'usage musulman dans la toponymie) et dont le tissu urbain a été dévasté par un tremblement de terre en 1968.

VI.1 MAZARA DEL VALLO

Ancien port phénicien, passé ensuite sous la domination des Romains au moment de la chute de l'empire, entre le Ve et le VIe siècle, elle fut dévastée par les Vandales et retrouva son rôle de pôle commercial important à l'époque byzantine.

En 827, les Arabes la choisissent comme lieu de débarquement pour entamer l'occupation militaire de la Sicile, abordant dans une localité appelée Ra's al-Ballut par les chroniqueurs de l'époque. Ils la désignent comme capitale et place forte pendant l'épopée de la conquête, qui s'étendra sur plus de deux siècles bien que, dans sa phase initiale, elle se caractérise par de brusques revers qui poussent ces mêmes musulmans à se retrancher à l'intérieur des murs de la ville. Ils la repeuplent et la reconstruisent, imprimant à l'urbanisme du centre la ramification caractéristique, avec de nombreuses impasses et cours intérieures. Protégée par ses remparts carrés et valorisée en tant que port privilégié pour les hommes et les marchandises provenant de l'Afrique toute proche, la ville devient le chef-lieu du Val di Mazara, l'une des trois circonscriptions territoriales qui se partagent l'île, avec le Val Demone et le Val di Noto.

Sa situation frontalière lui permit d'être l'une des dernières villes siciliennes à céder à la conquête musulmane. En effet, une première capitulation, en 1073, fut suivie d'une reconquête momentanée des Arabes, définitivement vaincus en 1075 lors d'une bataille épique conduite par le comte Roger contre Mokarta, commandant des troupes islamiques. L'importance du centre est résumée dans l'extraordinaire description d'al-Idrisi, qui écrit à ce sujet: "Ville splendide et sublime à laquelle rien ne manque, elle n'a pas sa pareille, si l'on considère la magnificence de ses habitations et de son train de vie, l'élégance de son aspect et de ses édifices. Elle réunit plus de beautés que n'importe quel séjour; elle possède des remparts élevés et robustes, des places bien aménagées et propres; des rues larges, des avenues, des marchés remplis de produits de toutes sortes; des bains magnifiques, des boutiques spacieuses, des potagers et des jardins avec des plantes choisies. Les marchands et les voyageurs y affluent de toutes parts; ils en exportent les biens, qui abondent dans les marchés. Son district très étendu embrasse des villas grandioses et des fermes. Au pied de ses remparts coule le fleuve Wadi al-Magnum, le Mazaro, sur lequel on charge les navires et amarre les bateaux" (Amari, 1977).

Les moulins du Mazaro
Le long du cours du Mazaro, on aperçoit, au milieu d'un épais maquis méditerranéen, les vestiges des anciens moulins où l'eau canalisée mettait en mouvement les roues qui actionnaient les meules nécessaires au broyage du blé. Au moment de la rédaction de ce catalogue, un itinéraire de visite des moulins était en cours d'organisation; la restauration de certains moulins a été entreprise, grâce à la détermination des propriétaires, en accord avec la Soprintendenza ai Monumenti de la province de Trapani.

VI.1.a **Château**

On arrive à Mazara del Vallo par l'autoroute A 29 qui débouche sur la SS 115 en direction de Marsala. On entre par Via Marsala que l'on parcourt entièrement, puis on tourne à gauche, Via C. G. Sansone. On trouvera à droite Piazza Madonna del Paradiso; franchir le passage à niveau et prendre la rue du même nom. Au bout de celle-ci, tourner à droite Via Vittorio Veneto, puis, toujours à droite, Corso Umberto I, jusqu'à Piazza Mokarta, où se trouve le monument. Le seul élément encore existant est la porte d'accès à Piazza Mokarta, visible sur ses quatre côtés.

Les quelques vestiges du complexe fortifié de Mazara constituent la toile de fond monumentale de Piazza Mokarta,

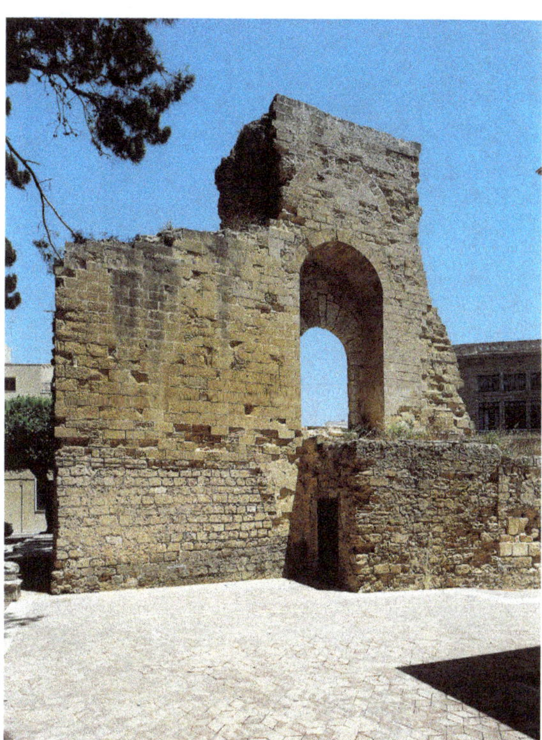

Château, portail, Mazara del Vallo.

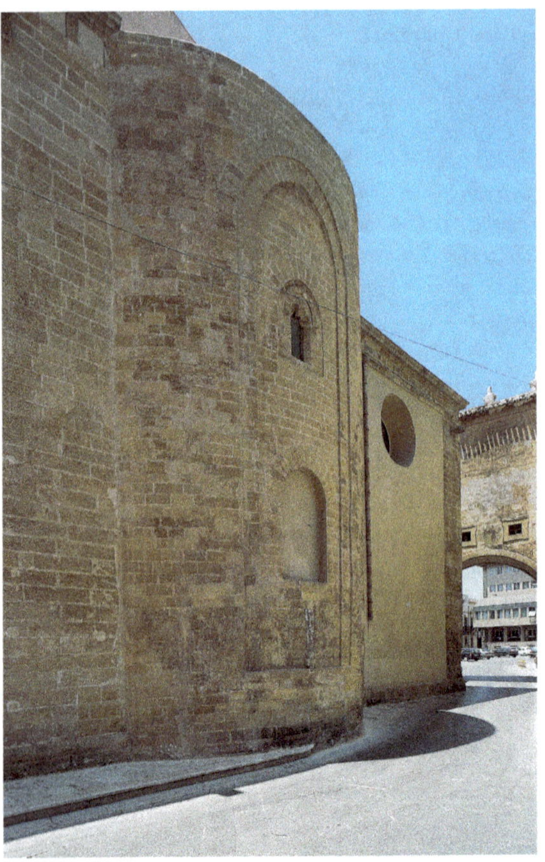

Église Santissimo Salvatore, abside, Mazara del Vallo.

dans l'angle méridional de l'ancienne ville entourée de remparts, près de la cathédrale. L'entrée qui subsiste est englobée dans l'aménagement du jardin Yolanda et sert de charnière monumentale entre le tissu urbain et le charmant bord de mer, d'où l'on peut admirer un vaste paysage côtier, jusqu'au cap Granitola. Il ne reste du château que le portail extérieur, flanqué de trois arcades à ressauts. Une arcade en ogive entoure le portail à proprement parler, en retrait de un mètre environ par rapport à la ligne extérieure du mur. L'iconographie historique permet une reconstitution sommaire et hypothétique de l'aspect originel du château, qui remonte à la seconde moitié du XIe siècle, après la conquête de la ville par le grand comte Roger. La construction devait consister en un simple volume muni de tours, auquel se raccordait une enceinte protégeant les locaux de service distribués autour d'une cour intérieure. Durant la première moitié du XIIe siècle, le bâtiment a sans doute été utilisé occasionnellement comme siège royal, pendant les campagnes militaires d'Afrique conduites par Roger II et par Georges d'Antioche. Quoi qu'il en soit, la forteresse demeure, au cours des siècles, patrimoine des souverains de Sicile. Entre le XVIe et le XVIIe siècle, on adjoignit aux remparts normands une seconde enceinte plus extérieure, fortifiée avec des bastions et trois tours isolées, le long du périmètre. Le château fut démoli en 1880.

VI.1.b Église Santissimo Salvatore (cathédrale)

Du château, prendre à pied la Via Conte Ruggero jusqu'au parvis de la cathédrale. L'entrée se trouve Piazza della Repubblica. Horaires: 7:30-12:30/16:00-19:30.

L'édifice fut construit entre 1086 et 1093, sous la direction de l'archevêque Étienne de Rouen, sur le lieu où s'élevait une ancienne basilique chrétienne détruite par les Sarrasins en 828, près de la plaine marécageuse où se déroula la bataille décisive pour la conquête de la ville, sous la bannière du comte Roger. Le plan primitif de l'église était en croix latine, avec trois nefs divisées par des colonnes, un transept fortement saillant et trois absides orientées nord-est. Un narthex, surmonté d'une terrasse crénelée et flanqué de deux tours saillantes, caractérisait le front sud-ouest du monument. Aussi bien les nefs que le chœur, surélevé, étaient couverts de voûtes en carène renversée, en bois à caissons, tandis que des voûtes en berceau à concrétions couvraient les bras du transept et qu'une demi-cuvette voûtée d'arêtes fermait l'abside principale. La cathédrale normande demeura intacte dans sa volumétrie jusqu'à la seconde moitié du XVIIe siècle, quand, en 1694, sur initiative de l'évêque Graffeo, on démolit tout le corps des nefs et les volumes primitifs de la *prothesis* et du *diaconicon*; seuls furent laissés intacts le mur du transept et la grande abside. La conservation de ces parties permet de déduire que le monument actuel conserve la même disposition que l'ancien, respectant à peu près les mêmes dimensions. Dans l'abside et dans le transept, remaniés à l'époque baroque, figuraient des mosaïques, d'après les témoignages constitués par des relations de visites pastorales et de synodes diocésains. Avec les transformations du XVIIe siècle, à la place des voûtes en berceau couvrant les ailes du transept, on réalisa également deux petites coupoles, et on aménagea au-dessus de la voûte à croisée d'ogives, à une hauteur supérieure, la grande coupole. Les dernières restaurations exécutées sur le bâtiment, commencées

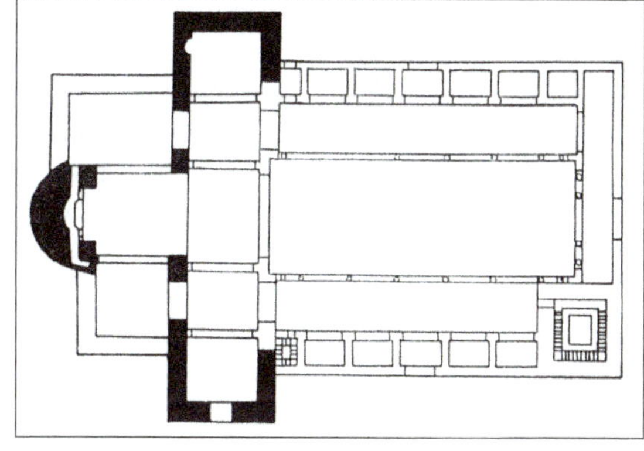

Église Santissimo Salvatore, plan, Mazara del Vallo (Di Stefano, 1955).

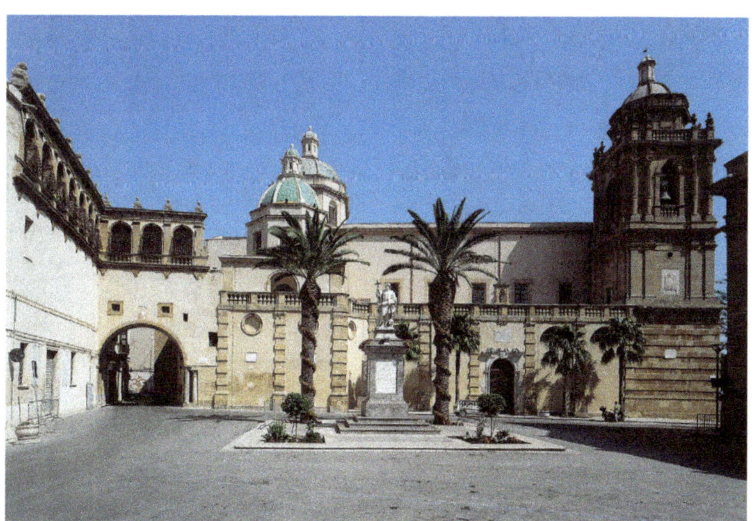

Église Santissimo Salvatore, façade latérale, Mazara del Vallo.

en octobre 2000, ont mis au jour une grande partie des parements muraux du transept; on a retrouvé une niche avec peinture byzantine dans l'aile sud-ouest et, en haut, deux ouvertures étroites et ébrasées. Toujours à l'extrémité sud du transept, on peut voir les restes de deux strates superposées de peinture byzantine, à l'intérieur d'une niche en ogive où est représenté le *Christ Pantocrator* en pied. À l'extérieur, par contre, les murs de l'abside n'ont pas fait l'objet de remaniements, si bien qu'on peut y voir, intacts, les motifs à arcs aveugles à voussure double, la vaste fenêtre à une seule ouverture au premier étage et la fenêtre géminée de l'étage supérieur, du même style que les premières constructions siculo-normandes. L'important développement du transept, d'une longueur de 42 m, rapproche la cathédrale de Mazara des architectures religieuses de l'art roman septentrional; d'après certaines interprétations, deux tours semblables à celles de la façade devaient se dresser sur les côtés du transept, comme dans les cathédrales de Troina, de Catane et d'Agrigente, construites durant la période de la conquête normande, entre 1078 et 1094. La découverte de quelques fûts de colonnes, qui ont peut-être soutenu les arcades primitives de la cathédrale, fournit une donnée importante pour établir la hauteur de la construction d'origine. Il s'agit de colonnes en granit égyptien sans cannelures, d'un diamètre de 50 cm et d'une hauteur de 4 m (en comptant le chapiteau). Si l'on suppose la présence d'une fenêtre dans l'axe de chaque travée, la hauteur globale du bâtiment d'origine ne devait pas dépasser les 10 m. Cela permet d'imaginer l'édifice primitif comme un système architectural au développement essentiellement horizontal, plus proche des mosquées que des cathédrales. À la suite de plusieurs restaurations et reconstructions, le campanile fut remplacé en 1654 et, en 1694, on démolit le narthex et la deuxième tour afin de permettre l'extension de la nef. À partir de 1907, on entreprit de nouveaux travaux de restauration, dirigés par l'architecte Francesco Valenti, mais l'église subit de gros dommages pendant le tremblement de terre qui frappa la vallée du Belice en 1968. Durant les travaux de déblaiement réalisés en 1970, on retrouva, sous le pavement de l'église, trois sarcophages romains, aujourd'hui placés dans les vestibules des entrées latérales et dans celui de la sacristie, tandis que, toujours dans le vestibule de l'entrée nord-est, on peut voir le sarcophage de l'évêque Tustino (1180).

Église Santissimo Salvatore, intérieur, vestiges de structures sous le dallage, Mazara del Vallo.

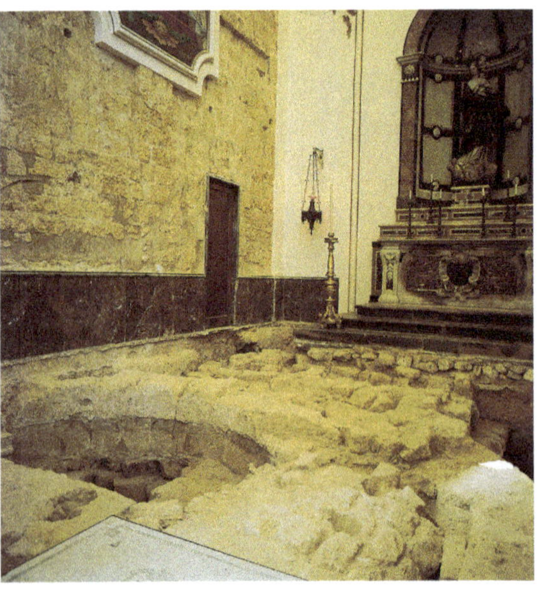

VI.1.c Église San Nicolò lo Regale

Du parvis de la cathédrale, prendre à pied Via N. Tortorigi; continuer par Via Carmine et tourner à droite Via S. Giovanni, puis Via Marina, jusqu'aux absides de l'église. Le parvis est surélevé, sur le Molo Comandante Caito.
Horaires: jours ouvrables 9:00-13:00/ 14:00-18:00; jours fériés 9:00-12:00 (en hiver: jours ouvrables 8:30-13:30; jours fériés 9:00-12:00).

L'église se trouve dans le quartier de San Giovanni, et donne à l'ouest sur la rive droite du port-canal, qui constitue le véritable cœur de la ville, aboutissement de routes maritimes séculaires, depuis l'époque phénicienne; étant donné sa navigabilité sur un long parcours, il constitua une référence très importante même à l'époque arabe, puis à l'époque normande, aussi bien du point de vue militaire que commercial. La construction de l'église remonterait à la période du comté, vers 1124 (Scuderi, 1978). Elle présente un plan centré en croix grecque inscrite dans un carré de 10,50 m de côté; sur le flanc oriental se greffent trois absides en saillie; l'abside centrale est la plus vaste et la plus saillante. Malheureusement, la configuration primitive de l'église a été détruite, à cause des transformations importantes subies au fil du temps, mais on est sûr qu'à l'origine, la croisée du transept était couverte d'une coupole et les bras de la croix de toits en bois, avec des incrustations et des dorures. La coupole, qui se dresse au-dessus d'un large tambour cubique reposant sur quatre colonnes, a été plusieurs fois reconstruite durant les restaurations. Les murs portaient, sur leur paroi interne, des décorations de marbre et de mosaïque, semblables à celles du pavement. Le parement mural extérieur a conservé sa configuration d'origine, caractérisée par une série continue d'arcs aveugles à ressauts, qui encadrent les trois fenêtres ogivales ouvertes sur chaque front. À l'époque baroque, l'extérieur a subi de lourds remaniements, comme l'ouverture d'un portail au centre de l'abside principale, bouché au cours des restaurations du XXe siècle, qui visaient

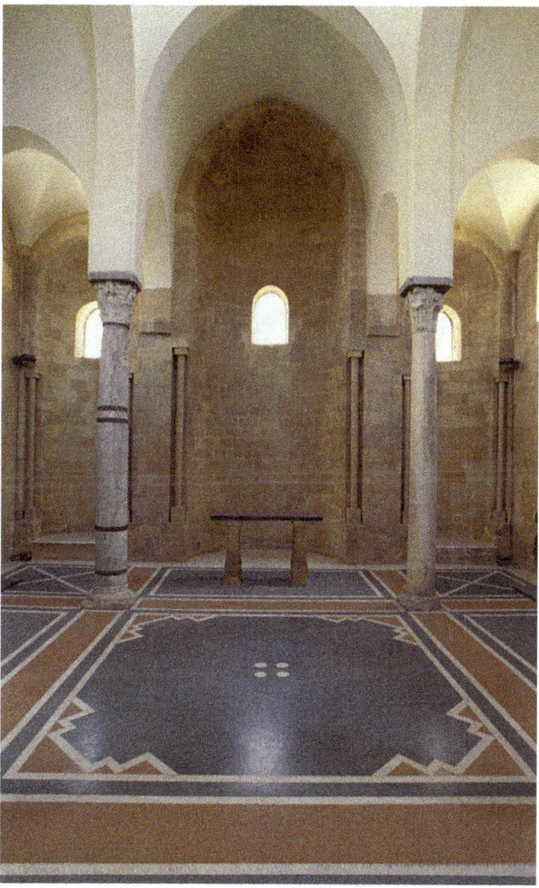

Église San Nicolò lo Regale, intérieur, Mazara del Vallo.

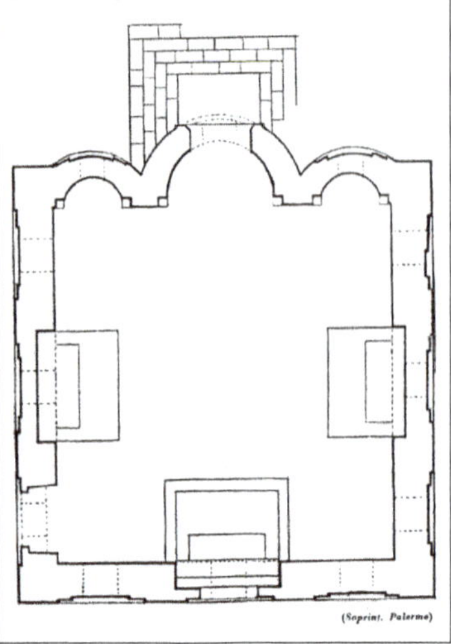

Église San Nicolò lo Regale, plan, Mazara del Vallo (Di Stefano, 1955).

à restituer au bâtiment son aspect initial. Dans le sous-sol de l'église, on a découvert les vestiges d'une villa (ou d'une habitation aristocratique) datables entre le IIIe et le Ve siècle, et dont les salles présentent des parois couvertes de fresques polychromes et des pavements de mosaïques.

VI.1.d **Centre urbain**

La citadelle arabe de Mazara del Vallo s'étendait sur la rive gauche de l'embouchure du Mazaro. Son plan en forme de quadrilatère irrégulier est délimité par le Corso Umberto, le Corso Vittorio Veneto, la Via G. Adria et le Lungomare (bord de mer) Mazzini. Pour assurer la protection du lieu, on construisit des remparts, un fossé extérieur et deux forteresses, situées l'une en limite de plage, au sud-est des remparts, l'autre au centre de la citadelle. À l'origine, la ville était organisée en deux grands quartiers, divisés par un axe principal, le *chari'*, qui reliait les portes opposées, appelées Porta Fiume et Porta Palermo; en ce qui

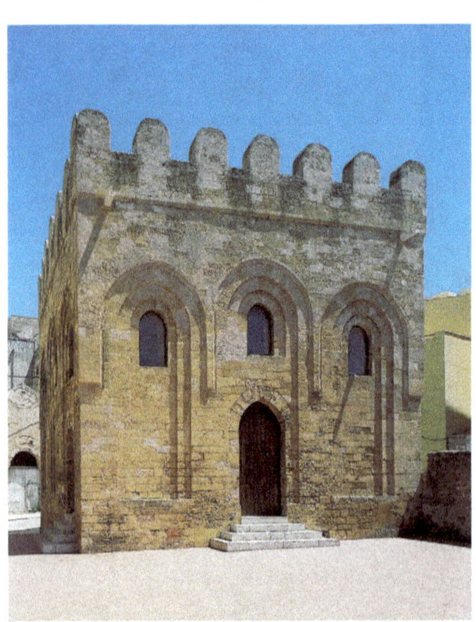

Église San Nicolò lo Regale, façade principale, Mazara del Vallo.

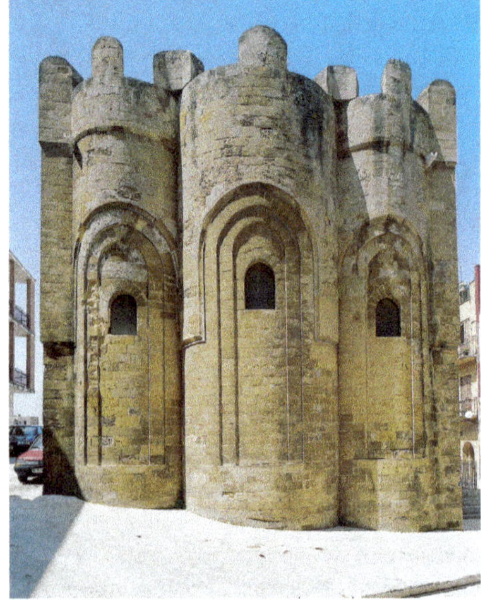

Église San Nicolò lo Regale, absides, Mazara del Vallo.

concerne les deux quartiers, l'un était habité par les classes les plus aisées – celui qui se répartira plus tard entre les quartiers San Francesco et San Giovanni –, l'autre – qui comprenait la zone des quartiers Xitta et Giudecca ("juiverie") – par des artisans. Dans le premier étaient situés: la mosquée, sur le lieu où se dresse aujourd'hui l'église San Nicolò di Mira; les bains publics, sur l'actuelle Piazza Bagno; le château, au centre de la Piazza Marchese; le marché, sur l'actuelle Piazza Canea. Dans le second trouvaient place: le palais-forteresse de l'émir, transformé au Settecento en palais nobiliaire du marquis Milo; le minaret, situé près de l'actuelle Piazza Repubblica, où se dresse aujourd'hui la statue de San Vito; la Grande Mosquée, sur le lieu où les Normands érigèrent leur cathédrale; une seconde mosquée, plus tard transformée en synagogue, aujourd'hui église Sant'Agostino. Le noyau central de la défense était constitué par le palais-forteresse, le château et la porte Mokarta, tous au sud-est de la ville. Aujourd'hui, il ne reste que quelques ruines du château, mais il subsiste trois des quatre portes qui existaient à l'époque musulmane: Mokarta au sud-est, Palerme au nord et Regina à l'ouest, qui communiquait directement avec le port, qui constitue toujours le centre de la vie de Mazara. L'influence de la culture arabe est surtout visible dans le caractère labyrinthique du tissu urbain, ainsi que dans la hiérarchisation du réseau viaire et dans la distinction, toujours présente, entre le centre fortifié et les bourgs extérieurs, les *rabati*.

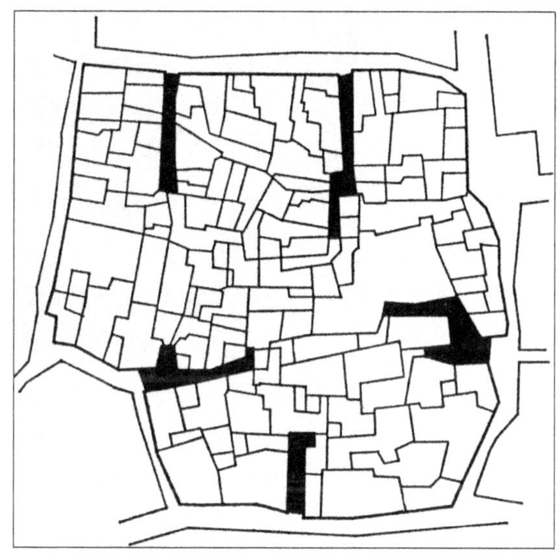

Centre urbain, noyau médiéval, Mazara del Vallo (Gabrieli, Scerrato, 1979).

VI.1.e **Église Santa Maria dell'Alto**

De Piazza Mokarta, prendre en voiture Corso Diaz; tourner à gauche Via F. Maccagnone jusqu'à Piazza De Gasperi. Suivre ensuite, à gauche, Corso Vittorio Emanuele, puis à droite, Piazza Matteotti. De là, parcourir entièrement Via Salemi; tourner à droite sur la SS 115, en direction d'Agrigente; au bout de 500 m, tout de suite après les feux de circulation, tourner à gauche où, à quelques mètres, se trouve l'église.
Visite sur rendez-vous; contacter le recteur du sanctuaire, M. Perrone, tél.: 0923 933406 ou 3476371505.

La fondation de l'église et du couvent annexe remonte peut-être à la première moitié du XIIe siècle, mais certains chercheurs estiment qu'elle a été édifiée sur un premier fortin arabe, remontant au IXe siècle, puis englobée dans la construction religieuse. On suppose que le fortin était constitué

Mazara del Vallo

Église Santa Maria dell'Alto, vue générale, Mazara del Vallo.

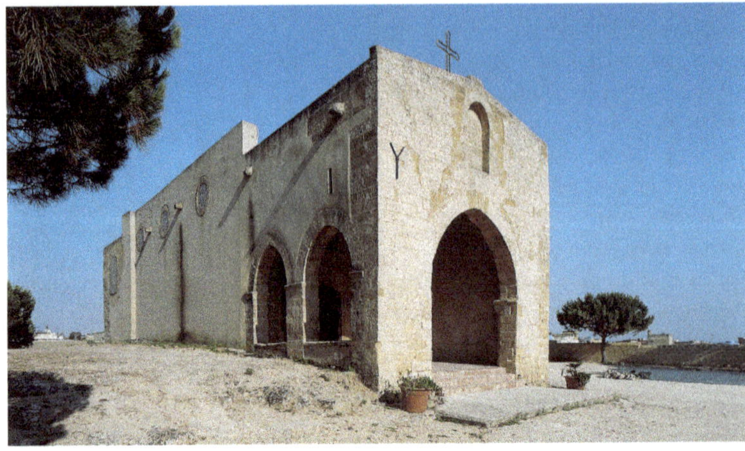

d'une tour militaire et d'une vaste *aula* divisée par trois grandes arches, et dont la porte d'entrée, ogivale, située au sud, s'ouvrait entre deux contreforts; ces éléments peuvent se retrouver dans le bâtiment du temple basilien, avec d'autres, qui constituent sans doute des précédents byzantins ou du haut Moyen Âge. L'église est constituée d'une *aula* subdivisée en trois travées et s'achevant, à l'est, par un sanctuaire, sur lequel se greffait une abside semi-circulaire nettement saillante. Cette dernière était flanquée de deux niches latérales, ornées de fresques représentant saint Grégoire de Nazianze et saint Basile le Grand, d'empreinte nettement byzantine. Les arcs doubleaux de la nef, ogivaux à l'origine, ont aujourd'hui une forme ogivale à peine perceptible, à cause des remaniements subis au fil du temps. Ils soutiennent deux voûtes en berceau avec des extrados à vue, exemple unique dans toute la Sicile occidentale. Seule la dernière travée, près du sanctuaire, est couverte d'une voûte en berceau brisé, non extradossée, disposée parallèlement à l'axe du plan. Vers le milieu du XIIe siècle, toute la zone du *presbyterium* de l'église normande devait déjà être construite, ainsi que la coupole sur tambour polygonal, qui s'appuie sur la paroi de la cuvette de l'abside et sur le mur avec *triforium* élevé au-dessus du dernier arc doubleau. C'est à cette phase que remonterait aussi l'ajout d'un portique avec arcade en ogive, sur le côté ouest, et de deux arcades ogivales, sur le flanc nord. Au cours du XIVe siècle, on ferma le portique nord et le prolongement de la nef. La physionomie primitive de l'église fut encore altérée par la construction d'une pièce rectangulaire, afin de remplacer l'ancienne zone du *presbyterium*, et par la démolition quasi intégrale de l'abside. Les deux niches, sur les côtés de l'abside, furent bouchées et on ouvrit entre celles-ci deux passages donnant accès aux locaux de l'ancien monastère; on masqua l'ancien arc d'entrée ogival et on ouvrit trois fenêtres circulaires le long du flanc gauche. La restauration du portail, et son réaménagement à son emplacement d'origine, remontent à 1952.

VI.2 CASTELVETRANO

VI.2.a Église Santissima Trinità di Delia

De Mazara del Vallo, reprendre la SS 115 en direction de Trapani, puis prendre l'autoroute A 29 vers Palerme et sortir à Castelvetrano, en suivant les indications pour le centre; parcourir Via Marinella et, au feu de circulation, tourner à gauche Via Redipuglia et suivre les indications pour le Baglio Trinità, à l'intérieur duquel se trouve l'église. Visite sur rendez-vous; contacter les propriétaires du monument, au Baglio Trinità.

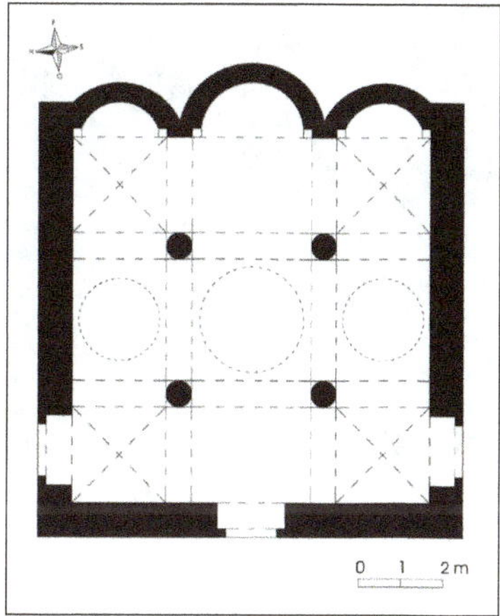

Église Santissima Trinità di Delia, plan, Castelvetrano.

Les éléments historiques relatifs à cet édifice ne sont documentés qu'à partir de 1392, mais la date de fondation la plus probable se situe au milieu du XIIe siècle (entre 1140 et 1160). L'église présente, en effet, de nombreuses similitudes avec l'organisation planimétrique des églises San Nicolò lo Regale et Santa Maria dell'Ammiraglio à Palerme et, en ce qui concerne les techniques de construction utilisées, avec San Cataldo à Palerme, toutes édifiées durant le règne de Roger II. L'édifice religieux, comme de nombreux autres du Val Demone, s'élève sur une église de fondation basilienne de rite grec contiguë à un couvent, et dont Roger II favorisa la construction. Elle présente un plan en croix grecque inscrite dans un carré; sur le flanc oriental se greffent trois absides semi-cylindriques, nettement saillantes à l'extérieur. Trois portes ogivales donnent accès à l'intérieur, l'une ouverte au centre de la façade ouest, réservée aux femmes, les deux autres, latérales, destinées aux hommes, qui prenaient place dans les collatéraux délimités par des transennes en bois, dans le respect de la séparation des sexes imposée par le rite grec. Le centre de la croix est marqué par quatre colonnes; deux sont en granit rouge et deux en cipolin; au-dessus des chapiteaux, soigneusement sculptés avec des feuilles d'acanthe, s'élancent des arcades ogivales qui soutiennent le tambour à plan carré et la coupole à arc surhaussé. Les côtés du tambour sont allégés par quatre fenêtres; à l'intérieur, des niches angulaires à ressauts per-

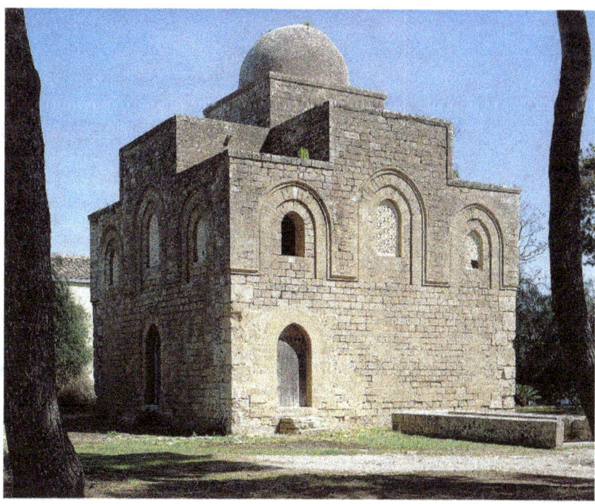

Église Santissima Trinità di Delia, vue générale, Castelvetrano.

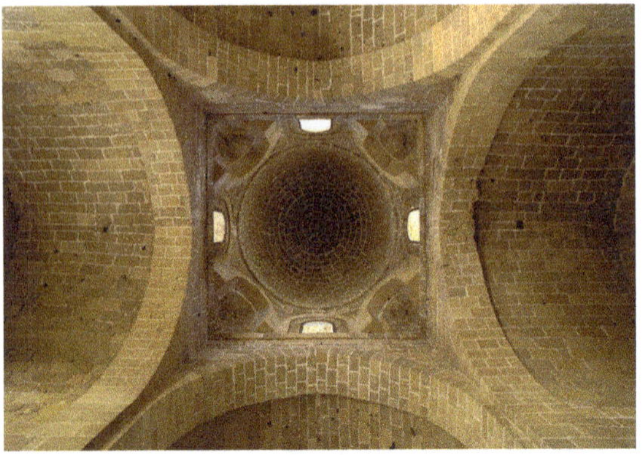

Église Santissima Trinità di Delia, coupole, Castelvetrano.

mettent le passage du carré d'imposte du tambour au périmètre circulaire de la calotte de couverture. Des voûtes en berceau brisé surmontent les bras de la croix, tandis que les quatre croisements d'angles sont couverts de voûtes à croisée. La succession extérieure des volumes reprend, à différents niveaux, le carré de base, la croix grecque et le croisement des bras de la croix, souligné par la coupole. L'église est dotée d'une crypte, elle aussi en croix grecque, accessible par un escalier extérieur situé sur le côté est. À l'origine propriété royale, elle fut agrégée en 1459 au monastère bénédictin de San Giovanni degli Eremiti de Palerme; puis, en 1474, elle devint un prieuré. On suppose que les premières transformations commencèrent vers 1520. L'organisation du plan byzantin n'est apparue clairement qu'après les restaurations intégrales dirigées par Giuseppe Patricolo en 1880; elles ont libéré la construction des volumes ajoutés et des transformations graduelles.

Église Santissima Trinità di Delia, intérieur, Castelvetrano.

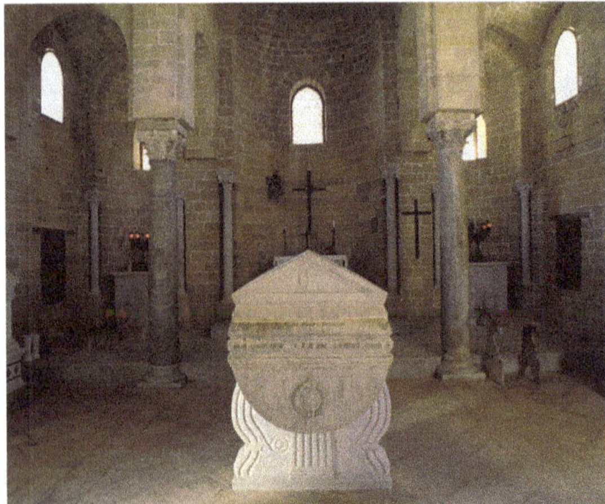

VI.3 SALEMI

L'agglomération doit son nom actuel aux Arabes qui l'appelèrent, selon certains chercheurs, *salam* (paix, santé), selon d'autres Sulayman, en l'honneur du héros éponyme mort pendant la conquête, fils d'Assad Ibn al-Furat, lieutenant des milices islamiques.
Les Normands lui confirmèrent des privilèges militaires et économiques et, dans la première moitié du XIIe siècle, al-Idrisi, l'évoquant sous le nom de al-Sanam, la décrit comme un "village très vaste et peuplé [...] avec une profusion d'arbres et de jardins, des eaux provenant de sources abondantes et, partout, un bien-être diffus".
Son rôle, dans la stratégie de fortification voulue par Frédéric II, fut fondamental, au point qu'elle fut plusieurs fois protagoniste, durant tout le XIVe siècle, dans le conflit qui opposa les Angevins et les Aragonais, et dans la querelle féodale entre les familles Chiaramonte et Ventimiglia.
Le centre a été fortement endommagé par le tremblement de terre de la vallée du Belice en 1968.

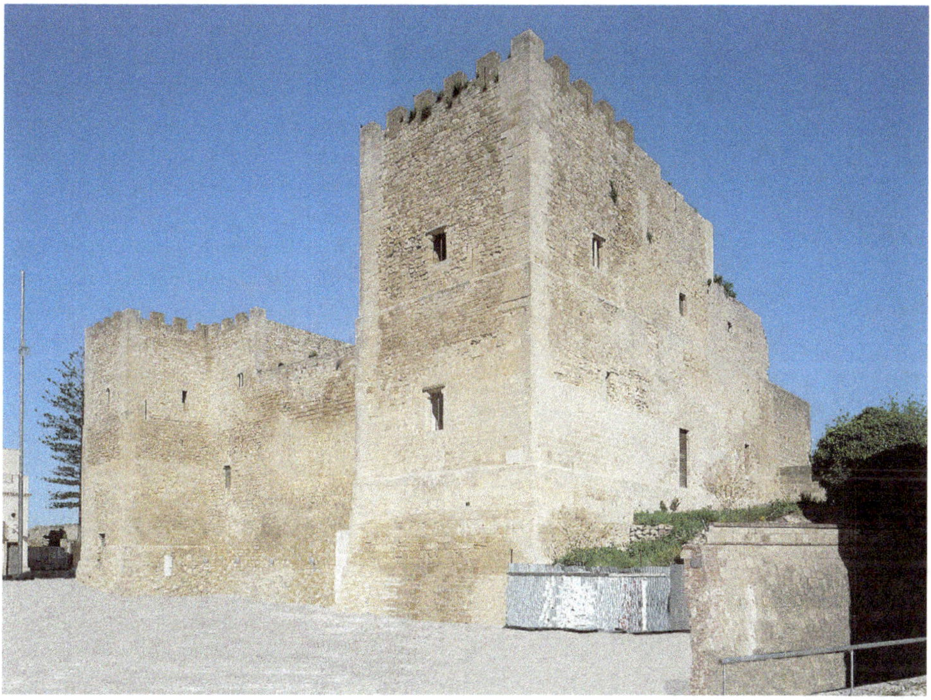

VI.3.a **Château**

De Castelvetrano, reprendre l'A 29 en direction de Palerme et sortir à Salemi. Prendre la SS 188 et continuer jusqu'au centre. Suivre Via Lo Presti et aller jusqu'à Piazza Libertà, où l'on garera la voiture. Continuer en empruntant Via Amendola et tourner à gauche, Via Garibaldi, jusqu'à Piazza Alicea, où se trouve le château.
En cours de restauration au moment de la rédaction de ce catalogue.

On attribue à l'époque normande la construction d'une première fortification, compte tenu du fait que le château n'est pas mentionné dans les descriptions des deux géographes musulmans al-Nugaddasi et Yakout (950-1050). La première mention nous est fournie par al-Idrisi, qui fait référence à al-Sanam (Salemi); il la définit comme un "gros hameau" sur le chemin de Mazara, "dominé par un château et un fortin, excellemment situé". La configuration actuelle est toutefois datable du XIIIe siècle. Le

Château, vue générale, Salemi.

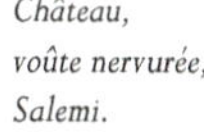

Château, voûte nervurée, Salemi.

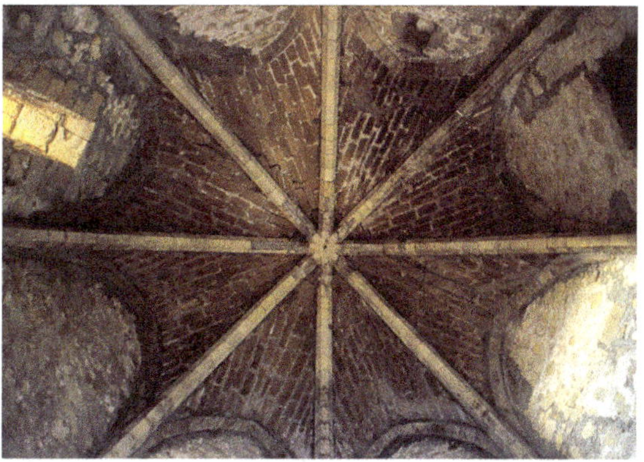

Salemi

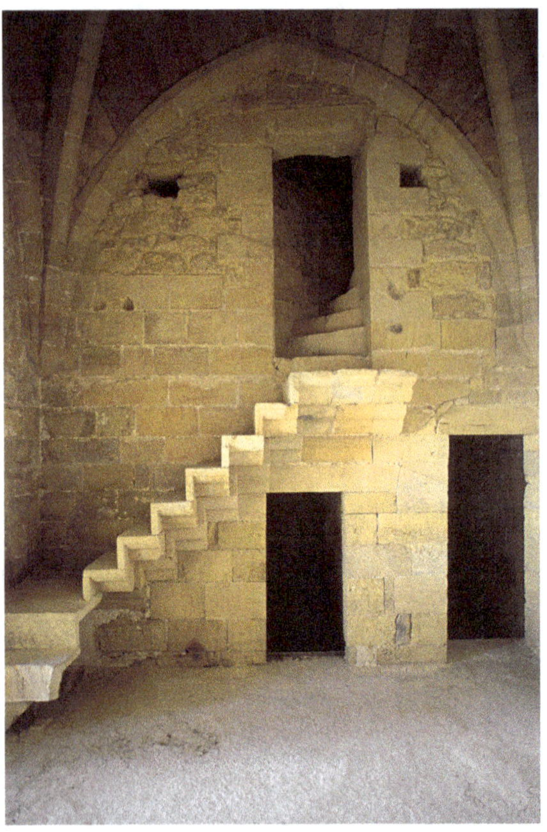

Château, intérieur d'une tour, Salemi.

château, qui permettait de surveiller la vallée en contrebas, vers la côte sud-ouest de la Sicile, présente un plan quadrilatère irrégulier; son enceinte fortifiée, desservie par des chemins de ronde autrefois protégés par des créneaux, renferme une vaste cour et un jardin limitrophe. Trois tours, deux de plan carré et une de plan circulaire, se greffent sur les trois sommets du périmètre. Les deux seules entrées de la forteresse se trouvaient sur les flancs sud-ouest et nord-ouest. De la cour, on pouvait accéder au grand salon, flanqué aux extrémités par des tours de défense carrées, plus tard subdivisé en trois salles distinctes. L'élément qui, par sa taille et sa hauteur, s'imposait sur l'ensemble était la tour cylindrique, peut-être isolée à l'origine, et dont les caractéristiques architecturales renvoient aux structures souabes des tours du château Maniace et du château Ursino. Chaque niveau de la tour est occupé par une salle, de forme circulaire au rez-de-chaussée, couverte d'une voûte hémisphérique soutenue par deux arcs doubleaux. Quant aux salles des deux autres niveaux, elles sont de forme octogonale, couvertes de voûtes ombelliformes nervurées, à huit quartiers. Dans la salle du rez-de-chaussée, à gauche de l'entrée, s'ouvre une grande trappe donnant accès à une salle souterraine couverte d'une voûte en coquille à croisées. L'existence du château de Salemi est ignorée dans beaucoup de documents à caractère officiel, et son souvenir n'apparaît ni dans les regestes souabes, ni dans la réforme administrative de 1240, ni dans l'inventaire des vingt-sept châteaux ordonné en 1273 par Charles d'Anjou.

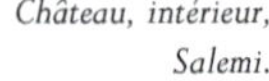

Château, intérieur, Salemi.

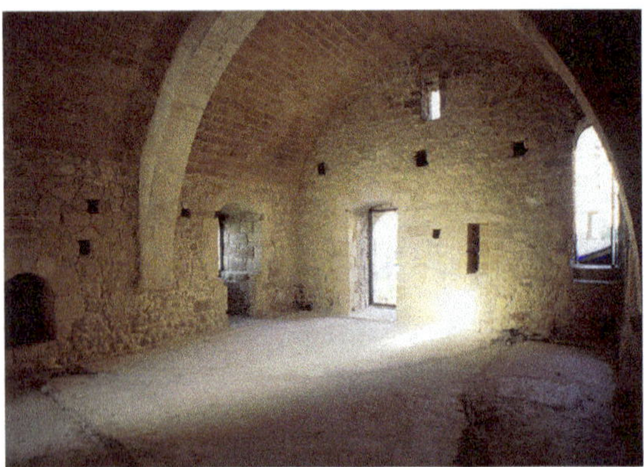

VI.3.b **Quartier arabe**

Le quartier de fondation arabe, plus tard habité par des juifs, est situé à l'extérieur des anciens remparts de la ville, sous le couvent Sant'Agostino, au bout de la colline sud-ouest. Ce quartier, le *rabato*, a conservé au fil des siècles l'homogénéité de son implantation, caractérisée par des ruelles étroites et tortueuses débouchant sur des impasses ou se transformant en escaliers raides. On peut appliquer ici la distinction proposée par certains chercheurs qui ont identifié dans ces quartiers trois typologies de rues: le type *chari'* (rue principale, ouverte à ses deux extrémités, qui traverse la ville d'une porte à l'autre et relie différents quartiers; son parcours se prolonge à l'extérieur par les voies du territoires); le type *durub* (rue secondaire greffée sur une rue principale, sans issue, qui part d'une rue principale; l'accès peut être fermé par une porte, même si elle présente une longueur notable et un tracé très articulé); le type *aziqqa* (l'impasse, dont le tracé est aussi varié, et qui peut se fermer en son point de jonction avec le *durub*)" (Guidoni, 1978). Dans le quartier du Rabato, les éléments dominants sont appelés *aziqqa* ou "*vaneddi d'inferno*" (impasse), ce qui manifeste, encore aujourd'hui, la longue persistance de la tradition islamique. Les maisons, qui s'étagent sur la pente naturelle du terrain, sont le plus souvent à deux ou trois niveaux, de plan carré ou rectangulaire, avec une ou deux pièces par étage, et souvent pourvues d'une seconde donnant sur la rue, à l'arrière, à un niveau supérieur. L'étage inférieur est séparé des autres par un escalier extérieur, l'"*annatu*". La façade côté rue est la seule à éclairer toute la maison; sur cette façade s'ouvrent la porte d'entrée, une petite fenêtre pour l'aération de l'étable et les fenêtres des étages supérieurs, caractérisées par des appuis très saillants obtenus à partir d'un seul bloc de pierre. Les murs, très épais, sont réalisés en pierre et mortier; les ouvertures sont très petites et, du point de vue du nombre, réduites à l'essentiel. Les couvertures sont généralement à pentes.

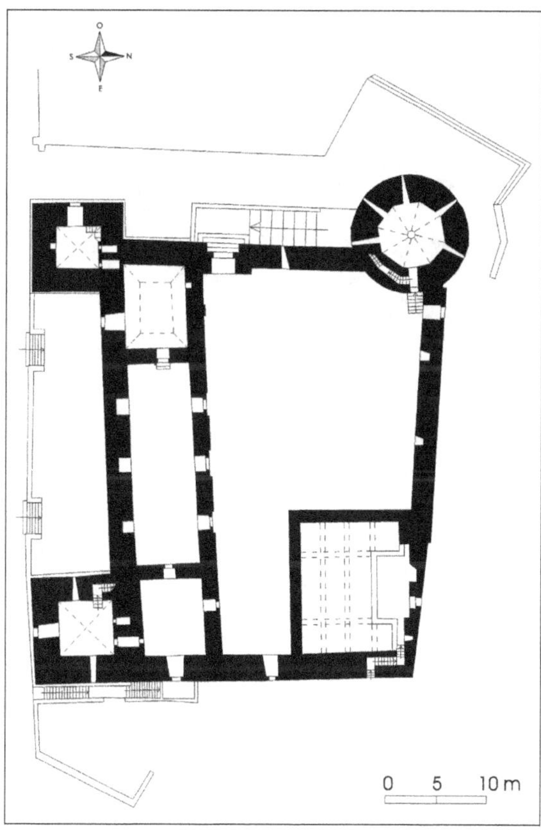

Château, plan, Salemi.

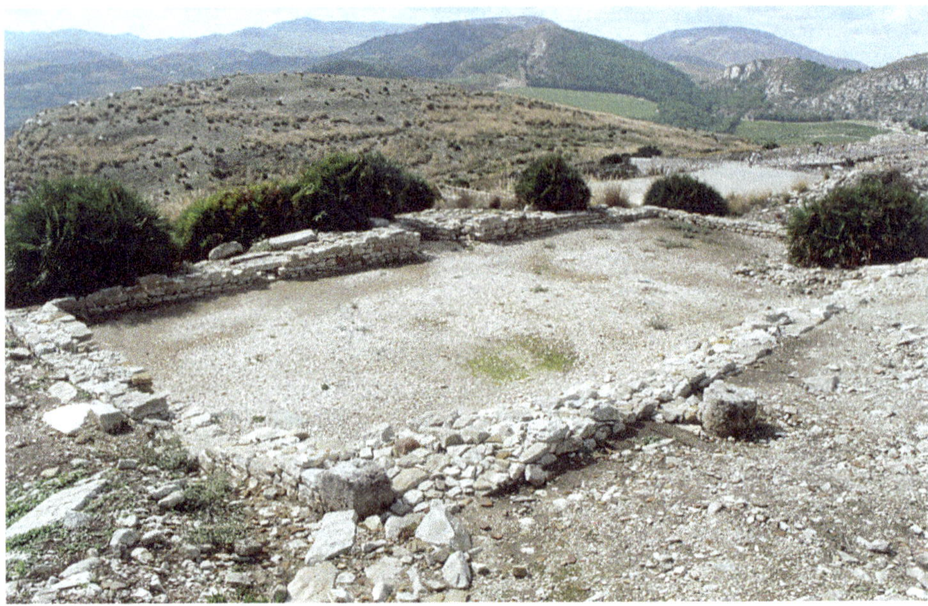

Mosquée, vue des vestiges de l'implantation, Ségeste.

VI.4 SÉGESTE

VI.4.a **Mosquée**

De Salemi, prendre la SS 188 en direction de Vita et continuer vers Calatafimi. En suivant les indications pour Ségeste, parcourir la route qui conduit au parc archéologique, à l'intérieur duquel se trouve le monument. Parking à proximité de l'entrée du parc. Une navette (payante) transporte les visiteurs près du site de la mosquée.
Horaires: de 9:00 jusqu'à une heure avant le coucher du soleil.

La mosquée du château de Calatabarbaro est située dans les environs immédiats du théâtre antique de Ségeste, en dehors de la zone fortifiée de l'habitat, sur le haut plateau où avaient été retrouvés les vestiges du château et de l'église médiévale, remontant au XIIIe siècle. En fait, au début du XIIe siècle, une communauté musulmane, guidée par un *gayto*, occupe le mont Barbaro; elle s'était sans doute repliée dans cette localité à la suite de la diaspora provoquée par l'arrivée d'un feudataire chrétien dans la voisine Qal'at Ahmad, chef-lieu de district à l'époque de l'arrivée des Normands. Sur les vestiges d'édifices de l'Antiquité tardive, les musulmans construisirent une fortification (Calatabarbaro) composée de quelques demeures isolées autour d'une cour, tandis qu'à l'extérieur de l'enceinte fortifiée, ils édifiaient une mosquée. L'arrivée d'un feudataire chrétien, vers la fin du même siècle, provoqua la transformation du lieu en demeure aristocratique: on construisit de nouveaux bâtiments au centre de l'installation islamique, ainsi qu'une église à trois absides, on démolit la mosquée dont on réutilisa les matériaux. L'installation fut progressivement abandonnée et la demeure seigneuriale aussi tomba en ruine, dès la seconde moitié du XIIIe siècle. En 1442, on reconstruisit pourtant une église, à la demande de quelques habitants de Calatafimi.

Ce n'est qu'en 1993, au cours d'une campagne de fouilles archéologiques, que l'on découvrit les vestiges de la mosquée et d'autres structures remontant à la période de l'occupation musulmane du site. La situation de la mosquée, qui domine l'antique Ségeste sur l'acropole nord, permettait de bien voir son *mihrab* depuis les territoires environnants, de la vallée du Gaggera et de la route conduisant de Palerme à Trapani. L'édifice présentait un plan à peu près rectangulaire, originellement rythmé à l'intérieur par une rangée de trois colonnes qui soutenaient la couverture; on a conservé les traces de deux bases de celles-ci, placées à une distance moyenne de 4,50 m. Dans le mur est, au niveau de la ligne directrice d'alignement des colonnes, se trouve une niche d'environ 2 m de largeur et 1,50 m de profondeur; située au centre du mur méridional, elle est destinée à indiquer la *qibla* (la direction de La Mecque). Le profil de base de la niche est obtenu par la composition d'un rectangle avec une semi-ellipse, qui provoque une saillie du mur à l'extérieur de l'édifice. Le *mihrab*, probablement flanqué de deux colonnes engagées, est la seule partie subsistante, avec des traces d'enduit blanc. L'entrée principale de la mosquée devait se trouver au centre du mur nord, dans l'axe de la niche du *mihrab*, même si l'on a trouvé les traces de deux autres passages, symétriquement disposés le long des flancs de la mosquée.

Le site archéologique de Ségeste
Le théâtre hellénistico-romain, au nord, et l'acropole sud, qui n'a pas encore été explorée, indiquent les sommets du mont Barbaro qui, du côté ouest, descend en pente douce pour se raccorder au vaste ensemble de collines caractérisées par la géométrie des champs cultivés qui occupent l'horizon, dessiné par la ligne de la mer, interrompue par les dentelles du mont Bonifato. L'enceinte du temple, à la limite occidentale du parc archéologique, marque le niveau intermédiaire entre la partie ensoleillée de la montagne et le vallon ombragé de la Fusa. Le caractère mystérieux du ravin, qui s'enfonce sur presque cent mètres, est aujourd'hui atténué par la présence d'un bois, planté d'essences de pin qui dominent le paysage; ce dernier offre une végétation de steppe, basse, comportant des arbustes et des plantes aromatiques méditerranéennes, telles que le thym et le romarin.
Entièrement domanial depuis 1996, le site fait partie de l'ensemble des parcs archéologiques de la région Sicile. Le siège du musée se trouve dans les Case Barbaro, au pied du versant nord-ouest de la montagne, un complexe agricole, articulé autour d'un baglio *à cour centrale avec une petite église et une tour voûtée.*

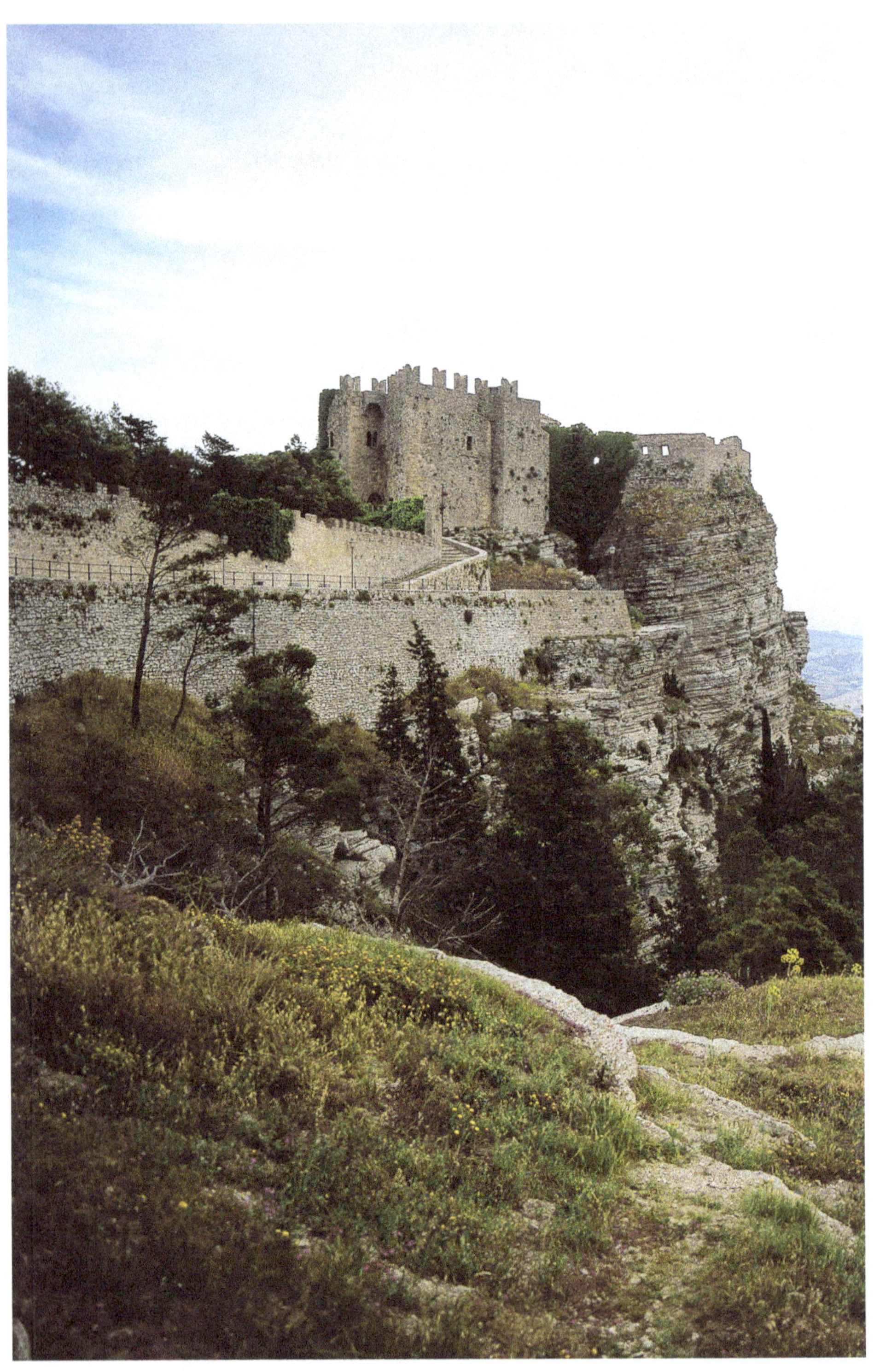

Témoignages d'époque normande

Comité scientifique

VII.1 TRAPANI

VII.1.a Musée Agostino Pepoli – Couvent Santa Maria dell'Annunziata

VII.1.b Centre urbain

VII.2 ERICE

VII.2.a Cathédrale

VII.2.b Centre urbain

VII.2.c Église San Giuliano

VII.2.d Château normand

VII.3 CASTELLAMARE DEL GOLFO

VII.3.a Château

VII.3.b Centre urbain

VII.4 ALCAMO

VII.4.a Château de Monte Bonifato

VII.4.b Château de Calatubo

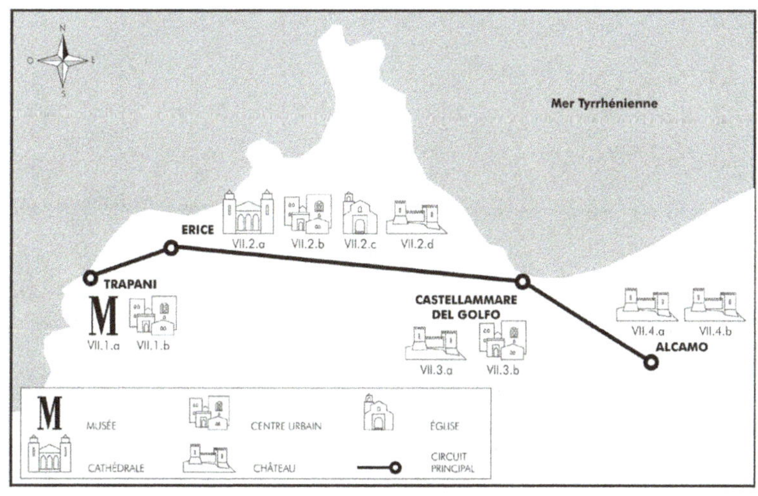

Château normand, vue générale, Erice.

L'époque normande, sur le territoire de l'actuelle province de Trapani, est intimement liée à la période musulmane qui l'a précédée. Elle en hérite l'accroissement du commerce, l'amélioration des techniques agricoles, la reprise de l'artisanat et des productions déjà présentes sur l'île aux époques précédentes, comme l'extraction du sel marin, à laquelle Pline fait allusion dans son *Histoire naturelle* (livre XXXI, chap. VII).

En mai 1077, Roger et son armée assiègent Trapani par terre et par mer ("la flotte d'Alexandre ne fut pas plus belle que celle-ci", rappellera plus tard Geoffroi Malaterra); peu après, la ville se rend, elle remet le château à Roger et en accepte la seigneurie. Les habitants, soumis à un tribut, "acceptent de pactiser, mais contre leur volonté" (Malaterra, 2000). Les Normands se répandent dans le territoire environnant et occupent douze châteaux; ces derniers seront attribués, ainsi que leurs terres, aux chevaliers qui avaient conduit l'armée victorieuse. Dans les récits ultérieurs, sous les règnes de Roger et de Guillaume, Trapani apparaît comme une ville productive et riche en activités. Dans la description d'al-Idrisi, Trapani est "une des villes primitives et un très ancien séjour; elle gît sur la mer qui l'entoure de tous côtés; on n'y entre que par un pont, du côté du levant. Le port se trouve sur le côté méridional; un port tranquille, sans mouvement; un grand nombre de bateaux y passent l'hiver à l'abri du vent, car la mer y reste calme pendant que, dehors, les flots se déchaînent. Dans ce port, on pêche une quantité impressionnante de poissons; on y tend aussi de grands filets pour capturer les thons. On tire également, de la mer de Trapani, du corail de première qualité. Devant la porte de la ville s'étend une saline. Le district est grand et vaste, avec des terres très généreuses, propices aux semailles, qui donnent des

Château normand, vue panoramique, Erice.

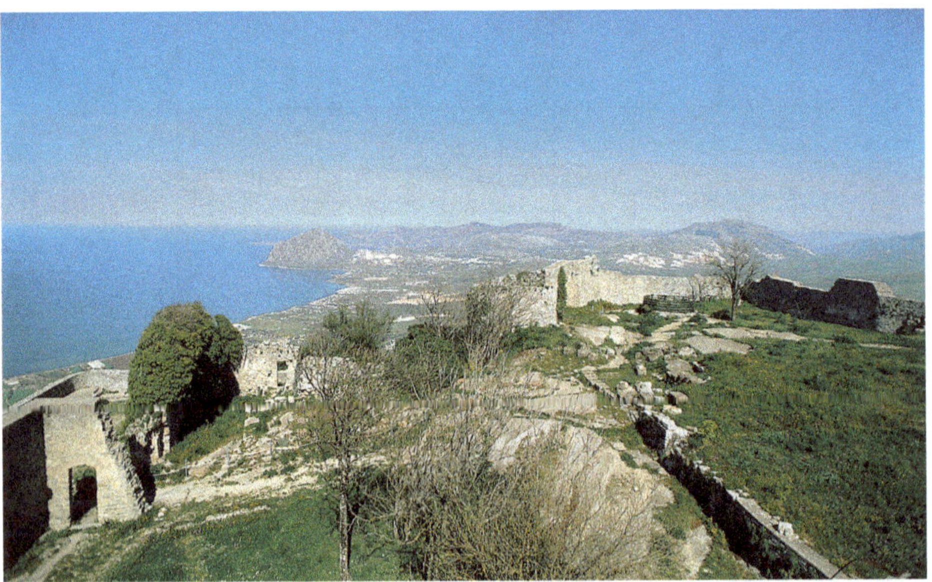

productions fertiles et de grandes richesses. Trapani renferme des marchés commodes et d'abondants moyens de subsistance" (Amari, 1854-1868).
Plus tard, en 1184, Ibn Jubayr la présentera comme une ville "peu spacieuse, de dimensions réduites et entourée de murs", mais il la décrit toutefois "blanche comme une colombe", laissant imaginer des édifices enduits à la chaux, avec des parements à vue construits avec la pierre ivoirine des carrières environnantes. "Il y a ici des marchés, poursuit-il, des bains et toutes les commodités que l'on peut trouver dans les villes: bien que Trapani semble se jouer des vagues [...] la mer ouvre tout grand la bouche pour engloutir la ville; les habitants pensent que la mer l'envahira inévitablement, et qu'elle ne pourra que repousser le terme de ses jours [...] Trapani est prospère et aisée [...] Les habitants sont musulmans et chrétiens: chacune des deux sectes a ses temples, mosquées et églises" (Amari, 1977).
Dans la relation géographique d'al-Idrisi sont également cités les hameaux de Buseto Palizzolo, d'origine byzantine, refondé et repeuplé à l'époque musulmane avec le nom de Butich; de Castelvetrano; de Scopello (de l'arabe Isqubul Yaqut), centre de pêche devenu très florissant grâce à la restructuration de la thonaire; parmi les fortifications, le château de Baida, dont l'installation remonterait à la fin du XIIIe siècle, les fortins de Calatafimi et Qal'at Ahmad; le premier est agrégé à un faubourg, le second est une construction d'origine musulmane, probablement fondée au milieu du Xe siècle. Il faut également mentionner le château de la Pietra à Castelvetrano, qui existait déjà en 1150.

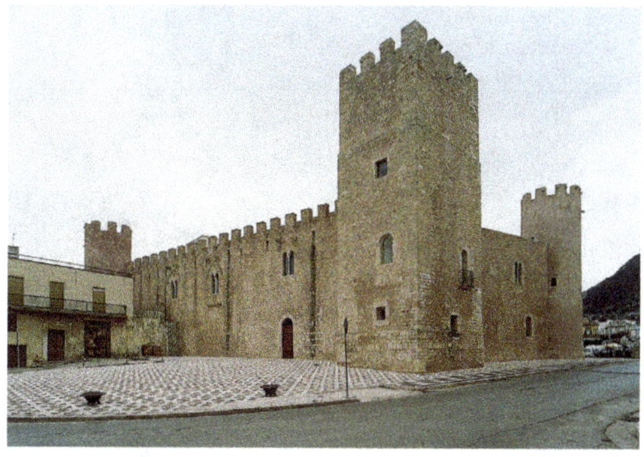

Château des comtes de Modica, vue générale, Alcamo.

VII.1 TRAPANI

VII.1.a Musée Agostino Pepoli – Couvent Santa Maria dell'Annunziata

De Ségeste, reprendre l'autoroute A 29 en direction de Mazara, et emprunter l'embranchement pour Trapani; à proximité de la zone habitée, continuer en suivant les indications pour le centre. Arrivé Via Fratelli Aiuto, tourner à droite Via Manzoni et continuer par Via P. Mattarella, tourner à gauche Via Maria d'Ungheria et encore à gauche, Via Pepoli, où est situé le musée.
Entrée payante. Horaires: jours ouvrables 9:00-13:00; jours fériés 9:00-12:30

Le sanctuaire de la Santissima Annunziata et le couvent annexe des carmélites accueillent aujourd'hui le musée Pepoli. L'église de l'Annunziata, ou della Madonna di Trapani, fut érigée au XIIIe siècle, mais les travaux ne furent achevés que vers 1332. C'est en 1498 que fut construite la chapelle de la Madonna, véritable sanctuaire, dont il subsiste le portail monumental, en marbre, réalisé

Trapani

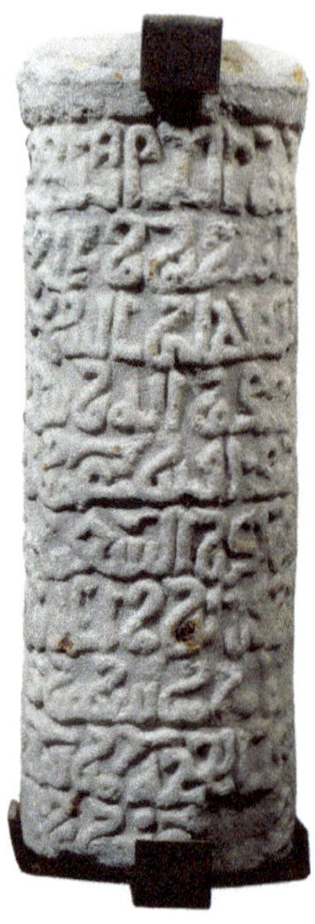

Pierre funéraire à inscriptions en caractères coufiques, XIe-XIIe siècle, Musée régional A. Pepoli, Trapani (Publifoto, Palerme).

entre 1531 et 1537 par Antonello Gagini. Elle fut entièrement reconstruite en 1742 par Giovanni Biagi Amico. En 1315 débutent les travaux de construction du couvent, qui dureront presque un siècle. 1639 marque le début de la construction de l'escalier d'honneur, 1650 l'édification du grand cloître et de l'aile capitulaire, aujourd'hui appelée "salle des Marbres". Au début du XIXe siècle, le couvent commença à accueillir les premières collections de pièces archéologiques, ainsi que les collections de peintures et de sculptures, considérablement enrichies en l'espace d'un siècle. Le 19 novembre 1906 fut déposée la requête, approuvée le 23 novembre de l'année suivante, du comte Pepoli, visant à transformer le couvent en structure muséale permanente. Parmi les collections les plus précieuses figure celle de coraux, documentés dès l'époque normande; ils étaient travaillés par des orfèvres locaux qui avaient hérité des techniques de ciselure pratiquées par les Arabes. Les deux salles du rez-de-chaussée sont destinées à l'exposition d'épigraphes et d'inscriptions funéraires arabes en caractères coufiques, provenant de Trapani et de ses environs, en particulier celle de 'Abd al-Karim Ibn Sulayman, encadrée par un arc avec des motifs de feuillages, de 1081-1082, celles du cheikh Ibn 'Abd Allah, datées entre le XIe et le XIIe siècle, et des fragments de colonnettes, avec des inscriptions en caractères coufiques, provenant d'un édifice inconnu, du XIe siècle.

VII.1.b **Centre urbain**

La fondation de la cité historique de Trapani remonte vraisemblablement à 1260 av. J.-C., avec un premier noyau représenté par le village sicane, appelé par les Grecs Drepanon, "faux", à cause de la forme singulière de la terre sur laquelle il avait été bâti. Avec les Phéniciens, qui s'y installèrent au VIIIe siècle av. J.-C., la ville s'étendit et devint l'une des principales escales maritimes le long des voies commerciales de la Méditerranée, rôle qu'elle conserva même après la conquête carthaginoise. Avec Lilibeo et Livourne, elle fermait le circuit défensif punique de la Sicile. En 241 av. J.-C., à la suite de la conquête romaine, la ville connut un lent déclin qui se prolongea jusqu'à l'époque byzantine. La ville ne connut une renaissance que sous la domination des Arabes, qui l'occupèrent durant la première moitié du IXe siècle, l'appelant Tarabanis; ils la reconstruisirent, lui imprimant les caractères propres aux installations islamiques.

À l'intérieur furent aménagés des marchés, des bains publics et des thermes, les mosquées s'ajoutèrent aux églises chrétiennes, mais il est difficile d'établir avec exactitude la contribution musulmane à la ville, car les témoignages ont presque tous disparu. Le tissu urbain médiéval porte toujours, malgré les transformations, des caractéristiques propres aux installations islamiques, en ce qui concerne les bâtiments et les rues; on y retrouve, en effet, les divisions en trois catégories des voies de circulation: grand-rue (*chari'*), rue de quartier (*darb*), impasse (*aziqqa*); les maisons, dépourvues de fenêtres donnant sur la rue, s'ouvrent sur des cours intérieures, y compris pour des raisons climatiques.

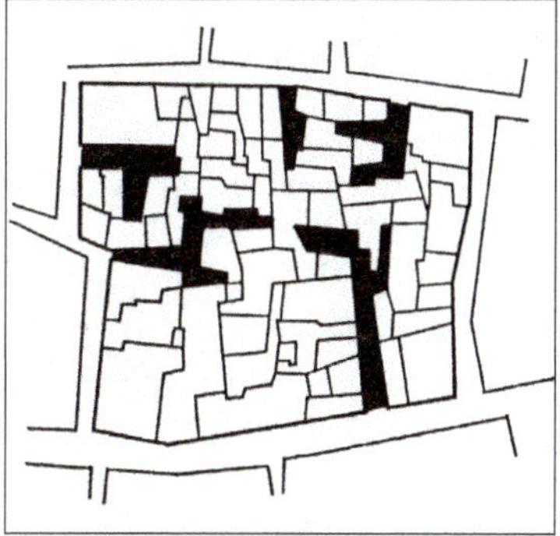

Centre urbain, noyau médiéval, Trapani (Gabrieli, Scerrato, 1979).

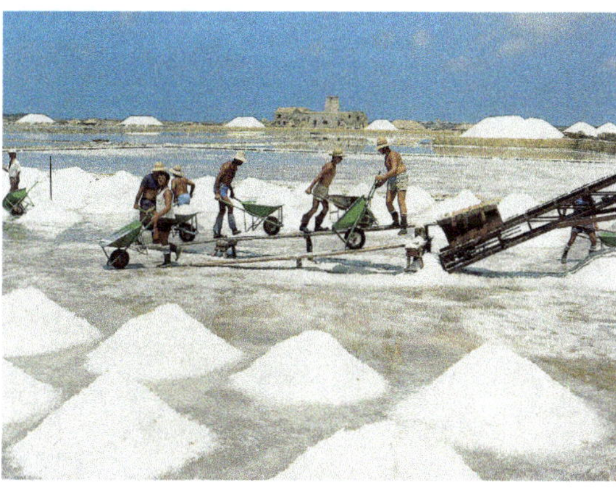

Saline, Trapani (Publifoto, Palerme).

Les salines de Trapani et de Paceco

Au sud de Trapani, là où la plaine alluviale devient une zone côtière humide, se trouve un des paysages les plus extraordinaires qu'ait façonnés le travail humain en Sicile: les salines. On les aperçoit de haut, depuis Erice, comme un gigantesque damier de bassins d'eau de mer immobile, luisant au soleil, et on en longe un grand nombre en parcourant la route départementale n° 21, qui relie Trapani à Marsala. Les couleurs de l'eau, qui vont du bleu ciel au rose intense, témoignent des différentes phases de décantation du sel qui, à la fin du processus, est rassemblé au bord des bassins, formant de grands amas d'un blanc éclatant, recouverts de tuiles rouges qui le protègent du vent. Sur ce paysage plat et ensoleillé se dressent des moulins à vent utilisés pour agiter l'eau; des hangars et des cours entourées de portiques les accompagnent. La culture du sel iodé est très ancienne; al-Idrisi l'évoque comme étant l'une des richesses de la ville, mais les structures visibles aujourd'hui ne sont pas antérieures à la fin du XVIIe siècle, lorsque cette production prit un caractère industriel. Abandonnées ces dernières décennies, elles ont acquis aujourd'hui une nouvelle valeur, à cause du caractère naturel du produit, mais aussi en raison de l'intérêt scientifique du milieu qu'elles déterminent, favorable à la nidification de nombreuses espèces devenues rares. Le complexe de salines les plus proches de Trapani, qui s'étend sur 970 hectares, est aujourd'hui une réserve naturelle, à laquelle on a consacré un musée du Sel. La réserve est gérée par WWF Italie, Via Garibaldi 138 - 91027 Paceco (Tp), tél.: 09 23867700.

VII.2 ERICE

Son nom dérive du sicano-sicule *erix* qui signifie "montagne". Elle fut le centre religieux des Elymes, célèbre pour son temple où les Phéniciens adoraient Astarté, les Grecs Aphrodite et les Romains Vénus. Citadelle punique, les Syracusains et les Carthaginois se la disputèrent; ces derniers la rasèrent au sol en 260 av. J.-C., déportant ses habitants à Drepanon (Trapani). En 247 av. J.-C., elle fut conquise par les Romains qui élirent le sanctuaire de Vénus Ericina à la tête d'une confédération religieuse.

Centre urbain, vue de l'une des ruelles, Erice.

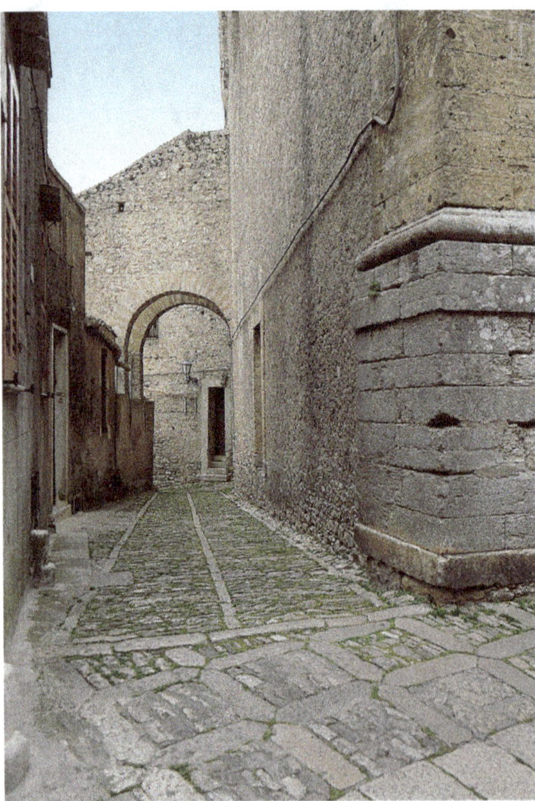

À partir de 831 J.-C., après l'occupation arabe, la ville fut appelée Jabal Ahmed (montagne de Ahmed), du nom de l'émir qui la fit reconstruire. Les musulmans en célébrèrent et exaltèrent les sources, exploitant au mieux leurs potentialités avec des citernes et des canalisations. Au XIIe siècle, les Normands la repeuplèrent de Latins et la rebaptisèrent Monte San Giuliano en l'honneur du saint hospitalier qui, selon la tradition, apparut au comte Roger durant la phase décisive de la conquête de la forteresse (1077): "Il apparut un chevalier légèrement armé, sur un cheval blanc, avec un manteau rouge et un faucon sur le poing, lequel faucon non encapuchonné faisait fuir et sortir des maisons les chiens et tous les Sarrasins; ceux-ci, se voyant assaillis au milieu de la ville de manière si soudaine, par vertu divine, s'enfuirent, stupéfaits, après avoir abandonné leurs armes, et ils quittèrent la ville" (Adragna, 1985).

À l'époque de Roger II, al-Idrisi voit dans la ville une forteresse non gardée; il vante l'abondance de ses eaux et des terrains à semer, tandis que plus tard, Ibn Jubayr, en 1184, la qualifie de "ville considérable". En 1934, elle reprit son nom d'origine, Erice.

VII.2.a **Cathédrale**

De Trapani, prendre la 187 pour Erice. Une fois traversé le centre de Valderice, emprunter la SR Immacolatella et suivre les indications jusqu'à Piazza Grammatico, où l'on peut garer la voiture. Une fois dépassée la Porta Trapani, suivre le Corso Vittorio Emanuele, puis tourner dans la première

ruelle à gauche, qui conduit Piazza Madrice, où est situé le monument.
Entrée payante pour le campanile (visitable exclusivement en période estivale). Horaires: 10:00-13:00/15:00-18:00 (10:00-12:30/15:00-16:30 en hiver).

Des témoignages historiques sûrs attribuent la construction du campanile et de l'église au roi Frédéric III d'Aragon. Celui-ci résida à Erice afin de résister aux attaques des Angevins en 1314, mais les travaux ne furent pas achevés avant 1372. L'architecture d'origine est bien visible dans les deux portails d'entrée. Le portail principal, en ogive, placé au-dessous du portique du XVe siècle, est décoré d'une frise à pointes de diamants et d'une moulure à triple frette, tandis que l'entrée qui s'ouvre dans le flanc gauche présente un arc en plein cintre avec archivolte à bossages, au-dessus de laquelle s'ouvre une fenêtre à corniche lisse. Sur le côté droit, neuf croix sont encastrées dans le mur; elles proviennent du temple de Vénus et ont été dérobées sous le règne de Constantin (320 J.-C.) et placées là en 1685. Le *pronaos*, héritage du narthex des églises paléochrétiennes, adossé à la façade, est ouvert sur trois côtés avec des arcs ogivaux, et couvert d'une voûte d'arêtes nervurée surmontée d'un mur d'attique crénelé. À l'origine, les trois nefs de l'église étaient séparées par deux rangées de cinq colonnes en grès et par des arcs ogivaux, couvertes d'un plafond en bois. Les colonnes furent ensuite remplacées par des piliers fasciculés, eux-mêmes encadrés par des couples de colonnes lisses de double hauteur, couronnées par un entablement continu. La chapelle

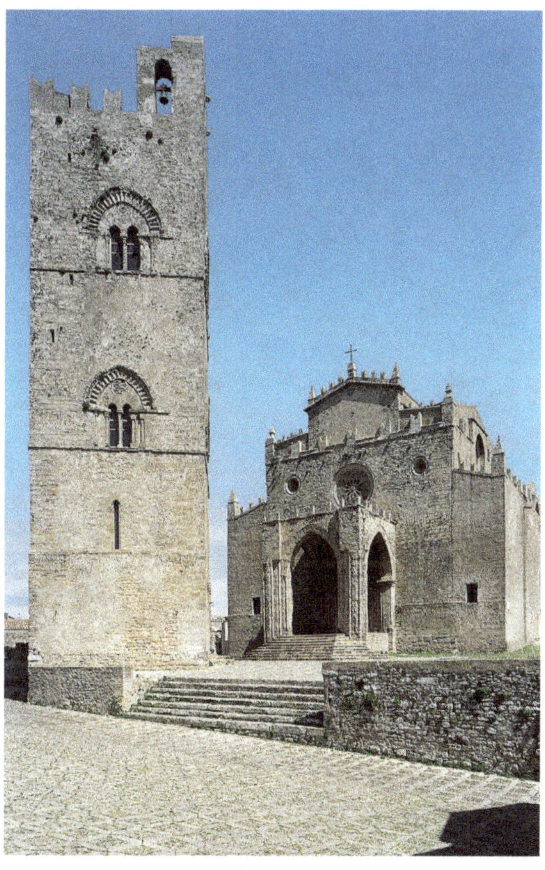

Cathédrale, vue générale, Erice.

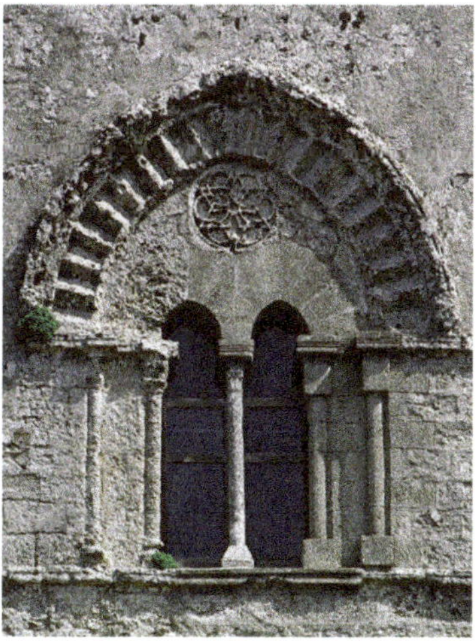

Cathédrale, fenêtre géminée du campanile, Erice.

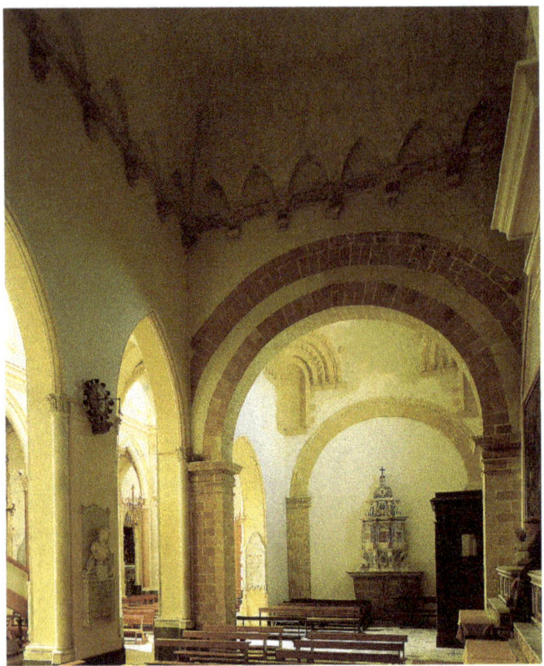

Cathédrale, intérieur, Erice.

Centre urbain, vue de l'une des ruelles, Erice.

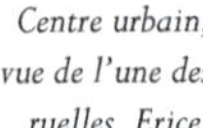

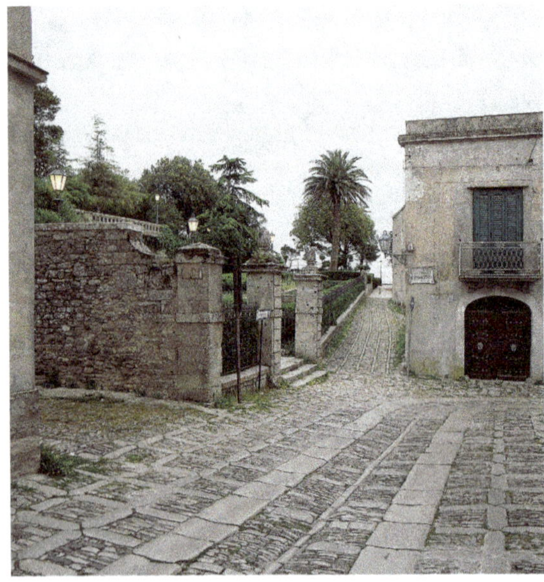

d'Ognisanti est voûtée d'arêtes à nervures tressées, d'inspiration catalane.

VII.2.b **Centre urbain**

La petite ville d'Erice est située au sommet du mont San Giuliano, au nord-est de Trapani. La montagne, d'une hauteur de 717 m, abrupte de tous côtés, présente sur son sommet une plaine cultivable. L'ensemble du noyau urbain, de forme triangulaire, est limité à l'ouest par les anciens remparts, munis de tours et franchissables par la Porta Spada et la Porta del Carmine, tandis que les deux autres côtés suivent le mouvement du relief. Le système viaire principal, en forme de Y, commence justement par la Porta Trapani avec la Via Regia, d'où part la bifurcation constituée par la Via della Loggia, l'actuel Corso Vittorio Emanuele, et par la Via Albertina degli Abbati. Cette dernière aboutit au centre politique et religieux, dans lequel se dressent les églises San Giuliano, San Cataldo et San Martino, édifiées par les Normands mais remaniées au cours des siècles suivants. Il est prouvé que les Elymes, population d'origine anatolienne, habitèrent et fortifièrent le centre d'Erice au VIIIe siècle av. J.-C., mais la fondation de la ville remonte sans doute aux Sicanes. Les fortifications, réalisées par les Elymes et par les Phéniciens, transformèrent Erice en une des plus importantes forteresses siciliennes, fonction qu'elle perdit sous les Romains. Les musulmans transformèrent son nom en Jabal Ahmed, mais le centre perdit son autonomie et la forteresse fut abandonnée, comme en témoigne al-Idrisi. Le sort de la petite ville s'améliora avec l'arrivée des Normands, comme le rappelle Ibn Jubayr: "Elle [la ville] n'est accessible que d'un côté, ce qui fait penser que la conquête de la Sicile dépend de cette montagne." Les Normands entamèrent la reconstruction du centre et du château, partiellement en ruine, et lui redonnèrent son indiscutable valeur religieuse et civile. À partir de 1280 environ, sous la domination aragonaise, on réalisa l'urbanisation graduelle de la zone occidentale de la ville et la construction de l'église-mère; ces années-là, les Chiaramonte y construiront un de leurs palais. Exception faite de quelques édifices réalisés plus tardivement, la ville a conservé l'aspect d'un bourg médiéval; certaines constructions sont réalisées avec des pierres à vue et du béton de tuileau, son réseau viaire est constitué de rues étroites, appelées *venule*.

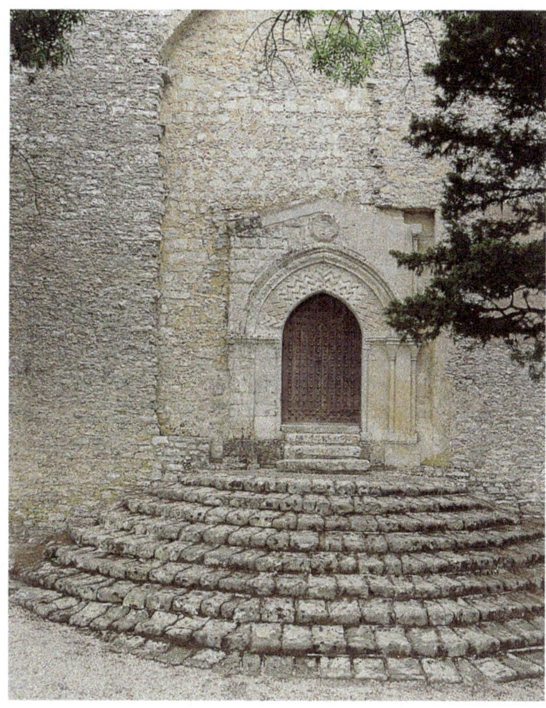

Église San Giuliano, portail, Erice.

VII.2.c Église San Giuliano

Retourner à pied Corso Vittorio Emanuele et prendre, à droite, la Via Generale G. Salerno; l'église se trouve sur la gauche, Piazza S. Giuliano.
En cours de restauration au moment de la rédaction de ce catalogue. Visite sur rendez-vous; contacter le prêtre, tél.: 0923 869123.

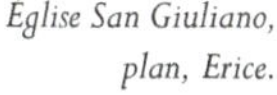

Église San Giuliano, plan, Erice.

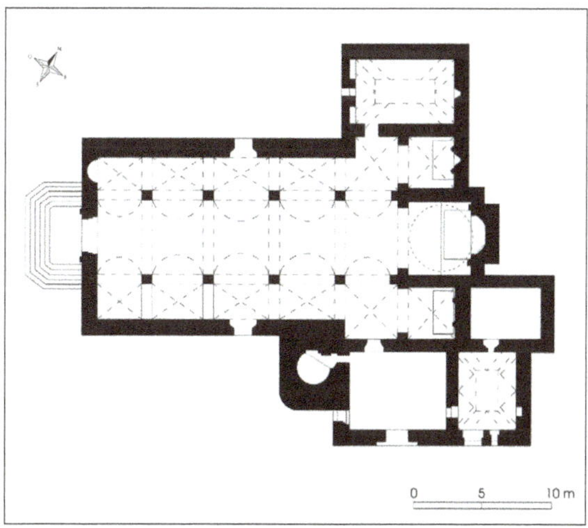

Sa fondation remonte à 1080 et, selon une légende, elle est dédiée par Roger II à Julien, alors que certains historiens soutiennent qu'en réalité, l'église a été dédiée à saint Julien l'Hospitalier, choisi par les chrétiens comme pro-

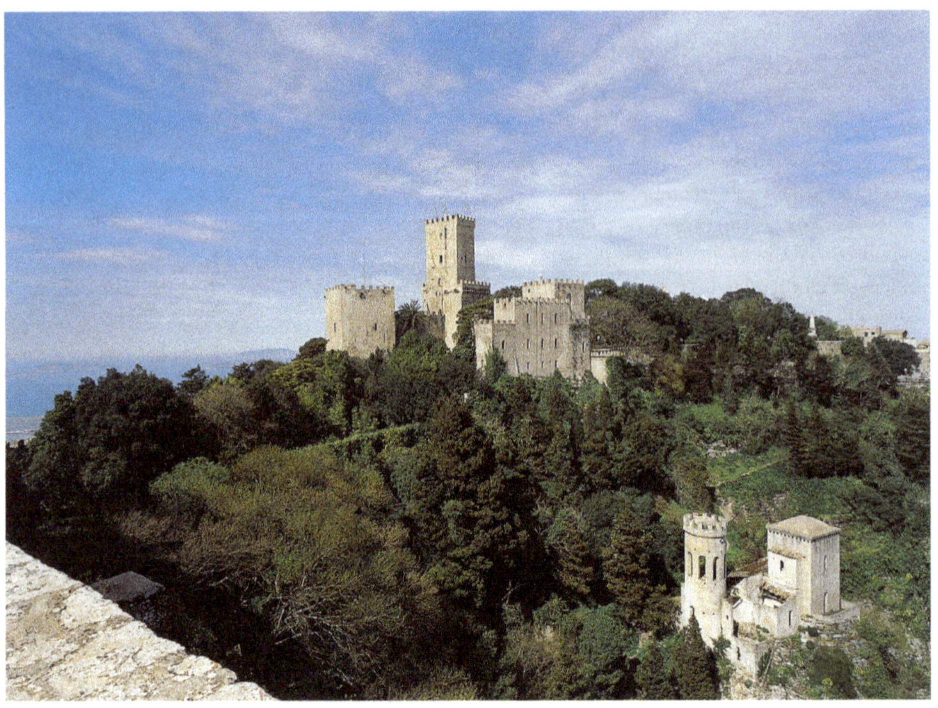

Jardins du Balio et château normand, vue panoramique, Erice.

tecteur des voyageurs. L'édifice, de dimensions modestes à l'origine, développait un plan en croix grecque; le parement mural était constitué de moellons grossièrement équarris, disposés à vue. Entre 1612 et 1615, menacée d'effondrement, elle fut transformée et agrandie de manière significative, avec l'extension de la nef centrale, l'ajout de deux collatéraux et l'insertion d'une coupole à la croisée de la nef et du transept; enfin, en 1770, l'église fut flanquée d'un clocher.

VII.2.d **Château normand**

Prendre la rue en face de l'église San Giuliano, puis tourner à gauche dans Via Conte Pepoli, qui conduit au château. Il est d'usage de laisser un pourboire au gardien. Horaires: 9:00-21:00 (9:00-17:00 en hiver).

Le château, situé sur l'éperon rocheux le plus élevé du mont San Giuliano, là où se dressait autrefois un temple dédié à la déesse de la fécondité fondé autour du VIIIe siècle av. J.-C., domine la plaine et constitue un point de repère pour ceux qui viennent par la mer. Avec l'arrivée des Phéniciens en Sicile, le temple devint à la fois un centre religieux, en l'honneur de la déesse Astarté, et un centre militaire, qui assurait la domination de la plaine et le contrôle maritime; puis, sous les Romains, le sanctuaire devint un centre de culte d'État et connut sa plus grande splendeur. En outre, le Sénat romain avait chargé dix-sept villes siciliennes d'entretenir à leurs frais le sanctuaire ainsi que la garnison de deux cents soldats préposés à sa garde. L'effigie de C. Considio Nonano, gravée sur le côté face d'une monnaie, est le seul document montrant l'aspect de l'ancien temple de la Vénus d'Erice, protectrice des navigateurs. Avec la chute de l'Empire romain, l'importance stratégique du lieu diminua en faveur du centre commercial de Drepanon (Trapani). Après environ huit cents ans de silence, avec les Normands et grâce à Roger II, Erice reprit vie; d'après le témoignage d'Ibn Jubayr, en 1185, le château était déjà reconstruit sur les restes du temple de Vénus. En outre, on édifia un avant-poste fortifié, muni de trois tours, deux de plan rectangulaire et une, au centre, pentagonale, dites tours du Balio, destinées à la résidence du gouverneur normand (le *bajulo*). Les tours, qui ont une configuration défensive, étaient reliées entre elles par une courtine, et au château de Vénus par un pont-levis. Au XVe siècle, la tour pentagonale fut détruite, pour être reconstruite en 1873 durant les travaux de restauration et la réalisation des jardins adjacents, en terrasse, voulus par le baron de Trapani, Agostino Pepoli. On rejoint le château, et donc l'ancien *téménos* du sanctuaire de Vénus, protégé par une tour avancée à sa droite, grâce à une salite réalisée au XVIIe siècle sur ordre du châtelain Antonio Palma; l'ensemble sert de toile de fond à l'actuelle Via Conte Pepoli. La façade principale de la forteresse se caractérise par un portail d'entrée ogival surmonté des armoiries de la maison Habsbourg d'Espagne; il est couronné de puissants créneaux en queue d'hirondelle. L'organisation du plan, qui se développe autour d'une cour, est à peu près quadrangulaire, bien que les structures en maçonnerie suivent en plusieurs points le profil accidenté du relief rocheux, s'adaptant à celui-ci pour défendre les versants. Trois des flancs du château sont en effet inaccessibles, ayant été érigés sur des rochers très abrupts. Toute la maçonnerie est réalisée en *opus incertum*, sauf les parties angulaires, en pierre de taille; mais sur une petite portion murale, au-dessus du rocher, on distingue le mur grec, constitué d'énormes blocs de pierre en forme de parallélépipède, liés à sec.

Depuis un premier volume voûté en berceau brisé, on accède, par une volée d'escaliers, à la cour centrale; à

Château normand, fenêtre géminée, Erice.

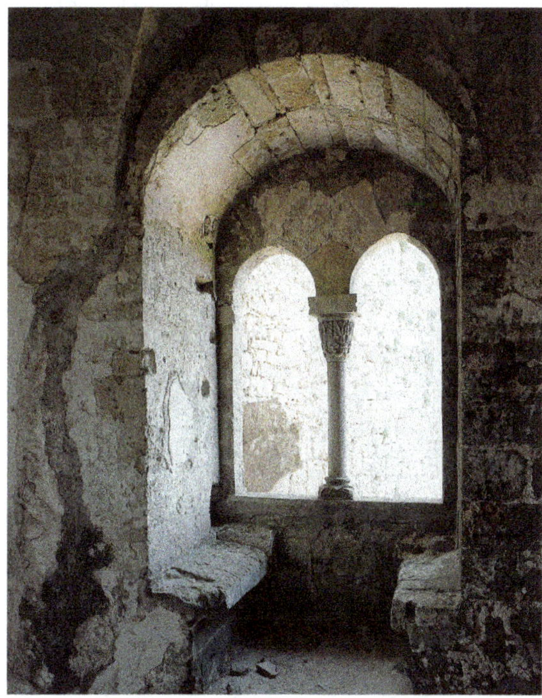

l'intérieur de celle-ci est situé le puits de Vénus, de forme cylindrique et creusé dans le rocher, ainsi appelé car on pense qu'il servait de vasque pour les ablutions des prêtresses de la déesse; en fait, il servait sans doute à conserver le blé pour les soldats chargés de garder le temple. Plusieurs des constructions périphériques du château furent utilisées à l'époque normande comme prisons; celles-ci accueillirent des hommes illustres, comme, en 1299, le comte de San Severino, l'un des chefs de l'armée angevine capturé durant la bataille de la Falconeria. On a retrouvé dans la cour des fragments de colonnes autour d'un soubassement rectangulaire; elles permettent de délimiter le *téménos* du temple d'Erice, au-delà des vestiges du mur retenant le pont dit de Dédale, des restes de colonnes ioniennes, des fragments de frise et des éléments décoratifs d'ordre dorique.

VII.3 CASTELLAMMARE DEL GOLFO

VII.3.a Château

De Erice, reprendre la SS 187 et la A 29 en direction de Palerme. Prendre la sortie Castellamare et, à l'entrée de l'agglomération, suivre Via Leonardo da Vinci et continuer jusqu'à l'indication pour le château. Une fois dans Largo Petrolo, laisser la voiture et continuer en longeant la mer par Via Arciprete S. M. Militello; tourner à droite Via Re Federico, traverser Via Ponte Castello et aller jusqu'à Largo Castello, où est situé le monument. En cours de restauration au moment de la rédaction de ce catalogue. Visite sur rendez-vous; contacter l'Agence d'information touristique, Via A. De Gasperi, n° 6, tél.: 0924 592300.

Château et port, vue panoramique, Castellammare del Golfo.

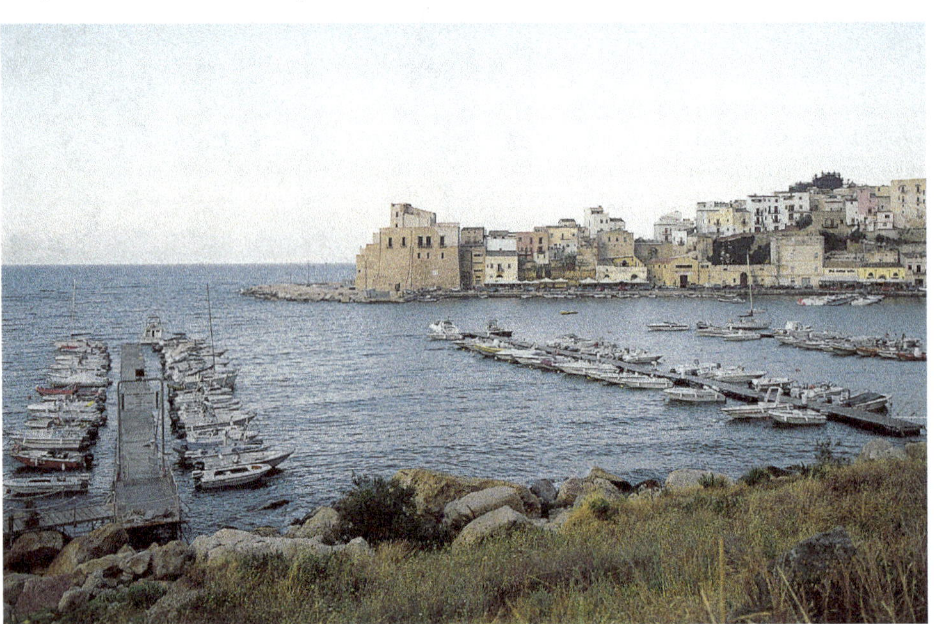

Le château, érigé sur la pointe extrême d'un lambeau de terre compris entre Cala Petrolo et Cala Marina, petit golfe en forme de fer à cheval, est aujourd'hui relié au noyau urbain édifié à l'intérieur des murs d'enceinte et des bastions. La date de la fondation primitive est incertaine, mais on peut penser que la forteresse a été construite vers le XIe siècle, durant l'époque islamique. Al-Idrisi, décrivant l'installation de Castellamare, témoignait en effet de la présence d'un "château parmi les plus solides du point de vue de sa construction, et des moins accessibles de par sa position. On n'y accède qu'au moyen d'une passerelle en bois que l'on installe ou non, selon les exigences". Le château est actuellement relié à la ville par un pont en maçonnerie, dont la construction a été datée avant 1845; au-dessous de celui-ci se développent quelques rampes en gradins, comme pour rappeler l'ancien nom al-Madarij (les escaliers).

Le bourg constituait un pôle de grande importance commerciale, en tant que port et point de départ pour les marchandises, mais c'est seulement durant les périodes normande et souabe, entre 1071 et 1282, que l'on fortifia le château surplombant la mer, et que l'habitat fut modifié et étendu. C'est à l'époque aragonaise, qui succéda à la courte période angevine après la guerre des Vêpres, que remonte la reconstruction complète des puissantes fortifications, voulue par Frédéric II d'Aragon, qui remit la forteresse à Frédéric d'Antioche. La forteresse défensive, de plan polygonal, se développe sur trois niveaux, protégée par des bastions et des tours – les

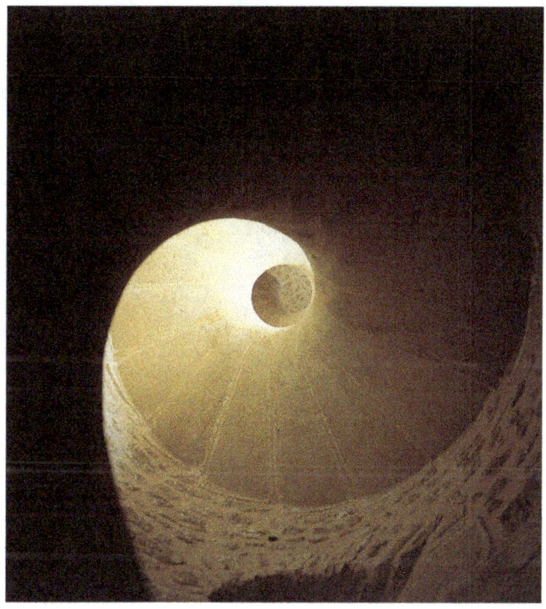

Château, escaliers hélicoïdaux de la tour, Castellammare del Golfo.

Château, vue générale, Castellammare del Golfo.

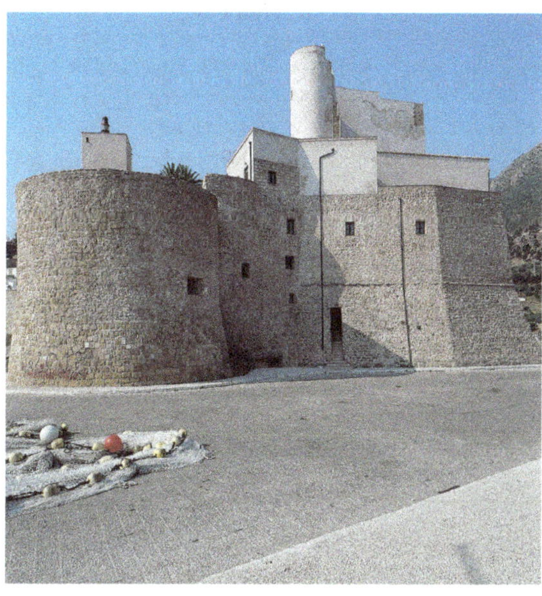

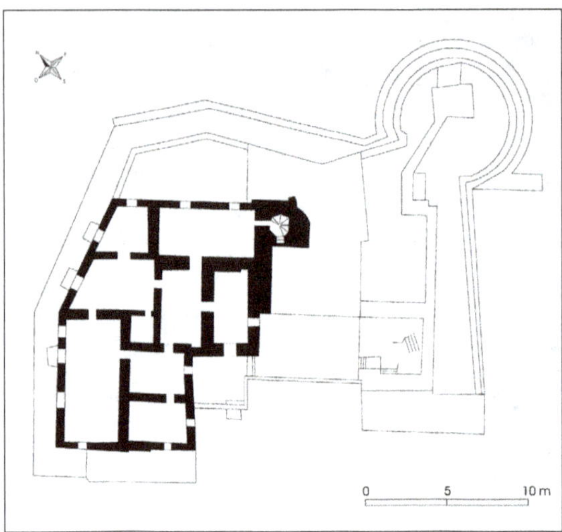

Château, plan, Castellammare del Golfo.

tours San Giorgio, de la Campana (de la cloche) et du Baluardo (du rempart) – munies de canons, de bombardes et de diverses machines de guerre. Il subsiste, de l'ensemble du complexe, le périmètre des murs des bastions et une seule tour cylindrique, celle qui s'avance le plus vers les récifs; elle est pourvue d'un escalier intérieur en spirale, de belle facture, et d'une petit passage donnant directement accès aux rochers. L'installation la plus ancienne, élevée à l'intérieur du périmètre de la forteresse, comporte aujourd'hui une cour allongée, flanquée des modestes façades des maisons. Parmi les ruines du côté oriental, on distingue encore deux architraves sculptées, portant les armoiries des familles De Luna et Aragona, qui résidèrent au château respectivement au milieu du XVIe et du XVIIe siècle. Certaines salles du château, récemment restaurées, doivent accueillir le siège du Musée ethno-anthropologique de l'eau, des moulins et des activités nautiques (pièces d'archéologie).

Au pied du donjon, après les récifs, on trouve les restes du "bain de la reine", constitué d'une vasque à peu près rectangulaire creusée dans le rocher, aujourd'hui recouverte par le prolongement de la route du petit port.

VII.3.b **Centre urbain**

Castellammare del Golfo est née en tant que centre commercial de la ville de Ségeste, le lieu où les Elymes exerçaient leurs trafics maritimes, jusqu'à ce qu'il soit occupé par les musulmans, en 827 J.-C. Constamment opposé aux Grecs de la proche Sélinonte, l'important centre élyme gravita autour de la puissance carthaginoise, qui fit du centre commercial de Ségeste l'une des plus importantes étapes fortifiées du bassin septentrional de la Sicile. On ne connaît pas avec certitude la date de construction de la forteresse, mais on pense que le premier noyau pourrait remonter à la période islamique. C'est durant cette période que furent réalisés la thonaire et le port (ce dernier servit également de base pour les incursions aux dépens du trafic de marchandises en provenance de Byzance), et la construction d'un chargeur pour l'embarquement du grain. Les Arabes baptisèrent le centre al-Madarij, "les escaliers", peut-être à cause de la présence d'une rue très escarpée. À l'époque d'al-Idrisi, la forteresse de Castellammare était pourvue d'"un port dans lequel c'est un va-et-vient continuel de navires, et on y garde des filets pour la pêche au thon". La petite ville actuelle s'offre au regard depuis le belvédère, situé le long de la route nationale.

La réserve naturelle du Zingaro
Après Castellammare, sur les pentes du mont Speziale, entre Scopello et San Vito Lo Capo, se trouve la réserve naturelle du Zingaro, où la végétation, caractéristique, est propre au climat, chaud et humide. Les palmiers nains, dont certains spécimens atteignent parfois deux mètres, les caroubiers, les oliviers sauvages et autres plantes buissonneuses confèrent au paysage un aspect particulier. Au centre de la réserve se trouve la grotte naturelle de l'Uzzo, dans laquelle on a découvert d'intéressants vestiges préhistoriques. La réserve est traversée par un sentier piétonnier à mi-côte, d'où l'on peut admirer le paysage avec ses rochers découpés, sur lesquels se dressent deux tours de guet du XVIe siècle; on peut accéder à de petites anses et à des plages de galets qui invitent à la baignade, dans la mer la plus protégée de la côte tyrrhénienne de Sicile.

VII.4 **ALCAMO**

Stratégiquement enfoncé entre la forteresse du mont Bonifato et celle de Calatubo, postes défensifs fondamentaux sur l'échiquier du pouvoir militaire durant l'occupation musulmane, son nom est d'origine arabe; selon certains, il se rapporterait au toponyme Manzil (hameau-halte) al-Qam (cucurbitacée méditerranéenne à fruits amers et très toxiques); pour d'autres, ce nom se réfère à 'Abd Allah al-Qam, valeureux condottiere qui mit en déroute les troupes byzantines durant l'avancée des musulmans (827) et fonda, justement sur le mont Bonifato, un château et un village fortifié appelé Abdalcamo.
Vers le milieu du XIIe siècle, al-Idrisi en parle comme d'un hameau agréable, dont le marché est très fréquenté; il vante ses terrains fructifères, ses artisans et ses manufactures. En 1182, il est également mentionné par le voyageur Ibn Jubayr. Cette installation arabe, restée intacte durant la reconquête et la domination normande, fut abandonnée en 1221 sur ordre de Frédéric II qui, afin de conjurer les insurrections, obligea ses habitants à s'installer sur les pentes de la montagne. Mais une rébellion, soutenue grâce à un nouveau retranchement dans l'ancien habitat, déchaîna les mesures de rétorsion de l'empereur souabe: en 1243, il fit raser au sol le château et le hameau de Bonifato et ordonna la déportation des musulmans survivants à Lucera et à Nocera; la population chrétienne qui avait survécu à la destruction fut obligée de s'installer définitivement sur l'ancien site de la ville actuelle.
Le nouveau centre fut installé le long de la voie commerciale qui, de Palerme, conduisait à Trapani et au versant occidental de la Sicile.
Le noyau le plus ancien d'Alcamo, doté d'un plan avec des axes orthogonaux et des îlots réguliers, a été daté de la seconde moitié du XIVe siècle, quand les Ventimiglia, qui en détinrent longtemps la baronnie, entreprirent sa reconstruction, qui concerna également le château du mont Bonifato.
La ville a vu naître, vers le milieu du XIIIe siècle, Ciullo d'Alcamo, poète et lettré de premier plan, qui composa en langue italienne à la cour de Frédéric II.

Alcamo

Les thermes de Ségeste
À la limite entre les communes d'Alcamo et de Castellammare, sur les rives du Caldo, se trouve un ensemble de sources d'eau sulfureuse, connues dès l'époque arabe, qui jaillissent de l'intérieur des grottes à la température de 45°, créant ainsi un sauna naturel. On peut en jouir librement sur les quelques portions de la rivière qui ne sont pas contenues dans des épis en ciment. Les eaux chaudes sont canalisées dans des structures balnéaires et des piscines thermales, qui offrent également des possibilités de séjours thérapeutiques.

Château de Monte Bonifato, vestiges de l'édifice, Alcamo.

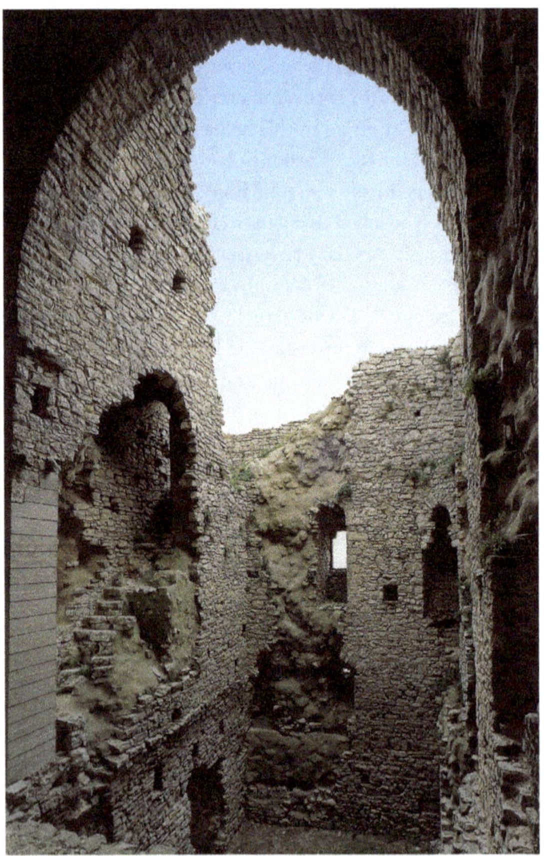

VII.4.a Château de Monte Bonifato

Reprendre la voiture et parcourir la Via VI Aprile jusqu'à Piazza Pittore Renda; là, prendre Corso Italia et, au rond-point, suivre les indications pour la réserve naturelle. Parcourir Viale Europa, tourner à droite dans Via Ss. Salvatore et emprunter à droite Via Monte Bonifato; celle-ci, qui traverse le bois de la réserve, mène à l'esplanade Porta della Regina, où l'on peut garer la voiture. Continuer le long de la Salita Madonna dell'Alto, au bout de laquelle se trouve le monument.

Le mont Bonifato, avec la tour du château du même nom, qui se dresse encore majestueusement avec ses vingt mètres de hauteur, représentait une véritable vigie pour la ville d'Alcamo qui s'étend à ses pieds, pour tout le golfe de Castallammare au nord et pour les territoires de l'arrière-pays au sud, tout en étant un lieu aisé à défendre. Le mur d'enceinte était réalisé avec des pierres tirées de la même roche sur laquelle il est construit. Outre la tour nord-ouest qui subsiste encore, et qui devait tenir lieu de donjon, on peut voir les vestiges de deux autres tours carrées, situées au sud-ouest, au nord-est et au nord. Au rez-de-chaussée, le donjon était divisé par un mur transversal en deux pièces, dont la première était sans doute une citerne, étant accessible par une trappe et caractérisée par des fragments de conduits d'argile pour l'adduction des eaux de pluie. On accédait au premier étage de la tour par l'extérieur, grâce à une échelle amovible; un escalier de pierre, creusé dans le mur, permettait de monter aux étages supérieurs,

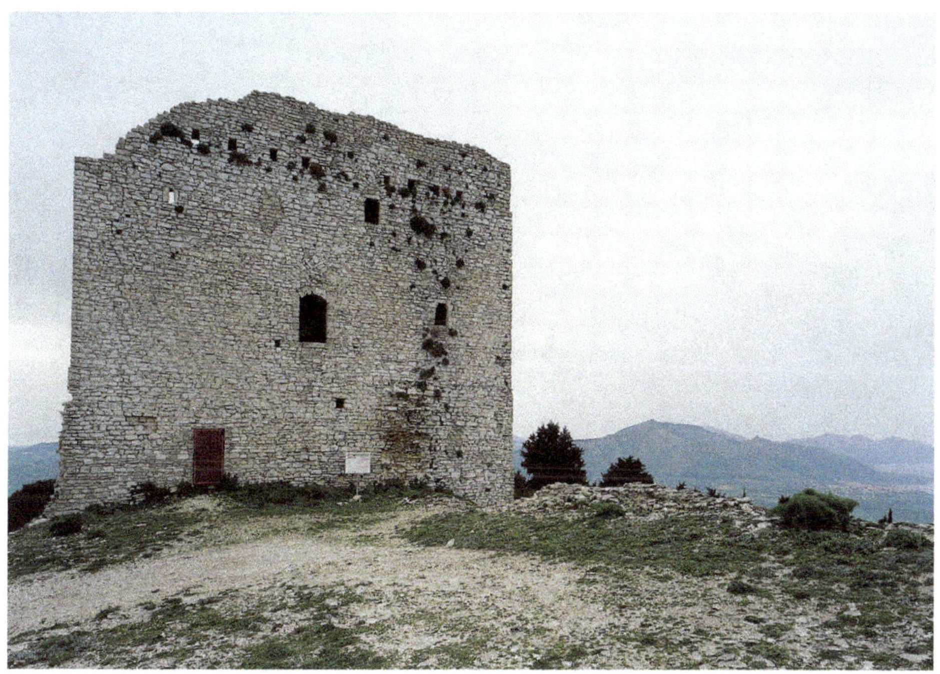

Château de Monte Bonifato, tour, Alcamo.

eux aussi divisés en deux salles par des cloisons transversales. L'architecture dépouillée du complexe, la présence de vestiges de quelques habitations et d'une chapelle sur la place d'armes, le long du flanc sud de l'enceinte, laissent supposer que le château, à l'origine purement militaire, utilisé comme abri et lieu défensif (surtout par rapport aux territoires de conquête voisins, comme Ségeste et Sélinonte), a été habité et utilisé en tant que bourg fortifié.

Quelques historiens locaux (De Blasi, 1880) estimèrent que le château que le capitaine sarrasin 'Abd Allah al-Qam, plus tard appelé Alcamuk, débarqué à Lilibeo comme envoyé du calife d'Égypte (XIe siècle), fit construire sur le mont Bonifato en le dotant de plusieurs ouvrages de défense était celui que l'on appelle aujourd'hui château des comtes de Modica, situé dans le centre habité d'Alcamo. Par ailleurs, l'acte par lequel Pierre II concéda le territoire d'Alcamo à la famille Peralta, daté de 1337, mentionne l'existence du château de Bonifato. Par conséquent, lorsque, en 1397, Gautier Ventimiglia

Château de Monte Bonifato, hypothèse de reconstruction volumétrique, Alcamo.

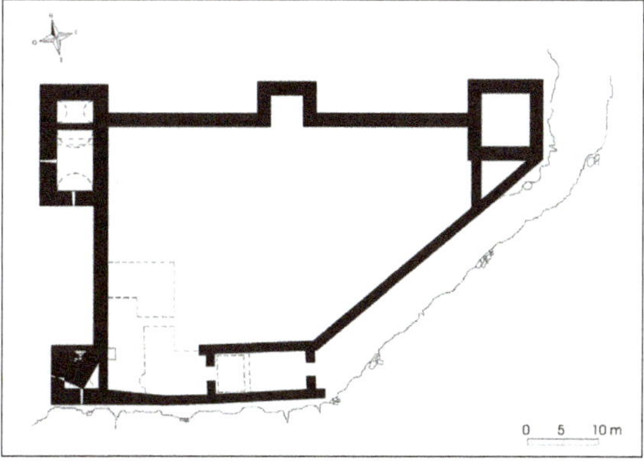

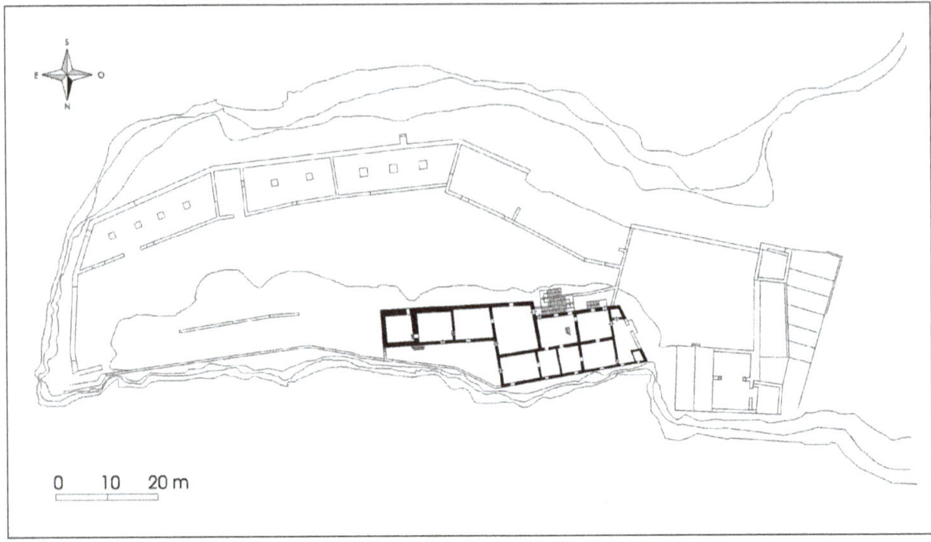

Château de Calatubo, plan, Alcamo.

déclare avoir édifié le château de Bonifato à ses propres frais, il devait s'agir d'un fortin en ruine, et l'intervention réalisée par les Ventimiglia dut se limiter à la restauration d'un édifice préexistant. La découverte de poteries remontant aux XIIe et XIIIe siècles, dans la décharge sous le mur sud du château, tend à avaliser l'hypothèse de la fondation musulmane de la forteresse.

Le bois d'Alcamo
Sur les pentes du mont Bonifato, sur lesquelles est bâtie la ville, se trouve la réserve naturelle de Bosco d'Alcamo, riche en flore méditerranéenne, avec des reboisements et une faune sauvage. On y accède à travers un beau parcours panoramique, qui permet d'embrasser du regard tout le golfe de Castellammare et les campagnes de l'arrière-pays, riches en vignobles. La réserve est gérée par la Provincia Regionale di Trapani (Via XXX Gennaio, tél. 09 23806458).

VII.4.b **Château de Calatubo**

Retourner à Alcamo, et, à partir de Via VI Aprile, sortir de la zone habitée en se dirigeant vers la SS 113. Après l'indication pour Balestrate, tourner à gauche et continuer jusqu'au Finocchio; juste avant ce cours d'eau, un chemin de terre s'ouvre sur la gauche et monte jusqu'au château. Il est conseillé de laisser la voiture au bord de la route et de continuer à pied.

Le château se dresse sur un majestueux éperon rocheux qui domine une ample vallée cultivée de vignobles, face à la mer et isolée entre les collines basses qui descendent en pente douce vers le golfe de Castellammare. L'autoroute, qui passe à proximité de l'éperon rocheux, a modifié le paysage dont Calatubo constituait un élément dominant. Al-Idrisi ne manque pas de le décrire: “Calatubo est une vigoureuse forteresse et un gros village, [pourvu] d'un vaste territoire, propice aux semailles et très productif. Il est situé à quatre milles environ de la mer; il possède un port dans lequel on charge une grande quantité de froment, ainsi que d'autres céréales" (Amari, 1880-81). La forteresse de Calatubo joua durant des siècles le rôle de centre de récolte et de triage des productions agricoles pour tout le versant occidental du Val di Mazara, grâce à son port naturel. L'habitat d'Alcamo lui est étroitement lié; celui-ci était à l'origine un centre agricole et commercial construit sur une ancienne halte située sur la route consulaire romaine reliant Palerme à Trapani. Calatubo, près du vallon du torrent du même nom, est connu à l'époque arabe sous le nom de Qal'at Awib, et, à l'époque du comté, normand sous le nom de Calatub (document de 1093) et de Calathubi (document de 1110). Le château, entièrement construit en pierre calcaire locale grise, avec la technique de l'*opus incertum*, se développe sur deux niveaux autour de deux cours, en suivant les bords irréguliers de l'éperon qui lui sert d'assise. On accédait à la citadelle par une terrasse en légère pente, dont les levées sont encore marquées par des blocs de pierre taillée. Le mur d'enceinte, d'allure irrégulière, était entrecoupé de tours carrées dominant le front d'accès; deux autres petites tours (du XVIIIe siècle) se dressent sur un éperon rocheux et donnent sur une des deux cours, au-dessous de laquelle se trouvait la citerne reliée à un vaste système de canalisations. Le niveau inférieur des corps de bâtiment accueillait les fermes et les réserves, les écuries et les locaux destinés à l'habitation; le niveau supérieur se terminait par une petite église voûtée d'arêtes, érigée dans la partie la plus élevée de la citadelle. Actuellement, le château, devenu propriété privée, est à l'abandon et dépourvu de couverture.

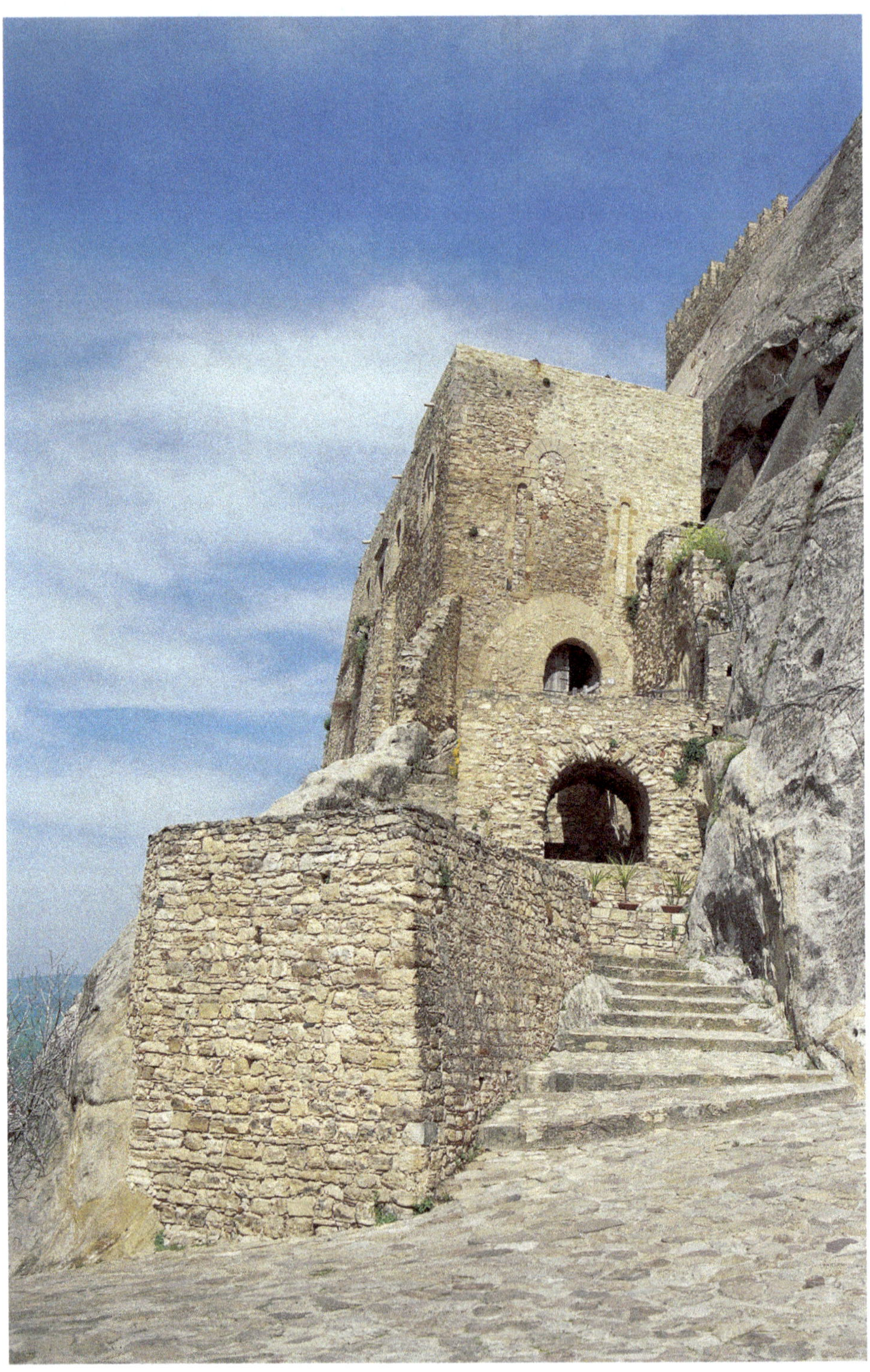

Témoignages d'époque arabe et normande

Comité scientifique

VIII.1 VICARI
- VIII.1.a Cuba Ciprigna (Petite Cuba)
- VIII.1.b Château

VIII.2 ALTAVILLA MILICIA
- VIII.2.a Pont sarrasin
- VIII.2.b Église San Michele

VIII.3 CACCAMO
- VIII.3.a Château
- VIII.3.b Église San Giorgio – Cathédrale (option)

VIII.4 CAMPOFELICE DI ROCCELLA
- VIII.4.a Sakhrat al-Hadid (château de Roccella)

VIII.5 CEFALÙ
- VIII.5.a Cathédrale
- VIII.5.b Lavoir

VIII.6 SPERLINGA
- VIII.6.a Château normand et vestiges de l'église San Luca

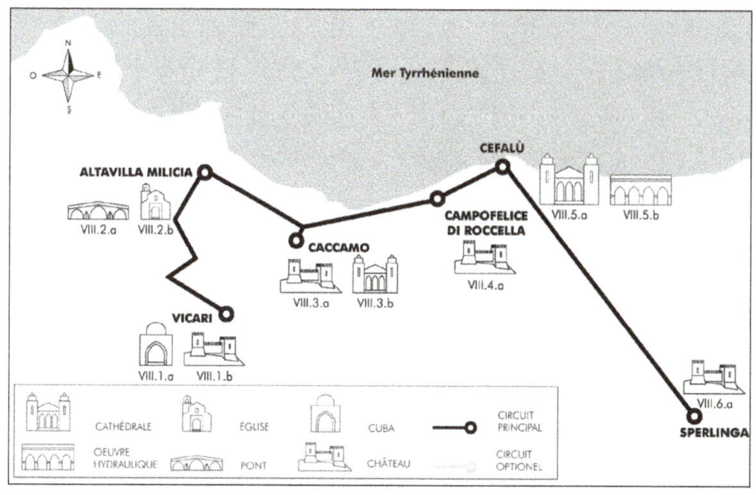

Château normand, vue de l'entrée, Sperlinga.

Deux thèmes, apparemment étrangers l'un à l'autre, dominent la trame que constituent les vestiges des deux civilisations, musulmane et normande, dans le territoire nord-est de la Sicile, qui, de l'Orient à l'Occident, voit se succéder les reliefs inaccessibles des monts Peloritains, des Nebrodi (également appelés Caronie) et des Madonie: le thème défensif, auquel correspondent les signes concrets de l'architecture militaire, et celui de l'eau, qui a inspiré une série d'ouvrages réalisés soit pour protéger la pureté de l'eau à la source (Cuba di Vicari), soit pour l'usage domestique (lavoir de Cefalù), soit pour son franchissement (pont d'Altavilla Milicia sur le San Michele). Le contraste entre la robustesse des ouvrages militaires et l'aspect aérien des ouvrages hydrauliques n'est cependant qu'apparent: tous ont constitué dans le passé les prémices indispensables à la constitution et à la floraison d'une civilisation de garnison, surtout durant les siècles troublés du haut Moyen Âge (il suffit de penser à la manière dont le roi des Goths, Vitige, scella définitivement la chute de l'Empire romain en coupant les aqueducs de Rome durant le siège de 537). Aujourd'hui encore, la terminologie dialectale sicilienne liée au thème de l'eau conserve de nombreuses traces du passé islamique: "favara", de *fawwara* (jet d'eau, source); "ouadi", de *wadi* (fleuve); "garraffu", de *gharraf* (riche en eaux); "gebbia", de *jubb* (réservoir en arabe littéraire).

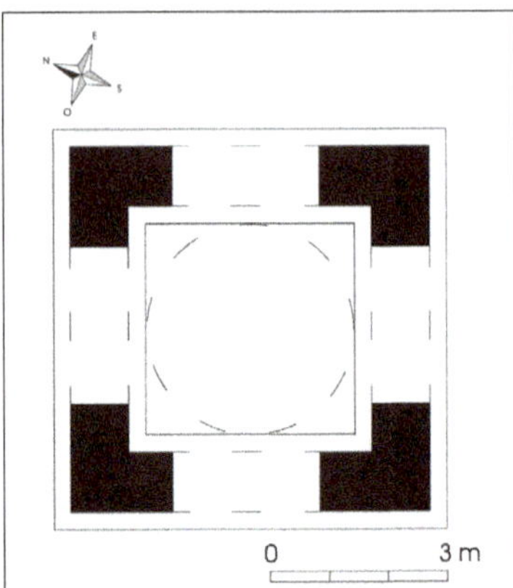

Cuba Ciprigna, plan, Vicari.

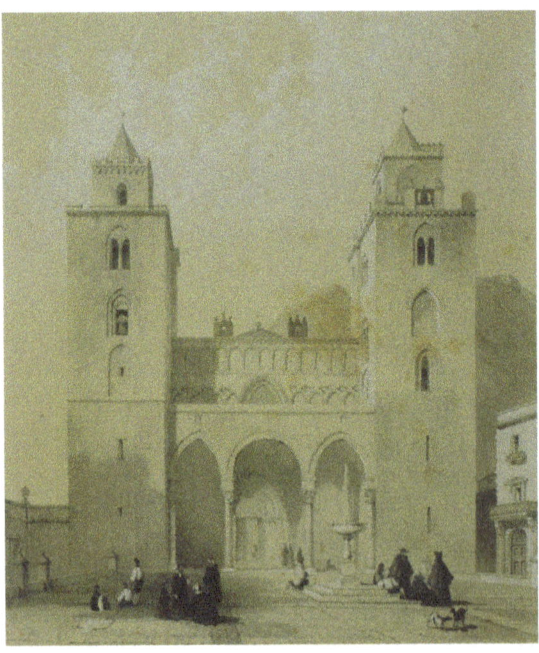
Cathédrale, façade principale, Cefalù (Gally Knight, 1838).

La ligne directrice autour de laquelle est organisé ce circuit suit, chronologiquement, la phase centrale de l'occupation arabe de l'île, celle qui prit son origine dans l'échec du siège imposé à Syracuse en 828, compromis par une terrible épidémie de peste dont devait être victime le commandant des troupes sarrasines, Assad Ibn al-Furat. La défaite poussa les vainqueurs à se diriger vers la côte nord-ouest en passant par l'intérieur de l'île (la chute de Castrogiovanni date de 830) puis, à partir de Palerme, prise en 831, ils préparèrent la conquête de la dorsale nord-est, jusqu'à Messine. C'est pourquoi le circuit englobe la présence de nombreuses garnisons fortifiées, certaines isolées le long de la vallée stratégique du San Leonardo (dont l'embouchure se trouve à Termini Imerese), ainsi que le château de Vicari et celui de Caccamo. Mais d'autres installations voisines seraient tout aussi intéressantes si leur état de dégradation n'était pas aussi avancé: il s'agit de Misilmeri (*manzil al-amir*, "maison de l'émir"), de Mezzojuso (*manzil Youssouf*, "maison de Joseph"), de Corleone, au nord de laquelle s'élevait le fortin de Qal'at al-Tariq ("la citadelle de la route", selon al-Idrisi), uniquement connue à travers des documents, tout comme le hameau de 'Ayn Bi.l.lò.n, dans la région de San Michele di Altavilla Milicia, plus tard indiqué comme *castrum* ou *fortilicium Sancti Michaelis de Campogrosso*, transmettant ce toponyme à l'église du tout proche monastère basilien. Toujours sur la côte tyrrhénienne, on rencontre un autre témoignage du système défensif imaginé par les Arabes, dont héritèrent par la suite les Normands et les Souabes. Construit sur une base rocheuse près de l'embouchure du Roccella afin d'interrompre la continuité du littoral sablonneux qui unit Termini à Cefalù se dresse le fort de Campofelice, connu sous le nom de "rocher de fer" (Sakhrat al-Hadid), du nom du hameau arabe dont les vestiges sont aujourd'hui cachés par l'imposant donjon reconstruit entre le XIIIe et le XIVe siècle. On rencontre une autre forteresse en se repliant vers l'arrière-pays, celle de Sperlinga (célèbre

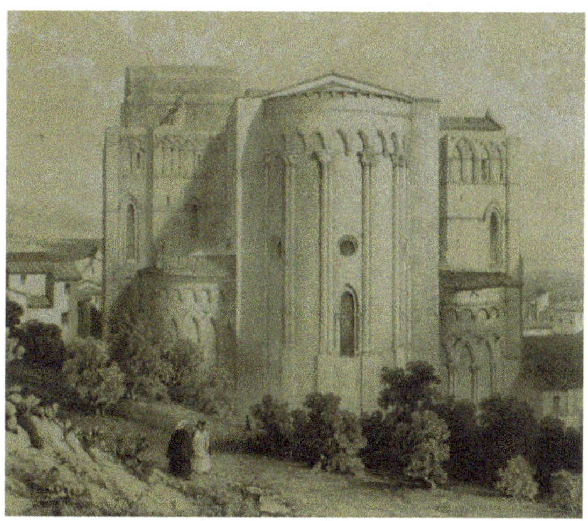

Cathédrale, absides, Cefalù (Gally Knight, 1838).

pour avoir été la seule, dans l'île, à se ranger du côté des Angevins durant la guerre des Vêpres), construite à partir de la réutilisation des hypogées, de nature rupestre.

Quelques centres de l'arrière-pays des Madonie comportent d'autres traces de la présence des Arabes, le plus souvent réduites à l'état de souvenirs (Petralia Soprana, Geraci Siculo) ou à des toponymes sur lesquels on possède peu de documents (tour cylindrique dite "sarrasine" à Gangi). Il s'agit, pour toutes les installations évoquées jusqu'ici, de fortifications parvenues jusqu'à nous sous une forme qui a englobé la configuration d'origine, d'époque arabe ou normande, souvent à cause de remaniements d'époque voisine (souabe, ou appartenant à cette phase particulière de l'architecture du Trecento sicilien, dite aussi des Chiaramonte); ces remaniements ont souvent épargné les éléments des civilisations précédentes, aussi bien dans la typologie des plans que dans le langage des systèmes décoratifs. Ce répertoire fut parfois dominé par la matrice latino-occidentale, dont les Normands étaient les vecteurs. C'est le cas du Duomo de Cefalù, la cathédrale-mausolée conçue comme une célébration majestueuse destinée à exalter la dignité royale de Roger II et de sa maison; l'idée de protection militaire et de protection de la foi aboutit ici à une représentation très efficace de ces deux instances.

VIII.1 VICARI

Al-Idrisi le décrit comme "un imposant château et une forteresse imprenable, avec des eaux abondantes et des terres fertiles" (Amari, 1880-81).
Selon certains chroniqueurs, le grand comte Roger utilisa cette localité comme place forte pour la conquête de Palerme, et en 1077, il y construisit un château au pied duquel s'installèrent de nombreux groupes de Lombards. En effet, sa position privilégiée de "sentinelle" au-dessus d'un carrefour d'une importance fondamentale pour les liaisons côtières avec l'arrière-pays laisse raisonnablement supposer que des communautés y étaient installées dès l'époque byzantine, et que l'habitat subsista durant la période islamique. Cette hypothèse semble être corroborée par la présence de quelques vestiges trouvés pendant des fouilles archéologiques récemment menées dans la zone du château.

Les "serres de Ciminna"
Le long de la route conduisant à Vicari, on peut observer un paysage caractérisé par la présence de craies macrocristallines affleurant à la surface du sol, et de rochers en forme de ruines inquiétantes, qui apparaissent sur un territoire où alternent, dans de petits champs, des cultures de froment et d'avoine, d'amandiers et d'oliviers, mais aussi de fèves, de tomates et de vigne. La partie la plus spectaculaire de ce territoire, dans la commune de Ciminna, appelée "serres", est une réserve naturelle où, surtout au printemps et en automne, on peut observer, sur les pentes, la garrigue en fleur, et une grande variété d'espèces migratoires.

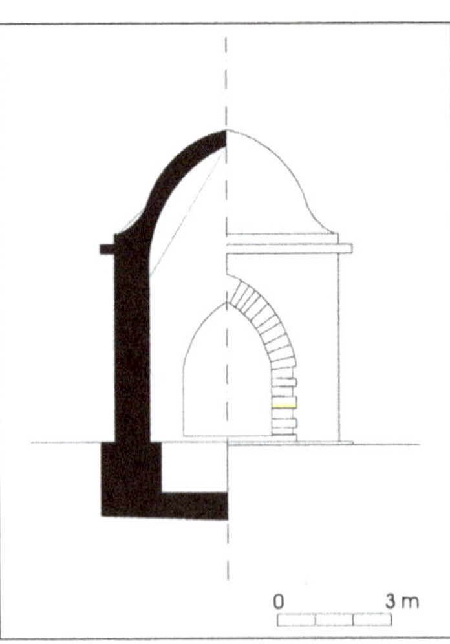

Cuba Ciprigna, vue générale, Vicari.

VIII.1.a Cuba Ciprigna (Petite Cuba)

De Palerme, prendre l'autoroute A 19 et, à la sortie Villabate, emprunter en direction d'Agrigente la SS 121 jusqu'à la sortie pour Vicari; continuer sur la SP 84, au bout de laquelle on tourne à droite Via Ciprigna, où est situé le monument.

L'édifice s'élève à quelques centaines de mètres de l'ancien habitat de Vicari, parmi les premières maisons du village.

Le volume, cubique, ouvert sur ses quatre côtés par des arcs ogivaux, est souligné par une corniche en saillie sur laquelle s'appuie une coupole à arc surbaissé. À l'intérieur, sous le pavement constitué de grandes dalles de grès informes mais bien jointes, se trouve une vasque enterrée, dans laquelle affluait l'eau de la source voisine. Au niveau d'imposte des arcs, dans l'intrados, des trous semblent avoir servi à loger un système mobile, destiné à la fermeture des arcades.
Selon certaines hypothèses, la dénomination de "Ciprigna" s'expliquerait par un culte préexistant, voué à la déesse Vénus, que l'on retrouve sur le même site.

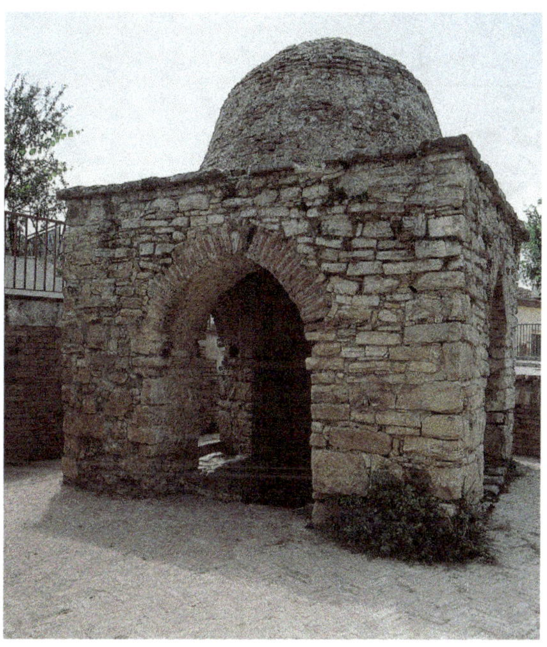

Cuba Ciprigna, vue générale, Vicari.

VIII.1.b **Château**

Reprendre, en voiture, la SP 84 et emprunter Corso Vittorio Emanuele jusqu'à Piazza Municipio, où l'on peut se garer. Continuer le long de Via Santa Maria del Castello, tourner à droite Via dei Menestrelli, continuer dans Via Martino Mira, au bout de laquelle se trouve l'entrée du château.
En cours de restauration au moment de la rédaction de ce catalogue. Visite sur rendez-vous; contacter la Direction régionale des biens culturels et environnementaux de Palerme; M. Pantelleria, tél.: 3805034547, ou Mme Coniglio, tél.: 091 61821. Visite par groupes, minimum 10 personnes.

Les vestiges les plus significatifs du château se réduisent à son enceinte fortifiée. Les restes des réservoirs d'eau, ainsi que ceux de la chapelle et des tours, sont particulièrement intéressants. Les dernières fouilles effectuées ont mis au jour les fondations d'autres corps de bâtiment, à proximité des citernes. Les tours du front septentrional méritent une attention particulière; l'une de celles-ci, dite "tour du moulin", est complète jusqu'à la hauteur des fenêtres. Les parements muraux de la tour, caractérisée par l'absence du mur donnant sur l'intérieur (peut-être pour des raisons militaires) sont

Château, plan, Vicari.

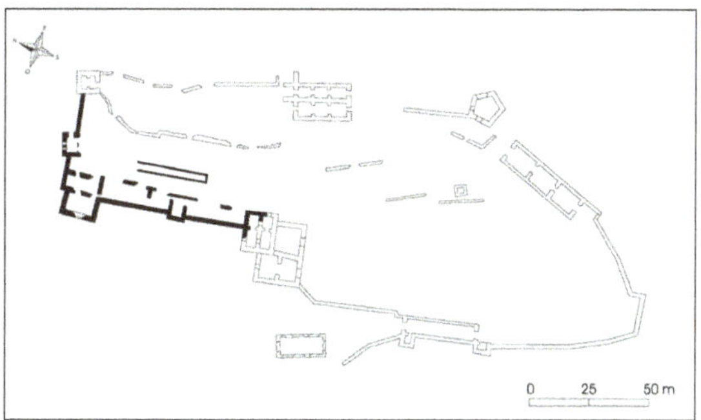

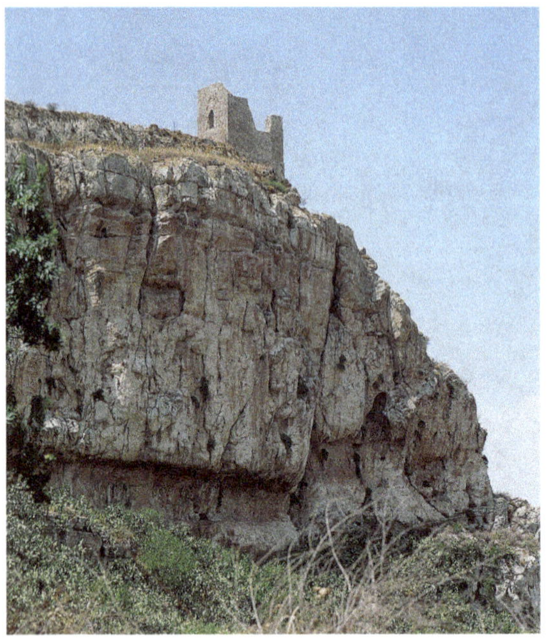

Château, Vicari.

percés de meurtrières. Il s'agit de la tour dite "porta fausa" (fausse porte), aujourd'hui reconstruite et consolidée avec deux planchers en bois, l'un de couverture, l'autre intermédiaire.
La fondation du château remonterait à la période islamique: le grand comte Roger y a trouvé refuge en 1077. Un document de 1076, qui fait allusion au "*Dominus Rogerius castellanum Biccari*", prouverait l'existence du château. Al-Idrisi le mentionne en soulignant son rôle défensif et le qualifie d'"élevé et de bien fermé". Après les destructions infligées par les nombreuses batailles dont il fut le théâtre, le château fut reconstruit au XIVe siècle par Manfred Chiaramonte.

VIII.2 ALTAVILLA MILICIA

VIII.2 a **Pont sarrasin**

Retourner en voiture sur l'A 19, prendre la sortie Altavilla et suivre les indications pour la SS 113 qui longe la côte, en direction de Termini. Tout de suite après le pont sur le torrent San Michele, tourner à droite et emprunter la route qui longe le torrent, en passant sous le pont de l'autoroute. Laisser la voiture à cet endroit et suivre, à droite, le sentier qui descend jusqu'au torrent.

À quelques mètres de l'embouchure du torrent San Michele, près de l'église normande du même nom (également connue sous le nom de Santa Maria di Campogrosso), s'élève un pont de dimensions modestes à une seule arche, dit "pont sarrasin", datable de la période normande. Le tablier du pont a disparu, mais la structure murale

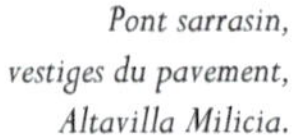

Pont sarrasin, vestiges du pavement, Altavilla Milicia.

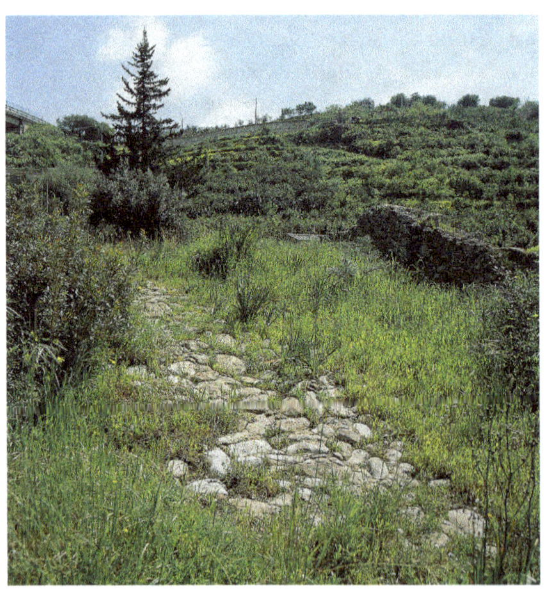

du soubassement est encore intacte, tout comme l'arche ogivale. Sur ce pont, dont la rampe conserve encore des traces de pavés, passait l'ancienne route reliant Termini à Palerme.

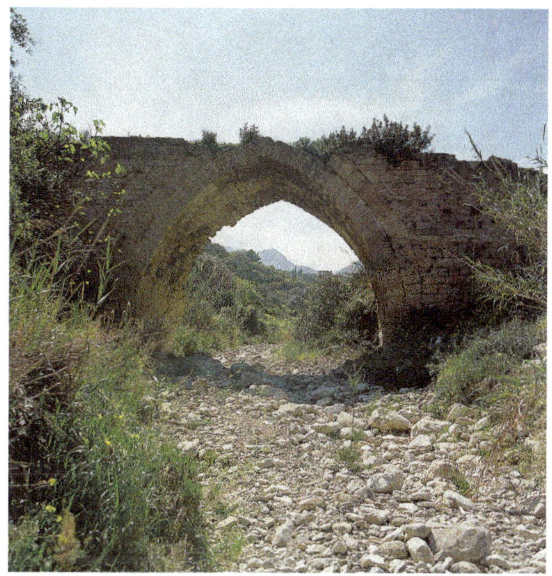

Pont sarrasin, vue de l'arche, Altavilla Milicia.

VIII.2.b **Église San Michele**

Reprendre la voiture, suivre la route de la Chiesazza et tourner à droite afin de repasser sous le pont de l'autoroute. Continuer le long de la voie parallèle à celle-ci et tourner à gauche, en suivant les indications pour la Chiesazza. Laisser la voiture et continuer le long du sentier qui conduit au monument.

Également connue sous le nom de Santa Maria di Capogrosso, elle est mentionnée sur les cartes topographiques sous le toponyme de Chiesazza. Bien qu'incomplètes, les structures des murs périmétraux constituent tout ce qui reste de l'ensemble de la construction. Selon certains chercheurs, le complexe de San Michele pourrait être un ancien monastère basilien de la période du comté normand, un des premiers édifices sacrés construits peu après la reconquête de l'île sous la chrétienté. Dans l'organisation du plan, on remarque des ressemblances avec les églises proto-normandes siciliennes San Michele Archangelo à Troina, San Filippo di Fragalà à Frazzanò et San Giovanni dei Lebbrosi à Palerme, ainsi que des analogies de structure avec certaines églises de Calabre, comme San Giovanni Vecchio di Stilo et la Roccelletta de Squillace: plan à nef unique, transept saillant, abside centrale lisible à l'extérieur. En réalité, l'église San Michele présente des caractères stylistiques qui la rapprochent davantage des constructions réalisées sur le continent et en Sicile orientale que de celles que l'on trouve en Sicile occidentale.

Église San Michele, plan, Altavilla Milicia.

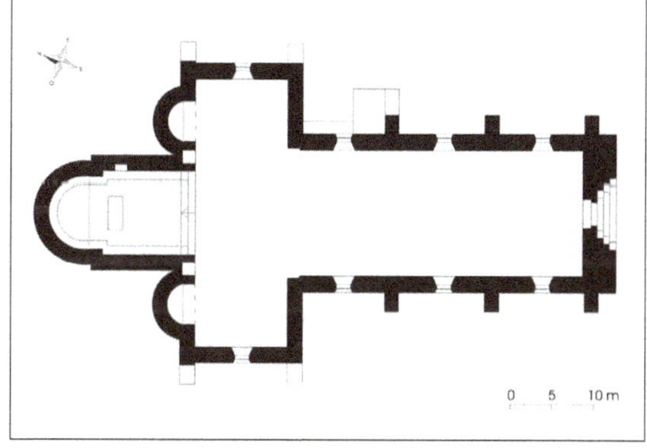

Dans l'état actuel de l'église, on peut encore voir la zone du *presbyterium*, plus haute de trois gradins par rapport au niveau de l'*aula*, ainsi qu'une crypte.

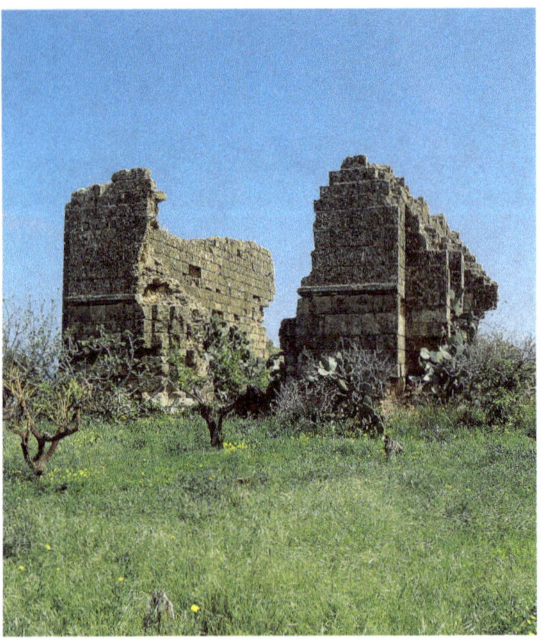

Église San Michele, vue générale des vestiges, Altavilla Milicia.

La présence de contreforts et la découverte d'une clef de voûte et de restes d'une voûte d'arêtes attestent peut-être des transformations ultérieures.

VIII.3 CACCAMO

VIII.3.a Château

Reprendre l'A 19, sortir à Termini Imerese et suivre les indications pour la SS 285, qui conduit à Caccamo. Une fois dans la zone habitée, suivre Via Termitana et, après le premier tronçon du Corso Umberto I, laisser la voiture et continuer Via del Castello, jusqu'au monument.
Horaires: jours ouvrables 9:30-12:00/15:30-18:30 (17:00 en hiver); samedi et jours fériés 9:30-12:00/15:30-17:30; fermé le jour de Noël et le 1er janvier.

À l'aspect à la fois menaçant, rigoureux et linéaire, des éléments qui constituent le château s'oppose l'élégance des tours élancées, dans lesquelles on peut retrouver, savamment mêlés, les divers langages qui ont caractérisé l'architecture sicilienne depuis le Moyen Âge jusqu'à l'époque moderne.
Les premières indications documentées remontent à 1094, quand la forteresse appartenait au feudataire Goffredo Sagejo, mais il est certain que le premier noyau a été constitué par la tour Mastra, de l'époque des Chiaramonte, et par l'actuelle cour principale (XIIIe-XIVe siècles).
Une hypothèse récente (Samperi, Rubino) fait remonter l'origine du château à un fortin romain construit durant la première guerre punique.
On accède au château en parcourant une rampe constituée de gradins en galets qui grimpent le long du versant nord-est de l'arête rocheuse; cette rampe conduit à la première entrée, signalée par un portail du XVIIe siècle. De la cour intérieure, à travers un passage sombre, on entre dans l'ancienne salle des Audiences, construite par Giaimo de Prades en 1402. De le même cour, on aperçoit, du côté sud, un passage taillé dans le rocher, permettant d'accéder à la cathédrale toute proche. Face à l'entrée de la salle des Audiences se trouvaient divers logements destinés aux gardes du château (datables du XVe siècle); à partir de ces logements se développait le parcours de ronde. À droite, on accède à une terrasse sur laquelle se trouvent une petite église et l'entrée des prisons, sur les parois desquelles ont été découverts des dessins et des graffitis représentant

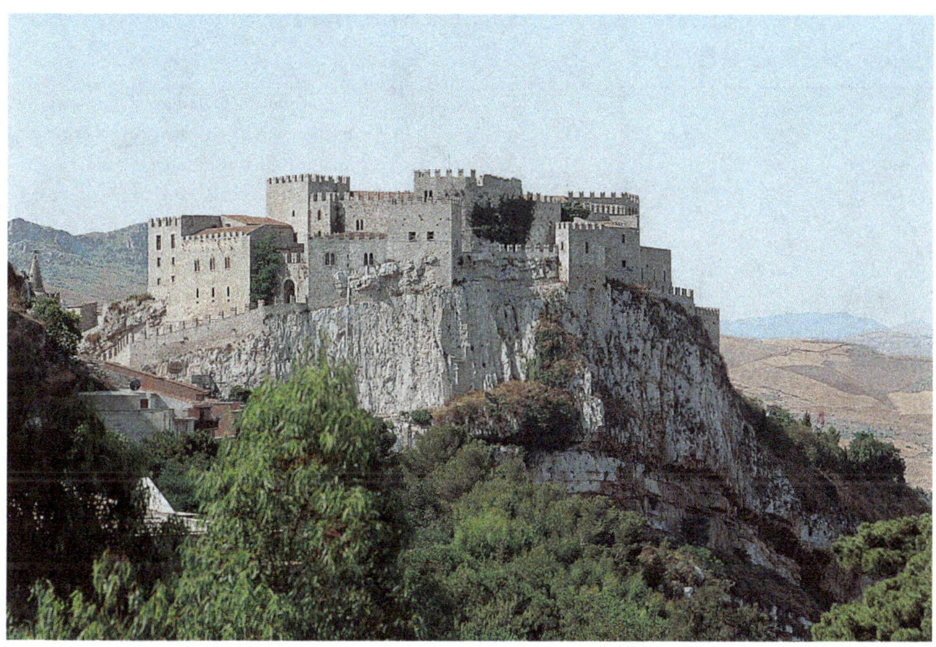

Château, vue générale, Caccamo.

des armes et des silhouettes de dames, des églises et des chevaux. De la même terrasse, on peut rejoindre les autres ailes du château. Il reste peu de chose de la troisième entrée, protégée par un pont-levis au-dessus du fossé; du pont, on accédait à un court vestibule débouchant sur une vaste cour, sur laquelle s'ouvraient plusieurs portes; l'une d'entre elles communiquait avec les salons du château. Parmi ceux-ci, il faut retenir le vaste salon de la Conjuration (appelé ainsi pour avoir accueilli, en 1160, les barons qui s'étaient alliés contre Guillaume Ier, sous la conduite de Matteo Bonello), avec des plafonds à caissons de la fin de la Renaissance. Du salon, on accède aux pièces privées du châtelain, à la salle des Congrès, aux chambres à coucher; en continuant vers la gauche, on passe dans l'autre aile, où se trouvent deux salles à manger avec des fresques et des plafonds de la fin de la Renaissance, et l'on arrive dans les salles de l'hôtellerie, dont l'une communique avec ce qui était une petite chapelle. Au centre du pavement, une dalle de verre permet de voir un puits de plus de trente mètres de pro-

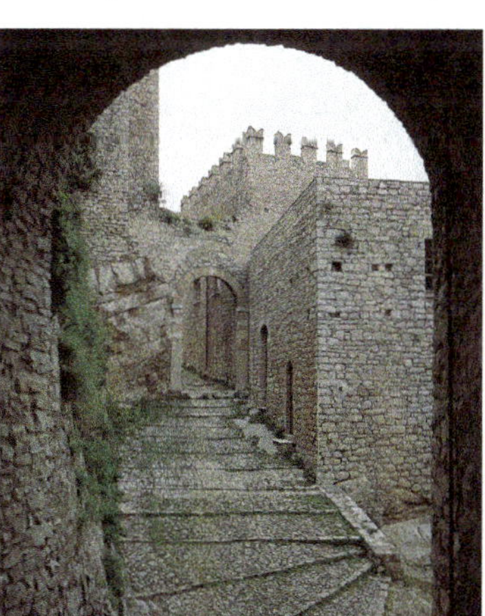

Château, rampe d'accès, Caccamo.

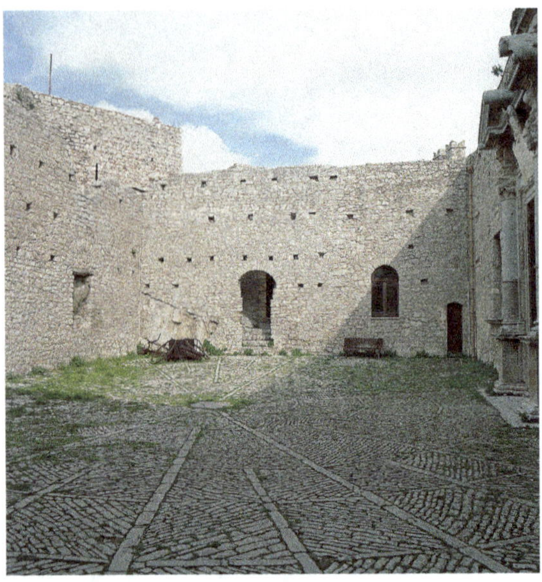

Château, cour, Caccamo.

La réserve naturelle de Monte San Calogero
De la Piazza Belvedere de Caccamo, on peut admirer l'imposant ensemble montagneux constitué de calcaires mésozoïques du mont San Calogero, l'un des sommets les plus élevés (1326 m) des monts de Palerme. Ses pentes accueillent des restes, désormais rares, de bois de chênes-verts naturels et d'un épais maquis méditerranéen, répartis en fonction de l'altitude. La réserve est gérée par l'Agence forestière domaniale de la Région Sicile (tél.: 09 162742017).

fondeur, autrefois recouvert d'une tablette en bois. À droite du salon de la Conjuration se trouve la salle de la Cheminée, dans laquelle est percée une fenêtre dotée d'un arc pentalobé. Sur le côté sud-ouest se dressent les tours dominant le quartier de la Terravecchia, ancienne citadelle du manoir, enfermé dans une enceinte crénelée et communiquant, au moyen de quatre portes, avec les quartiers du Rabato, de la Brancica ou Terranova, du Curcuraccio ou Terranova supérieure. Le système fortifié est constitué de cinq corps: la tour Gibellina qui est, avec la tour Mastra, la plus ancienne et la plus haute de la forteresse; la tour de la Fosse ou du Dammuso; la tour de Pizzarone (*picciarunni*), isolée et extérieure au château, située à l'issue des égouts, en aval; la tour de la Place, démolie en 1627; la tour des Cloches, aujourd'hui campanile de la cathédrale.

VIII.3.b **Église San Giorgio – Cathédrale** (option)

Continuer à pied en reprenant Via del Castello en sens inverse. Arrivé Corso Umberto Ier, tourner à droite et continuer jusqu'au carrefour avec Via P. Muscia; descendre par l'escalier et tourner à droite dans Via Cartagine qui mène à Piazza Duomo, où est situé le monument. (On peut aussi parcourir en voiture Corso Umberto I et Via Cartagine, jusqu'à Piazza Duomo.) L'intérêt du monument est limité à sa configuration extérieure.

L'église, dédiée au patron de la ville, saint Georges, fut fondée par les Normands vers 1090. Il ne reste presque plus rien de la construction médiévale, après les remaniements de 1477 et les transformations radicales de l'époque baroque. De l'époque normande, il subsiste, en façade, la tour avancée du château; elle est englobée, avec la construction d'époque moderne, dans le haut clocher (50 m) qui domine la place.

VIII.4 CAMPOFELICE DI ROCCELLA

VIII.4.a Sakhrat al-Hadid (château de Roccella)

Retourner en voiture à Termini Imerese; traverser la zone habitée et emprunter la SS 113 en direction de Buonfornello et, une fois dépassé le torrent Ruccella, tourner à droite en suivant les indications pour Roccella Mare. Une fois atteinte la route du bord de mer, tourner immédiatement à droite, sur une route non goudronnée qui conduit au monument.

Il est conseillé de ne visiter que l'extérieur.

Le nom du château provient de Rotxellam, en arabe Sakhrat al-Hadid (Rocher de Fer), plus tard appelé Anciulla par Tommaso Fazello au XVIe siècle. Le complexe est précédé des ruines d'un aqueduc romain. Le promontoire plat et rocheux sur lequel se dresse la forteresse comporte des substructures, qui ont uniformisé le plan de fondation des corps de bâtiment. La tour-château, l'élément le plus intérieur et le mieux conservé du complexe, se dresse au sud, ainsi que les bâtiments annexes aux autres constructions, peut-être des salles et des dépôts. Plus au sud, isolée, se dresse une entrée de pierre, le seul élément qui subsiste de l'église, dédiée à saint Jean ou à la Vierge.

Sakhrat al-Hadid, vue générale, Campofelice de Roccella.

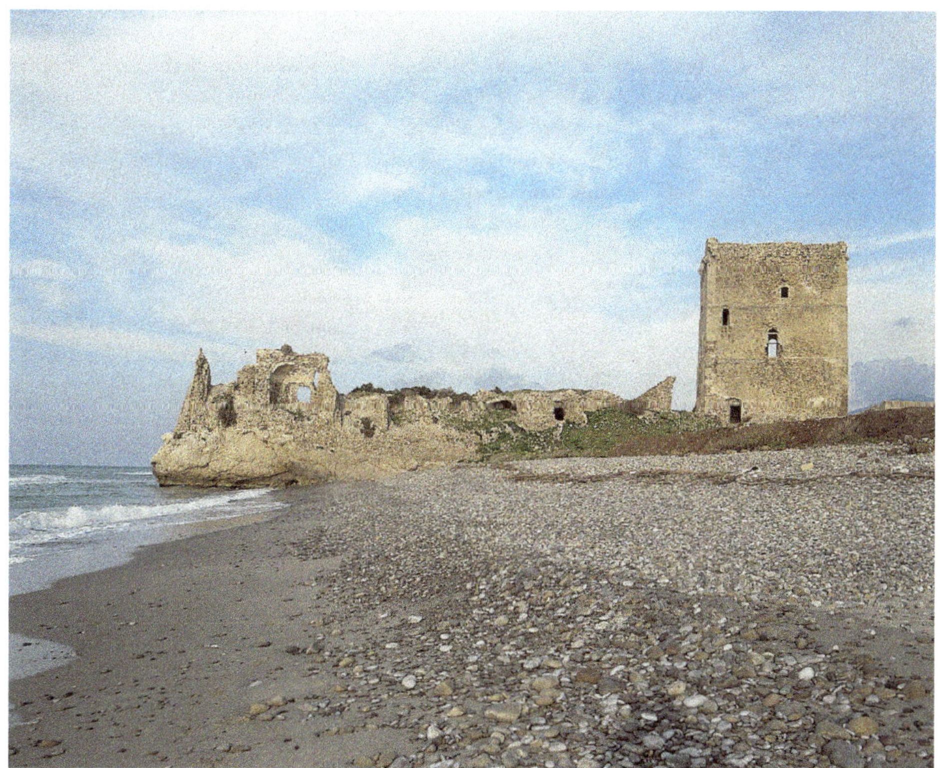

Campofelice di Roccella

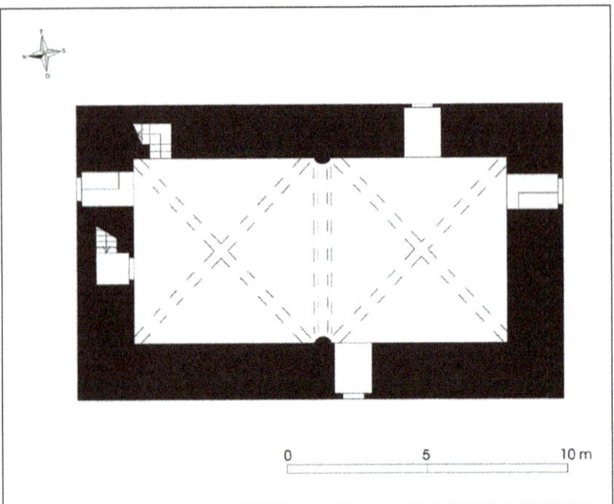

Sakhrat al-Hadid, plan de la tour, Campofelice de Roccella.

La tour-château doit son bon état de conservation aux diverses reconstructions, réalisées entre le XIIIe et le XIVe siècle, sur l'édifice d'origine. Sa typologie, comparable à celle d'autres tours siciliennes édifiées sur le modèle des donjons normands (Motta Sant'Anastasia, Adrano) présente un plan rectangulaire et se développe sur une hauteur de 20 m environ, sur trois niveaux. Dans le soubassement, en exploitant la pente du rocher, on a aménagé une pièce de forme circulaire, devenue une citerne pour recueillir l'eau, qui était puisée à travers une trappe au rez-de-chaussée. L'entrée actuelle est accessible par une rampe. Le rez-de-chaussée, couvert d'une voûte en berceau, est divisé en deux travées par un arc ogival en claveaux de grès, avec deux piédroits d'épaisseur différente; dans le plus grand était logé le passage permettant de convoyer les eaux de pluie jusqu'à la citerne située au-dessous. La salle sud, qui accueille la trappe de la citerne, est percée d'une meurtrière sur chacun de ses côtés. Dans les deux pièces, on aperçoit les restes des poutres en bois, qui servaient probablement d'armature aux planchers. Dans le mur nord, à 4,50 m de hauteur environ, s'ouvre une porte donnant accès à un escalier encaissé dans le mur et qui conduit à l'étage supérieur, occupé par un vaste salon doté de quatre grandes fenêtres surmontées d'un arc en plein cintre. Une rampe d'escalier en encorbellement permet de rejoindre une ouverture du mur nord, à 3,50 m de hauteur environ. À ce niveau, de même qu'au niveau inférieur, on relève des traces de consoles de pierre, sans doute destinées à supporter un plancher. Le troisième niveau est lui aussi divisé en deux pièces, couvertes de voûtes à croisées nervurées, avec des demi-colonnes adossées au mur périmétral. Un autre escalier creusé dans l'épaisseur du mur conduit à la terrasse, qui conserve quelques rares créneaux.

"Fiumara d'arte"
*Le long de la route nationale 113 se détache, sur la plage de Villamargi, le "monument à un poète", imposante sculpture de Tano Festa, qui représente une fenêtre ouverte sur l'infini. D'autres œuvres, des plus grands artistes contemporains, sont visibles sur tout le territoire environnant, surtout le long du lit d'un torrent (*fiumara*), chacune entretenant un dialogue particulier avec le paysage. Le nom "*fiumara d'arte*" désigne cet itinéraire qu'il est loisible de parcourir d'œuvre en œuvre et qui part de Castel di Tusa, où se trouve un hôtel unique au monde, dont chaque chambre a été dessinée par un artiste contemporain.*

VIII.5 CEFALÙ

Diodore de Sicile, au Ier siècle av. J.-C., l'appelle Kaphaloidion, plus tard abrégé en Kefalion qui, pour certains chercheurs, signifierait "tête", par référence au promontoire rocheux (la Rocca) qui la domine; pour d'autres, il s'agirait d'une référence au terme *kefalos*, c'est-à-dire "source d'eau douce s'écoulant vers la mer". En 254, elle fut conquise par les Romains et durant la période byzantine se produisit l'installation d'un des treize évêchés suffragants de l'église métropolitaine de Syracuse.
Les musulmans eurent du mal à s'en emparer: à un premier assaut qui se prolongea vainement, en 837, succéda un autre assaut décisif en 858, qui prépara le terrain à la chute d'Enna et à l'offensive en direction du Val Demone. Pendant la période islamique, elle prit le nom de Safludi.
En 1063, le comte Roger, en compagnie de Brugato et de Golisano, la mit à sac afin d'accroître les vivres nécessaires à l'avancée de la conquête. Avec la refondation du siège de l'évêché (1131), les Normands créèrent ensuite des conditions propices à un nouveau pouvoir économique et à la splendeur artistique. Al-Idrisi la décrit comme "une forteresse dotée de toutes les prérogatives d'une ville, avec des marchés, des thermes et des moulins". Plus tard, Ibn Jubayr la trouve encore peuplée de nombreux musulmans, et soutient que les chrétiens se réfugient souvent dans la citadelle pour échapper aux attaques imprévues des flottes islamiques.

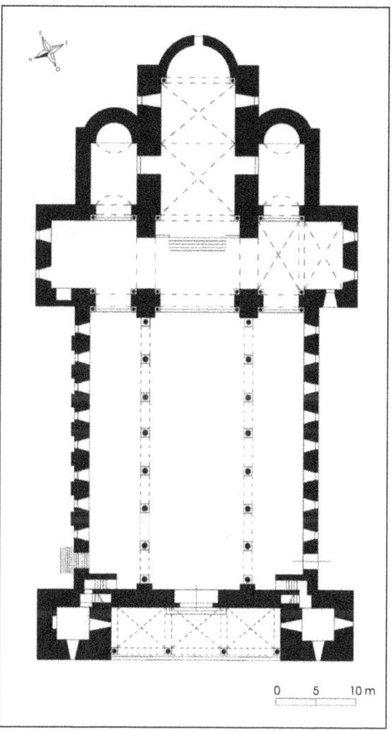

Cathédrale, plan, Cefalù.

VIII.5.a Cathédrale

Continuer sur la SS 113 en direction de Cefalù et rejoindre Via G. Giardina, qui longe le bord de mer; continuer à pied en tournant à gauche Corso Vittorio Emanuele et suivre Via Mandralisca, jusqu'à Piazza Duomo.
Horaires: jours ouvrables 8:00-12:00 / 15:30-19:00 (17:30 en hiver); jours fériés 8:00-12:00/15:30-20:00 (19:00 en hiver).

L'église est précédée d'un vaste parvis, surélevé par rapport à la place; on y accède par une série de degrés. La façade est flanquée de deux hauts campaniles qui la ferment sur les côtés et encadrent, au centre, un portique à trois arcades. Les campaniles, semblables à des tours fortifiées, sont de hauts

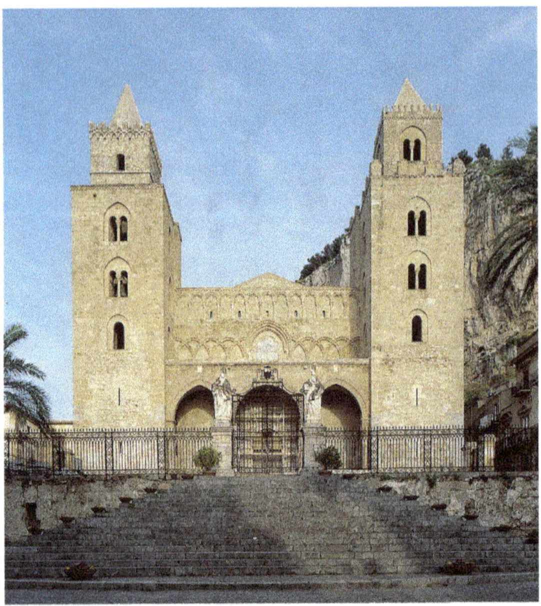

Cathédrale, façade principale, Cefalù.

Cathédrale, façade latérale, Cefalù.

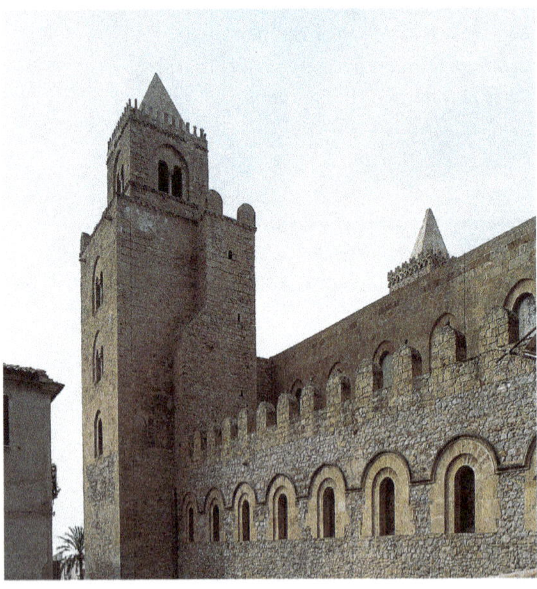

volumes élancés, élevés sur une base carrée, dépourvus de corniches séparant les niveaux; le dernier est construit sur une base plus réduite et doté d'une corniche munie d'un couronnement. L'arc central du portique, en plein cintre, et les arcs latéraux, en ogive, sont soutenus par des colonnes de granit avec des chapiteaux ornés des armoiries de l'évêque. Sous le portique s'ouvre, au centre, la Porta Regum, avec un très beau portail à cinq arcs concentriques richement sculptés. La façade surmontant le portique est rythmée par deux ordres d'arcatures (aveugles) en ogive.
À l'intérieur, le vaste espace de la basilique est divisé en trois nefs par huit colonnes de granit (à l'exception de la première, en marbre cipolin) avec des chapiteaux classiques et de matrice byzantine, sur lesquels reposent des arcs en ogive surhaussés sur des piédroits. Le quatrième et le sixième chapiteaux, à droite, et le sixième, à gauche, sont plus richement sculptés. La couverture de bois a conservé les poutres d'origine, décorées de motifs attribués à des artistes islamiques.
Dans l'imposant transept, on peut lire clairement les traces des variantes apportées à l'idée primitive. Il présente, en effet, deux arcs triomphaux différents: le plus extérieur, conçu pour un plan de dimensions supérieures, a été muré durant l'avancée des travaux.
La couverture des trois travées du transept est inégale: dans le bras gauche et au centre, elle consiste en une charpente de bois, alors que le bras gauche est couvert d'une galerie à arcades reposant sur des colonnes, tirée de l'épaisseur du mur et correspondant à la pseudo-galerie extérieure. Le

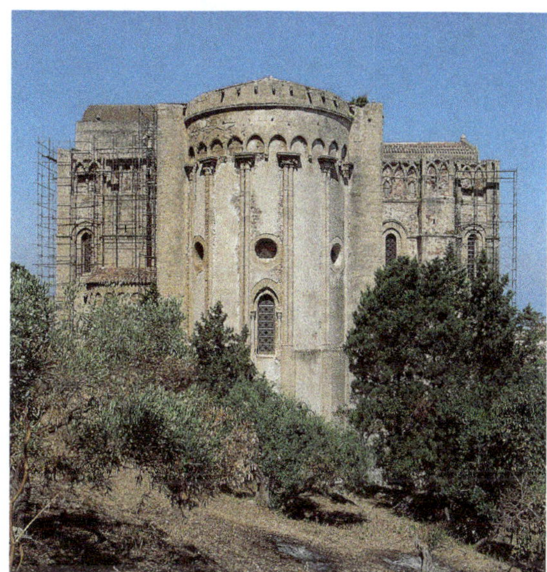

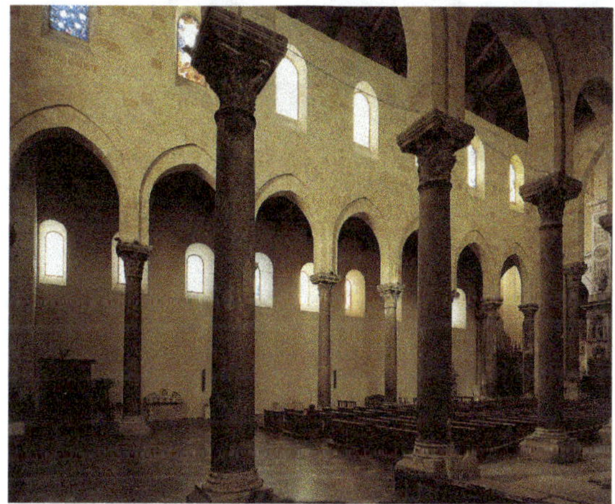

Cathédrale, vue des nefs, Cefalù.

Cathédrale, absides, Cefalù.

presbyterium, surélevé par rapport au niveau de la basilique, se termine par trois profondes absides présentant des caractères différents. Les absidioles sont dotées de colonnettes géminées avec des arcs entrecroisés et, en guise de couronnement, une série de petits arcs suspendus. L'abside centrale présente de hautes colonnes géminées, mais l'appareil décoratif est interrompu et s'achève sur un couronnement à petits arcs suspendus.

Les mosaïques, qui ne revêtent qu'une partie du sanctuaire, peuvent être regroupées en quatre noyaux, diachroniquement différents: le premier est celui de l'abside, où se détache le *Christ Pantocrator bénissant*, qui domine la haute nef centrale de l'église; le deuxième est celui du *bema*, qui est en relation étroite avec les mosaïques analogues du *presbyterium* de la chapelle Palatine; le troisième est celui des parties hautes, difficile à évaluer à cause des remaniements successifs; le dernier est celui de la voûte sur *bema*, exécuté entre 1150 et 1154, quand le grand projet de Roger pour la cathédrale avait été abandonné et se repliait sur différentes solutions.

À la magnificence de la décoration de mosaïque devait se joindre celle du cycle pictural de la façade occidentale – cycle totalement perdu – avec la représentation des personnages de la dynastie normande. En particulier, au centre, le fondateur de la cathédrale tendait la maquette de l'église au Sauveur assis sur son trône. Par une porte située dans la paroi de la nef gauche, on accède au cloître. Le plan quadrangulaire était constitué, à l'origine, de simples rangées de colonnes géminées chargées de soutenir des arcs ogivaux, et appuyées sur un soubassement commun; les fûts des colonnes présentent des baguettes brisées, des grappes et plusieurs autres motifs décoratifs.

La chronologie complexe de l'ensemble débute le jour de la Pentecôte de 1131, lorsque le Normand Roger II, roi de Sicile (1130-1154), assiste à

Cefalù

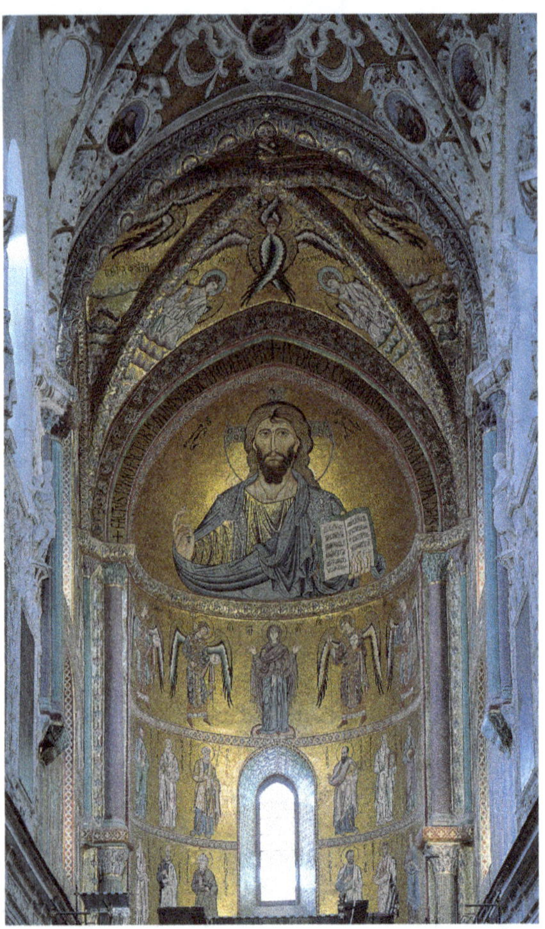

Cathédrale, revêtement mosaïqué de l'abside avec le Christ Pantocrator, Cefalù.

la pose de la première pierre pour la construction de la grandiose basilique qu'il a directement promue, en rétablissant l'ancien diocèse et en l'assignant aux augustins de Bagnara Calabra. La cathédrale aurait dû conserver les dépouilles des Hauteville, tant il est vrai que Roger fait exécuter et transférer dans le complexe en construction deux sarcophages de porphyre, placés en 1145 dans le chœur de l'église, puis transportés dans la cathédrale de Palerme sur ordre de Frédéric II de Souabe, en 1215.

La première phase de travaux se prolongea jusqu'en 1136; on réalisa les murs périmétraux, on éleva les corps de bâtiment situés à l'est, ceux des nefs latérales et, probablement, du soubassement des campaniles. Mais les étapes de la construction subiront les changements dus à une première révision, essentiellement altimétrique, du projet d'origine. On modifia les proportions du transept et du sanctuaire, on éleva la façade et les deux tours des cloches, on modifia les membrures de la surface murale extérieure de l'abside centrale. En 1145, année de l'installation des deux sarcophages de porphyre, les grandes transformations du sanctuaire et du transept devaient être finies; en 1148 on achevait la décoration de mosaïque, dans l'abside centrale. Toutefois, le projet grandiose demeura inachevé, comme le démontre le grand arc triomphal resté au-dessus du toit de la nef centrale, ainsi que les aspects incongrus et les solutions de remplacement adoptées lors de la phase suivante.

En 1154, à la mort de Roger, sa dépouille ne fut pas enterrée dans le mausolée qu'il avait commandité, car à cette date la construction n'était ni achevée, ni consacrée. La troisième phase de construction s'inscrit, essentiellement, durant le règne de Guillaume Ier (1154-1166). Celui-ci renonce au projet grandiose de Roger et veille à l'achèvement de l'édifice religieux.

À partir de la seconde moitié du Cinquecento, on entama les travaux de modification qui, en deux siècles environ, apporteraient de nombreuses transformations: dans le cloître, on démolit et reconstruisit la galerie est, tandis que les autres étaient démontées puis remontées, en abaissant aussi le niveau du sol. On éleva, adjacentes au cloître, les salles capitulaires et les chapelles Santa Maria et Sant'Agata. Le réaménagement concerna également l'espace devant la façade, utilisé comme cimetière et qui fut transformé, en 1585, en un vaste parvis.

Les modifications intérieures commencèrent en 1595 et, après celles de l'âge baroque, les dernières transformations radicales furent réalisées par l'évêque Castelli, avec la réalisation de voûtes en berceau dotées de lunettes et de profondes chapelles dans les collatéraux. Depuis le début du XXe siècle, la cathédrale a fait l'objet de nombreuses campagnes de restauration.

VIII.5.b **Lavoir**

Retourner à pied Corso Vittorio Emanuele; sur la gauche, dans Discesa Fiume, se trouve le lavoir.

Il est question de ce lavoir public, encore utilisé voilà quelques décennies, dans le livre de Boccace intitulé *Le livre des montagnes et des fleuves du monde*, sous le nom de "Cefaloide". On accède au lavoir, que les habitants de Cefalù appellent *'u ciumi* (le fleuve), par un escalier en colimaçon conduisant à une salle couverte d'une voûte basse, qui lui confère l'aspect d'une grotte. La partie gauche est à ciel ouvert, partiellement couverte d'un système voûté d'ogives; cette partie couverte est délimitée par un muret, auquel sont fixées 15 têtes de lion dont la gueule laisse jaillir l'eau provenant de la source. La partie centrale, séparée de la précédente par des cloisons en maçonnerie, est entièrement à ciel ouvert et présente quatre gueules de lion; trois d'entre elles déversent l'eau dans une vasque rectangulaire, l'autre dans une vasque adjacente, de dimensions inférieures. De ces deux vasques, l'eau descend vers quatre autres vasques contiguës, toutes

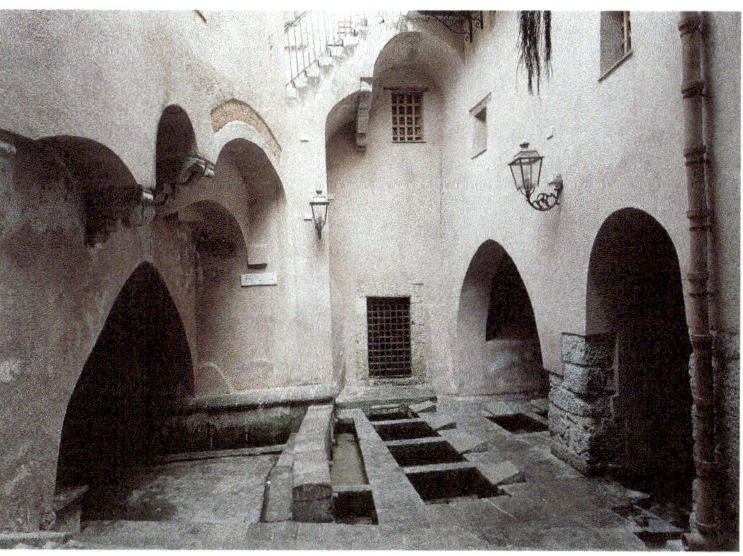

Lavoir, vue des vasques, Cefalù.

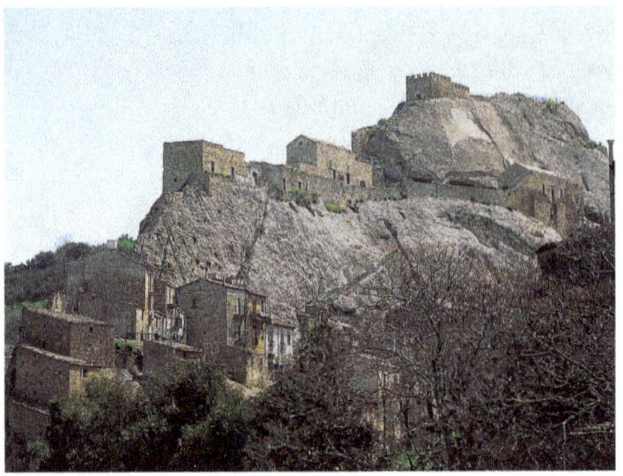

Château normand, vue générale, Sperlinga.

pourvues d'un petit plan incliné, en pierre, sur lequel on frottait le linge. Des vasques, l'eau se déversait ensuite dans deux autres pièces; dans l'une de celles-ci, voûtée d'ogives, se trouvent quatre autres vasques munies de plans inclinés; de là, l'eau s'écoule jusqu'à la mer en passant par la deuxième pièce, en empruntant une canalisation taillée dans le rocher.

VIII.6 SPERLINGA

VIII.6.a Château normand et vestiges de l'église San Luca

De Cefalù, reprendre la 113 en direction de Messine, puis la SP 52 en direction de S. Mauro Castelverde. Une fois traversé le hameau de Borrello Basso, emprunter la SP 60 et, de là, la SS 120 en direction de Nicosia. Arrivé à Sperlinga, suivre Via Grignano qui conduit Piazza Castello (parking), et continuer à pied.
Entrée payante (tarif réduit pour les moins de 18 ans et les plus de 65 ans). Horaires: 9:30-13:30/16:00-19:30.

Sperlinga (de Spelonca, toponyme grec latinisé) fut essentiellement une forteresse sans aucune ville jusqu'en 1597, année où Giovanni Forti Natoli acheta la baronnie et obtint la *"licentia populandi"* de la part de Philippe IV d'Espagne. Construit sur une gigantesque masse de grès, où préexistaient sans doute des hypogées nombreux et vastes, le château, avec ses rapports volumétriques, domine l'actuel ensemble urbain.
Sa fondation est certainement très tardive (les premières mentions remontent à 1113), mais on ne parle expressément du château qu'en 1239.
Les nombreux corps de bâtiment qui le constituent sont distribués sur différents niveaux, selon une organisation planimétrique de forme oblongue (de 200 m environ pour 15 m d'épaisseur), orientés S.E.-N.O., et sont formés d'ouvrages de maçonnerie constitués de moellons de forme irrégulière, liés au mortier, et de salles rupestres préexistantes, qui traduisent la recherche d'une solution architecturale.
Le corps principal est construit directement sur le rocher et présente un plan rectangulaire. En bas se trouve le vestibule d'entrée, donnant accès aux "salles des Barons"; il est constitué de trois portails successifs et protégé par un pont-levis, aujourd'hui remplacé par une passerelle en béton.
Une fois franchi le premier portail, on trouve une salle voûtée de pierre, récemment reconstruite; au-dessus de la voûte ogivale, on pouvait lire autrefois la fameuse inscription: *"Quod Sicilia placuit sola Sperlinga negavit"* (ce qui plut aux Siciliens, seule Sperlinga le refusa), en souvenir de la protection que Sperlinga accorda aux Angevins durant les

révoltes des Vêpres siciliennes en 1282; suit une deuxième salle, elle aussi voûtée mais avec des briques de terre cuite, et un pavement directement tiré du rocher. De l'une des salles des Barons, la plus petite, une fenêtre géminée du XIVe siècle donne sur le bourg. Dans l'aile est se trouve une salle hypogée de 100 m de longueur, avec une couverture plate, qui constituait autrefois la galerie des écuries, "*a cavallerizza*", suivie d'autres salles peut-être utilisées comme prisons, où il reste un manteau de cheminée en cône tronqué, et de deux pièces de service.

Sur la cour du château s'ouvre une pièce, dans laquelle on peut voir les citernes creusées dans le rocher afin de recueillir l'eau, à travers un petit canal d'acheminement.

La partie la plus occidentale du château est occupée par quatre salles dotées d'un pavement, et dont une partie des murs est creusée dans le rocher; tout le reste est construit; ces salles appartenaient probablement au palais des barons Ventimiglia, auxquels le roi Pierre d'Aragon attribua Sperlinga en 1283.

La dernière défense était assurée par le mur d'enceinte, qui occupait le sommet de l'éperon rocheux. La liaison était assurée grâce à un escalier raide, taillé entre deux étroites parois rocheuses, qui réservait aux ennemis des dangers mortels.

Sur le côté ouest se trouve l'église San Luca Evangelista, à nef unique avec des niches latérales, aujourd'hui entièrement reconstruite sur ses propres ruines; elle est constituée d'une succession de trois pièces disposées, à l'origine, suivant l'axe nord-sud, comme en témoigne la découverte d'un autel.

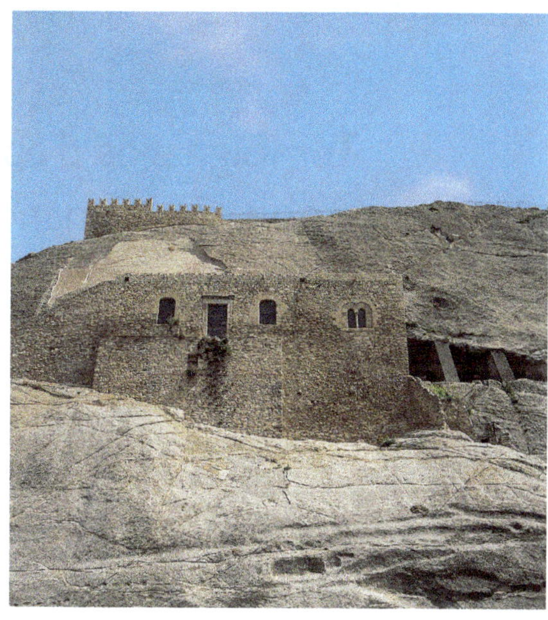

Château normand, salles des Barons, vue extérieure, Sperlinga.

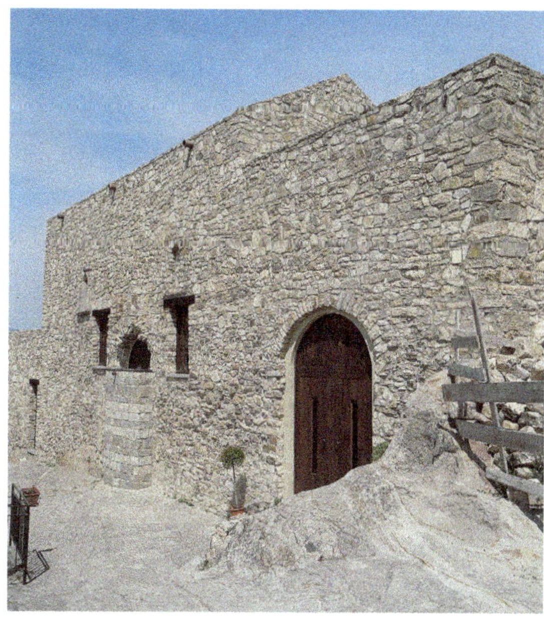

Château normand, vestiges de l'église San Luca, Sperlinga.

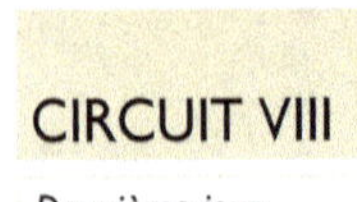

CIRCUIT VIII

Deuxième jour

Témoignages d'époque arabe et normande

Comité scientifique

VIII.7 CARONIA

VIII.7.a Château

VIII.8 SAN MARCO D'ALUNZIO

VIII.8.a Église Santissimo Salvatore (dite Badia Grande)

VIII.8.b Château

VIII.9 FRAZZANÒ

VIII.9.a Abbaye San Filippo di Demenna ou di Fragalà

VIII.10 ROMETTA

VIII.10.a Château

VIII.10.b Église Santissimo Salvatore

La conquête normande de la Sicile

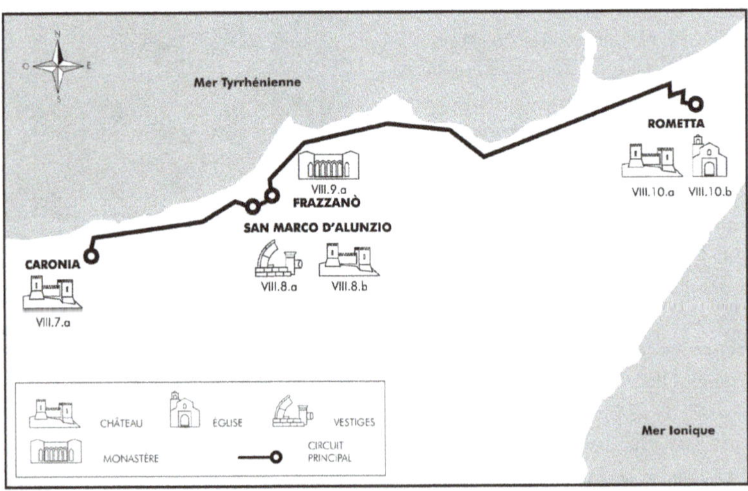

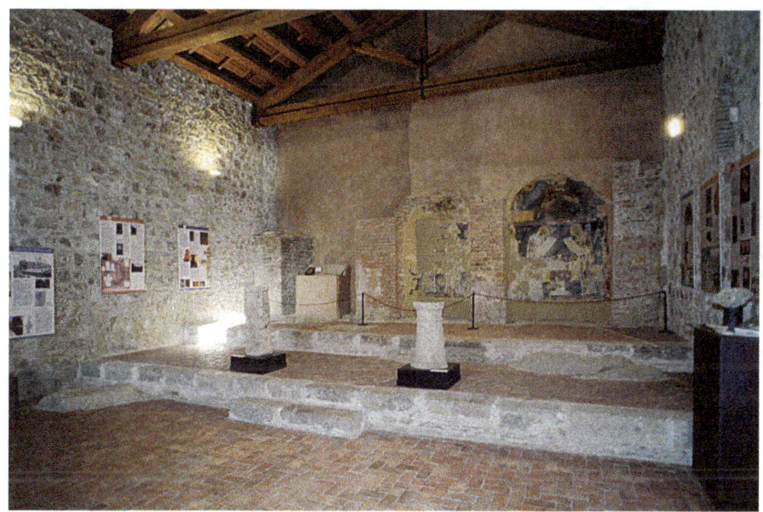

Au système de hameaux et de postes défensifs fortifiés assurant le contrôle des territoires de l'île successivement occupés correspondit, dans les zones du Val Demone, la seule forme de résistance à l'invincible pénétration islamique, constituée des communautés monastiques siculo-byzantines autour desquelles, avec la complicité d'une orographie accidentée et favorable à l'isolement, se regroupèrent les villages et les bourgs demeurés chrétiens, garantissant la survie de la "foi de Pierre et Paul" durant la longue occupation arabe.
Après l'échec du siège de Syracuse, les forces musulmanes s'étaient tournées vers l'intérieur de la Sicile, se dirigeant sur Palerme, et de là avaient entamé leur marche conquérante vers les difficiles territoires orientaux, qui s'étaient âprement défendus et avaient été eux aussi protégés par le relief hostile de la chaîne montagneuse des Nebrodi et des Peloritains (comme le démontre la légendaire résistance opposée par Rometta, dernière place forte à tomber, en 965; à travers l'aspect massif de la singulière église du Ss. Salvatore, et dans sa spatialité romano-byzantine, elle donne une idée de cette résistance). À cela s'ajoute l'opposition, plus idéologique que militaire, des postes de défense de la foi chrétienne que constituent les monastères fidèles à la règle de saint Basile de Césarée, dit le Grand (contemporain de l'empereur Julien l'Apostat), opposition particulièrement forte dans les territoires du Val Demone. Les princes normands auraient reconnu aux basiliens, durant les toutes premières années, leur résistance acharnée, attribuant aux moines de généreuses concessions et donations, jusqu'à l'institution des archimandrites du monastère du Ss. Salvatore de Messine, en 1133. Le grand comte Roger et la comtesse Adélasie se distinguèrent tout particulièrement par leur œuvre, inlassable, de promotion et de protection des moines basiliens, surtout dans le Val Demone.

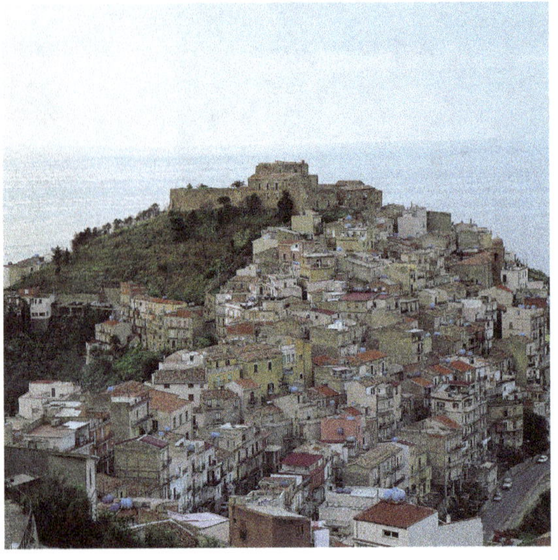

Château, vue panoramique, Caronia.

L'isolement des communautés qui s'étaient ressoudées autour des monastères ne garantissait pourtant pas une imperméabilité parfaite par rapport aux influences musulmanes; les contacts avec la civilisation islamique, à laquelle ils s'étaient opposés jusqu'à voir reconnaître, souvent contre un tribut, leur propre autonomie, se réalisèrent aussi bien à travers les rapports instaurés avec l'Ifriqiya pour le commerce du bois destiné aux chantiers navals, que par la proximité avec les *Saracenorum pagi*. Même en l'absence de témoignages concrets concernant la présence musulmane dans les territoires peu accessibles du Val Demone, de nombreuses traces de celle-ci apparaissent dans les toponymes, et dans l'histoire de certains habitats répartis entre les monts Nebrodi et les monts Peloritains. Ainsi s'explique l'extraordinaire syncrétisme que l'on rencontre dans les édifices religieux du Val Demone, où les schémas basilicaux traditionnels latins sont réélaborés à la lumière de la conception spatiale byzantine, et où apparaissent de nouvelles solutions architecturales, comme les parements de briques polychromes et l'articulation des parois à travers le motif décoratif des arcs entrecroisés. Rares sont les monastères et leurs églises annexes à être parvenus jusqu'à nous dans un état qui permette une reconstitution plausible de leur aspect originel. Parmi les églises qui subsistent, il faut citer celle des SS. Alfio, Filadelfio et Cirino, près de San Fratello, et le monastère San Michele Arcangelo, à Sant'Angelo di Brolo.

VIII.7 CARONIA

VIII.7.a Château

De Cefalù ou de Sperlinga, retourner sur la SS 113 en suivant les indications pour Messine, et sortir à Caronia en prenant la SP 168; après 4 km, on arrive Piazza Canale. Continuer, sur la droite, dans Via L. Orlando, jusqu'à Piazza Idria (ou Municipio), où il est possible de laisser la voiture. Continuer en passant sous l'Arco Saraceno, puis Via Alighieri, Via Ducezio, Via San Francesco et Via Marconi, jusqu'au château.
Celui-ci est une propriété privée. Au moment de la rédaction de ce catalogue, les modalités de la visite n'avaient pas encore été établies.

Construit sous le règne de Roger II (1130-1154), le palais, inséré dans l'enceinte du complexe fortifié, était vraisemblablement utilisé par la cour normande en été, pour s'y protéger des grosses chaleurs. L'information la plus ancienne concernant sa fondation nous est fournie par al-Idrisi qui, évoquant Caronia comme une "ancienne citadelle" (*qal'a qadima*), affirme qu'à côté de celle-ci avait été édifiée une nouvelle forteresse, supposant l'implantation générale préexistante à l'époque des Normands.

Le complexe, délimité par des remparts munis de tours, suit la forme, à peu près triangulaire, du sommet de l'éminence. Sur les deux côtés du rempart est insérée une tour carrée, avancée par rapport à la ligne de la courtine. L'ample front oriental est composé de deux ailes de modestes annexes, d'époque postérieure. Le portail d'entrée, élevé en 1837 dans le style Renaissance, cache un portail en retrait, ogival, plus ancien et de plus grandes dimensions. La tour ouest a été reconstruite et partiellement modifiée dans sa forme, à la suite d'un écroulement. À l'extrémité sud-est du complexe s'élève une troisième tour, longtemps utilisée comme tour de l'horloge.

Le noyau monumental du complexe est constitué du palais normand du XIIe siècle, à deux élévations avec dispositif analogue dans chacune. De plan rectangulaire, il présente des affinités avec les salles centrales des palais palermitains de l'Uscibene et de la Zisa, surtout en ce qui concerne sa disposition interne, avec la salle centrale la plus grande flanquée, symétriquement, de deux pièces plus petites. Le front oriental se caractérise par le grand portail d'entrée, toujours souligné par son encadrement d'origine à double ressaut. Le contraste chromatique entre le brun doré des claveaux calcaires, bien taillés, et la couleur rouge des briques, est d'une richesse décorative particulière. Les salles des deux niveaux étaient voûtées à l'origine, mais cette voûte n'a été que partiellement conservée.

Au niveau supérieur, la grande salle centrale est couverte d'une voûte à pavillon surbaissée. Les deux pièces qui flanquent la salle centrale présentent des différences notables: celle qui est au sud est constituée d'un espace rectangulaire surmonté d'une voûte basse à pavillon couverte d'un enduit; celle située au nord est une salle constituée d'un espace rectangulaire, surmonté d'une voûte à croisée, ouvert sur les trois côtés par trois grandes niches (*iwan*); les deux niches latérales sont en cuvette, ombelliformes. La niche du fond présente un élégant dispositif per-

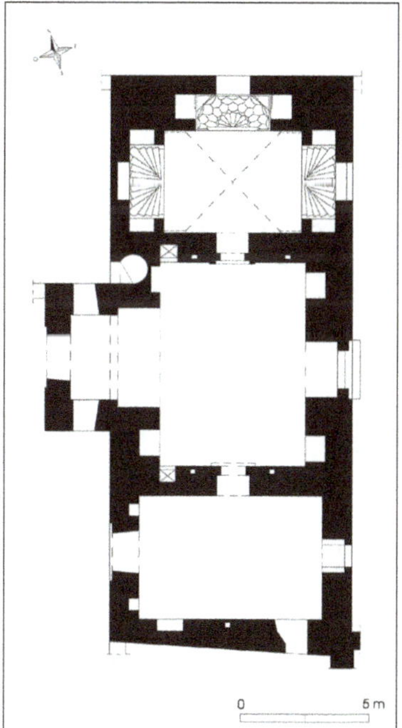

Château, plan du palais, Caronia.

mettant le passage du plan rectangulaire au plan semi-polygonal de la cuvette.
À l'extrémité nord-est du complexe fortifié s'élève la chapelle, dont la datation n'est pas sûre; elle est constituée d'une *aula* divisée en trois nefs par des arcades ogivales reposant sur de simples piliers rectangulaires et s'achevant sur des absides semi-circulaires tirées de l'épaisseur du mur.

Les céramiques de Santo Stefano
En parcourant la SS 113, quelques kilomètres avant d'arriver à Caronia, on passe par S. Stefano di Camastra, petite ville de la province de Messine, célèbre pour sa production de céramiques. Au bord de la rue se tient une exposition permanente d'objets et de couverts (plats, vases, services de table, mais aussi des revêtements, des carrelages, etc.) que la maîtrise des artisans du village a rendus uniques. Les techniques de cette tradition très ancienne sont aujourd'hui ravivées par une nouvelle génération, formée à l'Institut d'art local.

VIII.8 SAN MARCO D'ALUNZIO

Situé sur un éperon rocheux qui se dresse entre les gorges de deux torrents profonds, l'habitat actuel est l'héritier de la ville gréco-romaine d'Alontion-Haluntium.
Au VIe siècle, une communauté de réfugiés lacédémoniens y refonde la ville de Demona ou Demenna qui, durant la longue conquête islamique, s'imposera comme véritable redoute défensive d'une vaste zone territoriale, où la culture byzantine était profondément enracinée. En effet, selon l'historien Ibn al-'Atir, ses coreligionnaires tentèrent vainement d'assiéger la ville une première fois en 901; ils ne parvinrent à mettre les habitants en fuite que l'année suivante. Mais les tenaces Byzantins s'en emparèrent, contraignant l'émir fatimide Ibn Abi Khinzir, en 910, à déployer de nouveau son armée contre les territoires de Demenna, jusqu'à la soumettre définitivement. Pour prouver son importance stratégique, on lui adjoignit tout le Val Demone.
Vers la fin du Xe siècle, le géographe al-Muqaddasi évoque Damannas, qu'il rapproche de Taormine sur le plan de l'installation.
En 1061, Robert Guiscard y fonde le premier château normand de Sicile, qu'il dédie à saint Marc, et supplante le souvenir de l'ancienne Demenna. À la mort du grand comte (1101), sa veuve Adélasie, avec ses fils Simon et Roger (futur roi de Sicile), choisira à plusieurs reprises la petite ville comme siège de la cour, jusqu'en 1112, et se montrera une généreuse bienfaitrice du monachisme basilien, très répandu sur ce territoire.
Al-Idrisi décrit la localité comme prospère, avec une production de soie florissante et, sur la côte, un arsenal pour la construction de navires, avec du bois tiré des riches forêts de l'arrière-pays.
Récemment, afin de valoriser les témoignages récupérés sur cette zone, véritable palimpseste d'une grande richesse, un musée a été créé: celui de la Culture et des Arts figuratifs byzantins et normands, qui abrite de nombreux supports didactiques et de précieuses pièces de sculpture, de peinture et de numismatique.

VIII.8.a Église Santissimo Salvatore (dite Badia Grande)

Le circuit se poursuit en voiture, en reprenant la SS 113 jusqu'à Torrenova; une fois traversé l'habitat, tourner à gauche sur la SP 160 pour S. Marco d'Alunzio. Continuer jusqu'à Piazza Gebbia; de là, prendre la direction de Frazzanò sur 500 m. Le monument se situe sur la droite.
Visite sur rendez-vous; s'adresser au Bureau d'information touristique de la mairie, tél.: 0941 797339.

L'édifice, aujourd'hui à l'état de ruine, était composé de trois nefs bâties sur les structures d'une basilique paléochrétienne préexistante. L'appareil de maçonnerie était constitué de briques d'argile cuite de grand format alternant, dans les arcs, avec de la pierraille. La cuvette de l'abside était occupée par une grande fresque représentant le *Christ Pantocrator*, aujourd'hui conservée au musée des Arts figuratifs byzantins et normands. L'histoire de l'édifice s'avère extrêmement complexe. Par rapport à sa fondation, dont la datation est incertaine, on peut enregistrer deux phases de construction. Une première église, édifiée par les Normands au début de la conquête de l'île, présentait un plan en "T", semblable à celui de San Filippo di Frazzanò. Plus tard, on construisit le *presbyterium*, les deux arcs ogivaux qui permettaient le passage de l'abside centrale aux absides latérales (toujours visibles aujourd'hui) et les murs nord et sud, qui délimitaient l'espace de l'*aula*. Le toit devait être en bois et la nef éclairée par des fenêtres. Lors de la seconde fondation, on décida de transformer l'installation en basilique à trois nefs – celle qui s'offre actuellement aux visiteurs. Pour cette transformation, on n'utilisa que les murs nord et sud de l'église précédente, ouvrant deux arcs séparés par un pan de mur, pour chaque côté de la seule nef existante, afin qu'elle puisse communiquer avec les nouveaux collatéraux. Cette dernière transformation fut réalisée à l'occasion de la fondation du monastère bénédictin, advenue, selon certains, sur décision de Marguerite de Navarre entre 1166 et 1170.

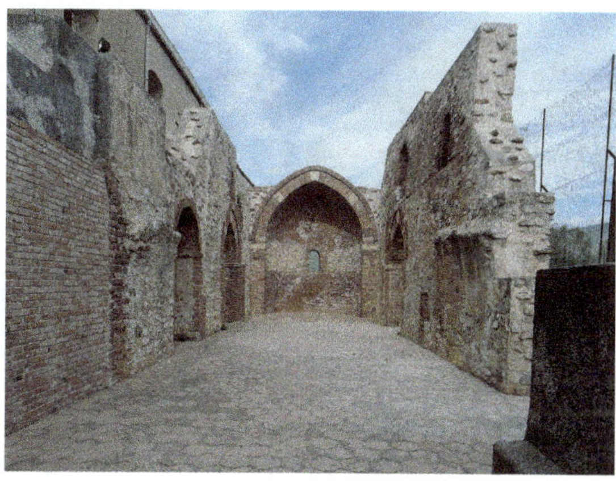

Église Santissimo Salvatore, vue de la nef centrale, San Marco d'Alunzio.

VIII.8.b Château

Retourner Piazza Gebbia, laisser la voiture et continuer Via Alutina, Via Roma, Vicolo Il Castello, Via Castello, jusqu'à la place où est situé le monument. L'intérêt principal de celui-ci réside dans sa configuration extérieure.

Le premier château, dont la fondation serait attribuable aux musulmans du IXe siècle, était certainement doté

San Marco d'Alunzio

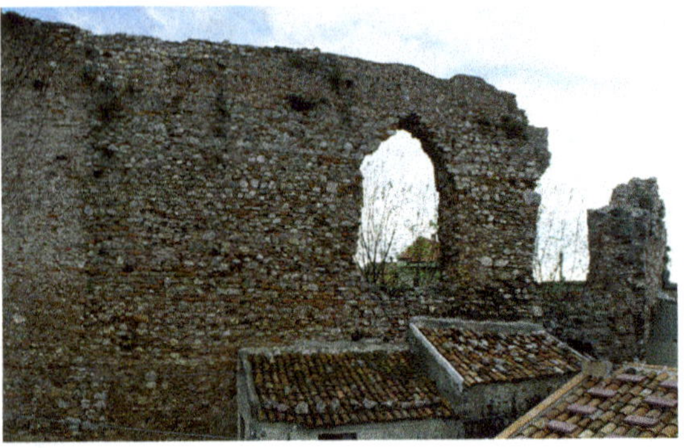

Château, vue partielle, San Marco d'Alunzio.

d'une mosquée. Il fut reconstruit, agrandi et modifié par Robert Guiscard en 1061, première année de la conquête normande. Le centre et sa forteresse devinrent l'une des places les plus importantes pour la défense et le contrôle de la côte septentrionale de la Sicile. Plusieurs parchemins de cette époque attestent la présence des souverains normands à San Marco qui, durant les années de régence de la comtesse Adélasie (1105-1113), devint siège du gouvernement. Il ne subsiste du château qu'un pan du mur septentrional, percé de grandes fenêtres.

Une description nous a transmis l'image du château tel qu'il se présentait, à l'époque où l'auteur eut la possibilité de le visiter: en entrant dans la cour, on voyait une citerne, profonde et spacieuse; dans la partie inférieure, six prisons – une pour les nobles, une pour les femmes, une autre pour les coupables de délits civils et une pour les criminels, auxquelles s'ajoutaient deux autres pièces sombres, dites "*dammuselli*". Il existait, en outre, des ateliers, des magasins, une écurie, une grange et, au-dessus de ceux-ci, une grande salle avec trois appartements aristocratiques, correspondant à la mosquée (Meli, 1991).

Le parc des Nebrodi

La route pour San Marco d'Alunzio mène au décor naturel, très évocateur, des monts Nebrodi. Ceux-ci constituent la partie terminale de la chaîne des Apennins, et consistent en une ligne sinueuse de cimes, qui atteignent des hauteurs supérieures à 1500 m (le point culminant est le mont Soro, à 1847 m d'altitude) à seulement 15 km de la côte. Constitués de stratifications d'argiles et de grès, ils présentent des cimes arrondies, et des formes plus amples et plus étendues sur le versant méridional. Les pentes les plus basses sont pauvres en végétation, mais là où domine un sous-sol de grès, il subsiste de vastes forêts de maquis méditerranéen et de chênes-lièges sur le versant côtier, de chênes et de chênes chevelus plus en hauteur, et de hêtraies en altitude. On trouve des lacs d'altitude, et les cours d'eau qui descendent à pic sur la côte ont creusé des vallons profonds, laissant isolés des affleurements de quartz, sur des dorsales inaccessibles. Sur ces dorsales, en position élevée et défensive, se sont installés les habitats les plus anciens, avec un système caractéristique de liaisons en forme de peigne, sur la ligne côtière qui subsiste encore aujourd'hui.

Le parc des Nebrodi offre de nombreuses possibilités de visite, qui permettent de profiter de l'environnement et de produits naturels. Le siège de l'administration du Parc se trouve à Caronia (tél.: 09 2133321); des bureaux annexes se trouvent également à Alcara Li Fusi et à Cesarò.

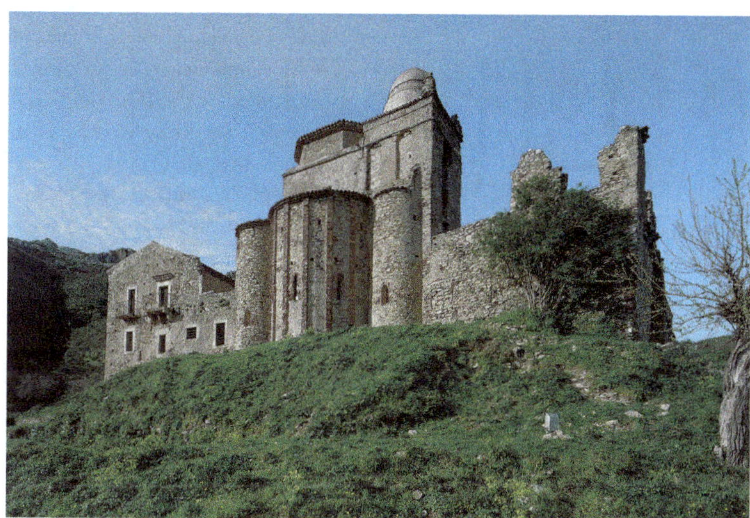

Abbaye San Filippo di Demenna, vue de la façade absidiale, Frazzanò.

VIII.9 FRAZZANÒ

VIII.9.a Abbaye San Filippo di Demenna ou di Fragalà

De S. Marco d'Alunzio, emprunter la SP 160bis, en direction de Frazzanò. Au carrefour, prendre, à gauche, la SP 157. Au km 13, sur la gauche, se trouve la route qui monte à l'abbaye.
Horaires: vendredi, samedi et dimanche 9:00-13:00/14:30-17:30; les autres jours sur rendez-vous, s'adresser à la mairie, Dott. Fabio, via Umberto I, n° 24, tél.: 0941 959037/959165.

Le monastère basilien, qui, d'après la tradition, aurait été construit par Calogero di Calcedonia en 495 et agrandi par Roger de Hauteville au XIe siècle, devint le premier centre de la renaissance byzantine. Le monastère présentait un plan quadrilatère irrégulier, encore visible à travers la forme des édifices actuels; il est constitué de quatre ailes disposées autour d'une cour à peu près rectangulaire, dont le plus grand côté est orienté nord-sud. L'église s'élève au centre du bras oriental; seules les absides sont saillantes. La nef unique, en forme de "T", se greffe sur le corps d'un transept à trois absides, dont la travée centrale devait être surmontée d'une coupole. Certains caractères de la construction (les alignements imprécis de l'implan-

Abbaye San Filippo di Demenna, cour, Frazzanò.

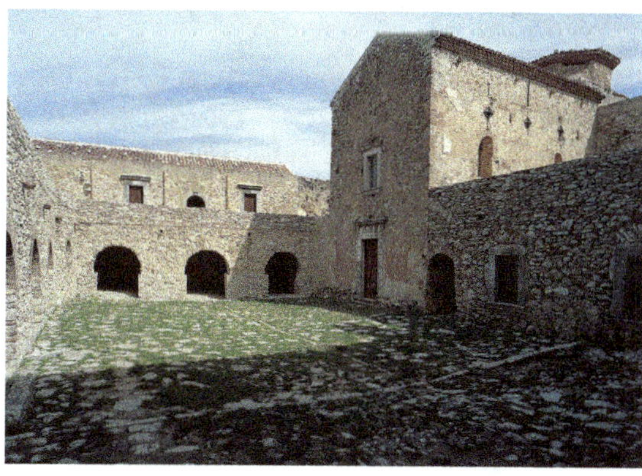

Frazzanò

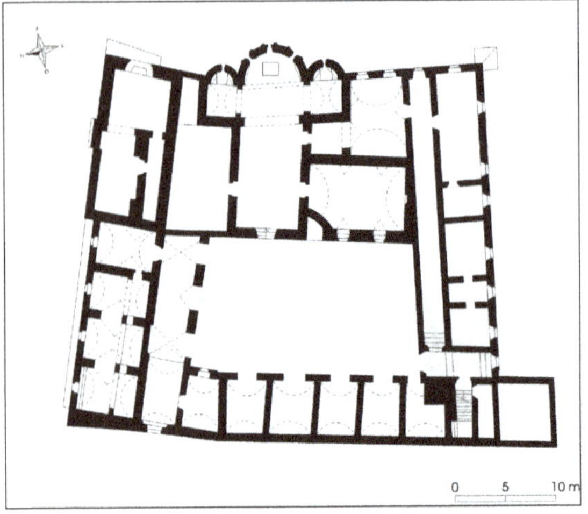

Abbaye San Filippo di Demenna, plan du complexe architectural, Frazzanò.

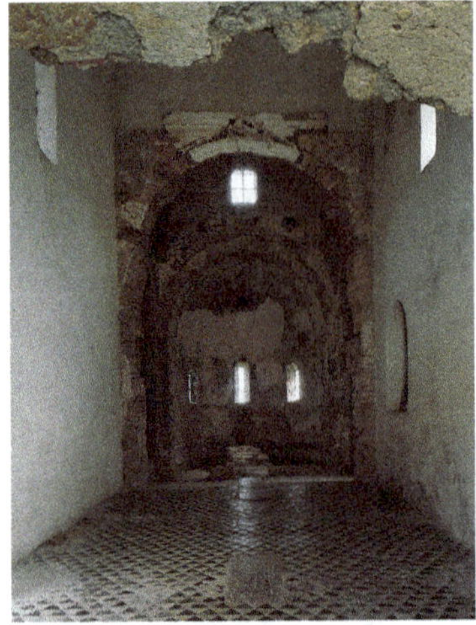

Abbaye San Filippo di Demenna, intérieur de l'église, Frazzanò.

tation, les structures asymétriques, la sobriété de l'appareil décoratif, le dessin du portail septentrional en plein cintre) confirment la datation de cette fondation (ou refondation) voulue vers 1090 par le comte Roger, comme on peut le déduire de deux documents de Roger II datant de 1117 et de 1145.

À la suite des remaniements des XVe, XVIIe et XVIIIe siècles, il ne subsiste que peu d'éléments de l'église originelle et du plan général. Parmi les éléments subsistants, les six parastates de briques qui modulent l'extérieur de l'abside principale et un encadrement, surmonté d'un arc en plein cintre, autour des fenêtres ébrasées des trois absides. Des traces d'articulations analogues de la surface murale, avec des restes de parastates et des arcs de couronnement, semblent indiquer la poursuite de ce motif sur les côtés de l'église. La partie la plus réussie de cette sobre ornementation géométrique est représentée par le portail ouvert dans le flanc nord, souligné par un arc de couronnement en plein cintre avec quatre ressauts concentriques sculptés, dans lequel l'utilisation de briques est rehaussée par l'insertion de petits blocs de pierre lavique et par des losanges jaune et rose.

La tour-lanterne au-dessus du sanctuaire est un ajout du XVe siècle, mais il est probable que le dispositif des arcs progressivement saillants, adopté afin de réduire à un plan d'imposte carré la travée rectangulaire, doive être lu comme la reprise d'une solution primitive, analogue. La construction du campanile est plus récente; il a probablement remplacé une tour, mentionnée dans certains documents. La couverture générale de l'édifice, en forme de toiture, cache les voûtes en berceau des deux chapelles, alignées sur le grand axe de l'église, et qui sont d'origine. La voûte de la nef et celle de la façade principale sont des œuvres beaucoup plus tardives, contemporaines de l'époque où l'*aula* fut surélevée.

Même si on l'a rapprochée des autres fondations basiliennes du Val Demone, l'église San Filippo s'en différencie par l'absence totale de l'arc ogival, alors que le plan de l'installation révèle l'influence d'un prototype grec latinisé. De nombreux objets sacrés et de précieux reliquaires en bois, qui ont appartenu au monastère, sont aujourd'hui conservés dans la chapelle San Calogero de l'église-mère SS. Annunziata à Frazzanò; le plus important et le plus significatif est un petit coffret d'ivoire de facture arabo-sicule du XIIe siècle, avec un couvercle en forme de probablementyramide tronquée et des ferrures en bronze doré, de type lancéolé.

VIII.10 ROMETTA

VIII.10.a Château

Retourner sur la SP 157 et prendre l'A 20 en direction de Messine. Après 75 km, sortir en direction de Rometta et continuer sur la SP 54. Une fois arrivé dans le centre de l'agglomération, tourner à gauche Via S. Cono et Via Sottoporta. Après Porta Milazzo, continuer dans Via Gazzara et Via Sabauda, tourner à droite Via Cavour et Via Umberto I, et rejoindre Piazza Duomo, où l'on peut garer la voiture. Continuer le long de Via Natoli, Via Vittorio Emanuele III, Via Roma et, après le n° 5, tourner à gauche. Entrer dans le jardin public Torre di Federico, où un sentier conduit au château.

L'importance du château de Rometta est due, en grande partie, aux caractéristiques du site sur lequel il s'élève, qui permettait de résister aux attaques extérieures. Les musulmans, installés sur l'île depuis deux siècles, parvinrent à faire plier la résistance de Rometta, la dernière des villes siciliennes à capituler, après un siège long et épuisant. Grâce à ses capacités défensives, Rometta joua parfois le rôle de citadelle pour la ville de Messine, accueillant les habitants de celle-ci chaque fois que la ville du détroit menaçait de céder aux ennemis. Ces ouvrages de défense naturelle mirent à rude épreuve le terrible assaut lancé en 965 par Ibn Amman. À leur tour les musulmans, incapables de protéger Messine contre les attaques des troupes byzantines conduites par Giorgio Maniace, déplacèrent à Rometta le centre de la résistance sarrasine. Après la reconquête normande, Frédéric II de Souabe fit de Rometta l'un des points forts de son plan de reconstruction du système défensif sicilien.

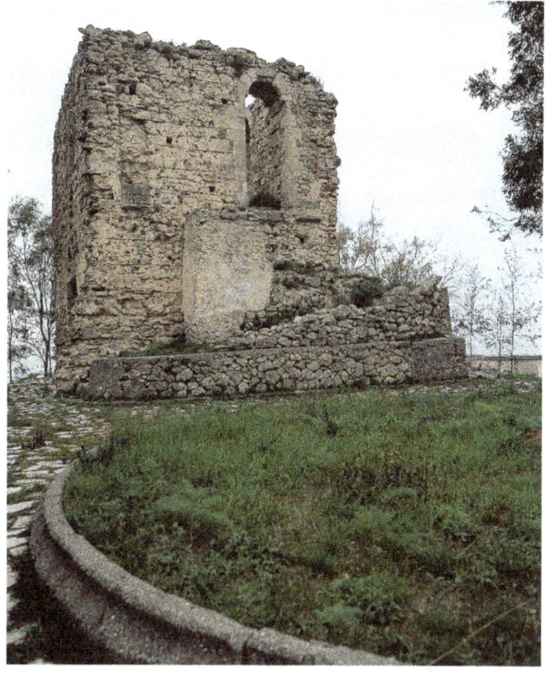

Château, vue générale, Rometta.

La partie la plus importante du *castrum* actuel est représentée par un groupe de constructions en ruine. Des nombreux bâtiments qui le constituaient, il ne reste que ceux situés aux deux extrémités de l'élévation, qui jouaient le rôle de donjons; les constructions intermédiaires, qui servaient à les relier, ont été détruites. Les bâtiments subsistants sont distribués en deux groupes de dimensions différentes: le premier, beaucoup plus vaste, sur l'éperon oriental, le second sur l'éperon occidental. Cette différence est liée à la configuration du relief. L'ensemble des remparts est essentiellement constitué d'une maçonnerie distribuée en assises, grâce à l'introduction de petites rangées de briques. La pierre calcaire, parfaitement taillée, est fréquemment utilisée dans les cornières, les montants de portes et de fenêtres, et les arcades.

VIII.10.b Église Santissimo Salvatore

Retourner Piazza Duomo et, toujours à pied, parcourir Via Ardizzone où l'on trouvera le monument à quelques mètres sur la gauche.
Visite sur rendez-vous; contacter la mairie, Piazza Regina Margherita, n° 22, tél.: 090 9924585, ou M. Giorgianni, tél.: 090 9925111.

L'église est d'une lecture malaisée, à cause de sa datation incertaine, fluctuant, selon les chercheurs, entre le VIe et le XIe siècle. Certains relient le singulier exemple de Messine à la tradition de l'architecture romane; d'autres y lisent, au contraire, des influences orientales réélaborées à la lumière de la culture architecturale propre à la Sicile, au point d'en faire un lieu essen-

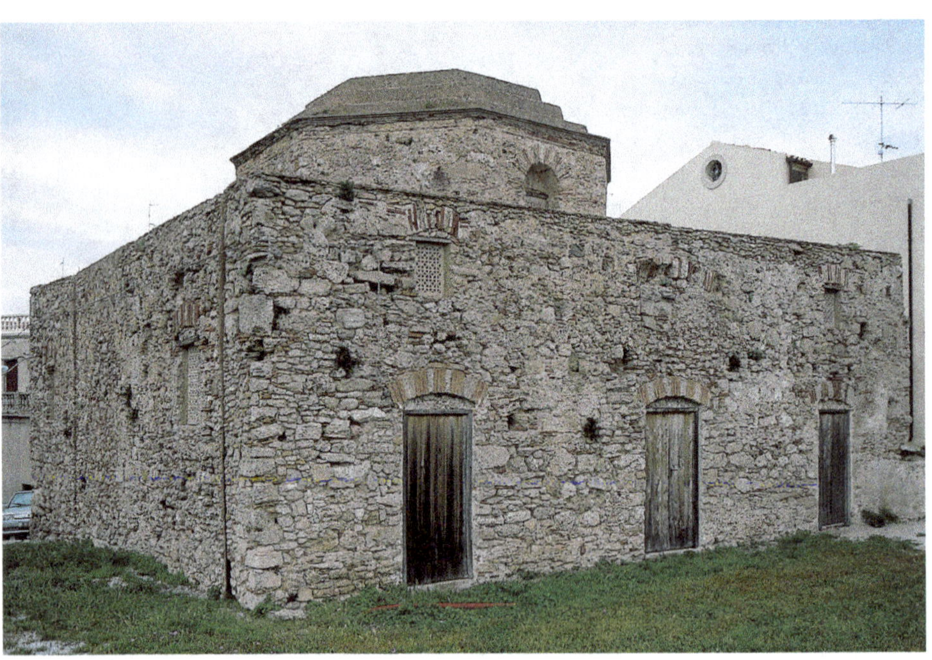

Église Santissimo Salvatore, vue générale, Rometta.

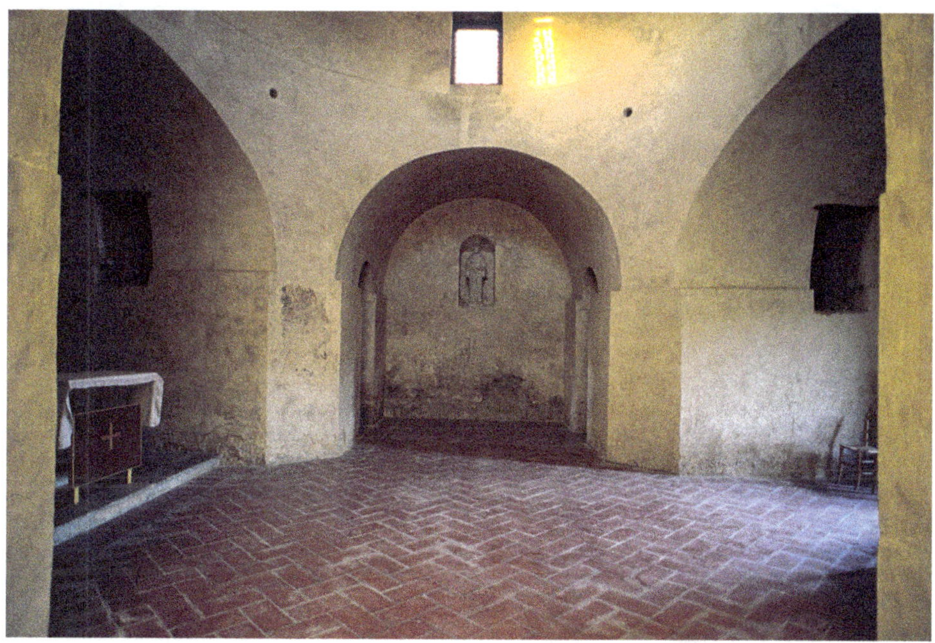

Église Santissimo Salvatore, intérieur, Rometta.

tiel pour le développement ultérieur de l'architecture romane, sur l'île.
Le plan est en croix grecque inscrite dans un carré. Les quatre bras de la croix sont voûtés en berceau, alors que les quatre parties carrées angulaires sont surmontées de voûtes à croisées. Le centre de la croix est coiffé d'une coupole surbaissée, s'appuyant sur un tambour bas, octogonal. Une autre niche, dont la calotte est décorée en forme de coquille de stuc, est creusée dans la paroi du fond du bras droit de la croix; elle conserve des restes de décoration à fresque, avec des motifs géométriques et des fragments d'inscription; avec les figures représentées au sommet du pilier nord-ouest, ces motifs suggèrent la présence d'une décoration couvrant autrefois toute la superficie murale intérieure. Les voûtes en berceau des bras de la croix, tout comme la voûte de la coupole, s'appuient sur un court redan, rappelant la configuration "en tête de clou" des structures arquées romanes.
Le parement extérieur, après enlèvement de l'enduit, réalisé par Francesco Valenti au cours des restaurations des années trente du XXe siècle, laisse apparaître sa structure irrégulière, constituée en grande partie de pierres calcaires, les interstices étant remplis de fragments de briques. Sur la façade principale s'ouvrent trois entrées surmontées d'arcs constitués de claveaux bien taillés, alternant avec des groupes de briques. Sur la façade sud, on peut voir les vestiges d'une porte, aujourd'hui murée, surmontée d'un arc en ogive; sur la façade occidentale, une ancienne entrée, ultérieurement obturée, est encadrée par un portail d'époque postérieure.

LA CONQU TE NORMAN DE LA SICILE

Ferdinando Maurici

La conquête normande de la Sicile débuta en 1061. À l'époque, on faisait la guerre, dans l'île, contre certains caudillos musulmans dont l'un, en grande difficulté sur le plan militaire, se résolut à appeler à l'aide les Normands de Robert et Roger de Hauteville, déjà solidement implantés en Calabre. Un détachement constitué d'une centaine de chevaliers et de fantassins passa le détroit et, évitant d'attaquer frontalement Messine, alla piller le territoire environnant. Messine tomba sans coup férir, quelque temps après, lorsque les musulmans qui l'habitaient, voyant que toute résistance était vaine, l'abandonnèrent. Après Messine, Rometta, autrefois puissante acropole byzantine, se rendit elle aussi, sans combattre. En revanche, une résistance acharnée opposa Centirupe, défendue, comme le raconte le chroniqueur Amato da Montecassino, par "de hauts murs et de très profonds fossés". Les Normands se heurtèrent également à une forte résistance sous les rochers et les remparts d'Enna, assiégée une première fois en 1061, mais destinée à ne capituler qu'en 1087, presque à la fin de la conquête.

Après la dernière tentative contre Enna, et une rapide expédition dans la région d'Agrigente, les Normands établirent leurs propres bases dans le Val Demone, en particulier à San Marco et à Troina. Une armée musulmane marcha contre cette dernière en juin 1063, mais fut arrêtée par les Normands à Cerami. La pénétration normande put ainsi se poursuivre vers l'ouest et le sud, en direction de Palerme et d'Agrigente. Durant cette nouvelle phase de la conquête, une des bases avancées des Normands fut Petralia, importante forteresse et carrefour routier. C'est de là que partit, en 1068, une armée normande qui mit en déroute les musulmans à Misilmeri, presque aux portes de Palerme. Après cette victoire, la chute de la grande médina sicilienne n'était plus qu'une question de temps et fut précédée, dans le secteur oriental, par la conquête de Catane. En 1071, les Normands assiégèrent Palerme, établissant leur quartier général dans le lieu où fut ensuite construite l'église San Giovanni dei Lebbrosi, alors site d'un château musulman. Le blocus de Palerme par voie de terre et par mer dura quelques mois, avec des épisodes de grande valeur militaire, rapportés par les chroniqueurs normands. Au début de 1072, la ville "extérieure" ou "nouvelle" (ce sont les adjectifs utilisés par les chroniqueurs de l'époque) qui s'était développée autour des anciens murs du Cassaro fut vaincue. Peu après, la ville "intérieure" ou "ancienne" dut elle aussi capituler.

Avec la reddition de Palerme, les zones de la région de Trapani et d'Agrigente restaient sous contrôle musulman (avec, en plus, la puissante citadelle d'Enna) ainsi que les régions sud-est entourant Syracuse et Noto; Taormine aussi restait musulmane. En Sicile occidentale, Mazara demanda la capitulation, peu après la chute de Palerme. En revanche, Trapani dut être assiégée et ne se rendit qu'en 1077, après qu'un audacieux coup de main des Normands eut privé les musulmans de leur bétail, leur principale source de subsistance. À la chute de Trapani suivit la reddition d'une douzaine de villes importantes, et de châteaux de la Sicile occidentale.

Les opérations guerrières purent donc se concentrer contre la résistance islamique en Sicile orientale. Taormine fit l'objet d'un blocus en 1078. La ville se retrouva prise au piège, sans possibilité d'échappatoire: la flotte normande l'isola du côté de la mer, pendant que du côté de la terre elle était entourée d'une palissade munie de vingt-deux tours. L'inutile résistance des Sarrasins de Taormine se prolongea cinq mois, jusqu'en août.

Durant l'été 1079, une révolte islamique éclata dans les zones de Jato et de Cinisi, déjà soumises par les Normands quelques années plus tôt. Roger dut intervenir, en assiégeant les deux habitats fortifiés, et les contraignit de nouveau à se rendre sous peine de brûler le blé, ce qui aurait entraîné la famine. Il faut souligner le fait qu'un siècle et demi plus tard, Jato, bâtie sur une montagne isolée et d'accès malaisé, sera, avec Entella, la dernière citadelle musulmane à céder à la campagne d'extermination conduite par Frédéric II contre les derniers Sarrasins de Sicile.

Mais l'effacement définitif de l'islam de la Sicile était encore, vers 1080, un événement lointain. Les Normands étaient en train d'achever – mais c'est un autre sujet – la conquête militaire de l'île et la soumission de ses habitants "indigènes", dont les musulmans représentaient le groupe numériquement le plus important.

Après la répression de la révolte de Jato et de Cinisi, ce fut au tour de Catane d'être "libérée" par les musulmans guidés par un condottiere que les sources occidentales appellent "Bernavert", puis reconquise en 1081 par le grand comte Roger. Bernavert (derrière la déformation du nom se cache peut-être un Ibn 'Abbad), après sa défaite à Catane, s'était réfugié à Syracuse, qui fut assiégée par les Normands en mai 1086. Lors d'un combat naval au début des opérations, le même Bernavert trouva la mort: la résistance des musulmans de Syracuse se prolongea pourtant jusqu'en octobre: la ville se rendit sous conditions, la femme et le fils du défunt Bernavert purent se réfugier à Noto, une des dernières forteresses restées aux mains des Sarrasins.

Mais l'étau se resserrait inexorablement. Un an après la chute de Syracuse, ce fut au tour d'Agrigente, assiégée à partir d'avril 1087. Agrigente, ainsi qu'Enna et la région du centre-sud de la Sicile, étaient sous la seigneurie d'un membre de la maison des Banu Hammad, nom que les sources occidentales déforment en Chamut. La résistance d'Agrigente dura jusqu'au 25 juillet 1087, quand la ville se rendit et que tombèrent à la merci de Roger la femme et les enfants de Chamut: ce dernier était allé s'enfermer dans la puissante forteresse d'Enna. La prise d'Agrigente entraîna l'effondrement de la résistance islamique dans presque toute la région environnante: Naro, Guastanella, Caltanissetta, Sutera, Licata, Ravanusa, Platano, Muxaro se rendirent. Les drapeaux de l'islam continuaient à flotter uniquement sur les citadelles d'Enna et de Butera, et, dans la pointe sud-est de l'île, à Noto. À Enna, Chamut se rendit à Roger, après une fausse sortie destinée à sauver la face devant ses coreligionnaires ou plutôt, ses ex-coreligionnaires: en effet, après la défaite, le caudillo se hâta de se faire baptiser, recevant en contrepartie des terres, et jouissant, en Calabre, d'une longue vie sereine.

Il restait à soumettre Butera et Noto. La première fut assiégée dès le printemps 1089 et dut céder sous conditions. Restée totalement isolée, Noto se soumit en février 1091; quelques mois plus tard, après la conquête de l'archipel maltais, toute la Sicile était définitivement passée sous la domination normande.

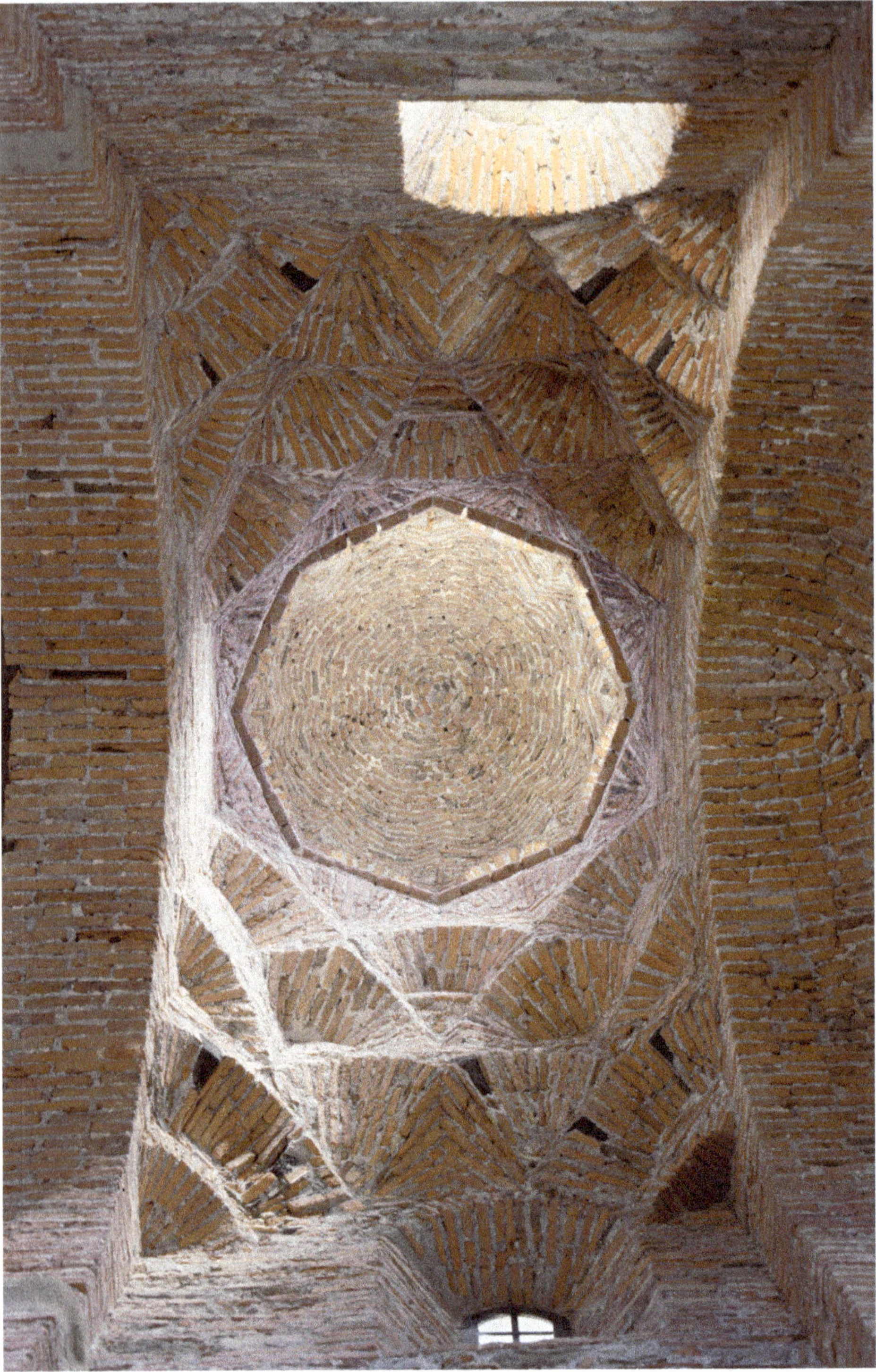

Mélanges de motifs et de techniques de construction dans le Val Demone

Comité scientifique

IX.1 MESSINE
- IX.1.a Église Santa Maria della Valle (dite la Badiazza)

IX.2 MILI SAN PIETRO
- IX.2.a Église basilienne Santa Maria

IX.3 ITÀLA
- IX.3.a Église San Pietro

IX.4 FORZA D'AGRÒ
- IX.4.a Église Santi Pietro e Paolo
- IX.4.b Rocher avec vestiges du château

IX.5 TAORMINE
- IX.5.a Tour arabe du palais Corvaja
- IX.5.b Remparts et portes du périmètre défensif médiéval
- IX.5.c Badia Vecchia

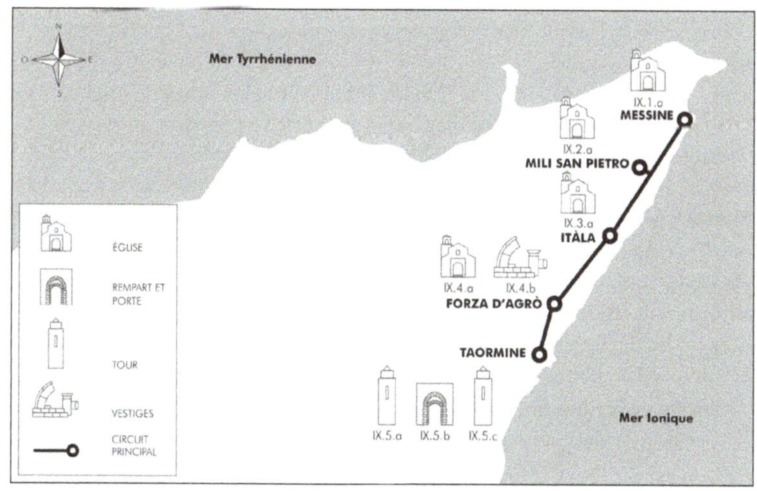

Église Santi Pietro e Paolo, coupole de la zone presbytérale, Forza d'Agrò.

Le Val Demone (qui recouvrait, à l'origine, la région nord-est de la Sicile correspondant aujourd'hui à la province de Messine, aux régions septentrionales des provinces d'Enna et de Catane et à la région montagneuse des Madonie, à l'est de la province de Palerme) a été le dernier territoire à être assujetti par les musulmans, et le premier à concerner la campagne de reconquête chrétienne. Cette partie de la Sicile avait vu la diaspora des moines basiliens en direction de la Calabre, pendant que tombaient une à une les enclaves des irréductibles guerriers montagnards. Même après les assauts répétés contre les défenses de Taormine (à partir de 902) et contre l'indomptable Rometta (qui ne capitulera définitivement qu'en 965), le contrôle musulman sur tout le Nord-Est ne se stabilisa jamais, et se limita souvent aux deux versants côtiers, tyrrhénien et ionien.

En 1060, quand le comte Roger de Hauteville effectua une première reconnaissance à la pointe du Faro, près de Messine, en prévision du grand débarquement de 1061, les Normands pouvaient se targuer de bien connaître l'île, au crépuscule de la domination arabe. Ils étaient déjà venus en Sicile, lorsque la puissante armée byzantine conduite par Giorgio Maniace en 1040 avait arraché aux musulmans, d'abord Messine, puis Syracuse. C'est durant la première phase de la campagne de Maniace que Guaimaro V de Salerne envoie au secours des Byzantins les compagnies normandes déjà présentes en Italie, à la solde de Pandolphe IV de Capoue. Avant leur expédition sicilienne, les Hauteville devaient s'affranchir de leur rôle de mercenaires, en acquérant par la force des domaines territoriaux en Calabre et dans les Pouilles, au détriment des possessions de Byzance. À la suite de la victoire de 1053, près de Civitate, sur les troupes pontificales, le pape Léon IX est contraint de reconnaître la domination des Normands sur les terres qu'ils ont conquises, et sur celles qui seraient ultérieurement occupées, aussi bien dans les Pouilles qu'en Calabre et en Sicile. Désormais investis, respectivement, des titres de duc et de comte, Robert Guiscard et Roger (futur premier grand comte de Sicile) accueillent favorablement la demande d'aide de l'émir de Syracuse et de Catane, Ibn al-Thumna, en guerre contre Ibn al-Hawwas; ils donnent ainsi le départ, en 1061, à l'épopée de la reconquête chrétienne de la Sicile, à partir des territoires les plus orientaux du Val Demone.

Le versant côtier sur la mer ionienne de ce vallon est donc un territoire caractérisé par des ruines de citadelles et de châteaux, de vestiges de bourgs et de tissus urbains, de traces d'habitats fortifiés et, surtout, d'édifices ecclésiastiques présentant ce phénomène de syncrétisme actif qui constituera le début de la floraison d'une culture artistique siculo-normande originale. Ce patrimoine est en partie attribuable aussi bien aux phases de résistance des *romanoi* insulaires et des troupes impériales byzantines, face à l'invasion des musulmans, qu'à la première période de la reconquête, conduite par les Normands. Des communautés s'étaient formées, que ce soit à la suite de la pacification normande initiale des derniers groupes de musulmans qui avaient rejoint le reste de la population, de culture grecque, ou avec le regroupement des communautés chrétiennes de l'Italie du Sud et de celles habitant cette partie de l'île, toutes deux rapprochées par une même matrice culturelle; ces communautés contribuent de manière décisive à dessiner une culture artistique particulière de ce côté de la vallée.

L'équilibre garanti par les Hauteville aux communautés pluriethniques médiévales de cette zone fut déterminant: ce n'est pas un hasard si, même en l'absence de formes artistiques majestueuses et recherchées, les architectures du versant ionien du Val Demone s'expriment avec des mélanges pleins de vitalité, dont l'homogénéité est assurée par l'absence de contraintes formelles, et par la prédominance de certaines méthodes de construction. Il s'agit là d'une méthode expérimentale sûrement alimentée et inspirée par la volonté royale d'un art d'État (conçu comme expression hégémonique visant à s'approprier les progrès culturels des régions limitrophes de l'espace méditerranéen), mais également entretenue par la persistance et le regain, dans les milieux subalternes des chantiers et des ateliers, des souvenirs d'une appartenance passée à une *koiné* islamique.

Dans les architectures religieuses, en effet, on rencontre une synthèse adroite entre des archaïsmes romans (bagage culturel des Hauteville, partis des terres de Normandie quand l'école régionale romane de cette région commençait tout juste à se dessiner), et des thèmes figuratifs autochtones de l'époque byzantine, avec des répertoires et des techniques de construction grecs (provenant des possessions de Byzance dans le sud de l'Italie, en plus de la zone des Balkans) et islamiques (nord-africains et orientaux, mais aussi des dérivations périphériques siciliennes dans l'architecture islamique). Aux témoignages des influences islamique et byzantine de l'époque normande se rattachent aussi d'autres architectures de centres urbains ou de villages isolés, sur les pentes des monts Peloritains (versant ionien): la tour circulaire normande de la citadelle d'Alì Terme, la forteresse normande de Savoca, le château normand et le monastère basilien San Salvatore di Placa (1092) à Francavilla, le château de Castelmola. L'ensemble des témoignages historiques de cette zone, en relation avec les thèmes de l'art islamique, devient encore plus complexe lorsque l'on considère les développements successifs de la culture architecturale locale. À partir de la fin du

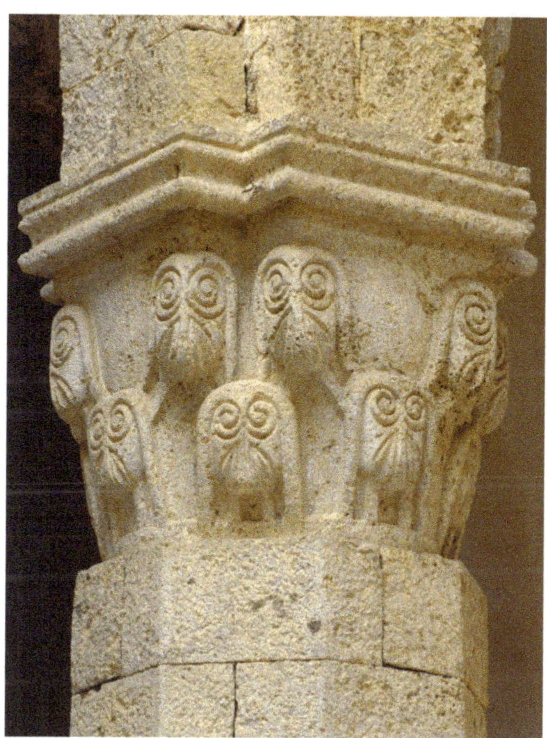

Église Santa Maria della Valle, chapiteau, Messine.

Trecento, on constate la prédominance de la faction catalane sur la latine, dans le contexte des équilibres du pouvoir, pour l'ensemble des barons du nouveau royaume de Sicile. De ce nouveau cadre politique découlait aussi le changement généralisé, de tendance ibérique, concernant les manières et les rites protocolaires, les procédures administratives, les critères économiques et enfin les répertoires décoratifs et, dans une certaine mesure, les formes architecturales majestueuses dans la culture de l'habitation.

IX.1 MESSINE

Avant d'entreprendre ce circuit, il est conseillé de se rendre au Musée régional de Messine, Viale della Libertà, afin de s'y procurer une documentation illustrée.
Entrée payante. Horaires: lundi, mercredi et vendredi 9:00-14:00; mardi, jeudi et samedi 9:00-14:00/16:00-19:00 (15:00-18:00 en hiver); dimanche 9:00-13:00.

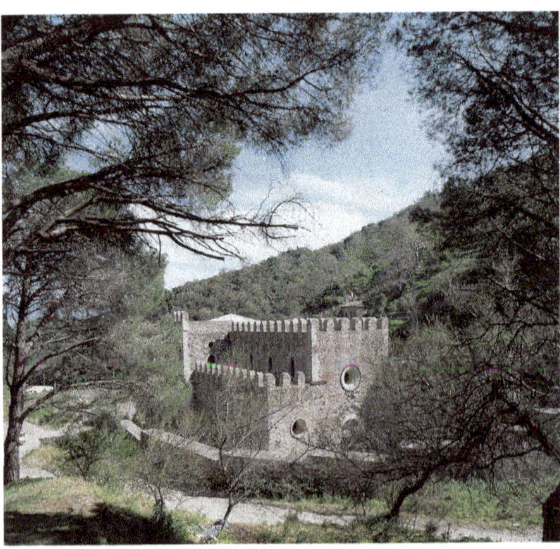

Église Santa Maria della Valle, vue générale, Messine.

IX.1.a Église Santa Maria della Valle (dite la Badiazza)

De Rometta, reprendre l'autoroute A 20 pour Messine jusqu'à la sortie Messina Boccetta. Au bout de Viale Boccetta, tourner à gauche Via Garibaldi, prendre ensuite Viale Giostra, Via Denaro, puis continuer à droite en direction de la SS 113 pour Palerme. On trouvera, sur la droite, une route non goudronnée qui conduit à la Badiazza.
En cours de restauration au moment de la rédaction de ce catalogue. Visite sur rendez-vous; contacter M. Aquila (Sovrintendenza), tél.: 090 361211/361220.

Dans un décor pittoresque – le lit asséché d'un torrent (San Rizzo) –, à quelques kilomètres de Messine, se dressent les ruines de l'église bénédictine Santa Maria della Valle, également dite della Scala, connue sous l'appellation de "Badiazza".
L'édifice semble combiner deux typologies différentes: celle du sanctuaire, avec un espace presbytéral très étendu, et celle à trois nefs du corps basilical, donnant lieu à une configuration commune aux architectures religieuses de la dernière époque normande, analogue à celle des églises du Santo Spirito et de la Magione à Palerme, ou encore, toujours à Messine, à celle de l'église de l'Annunziata dei Catalani. Cette observation est corroborée par la chronologie du monument, élevé sur le lieu d'une fondation plus ancienne (les premiers éléments concernant l'existence d'une fondation monastique de bénédictines cisterciennes remonteraient à 1123), durant la dernière phase du royaume normand ou au début de l'époque souabe, comme en témoignent les nom-

breuses donations en sa faveur, enregistrées durant la période comprise entre l'époque de Guillaume Ier et celle de Frédéric II. L'église subit de lourds dommages durant la guerre des Vêpres de 1282, quand les soldats angevins l'incendièrent après l'avoir pillée. Reconstruite et agrandie par Frédéric II d'Aragon, célébré en tant que "fondateur" par une des inscriptions en mosaïque de l'abside, la "Badiazza" fut abandonnée à la suite de la grande épidémie de peste de 1347, et utilisée uniquement durant les mois d'été. Sur la voie d'un inexorable déclin, le glorieux monument, qui dès le XVIIe siècle avait été défini comme "un cadavre", fut frappé par des tremblements de terre et par de nombreuses inondations, qui l'enterrèrent partiellement. L'église n'a été dégagée que depuis peu.

Le corps presbytéral a un caractère autonome: la masse nettement dessinée, autrefois couronnée de créneaux, est percée d'une série d'amples fenêtres sur deux niveaux, du même type que dans les châteaux de Catane et de Syracuse construits sous Frédéric II; le volume du *presbyterium* présente donc l'aspect d'un édifice solide et fortifié. Le plan presque centré du sanctuaire offre une disposition en croix grecque, avec la croisée du transept autrefois coiffée d'une coupole, des travées rectangulaires sur quatre côtés, surmontées de voûtes d'arêtes nervurées, elles-mêmes dominées par une galerie jouant le rôle de matronée, accessible de l'extérieur et rendue continue par de courts passages en partie tirés d'un redan creusé dans le mur, en partie sur une coursive en bois. On entre dans le matronée sud par une porte, qui existe toujours, et qui

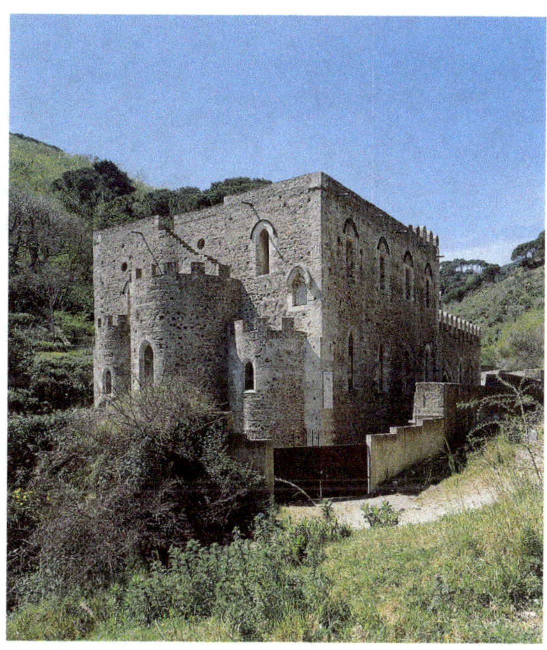

Église Santa Maria della Valle, vue des absides, Messine.

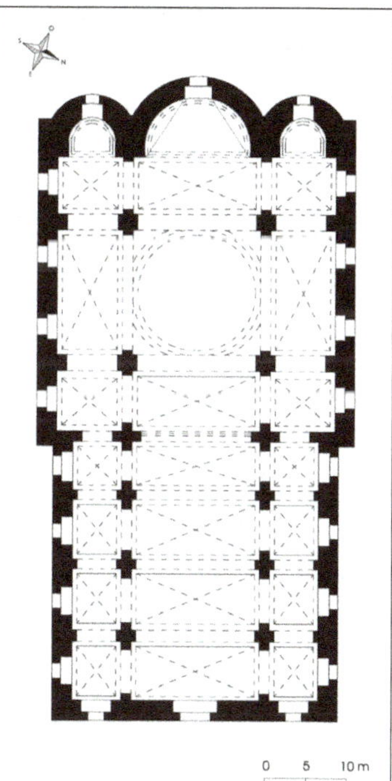

Église Santa Maria della Valle, plan, Messine.

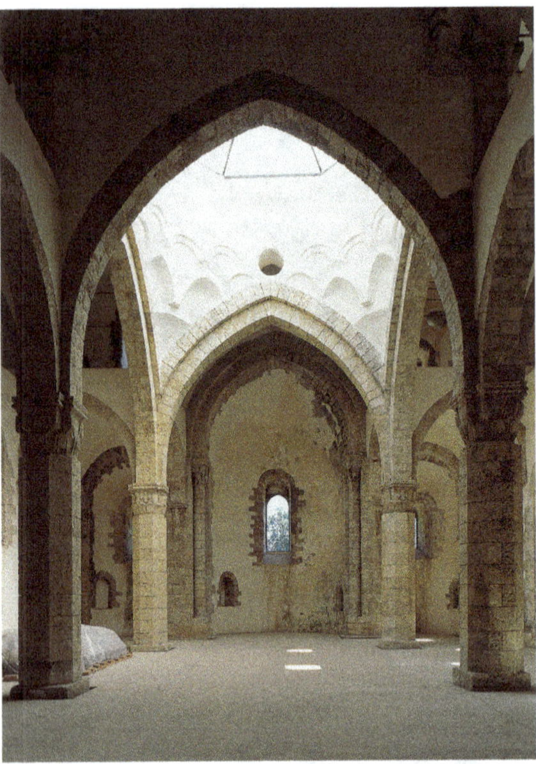

Église Santa Maria della Valle, corps presbytéral, Messine.

à l'origine permettait de communiquer avec le monastère. Le matronée nord, isolé du monastère, était réservé à une fonction spécifique (peut-être accueillait-il les hôtes de marque); on y accède par la terrasse recouvrant la nef septentrionale, à l'aide d'un pont-levis installé dans le clocher, qui se dressait isolé, à côté de l'église. La coupole, aujourd'hui disparue, était construite dans un matériau léger; le passage du carré de la travée au cercle de l'imposte était obtenu grâce au dispositif de niches à arcs superposés, progressivement en saillie, avec une solution d'origine islamique très répandue dans les fondations basiliennes du Val Demone (Agrò, Mili San Pietro). Les collatéraux présentent quatre travées voûtées d'arêtes, avec de robustes piliers quadrilobes sur lesquels s'appuient de grandes arcades ogivales; seule la nef centrale est couverte par des voûtes d'arêtes nervurées. La façade principale présente un avant-corps encadrant un portail surmonté d'une architrave à lunette ogivale; étant donné la qualité des ornements (en particulier le motif des baguettes en zigzag), on peut la rapprocher de l'architecture sicilienne de l'époque des Chiaramonte (XIVe siècle). La façade septentrionale conserve, quant à elle, un précieux portail de goût gothico-cistercien.

Le lac de Ganzirri et Torre Faro
De Messine, en continuant vers Punta Faro, on arrive à Ganzirri, petit village de pêcheurs et de là, une fois dépassée l'ancienne route consulaire, au lac de Ganzirri, également appelé Pantano Grande (Grand Marais). Le lac, dont la forme allongée s'inscrit dans la morphologie de la pointe, est d'origine phréatique; il communique avec la mer grâce à un canal et a été aménagé pour la culture des fruits de mer (moules). Après le lac, la route se poursuit le long du détroit, longeant le point le plus rapproché de la côte calabraise (3 km). Au bord de la route qui va vers Torre Faro, à 9,5 km, se trouve un village de pêcheurs où l'on pratique, encore aujourd'hui, la pêche à l'espadon, avec des embarcations particulières dites "spatare", caractérisées par une longue antenne pour le repérage. Le paysage se caractérise également par la haute structure qui transporte dans le reste de l'Italie l'énergie électrique produite en Sicile.

IX.2 MILI SAN PIETRO

IX.2.a Église basilienne Santa Maria

De Messine, parcourir l'A 18 en direction de Catane: sortir à Messine sud-Tremestieri et emprunter la SS 114 en direction de Catane; sortir à Mili San Pietro et continuer sur la SP 38, en suivant les indications. En cours de restauration au moment de la rédaction de ce catalogue. Visite sur rendez-vous; contacter le père Milano, tél.: 090 881572.

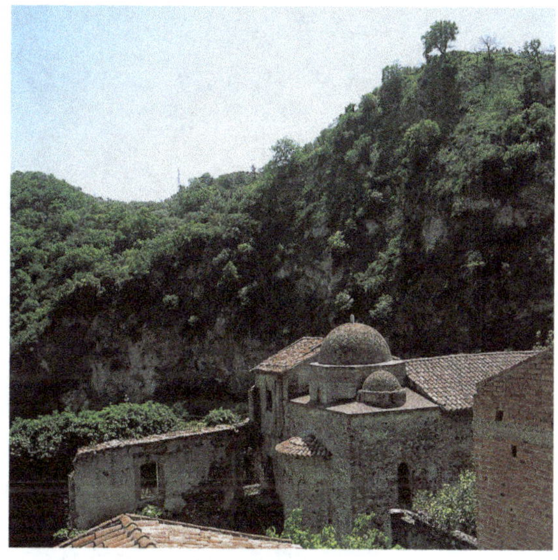

Église basilienne Santa Maria, vue du complexe, Mili San Pietro.

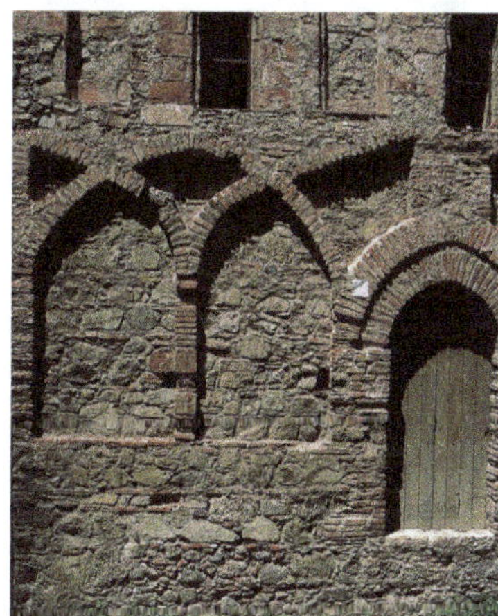

Église basilienne Santa Maria, détail de la façade méridionale, Mili San Pietro.

Avec les églises San Filippo di Fragalà, San Pietro à Itàla et Santi Pietro e Paolo dans la vallée de Forza d'Agrò, l'église Santa Maria di Mili constitue le témoignage le plus intéressant concernant la présence des moines basiliens sur les territoires du Val Demone: en effet, elle rappelle le rôle joué par leurs nombreux monastères (dont beaucoup ont disparu) durant la période du comté, lors du retour progressif de l'île au sein de la chrétienté.
L'église s'élève au centre d'un vallon, au bord du torrent Mili; elle est flanquée des bâtiments du monastère, regroupés de manière à former des cours en terrasses, disposées sur différents niveaux. L'accès au complexe monumental se fait au moyen d'un escalier raide, qui commence sur la route départementale. Citée dans un document en langue grecque, en 1092, par le grand comte Roger qui y aurait fait ensevelir, la même année, son fils Giordano mort d'une fièvre maligne à Syracuse, l'église présente un plan à nef unique, avec sanctuaire tripartite, bien distinct de l'*aula* sur laquelle il s'ouvre, avec trois arcs ogivaux. La travée centrale du sanctuaire, qui s'achève par une abside semi-circulaire, est coiffée d'une coupole à calotte sur tambour octogonal raccordé par des trompes d'angle en cône tronqué, constituées de petits arcs multiples en saillie croissante, qui interprètent de manière originale des thèmes tirés de l'architecture islamique aghla-

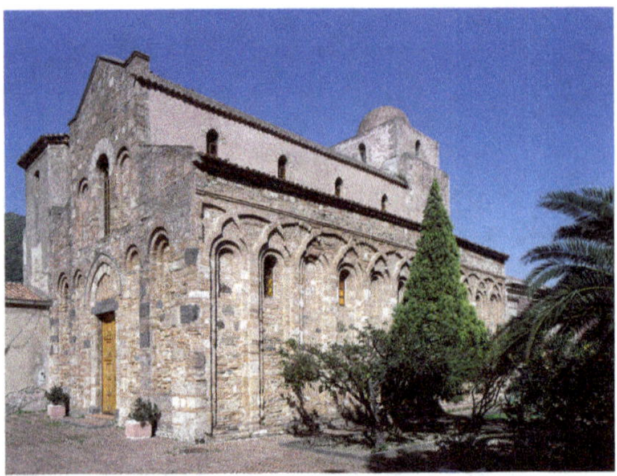

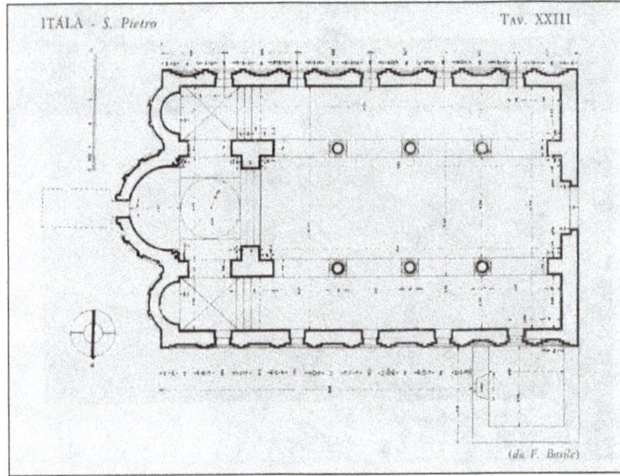

Église San Pietro, vue générale, Itàla.

Église San Pietro, plan, Itàla (Di Stefano, 1955).

bide. Les deux courtes travées latérales du sanctuaire, qui se terminent par deux niches tirées de l'épaisseur du mur, sont surmontées d'une coupole de dimensions très modestes. L'organisation globale du sanctuaire affiche des solutions formelles analogues à celles adoptées par les constructeurs musulmans dans la définition architecturale de la partie orientale (*qibla*) de certaines mosquées fatimides du XIe siècle.

L'*aula* est recouverte d'un toit en bois, mais le corps de la nef a été prolongé d'un tiers environ au XVIe siècle, ce qui a entraîné la démolition de la façade originelle. Le traitement des parements muraux extérieurs, dans les collatéraux et dans l'abside, est singulier: on y remarque de nombreuses insertions de briques de terre cuite, dans les parties en pierre calcaire. La façade sud est animée par un relief d'arcs ogivaux entrecroisés; près de la porte, dotée d'arcs à ressaut, ils se déploient en une seule arcade; la partie supérieure présente une série régulière de vides, avec des arcs à ressaut, aveugles une fois sur deux. Le traitement du mur de l'abside présente un certain intérêt; elle est articulée par des lésènes alternant avec des arcs suspendus, selon un motif répandu dans le territoire dit du "roman lombard".

IX.3 ITÀLA

IX.3.a Église San Pietro

De Mili San Pietro, rejoindre la SS 114 et prendre la direction de Catane; continuer sur 11 km, jusqu'à Itàla Marina, puis prendre la SP 29. Une fois à Itàla, suivre les indications pour l'église S. Maria dei Basiliani; puis tourner à gauche en suivant les indications qui mènent au monument (on peut aussi stationner à l'entrée de la petite ville et continuer à pied, en suivant le parcours fléché). Parking près du monument ou à l'entrée du village.
Visite sur rendez-vous; contacter la mairie, via Umberto I, tél.: 090 952347, ou M. Russo, tél.: 090 952377.

D'après les chercheurs, l'église, ainsi que le monastère basilien annexe, aurait été achevée en 1093; il existe un acte de donation en faveur de Gerasimo, qui en fut le premier abbé en 1092, date à laquelle la construction de l'église semble encore inachevée.

Le plan est celui de la basilique traditionnelle à trois nefs; il est l'un des premiers à réapparaître, après deux siècles d'islamisation. Les trois nefs sont divisées en quatre travées par des arcades en ogive posées sur des colonnes dont les chapiteaux, en forme de cloche, sont décorés de motifs végétaux stylisés, tirés du répertoire décoratif des constructeurs fatimides de la même époque. Au-dessus des arcades, dont les archivoltes se caractérisent par l'alternance de brique, de pierre calcaire et de pierre de lave, s'ouvrent de petites fenêtres en ogive. Le *presbyterium*, surélevé par rapport au niveau de l'*aula*, présente trois absides semi-circulaires, visibles à l'extérieur.

La couverture est à double pente, avec une charpente en bois dans la nef centrale, et à une seule pente dans les collatéraux; correspondant à la travée centrale du sanctuaire s'élève une tour (en grande partie remaniée) couronnée d'une coupole hémisphérique s'appuyant sur un tambour doté de niches angulaires cylindriques. Le tambour, sur les côtés duquel s'ouvrent les quatre petites fenêtres éclairant le sanctuaire, est de plan carré et s'appuie sur l'imposte de la travée angulaire, au moyen d'arcs en saillie progressive.

À l'extérieur, l'édifice est animé par le chromatisme vibrant que constitue la tessiture de pierre calcaire et de terre cuite, et les reliefs des arcatures complètes des parastates, qui rythment les parois latérales de leur succession serrée; elles sont constituées d'arcs supérieurs trilobés entrecroisés, et au-dessous, d'arcs plus petits à ressauts, avec leurs lésènes, alternativement aveugles et laissant passer la lumière.

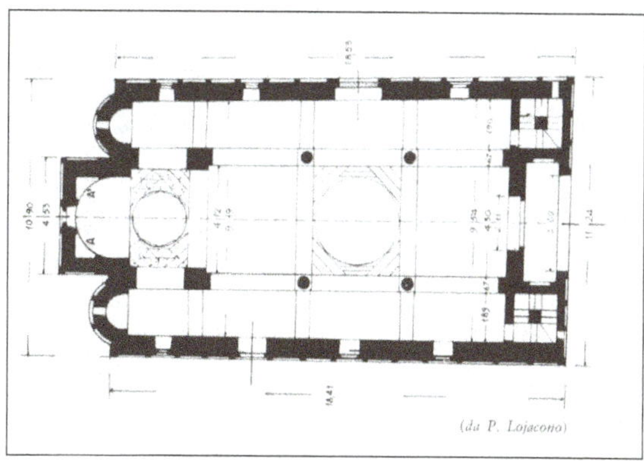

Église Santi Pietro e Paolo, plan, Forza d'Agrò (Di Stefano, 1955).

Église Santi Pietro e Paolo, vue de la façade absidiale, Forza d'Agrò.

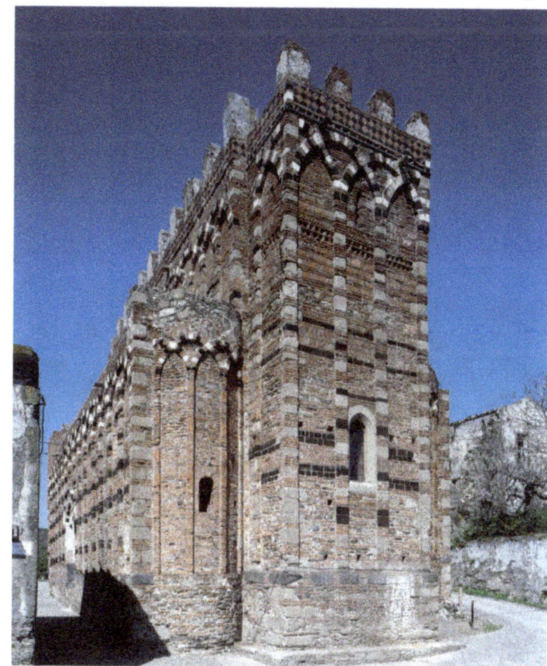

IX.4 FORZA D'AGRÒ

IX.4.a Église Santi Pietro e Paolo

D'Itàla, reprendre la SS 114 et parcourir celle-ci en direction de Catane; sortir à S. Alessio et emprunter la route départementale qui conduit à Limina, Roccafiorita et Antillo. Cette route traverse la localité de Scifì, sur la rive droite de la Fiumara d'Agrò, au-delà de laquelle se trouve l'église Santi Pietro e Paolo, indiquée par une série de panneaux.

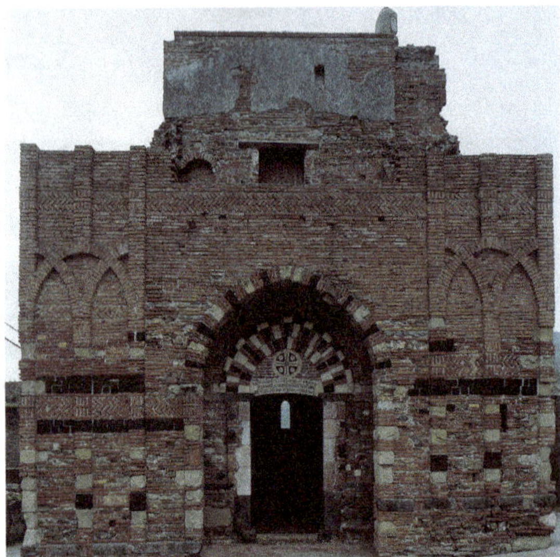

Église Santi Pietro e Paolo, façade principale, Forza d'Agrò.

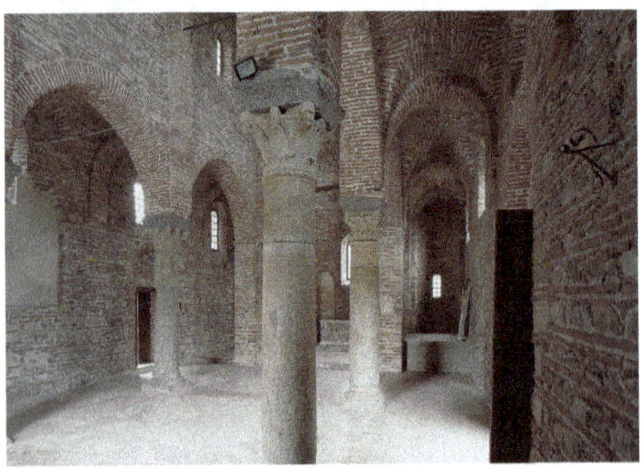

Église Santi Pietro e Paolo, vue des nefs, Forza d'Agrò.

Horaires: 8:30-18:00. Visite sur rendez-vous; contacter la section locale de l'Archeoclub.

Il est singulier que ce soit dans une église du Val Demone – le territoire qui avait opposé la résistance la plus longue et la plus acharnée à la pénétration musulmane – que l'on constate une telle précocité, par rapport à la chronologie des fondations normandes, dans la reprise des motifs tirés de la culture architecturale islamique. Les deux coupoles de l'église Santi Pietro e Paolo érigée sur la rive gauche du torrent d'Agrò, à proximité de Casalvecchio Siculo, présentent en effet de nettes références aux réalisations de l'espace fatimide, tant au niveau de la construction qu'au niveau de la forme. La datation de l'église se réfère historiquement à la première fondation basilienne dans le Val Demone, voulue par Roger II en 1117, même si l'édifice fut sans doute endommagé par le tremblement de terre qui frappa la Sicile et la Calabre méridionale en 1169: la date de l'inscription grecque gravée sur le principal portail d'accès (1172) se réfère, selon toute probabilité, à un travail de restauration dirigé par le "protomaestro" Girardo il Franco, qui n'a pas bouleversé la construction d'origine.

Le plan constitue une synthèse habile entre schéma basilical à trois nefs et plan centré de tradition byzantine. Précédée d'un bref exonarthex et de deux tours décroissantes (aujourd'hui tronquées), la basilique est divisée en trois nefs et s'achève sur un transept à trois absides. La grande nef, surmontée d'une couverture en charpente, présente une coupole centrale reposant sur un haut tambour cylindrique. Le passage de l'espace quadrangulaire au plan circulaire est obtenu grâce à des trompes coniques en saillie progressive, sur trois arcs superposés; sur les trompes s'appuient, en ligne médiane, de petits arcs doubles. La coupole, ainsi que les éléments de raccord, est construite avec des alignements de briques, et présente une calotte ombelliforme à huit quartiers.

La travée principale du sanctuaire est elle aussi coiffée d'une coupole, de dimensions inférieures, construite avec une maîtrise analogue à celle qui caractérise la coupole principale. La solution utilisée ici pour amener le périmètre rectangulaire de la travée au plan circulaire du tambour s'avère plus complexe du fait des dimensions supérieures de la saillie; celle-ci est constituée d'une série d'alvéoles suspendues construites en briques, disposées sur des lits décalés et progressivement saillants, jusqu'à se rejoindre au milieu, et à atteindre la forme d'imposte nécessaire. Les articulations spatiales adoptées pour la construction des deux coupoles s'avèrent être des références spécifiques à des répertoires de solutions formelles et architecturales, typiques des artistes islamiques.

Comme on le voit fréquemment dans les églises normandes du Val Demone, ici aussi, l'un des aspects les plus intéressants consiste dans la recherche chromatique extérieure, grâce à la présence de la pierre de lave et du marbre rose, extrait des carrières de Taormine, ainsi qu'à la possibilité de se procurer de la pierre calcaire et des briques. Des rangées horizontales de briques, taillées en arête de poisson et en dents de scie, alternent avec des pierres de grès local, de la pierre ponce rouge-brun et de petits blocs de marbre. Dans les parements muraux, parcourus sur chaque ordre par un système de lésènes et d'arcs entrecroisés, ce vaste répertoire est organisé de manière à en faire ressortir le chromatisme. En outre, un échantillon de la maîtrise raffinée des bâtisseurs d'Agrò est constitué par la bandeau à dessins géométriques à formes et couleurs alternées, qui constitue la frise de couronnement, au-dessus de laquelle

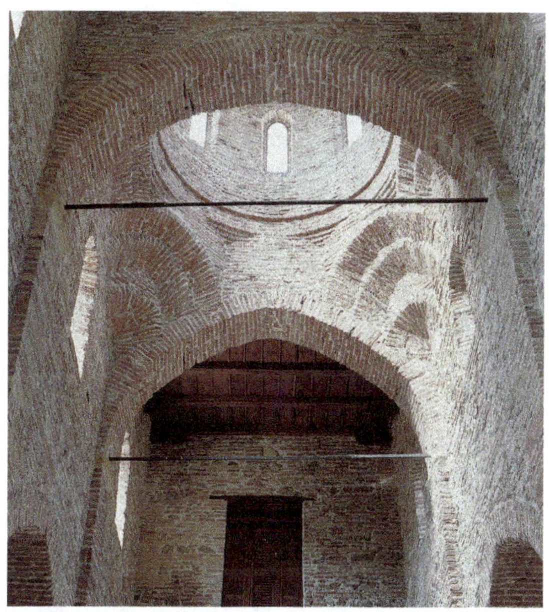

Église Santi Pietro e Paolo, trompes coniques de la coupole de la nef centrale, Forza d'Agrò.

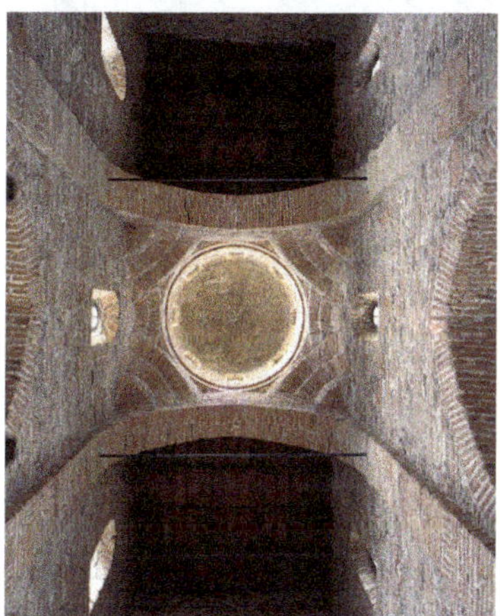

Église Santi Pietro e Paolo, coupole de la nef centrale, Forza d'Agrò.

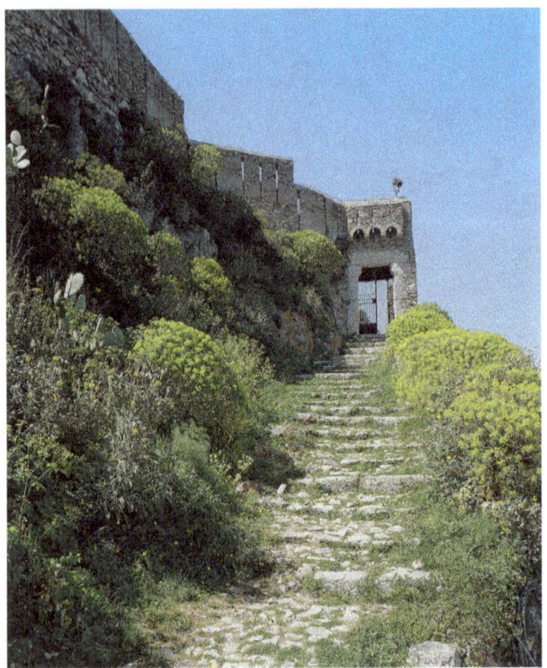

Château, chemin d'accès, Forza d'Agrò.

se dressent les créneaux; ils confèrent à l'église l'aspect d'une forteresse (*ecclesia munita*). Ce caractère est renforcé par la volumétrie extérieure, en forme de tour, qui accueille la convexité de l'abside centrale et qui, surélevée jusqu'au couronnement crénelé de l'édifice et elle aussi crénelée, confirme la nécessité de se protéger contre les éventuelles tentatives de révolte des populations musulmanes, nombreuses à habiter les terres entourant Taormine.

IX.4.b Rocher avec vestiges du château

Retourner en voiture à S. Alessio et prendre la SS 114 en direction de Catane. Bifurquer sur la SP 16, vers Forza d'Agrò, et aller jusqu'à Piazza S. Francesco, où il est conseillé de se garer. De là, continuer vers le château, à travers les rues caractéristiques Via SS. Annunziata, Joannon, puis Piazza Calvario, Via dei Normanni et enfin, à droite, Via Al Castello. Pour retourner au parking, prendre sur la droite l'escalier de pierre lavique qui redescend au village; une fois arrivé Piazza S. Antonio, suivre Via SS. Annunziata, et faire une halte Piazza Cav. P. Carullo, afin d'admirer le splendide paysage, et continuer jusqu'à Piazza S. Francesco.

Visite sur rendez-vous; contacter le gardien par l'intermédiaire des bureaux de la mairie, Piazza SS. Annunziata, tél.: 0942 721016.

La forteresse de la vallée d'Agrò, à laquelle on doit l'appellation de "Forza" attribuée à l'habitat dans la cartographie historique, est située au sommet du centre habité, qui s'élève à quelques kilomètres de Taormine, sur la crête du promontoire d'Argennon.

Le tissu urbain de la petite ville conserve encore des caractères médiévaux, avec des rues étroites et en pente raide, où s'étagent des maisons remontant aux XVe et XVIe siècles. Edifiée à l'époque normande, la forteresse tomba rapidement en ruine, connaissant une courte renaissance en 1595, lorsqu'elle fut reconstruite par les jurés et les députés de Forza d'Agrò. À partir de 1876, et jusqu'en 1989, le complexe a été malencontreusement aménagé en cimetière.

Selon les plans défensifs de la couronne normande, le château d'Agrò devait constituer un barrage sûr contre la pénétration dans la plaine, où se trouvait la garnison militaire chargée de surveiller et de défendre la vallée d'Agrilla. La forteresse, dont il ne subsiste aujourd'hui que quelques ruines, était entourée de trois terrasses, chacune protégée par une enceinte. Dans la troisième et dernière terrasse se trouvaient les logements de la garnison, la chapelle, et une tour carrée à trois niveaux. De la chapelle, de plan rectangulaire, on reconnaît encore l'autel, une niche, des traces de la corniche et le portail latéral. Pour la reconstruction du plafond, durant les travaux de restauration de 1975, on a réutilisé 14 consoles finement incrustées, avec des motifs répétés et disposés par deux. Outre les fragments de l'enceinte, percée de meurtrières, il reste encore face au château, sur un éperon rocheux, la structure toujours intacte d'un poste de garde, lui aussi doté de meurtrières.

Les gorges de l'Alcantara
Après la sortie pour Francavilla di Sicilia, au bout de 13 km, on arrive au belvédère des gorges de l'Alcantara, mot arabe (al-qantara) *qui signifie "pont". On peut effectuer la descente jusqu'au niveau du fleuve, à pied ou en ascenseur, puis remonter le fleuve à gué. (Il est conseillé de se munir de grandes bottes en caoutchouc, que l'on peut louer sur place.) Une fois descendu sur la grève, on découvre le débouché d'une gorge magnifique, que l'Alcantara a creusée dans la lave jaillie du cratère du mont Mojo. Les gorges présentent, sur leurs parois, des prismes de basalte en forme de colonnes, à section pentagonale ou hexagonale, disposés verticalement, parfois en éventail ou bizarrement incurvés, selon les modalités de refroidissement de la lave. Cette promenade constitue une aventure des plus enthousiasmantes et glacées: on a l'impression de se trouver à l'intérieur d'une éruption lavique, mais avec de l'eau glacée, au lieu d'un magma incandescent.*

IX.5 TAORMINE

Siège des Sicules dont la présence est attestée par une nécropole du VIIIe siècle av. J.-C., la ville fut fondée et habitée au IVe siècle av. J.-C. par un groupe de réfugiés grecs de la voisine Naxos. À l'époque romaine, elle s'enrichit de prestigieux édifices monumentaux, dont il subsiste d'importants vestiges.
Au VIIe siècle, les Byzantins ajoutèrent aux remparts hellénistiques d'autres fortifications (châteaux de Monte Tauro et de Castemola) et firent de la ville la capitale du *thema*, lorsque Syracuse tomba aux mains des musulmans (878). Ils purent se permettre, grâce au caractère inaccessible du site et à ses puissantes structures défensives, une résistance acharnée face à la conquête arabe. En effet, à une première capitulation survenue en 902 sous les coups

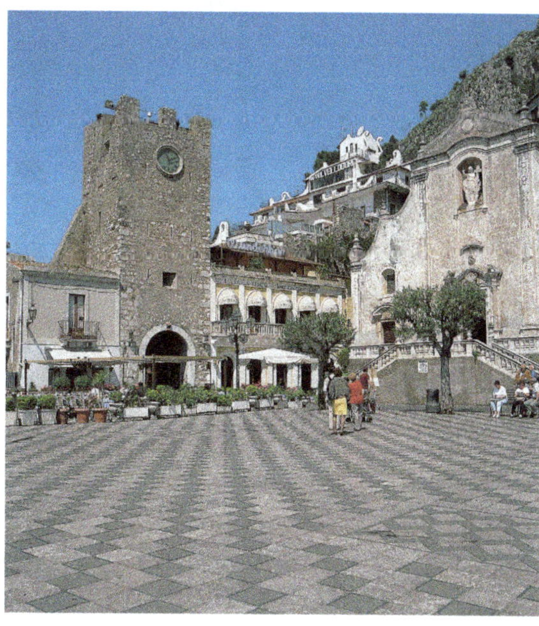

Vue de la place avec le belvédère, Taormine.

de l'émir Ibrahim Ibn Ahmad, succéda, en 909, la reconquête chrétienne et, en 962, après un siège de sept mois, l'occupation musulmane définitive. Les survivants furent déportés comme esclaves, au Yémen, et achetés par le calife de Bagdad, al-Mansour. Le nom de la ville fut transformé en al-Mu'izziya en hommage au calife fatimide al-Mu'izz; les conquérants commencèrent la reconstruction de la partie méridionale, où, aujourd'hui encore, on peut identifier les quartiers de Cuseni et de Porta Saracena. C'est aussi à la période arabe qu'il faut attribuer la construction d'une tour dans la zone du forum romain (préexistence du palais Corvaja), destinée à surveiller le quartier de Giarafi (canal) où convergeaient les conduites hydrauliques d'époque impériale, que ces mêmes musulmans avaient savamment enrichies avec des ramifications sur le territoire environnant afin de faciliter l'irrigation des champs.

Palais du duc de San Stefano, vue de la façade sud, Taormine.

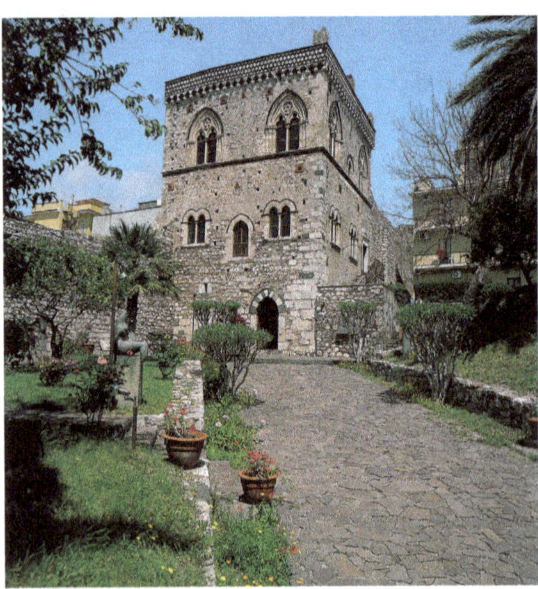

Les Normands s'en emparèrent en 1079 après un siège ingénieux, réalisé avec des palissades, des donjons éphémères et des machines de guerre novatrices, qui isolèrent totalement l'âpre relief sur lequel s'élevait l'agglomération. En outre, après la prise de la ville, ils restreignirent la zone habitée au bourg primitif, justifiant cette réduction par l'amélioration de leur stratégie défensive, à l'intérieur d'un cercle de remparts plus petit, plus facile à contrôler et à entretenir.
Après avoir été siège du Parlement au début du XVe siècle, durant le règne de la maison d'Aragon, la ville domaniale fut plusieurs fois vendue par la cour d'Espagne.
Exclue de tous les trafics commerciaux, elle s'ouvrit, au milieu du XIXe siècle, à l'industrie du tourisme, profitant aussi de la réputation que voyageurs et védutistes avaient contribué à diffuser, dès la seconde moitié du XVIIIe siècle.

IX.5.a Tour arabe du palais Corvaja

De Forza d'Agrò, rejoindre, par la SP 16, la SS 114 en direction de Catane. Sortir à Taormine et parcourir la SP 10 jusqu'au centre. Il est conseillé de continuer sur la SS 114 jusqu'à Mazzarò, de laisser la voiture au parking et de rejoindre Taormine par le téléphérique, dont la station se trouve dans le même parking. De la sortie du téléphérique, remonter par la Via Pirandello, passer sous la Porta Messina et parcourir tout le Corso Umberto I jusqu'au Largo S. Caterina, où se trouve le monument.
Horaires: 9:00-13:00/16:00-20:00, sauf le lundi.

Des trois corps de bâtiment que l'on peut isoler dans l'unité apparente de l'organisme architectural du palais Corvaja, celui qui en a constitué le noyau générateur appartient à l'époque islamique en ce qui concerne sa fondation; il s'agit en effet d'une tour construite à des fins défensives, vers la fin du Xe siècle, par des maîtres d'œuvre arabes, sans doute sur la volonté du calife al-Mu'izz. Le plan carré et la parfaite stéréométrie du volume global, qui s'élève sur deux niveaux et dont le sommet est couronné de créneaux, rappelle la Ka'ba, la pierre sacrée de La Mecque. La tour fut construite dans la zone du forum romain, lui-même élevé sur l'*agora* grecque préexistante, entre 969 et 1078, dans le but de fortifier la ville, après les trois sièges musulmans qui en avaient provoqué la destruction quasi totale.

Vers la fin du XIIIe siècle, la tour fut flanquée d'un corps de bâtiment plus grand, avec un vaste salon; on modifia l'escalier d'accès (reconstruit durant l'après-guerre, d'après une solution hypothétique) qui, de la cour, conduit au niveau supérieur, à travers une galerie dont le parapet est constitué de panneaux en pierre de Syracuse travaillés en haut-relief, représentant des scènes de la Genèse. Cet ajout est dû à don Juan de Termes; celui-ci, élu maître de justice, exerça les pouvoirs de sa charge dans le grand salon du premier étage, rebaptisé à cette occasion "salle du Justicier", éclairé par trois fenêtres géminées et couvert d'un plafond en bois dont les consoles, placées aux extrémités, proviennent du plafond de la tour arabe. L'aile située à droite de la tour arabe fut réalisée au début du

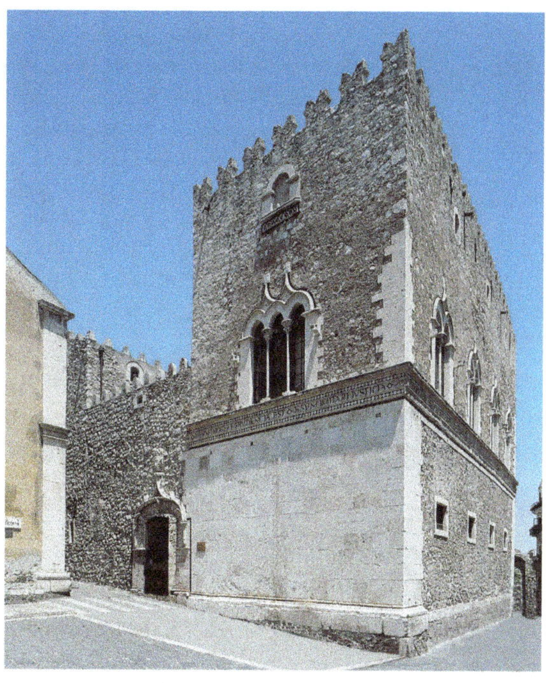

Palais Corvaja, Taormine.

Palais Corvaja, cour, Taormine.

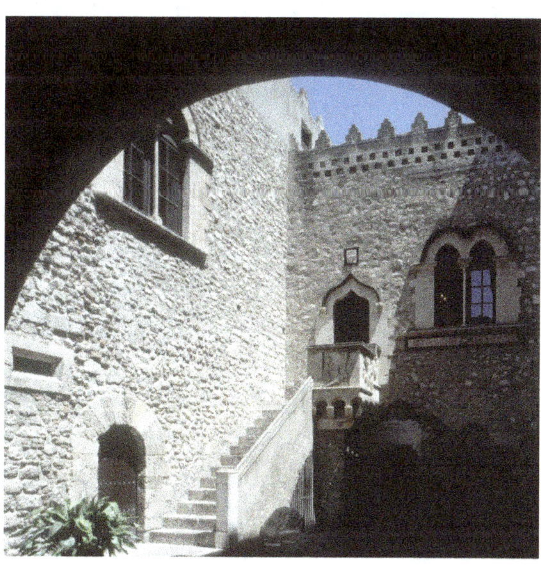

XVe siècle par Antonio Termes, gouverneur de la Chambre de la Reine à l'époque de Blanche de Navarre, pour que le Parlement de Sicile puisse s'y réunir. Couronné par une crénelure gibeline, il introduit dans un autre grand salon éclairé par des fenêtres géminées, grâce au prolongement de l'escalier extérieur; le portail d'entrée, côté sud, est de même époque.
Entre la fin du XVe siècle et la première moitié du XVIe siècle, le palais fut modifié et remanié afin de répondre aux exigences liées à l'habitation privée. Passé à la famille Corvaja (dont provient sa dénomination courante) qui en fut propriétaire jusqu'à la Seconde Guerre mondiale, le palais fut laissé totalement à l'abandon, et saccagé durant la guerre. En 1945, le maire de Taormine en ordonna l'expropriation à des fins d'utilité publique, et en confia la restauration à Armando Dillon, qui dirigea les travaux jusqu'en 1948. Le palais est le siège de l'Azienda Autonoma Soggiorno de Taormine.

Murs d'enceinte de la ville, Taormine.

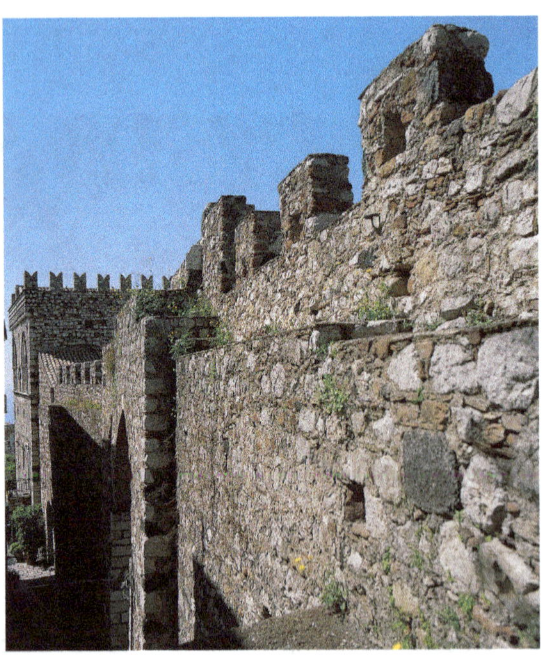

IX.5.b Remparts et portes du périmètre défensif médiéval

Continuer sur le Corso Umberto I; arrivé Piazza IX Aprile, on trouve la Porta di Mezzo, située dans la partie la plus intérieure des remparts. Au bout du Corso Umberto I, en continuant vers Palazzo S. Stefano, on trouve la Porta Catania, à laquelle les remparts étaient reliés.

Aujourd'hui encore, les portes de l'enceinte médiévale de ce que l'on nomme "borgo" (compris entre la Porta di Mezzo, également appelée "tour de l'Horloge", et la Porta Catania, dite "del Tocco") constituent les principaux accès au pittoresque centre médiéval de Taormine. Beaucoup plus petite que la ville romaine, la Taormine médiévale, aujourd'hui comprise dans l'enceinte des extensions successives et traversée par le Corso Umberto I, était constituée d'un réseau serré de maisons dominées par les palais aristocratiques, comme celui de la famille Zumbo (aujourd'hui Ciampoli) ou de celle de Santo Stefano. La tour de l'Horloge, ou Porta di Mezzo (car à mi-chemin entre les portes Catania et Messina), située dans la partie la plus intérieure des murs (près du Largo IX Aprile) et qui, d'après certains chercheurs, pourrait avoir une origine gréco-sicule, constituait le seul passage entre le bourg et la ville romaine. Les remaniements successifs en ont conservé la base et les fondations sur lesquelles, vers 1100, devait s'élever la tour médiévale. En 1779, les habitants de la ville la firent restaurer et tentèrent de lui restituer sa forme primitive; en réalité, ils étendirent la série de transformations. L'arc ogival et le petit escalier latéral qui conduisait directement au sommet constituent des traces visibles de la construction primitive.

Avec la Porta Catania se clôt le bourg médiéval; à celle-ci étaient reliés les murs d'enceinte qui se poursuivaient, jusqu'à se rattacher au palazzo Santo Stefano. Lors de l'aménagement de la porte, autrefois flanquée d'une tour aujourd'hui disparue, on a rétabli le flanc d'une ouverture plus ancienne, en ogive; dans l'intrados, on peut encore voir des traces de peinture de goût byzantin. Il subsiste, en outre, une coursive en saillie sur de grandes consoles avec cinq mâchicoulis de défense. La porte a été restaurée à l'époque aragonaise, comme le rappelle une plaque apposée sous la coursive.

La nécessité de réaliser un tel système de fortifications est due à la période heureuse vécue par Taormine à l'époque byzantine quand, après des siècles d'oubli, elle joua de nouveau un rôle de premier plan pour l'île, héritant de Syracuse le titre de capitale de la Sicile orientale. Durant cette période, on développa les épais murs d'enceinte, surtout du côté sud, et on érigea deux forteresses qui assuraient la protection de la ville contre d'éventuelles attaques venues de l'intérieur des terres. À la première reddition des Byzantins face à l'attaque des musulmans en 902 suivit la destruction de nombreux édifices. La conquête définitive n'eut lieu qu'en 962 (près de Porta Catania se trouve la "montée Ibrahim", en souvenir du massacre que les troupes musulmanes, ayant trouvé le point faible des remparts, y perpétrèrent). En réalité, l'arrivée des Normands constitua pour Taormine le début d'une époque de décadence, et cela à cause des intérêts évidents du royaume pour la ville voisine, Messine, qui lui contestait la primauté. Toutefois, ce temps d'arrêt permit une réorganisation de l'aménagement urbain, entraînant la naissance du bourg compris entre les deux portes, et où se développeraient les constructions les plus importantes des siècles suivants.

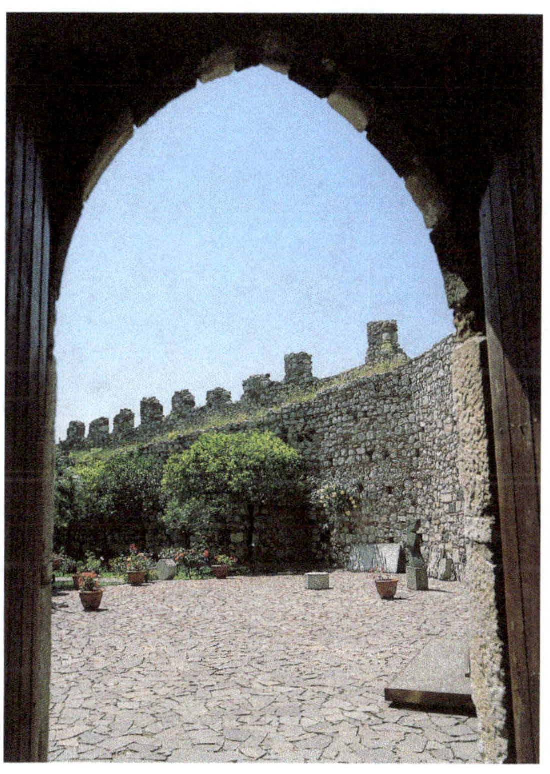

Murs d'enceinte de la ville, Taormine.

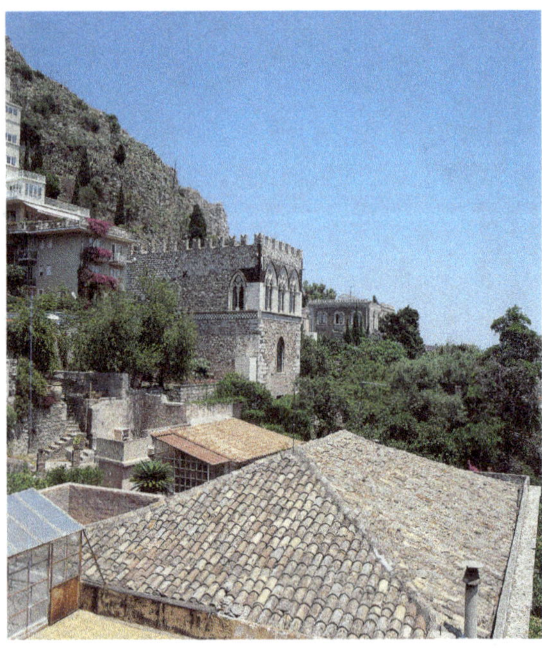

Badia Vecchia, vue générale, Taormine.

Badia Vecchia, plan du troisième niveau, Taormine (Spatrisano, 1972).

Badia Vecchia, façade est, Taormine.

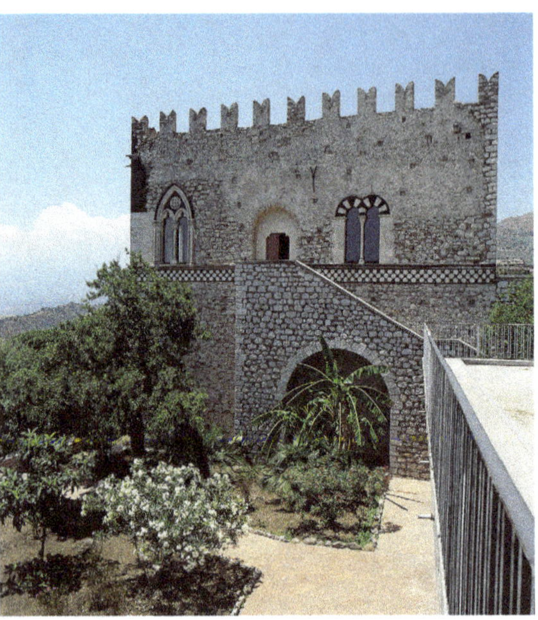

IX.5.c **Badia Vecchia**

De la Porta Catania, tourner à droite Via Sesto Pompeo; après avoir gravi un escalier, tourner à droite Via Dionisio Primo; au croisement avec le périphérique, sur la droite, au n° 30, se trouve la Badia Vecchia; tél.: 0942 620112.
Entrée payante. Horaires: 9:00-13:00/16:00-20:00.

Au point où le périphérique comporte un embranchement pour Castelmola et Taormine se dresse la silhouette munie de tours de la Badia Vecchia, nom traditionnellement attribué à un édifice du XIVe siècle, dérivé du réaménagement d'une tour du système défensif (peut-être d'époque normande), devenue résidence aristocratique.

Le corps d'origine, qui s'élève sur un plan carré, présente les caractères propres au donjon et pourrait rappeler ceux que les chevaliers normands édifiaient le long de la ligne de défense de la Sicile orientale (Paternò, Motta S. Anastasia, Adrano). L'élément le plus intéressant de cet édifice, qui fait aujourd'hui l'objet de travaux de restauration, consiste dans le dessin articulé et dans le chromatisme de la façade sud, où l'on peut clairement lire la greffe de la surélévation du XIVe siècle sur la construction d'origine. Les deux premiers niveaux, avec une ample fenêtre à ouverture unique en ogive pour chaque étage, présentent une maçonnerie rudimentaire, composée de matériaux de brique et de pierres à peine dégrossies, avec une finition plus soignée pour les cornières. Sur cette construction primitive en forme de tour, qui évoque des sièges épuisants, s'élève une galerie différente, par sa conception et par son exécution raffinée.

Un autre plate-bande séparant les niveaux, réalisée avec des éléments de pierre de lave et de pierre blanche de Syracuse, disposés selon un motif géométrique islamisant, souligne la différence de construction entre les deux registres superposés. À la cimaise de la plate-bande correspond le seuil des trois grandes fenêtres géminées continues, avec leur élégant profil en ogive. Les fenêtres, à colonnette centrale, sont dotées de transennes ajourées, avec dessin à oculi (un plus grand pour les fenêtres latérales, trois pour la fenêtre centrale) et de petits arcs trilobés couronnant les deux ouvertures de la fenêtre géminée. Les trois ouvertures, réalisées sans solution de continuité, unies à la légèreté recherchée de la surface murale – obtenue par l'introduction de motifs géométriques à incrustations laviques –, confèrent une grande élégance à la construction. Seuls les créneaux du couronnement rappellent le caractère défensif de l'édifice originel.

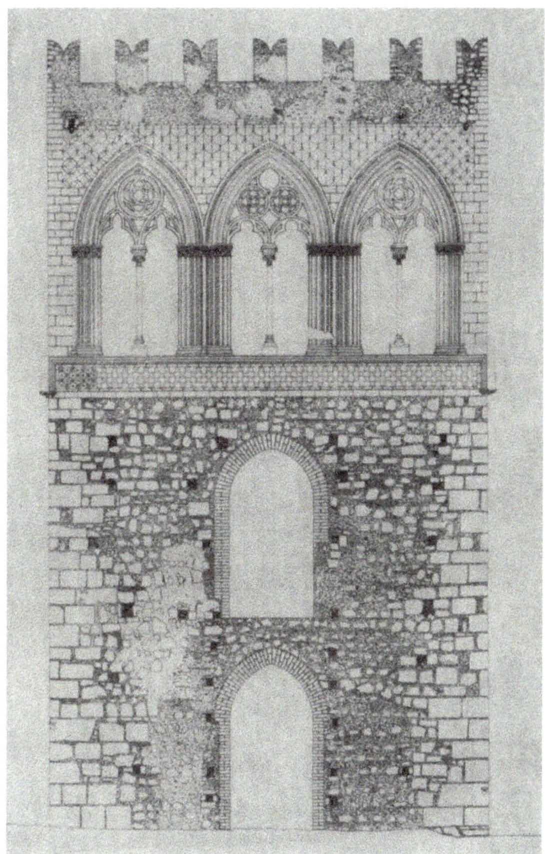

Badia Vecchia, façade méridionale, Taormine (Spatrisano, 1972).

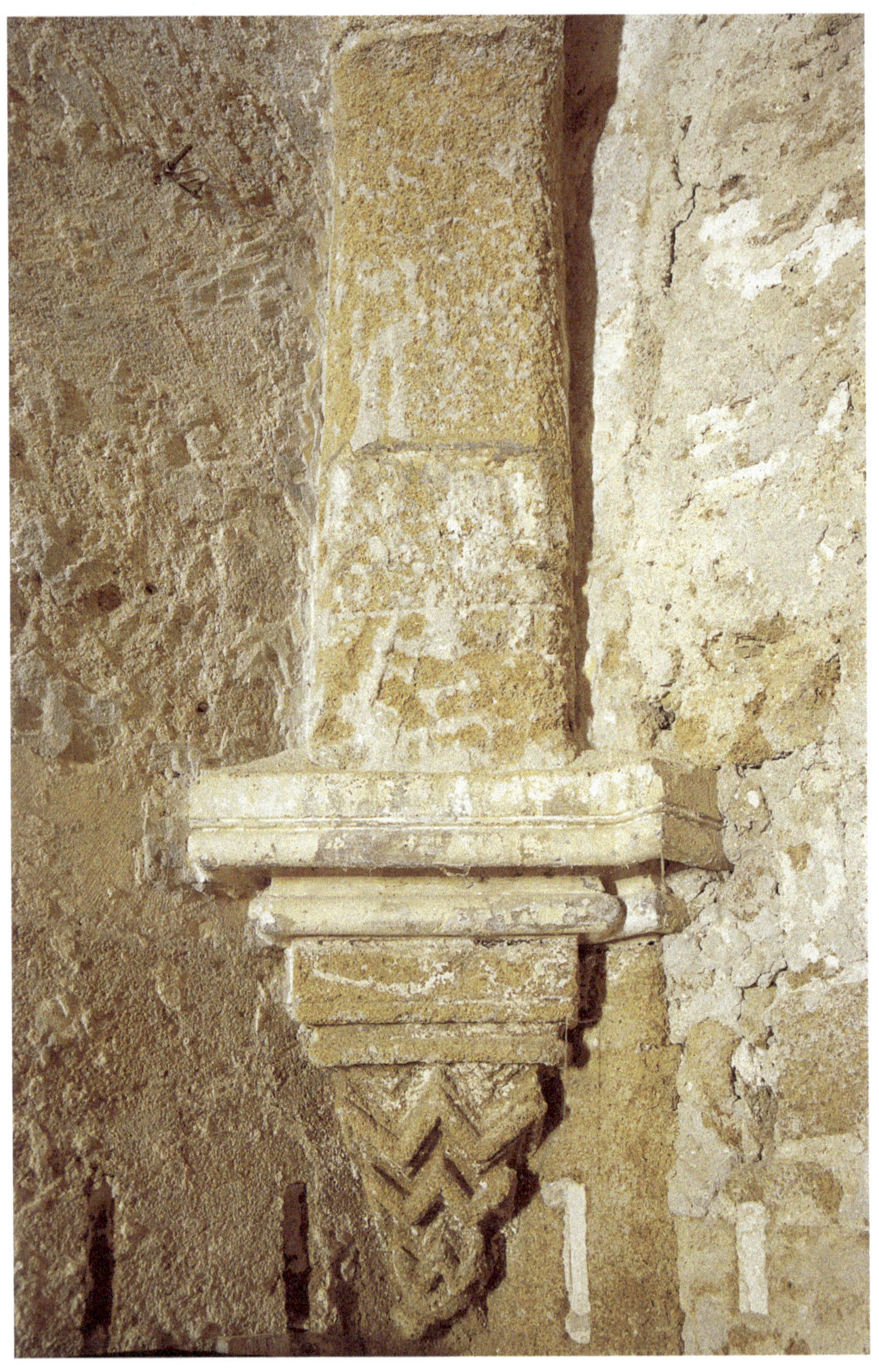

Blason féodal et *Stupor Mundi*: architecture fortifiée dans le Val Demone et dans le Val di Noto

Comité scientifique

X.1 ACICASTELLO
- X.1.a Château sur l'éperon rocheux

X.2 CATANE
- X.2.a Cathédrale
- X.2.b Château Ursino

X.3 ADRANO
- X.3.a Château normand
- X.3.b Pont des Sarrasins

X.4 PATERNÒ
- X.4.a Château normand

X.5 SYRACUSE
- X.5.a Château Maniace

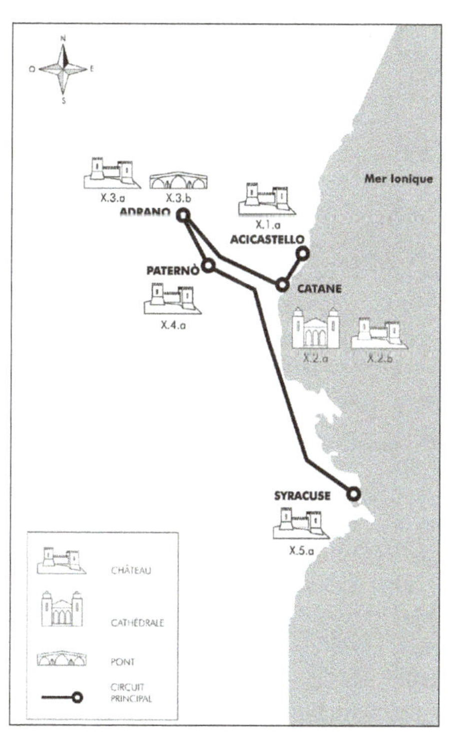

Château, départ d'une nervure de la voûte, Augusta.

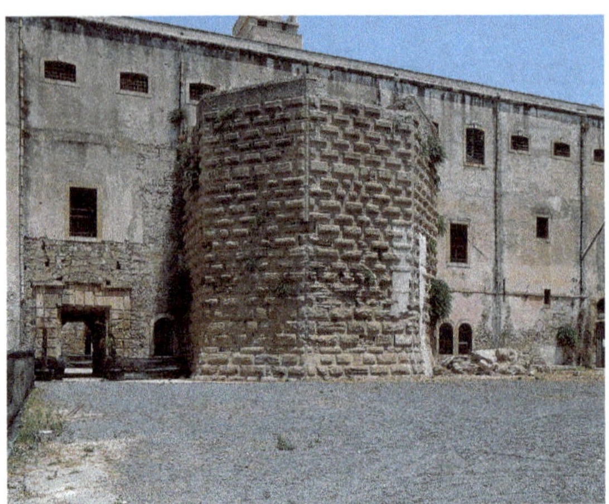

Château, vue générale, Augusta.

La région orientale de la Sicile offre peu de témoignages directs concernant l'influence de l'art islamique; mais cet état de fait n'est pas seulement imputable aux destructions ou à la dispersion d'un hypothétique patrimoine arabe sicilien; dans cette zone, des causes naturelles, dramatiques, entrent aussi en ligne de compte.

Dans la zone méridionale du Val Demone et dans une bonne partie du Val di Noto, on rencontre pourtant des éléments appartenant à l'architecture des édifices défensifs dans les territoires islamiques d'Afrique du Nord. Cette composante est à peine perceptible dans les tours, les forteresses et les variantes locales de la typologie du donjon normand (parmi les nombreux exemples subsistants, les plus importants sont Aci Castello, Adrano, Mogialino, Motta Sant'Anastasia, Paternò; dans la province de Catane: Comiso, Lentini, Noto Antica; dans la province de Syracuse: San Filippo d'Argirò ou Agira, Enna, Gresti, dans la province d'Enna). Du reste, l'une des caractéristiques du paysage sicilien, aussi bien intérieur que côtier (élément central du processus de formation des installations urbaines de cette époque) est la présence constante, à travers toutes les époques du Moyen Âge, d'une architecture militaire remarquable et représentative.

À partir du petit château normand qui se dresse sur l'éperon côtier d'Aci Castello, le dernier circuit à travers la Sicile médiévale se déroule à Catane, avec les vestiges de la cathédrale normande et le château Ursino élevé par Frédéric II de Souabe, les petites villes de Paternò et d'Adrano (toutes deux avec des châteaux d'époque siculo-normande, la seconde avec le spectaculaire pont des Sarrasins sur le Simeto) et s'achève à Syracuse, capitale byzantine temporaire et métropole de la culture gréco-sicule, qui résista longuement à l'assaut des musulmans et deviendra, par la suite, l'objectif de la reconquête menée par les Normands. La ville possède l'un des témoignages les plus emblématiques, et par certains côtés énigmatiques, de la Sicile médiévale: le château Maniace. Œuvre symbolisant la vision autocratique éclairée de Frédéric II, elle en exprime la double nature culturelle: elle constitue, en effet, une greffe réussie, sur une charpente architecturale de vocation pré-humaniste, de systèmes voûtés gothiques, selon une typologie militaire marquée par le souvenir des architectures défensives et des caravansérails arabes. Le caractère du régime dirigé par Frédéric II, en relation avec diverses composantes en interaction dans la Méditerranée et dans l'Europe de l'époque, se reflète à travers la perméabilité culturelle voulue de sa *Curia regis*. Avec Frédéric II, les influences islamiques retrouvent une vigueur surprenante, étant donné la situation dramatique des communautés musulmanes de Sicile, désormais réduites et survivant difficilement. Ce sont des influences qui, dans le cas des châteaux (ou des palais-forteresses) réalisés par Riccardo da Lentini pour Frédéric II, vont bien au-delà des simples mélanges figuratifs ou de l'adoption de techniques de construction et d'exécution. Les affinités avec les exemples de *ribats* d'Ifriqiya prennent donc une signification particulière. Alors que pour les systèmes voûtés, les chantiers de l'époque de Frédéric II s'adaptent rapidement à l'évolution de l'architecture européenne gothique (avec une adhésion remarquable aux caractéristiques cisterciennes) en ce qui concerne, en revanche, les configurations stéréométriques, les dessins planimétriques et, parfois, les modalités d'exécution des ouvrages en maçonnerie, on voit prédominer les références explicites aux fortifications musulmanes; pas à celles de l'époque, mais aux exemples liés à l'âge d'or de l'expansionnisme du *jihad*. Le modèle principal a été le *ribat* de Sousse, construit sur ordre du célèbre Ziyadat Allah Ier, en 821, six ans avant la campagne d'occupation de la Sicile. Par ailleurs, Sousse était bien connue des hommes d'armes siciliens, car elle se trouvait sur la bande côtière d'Ifriqiya, temporairement annexée par la force au royaume de Sicile, sous le règne de Roger II.

Les deux vallées orientales de l'île présentent donc des lignes de diffusion de forteresses d'époque normande et des deux siècles suivants, souvent construites sur des édifices préexistants; c'est le cas des châteaux de Motta Sant'Anastasia, d'Agira (qui conserve des traces du tissu urbain médiéval arabe, en plus de l'église S. Maria Maggiore) et d'Aidone (où se trouvent la tour San Michele, un autre château dit Gresti et l'église Santa Maria la Cava, édifiée sur des vestiges préexistants, en 1139, sur la volonté de la comtesse Adélasie).

Le Val di Noto a été frappé à plusieurs reprises par des catastrophes sismiques; du Moyen Âge au début de l'époque contemporaine, elles ont provoqué la transformation, ou la substitution, du patrimoine architectural, sinon la refondation totale des installations urbaines, parfois sur un autre site: ce fut le cas pour la ville de Noto. Cette situation dramatique a impliqué, pour cette région – l'une des plus dynamiques de l'Italie du Sud sur le plan historique –, la réinvention constante d'un patrimoine culturel propre; pratique caractérisée, durant les différentes époques histo-

Château, voûte croisée, Augusta.

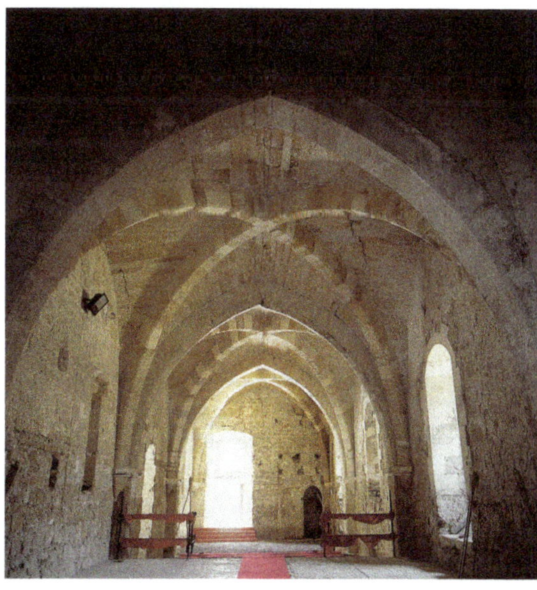

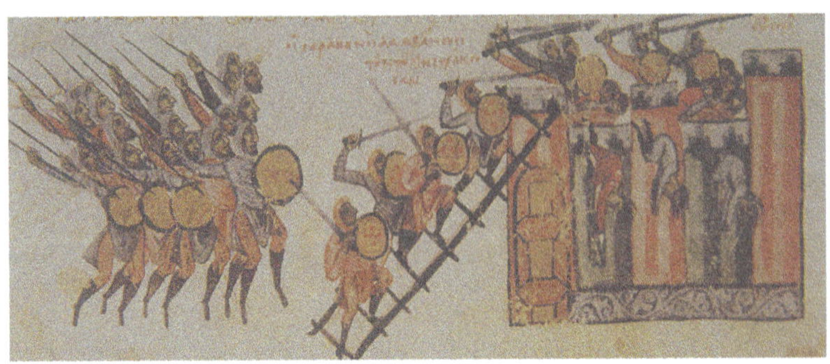

Conquête musulmane de la ville de Syracuse ("Chronique de Jean Skylitzes", codex byzantin, XIIIe siècle, Bibliothèque nationale, Madrid).

riques, par une nette vocation à fusionner des exemples venus d'autres zones géographiques avec ce qui subsistait des formes artistiques et architecturales précédentes, en tant que témoignage, ou en tant que persistance de procédés figuratifs et de techniques de construction.

Zone de frontière entre les cultures méditerranéennes, le Val di Noto (qui recouvre les provinces de Syracuse et de Raguse, les territoires méridionaux des provinces de Catane et d'Enna, et la partie sud-est de la province de Caltanissetta) est marqué par les formes les plus extrêmes de la conquête musulmane, dès la première phase du *jihad* lancé par Ziyadat Allah Ier et conduit par Assad Ibn al-Furat; durant tout le Moyen Âge, cette région, sera caractérisée par sa situation de frontière intérieure de la Sicile. La forte appartenance des habitants de Syracuse et de son territoire limitrophe à l'univers culturel grec en avait conditionné l'irréductible résistance à l'islam, même une fois que l'occupation fut effective. Les musulmans furent donc contraints de déplacer dans la zone occidentale, à Palerme, le siège du pouvoir central, réussissant ainsi à soustraire la ville, qui aurait dû jouer le rôle de métropole principale, au danger des tentatives de reconquête de la part des troupes byzantines; en 1038, la brillante campagne de Giorgio Maniace, vingt-trois ans seulement avant le débarquement, sur la côte de Messine, de Robert II Guiscard et de Roger de Hauteville, mettait en question, pour la énième fois, la domination musulmane en visant la zone sud-est de l'île, la moins perméable à un changement de son identité culturelle gréco-sicule (qui s'était enracinée à l'époque byzantine), ressentie ici de manière beaucoup plus profonde que dans d'autres régions siciliennes.

Pratiquement pour les mêmes motifs, les Normands, tout en en réévaluant l'importance, continuaient à surveiller discrètement la zone, en renforçant le processus de fortification déjà entamé contre les Byzantins par les musulmans, devenus le principal sujet de préoccupation défensive; il existait aussi un autre sujet d'inquiétude, mais il était moins fondé: dissuader Byzance de toute visée guerrière.

C'est avec Frédéric II que la région sud-est retrouve un certain prestige, lié aux projets de domination ou de suprématie sur tout l'espace méditerranéen de l'impérial *Stupor mundi*. Des intentions qui se sont exprimées dans l'énorme programme de construction de forteresses:

en quelques décennies, par volonté directe et par intérêt stratégique de Frédéric II, ce programme conduit à la réalisation des châteaux “souabes” de Syracuse, d’Augusta, et, un peu plus au nord de la limite septentrionale de la vallée (mais lié à celle-ci par la logique du système défensif), de celui de Catane, ainsi que de tous les ouvrages militaires de la Sicile orientale, jusqu’au château de Milazzo.

X.1 ACICASTELLO

X.1.a Château sur l’éperon rocheux

De Taormine, reprendre l’autoroute A 18 en direction de Catane. Sortir à Acireale et emprunter la SS 114 jusqu’à la sortie Acicastello. Rejoindre le Lungomare C. Colombo, laisser la voiture et continuer dans la même rue, au bout de laquelle se trouve, Piazza Castello, le monument.
Horaires: 9:00-12:00/16.00-17:00 (9:00-13:00/15:00-17:00 en hiver), sauf le lundi. L’entrée est interdite aux moins de 14 ans non accompagnés.

La forteresse d’Aci, d’origine byzantine, fut édifiée au début du XIe siècle pour servir d’avant-poste fortifié chargé de surveiller les côtes. La première date certaine qui la mentionne est 902, année durant laquelle Aci est citée par le chroniqueur arabe Ibn al-‘Atir; en revanche, on ne peut identifier avec certitude le site d’origine byzantine, qui pourrait ne pas coïncider avec l’éperon rocheux du château. Elle devait être rapidement conquise par les musulmans qui rasèrent les fortifications, jetant à la mer les pierres des remparts. Ils en conservèrent la domination durant deux siècles environ, jusqu’à ce que la forteresse soit prise, en 1092, par les troupes du grand comte Roger de Hauteville; celui-ci attribua le château et ses dépendances à l’évêque de Catane, Angerio.
Du château, soumis à de nombreux sièges au cours des siècles et destiné aujourd’hui à des activités muséales, il reste quelques corps de bâtiment du complexe originel. Le mieux conservé est la tour principale, de plan rectangulaire, construite en pierre de lave.

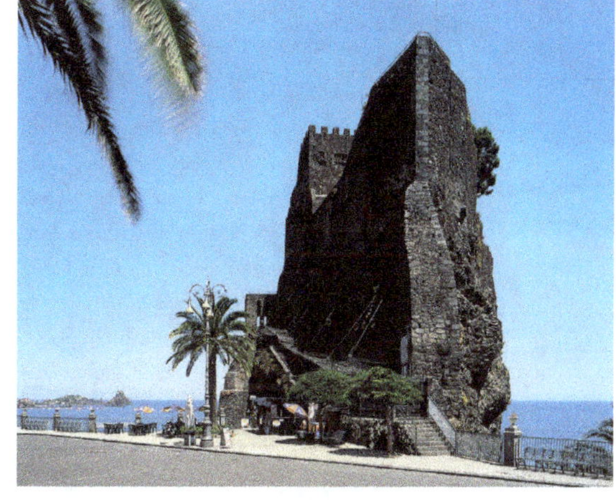

Château sur l’éperon rocheux, vue générale, Acicastello.

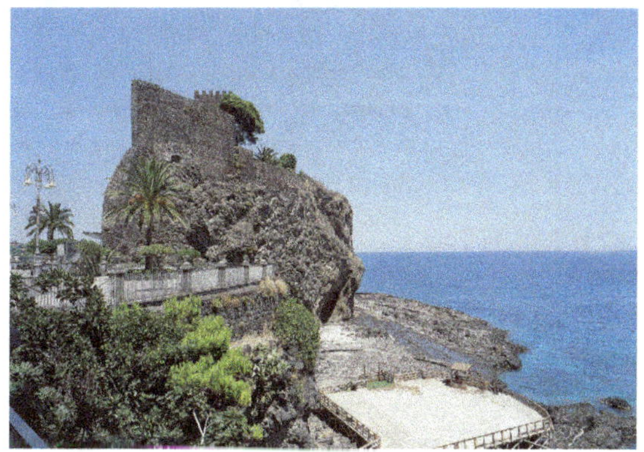

Château sur l’éperon rocheux, vue générale, Acicastello.

Les rochers des Cyclopes, en face d'Acitrezza, et le littoral d'Acicastello
À partir d'Ognina, non loin d'Acicastello, il est possible de réaliser des mini-croisières et des excursions en bateau à moteur; celui-ci va jusqu'aux îlots rocheux de Polyphème, situés en face d'Acitrezza, village dans lequel Giovanni Verga situa le roman I Malavoglia *(1881); et où Luchino Visconti tourna le film* La terre tremble *(1947). On peut ainsi admirer les splendides îles des Cyclopes, des masses basaltiques prises dans les argiles des fonds marins, que la légende dit avoir été lancées par Polyphème contre Ulysse qui l'avait aveuglé, comme le raconte Homère dans l'*Odyssée*. Les fonds, magnifiques, sont conseillés aux amateurs de photographie sous-marine.*
La Plaja, avec de très beaux rochers laviques et des plages de plusieurs kilomètres de long, est un but privilégié du tourisme balnéaire. Le territoire est caractérisé par des "pillows" volcaniques en forme de coussins plus ou moins sphériques (comme leur nom l'indique), provoqués par les coulées de lave dans le milieu sous-marin, et dont il n'existe que quelques exemplaires au monde.

X.2 CATANE

Selon Thucydide, le premier noyau d'habitation fut fondé en 729 av. J.-C. par une colonie venue de Chalcidique, sur une colline qui devint l'acropole de la ville. Vers 263 av. J.-C., elle passa sous la domination des Romains, qui lui imprimèrent un développement intense, en tant que place commerciale importante. Avec la décadence de l'empire commença pour la ville une période de dévastations, freinée uniquement par la reconquête byzantine (535) et par l'institution de l'évêché.
Les musulmans ne s'en emparèrent qu'après une puissante offensive, lancée en 882; elle fut suivie d'une longue période d'incursions sanguinaires dans son territoire. Cependant, ils furent les artisans des transformations qui ont créé le paysage agraire actuel, avec l'importation de nouvelles cultures, l'application de techniques d'irrigation bénéfiques et la création d'un dense réseau de liaisons viaires.
En 1071, elle fut reprise par les Normands qui, pour la contraindre à la capitulation, avaient construit à cet effet le château de Paternò, d'où ils pouvaient lancer des incursions destructrices. Ils y rétablirent l'évêché (1091), le dotant de possessions immenses et, par conséquent, du pouvoir urbain.
Au milieu du XIIe siècle, al-Idrisi la décrit avec "des marchés très fréquentés, des habitations splendides, des mosquées, grandes et petites, des bains et des caravansérails".
Seul Frédéric II de Souabe réduisit de manière draconienne les pouvoirs temporels de l'évêque; d'autre part, il devait opposer, symboliquement, le château d'Ursino à la cathédrale.
Entre 1669 et 1693, la ville fut dévastée par une éruption volcanique, puis par un terrible tremblement de terre. Le centre habité actuel fut donc reconstruit à partir d'un nouveau projet d'urbanisme, œuvre du lieutenant et duc de Camastra, Giuseppe Lanza.

X.2.a **Cathédrale**

D'Acicastello, reprendre la SS 114 jusqu'à Catane. Suivre le périphérique et les indications afin d'arriver Piazza dei Martiri, puis continuer dans Via Dusmet; sur la gauche, Piazza Borsellino, on peut garer la voiture. Continuer Via Dusmet, franchir la Porta Uzeda qui se trouve sur la droite et rejoindre Piazza Duomo, également appelée "Piazza dell'Elefante" (place de l'éléphant).
Horaires: jours ouvrables 7:00-12:00/ 16:00-19:00; jours fériés 7:30-12:00/ 16:30-19:00.

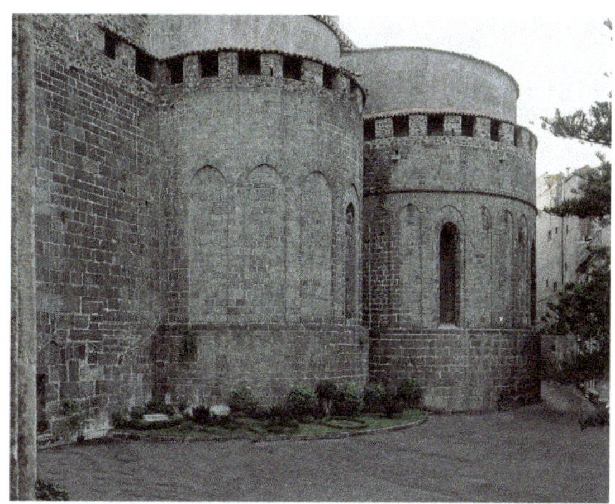

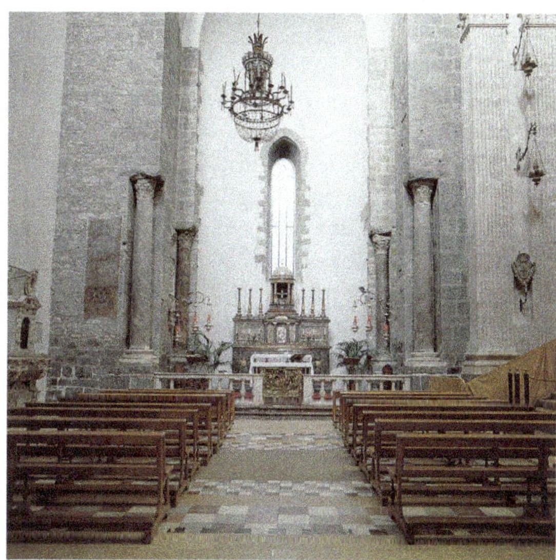

Cathédrale, absides, Catane.

Cathédrale, intérieur, Catane.

La cathédrale de Catane, dédiée au Christ, à la Madone et à la martyre sainte Agathe, patronne de la ville, vit le jour en tant qu'église abbatiale confiée, par l'acte de sa fondation, au moine breton Angerio, originaire du centre bénédictin de Sant'Eufemia, en Calabre. En ce qui concerne la datation de la construction normande, presque totalement détruite par le violent tremblement de terre de 1693, à part le transept à trois absides (avec ses colonnes géminées au débouché des collatéraux et ses colonnes d'angle dans des niches, sur les côtés des absides), les hypothèses oscillent entre 1091 – date d'un acte par lequel le comte Roger confie l'abbaye à Angerio – et 1094, date mentionnée par une plaque située sur le flanc nord du monument. Quoi qu'il en soit, il est sûr que la construction commença après la reconquête de Catane (1085) et de son territoire; c'est pour le contrôle militaire de celui-ci que l'église aurait adopté les caractéristiques de l'*ecclesia munita* – l'édifice religieux fortifié. Ces caractéristiques sont visibles si l'on observe le corps originel du transept, qui présente une extension sur ses deux côtés (ce qui est inhabituel dans l'architecture normande); elle consiste en diverses constructions latérales totalement séparées, en maçonnerie très massive, qui se développent sur trois niveaux, mais d'une hauteur inférieure à celle du collatéral.

Sur la structure d'origine, conservée par les reconstructions d'après le tremble-

Catane

Cathédrale, plan, Catane.

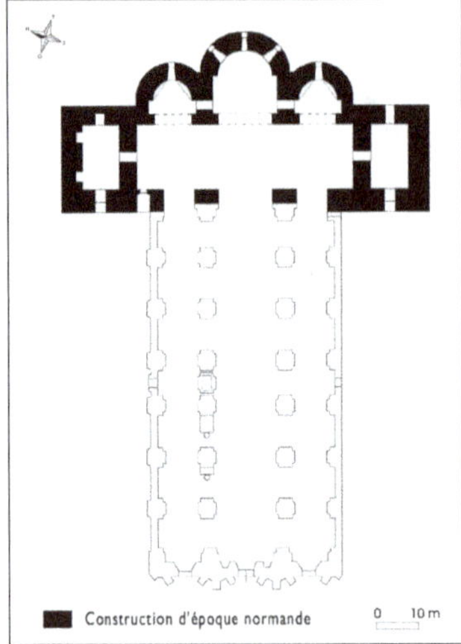

ment de terre, ouverte sur trois absides semi-circulaires bien marquées à l'extérieur, et parcourues d'arcades ogivales aveugles, se greffait la vaste *aula* basilicale à trois nefs, divisée par des arcades reposant sur des colonnes souvent issues de remplois, provenant de la villa et des thermes romains, sur les restes desquels l'église était partiellement construite. Certaines de ces colonnes seront de nouveau réutilisées pour la construction de la façade baroque, achevée par G. B. Vaccarini en 1736. Le pavement normand se trouvait à un niveau inférieur par rapport à la reconstruction du XVIIIe siècle. Deux espaces angulaires, obtenus par la fermeture des deux premières travées de l'*aula* basilicale, devaient correspondre aux fondations des tours de façade, selon un modèle d'inspiration nordique également utilisé à Mazara, et plus tard dans les cathédrales de Cefalù et de Monreale. Cependant, les tours de l'église de Catane ne furent jamais réalisées. Toujours au niveau de la contre-façade subsistent, dans l'ancienne construction normande, quelques petites fenêtres en forme de meurtrières, donnant sur des escaliers en colimaçon destinés à permettre l'accès non seulement aux tours de la façade, mais aussi à un passage dans l'épaisseur du mur et situé en hauteur: ce dernier n'a été conservé qu'autour des absides.

X.2.b **Château Ursino**

Continuer à pied en traversant Piazza Duomo et, à gauche, prendre Via Alonzo di Benedetto, au-dessous de laquelle se trouve la petite place où se tient le marché aux poissons. Continuer par Via Gemelli et par Via Transito, puis tourner à gauche Via S. Sebastiano pour arriver Piazza Federico di Svevia, où est situé le château.
Horaires: jours ouvrables 9:00-13:00/ 15:00-18:00, sauf le lundi; jours fériés 9:00-13:00.

L'origine du nom attribué au dernier grand château construit en Sicile à l'initiative de Frédéric II, le château Ursino de Catane, est controversée. Selon certaines hypothèses, il s'agirait d'une déformation populaire du terme latin *Castrum sinus*, c'est-à-dire "château du Golfe", évoquant la situation particulière de la forteresse au moment de sa fondation: le célèbre architecte Riccardo da Lentini (qui fut, pour cette raison, loué par l'empereur souabe dans une lettre écrite à Lodi le 17 septembre 1239) avait fait preuve d'une grande habileté en choisissant ce site. Mais les effets de l'éruption de 1669 bouleversèrent la situation du château, qui se retrouva éloigné de la mer, à cause de l'élé-vation du niveau du sol, du côté de la terre.

Avec les précédentes forteresses de Syracuse (château Maniace) et d'Augusta, le *castrum* près de l'Etna constituait la partie la plus avancée et la mieux organisée d'une puissante enceinte conçue pour surveiller et protéger, et qui incluait également les forteresses d'époque normande érigées dans les centres plus intérieurs de Motta Sant'Anastasia, de Paternò et d'Adrano.

L'échange épistolaire nourri entre le *Stupor mundi* et Riccardo da Lentini a mis en évidence, d'une part la relative rapidité de l'exécution de l'œuvre (entre 1239 et 1250), de l'autre les difficultés financières rencontrées durant la dernière phase des travaux: elles devaient entraîner l'adoption de murs en *opus*

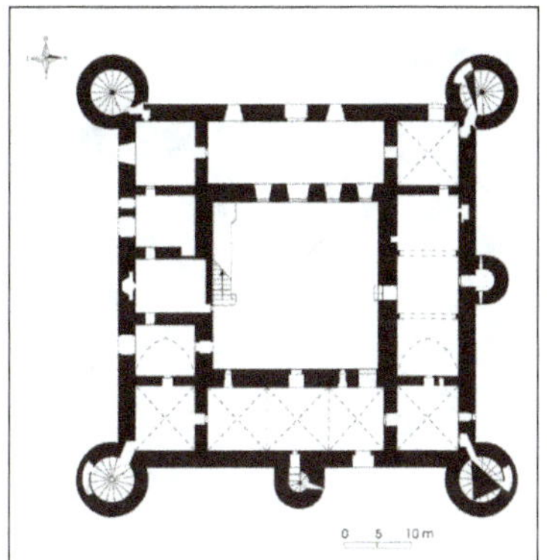

Castello Ursino, plan, Catane.

incertum, avec beaucoup de mortier et de la pierraille lavique.

La configuration du château Ursino confirme la préférence accordée par l'architecture souabe aux plans fermés et sévères, à la symétrie rigoureuse, aux proportions entre les différentes

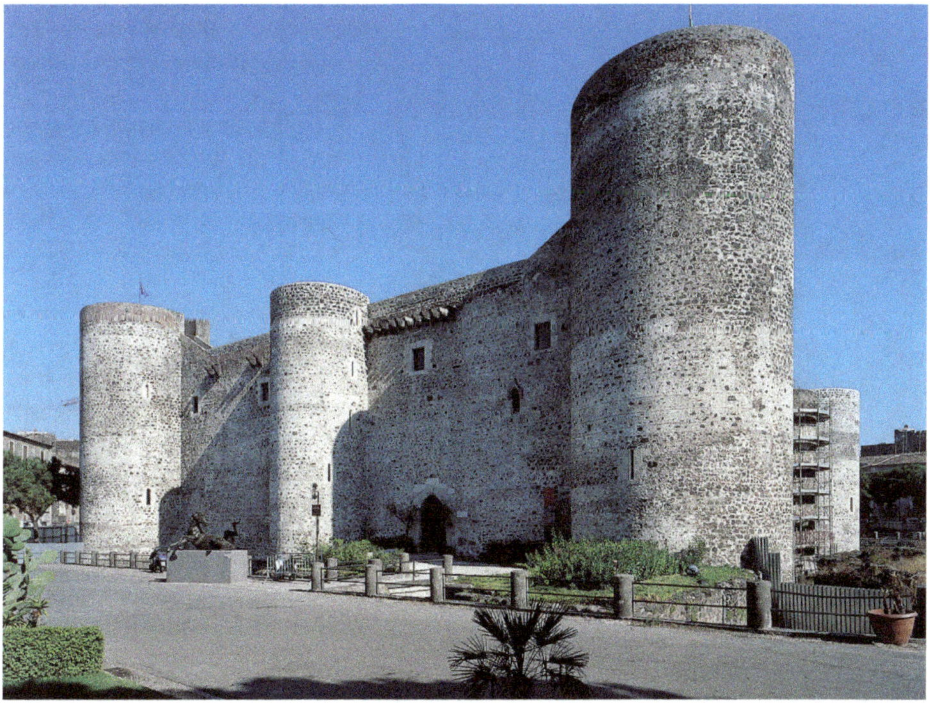

Château Ursino, vue générale, Catane.

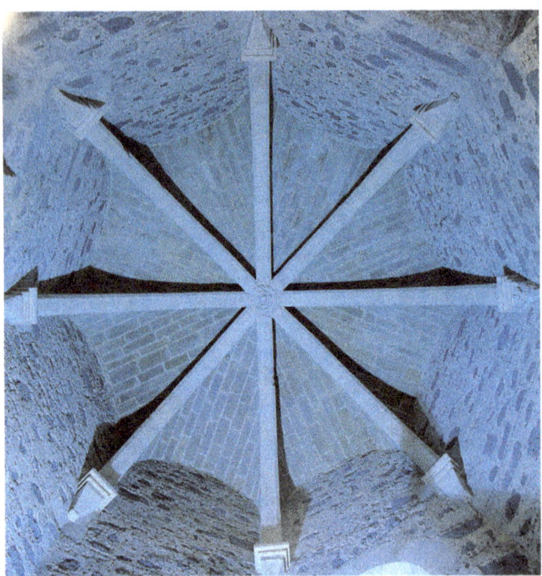

Château Ursino, voûte nervurée de l'une des tours, Catane.

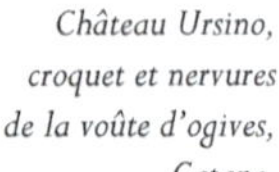

Château Ursino, croquet et nervures de la voûte d'ogives, Catane.

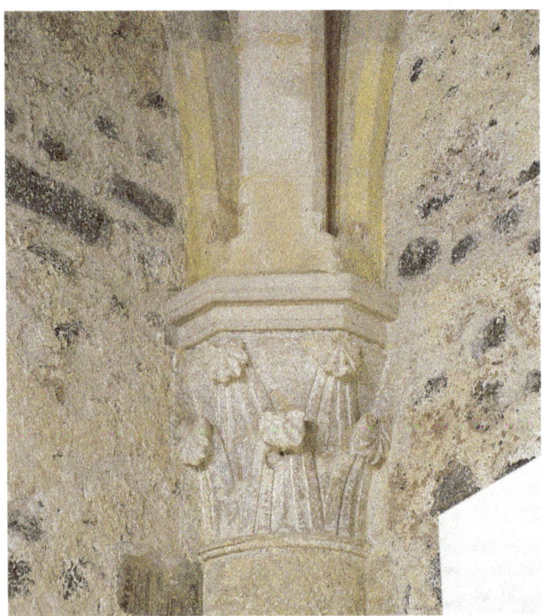

parties, obtenues par des rapports simples. Il s'élève sur un schéma carré de 50 m environ de côté, avec quatre grandes galeries (chacune constituée de trois travées à croisées) disposées autour de la cour centrale, elle aussi carrée, et reliées par des salles plus petites permettant l'accès aux quatre tours cylindriques placées aux sommets du carré de base. À l'intérieur, ces tours sont occupées par des salles octogonales couvertes de voûtes ombelliformes dont les ogives se déploient à partir d'un fleuron central pour retomber sur des chapiteaux de facture extraordinaire. Quatre autres tours semi-cylindriques, de proportions plus modestes, étaient placées au milieu de chaque côté du château (il n'en reste que deux aujourd'hui). À l'intérieur de ces tours étaient logés les escaliers hélicoïdaux conduisant au niveau supérieur, dont l'achèvement n'est pas certain.

La configuration cylindrique des tours rappelle les fortifications d'origine persane (on constate une analogie frappante avec le château de la vallée de Farashband), importé en Sicile par les musulmans, confirmant ainsi la présence, sur le chantier, de maîtres d'œuvre et de "techniciens" d'origine arabe. Avec les autres édifices souabes, et en particulier avec Castel del Monte, le château Ursino manifeste un soin identique apporté aux installations permettant l'approvisionnement en eau et l'écoulement de celle-ci, inspirées par des critères d'hygiène très avancés pour l'époque.

Depuis 1934, le château Ursino, qui a bénéficié de restaurations, accueille le musée municipal.

Le chemin de fer Circumetnea
Il s'agit d'un anneau ferroviaire qui part de Catane et traverse les villages situés au pied du cône volcanique de l'Etna; avec son autorail à basse vitesse, il permet de jouir du paysage environnant. L'itinéraire se déroule le long de territoires où alternent des espaces ouverts, avec des coulées de lave plus ou moins récentes, et des zones boisées, où dominent le mélèze, le hêtre et le bouleau de l'Etna, plante endémique d'un intérêt particulier. À ces arbres s'ajoute le genêt de l'Etna, plante qui atteint la taille d'un arbuste et qui, avec sa longue floraison printanière, se détache dans le singulier paysage de l'Etna. Celui-ci est l'un des rares volcans d'Europe en activité; il constitue aussi, avec ses plus de 3 300 m d'altitude, le point culminant de la Sicile. Son activité, qui remonte à plus de six cent mille ans, se caractérise, dans sa phase actuelle, par des émissions de cendres et de blocs de pierre, à travers de petites explosions de type strombolien, et par des coulées de lave qui passent par des fissures latérales du cône volcanique, avec formation de petits cônes adventifs. La direction, la durée et la puissance des coulées rendent plus ou moins dangereux les moments d'activité plus intense. C'est avec ce danger permanent qu'a appris à vivre la population des quelque vingt communes qui se partagent les flancs du volcan, particulièrement fertiles et riches en cours d'eaux; en ce qui concerne leur gestion, elles sont protégées et réunies par un parc régional créé voilà plus de vingt ans. Le siège du parc, dont le but est de sauvegarder et de conserver le milieu naturel et la végétation de la montagne, se trouve à Nicolosi (tél.: 09 5914588).

X.3 ADRANO

Son nom dérive d'Adranon, divinité vénérée par les Sicules. Selon l'historien Diodore, la ville fut fondée vers 400 av. J.-C. par Dionisio Ier, tyran de Syracuse. Après sa soumission aux Romains, elle connut une longue période de décadence, perpétuée par les turbulences de l'époque byzantine. Elle s'épanouit durant la période arabe, sous le nom d'Adornù, transformé en Adernò et en Adernione. Sous la dynastie normande, c'était un puissant bourg féodal qui connut une certaine prospérité grâce à la cohabitation pacifique entre Grecs, Latins, juifs et musulmans, devenant le centre d'un comté important et fécond. Vers 1150, al-Idrisi la décrit en ces termes: "Gracieux village qui ressemble presque à une petite ville; elle s'élève sur une cime rupestre et possède un marché, des bains, une belle citadelle et de l'eau en abondance."
À partir du XIVe siècle, le fief appartint à Matteo Sclafani, puis à la famille des Moncada. Ce n'est qu'en 1929 qu'elle reprendra son nom originel d'Adrano.

X.3.a **Château normand**

Sortir de Catane par la Via Vittorio Emanuele et rejoindre la SS 121 (qui commence à Misterbianco); la parcourir jusqu'à la sortie pour Paternò. Là, prendre la SS 284 et continuer jusqu'à la deuxième sortie pour Adrano; tourner à gauche et suivre les indications pour le centre. Une fois Piazza S. Agostino, laisser la voiture; parcourir Via Roma jusqu'à Piazza Umberto I, où est situé le château; tél.: 095 7692660.

Adrano

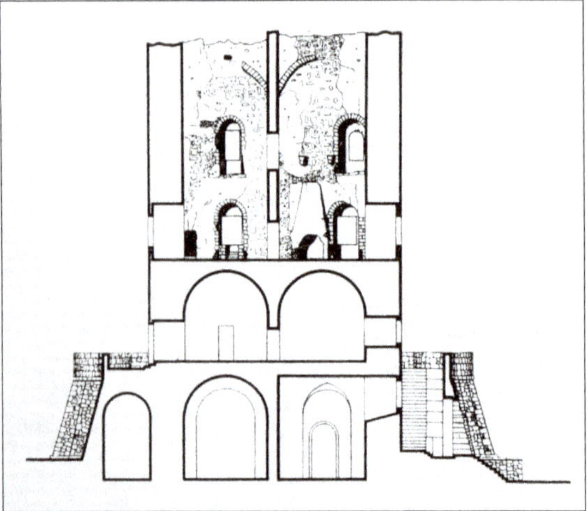

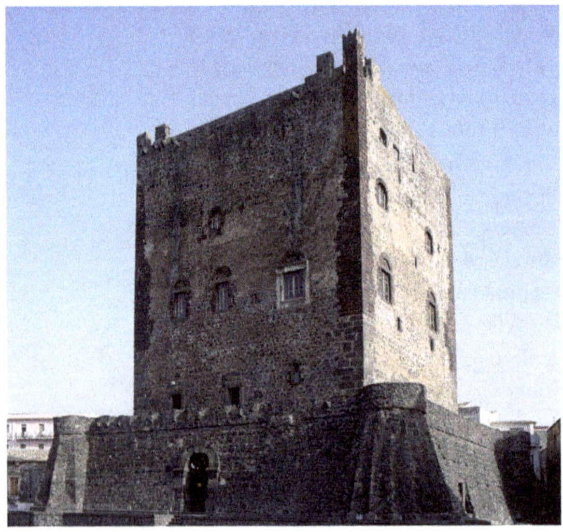

Château normand, section, Adrano (Di Stefano, 1955).

Château normand, vue générale, Adrano.

Au moment de la rédaction de ce catalogue, seul le premier étage était ouvert à la visite. Horaires: 9:00-13:00/15:00-19:00 (15:30-18:00 en hiver).

La campagne militaire des Normands pour la reconquête de la Sicile à la latinité fut également conduite au moyen d'une guerre de position, patiente et épuisante, articulée autour de quelques forteresses dont le rôle, finies les hostilités, fut de contrôler le territoire fraîchement reconquis. Le long du cours du Simeto (voie d'accès privilégiée reliant la côte ionienne et l'intérieur de l'île) avaient été érigés quelques-uns de ces ouvrages fortifiés, répondant à des nécessités liées à la stratégie militaire; d'une part, ils constituaient des avant-postes sûrs pour les chevaliers engagés contre les ennemis, le long de la frontière, en assurant le contrôle de la place forte stratégique de Catane; d'autre part, ils protégeaient les Normands contre d'éventuelles révoltes des habitants locaux. Ces constructions, dont le rôle était de surveiller la vallée du Simeto, dominent aujourd'hui encore, avec leur masse imposante, les centres historiques de Motta Sant'Anastasia, de Paternò et d'Adrano. Ce sont de sévères tours de plan carré, au profil élancé, érigées sur des hauteurs et entourées d'une enceinte. La typologie de ces tours massives, installées sur des éperons rocheux d'accès malaisé (autrefois totalement isolés) et la matrice quadrangulaire du plan les rapprochent des nombreux donjons construits par les Normands, durant la même période, sur les territoires français et anglais. C'est pourquoi ils sont également connus sous le nom de *dongioni*, terme qui apparaît en Italie à partir du milieu du XIIe siècle, mais avec un sens légèrement différent par rapport au terme français originel de "donjon": en effet, le mot désignait une citadelle fortifiée située à l'intérieur d'une zone plus vaste, entourant un château.

Fondé, selon la tradition, par le grand comte Roger vers 1070, le château s'élève en bordure de l'habitat médié-

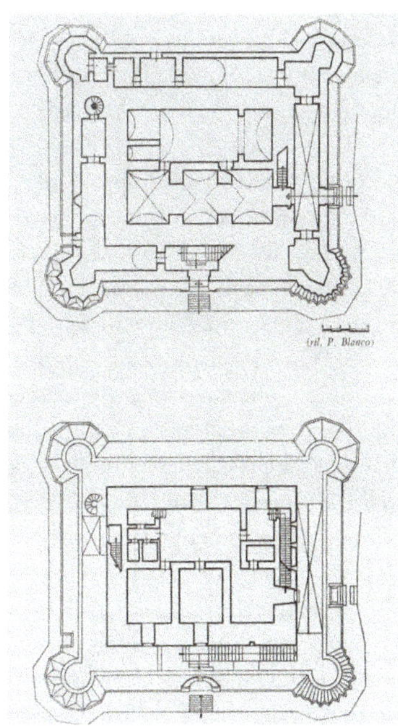

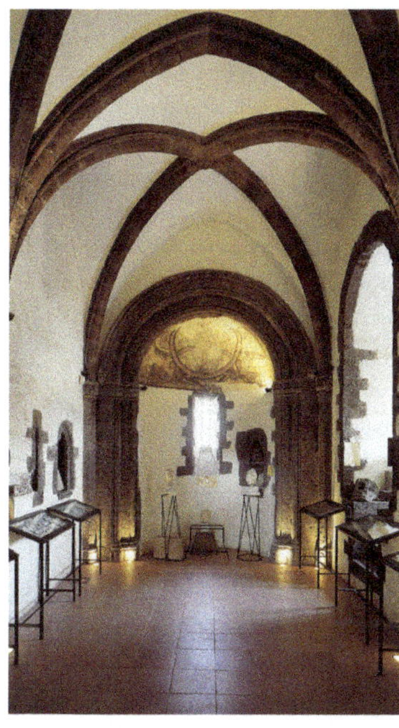

Château normand, plans, Adrano (Di Stefano, 1979; W. Krönig, éd.)

Château normand, voute croisée, Adrano.

Château normand, porte, Adrano.

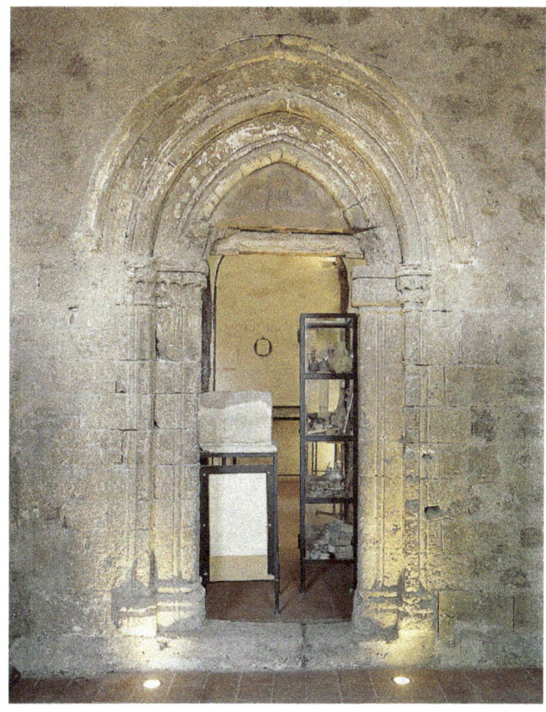

val. Il est probable que le corps de bâtiment primitif, de plan quadrilatère, fut remanié au XIVe siècle. La construction s'apparente à la fois au donjon isolé, à la française, et au palais seigneurial, selon une déclinaison "résidentielle" de l'édifice fortifié, également présente à Paternò. L'aspect massif de la tour, souligné par la rareté des ouvertures, est rendu encore plus menaçant par les bastions qui l'entourent de tous côtés, datables entre le XVe et le XVIe siècle, et renforcés aux angles par des tours à empattement polygonal. L'élévation importante de l'édifice (33,70 m) est subdivisée en cinq niveaux.

Aujourd'hui, le château accueille trois institutions importantes: les archives historiques, artistiques et littéraires, le Musée archéologique régional et la Pinacothèque. Dans le riche musée archéologique sont exposés d'intéressants fragments concernant l'histoire du lieu; ils vont du Néolithique à l'époque arabe et normande. Quelques éléments architecturaux d'époque normande (conservés dans la soupente du bâtiment) sont particulièrement intéressants; ils ont été récupérés durant les travaux de restauration du château. On peut voir également des pièces de monnaie datables de la même période, précieux témoignages concernant la monnaie normande en Sicile.

X.3.b **Pont des Sarrasins**

Reprendre la voiture et, de Piazza S. Agostino, rejoindre Piazza Umberto I en passant par Via Roma. Prendre ensuite Via Garibaldi, tourner à gauche sur la SS 121 en suivant la direction Centuripe-Ragalbuto. Après 1 km, tourner à droite sur la SP 122. Au bout de 3 km, tourner de nouveau à droite sur la SP 94 (direction Bronte-Cesarò) et tout de suite après, à gauche, sur la route non goudronnée signalée par l'indication "per il ponte". *Le pont se trouve à 1,3 km de là.*

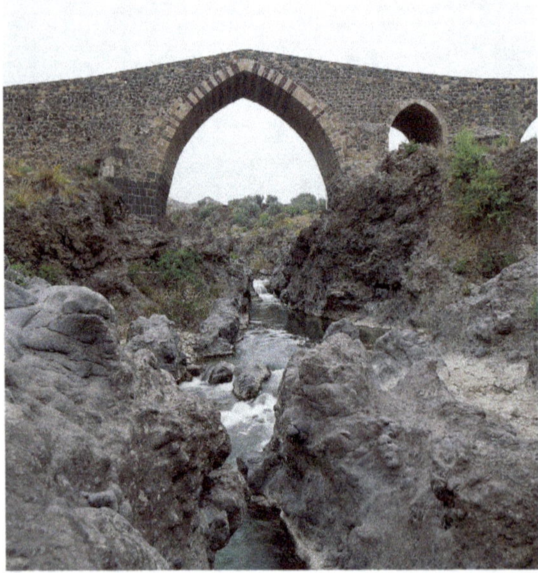

Pont des Sarrasins, vue de l'arche centrale, Adrano.

Le pont des Sarrasins, ainsi nommé parce qu'on pense qu'il fut fondé par les Arabes, fut peut-être construit sur des restes romains préexistants; il subit d'importants remaniements au XIVe siècle. D'une longueur de 362 m, il est constitué d'une charpente d'épaisseur modeste, soutenue par une séquence de quatre arches, de dimensions et de profil différents. Autrefois, le pont permettait la communication entre les fiefs de Mendolito et du Carcaci; un réseau viaire complexe, aujourd'hui en grande partie disparu, lui était lié. La grande arche centrale franchit avec élégance le lit du fleuve; pendant la saison sèche, celui-ci se caractérise par l'aspect tourmenté des parois rocheuses de ses gorges, résultant du brusque refroidissement du magma qui s'est déversé dans le cours d'eau, lors des éruptions de l'Etna. Avec la petite arche adjacente, en ogive, elle constitue la seule partie qui subsiste de la construction originale. Toutes les autres arches ont été plus ou moins reconstruites, y compris récemment; on a conservé l'alternance chromatique des claveaux (de pierre calcaire, claire, et de pierre lavique, noire) des arches.

X.4 **PATERNÒ**

X.4.a **Château normand**

D'Adrano, prendre la SS 284 et parcourir celle-ci jusqu'à Paternò. Rejoindre Piazza S.

Barbara, suivre la Via Provvidenza Virgillito Bonaccorsi et monter sur la colline. Une fois franchie la Porta Borgo, continuer en direction du Santuario della Consolazione et tourner à droite vers le cimetière, à proximité duquel on peut garer la voiture. On continue à pied et, une fois dépassée l'église de Cristo al Monte, on arrive au château normand. Horaires: 9:00-13:00.

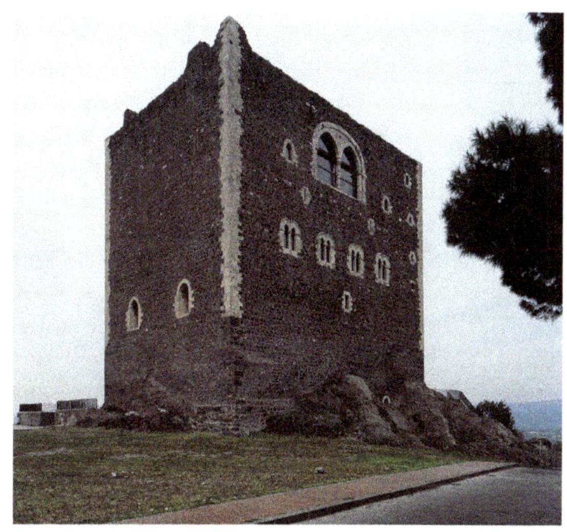

Château normand, vue générale, Paternò.

Le massif donjon se dresse sur une colline dominant l'habitat actuel de la petite ville, comme une sorte d'acropole.

Édifiée à l'initiative du comte Roger II en 1072, peut-être sur le lieu où existait déjà un fortin musulman (al-Muqaddasi en signalerait l'existence au Xe siècle), la forteresse normande devait rapidement transformer sa destination militaire d'origine en celle de précieuse résidence pour la cour princière – petite, mais raffinée – qui s'était formée autour du comte Enrico di Policastro et de sa femme Florinda, fille illégitime du grand comte. Des transformations substantielles, comme la construction d'un solide donjon en pierre de lave, eurent lieu à l'époque souabe. Le terrible tremblement de terre de 1169 avait, en effet, tellement endommagé l'édifice qu'au XIIIe siècle, il fit l'objet de transformations importantes, comme l'ouverture de quatre petites fenêtres géminées au premier étage, sur la façade est, et l'insertion au rez-de-chaussée, à côté des pièces destinées à la réserve pour les denrées et au logement du corps de garde, d'une chapelle dédiée à saint Jean-Baptiste; les parois de celle-ci conservent un cycle de peintures murales à la détrempe, datables entre la fin du XIIe et le début du XIIIe siècle

Château normand, chapelle Saint-Jean-Baptiste, détail de la peinture murale, Paternò.

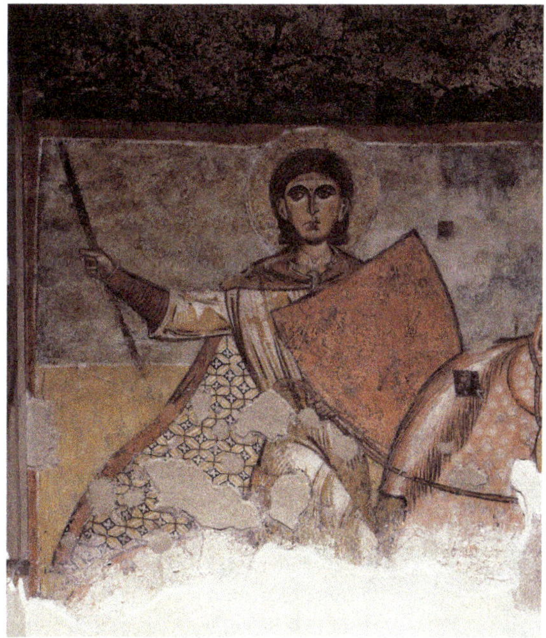

(ce qui confirme la datation normande, pour l'intérieur de l'édifice d'origine), récemment restaurées. Au premier niveau se trouve la vaste salle d'armes, couverte d'une voûte ogivale et éclairée par quatre élégantes fenêtres géminées percées dans le mur oriental et dotées de sièges. Il est possible que les deux énormes fenêtres géminées à arc ogival, dans la vaste salle du dernier niveau, remontent à la même époque (Frédéric II séjourna là quelque temps, entre 1221 et 1223); cela confirme la nouvelle vocation, résidentielle, de l'édifice.

X.5 SYRACUSE

Les Corinthiens y fondèrent une colonie au VIIIe siècle av. J.-C. L'installation urbaine réalisée par les Grecs était extrêmement régulière, caractérisée par des rues parallèles et orthogonales. Elle obtint le primat incontesté parmi les *poleis* de Sicile et fut une grande puissance de la Méditerranée hellénisée, au point de rivaliser avec Athènes.

Assiégée durant plus de deux ans par les Romains, elle tomba entre leurs mains en 212 av. J.-C.; ils y établirent le siège prétorial et la confirmèrent en tant que capitale de la Sicile.

Après une parenthèse barbare, elle fut reconquise par Bélisaire (535) et en 663 et 668, fut choisie comme résidence par Constant II, et désignée capitale de l'Empire romain d'Orient.

À l'époque byzantine, elle conserva le primat des villes siciliennes; dès leur débarquement (827), croyant que sa chute coïnciderait avec la conquête de toute la Sicile, les Arabes l'assiégèrent en vain durant plus d'un an, sous le commandement d'Assad Ibn al-Furat, mais ils ne la firent céder qu'au bout de plusieurs années, en mai 878, à la suite d'une bataille dévastatrice.

Pendant la période arabe, elle devint chef-lieu du Val di Noto, alors que se préparait la cession de son primat administratif à Palerme; sur les ruines du palais de l'exarque, les musulmans construisirent le château de Marieth, mentionné jusqu'au terrible tremblement de terre de 1544.

En 1038, le capitaine grec Giorgio Maniace réussit dans sa difficile entreprise visant à la restituer momentanément aux Byzantins, en comptant parmi ses mercenaires une troupe de Normands. Ces derniers, grâce à leur brève occupation de la ville et à leurs incursions dans les territoires de la Sicile sud-orientale, possédaient de nombreux éléments utiles à leur projet de reconquête contre les musulmans, qui devait débuter une vingtaine d'années plus tard.

Ils ne réoccupèrent Syracuse qu'en 1086, après avoir provoqué la fuite de l'émir Ibn 'Abbad (Benarvet), guerrier téméraire au centre de combats épiques durant l'épopée de la conquête normande; ils sont rapportés dans la chronique de Geoffroi Malaterra. Une fois la paix rétablie, ils y installèrent de nouveau l'évêché, en tant qu'autorité la plus éminente du centre, et recommencèrent à exploiter les potentialités du port de marchandises. Vers 1150, al-Idrisi y retrouve "des marchés, de grandes artères, des caravansérails, des thermes, de superbes édifices et de vastes places".

Frédéric II de Souabe, reconnaissant sa centralité sur les routes de la Méditer-

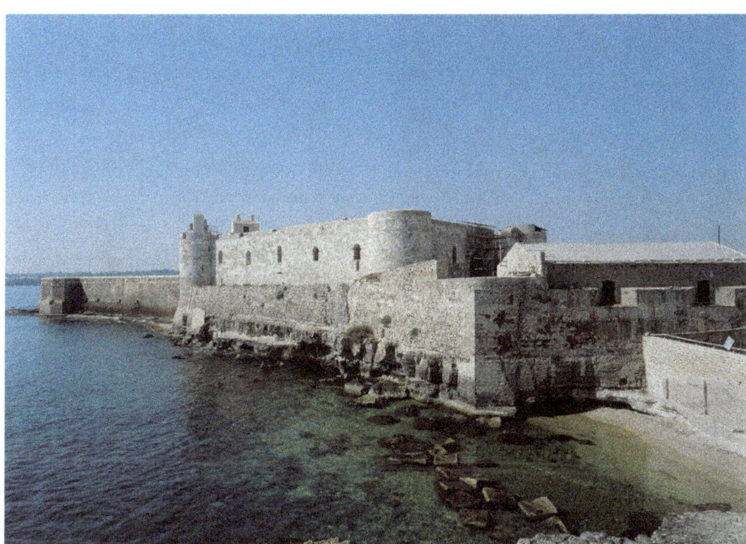

Château Maniace, vue générale, Syracuse.

ranée, en pressentit également la valeur stratégique, dans un dessein politique qui projetait l'empire vers l'Orient et, probablement, sa cour vers "la pointe extrême d'Ortygie". Mais les programmes de l'empereur s'interrompirent brusquement avec sa disparition (1250).

Château Maniace, hypothèse de reconstruction du plan, Syracuse.

X.5.a **Château Maniace**

De Paternò, prendre l'A 18 en direction Catania-sud. Sortir en suivant les indications pour Syracuse. Une fois entré dans la ville par Scala Greca, aller jusqu'au Corso Umberto I et traverser le pont Umbertino, qui relie Syracuse et Ortygie; tourner à droite Via dei Mille, puis à gauche Via Mazzini. Franchir la Porta Marina, parcourir le Passaggio Adorno et, arrivé Largo Aretusa, prendre Via Casello Maniace, qui conduit Piazza Federico di Svevia, où l'on peut garer la voiture.
En cours de restauration au moment de la rédaction de ce catalogue. Étant zone militaire, il ne peut être visité. Il est cependant possible d'obtenir une autorisation auprès de la Sovrintendenza de Syracuse.

Le plus ancien et le plus solennel des châteaux de l'époque de Frédéric II porte le nom du condottiere byzantin Giorgio Maniace, auquel on doit la fortification d'origine, érigée sur la pointe à l'extrême sud-est d'Ortygie, lieu naturellement inaccessible, magnifiquement tourné vers la mer et donc privilégié, dès l'Antiquité, en tant que poste

Syracuse

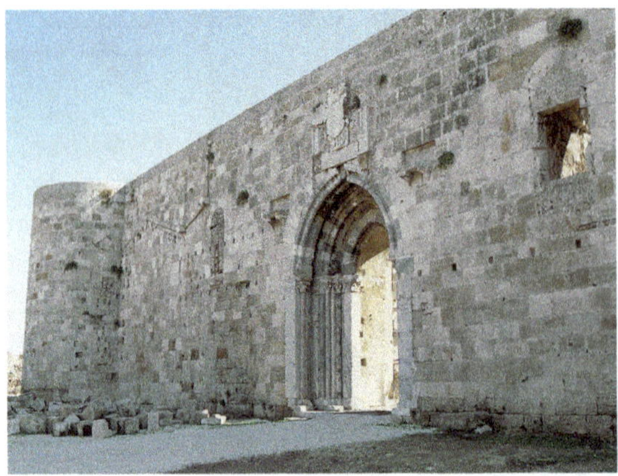

Château Maniace, accès, Syracuse (Publifoto, Palerme).

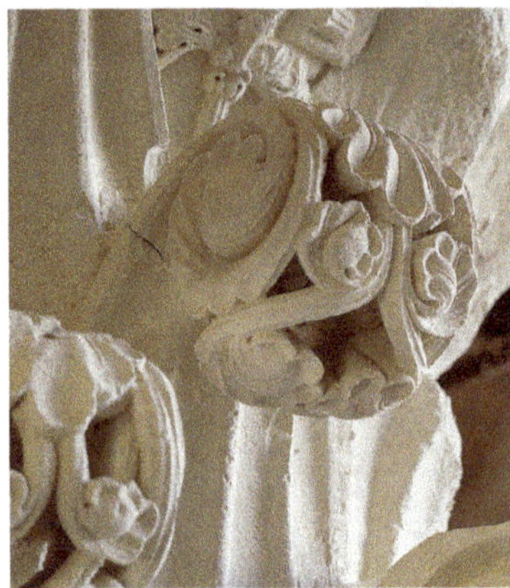

Château Maniace, détail de croquet, Syracuse.

défensif pour les habitants de Syracuse. Très proche, par sa forme parfaitement quadrilatère (la partie centrale du château mesure 41 m de côté) et par son plan, des fortifications de la tradition musulmane (al-Andarin en Syrie, Sousse en Tunisie), le château Maniace, dont la construction pourrait avoir commencé après la révolte guelfe de 1232, est mentionné pour la première fois dans la lettre que Frédéric II adresse de Lodi le 17 novembre 1239 à son *praepositus aedificiorum* Riccardo da Lentini, qui lui apprend que, en dehors du ravitaillement en munitions, la forteresse de Syracuse est déjà terminée. L'édifice ne subit pas de remaniements irréversibles durant les siècles qui suivirent sa fondation, et demeura à peu près intact jusqu'en 1693, date à laquelle un tremblement de terre bouleversa le sud-est de la Sicile et provoqua de gros dégâts; à ceux-ci s'ajoutèrent, moins de dix ans après – le 5 novembre 1704 –, les destructions bien plus graves provoquées par l'explosion accidentelle des poudres qui y étaient conservées. Les parties subsistantes, de toute façon très importantes, permettent de reconstituer l'organisation du plan d'origine, marqué par une rigueur mathématique exemplaire. Il s'agissait d'un carré, renforcé aux angles par des tours cylindriques qui jouaient le rôle de contreforts; la vaste salle intérieure, totalement dépourvue de divisions verticales, était subdivisée en vingt-cinq travées carrées, caractérisées par seize colonnes (mais étant donné leurs dimensions, il serait plus juste de parler de piliers cylindriques), disposées sur quatre rangées, toutes couvertes de voûtes à croisées nervurées, exception faite de la travée centrale, découverte, et donc conçue comme une petite cour, un *impluvium* autour duquel se disposait tout l'organisme architectural. On accédait à cette vaste salle unique par le magnifique portail ogival ouvert dans la façade nord, animé par l'articulation des ébrasements et la bichromie de l'archivolte, où alternent des claveaux en calcaire syracusain et d'autres en pierre de lave. Les deux consoles qui le flanquent soutenaient deux béliers de bronze, d'époque classique; l'un d'eux est conservé au Musée régional archéologique "Salinas" de Palerme (l'autre a été perdu, fondu pendant la révolution de 1848). Le blason placé en 1614 au sommet du portail porte les armoiries impériales de Charles Quint, qui, au milieu du XVIe siècle, fit exécuter des travaux afin d'accroître les capacités défensives du château.

En 1980, la découverte des bases ayant appartenu aux quatre piliers délimitant la travée centrale, celle occupée par l'*impluvium*, a révélé pour ceux-ci l'adoption d'une typologie plus élaborée de piliers fasciculés. Les murs, percés d'étroites fenêtres à double ébrasement (une par travée), étaient rythmés par des demi-colonnes qui complètent les travées les plus extérieures et par quatre cheminées monumentales, dont il ne reste que très peu de traces. Pratiquement au sommet de la salle intérieure s'ouvraient les accès aux escaliers hélicoïdaux (il ne reste que l'escalier ouest) réalisés à l'intérieur des tours d'angle cylindriques; aujourd'hui encore, ils conduisent au toit en terrasse, mais à l'origine, ils devaient permettre la liaison avec le deuxième niveau, dont l'existence est quasi certaine.

L'aspect de la réalisation et le choix des matériaux de construction est extrêmement soigné: nous en avons pour preuve les grands blocs calcaires des façades (beaucoup sont des remplois, tirés des nombreux monuments appartenant au passé glorieux de Syracuse), les cheminées, les impostes qui délimitent les passages, les sculptures des nervures et des chapiteaux. Le chantier devait être fréquenté par des artisans qualifiés: les graffitis présents sur de nombreux blocs l'attestent, car ils constituaient des signes de reconnaissance pour les tailleurs de pierre qui travaillaient avec une grande habileté. Le contraste chromatique obtenu par l'utilisation d'une pierre sombre pour les quartiers des voûtes d'arêtes et d'une pierre blanche pour les ogives des nervures témoigne du degré de raffinement et de maîtrise des architectes et des exécutants.

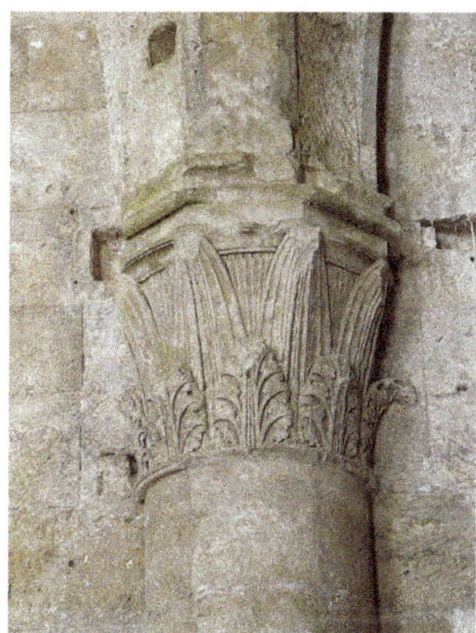

Château Maniace, croquet et nervures de la voûte, Syracuse.

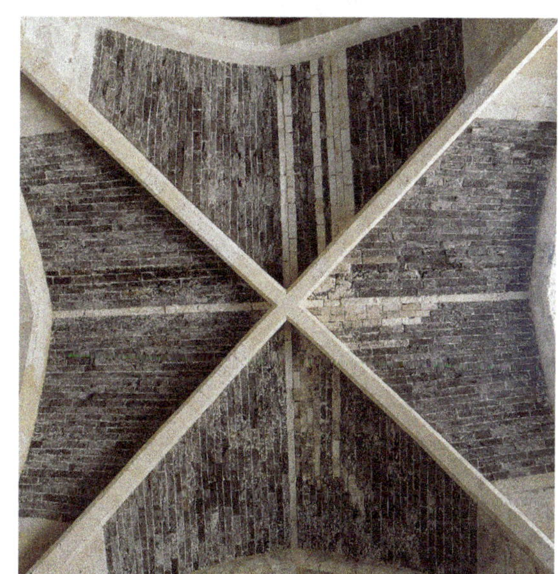

Château Maniace, voûte d'ogives, Syracuse.

GLOSSAIRE

Ambon — Petite tribune surélevée à l'entrée du chœur de certaines basiliques et églises anciennes, pupitre pour la lecture de l'Épître (à droite) et des Évangiles (à gauche).

Antititulo — Zone entre le transept et l'abside.

Baglio — (Mot italien.) Ensemble caractérisé par la présence d'une cour fermée par un mur d'enceinte, auquel s'adossent, du côté intérieur, les constructions pour la résidence, les provisions, les écuries et les ateliers.

Bema — Dans les églises byzantines, désigne la partie surélevée qui, située devant l'abside, est réservée au clergé officiant.

Cadi — Juge musulman.

Calife — (De l'arabe *khalifa*, "successeur" [du Prophète].) Souverain musulman, chef suprême de la communauté musulmane, tant au plan spirituel que temporel.

Caravansérail — Hôtellerie située le long des grandes voies de communication, destinée à héberger les voyageurs et à entreposer leurs marchandises.

Chambre du sirocco — Chambre typiquement sicilienne présente dans les palais ou les résidences nobiliaires, protégée du vent chaud, utilisée en été.

Chari' — Axe viaire principal.

Cheikh — Ancien, homme respecté pour son âge et ses connaissances; chef d'une école juridique; titre de quelques dignitaires religieux.

Clerestoire — Partie supérieure de l'élévation de la nef; percé de fenêtres, il permet l'éclairage naturel de la voûte.

Cornière — Partie angulaire d'un édifice, constituée de blocs de pierre de dimensions égales, disposées en assises horizontales.

Coufique — Forme d'écriture arabe angulaire très stylisée et souvent très décorative, utilisée pour la calligraphie des premiers Corans et les inscriptions fondatrices, supposée originaire de Koufa en Irak.

Dar al-Islam — Territoire, domaine, sphère de l'*islam* (la paix). Il comprend les pays où la loi de l'islam est en vigueur en matière de culte et de protection des fidèles; tout territoire où ne régnait pas l'islam était considéré comme territoire de guerre.

Diaconicon — Dans les églises, lieu situé à droite de l'abside, symétrique par rapport à la *prothesis*. Il est destiné aux diacres et à la collecte des offrandes des fidèles, aux archives, au dépôt des objets sacrés. L'ensemble des deux lieux, *prothesis* et *diaconicon*, est appelé *pastophoria*.

Diwan — Terme qui, dans le monde musulman, indiquait à l'origine un bureau administratif. Par la suite, il fut utilisé pour désigner la salle d'audience, de réception.

Ecclesia munita — Construction ecclésiastique fortifiée.

Émir — (De l'arabe *amir*.) Gouverneur, prince, dignitaire de haut rang.

Exonarthex — Vestibule extérieur précédant le *narthex*.

Fawwara — Source, jet d'eau.

Fondouk — Dans le nord de l'Afrique, hôtellerie (halle) pour les marchands et leurs bêtes de somme, entrepôt pour les marchandises et centre de commerce équivalent du *caravansérail* ou du *khan* de l'Orient islamique.

Gayto	(De l'arabe *qa'id.*) Officier *condottiere* ou chef militaire de haut rang, responsable administratif d'une province.
Hammam	Bain public ou privé.
Iwan	Salle voûtée, sans façade, avec des murs sur trois côtés et ouverte par un grand arc; grande niche voûtée à fond plat.
Jama'a	Assemblée, communauté.
Jihad	Effort en vue du perfectionnement moral et religieux. Il peut conduire au combat "sur le chemin de Dieu" contre les dissidents ou les païens. Guerre sainte menée pour protéger, défendre l'islam.
Ka'ba	(Litt. "cube".) Temple de La Mecque devenu le centre du culte islamique, vers lequel s'orientent les croyants en prière.
Khan	Auberge, gîte pour les voyageurs et les marchands sur les grandes voies de communication. Entrepôt et hôtellerie dans les agglomérations d'une certaine importance. Voir *fondouk* et *caravansérail.*
Khanqa	Monastère ou hôtellerie pour les soufis ou les derviches.
Koubba	(De l'arabe *qubba*, qui a donné "cuba" en italien.) Coupole. Par extension, monument élevé au-dessus de la tombe d'un saint ou d'un personnage de haut rang.
Madone Hodigitria	Appellation de la Vierge, celle qui guide, qui indique le chemin.
Madrasa	École de sciences islamiques (théologie, droit, Coran, etc.) et lieu d'hébergement pour les étudiants.
Mahal	Groupes de maisons, quartiers. Faubourgs qui s'étendaient à partir des fortifications urbaines.
Mastio	(Mot italien.) Tour fortifiée d'un château médiéval.
Mihrab	Niche située dans le mur de la *qibla* qui indique la direction de La Mecque vers laquelle les fidèles doivent se tourner pendant leurs prières.
Minbar	Chaire d'une mosquée d'où l'imam adresse le prêche (*khutba*) aux fidèles.
Mouqarnas	Ornement alvéolé en forme de stalactites qui décore les coupoles ou les niches et encorbellements d'un édifice.
Mu'allim	(Pl. *mu'allimun.*) Maître coranique; maître artisan.
Mu'askar	Territoire cultivé, avec des jardins et des maisons. Signifie également caserne, campement, garnison.
Muchatta	Galerie transversale de drainage dans les *qanats*. Système de distribution de l'eau qui mesure équitablement la partie revenant à chaque copropriétaire.
Muezzin	Fonctionnaire religieux musulman, chargé d'annoncer du haut du minaret de la mosquée les cinq prières quotidiennes.
Narthex	Grand vestibule intérieur donnant accès à la nef.
Naskhi	(Litt. "copié".) Nom de l'une des calligraphies les plus répandues dans l'alphabet arabe.
Opus incertum	Technique de construction des murs, à l'aide de pierres de dimensions différentes et aux contours irréguliers.

Polis	(Pl. *poleis.*) Ville-État de la Grèce antique.
Prothesis	Petit espace généralement situé sur le côté gauche de l'abside, dans la basilique byzantine, à l'opposé du *diaconicon*, et, comme celui-ci, saillant au-delà du périmètre de l'édifice. Voir *diaconicon*.
Qa'id	Commandant responsable de l'administration d'une province. Caïd.
Qanat	Conduite d'eau souterraine, partie d'un réseau de distribution.
Qasr	(Du latin *castrum.*) Palais, château.
Qibla	Direction de la *Ka'ba*, vers laquelle les croyants se tournent pour la prière. Mur de la mosquée dans lequel est situé le *mihrab* qui indique cette direction.
Redan	Brusque changement d'épaisseur (sur un mur ou un pilier), aussi bien sur une surface horizontale que sur une section verticale.
Ribat	Forteresse construite sur les zones frontières, d'où les guerriers religieux (moines-guerriers) qui l'habitaient partaient faire la guerre sainte (Afrique du Nord); hospice pour les pèlerins (Égypte mamelouke, Palestine et Syrie).
Sollazzo	(Mot italien, pl. *sollazzi.*) Lieu d'agrément.
Soufi	Mystique ou ascète musulman.
Souk	Marché.
Stratège	(Du grec *stratêgos.*) Général.
Sunna	(Litt. "tradition".) Pour l'islam orthodoxe, ensemble des traditions du Prophète sur lequel s'appuient les jurisconsultes et les théologiens pour préciser le contenu de la loi islamique qui émane du Coran.
Tabularium	(Mot latin, pl. *tabularia.*) Archives. Lieu où l'on conserve les documents les plus importants d'une institution.
Téménos	(Mot grec.) Enceinte sacrée, sanctuaire.
Thema	(Mot grec.) District, province.
Tribelon	Élément architectural formé de trois arcs reposant sur des colonnes.
Triforium	Dans les cathédrales romanes et gothiques, galerie, généralement dotée de fenêtres trilobées, ouverte le long des parois de la nef centrale, et qui se prolonge parfois le long du transept et du chœur.
Turbé	Mausolée, tombe.
Wali	Nom des gouverneurs des provinces musulmanes.
Waqf	Donation perpétuelle, concernant généralement des terrains et des propriétés, dont les revenus étaient destinés à l'entretien de fondations religieuses.
Zaouïa	Établissement dédié à un enseignement religieux tourné vers la formation des cheikhs, qui inclut le mausolée d'un saint et qui est construit à l'endroit où celui-ci a vécu.
Zellige	Petits azulejos de céramique émaillée, utilisés dans la décoration de monuments ou d'intérieurs.

PERSONNAGES HISTORIQUES

'Abbas Ibn Fadl (IXe siècle)
Condottiere musulman, il assiégea plusieurs forteresses byzantines, dont celle de Castrogiovanni, réputée imprenable.

'Abd Allah (IXe-Xe siècles)
Condottiere musulman. En 902, il s'empara du château de Taormine.

'Abd al-Rahman (VIIIe siècle)
Fils de Habib Ibn Abi 'Oubayda, en 740, avec un important régiment de cavalerie, il battit les Byzantins, assiégeant la ville de Syracuse.

Ahmad Abou al-Husayn (Xe siècle)
Émir fatimide, en 962 il conquit pour la deuxième fois Taormine, après que les chrétiens l'eurent de nouveau fortifiée.

Al-Hassan Ibn 'Ali (Xe siècle)
Émir, descendant de l'ancienne dynastie kalbide. À son arrivée en Sicile, en 948, il rétablit la paix. Il instaura un émirat héréditaire, durant un demi-siècle environ. La période kalbide correspond à l'épanouissement de la Sicile islamique, aussi bien sur le plan économique que sur le plan culturel.

Al-Idrisi (XIIe siècle)
Voyageur et écrivain arabe, géographe de Roger II, il écrivit *Le livre de Roger*.

Anaclet II (m. 1138)
Antipape (1130-1138), il échangea la couronne de Sicile avec Roger II, contre la réorganisation des diocèses siciliens.

Artale (XIIe siècle)
Puissante famille palermitaine à partir du XIVe siècle.

Assad Ibn al-Furat (IXe siècle)
Juriste, il débarqua le 17 juin 827 en Sicile, à la tête de l'expédition envoyée par Ziyadat, afin de venir en aide à l'officier byzantin rebelle Euphémios.

Balata (IXe siècle)
Officier byzantin, il battit le rebelle Euphémios.

Basile Ier le Macédonien (812-886)
Empereur byzantin de 867 à 886.

Charles d'Anjou (1226-1285)
Il conquit la Sicile grâce à l'argent fourni par le pape, qui utilisa sa flotte comme bras armé. Considéré comme un usurpateur au motif qu'il n'avait pas été élu, comme le veut la tradition, par les barons et par le peuple, il fut accusé de faire payer trop d'impôts; en réalité, les difficultés financières préexistaient à son arrivée.

Chiaramonte (XIVᵉ siècle)
Famille d'origine française; de 1300 à 1392, elle dirigea la seigneurie de Caccamo. Elle joua un rôle de premier plan dans la vie politique sicilienne, et favorisa la construction d'importants édifices civils. Son influence fut telle que l'ensemble de ce siècle est passé à l'histoire comme "époque Chiaramonte".

Constance de Hauteville (1154-1198)
Fille de Roger II et mère de Frédéric II. Son mariage avec Henri VI fit entrer l'Italie méridionale dans le giron de la maison souabe. En 1191, elle fut couronnée impératrice par le Saint Empire romain, à Rome.

Euphémios (IXᵉ siècle)
Officier des forces navales byzantines qui, à peine arrivé en Sicile, se révolta contre le stratège Constantin. Il s'autoproclama empereur. En 827, il demanda l'aide de l'émir Ziyadat, afin de conquérir la Sicile.

Gautier Offamilio (XIIᵉ siècle)
Archevêque de Palerme entre 1169 et 1190.

Geoffroi Malaterra (XIᵉ siècle)
Moine bénédictin normand. Roger le chargea d'écrire l'histoire de la première occupation normande et de la conquête de la Calabre et de la Sicile.

Georges d'Antioche (XIIᵉ siècle)
Il combattit au service de Muslim, prince de Mahdia. Il fut ensuite amiral de Roger II, et, de 1135 à 1153, il en commanda la flotte en Afrique et dans les territoires byzantins. À Palerme, il fut à l'origine de la construction de Santa Maria dell'Ammiraglio (la Martorana) et du pont sur le fleuve Oreto.

Giorgio Maniace (XIᵉ siècle)
Commandant de l'armée grecque débarquée en Sicile en 1038, envoyé par l'empereur Michel IV. Avant de lancer son attaque, il rassembla un détachement de Lombards et de guerriers normands en garnison à Salerne et conquit Messine, après un siège de courte durée. À Syracuse, il se battit contre Arcadio, capitaine des troupes sarrasines, remportant une série de victoires et faisant la conquête de treize villes. En 1040, il remporta une autre victoire, écrasante, sur les musulmans, mais fut trahi par son amiral Stefano, beau-frère de l'empereur, et envoyé enchaîné à Constantinople.

Guillaume Iᵉʳ de Hauteville (1120-1166)
Successeur de Roger II, il reçut le surnom de Mauvais, peut-être attribué par les barons à qui il limita les privilèges féodaux, et qui le firent emprisonner – il fut ensuite libéré sous la pression du peuple.

Guillaume II de Hauteville (1153-1189)
Dit le Bon (peut-être parce qu'il baissa les impôts des nobles). Il fut couronné roi en 1171.

Habib Ibn Abi 'Oubayda (VIIIᵉ siècle)
En 740, il débarqua en Sicile et, avec son fils 'Abd al-Rahman, faillit conquérir celle-ci, mais échoua car il fut contraint de retourner en Ifriqiya pour réprimer une révolte.

Henri VI (1165-1197)
Couronné empereur d'Allemagne en 1190, à la mort de son père Frédéric Ier, il gagna l'Italie et occupa la partie péninsulaire du royaume normand. En 1195, dans la cathédrale de Palerme, il fut couronné roi, mettant fin au royaume normand de l'Italie du Sud.

Ibn al-'Atir (XIIIe siècle)
Voyageur et chroniqueur arabe.

Ibn al-Hawwas (Belcamet) (XIe siècle)
Émir, il gouverna la partie centrale de la Sicile, dont le siège se trouvait à Enna. Il chassa Betumen, émir de la partie sud-est de l'île.

Ibn al-Thumna (Betumen) (XIIe siècle)
Émir de la Sicile sud-orientale. Chassé par l'émir Belcamet, il se réfugia à Reggio et poussa Roger de Hauteville à conquérir la Sicile, lui offrant son aide et sa connaissance du territoire.

Ibn Hawqal (Xe siècle)
Voyageur de Bagdad, il visita la Sicile de 972 à 973, laissant un intéressant compte rendu de l'islamisation en cours.

Ibn Jubayr (Benjamin de Tudèle) (XIIe siècle)
Voyageur juif espagnol, il visita la Sicile entre 1184 et 1185, laissant plusieurs descriptions concernant la vie sociale de cette époque.

Ja'far II (Xe siècle)
Gouverneur de Sicile sous l'émirat de son père Abou al-Fatah Youssouf Ibn 'Abd Allah. Il tenta à plusieurs reprises de s'emparer de l'Italie méridionale en attaquant avec sa flotte, mais sans succès, Bari (996) et Tarente (997). Ayant enfin occupé Salerne et dévasté les châteaux voisins, son armée fut mise en déroute par les Normands. Il fut impitoyable avec ses sujets, qui se soulevèrent contre lui et obtinrent que son frère al-Hachal lui succède.

Jawhar (Xe siècle)
Condottiere sicilien, d'abord mercenaire à la solde de Byzance, puis tombé en disgrâce. En Afrique, il se convertit à l'islam, devint secrétaire affranchi du calife Abou Tamim Ma'add et participa activement au renforcement de l'empire fatimide et à la fondation urbaine d'al-Qahira (Le Caire). En 970, il commença la construction de la mosquée (al-Azhar) de la ville, qui fut achevée en 972: sur l'imposte de la coupole, il fit poser une inscription à la mémoire des fondateurs.

Judith de Hauteville (XIIe siècle)
Fille de Roger, elle fit construire l'église de la Madonna dell'Alto ou des Giummare (mot sicilien qui signifie "palmier nain") à Mazara del Vallo, et de San Nicolò la Latina.

Khalil Ibn Ishaq (Xe siècle)
Gouverneur fatimide, il fit élever vers 937 la deuxième ville fortifiée de Palerme, al-Khalisa (l'Élue), qui devint le centre de l'activité politique, le siège des émirs et des bureaux administratifs.

Maione da Bari (XIIe siècle)
Amiral, homme de confiance de Guillaume Ier. Commanditaire de l'église San Cataldo.

Mokarta (XIe siècle)
Commandant des troupes islamiques engagées dans des actes de piraterie dans le but de reconquérir l'île, il fut définitivement battu en 1075 lors d'une bataille épique, conduite par le comte Roger dans la ville de Mazara del Vallo.

Muhammad Ibn 'Abbad (XIIIe siècle)
Émir, il devint, dans les premières années du XIIIe siècle, un chef reconnu par tous les musulmans. Il fit frapper sa propre monnaie d'argent, poursuivant, en même temps, une lutte acharnée contre Henri VI et Frédéric II.

Muhammad Ibn 'Abd Allah (IXe siècle)
Envoyé par l'émir en tant que *wali*, son représentant légitime, il conquit Palerme et plusieurs autres villes siciliennes. Les premières monnaies arabes de Sicile furent frappées en son nom, et en celui de l'émir.

Raimondo Peralta (XIVe siècle)
Amiral de Pierre II d'Aragon, il fit construire le château d'Alcamo.

Riccardo da Lentini (XIIIe siècle)
Architecte de Frédéric II.

Robert Guiscard de Hauteville ("l'Avisé") (1015-1085)
Prince de toute la Pouille et duc de Calabre, fils de Tancrède de Hauteville. Il gouverna à Palerme pour une courte période, en tenant compte des différentes cultures et des religions en présence.

Roger de Hauteville (1031-1101)
Dernier-né de Tancrède de Hauteville. En 1059, il rejoignit en Italie son frère Robert Guiscard et, en 1071, fut élu grand comte de Calabre et de Sicile. Il poursuivit la politique de son frère, accorda des prébendes et des dons aux monastères afin qu'ils continuent à transformer les mosquées en églises, et finança la restauration des cathédrales. On lui doit une des périodes les plus prospères pour la Sicile, et quelques-uns des monuments les plus importants de cette période (la cathédrale de Cefalù, le monastère de San Giovanni degli Eremiti, la chapelle Palatine de Palerme).

Roger II de Hauteville (1095-1154)
Fils de Roger de Hauteville et d'Adélaïde del Vasto. Il consolida et étendit le royaume paternel. En 1130, il fut couronné roi à Palerme et promulgua une série de lois, dites "Les assises d'Ariano". Son règne constitua un modèle pour les monarchies nationales qui lui succédèrent.

Ziyadat Allah Ier (IXe siècle)
Émir, il lança une expédition en Sicile en 820, dont il rapporta un important butin. Il aida également Euphémios avec une seconde expédition, dans le but de conquérir la Sicile.

ORIENTATION BIBLIOGRAPHIQUE

ADRAGNA, V., *Erice*, Marsala, 1985.

AGNELLO, G., *L'architettura civile e religiosa in Sicilia nell'età Sveva*, Rome, 1961.

AL-IDRISI, *Il libro di re Ruggero*, traduit et annoté par U. Rizzitano, Palerme, 1966.

AMARI, M., *Le epigrafi arabiche di Sicilia*, 1875, réimpr. Palerme, 1971.

AMARI, M., *Storia dei Musul-mani di Sicilia* 3 vol., Florence, 1854-1868.

AMARI, M., *Biblioteca arabo-sicula*, 2 vol., Turin, 1880-Rome, 1881.

AMATO DI MONTECASSINO, *Ystoire de li Normant et la Chronique de Robert Viscart* (V. de Bartholomaeis éd.), Fonti per la storia d'Italia pubblicate dall'Istituto Storico Italiano, LXXVI, Rome, 1935.

AMICO, V., *Dizionario topografico della Sicilia*, traduit du latin et annoté par G. Di Marzo, Palerme, 1855.

ANASTASI, L., *L'arte nel parco reale normanno di Palermo*, Palerme, 1935.

ANDALORO, M. (éd.), *Federico e la Sicilia: dalla terra alla corona*, vol. 2, *Arti figurative e arti suntuarie*, Syracuse-Palerme, 1995.

ARATA, G. U., *L'architettura arabo-normanna e il Rinascimento in Sicilia,* Milan, 1914.

BASILE, F., *L'architettura della Sicilia Normanna*, Catane, 1975.

BELLAFIORE, G., *La Cattedrale di Palermo,* Palerme, 1976.

BELLAFIORE, G., *Architettura in Sicilia nelle età islamica e normanna (827-1194)*, Palerme, 1990.

BLAIR, S., BLOOM, J. M., *Arte y arquitectura del Islam 1250-1800*, Madrid, 1999.

BOITO, C., "Le chiese del XII secolo in Sicilia", in *L'Architettura del Medioevo in Italia,* Milan, 1880, pp. 68-114.

BOTTARI, S., *I mosaici della Sicilia,* Catane, 1943.

BOTTARI, S., "L'architettura del Medioevo in Sicilia", in *Atti del VII Congresso Nazionale di Storia dell'Architettura*, Palerme, 1955, pp. 109-154.

CALANDRA, E., "Chiese siciliane del periodo normanno", in *Palladio*, V, 1941, pp. 232-239.

CALANDRA, R., LA MANNA, A., SCUDERI, V., MALIGNAGGI, D., *Palazzo dei Normanni*, Palerme, 1991.

CANALE, C. G., *Strutture Architettoniche Normanne in Sicilia*, Palerme, 1959.

CASAMENTO, A., DI FRANCESCA, P., GUIDONI, E., MILAZZO, A., *Vicoli e cortili, tradizione islamica e urbanistica popolare in Sicilia*, Palerme, 1984.

CENTRO REGIONALE ICD, *Castelli medievali di Sicilia. Guida agli itinerari castellani dell'isola*, Palerme, 2001.

CIOTTA, G., "Chiese basiliane in Sicilia", in *Sicilia*, 80, 1976, pp. 14-20.

DE BLASI, I., *Della opulenta citta di Alcamo*, Alcamo, 1880.

DEL GIUDICE, M., *Descrizione del real tempio e monastero di Santa Maria Nuova in Monreale*, Palerme, 1702.

DE PRANGEY, G., *Essai sur l'architecture des Arabes et des Mores, en Espagne, en Sicile et en Barbarie,* Paris, 1841.

DI GIOVANNI, V., *La topografia antica di Palermo dal secolo X al XV*, 2 vol., Palerme, 1889-1890.

DI MARZO, G., *Delle Belle Arti in Sicilia. Dai normanni alla fine del secolo XIV*, Palerme, S. Di Marzo, 1858, vol. 1, livre I, pp. 77-135, livre II, pp. 137-205.

DI STEFANO, C. A., CADEI, A. (éds.), *Federico e la Sicilia: dalla terra alla corona. Archeologia e architettura*, Syracuse-Palerme, 1995.

DI STEFANO, G., *Monumenti della Sicilia Normanna,* Palerme, 1955; W. Krönig éd., Palerme, 1979.

D'ONOFRIO, M. (éd.), *I Normanni popolo d'Europa 1030-1200*, Venise, 1994.

ETTINGHAUSEN, R., GRABAR O., *Arte y arquitectura del Islam 650-1250*, Madrid, 1997.

FAZELLO, T., *De rebus Siculis Decades duae,* Palerme, 1558.

FILANGERI, C., *Monasteri basiliani di Sicilia,* Messine, 1979.

GABRIELI, F., SCERRATO U. (éds), *Gli Arabi in Italia: cultura, contatti e tradizioni,* Milan, 1979.

GALLY KNIGHT, H., *The Normans in Sicily*, Londres, 1838.

GANGEMI, G., LA FRANCA R., *Centri storici di Sicilia*, Palerme, 1978.

GIUFFRÉ, M., *Castelli e luoghi forti di Sicilia XII-XVII secolo*, Palerme, 1980.

GOLDSMITH, A., "Die Normannischen Königspalaste in Palermo", in *Zeitschrift für Bauwesen* XLVIII, 10-12, 1898.

GRAVINA, D. B., *Il duomo di Monreale*, Palerme, 1859-1870.

GREGORIO, R., "Considerazioni sopra la storia di Sicilia dai tempi normanni sino ai pressenti", in *Opere Scelte*, Palerme, 1853.

GUIDONI, E., *La città europea, formazione e significato, dal IV al XI secolo*, Milan, 1978.

KRAUTHEIMER, R., *Architettura paleocristiana e bizantina*, Turin, 1986.

KRÖNIG, W., *Il castello di Caronia in Sicilia*, Rome, 1977.

KURAN, A., *Mimar Sinan*, Istanbul, 1986.

LA DUCA, R., *Il Palazzo dei Normanni*, Palerme, 1997.

LO FASO PIETRASANTA, D., duc de Serradifalco, *Del Duomo di Monreale e di altre Chiese siculo-normanne*, Palerme, 1838.

MALATERRA, G., *Imprese del conte Ruggero e del fratello Roberto il Guiscardo*, trad. Elio Spinnato, Palerme, 2000.

MANIACI, A., *Palermo capitale normanna*, Palerme, 1994.

MARÇAIS, G., *Manuel d'art musulman. L'architecture, Tunisie, Algérie, Maroc, Espagne, Sicile*, vol. 1, *Du IXe au XIIe siècle*, Paris, 1926.

MAURICI, F., *Breve storia degli Arabi in Sicilia*, Palerme, 1995.

MAURO, E., *Le ville a Palermo*, Palerme, 1992.

MAZZARELLA, S., ZANCA S., *Il libro delle torri*, Palerme, 1985.

MELI, A., *Istoria antica e moderna della citta di S. Marco* (O. Bruno éd.), 2e éd. augmentée, Messine, 1991.

MERCADANTE, F., *Da Balarm Palermo a Giazìrah Isola. Il Porto di Gallo ritrovato*, Palerme, 2001.

NEGRO, F., VENTIMIGLIA, C. M., *Atlante di città e fortezze del Regno di Sicilia, 1640* (N. Aricò éd.), Messine, 1992.

NORWICH, J. J., *I Normanni del Sud (1016-1130)*, Milan, 1971.

NORWICH, J. J., *Il Regno del Sole (1130-1194)*, Milan, 1974.

PALERMO, G., *Guida istruttiva per potersi conoscere con facilita tanto dal siciliano che dal forestiere tutte le magnificenze e gli oggetti degni di osservazione della citta di Palermo*, Palerme, 1816.

POTTINO, F., "Musaici e pitture nella Sicilia normanna. L'età di Ruggero II", in *Archivio Storico Siciliano*, LII, 1932, pp. 34-82.

QUARTARONE, C., "Tessuti e castelli", in *Tessuti e castelli in Sicilia*, Cefalù, 1986, pp. 15-17.

RIZZITANO, U., *La cultura araba nella Sicilia saracena*, Vicenza, 1962.

ROMANINI, A. M., CADEI A. (éds), *L'architettura medievale in Sicilia: la Cattedrale di Palermo,* Rome, 1994.

RYOLO, D., "I bagni di Cefalà", in *Sicilia Archeologica*, IV, 15, 1971, pp. 19-32.

SALINAS, A., *La collana bizantina del Museo di Palermo rinvenuta a Campobello di Mazara*, Palerme, 1886.

SANTORO, R., *La Sicilia dei castelli. Le difese dell'isola dal VI al XVIII secolo, storia e architettura*, Palerme, 1985.

SCUDERI, V., *Arte medievale nel Trapanese*, Trapani, 1978.

SESSA, E., *Le chiese a Palermo,* Palerme, 1995.

SIRAGUSA, G. B, *Il regno di Guglielmo I in Sicilia illustrato con nuovi documenti*, Palerme, 1929.

SÖNMEZ, Z., *Başlangıcıdan 16. Yüzyıla Kadar Anadolu-Türk Islam Mimarisinde Sanatçılar*, Ankara, 1995.

SPATRISANO, G., *Lo Steri di Palermo e l'architettura siciliana del Trecento*, Palerme, 1972.

TRAMONTANA, S., *La monarchia normanno-sveva*, Turin, 1986.

VALENTI, F., "L'arte nell'era normanna", in *Il Regno Normanno,* conférences tenues à Palerme pour le VIIIe Centenaire du couronnement de Roger roi de Sicile, Messine, 1932.

VIOLLET-LE-DUC, E., *Le voyage d'Italie d'Eugène Viollet-Le-Duc, 1836-1837*, Florence, 1980.

ZANCA, A., *La cattedrale di Palermo*, Palerme, 1952.

AUTEURS

Nicola Giuliano Leone

Professeur titulaire d'Urbanisme, il a été directeur du département "Histoire et projet dans l'architecture" de l'Université de Palerme; il est doyen de la Faculté d'Architecture. Membre actif de l'INU, lauréat du prix IN/ARCH 1989 pour une intervention à échelle urbaine, il a exercé des activités professionnelles, en tant que consultant et chercheur, pour des organismes publics et locaux des régions Sicile, Toscane, Marches, Campanie, pour la Région VIII du Chili, pour la ville d'Aréquipa au Pérou, et a occupé de nombreuses charges publiques. Il est actuellement vice-président du Comité technique et scientifique pour la formation du "Plan territorial, urbanistique et régional de la Sicile". Parmi ses nombreuses publications, signalons: *Forma ed economia nelle scuole di Architettura - Urbanistica*, Palerme, 1979; *Logos e Topos*, Naples, 1981; *Il disegno e la regola*, Palerme, 1988; *Cuadro Estratégico Territorial de la Recuperación y Desarrollo de la cuenca del Río Bio-Bio*, Concepción-Cile 1993; *Le aree metropolitane Siciliane - verso quale governo*, Palerme, 1996; "Città e architetture dall'eredità del barocco agli eclettismi contemporanei", in *Storia della Sicilia*, t. X, Rome, 2000.

Eliana Mauro

Architecte, directeur de recherche en Histoire de l'architecture et Conservation des biens architecturaux, diplômée en *Archivistica, Paleografia e Diplomatica* des Archives d'État de Palerme, historienne directrice de l'Architecture à la Direction régionale des Biens culturels et environnementaux de Palerme, elle est, depuis 2002, inspecteur en chef pour les Biens culturels et environnementaux de la région Sicile. Elle enseigne la Restauration du jardin historique à l'École de spécialisation en architecture des jardins de l'Université de Palerme. Elle participe au catalogage des archives d'architecture de la dotation Basile-Ducrot et du fonds Salvatore Caronia Roberti de l'Université de Palerme. Elle a supervisé plusieurs interventions de restauration sur des édifices monumentaux et a participé à la Biennale de Venise en 1980, et à la XVIIe Triennale de Milan en 1987. Parmi ses publications, rappelons *Il Villino Florio di Ernesto Basile*, Palerme, 2000, et, avec E. Sessa, les catalogues des expositions "Giovan Battista Filippo ed Ernesto Basile. Settant'anni di architetture. I disegni restaurati della Dotazione Basile" et "Ernesto Basile a Montecitorio", Rome-Palerme, 2000.

Carla Quartarone

Architecte, professeur associé d'Urbanisme, elle enseigne à la Faculté d'Architecture de l'Université de Palerme. Elle a réalisé des expériences de projet urbanistique dans des zones historiques d'intérêt spécifique et a participé à des programmes de valorisation des ressources culturelles destinés à promouvoir un tourisme de qualité (en Toscane, dans les Marches, en Sicile et dans la Région VIII du Chili). Elle a publié des articles dans des revues spécialisées (*L'Ufficio Tecnico*, *Parametro*, *Urbanistica*) et plusieurs ouvrages, parmi lesquels *Il parco minerario dell'Isola d'Elba*, éd. Marsilio, et *Il territorio guidato: il Monte Pellegrino a Palermo*, éd. Ila Palma. Comme déléguée du département "Histoire et projet dans l'architecture" de l'Université de Palerme, elle a dirigé les cours post-laurea des projets "Atelier du patrimoine sicilien" et "Itinéraire de l'art islamique", co-financés par la FSE.

Ettore Sessa

Architecte, chercheur en Histoire de l'architecture à l'Université des Études de Palerme, il enseigne depuis 1990 l'Histoire de l'architecture (ancienne et médiévale, moderne et contemporaine) dans les Facultés d'Architecture de Palerme et de Syracuse; il est titulaire du cours d'Histoire de l'art des jardins à l'École de spécialisation en architecture des jardins à l'Université de Palerme. Il a collaboré à des expositions d'architecture (Biennale de Venise 1980, Triennale de Milan 1987). Il est responsable scientifique de la Dotation Basile-Ducrot et du Fonds Salvatore Caronia Roberti de l'Université des Études de Palerme; il a conduit des études sur l'histoire de l'architecture sicilienne médiévale et contemporaine, publiant une centaine d'essais et d'articles, ainsi que des livres. Parmi ceux-ci, citons: *Mobili e arredi di Ernesto Basile nella produzione Ducrot*, Palerme 1981; *Ducrot. Mobili e arti decorative*, Palerme, 1989; *Le Chiese a Palermo*, Palerme, 1995; *Giovan Battista Filippo ed Ernesto Basile*; *Settant'anni di architetture. I disegni restaurati della Dotazione Basile. 1859-1929*, Palerme, 2000; *Ernesto Basile a Montecitorio*, Rome-Palerme, 2000 (avec E. Mauro).

Nuccia Donato
Architecte, elle travaille depuis 1997 aux Archives de dessins de la Dotation Basile-Ducrot et du Fonds Salvatore Caronia Roberti de la Faculté d'Architecture de Palerme. Elle collabore aux cours d'Histoire de l'architecture (contemporaine, ancienne et médiévale) dispensés en licence d'Architecture à Agrigente. Elle a coordonné le groupe de travail pour le classement, le fichage et le catalogage des dessins de l'exposition "Ernesto Basile a Montecitorio e i disegni restaurati della Dotazione Basile" qui s'est tenue à Rome, Palazzo Montecitorio, en octobre 2000. Elle a publié des essais sur l'histoire de l'architecture médiévale et contemporaine, entre autres *Palermo e la sua "corona di ferro"*, Palerme, 1995.

Gaetano Rubbino
Architecte, directeur de recherche en Histoire de l'architecture, il travaille depuis 1996 aux Archives de dessins du Fonds Salvatore Caronio Roberti et de la Dotation Basile-Ducrot à la Faculté d'Architecture de Palerme. Consultant pour les Biens architecturaux et urbanistiques de la Sicile orientale pour la Province régionale de Messine, il a été, de 1999 à 2001, professeur sous contrat à la Faculté d'Architecture de Reggio de Calabre. Actuellement, il enseigne en licence d'Architecture à Agrigente. Il conduit des études et des recherches dans le domaine de l'histoire de l'architecture ancienne et médiévale. Parmi ses publications, citons *The so-called "SS. Salvatore's" church in Rometta* (1997); *La costruzione di "Roma Christiana": da Papa Damaso a Sisto III (367-440)* (1999); *Il ruolo delle strutture voltate nella definizione di un "senso romano dello spazio"* (2000).

Les Itinéraires-Exposition *Museum With No Frontiers (MWNF)* L'ART ISLAMIQUE EN MÉDITERRANÉE et les guides thématiques associés

Ce cycle international d'Expositions Musée Sans Frontières permet de découvrir les secrets de l'art islamique, son histoire, ses techniques de construction, son inspiration religieuse.

Portugal

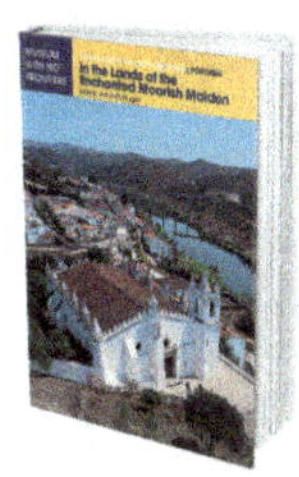

DANS LES TERRES DE LA MAURE ENCHANTÉE. L'art islamique au Portugal.
Huit siècles après la «Reconquête», les villages de l'ancien *Gharb al-Andalus* perpétuent la légende d'une belle princesse mauresque dont l'enchantement était invariablement rompu par un prince chrétien : le souvenir artistique de la présence musulmane au Portugal s'exprime aussi par une subtile symbiose avec les techniques constructives et les programmes décoratifs de l'architecture populaire régionale. L'exposition fournit au visiteur une vision claire de cinq siècles de civilisation islamique (califale, mozarabe, almohade, mudéjare). De Coïmbra aux confins méridionaux de l'Algarve, palais, mosquées christianisées, fortifications et centres urbains témoignent de la splendeur d'un passé glorieux.

Turquie

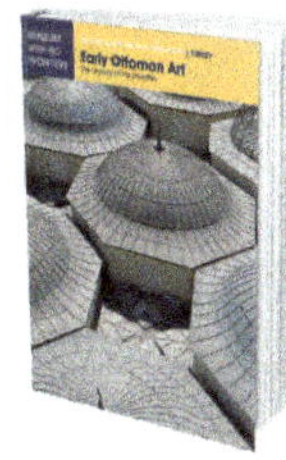

GENÈSE DE L'ART OTTOMAN. L'héritage des émirs.
Cette exposition privilégie les œuvres et les monuments représentatifs d'une époque majeure de l'Anatolie occidentale, véritable pont culturel et artistique entre les civilisations européennes et asiatiques. Aux XIVe et XVe siècles, la transition vers une société turco-islamique conduit les artistes des émirats turcs à élaborer les prémisses d'une brillante synthèse qui culminera dans un art ottoman extraordinairement productif.

Maroc

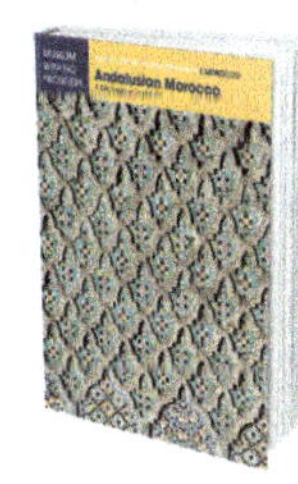

LE MAROC ANDALOU. À la découverte d'un art de vivre.
Dès le début du VIIIe siècle, l'islam marocain porte ses regards au-delà des colonnes d'Hercule et s'installe sur la péninsule Ibérique. Les deux rives partagent dès lors leur destin. De l'incessant mouvement d'échanges culturels, humains et commerciaux qui animera ce Maghreb extrême pendant plus de sept siècles naîtra l'un des plus brillants foyers de la civilisation musulmane, et un art authentiquement hispano-maghrébin qui a laissé des traces dans une architecture monumentale flamboyante, mais aussi dans un urbanisme et des traditions d'un raffinement extrême. L'exposition reflète la richesse historique et sociale de la civilisation andalouse du Maroc.

Tunisie

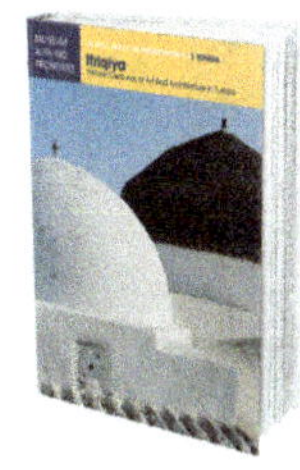

IFRIQIYA. Treize siècles d'art et d'architecture en Tunisie.
Dès le IXe siècle, sans aucune rupture avec les traditions héritées des Berbères, des Carthaginois, des Romains et des Byzantins, Ifriqiya a été en mesure d'assimiler et de réinterpréter les influences de la Mésopotamie —à travers la Syrie et l'Égypte— et de l'Andalousie : une forme unique de syncrétisme abouti dont les témoignages abondent dans l'actuelle Tunisie, de la majesté des résidences beylicales de la capitale à la rigueur architecturale de l'ibadisme jerbien. *Ribat,* mosquées, médinas, zaouïas, *ksour,* et *ghorfas* jalonnent une terre pétrie d'histoire.

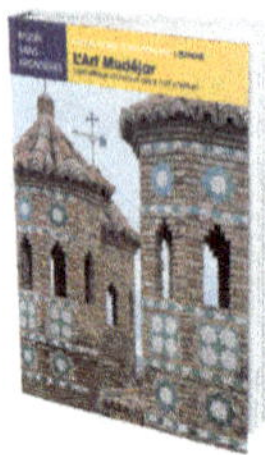

Espagne

Andalousie, Aragon, Castille La Manche, Castille et Léon, Extrémadure, Madrid

L'ART MUDÉJAR. L'esthétique musulmane dans l'art chrétien.

L'art des Mudéjars (population musulmane restée en al-Andalus après la Reconquête) tient incontestablement une place singulière parmi toutes les expressions de l'art islamique : il est la manifestation visible d'une réelle cohabitation culturelle, d'une forme de compréhension entre deux civilisations qui, au-delà de leur antagonisme politique et religieux, vécurent une romance artistique féconde. Appliquant des schémas rigoureusement islamiques, les maîtres d'œuvre et artisans mudéjars, célèbres pour leur remarquable savoir-faire dans l'art de construction, ont bâti pour des nouveaux venus chrétiens d'innombrables palais, couvents et églises. Les œuvres sélectionnées, par leur variété et leur abondance, témoignent de l'exubérante vitalité de l'art mudéjar.

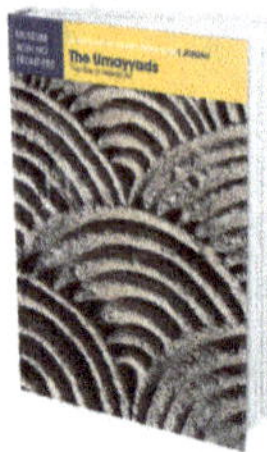

Jordanie

LES OMEYYADES. Naissance de l'art islamique.

Après la conquête arabo-musulmane du Moyen-Orient, le siège de la dynastie omeyyade (661-750) fut transféré à Damas où la nouvelle capitale hérita d'une tradition culturelle et artistique remontant au moins aux périodes araméenne et hellénistique. La culture omeyyade a ainsi bénéficié du déplacement des frontières entre la Perse et la Mésopotamie, et entre les pays du monde méditerranéen : une situation propice à l'émergence d'un langage artistique novateur dans lequel le subtil métissage des influences hellénistiques, romaines, byzantines et persanes produit un ordre architectural et décoratif parfaitement original. À travers la diversité des oeuvres présentées, l'exposition fournit aussi l'occasion d'une intéressante réflexion sur l'iconoclasme.

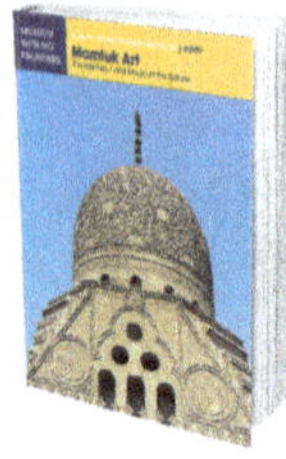

Égypte

L'ART MAMELOUK. Splendeur et magie des sultans.

Sous la domination mamelouke (1249-1517), l'Égypte devient un opulent centre de passage et de routes commerciales. De grandes richesses arrivent au pays. Le Caire est l'une des villes les plus puissantes du bassin Méditerranéen, l'une des plus sûres et des plus stables. Des érudits du monde entier viennent s'y installer, attirant à leur suite disciples et étudiants. L'architecture et l'art décoratif mamelouks témoignent de la vitalité commerçante, intellectuelle, militaire et religieuse de la période. Caractérisées par une élégante et vigoureuse simplicité, dont la pureté des lignes approche les canons modernes, les œuvres sélectionnées entre le Caire, Rosette, Alexandrie et Foua représentent l'apogée de l'art mamelouk.

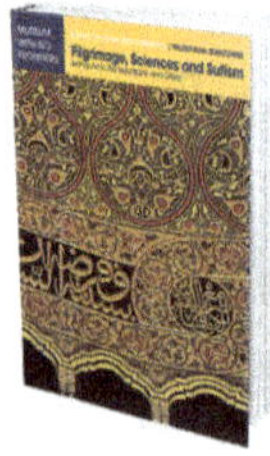

Autorité Palestinienne

PÈLERINAGE, SCIENCES ET SOUFISME. L'art islamique en Cisjordanie et à Gaza.

Sous le règne des dynasties ayoubides, mamelouke et ottomane, d'innombrables pèlerins affluent en Palestine de tous les horizons du monde musulman, et ce fort courant de religiosité donne un essor décisif au développement de la pensée soufi à travers les *zawiyas* et les *ribats* qui se multiplient par tout le pays. Accueillant les plus grands érudits, de nombreux centres d'études jouissent d'un prestige considérable et favorisent l'épanouissement d'un art raffiné qui conserve encore aujourd'hui tout son pouvoir de fascination. Les monuments et l'architecture islamique proposés par l'exposition, reflètent clairement ces dimensions majeures de pèlerinage, de la science et du soufisme.

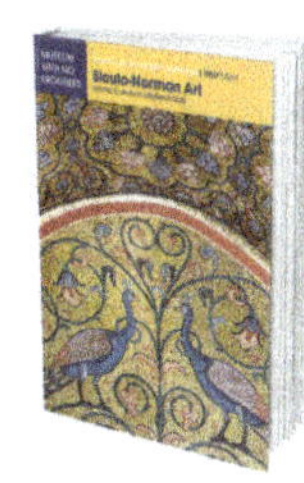

Italie Sicile

L'ART ARABO-NORMAND. La culture islamique en Sicile médiévale.

Au centre de la Méditerranée, la Sicile est une terre de rencontres où diverses cultures se sont rencontrées et modifiées avant d'atteindre une nouvelle harmonie. Uniques dans le panorama européen, les réalisations architecturales arabo-normandes sont aussi relativement différentes de celles rencontrées dans le monde islamique. L'exposition les présente sous l'angle de leur unicité, et propose des codes d'interprétation permettant de les identifier. Le visiteur attentif n'en apprécie que mieux l'admirable fusion d'éléments issus des sphères culturelles byzantines, arabe et normande en œuvre dans cet art, aussi spécifique que raffiné.

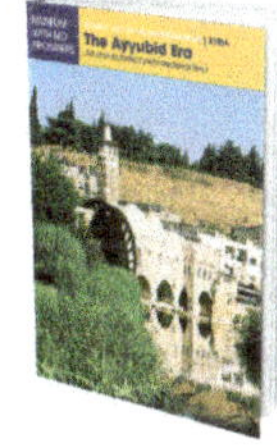

Syrie

THE AYYUBID ERA. Art and Architecture in Medieval Syria.

Ce nouveau guide de voyage MWNF a été conçu peu de temps avant le début du conflit. Par conséquent, tous les textes se réfèrent à la situation antérieure à la guerre ; ils n'en expriment que davantage notre espoir de voir la Syrie, une terre témoin de l'évolution de la civilisation depuis les débuts de l'histoire de l'humanité, redevenir rapidement un lieu de paix, et le fer de lance d'un renouveau véritablement pacifique pour toute la région. Au cours des 12e et 13e siècles, Bilad al-Cham est le fruit d'un programme stratégique de reconstruction urbaine et de réunification parfaitement élaboré. Au milieu d'une période d'instabilité et de fragmentation, l'Atabeg Nour al-Din Zangi sut imposer un leadership visionnaire pour rétablir les villes syriennes dans leur rôle de maintien de l'ordre et de la sécurité. Après sa mort, son plus brillant général, le Kurde Salah al-Din (Saladin), assuma le pouvoir et mena à bien l'unification de l'Egypte et de Cham en une force unique capable de reprendre Jérusalem aux Croisés. L'empire ayyoubide, en plein essor, poursuivit la politique de mécénat. Bien que d'une durée très brève, cette période a marqué la région d'une empreinte durable. Son esthétique architecturale immédiatement reconnaissable – d'une robuste et austère perfection – a survécu jusqu'à aujourd'hui.

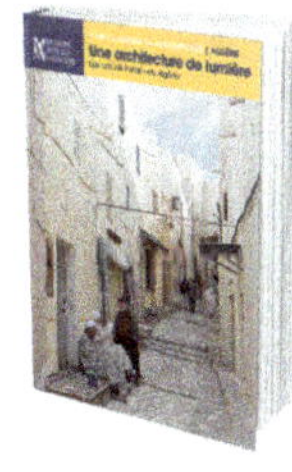

Algérie

UNE ARCHITECTURE DE LUMIÈRE. L'art islamique en Algérie

Art et architecture de la lumière présente les formes les plus variées et les plus riches de l'art islamique du Maghreb central, un héritage artistique important, lié aux événements cruciaux qui ont marqué l'histoire de l'Algérie, depuis l'essor des mouvements religieux dissidents et le règne des grandes dynasties, en passant par le rôle des grands axes de commerce et de pèlerinage et jusqu'à la présence ottomane dans les cités du pourtour méditerranéen. La synthèse des influences arabe et berbère, africaine, andalouse et orientale a façonné des modèles artistiques et architecturaux qui s'expriment dans la pureté et l'harmonie de l'architecture ibadite, des mosquées almoravides et des palais ottomans sur la côte.

Ce titre a été conçu et rédigé entre 2005 et 2007. Pour différentes raisons, il n'a pas été possible d'en porter la publication à son terme; actuellement (décembre 2017), l'édition de cet ouvrage, dont le titre demeure lui aussi provisoire, se heurte toujours à certaines difficultés. Toutefois, afin de ne pas dilapider les efforts considérables consentis à ce jour, nous avons finalement opté pour un compromis permettant l'accès à la version actuelle, mais seulement à partir de notre portail (www.mwnfbooks.net, select 'Country' Algeria). S'agissant d'un ouvrage incomplet, toutes les pages présentent un filigrane soulignant la nature provisoire de cette "prépublication".

www.ingramcontent.com/pod-product-compliance
Lightning Source LLC
LaVergne TN
LVHW010853110826
845149LV00005B/1394

* 9 7 8 3 9 0 2 7 8 2 2 6 7 *